DAS STARKE GESCHLECHT

Helen Fisher

DAS STARKE GESCHLECHT

Wie das weibliche Denken
die Zukunft verändern wird

Aus dem Amerikanischen
von Elisabeth Parada

WILHELM HEYNE VERLAG
MÜNCHEN

Titel der amerikanischen Originalausgabe: *The first sex*,
erschienen 1999 bei Random House, Inc., New York
und Random House of Canada Limited, Toronto.

Die Zeilen »Auch ich, allmächtige Göttin des Sex«, (»I too beneath your moon,
almighty Sex«) und das Exzerpt aus dem Sonett XXIX aus *Fatal Interview*
von Edna St. Vincent Millay stammen aus den *Collected Poems*,
erschienen bei HarperCollins. Copyright © 1931, 1939, 1958, 1967
by Edna St. Vincent Millay und Norma Millay Ellis. Der Abdruck erfolgte
mit freundlicher Genehmigung durch Elizabeth Barnett, Literary Executor,
und die Edna St. Vincent Millay Society.

Der Abdruck der Strophe aus dem Gedicht »Glückliche Liebe«
von Wislawa Szymborska, entnommen aus: Wislawa Szymborska:
Deshalb leben wir, aus dem Polnischen übersetzt von Karl Dedecius,
erschienen beim Suhrkamp Verlag Frankfurt am Main, 1980,
erfolgte mit freundlicher Genehmigung des Suhrkamp Verlags.

Der Abdruck der Zeile aus dem Gedicht »Dritte Stimme« von Sylvia Plath,
entnommen aus: Sylvia Plath: *Drei Frauen/Three Women*, aus dem Englischen
übersetzt von Frederike Roth, erschienen bei der Frankfurter Verlagsanstalt, 1991,
erfolgte mit freundlicher Genehmigung der Frankfurter Verlagsanstalt.

Umwelthinweis:
Dieses Buch wurde auf chlor- und säurefreiem Papier gedruckt.

Copyright © 1999 by Helen Fisher
Copyright © 2000 der deutschen Ausgabe
by Wilhelm Heyne Verlag GmbH & Co. KG, München
Satz: Leingärtner, Nabburg
Druck und Bindung: Wiener Verlag, Himberg
Printed in Austria

ISBN 3-453-17287-6

Für Ray Carroll

Sollte jemals eine Zeit anbrechen, in der sich Frauen ausschließlich zum Wohl der Menschheit vereinen, wird daraus eine Macht entstehen, wie die Welt sie noch nicht gesehen hat.

MATTHEW ARNOLD

INHALT

Danksagung 11

Einleitung
DIE FRÜHGESCHICHTE
Eine unbescheidene Prophezeiung 13

1. VERNETZTES DENKEN
   Frauen sehen den Kontext 21

2. DIE ORGANISIERTE FRAU
   Weiblicher Teamgeist 53

3. DIE SPRACHE DER FRAUEN
   Kommunikation im Informationszeitalter 87

4. GEDANKENLESEN
   Die besonderen Fähigkeiten der Frauen im Umgang
   mit Menschen 119

5. DIE ERBINNEN DES HIPPOKRATES
   Frauen als Heilkundige 152

6. DER FÜHRUNGSSTIL DER FRAUEN
   Frauen in Gesellschaft und Politik 185

7. DIE ZUKUNFT GEHÖRT DEN FRAUEN
   Wie Frauen die Geschäftswelt verändern 217

8. DER SEX WIRD ZIVILISIERT
   Die Verweiblichung der Lust 249

9. ROMANTIK
   Liebe im 21. Jahrhundert 285

10. EHEN ZWISCHEN GLEICHGESTELLTEN
    Die Reformierung einer Institution. 321

11. DIE TEAM-GESELLSCHAFT
    Der Sieg der Gleichstellung 357

Anmerkungen 363

Bibliografie 397

Register 441

Amerikanische Organisationen, Studien, Auszeichnungen . . . 463

DANKSAGUNG

Ich danke meinem Freund Ray Carroll für sein umfangreiches Wissen und seine scharfsinnigen Einblicke. Mein Dank gilt außerdem meiner Agentin Amanda Urban für ihre geschickte Beratung während der Ausarbeitung des Projekts und ihren unermüdlichen, begeisterten Einsatz für dieses Buch. Meiner Redakteurin Kate Medina danke ich für ihren kritischen Blick und ihren wertvollen Kommentar. Den Trendanalytikern Edie Weiner und Arnold Brown bin ich zu Dank verpflichtet, weil sie mir gestattet haben, an ihren Beratungssitzungen über die Zukunft teilzunehmen. Ich danke Bob Alford, Arnold Brown, Ray Carroll, Fletcher Hodges und Barbara Pillsbury für die sorgfältige Durchsicht des Manuskripts und Michelle Cristiani, Janel Tortorice und Jenny Overman für die Aufbereitung des Forschungsmaterials. Dank auch meinen Freunden und Kollegen, die sich im Verlauf der jahrelangen Arbeit an diesem Buch die Zeit genommen haben, Abschnitte zu lesen und wertvolle Gespräche mit mir zu führen: Judy Andrews, Art Aron, Sydney Barrows, Laura Berman, Laura Betzig, Lucy Brown, Matt Clark, Ellen Dissanayake, Perry Faithorn, Bob Fisher, Ron Fletcher, John French, Larry Frolik, Lynn Goldberg, Jack Harris, Mariko Hasegawa, Toshikazu Hasegawa, Kim Hill, Gene Katz, Laura Klein, Jane Lancaster, Edwin Laurenson, Marie Lugano, Deb Masek, B. Kay Manuelito, Anne Moir, Peter Moore, Merry Muraskin, George Newlin, Roger Pasquier, Michelle Press, Audrey Redmond, Carolyn Reynolds, John Munder Ross, Pepper Schwartz, Gregg Simpson, Barb Smuts, Susan Stautberg, Fred Suffet, MacGregor Suzuki, Martin Tandler, Barbara Tober, Edie Weiner, Franny Whitney, Lorna Vanparys, Jeff Zeig, Caroline Zinsser und meinen Kollegen an der Rutgers University. Darüber hinaus danke ich Meaghan Rady, Sally Marvin, Sybil Pincus, Carol Schneider und allen Mitarbeitern von Random House, die zur Veröffentlichung des Buches *Das starke Geschlecht* beigetragen haben.

EINLEITUNG

Die Frühgeschichte
Eine unbescheidene Prophezeiung

*Es gibt nur eine Art, die Dinge zu betrachten,
und zwar, sie in ihrer Gesamtheit zu sehen.*

JOHN RUSKIN

»Was ist eine Frau?«, fragte Simone de Beauvoir in ihrem berühmten, 1949 veröffentlichten Buch *Das andere Geschlecht*. Sie glaubte, dass eine Frau einzig und allein das Ergebnis wirtschaftlicher und sozialer Kräfte wäre, und erklärte: »Man wird nicht als Frau geboren, sondern man wird zur Frau.«

Seit Simone de Beauvoir diese Worte geschrieben hat, hat sich einiges geändert. Ein Großteil der wissenschaftlichen Forschung belegt, dass der Mensch den Mutterleib mit einem Gehirn verlässt, dessen Prägung ihn befähigt, menschlich zu handeln. Zudem besteht in grundsätzlichen Bereichen keine Übereinstimmung der Geschlechter. Millionen Jahre lang erfüllten Männer und Frauen unterschiedliche Aufgaben, die unterschiedliche Fähigkeiten erforderten. Als die Tage zu Jahrhunderten und die weniger begabten Arbeiter durch natürliche Selektion ausgesiebt wurden, grub die Zeit subtile Unterschiede in das männliche und weibliche Gehirn. Eine Frau wird als Frau geboren.

Ich bin ein Klon, ein eineiiger Zwilling. Meine Zwillingsschwester und ich ähneln einander auf vielfache Weise, aber wir unterscheiden uns auch in vielen Aspekten. Wir haben dasselbe Lachen, in unserer Gestik stimmen wir ebenfalls auf geradezu unheimliche Weise überein. Aber ich bin Anthropologin, und sie ist Heißluftballonfahrerin und Malerin. Durch diese lebenslange persönliche Erfahrung bin ich mir genauestens bewusst, wie tiefgreifend Eltern, Lehrer, Freunde, die Arbeit und unzählige andere kulturelle Kräfte das Denken und Handeln eines Menschen beeinflussen. Die Umgebung und das Erbgut sind auf ewig miteinander verflochten, verkettet in einem *pas de deux*. Unter allen Menschen finden sich nicht zwei, die einander völlig gleichen.

Männer und Frauen verlassen den Mutterleib mit einigen angeborenen Tendenzen und Neigungen, die vor Millionen Jahren in der Steppe Afrikas geprägt wurden. Die Geschlechter stimmen nicht überein. Jedes besitzt natürliche Talente und stellt ein lebendes Archiv seiner unverwechselbaren Vergangenheit dar.

Dennoch trifft Beauvoirs Grundaussage zu. Sie gibt die im 19. Jahrhundert herrschende Ansicht wieder, dass die aus dem bäuerlichen Leben stammenden sozialen Traditionen die Frau in der Gesellschaft auf den zweiten Platz zurückdrängten.

In den siebziger Jahren stellte die Wissenschaft fest, dass Frauen vor der Ära von Sesshaftigkeit und Landwirtschaft eine bedeutende wirtschaftliche und soziale Stellung innehatten. In den Savannen des alten Afrika traten Frauen in den »Arbeitsprozess« ein, indem sie Gemüse und Früchte sammelten. Sie ließen ihre Kinder in der Obhut von Verwandten zurück und sorgten meist für den überwiegenden Anteil der Abendmahlzeit. In der »tiefen Geschichte«, wie Edward O. Wilson den Ursprung der Menschheit bezeichnet, war die Doppelverdiener-Familie die Regel. Die Anthropologen sind der Ansicht, dass die Frauen dieser Zeit im Allgemeinen als den Männern gleichgestellt betrachtet wurden.

Im Zuge der Landwirtschaftlichen Revolution übernahmen die Männer die grundlegenden wirtschaftlichen Aufgaben. Sie holzten das Land ab, pflügten die Felder und ernteten das Getreide. Bald schon wandelten sie sich auch in Händler, Krieger, Herren des Hauses und Staatsoberhäupter. In vielen landwirtschaftlichen Kulturen wurden und werden die Frauen nach wie vor in vielfacher Hinsicht als »zweites Geschlecht« bezeichnet, wie Beauvoir es formulierte.

Mit der Industriellen Revolution im Westen drängten die mächtigen Wirtschaftskräfte die Frauen in die Lohnarbeit. Gewiss ist es keine Übertreibung, wenn ich behaupte, dass damit die außergewöhnlichste Entwicklung in der langen Reise des *Homo sapiens* ihren Anfang nahm: die Rückkehr der Wirtschaftsmacht der Frauen. Rund um den Erdball erobern Frauen allmählich die wirtschaftliche Schlagkraft zurück, die sie vor Tausenden, sogar Millionen von Jahren innehatten.

Sie bringen viele natürliche Talente auf den Arbeitsmarkt mit.

Damit komme ich zu meiner unbescheidenen Prophezeiung: Wenn Frauen weiterhin in vielen Kulturen auf der gesamten Welt auf den Arbeitsmarkt strömen, werden sie ihre natürlichen Fähigkeiten in verschiedenen Bereichen der Gesellschaft anwenden und damit die Geschäftswelt, die Sexualität und das Familienleben des 21. Jahrhunderts entscheidend beeinflussen. In einigen bedeutenden Wirtschaftsbereichen werden sie sogar die Vorherrschaft übernehmen und zum ersten Geschlecht werden. Warum? Weil die derzeitigen Trends in Geschäftswelt, Kommunikation, Erziehung, Recht, Medizin, Politik und dem als Zivilgesellschaft bezeichneten, nicht auf Gewinn ausgerichteten Sektor darauf schließen lassen, dass die Welt von morgen den weiblichen Geist benötigen wird.

Worin unterscheiden sich Männer und Frauen? Warum entwickelten sich diese geschlechterspezifischen Verschiedenheiten? Auf welche Weise werden die einzigartigen weiblichen Eigenschaften der Frauen die Welt verändern?

Winston Churchill sagte einst, dass ein Buch als spielerischer Gedanke im Kopf des Autors beginne, sich in einen Geliebten verwandele und schließlich zum Tyrannen werde. Die Phase des spielerischen Gedankens kenne ich nicht, aber sobald ich das vorliegende Buch in Angriff nahm, verliebte ich mich in diese Fragen. Ich konnte sie nicht mehr aus meinen Gedanken verbannen. So studierte ich unzählige Dokumentationen zu unterschiedlichen Themen wie Gehirnanatomie, Verhalten von Tieren, Psychologie, Geschlechtsstudien, Welthandel und Demographie. Innerhalb kürzester Zeit entdeckte ich hunderte wissenschaftliche Schriften, die die biologischen und psychologischen Unterschiede zwischen Frauen und Männern belegen.

In der Frühgeschichte der Menschheit entwickelten Frauen zahlreiche außergewöhnliche Fähigkeiten: ein Talent im Umgang mit Worten; die Gabe, Haltung, Gesten, Gesichtsausdruck und andere nonverbale Zeichen zu lesen; emotionale Sensibilität; Mitgefühl; einen ausgezeichneten Tast- und Geschmackssinn sowie ein hervorragendes Gehör; Geduld; die Fähigkeit, mehrere Dinge gleichzeitig zu tun und zu denken; ein Thema in seinem größeren Zusammenhang zu betrachten; die Neigung zu langfristigen Planungen; die Gabe, im Netzwerk zu arbeiten; Verhandlungsgeschick; den Impuls, andere zu schulen und zu fördern; eine Vorliebe für Zusammenarbeit und Konsenssuche;

einen Führungsstil, der auf der Gleichberechtigung der Teammitglieder basiert.

Auch Männer besitzen viele natürliche Talente: ein herausragendes Verständnis für räumliche Beziehungen; die Veranlagung, komplexe mechanische Probleme zu lösen; die Fähigkeit, ihre Aufmerksamkeit zu fokussieren; die Gabe, viele ihrer Emotionen zu beherrschen. Ich behaupte, dass auch alle diese Eigenschaften vor Jahrtausenden in die Architektur des geschlechterspezifischen Geistes eingebaut wurden.

Daraus lässt sich jedoch nicht ableiten, dass Frauen und Männer wie Marionetten an ihren DNS-Strängen baumeln. Die Entwicklung der Gehirnrinde ging mit dem Auftreten der Menschheit einher. Wir denken, wägen zahlreiche Möglichkeiten gegeneinander ab, treffen eine Wahl, erlernen neue Fähigkeiten und erheben uns regelmäßig über unsere ererbte Natur, um zu Entscheidungen über unser Leben zu gelangen.

Darüber hinaus tragen wir eine Last aus der Vergangenheit. Diese geschlechterspezifischen Unterschiede sind überall auf der Welt erkennbar. Ungeachtet der sich wandelnden Einstellung Frauen gegenüber zeigen sie sich immer und überall wieder. Viele treten in der Kindheit auf oder stehen mit Androgenen und Östrogenen, den männlichen und weiblichen Sexualhormonen, in Beziehung. Andere wurden in spezifischen Genen entdeckt, wieder andere zeigen sich, noch ehe das Baby den Mutterleib verlässt.

Wissenschaftler entdeckten sogar, auf welche Weise diese geschlechterspezifischen Neigungen im männlichen und weiblichen Gehirn »eingebaut« werden. Bei der Empfängnis ist der Embryo weder männlich noch weiblich. Etwa in der achten Woche des fötalen Lebens legt sich ein Geschlechtsschalter um. Wenn der Embryo ein Junge werden soll, gibt ein Gen des Y-Chromosoms den Befehl aus, dass sich die Keimdrüsen zu Testes wandeln. Die sich entwickelnden Sexualorgane erzeugen dann männliche Hormone, die später die männlichen Genitalien bilden. Im weiteren prägen sie auch das männliche Gehirn.[1]

Wenn der Embryo aufgrund seiner genetischen Bestimmung weiblich ist, tritt kein männliches Hormon in Aktion, und die weiblichen Gonaden erscheinen in der 13. Lebenswoche des Fötus. Später folgt die Ausbildung des weiblichen Gehirns.[2] Kürzlich entwickelten Wissenschaftler die Theorie, dass ein Gen auf dem X-Chromosom und fötale

Östrogene ebenfalls eine aktive Rolle bei der vollständigen Ausbildung des »Weiblichen« spielen.[3] Alle stimmen jedoch überein, dass der heranwachsende Embryo zum Mädchen wird, wenn die männlichen Hormone nicht die Ausbildung des Fötus beeinflussen.

Aufgrund dieser Erkenntnisse bezeichnen Wissenschaftler die Frau häufig als Standardplan.

Ich deute diese Information anders. Die »Frau« ist das primäre, das erste Geschlecht. Man muss chemische Substanzen hinzufügen, um einen Mann zu schaffen. Daher ist das aus biologischer Sicht erste Geschlecht auch das erste Geschlecht in vielen Bereichen des wirtschaftlichen und gesellschaftlichen Lebens.

Die Unterscheidung zwischen »Mann« und »Frau« ist keineswegs einfach. Jeder Mensch vereint in sich eine komplizierte Mischung weiblicher und männlicher Eigenschaften. Susan Sontag schrieb: »Das Schönste an einem männlichen Mann ist etwas Weibliches und das Schönste an einer weiblichen Frau ist etwas Männliches.« Niemand ist vollkommen männlich oder vollkommen weiblich.

Selbst diese faszinierende Mischung von Männlichem und Weiblichem in jedem Menschen wird durch die Biologie geformt. Das fötale Gehirn wächst langsam und unregelmäßig. Daher werden verschiedene Teile des Gehirns zu unterschiedlichen Zeiten für Geschlechtshormone empfänglich. Auch die Konzentration dieser fötalen Hormone verändert sich ständig.[4] Auf diese Weise kann eine Flut von mächtigen Geschlechtshormonen einen Teil des Gehirns vermännlichen, während sie eine andere Region unberührt lässt. Als Folge davon ist jeder Mensch in Abhängigkeit von der Menge und dem zeitlichen Auftreten der Hormone im Mutterleib auf einem Kontinuum einzuordnen, das von superweiblich bis hypermännlich reicht.[5]

Danach übernehmen die Kräfte der Umwelt die Aufgabe, die jeweilige Person zu formen. »Es ist ein Mädchen!« »Es ist ein Junge!« Sobald wir dem Mutterleib entschlüpfen, wird unser Geschlecht verkündet. In diesem Augenblick werden wir einer Kategorie zugeordnet, die uns unser Leben lang begleitet. Blau für Jungen, Rosa für Mädchen, Lastwagen für ihn, Puppen für sie: Zahlreiche gesellschaftliche Kräfte bewirken, dass Kinder, Erwachsene und ältere Menschen sich den Regeln des einen oder anderen Geschlechts gemäß verhalten. Diese Umweltkräfte beeinflussen sogar die Absonderung von Neurotransmittern im Gehirn, die Ebbe und Flut der Geschlechtshormone und die Aktivitäten der Gene. Durch diese subtilen Veränderungen steuern sie unser Leben lang unsere Biologie und unser Verhalten.[6]

Albert Einstein sagte einst über den Verstand: »Er besitzt mächtige Muskeln, aber keine Persönlichkeit.« Auf dem verschlungenen Gerüst unseres einzigartigen Gehirns baut die Kultur unsere einzigartige Persönlichkeit auf. Das Gerüst bleibt jedoch bestehen. Als Gruppe betrachtet, verfügen Frauen über spezifische Fähigkeiten – angeborene Talente –, die sie einsetzen werden, um gewaltige Veränderungen in unserer modernen Welt herbeizuführen.

Zwei auf seltsame Weise in Beziehung stehende Phänomene, der internationale Babyboom und die Menopause, werden den Einfluss der Frauen auf die Zukunft erhöhen.

Die große Generation des Babybooms erreicht nun die Lebensmitte, und wie Anthropologen nachwiesen, entwickeln Frauen in diesem Alter weltweit mehr Bestimmtheit und Durchsetzungskraft, was teilweise auf kulturelle Kräfte zurückzuführen ist.

Doch auch die Natur bietet Frauen mittleren Alters einen Vorteil. Mit der Menopause sinkt der Östrogenpegel und enthüllt das natürliche Vorkommen von Testosteron und anderen Androgenen im weiblichen Körper. Androgene, die männlichen Geschlechtshormone, sind mächtige chemische Substanzen, die bei vielen Säugetierarten, einschließlich dem Menschen, immer wieder mit Durchsetzungskraft und Rang in Verbindung gebracht werden. Während die Flut der Babyboom-Frauen in das mittlere Lebensalter eintritt, wird sie nicht nur wirtschaftlich und geistig, sondern auch hormonell bestens ausgestattet sein, um die Welt grundlegend zu verändern.

»Nie zuvor gab es in der Geschichte eine solche kritische Masse älterer Frauen, die in der Tradition von Rebellion und Unabhängigkeit aufgewachsen und daran gewöhnt sind, sich ihren Lebensunterhalt selbst zu verdienen«, schreibt die Historikerin Gerda Lerner. Wir stehen an der Schwelle zu einer Ära, die zur Ära der Frauen werden könnte.

Die ersten sechs Kapitel dieses Buches untersuchen spezifische Unterschiede zwischen Mann und Frau auf der Grundlage von Gehirnforschung, Informationen aus vielen Kulturen und Studien aus Anthropologie, Psychologie, Soziologie, Ethologie und anderen Wissenschaften, die sich mit dem Verhalten und der Biologie des Menschen auseinandersetzen. Jedes Kapitel erforscht, warum diese biologischen Variationen entstanden sind, und zeigt, auf welche Weise die besonderen Fähigkeiten der Frauen nach und nach einige Bereiche der Gesellschaft zu beeinflussen beginnen. Ich schildere Beispiele für die Wirkung der Frauen auf die Medien, die Erziehung, den Dienstleistungssektor, die Rechtsprechung, die Medizin, das Gemeinwesen, die Politik und zivile Organisationen.

In Kapitel 7 setze ich mich mit der Menopause auseinander und erläutere, auf welche Weise auf der ganzen Welt Frauen im mittleren Lebensalter an Einfluss gewinnen werden. Zusätzlich stelle ich die Behauptung auf, dass die Macht der Frauen der internationalen Babyboom-Generation mit dem Eintritt in die Fünfziger nicht nur am Arbeitsplatz, sondern auch in der Wahlkabine steigen wird. In den Kapiteln 8 bis 10 gehe ich auf die Wirkung wirtschaftlich mächtiger Frauen auf das Sexualverhalten, die Romantik und die Ehe ein. In Kapitel 11 bringe ich meine Hoffnung zum Ausdruck, dass Männer und Frauen ihre Verschiedenartigkeit anerkennen, die natürlichen Talente der Frauen in der Arbeitswelt einsetzen und diese Informationen nutzen, um ein harmonisches Verhältnis zueinander aufzubauen. Dazu gehört auch, dass Männer und Frauen jene gleichberechtigte Beziehung wiedergewinnen, die für die Menschheit natürlich ist und die in der Frühgeschichte üblich war.

Ich blicke der Zukunft optimistisch entgegen – nicht nur der Zukunft der Frauen, sondern auch der der Männer. Die Fähigkeit der Frauen, den größeren Zusammenhang in ihre Gedanken einzubeziehen, und ihr starkes Interesse an Menschen werden die Welt des Fernsehens um Vielfalt und Struktur bereichern. Ihre Gabe, sich durch Sprache auszudrücken, und ihr Verlangen nach Verschiedenartigkeit und Komplexität wird das beeinflussen, was wir in Zeitungen, Zeitschriften und Büchern lesen – und unsere Gefühle und Ansichten. Durch ihre Fähigkeit, mit Menschen umzugehen, werden Frauen den Dienstleistungssektor weiter beleben und unserer Arbeits- und Freizeit mehr Annehmlichkeit und Neuartigkeit verleihen.

Frauen bringen bereits Mitgefühl und Geduld in die praktische Medizin ein, stellen ihre Fantasie im Klassenzimmer zur Verfügung und erweitern unser Verständnis von Gerechtigkeit. Ihrer Fähigkeit, in Netzwerken zu arbeiten und Konsense zu schließen, wird von gesteigerter Bedeutung für eine Arbeitswelt sein, in der die Gesellschaften ihre hierarchischen Managementstrukturen niederreißen und zu gleichberechtigten Teams übergehen werden. Durch ihre Gabe, langfristig zu planen und Dinge im Zusammenhang zu sehen, ihr Bedürfnis nach Fürsorge und Pflege und ihre bedeutende Rolle in der Zivilgesellschaft werden Frauen einen beträchtlichen Beitrag bei der Lösung weltweiter sozialer und umwelttechnischer Probleme leisten.

Bereits jetzt bringen Frauen in gesteigertem Maß ihre Sexualität zum Ausdruck und verleihen dem Leben im Schlafzimmer zusätzliche Würze. Sie verändern die Bedeutung von Vertrautheit und Romantik. Als »Hüterin der Nachkommenschaft« innerhalb der Gesellschaft verändern sie das Familienleben auf außergewöhnliche Weise.

Frauen besitzen eine bessere Ausbildung, eine breitere Palette an Fähigkeiten und ein größeres Interesse an ihrer Umwelt als je zuvor. Wenn es in der menschlichen Entwicklung jemals eine Zeit gab, in der sich beiden Geschlechtern die Gelegenheit zu einer zufrieden stellenden Karriere und einer glücklichen Ehe bot, ist diese Zeit nun angebrochen.

KAPITEL 1

Vernetztes Denken
Frauen sehen den Kontext

*Welcher Mann ist selbstbewusst genug zu behaupten,
er habe das Rätsel des weiblichen Geistes entschlüsselt?*

CERVANTES

»Gott schuf die Frau, und in diesem Augenblicke verschwand die Langeweile.« Friedrich Nietzsche war kein Feminist, aber er schätzte den weiblichen Geist offensichtlich, und er war nicht der Erste. Seit unsere Vorfahren vor Millionen von Jahren ihre Feuer in Afrika unterhielten, haben Frauen dem menschlichen Leben Würze, Geist, Intelligenz und Mitgefühl hinzugefügt.

Nun stehen sie im Begriff, die Welt zu verändern. Warum? Weil die Geschlechter im Verlauf der Millionen Jahre, während derer unsere Ahnen in kleinen Gruppen von Jägern und Sammlern umherzogen, unterschiedliche Aufgaben erfüllten, die unterschiedliche Fähigkeiten erforderten. Während die Zeit und die Natur in einem unaufhörlichen Prozess erfolgreiche Arbeiter hervorbrachten, bildeten sich durch natürliche Selektion im männlichen und weiblichen Gehirn verschiedene Fähigkeiten aus, die mittlerweile angeboren sind. Die heute erkennbaren Trends lassen den Schluss zu, dass viele Sektoren des Wirtschaftslebens im 21. Jahrhundert diese natürlichen Talente der Frauen benötigen werden.

Bitte missverstehen Sie mich nicht. Auch Männer haben viele natürliche Fähigkeiten, die für den weltweiten Arbeitsmarkt von entscheidender Bedeutung sind, und sie waren auch in der Vergangenheit nicht untätig. Sie erforschten und kartierten die Welt, schufen einen Großteil unserer Literatur, Kunst und Wissenschaft und erfanden viele Annehmlichkeiten unseres heutigen Lebens, von der Druckerpresse über die Glühbirne, den Turnschuh und die Schokolade bis zum Internet.

Zweifellos werden Männer auch in Zukunft einen gewaltigen Beitrag zu unserer hoch technologisierten Welt leisten.

Frauen sind nahezu auf der gesamten Welt in großer Zahl in das Wirtschaftsleben vorgedrungen. Während diese Frauen in den kommenden Jahrzehnten den globalen Arbeitsmarkt erobern, werden sie meiner Ansicht nach bemerkenswerte, innovative Ideen und Methoden einführen.

Welche natürlichen Fähigkeiten besitzen Frauen? Auf welche Weise werden sie die Welt verändern? Beginnen wir mit der weiblichen Art zu denken.

Meiner Ansicht nach bestehen zwischen der Art, wie Männer und Frauen ihre Gedanken ordnen, subtile Unterschiede, die sich aus einer verschiedenartigen Gehirnstruktur ableiten. Wie in diesem Buch aufgezeigt wird, hat die »Sichtweise« der Frauen bereits in Redaktionsstuben, TV-Sendungen, Klassenzimmer, Konferenzräume, Parlamente, Gerichtssäle, Krankenhäuser, Wahlkabinen und Schlafzimmer Einzug gehalten. Das weibliche Denken beeinflusst sogar unsere grundlegenden Ansichten in Bezug auf Rechtsprechung, Gesundheitsvorsorge, Wohltätigkeit, Freizeit, Intimität, Romantik und Familie. Daher beginne ich mit dem Aspekt der Weiblichkeit, der meiner Meinung nach die umfassendsten Auswirkungen auf die Zukunft ausüben wird.

Frauen, so meine Behauptung, betrachten ein Thema im Allgemeinen aus einem weiteren Blickwinkel als Männer. Sie denken umfassender und kontextuell. Sie weisen auch eine größere geistige Flexibilität auf, urteilen intuitiver und fantasievoller und tendieren häufiger zu langfristigen Planungen. In diesem Kapitel gehe ich auf die wissenschaftlichen Belege für diese weiblichen Eigenschaften und die möglicherweise mit ihnen in Beziehung stehenden Gehirnnetzwerke ein. Außerdem folge ich dem außergewöhnlichen Marsch der Frauen in die bezahlte Arbeitswelt und stelle die Schlussfolgerung auf, dass die breite, kontextuelle, holistische Betrachtungsweise der Frauen jeden Teilbereich des wirtschaftlichen und sozialen Lebens im 21. Jahrhundert durchdringen wird.

Das weibliche Denken

»Wenn der Geist denkt, spricht er mit sich selbst«, erklärte Plato. Jeder Mensch hat sich schon einmal nachts, gequält von geschäftlichen Problemen oder Schwierigkeiten in einer Beziehung, im Bett gewälzt. Bilder entstehen und verschwinden wieder. Szenen rollen sich auf. Gesprächsfetzen tauchen aus dem Nichts auf, verlieren sich, wiederholen sich. Eine Welle der Wut durchflutet uns, gefolgt von Mitleid und schließlich Verzweiflung. Dann übernimmt für einen Augenblick die Vernunft die Führung, und wir beschließen, erst dies und dann jenes zu tun. Das Gespräch setzt sich fort, während der Zeiger des Weckers von drei auf vier Uhr weiterwandert. In unserem Kopf ist eine Konferenz im Gange.

»Der Geist ist eine seltsame Maschine, die das ihm angebotene Material auf erstaunlichste Weise zu kombinieren versteht«, schrieb der britische Philosoph Bertrand Russell. Sowohl Männer als auch Frauen nehmen eine große Menge an Informationen auf und wägen zahllose Variablen nahezu gleichzeitig gegeneinander ab.

Psychologen berichten jedoch, dass Frauen häufiger im erweiterten Zusammenhang denken; sie besitzen eine »holistischere« Betrachtungsweise.[1] Hierbei vereinen sie mehr Einzelheiten aus der sie umgebenden Welt, die von Nuancen in der Körperhaltung bis zur Position von Gegenständen in einem Raum reichen.[2]

Die Fähigkeit von Frauen, unzählige Faktoren einzubeziehen, zeigt sich nirgendwo deutlicher als im Büro. Unternehmensanalytiker bemerken, dass weibliche Angestellte dazu tendieren, Geschäftsangelegenheiten aus einem weiteren Blickwinkel zu betrachten als ihre männlichen Kollegen.[3] Frauen scheinen mehr zu einem Thema gehörige Informationen aufzunehmen und diese Einzelheiten schneller miteinander in Verbindung zu setzen. Um einen Entschluss zu fassen, wägen sie mehr Variablen ab, berücksichtigen mehr Optionen und mögliche Ergebnisse, rufen sich mehr Blickwinkel in Erinnerung und erkennen mehr mögliche Vorgangsweisen. Sie vereinen, verallgemeinern und fassen zusammen. Darüber hinaus können Frauen im Allgemeinen besser mit Zweideutigkeiten umgehen als Männer[4], da sie sich vermutlich mehr relevante Faktoren vor Augen halten.

Kurz gesagt, Frauen neigen dazu, in einem Netz von miteinander in Beziehung stehenden Faktoren zu denken, statt in einer geraden Linie. Ich nenne diese weibliche Denkweise »Netzwerkdenken«.

Das männliche Denken

Generell neigen Männer dazu, sich jeweils auf eine einzige Sache zu konzentrieren. Diese männliche Eigenschaft fiel mir erstmals mit etwa zwanzig Jahren auf. Damals hatte ich einen Freund, der scheinbar gleichzeitig die Nachrichten im Fernsehen verfolgte, Rockmusik aus der Stereoanlage hörte und ein Buch las. In Wirklichkeit wechselte er in seinem Kopf von Kanal zu Kanal. Wenn er sich einer Sache zuwandte, schaltete er die anderen aus. Im Gegensatz zu mir: Das Flackern des Bildschirms, das Dröhnen der Musik und das gedruckte Wort überfluteten meinen Kopf gleichzeitig.

Männer können ihre Aufmerksamkeit ausgezeichnet auf einen Bereich konzentrieren. Stellen Sie einem zeitungslesenden Mann eine einfache Frage. Oft hört er Sie nicht, und wenn er Sie hört, scheint es, als käme er von einem anderen Planeten zurück. Männer neigen dazu, von außen einwirkende Reize abzuschalten. Ihr Denkprozess verläuft eher in einzelnen Kanälen.

Angesichts eines geschäftlichen Problems konzentrieren sich Männer stärker auf die unmittelbaren Schwierigkeiten, als dass sie das Thema in einen erweiterten Zusammenhang setzen. Sie lassen Tatsachen, die nicht offensichtlich relevant sind, außer Acht. Um zu dem spezifischen Ziel, der Problemlösung, zu gelangen, folgen sie einem geradlinigen, kausalen Weg.[5] Deshalb stehen sie Zweideutigkeiten weniger tolerant gegenüber. Sie ziehen es vor, scheinbar überflüssige, nicht relevante Informationen zu entfernen und sich auf das eigentliche Problem zu konzentrieren.

Diese Fähigkeit, Aufmerksamkeit zu konzentrieren, zeigt sich vor allem in der männlichen Arbeitseinstellung. Wie Jacquelynne Eccles es ausdrückt, zeigen viele Männer eine »zielstrebige Hingabe« für ihren Beruf.[6]

Charles Hampden-Turner, Wirtschaftsberater und Mitglied des in Emeryville in Kalifornien angesiedelten Global Business Network, ist der Ansicht, dass die amerikanischen Manager diese männliche Betrachtungsweise besonders deutlich widerspiegeln.

Gemeinsam mit seinem Kollegen Alfons Trompenaars führte er eine Untersuchung der Werte und Geschäftspraktiken von männlichen und weiblichen Angestellten in den USA durch. Seiner Studie zufolge neigen Männer dazu, geschäftliche Angelegenheiten in genau abgegrenzten Bereichen wie Fakten, Routinearbeiten, Arbeitseinheiten und anderen definierten Abschnitten zu analysieren. Sie betrachten ein Unternehmen häufig als Ansammlung von Aufgaben, Maschinen, Zahlungen und Arbeitsplätzen – als Zusammenstellung völlig verschiedener Komponenten.[7] Weibliche Angestellte sehen ein Unternehmen seiner Ansicht nach eher als integrierte, vielschichtige Gesamtheit.

Den auf einzelne Abschnitte konzentrierten, aufsteigenden Denkprozess der Männer bezeichne ich als »Treppendenken«.

Jonglieren mit vielen Bällen

Janet Scott Batchler hat diesen geschlechterspezifischen Unterschied prägnant beschrieben. Über ihren Ehemann und Partner Lee Batchler, mit dem sie Filmdrehbücher verfasst, schrieb sie: »Er widmet sich jeweils einer Sache, erledigt sie gut und geht dann zur nächsten weiter. In seinem Denkprozess und seinen Handlungen ist er überaus direkt und zeigt dasselbe konzentrierte Verhalten auch im Umgang mit Menschen. So meint er genau, was er sagt, ohne etwas zu verbergen. Ich hingegen jongliere gleichzeitig mit hundert Bällen und erkenne, dass andere Menschen sowohl im beruflichen als auch gefühlsmäßigen Bereich ähnlich agieren.«[8]

Die von den Drehbuchautoren Hollywoods ausgearbeiteten Filmvorlagen illustrieren auf lebhafte Weise diesen Unterschied. Drehbücher, die von Männern geschrieben werden, sind direkt und linear, Bücher von Frauen sind durch zahlreiche Konflikte, mehrere Höhepunkte und verschiedene Schlüsse gekennzeichnet.[9]

Amerikanische Fachleute verweisen ebenfalls auf diesen geschlechterspezifischen Unterschied. Die Essayistin Barbara Ehrenreich erklärt: »Die Geschichte zeigt, dass Frauen ihre Aufmerksamkeit nicht so gut auf eine Sache konzentrieren können wie Männer.«[10]

Als der Politikwissenschaftler Roger Masters vom Dartmouth College Männer und Frauen über ihre politischen Ansichten befragte und ihnen dabei Videoaufnahmen von Politikern mit verschiedenen Gesichtsausdrücken zeigte, ergaben sich gleichfalls bedeutende Unterschiede in den Reaktionen der beiden Geschlechter. Masters gelangte zu der Schlussfolgerung, dass »Informationen über politische Anführer und non-verbale Zeichen dieser Personen von Frauen in größerem Umfang wahrgenommen werden als von Männern«[11]. Die Sprecherinnen der National Foundation for Women Business Owners* erklären, dass sich amerikanische Unternehmerinnen verstärkt auf intuitives Denken, Kreativität, Einfühlungsvermögen und persönliche Werte stützten. Männliche Unternehmer bevorzugten fokussiertes Denken, methodische Informationsbearbeitung und eine konkrete Datenanalyse. Sie folgern daraus, dass »Unternehmerinnen leichter imstande sind, zwischen mehreren Aufgaben hin- und herzuschalten«[12].

Demographen des Entwicklungsprogramms der Vereinten Nationen dokumentierten diesen geschlechterspezifischen Unterschied in vielen Kulturen. 1995 untersuchten sie die Arbeitsgewohnheiten von Männern und Frauen in 130 Gesellschaften. Ihre Studie ergab, dass in so unterschiedlichen Ländern wie Norwegen, Botswana, Argentinien und der Mongolei »insbesondere Frauen die Fähigkeit entwickelt haben, mit vielen Aktivitäten gleichzeitig zu ›jonglieren‹«.[13]

Während Frauen auf der gesamten Welt gleichzeitig mehrere Aufgaben erfüllen, beurteilen und nehmen sie eine große Datenmenge auf, die sie in ihrem vernetzten Denken einsetzen.

Netzwerkdenken in der Kindheit

Die weibliche Art, einen Informationsstrom geistig zu verarbeiten, hat ihren Ursprung in der Kindheit. Bereits in der Schule widmen Jungen ihre Aufmerksamkeit jeweils einer Aufgabe.[14] Mädchen fällt es schwerer, sich in ihrem Denken von ihrer Umgebung zu lösen. Bei Computerspielen streben Jungen zumeist direkt auf das ersehnte Ziel zu, während Mädchen verschiedene Alternativen betrachten, ehe sie sich für eine entscheiden.[15] Auf Fragen zu ihrer Person streichen Jungen ihre Besonderheiten hervor, während Mädchen dazu tendieren, sich in einem breiteren Umfeld darzustellen.[16]

Ein klassisches Beispiel hierfür bieten Jake und Amy, die in den frühen achtziger Jahren an der bekannten Studie über Rechte und Pflichten durchgeführt von der Psychologin Carol Gilligan von der Harvard Uni-

---

* Ein Verzeichnis mit Übertragungen der im Buch genannten amerikanischen Organisationen, Studien und Auszeichnungen ins Deutsche finden Sie auf Seite 463 f.

versity teilgenommen haben. Jake und Amy waren intelligente, ehrgeizige amerikanische Elfjährige in der sechsten Klasse. Als Jake gefragt wurde, wie er sich beschreiben würde, sprach er über seine Talente, seine Ansichten und seine Körpergröße. Er präsentierte eine Ansammlung eigenständiger, spezifischer, konkreter Tatsachen. Amy hingegen stellte sich in den Zusammenhang ihres weiteren sozialen Umfelds. Sie erklärte, dass sie gerne in die Schule gehe, die Welt voller Probleme sehe und gerne Wissenschaftlerin werden würde, um anderen helfen zu können.[17]

Als die beiden Jugendlichen zu einer Situation befragt wurden, in der die Verantwortung sich selbst mit der anderen gegenüber kollidierte, antworteten sie ebenfalls unterschiedlich. Jake meinte: »Du kümmerst dich zu einem Viertel um andere und zu drei Vierteln um dich selbst.« Er unterteilte seine Verantwortung also und vergab spezifische Anteile. In Amys Antwort zeigte sich das charakteristische weibliche Netzwerkdenken. »Nun, das hängt natürlich von der Situation ab«, erklärte sie. Dann befasste sie sich mit den zahlreichen Variablen, die berücksichtigt werden müssten, ehe sie zu einer Handlung übergehen würde. »Amys Antwort ist durch das Einbeziehen des Kontextes anstelle von Kategorien gekennzeichnet«, betonte Gilligan.[18]

Dieser geschlechterspezifische Unterschied setzt sich im Erwachsenenleben fort. Als Gilligan College-Studenten über ihre Vorstellungen von Recht und Unrecht befragte, waren Frauen eher bereit, Ausnahmen von der Regel zuzulassen, da sie vermutlich mehr Variablen gegeneinander abwogen und mehr Möglichkeiten sahen.

Beim so genannten Rorschach-Test (Formdeutetest) beziehen sich Männer in ihrer Auslegung der vorgelegten Tintenbilder vorwiegend auf die Einzelheiten. Frauen integrieren diese Details in ein übergeordnetes Muster und sprechen stattdessen über die von ihnen erkannten Figuren in ihrer Gesamtheit.[19] In Geschichten erzählen Männer eher von Siegen in Wettkämpfen, einen Urlaub, den sie als Ausdruck der Anerkennung bekommen haben, oder den größten Fisch, den sie je gefangen haben. All dies sind konkrete, voneinander getrennte Ereignisse. Frauen schreiben hingegen über Menschen, Orte, peinliche Situationen oder andere Geschichten, die einen breiteren sozialen Zusammenhang einbeziehen.[20]

In einer umfassenden Analyse untersuchte die Psychologin Diane Halpern von der staatlichen kalifornischen Universität in San Bernardino die verbalen, mathematischen (quantitativen), visuellen und räumlichen Fähigkeiten von Männern und Frauen und gelangte zu dem Schluss, dass die Aufgaben, in denen sich die beiden Geschlechter auszeichneten, unterschiedliche kognitive Fähigkeiten erforderten. Die weiblichen Fähigkeiten basierten auf dem »raschen Sammeln und Erschließen von Informationen, die im Gedächtnis gespeichert werden«. Die Fähigkeiten der Männer gründeten sich auf die Gabe, »geistige Darstellungen unterhalten und manipulieren zu können«.[21] Diese Unterschiede spiegeln den Gegensatz zwischen vernetztem und konzentriertem, linearem Denken wider.

»Jeder Gedanke ist eine assoziative Meisterleistung, wenn man bedenkt, dass etwas, das Sie vor sich haben, in Ihrem Geist etwas hervorruft, von dem Sie kaum wussten, dass Sie es kennen.« Der Dichter Robert Frost erfasst in gelungener Weise den Triumph der für das weibliche Denken typischen Assoziation.

Die Kreuzungen des Geistes

Netzwerkdenken gegen Treppendenken; die Betonung der Gesamtheit gegen die Konzentration auf Einzelteile; zahlreiche Aufgaben gleichzeitig statt eines nach dem anderen – die Wissenschaftler sind weit entfernt davon, diese subtilen Unterschiede zwischen Frauen und Männern zu verstehen, geschweige denn, sie richtig zu definieren. Aber sie wissen, dass diese Denkprozesse im präfrontalen Kortex stattfinden.

Das ist der vordere (stirnseitige) Teil der äußeren Gehirnrinde, der direkt hinter den Augenbrauen liegt und etwa ein Viertel bis ein Drittel der gesamten Gehirnrinde umfasst.[22] Beim Menschen ist dieser Teil weit stärker entwickelt als selbst bei unseren nächsten Verwandten, den Schimpansen, und erreicht seine volle Reife erst im Teenager-Alter.[23]

Die stirnseitige Gehirnrinde ist entscheidend für das menschliche Denken. Sie wird auch als central executive (»zentraler Vorstand«) und »Kreuzungen« des Geistes bezeichnet.[24] Diese Bezeichnungen erhielt sie aufgrund ihrer zahlreichen spezifischen Regionen. Jeder dieser Bereiche verarbeitet eine andere Art von Information und steht in Verbindung mit zahlreichen anderen Regionen des Gehirns und des Körpers.[25]

Als in den dreißiger Jahren depressive Patienten erstmals mit der Methode der präfrontalen Lobotomie behandelt wurden, gewannen

Ärzte einen ersten Einblick in den Verkehr innerhalb dieser Kreuzungen. Die Chirurgen senkten ihr Skalpell in den Schädel und führten einen Schnitt von oben bis unten durch das Gehirn. Damit trennten sie die präfrontale Gehirnrinde von allen anderen Gehirnteilen. Die meisten Patienten wurden auf diese Weise von ihren Depressionen geheilt. Ein neues Problem stellte sich jedoch ein: Die Betroffenen waren nach dem Eingriff nicht mehr imstande, mehrere einfache Aufgaben parallel durchzuführen.[26]

Jüngere Studien über Patienten mit einer Verletzung des präfrontalen Kortex bestätigten, dass eine Schädigung dieses Bereichs die gleichzeitige Ausführung verschiedener Handlungen unmöglich macht.[27]

Durch diese Operationen, die mittlerweile abgelehnt werden, und mehrere andere Studien des präfrontalen Kortex erfuhren die Wissenschaftler, dass dieser Teil des Gehirns die Fähigkeit steuert, zahlreiche Informationseinheiten gleichzeitig zu verarbeiten und zu ordnen. Während des Speicherungsvorgangs werden die in ihnen enthaltenen Daten abgewogen und Muster in diesen Informationen aufgespürt. Als Folge kann der Mensch das Ergebnis dieser Muster vorhersagen, ist geistig flexibel, kann Hypothesen aufstellen, mit unvorhergesehenen Ereignissen umgehen und für die Zukunft planen.[28] Alle diese Aufgaben gehören zu den Aspekten des Netzwerkdenkens.

Andere Bereiche des präfrontalen Kortex steuern jene Gehirnfunktionen, die mit dem Treppendenken in Zusammenhang stehen. Diese Regionen befähigen den Menschen, seine Aufmerksamkeit zu konzentrieren, Daten eine bestimmte Reihenfolge zuzuweisen, in aufeinander folgenden Schritten zu planen, hierarchische Handlungsabläufe zu erstellen und Informationen linear abzuarbeiten. All dies sind Aspekte des schrittweisen, in Abschnitte geteilten Denkens.[29]

Die Gene für das Netzwerkdenken

Ist es möglich, dass verschiedene Gehirnbereiche des präfrontalen Kortex bei Frauen und Männern unterschiedlich ausgebildet sind und auf diese Weise mehr Frauen als Männer mit der Fähigkeit ausstatten, große Datenmengen aufzunehmen, Faktoren zu vernetzen und die Welt in stärkerem Maß in ihrem Zusammenhang zu betrachten? Ist es möglich, dass auch andere Bereiche des präfrontalen Kortex geschlechterspezifische Verschiedenheiten aufweisen und bei Männern die deutlichere Tendenz herausbilden, Aufmerksamkeit auf einige geringe Dateneinheiten konzentrieren, Informationen aufsplittern und schrittweise denken zu können?

Neueste Erkenntnisse über das Gehirn stützen diese Annahmen. 1997 untersuchte der Neurowissenschaftler David Skuse vom Institute of Child Health in London gemeinsam mit seinen Kollegen Mädchen und Frauen, die am Turner-Syndrom litten, einer genetischen Störung, bei der ein Mädchen oder eine Frau nur eines statt der üblichen zwei X-Chromosome besitzt. In diesem Zusammenhang sammelten sie auch Daten über normale Männer und Frauen. Diese raffinierte und komplexe Studie führte sie zu dem Schluss, dass ein Gen oder eine Gruppe von Genen auf dem X-Chromosom die Bildung des präfrontalen Kortex beeinflussen.

Besonders bemerkenswert ist Skuses Behauptung, dass menschliche Vererbungsmuster und körperliche Wechselwirkungen dieses Gen oder diese Gruppe von Genen bei allen Männern unterdrücken, während sie sie bei fünfzig Prozent der Frauen aktivieren. Dieser DNS-Strang kommt also nur bei Frauen zum Ausdruck. Wenn dieses Gen oder diese Gengruppe aktiv ist, bildet sie den präfrontalen weiblichen Kortex in einer spezifischen Weise aus, die den Frauen den Vorteil bringt, Nuancen sozialer Wechselwirkungen besser aufnehmen und geistig flexibler bleiben zu können.[30]

Diese Daten lassen darauf schließen, dass fünfzig Prozent der Frauen im Vergleich zu einhundert Prozent der Männer genetisch besser ausgestattet sind, zahlreiche Informationseinheiten zu koordinieren. Dies ist die Fähigkeit, auf der das Netzwerkdenken basiert.

Darüber hinaus finden sich weitere Beweise dafür, dass die stirnseitige Gehirnrinde bei Frauen und Männern unterschiedlich ausgebildet ist und dass architektonische Verschiedenheiten die Art beeinflussen, in der die beiden Geschlechter ihre Gedanken organisieren.[31] So gelang Wissenschaftlern der Nachweis, dass zumindest eine Region des präfrontalen Kortex bei Frauen größer ist.[32] Dieser Unterschied ist ihrer Ansicht nach auf männliche Hormone zurückzuführen, die das Gehirn während entscheidender Perioden vor und nach der Geburt überspülen.[33]

Ob sich dieser größenmäßige Unterschied eines Teils der stirnseitigen Gehirnrinde auf den holistischen Zugang von Frauen und die eher lineare Betrachtungsweise von Männern auswirkt, ist bislang unbekannt. Es ist jedoch vorstellbar, dass diese geschlechtsgebundene Verschiedenheit zu der unterschiedlichen »Denkart« von Männern und Frauen in Bezug steht.

Die guten Verbindungen im Gehirn der Frauen

Andere Teile des Gehirns weisen ebenfalls strukturelle Unterschiede auf, die für das Netzwerkdenken der Frauen eine Rolle spielen könnten. Besondere Bedeutung kommt den Gewebesträngen zu, die die beiden Gehirnhälften miteinander verbinden.

Eine dieser Gewebebrücken ist das Corpus callosum. Es besteht aus etwa zweihundert Millionen Fasern, die die beiden Gehirnhälften von der Stirn bis zum Schädelgrund miteinander verbinden. Zumindest ein Abschnitt des Corpus callosum ist bei Frauen dicker als bei Männern.[34] Die zweite wichtige Gewebebrücke, die als Verbindung zwischen den Gehirnhälften dient, ist die Commissura anterior. Sie ist bei Frauen um zwölf Prozent länger als bei Männern.[35]

Untersuchungen von Patienten nach einem Schlaganfall oder anderen Gehirnverletzungen und gesunden Personen zeigen auf, dass diese stärkere Verbindungsbrücke bei Frauen eine intensivere Kommunikation zwischen den beiden Gehirnhälften gestattet. Bei Männern besteht ein geringerer Kontakt zwischen den beiden Gehirnhälften. Jede der beiden Seiten arbeitet in stärkerem Maß selbstständig. Möglicherweise steigern die guten Verbindungen im weiblichen Gehirn die Fähigkeit von Frauen, unterschiedliche Informationen zu sammeln, einzugliedern und zu analysieren – ein weiterer Aspekt des Netzwerkdenkens.[36]

Das menschliche Gehirn ist auf gewisse Weise »seitenspezifisch«. Einige Denkfunktionen werden vorwiegend in der linken Gehirnhälfte, andere vor allem in der rechten Gehirnhälfte ausgeführt. Im männlichen Gehirn ist diese Spezialisierung deutlicher ausgeprägt: Jede der beiden Hälften widmet sich noch strenger einer bestimmten Aufgabe.

Der Psychiater Mark George vom National Institute of Mental Health geht davon aus, dass diese Gehirnstruktur Männer im Vergleich zu Frauen in verstärktem Maß befähigt, ihre Aufmerksamkeit zu konzentrieren.[37] Ich füge dem hinzu, dass die geringere Seitenspezialisierung (die stärkere Integration) im weiblichen Gehirn zu einer breiteren Betrachtungsweise der Frauen beiträgt. Die Psychiaterin Mona Lisa

Schultz vom Maine Medical Center drückt es folgendermaßen aus: »Da die Aufgabenteilung im weiblichen Gehirn weniger stark ausgeprägt ist, haben Frauen in beiden Gehirnhälften leichter Zugang zu diesem Bereich. Sie beurteilen die Dinge nicht so losgelöst und trocken, wie Männer es häufig tun.«[38]

Die Evolution des Netzwerkdenkens

Wie und warum sich das Treppendenken der Männer und das Netzwerkdenken der Frauen entwickelte, ist nicht schwer nachzuvollziehen.

Vor Millionen von Jahren errichteten Männer den Holzstapel für das Feuer, stellten Steinäxte her und jagten die großen Tiere Ostafrikas. Bei der Verfolgung dieser gefährlichen Gegner mussten sich die Männer konzentrieren. Sie spähten hinter einem Busch hervor, kauerten sich neben ein Wasserloch, schlichen an einem auf einem Baum schlafenden Leopard vorüber, verfolgten verwundete Tiere und griffen sie an, sobald die Zeit reif war.

Im Verlauf der Jahrhunderte dürften jene diese gefährliche Arbeit erfolgreich bewältigt haben, die sich auf die zu erledigende Aufgabe konzentrieren konnten. Wer nicht aufmerksam war, wurde durchbohrt, niedergetrampelt oder aufgefressen. Während unsere männlichen Vorfahren Warzenschweine und andere wilde Tiere jagten, entwickelte sich die Architektur ihres Gehirns in einer Weise, die sie befähigte, Nebengedanken auszuschalten, ihre Aufmerksamkeit zu konzentrieren und schrittweise Entscheidungen zu treffen.

Das weibliche Netzwerkdenken entstand vermutlich ebenfalls aus der ursprünglichen Beschäftigung der Frauen. Die Frauen der Urzeit hatten die schwierigste Aufgabe aller Lebewesen zu erfüllen, die jemals die Erde bevölkerten. Sie mussten unter extrem gefährlichen Umgebungsbedingungen Babys großziehen, die über einen langen Zeitraum von ihnen abhängig waren.[39] Dafür waren viele Dinge gleichzeitig zu erledigen. Sie mussten sie vor Schlangen bewahren, den herannahenden Donner beachten und Pflanzen auf ihre Giftigkeit prüfen. Zusätzlich mussten sie das schläfrige Kind wiegen, das grießgrämige ablenken, das neugierige unterweisen, das ängstliche beruhigen, das langsame anspornen und das hungrige füttern. Eine Unzahl täglicher Arbeiten war zu verrichten, während sie das Feuer hüteten, die Mahlzeiten kochten und mit Freundinnen sprachen.

Nach Ansicht der Psychologen *erlernen* die heutigen Frauen die Fähigkeit, verschiedene Aufgaben gleichzeitig auszuführen.[40] Beobachten Sie nur eine berufstätige Mutter am Morgen, während sie die Kinder ankleidet, die Pausenpakete vorbereitet, den Goldfisch füttert, die Getreideflocken in den Topf schüttet und am Telefon die Nachmittagsbetreuung der Kinder regelt – und all dies gleichzeitig.

Ich dagegen vermute, dass sich die weibliche Denkart, die den erweiterten Zusammenhang einbezieht, und die damit verbundene Gabe, verschiedenste Aufgaben gleichzeitig zu erfüllen, bereits in der Urzeit entwickelten. Die geistigen und körperlichen Kunststücke, die Tausende Generationen bei der Erziehung hilfloser Kinder vollbrachten, bildeten im weiblichen Gehirn diese herausragenden Eigenschaften aus.

Netzwerkdenken im Büro

Die Fähigkeit zum Netzwerkdenken verschafft Frauen bei den turbulenten morgendlichen Vorbereitungen der Kinder auf den Schultag möglicherweise einen Vorteil und hilft ihnen gewiss, komplexe berufliche Denkaufgaben zu lösen. Allerdings kann sie im Büro auch zu Schwierigkeiten führen, wie das folgende Beispiel zeigt.

Um zu einer Entscheidung über die Beförderung eines Mitarbeiters für einen bedeutenden Posten zu kommen, stellte der Betriebsmanager die beiden Kandidaten, einen jungen Mann und eine junge Frau, vor eine schwierige Aufgabe mit den drei Lösungsmöglichkeiten A, B und C. Beide Bewerber sollten ihm am nächsten Morgen ihre Einschätzung der Situation mitteilen.

Der Mann kam als Erster und erklärte, dass er das Problem eingehend durchdacht und sich unter Berücksichtigung sämtlicher Aspekte für die Lösung B entschieden habe. Die Frau unterbreitete ihre Gedanken folgendermaßen: »Lösung A wäre am geeignetsten, wenn die Punkte 1 und 2 zuerst erledigt würden. Die Lösung B wäre günstig, wenn Punkt X stattdessen gelöst würde. Lösung C ist eindeutig die beste Alternative, wenn ...« Ihr Vorgesetzter zeigte kein Interesse für diese miteinander vernetzten Einzelüberlegungen. »Ich glaube, Sie sollten sich in einem anderen Aufgabenbereich versuchen«, meinte er.[41]

Da Frauen im Allgemeinen nicht so linear und schrittweise denken wie Männer, betrachten Männer deren Überlegungen oft als weniger logisch, vernünftig, konkret, präzise und sogar weniger intelligent.

Dieser geschlechterspezifische Unterschied kann zu ernst zu nehmenden Schwierigkeiten in der Zusammenarbeit zwischen den Geschlechtern führen.

»Der Weg ist das Ziel«, schrieb Willa Cather. Viele Frauen würden ihr zustimmen, denn dem überwiegenden Teil der Frauen ist es überaus wichtig, wie jemand zu einer Schlussfolgerung gelangt.[42] Frauen sind »prozessorientiert«, sie »sammeln« Daten, untersuchen verschiedene Wechselwirkungen, Wege in unterschiedlichen Richtungen und sämtliche Variationsmöglichkeiten des Problems. Daher erscheinen Männer Frauen oftmals als nachlässig, fantasielos oder eingeengt in ihrem Blickwinkel, wenn sie jene Aspekte einer Aufgabe ignorieren, die Frauen für wesentlich erachten.

Männer hingegen geraten in Verzweiflung, wenn Frauen zahllose Variablen anführen, die den Männern überflüssig erscheinen. Den meisten Männern ist das unmittelbare Ziel weit wichtiger als der Entscheidungsprozess. Sie »jagen« – das heißt, sie konzentrieren sich auf die Lösung. Sie schätzen es nicht, bei der Erfüllung einer Aufgabe lange zu verweilen, sondern streben direkt nach ihrer Vollendung.[43] Männer empfinden es daher in einer Geschäftsbesprechung als Störung, wenn Frauen eine Ansammlung von Daten vorlegen, die sie als unnötig erachten.

Dieser geschlechterspezifische Unterschied in der Betrachtungsweise führt oft dazu, dass Vertreter eines Geschlechts die Vertreter des anderen für schlechte Teamspieler halten.

Netzwerkdenken in der Zukunft

Warum weisen Männer und Frauen nicht mehr Ähnlichkeiten auf?

Weil jedes Geschlecht aufgrund der Evolution mit anderen Karten spielt. Sowohl das Netzwerk- als auch das Treppendenken sind ausgezeichnete Methoden, um entsprechend den gegebenen Umständen zu einer Entscheidung zu gelangen. Beide können logisch sein, und beide haben meiner Ansicht nach ihren Sitz im geschlechterspezifischen Gehirn des Menschen. Sie entwickelten sich vor langer Zeit aufgrund der unterschiedlichen Aufgaben der Geschlechter und werden von beiden Geschlechtern fallweise eingesetzt. 1998 erklärte Christie Hefner, Präsidentin von Playboy Enterprises, in einer Rede in New York: »Die besten Manager sind die, die in ihrem Aufgabenbereich sowohl männliche als auch weibliche Strategien anwenden.«

Über Generationen wurden jedoch in den USA jene Angestellten bewundert und ausgezeichnet, die Probleme auf der Grundlage von Einzelkomponenten analysierten und sich einem atomistischen Zugang verschrieben. Ein Beispiel hierfür bietet das geradezu besessene Festhalten der Amerikaner an einer knappen Zusammenfassung der Ergebnisse.

Diese Betrachtungsweise ändert sich nun langsam. Mit dem immer stärkeren Impuls, der vom Informationszeitalter und der Globalisierung ausgeht, müssen Unternehmer bei ihren Entscheidungen immer mehr Faktoren abwägen und in ihre Überlegungen einbeziehen. Manche Unternehmensberater sprechen sogar die Empfehlung aus, lineares Denken zu vermeiden und sich einer holistischen Betrachtungsweise zu bedienen.[44]

Peter Senge, der ehemalige Leiter des Center for Organizational Learning an der Sloan School of Management des MIT (Massachusetts Institute of Technology) riet Tausenden von amerikanischen Managern, sich auf den zukünftigen globalen Markt vorzubereiten. Zu seinen Klienten zählen Ford, Procter & Gamble und AT&T. Seine Empfehlung lautet: Systemdenken. »Systemdenken ist eine Methode, um etwas in seiner Gesamtheit zu betrachten«, erklärt Senge. »Es bietet eine Struktur, in der die wechselseitigen Beziehungen stärker hervortreten als die Dinge selbst und die das Muster von Veränderungen stärker hervorhebt als ein statischer Schnappschuss.«[45]

Lineares Denken wird gewiss auch weiterhin zu den bedeutendsten Hilfsmitteln im Geschäftsleben zählen und dies insbesondere für die Industrieunternehmen kapitalistischer Gesellschaften. Um Schlüsselentscheidungen zu treffen, müssen diese Unternehmer Themen häufig in Einzelbereiche aufteilen und sich auf bestimmte Aspekte konzentrieren. Im Krisenfall müssen sie imstande sein, den weiteren Zusammenhang unberücksichtigt zu lassen, um mit sicherem Schritt zielgerichtet vorzugehen. Lineares Denken ist oft gleichbedeutend mit dynamischem Denken.

Die weibliche Tendenz, Geschäftsprobleme in ihrem Umfeld zu betrachten und sich statt auf die Einzelteile auf die Gesamtheit zu konzentrieren, gewinnt jedoch ständig an Bedeutung.[46] Indem Geschäftsfrauen mehr Variablen abwägen, mehr Alternativen berücksichtigen, mehr Optionen verfolgen und neue Themen einbringen, schaffen sie ein neues Gleichgewicht und bewirken bedeutende Veränderungen in der Geschäftswelt. Manager bemerken, dass Frauen durch ihre vielfältigen und unkonventionelleren Standpunkte einen herausragenden Beitrag innerhalb der amerikanischen Unternehmen leisten.[47]

Die geistige Flexibilität der Frauen

Zu den geschlechterspezifischen Unterschieden zählt auch die Denkweise von Männern und Frauen. Psychologen stellten fest, dass Männer im Vergleich zu Frauen stärker dazu neigen, abstrakten Prinzipien gemäß zu denken und zu planen.[48] In Ausschusssitzungen argumentieren Männer abstrakter und geben kategorischere Erklärungen über das ab, was richtig oder falsch ist, während sich Frauen verstärkt auf Beispiele und persönliche Erfahrungen und somit auf Daten in ihrem Zusammenhang stützen.[49]

Männer binden sich intensiver an diese abstrakten Prinzipien.[50] Vermutlich weil ihnen der Zusammenhang weniger bedeutend erscheint, halten sie im Allgemeinen stärker an Regeln fest. Da Frauen eine breitere Palette an Alternativen berücksichtigen können, neigen sie dazu, Ausnahmen zu machen.

Die geistige Flexibilität der Frauen besitzt eine genetische Komponente. David Skuse und seine Kollegen erklären, dass die geistige Anpassungsfähigkeit auf demselben Gen oder derselben Gengruppe des X-Chromosoms beruht, die auch andere Aspekte der Feineinstellung des weiblichen Geistes hervorbringt.[51] Wie Sie sich vielleicht erinnern, wird dieser DNS-Strang bei allen Männern unterdrückt und kommt bei etwa fünfzig Prozent der Frauen zur Wirkung.

Die geistige Flexibilität der Frauen wird nicht immer als positive Eigenschaft empfunden. So sind Frauen dafür berüchtigt, ständig ihre Meinung zu ändern. Ich bin jedoch überzeugt, dass dieser geistigen Anpassungsfähigkeit im zukünftigen globalen Markt große Bedeutung zukommen wird. Der angesehene Unternehmensanalytiker Peter

Drucker und zahlreiche andere Fachleute in diesem Bereich gehen davon aus, dass die heutigen Unternehmen imstande sein müssen, Pläne, Produkte und Dienstleistungen rasch und häufig zu wechseln, um mit ihren Konkurrenten Schritt halten zu können.⁵²

Mit dem wachsenden Wettbewerb sollte Flexibilität ein gefragteres Gut werden. Die den Frauen eigene geistige Elastizität sollte zu einem wertvollen Faktor der Unternehmensplanung werden.

Weibliche Intuition

»Die Vermutung einer Frau ist viel treffsicherer als die Gewissheit eines Mannes«, schrieb Rudyard Kipling. Damit brachte er die klassische Vorstellung von der weiblichen Einsicht zum Ausdruck. Spätestens seit die antiken Griechen das Orakel von Delphi befragten, spiegelt die Überlieferung die Ansicht wider, dass Frauen die weitblickenderen Seher sind.

Heute lässt sich diese Gabe erklären. Die Intuition der Frauen setzt sich aus verschiedenen weiblichen Eigenschaften zusammen. Wie ich in Kapitel 4 aufzeigen werde, achten Frauen weit stärker auf die Knitterfalten in der Kleidung einer Person, die Spannung in deren Stimme, den auf den Boden klopfenden Fuß und den leicht verärgerten Zug der Unterlippe. Sie nehmen mehr Signale aus Haltung, Gestik, emotionellem Ausdruck und Stimme auf. Dank der einzigartigen Vernetzung ihres Gehirns sind sie besser geeignet, all diese getrennten kleinen Hinweise rascher zu vereinen, und gelangen auf diese Weise zu einem Einblick, der wie Hellseherei wirkt.

Die »weibliche Intuition« ist vermutlich ein weiterer Aspekt des Netzwerkdenkens, das dem präfrontalen Kortex entspringt, in dem das Gehirn Informationen sammelt und zuordnet.

»Aus dem Bauch heraus denken«

Intuition ist jedoch mehr als nur das rasche Ansammeln zahlloser Daten. Immer wieder wird sie als »Reaktion aus dem Bauch heraus« bezeichnet.

Auch das lässt sich erklären. Der präfrontale Kortex und alle anderen Teile des Gehirns sind über spezifische Kreisläufe mit sämtlichen Körperorganen verbunden.⁵³ Der Neurologe Anontio Damasio von der medizinischen Fakultät der University of Iowa bezeichnet diese Kreisläufe zwischen Gehirn und Körper als »Körperschleifen«.[54] Er geht davon aus, dass diese Verbindungen jene »Reaktionen aus dem Bauch heraus« bewirken, die man allgemein mit den Worten »Ich habe da so ein Gefühl« bezeichnet.

Mit seinen Kollegen bewies er diese Verbindungen zwischen Gehirn und Körper in einem Glücksspielexperiment. Sie schlossen Versuchspersonen an ein Gerät an, das die Reaktionen der Haut maß, und forderten sie zum Kartenspiel auf.[55] Einige der Versuchspersonen waren normale, gesunde Erwachsene, andere hatten Verletzungen des präfrontalen Kortex erlitten. Alle erhielten vier Kartendecks und verschiedene Spielaufgaben. Den Versuchspersonen wurde nicht mitgeteilt, dass zwei der Kartendecks so zusammengestellt worden waren, dass sie zu großen Spielverlusten führen mussten.

Die gesunden Versuchspersonen hatten schon bald »so ein Gefühl«, dass sie mit zwei verschiedenen Arten von Kartendecks spielten, den »guten« und den »schlechten«. Sobald sie die ersten Anzeichen wahrnahmen, dass bestimmte Kartendecks riskanter waren als andere, reagierte ihre Haut. Gleichzeitig mit dieser körperlichen Reaktion begannen sie unbewusst, das Spiel mit diesen risikoreichen Decks zu meiden. Erst später wurden sie sich in vollem Umfang bewusst, dass zwei der Decks vorsätzlich schlecht zusammengestellt worden waren. Die körperliche Reaktion hatte jedoch bereits ihr Verhalten gesteuert.

Ebenso aussagekräftig ist die Beobachtung, dass bei den Versuchspersonen mit dem verletzten präfrontalen Kortex keinerlei Hautreaktion zu verzeichnen war und sie auch weiterhin Karten aus den »schlechten« Decks nahmen. Ihr Gehirn war nicht imstande, die aus den Körperkreisläufen eintreffenden Daten auszuwerten.

Damasio stellt die Behauptung auf, dass Haut, Magen, Herz, Lungen, Eingeweide und andere Körperorgane winzige Signale über die Umgebung an den präfrontalen Kortex senden. Er bezeichnet diese körperlichen Hinweise als »somatische Kennzeichen« und ist davon überzeugt, dass sie den Verstand beim Treffen von Entscheidungen unterstützen.[56] Kurz gesagt fügen gefühlsmäßige Reaktionen der rationalen Liste möglicher Optionen des Gehirns einen emotionalen Faktor hinzu, der ebenfalls das Verhalten beeinflusst.

»Jede Art von Lernen gründet sich auf Emotion«, sagte Plato aufgrund der von ihm beobachteten Verbindung zwischen dem rationalen

Geist und dem für Gefühle empfindsamen Körper. Durch ihre Fähigkeit, unzählige Impulse im Gehirn zu sammeln und auszuwerten, nehmen Frauen mehr solcher Körpersignale auf, die als Helfer der Intuition wirken.

Datenblöcke speichern

Der Psychologe Herbert Simon von der Carnegie Mellon University erklärt, dass Intuition auf gespeicherter Erfahrung basiere.[57] Während ein Mensch lernt, den Aktienmarkt zu analysieren, einen Verlag zu führen, eine Krankheit zu diagnostizieren oder professionell Bridge zu spielen, erkennt er die Eigenheiten des Systems, nimmt Regelmäßigkeiten wahr und baut diese Muster in sein gespeichertes Wissen ein. Dies bezeichnet Simon als »Einarbeiten von Datenblöcken«.[58] Im Lauf der Zeit werden immer mehr Muster eingearbeitet, verbunden und als Datenblöcke im Langzeitgedächtnis gespeichert.

Wenn ein Einzelteilchen eines spezifischen, komplexen Musters auftaucht, erkennt der erfahrene Mensch augenblicklich den übergeordneten Aufbau, umgeht die zeitaufwendige, schrittweise Analyse jedes Segments und sagt Dinge voraus, die andere erst durch eine mühsame Gedankenfolge ausarbeiten müssen. So betrachten beispielsweise Schachmeister die einzelnen Bewegungen der Schachfiguren als kleine Details eines übergeordneten militärischen Plans. Und Primatenforscher analysieren das Gähnen eines Pavians im weiteren Kontext des Soziallebens der Paviane. Simon ist der Ansicht, dass sich Intuition auf die Fähigkeit gründet, organisierte gespeicherte Erfahrung abrufen zu können.

»Aufgrund der Gewohnheit spulten sich in meinem Kopf Gedankengänge so leicht und rasch ab, dass ich zu einer Schlussfolgerung gelangte, ohne mir der dazwischenliegenden Schritte bewusst zu sein«[59], erklärt Sherlock Holmes dem langsamer denkenden Watson eine seiner Ableitungen. Sir Arthur Conan Doyle liefert mit diesen Worten eine genaue Beschreibung eines Denkprozesses, der auf gespeicherten Datenblöcken aufbaut.

Männer und Frauen speichern Datenblöcke in ähnlicher Weise. Der geschlechterspezifische Unterschied liegt in der Art der gespeicherten Daten. Ich würde erwarten, dass Männer Fußballdaten speichern, da sie mehr Zeit damit verbringen, sich Fußballspiele anzusehen. Da sich Frauen durch ihre Gabe auszeichnen, die Gesichter von Menschen zu lesen und die Nuancen sozialer Wechselwirkungen aufzunehmen (mehr dazu in Kapitel 4), sind sie vermutlich besser darauf vorbereitet, Datenblöcke über sozialen Umgang zu speichern und für ihre Intuition zu nutzen.

Auch Männer bedienen sich ihrer Intuition. Als der Journalist Roy Rowan in den achtziger Jahren leitende Angestellte einiger großer amerikanischer Unternehmen befragte, gestanden viele ein, sich regelmäßig und insbesondere bei bedeutenden Entscheidungen auf ihr Gefühl zu verlassen. Rowan schloss daraus, dass »der letzte Schritt zu andauerndem Erfolg ein gewagter intuitiver Sprung ist«.[60]

Unternehmerinnen nutzen ihre Intuition jedoch in stärkerem Ausmaß. Eine Untersuchung unter mehr als 2000 Unternehmensmanagern ergab, dass weibliche Manager im Bereich Intuition höhere Werte erzielten.[61]

Warum entwickelten Frauen eine ausgeprägte Intuition? Der Grund dafür lässt sich leicht vermuten. Die Frauen der Urzeit waren stets darauf angewiesen, die Bedürfnisse ihrer zunächst sprachlosen, in hohem Maß von ihnen abhängigen Nachkommenschaft zu entziffern.

Ein zeitgenössisches Beispiel hierfür erlebte ich in einem Café am Flughafen, während ich auf einen Flug wartete. Es hätte sich jedoch ebenso gut vor einer Million Jahren zutragen können. Zwei Frauen saßen mit einem Kleinkind am Tisch hinter mir. Als das Kind zu weinen begann, meinte eine von ihnen: »Ich hab' ihn doch gerade gewickelt.« »Hungrig kann er auch nicht sein«, entgegnete die andere. Gemeinsam gingen die beiden Frauen Dutzende möglicher Gründe für die Tränen durch, um intuitiv die Antwort zu finden.

Psychologen und Unternehmensanalytiker sind heute der Ansicht, dass Intuition eine produktive, wenn auch oft nicht anerkannte Rolle bei Managemententscheidungen spielt.[62] Während der sich ausweitende Weltmarkt immer mehr Arbeitnehmer dazu drängt, unbekannte Kunden und Kollegen zu bewerten, Zugang zu fremden Märkten zu finden und sich in einer neuen Umgebung zu bewegen, könnte der Wert der intuitiven Beurteilung steigen – und Frauen im Geschäftsleben einen besseren Platz einräumen.

Frauen als Langzeitplaner

»Frauen sind der beste Hinweis auf zukünftige Entwicklungen«, schrieb Ralph Waldo Emerson. Der amerikanische Philosoph erkannte in dem ausgefeilten Gefühl der Frauen für Zukunftsmöglichkeiten zu Recht eine weitere weibliche Fähigkeit, die mit dem Netzwerkdenken in Beziehung steht.

Sowohl Männer als auch Frauen besitzen die Gabe, langfristig zu planen. Ich fand keinen konkreten Beweis, dass das eine Geschlecht für diese bedeutende Aufgabe mehr Talent besäße als das andere. Einige wenige Unternehmensanalytiker sind jedoch der Ansicht, dass Frauen für eine ständige langfristige Planung besser geeignet sind, während sich Männer vorwiegend auf das Jetzt und Hier konzentrieren.[63]

Männer setzen beispielsweise geschäftliche Besprechungen direkt aneinander anschließend an und opfern wertvolle Erholungspausen, die sie dazu verwenden könnten, ihren Fortschritt neu einzuschätzen und die nächsten Schritte zu überdenken. Karrierefrauen hingegen gönnen sich mehr Zeit, um wieder zu Atem zu kommen, nachzudenken und zwischen Sitzungen und Terminen die gegenwärtige Lage zu überblicken. Fünf Minuten hier, zehn Minuten dort: Frauen schieben Zeit ein, um die Geschehnisse in ihrem Umfeld aufzunehmen und sich die Zukunft vorzustellen. »Frauen konzentrieren sich ständig auf die langfristige Planung«, erklärt die Wirtschaftsjournalistin Sally Helgesen.[64]

Die Neigung der Frauen zur Langzeitplanung zeigt sich vor allem in ihrer Einstellung dem eigenen Geld gegenüber.

Bei der Untersuchung der Börsengewinne von etwa 35 000 Kunden eines großen Maklerunternehmens entdeckten die beiden Wirtschaftsfachleute und Absolventen der Wirtschaftsfakultät der University of California in Davis, Terrance Odean und Brad Barber, dass Männer um 45 Prozent häufiger kauften und verkauften als Frauen. »Frauen setzen ihren Aktienanteil nicht auf dieselbe Weise um wie Männer.«[65] Drei Viertel aller weiblichen Investoren streben mit ihrer Investition kein kurzfristiges Ziel an, ergab 1997 eine Umfrage des Gallup-Instituts in Zusammenarbeit mit PaineWebber unter 6000 Investoren.[66] Die Auseinandersetzung mit der fernen Zukunft spiegelte sich auch darin wider, dass Frauen mehr Geld für die Rente anlegen.[67]

Die schlechtesten Finanzmärkte ausgenommen, führt diese weibliche Einstellung zum Geld stets zu Erfolg. Die National Association of Investors Corporations berichtet, dass ausschließlich weibliche Investitionsclubs einen durchschnittlichen Jahresgewinn von 21,3 Prozent bei ihren Aktiengeschäften erzielen, während ausschließlich männliche Clubs einen durchschnittlichen Jahresgewinn von 15 Prozent erreichen.[68] Die NAIC bemerkte zudem, dass Frauen den gesamten Wirtschaftsaktivitäten der Unternehmen, in die sie investierten, mehr Aufmerksamkeit schenkten und Marktschwankungen mit geringeren Auswirkungen überstanden. Ein Finanzmakler aus Washington fasste es folgendermaßen zusammen: »Frauen kennen bei Risiken keine Rennbahnmentalität. Sie sagen: ›Ich will nicht zum großen Schlag ausholen, sondern auf der Langstrecke siegen.‹«[69]

Die Biologie der Langzeitplanung

Die langfristige finanzielle Planung der Frauen lässt sich durch die sozialen Gegebenheiten unserer Zeit erklären. Um ihre Kinder großzuziehen, wechseln Frauen häufiger als Männer in und aus dem Arbeitsmarkt. Deshalb sind ihre Rentenansprüche niedriger.[70] Da sie zudem länger leben, sind sie im Vergleich zu Männern wesentlich weniger zuversichtlich, dass ihnen in späteren Jahren genug Geld für ein angenehmes Leben zur Verfügung stehen wird.

Die Neigung von Frauen zur Langzeitplanung könnte ihre Ursache auch in der Gehirnstruktur haben. Warum? Weil der geistige Prozess für Langzeitplanungen im präfrontalen Kortex angesiedelt ist, wie ein Unfall im Sommer 1848 belegt.

Am späten Nachmittag eines heißen, sonnigen Tages am Black River in Vermont bereitete der junge Bauvorarbeiter Phineas P. Gage von der Eisenbahngesellschaft Rutland & Burlington die Sprengung eines Felshangs vor, damit seine Männer die Schienen legen konnten. Er hatte ein Loch in den Felsen gebohrt und den Sprengstoff und die Zündung eingelegt. Dann begann er, das Loch mit einer etwa einen Meter langen Eisenstange zu stopfen.

Bedauerlicherweise hatte Gage vergessen, den Sprengstoff und den Zünder mit Sand abzudecken – die Ladung explodierte in sein Gesicht. Zu allem Unglück bohrte sich die beinahe drei Zentimeter dicke Eisenstange in seine linke Wange, trat an seinem Scheitel durch den Schädelknochen wieder aus und flog dann noch etwa dreißig Meter durch die Luft.

Wie durch ein Wunder überlebte Phineas Gage diesen Unfall. Während er auf einem Ochsenwagen liegend zum nächsten Gasthof gefahren wurde, sprach er mit den Umstehenden, und er trank sogar während der Untersuchung des Arztes eine kühle Limonade auf der Veranda des Gasthofs. Abgesehen davon, dass er auf dem linken Auge blind blieb, schien er innerhalb von zwei Monaten körperlich wieder vollkommen hergestellt zu sein.

Seine Persönlichkeit hatte sich jedoch grundlegend geändert. Der bisher ruhige, kompetente, beharrliche, energievolle, kluge Vorarbeiter wurde respektlos, launisch, starrsinnig, unentschlossen, ungeduldig, unbeholfen und war plötzlich vollkommen unfähig, langfristige Projekte auszuführen. Kaum hatte er einen Plan für die Zukunft ausgearbeitet, verwarf er ihn bereits wieder. Er verwendete keinen Gedanken auf das Morgen und zeigte keinerlei Interesse an der Zukunft. So verlor er Job um Job, schloss sich dann einem Zirkus an und ging schließlich nach Südamerika, wo er auf einer Pferdefarm arbeitete und die Postkutsche fuhr. Zu guter Letzt nahmen ihn seine Mutter und seine Schwester in San Francisco auf.

Aus der Untersuchung von Phineas Gage und vielen anderen Patienten mit Verletzungen der stirnseitigen Gehirnrinde wissen Neurowissenschaftler heute, dass die Langzeitplanung größtenteils in diesem Bereich des Gehirns stattfindet.[71] Wie Sie sich vielleicht erinnern, weist die Struktur des präfrontalen Kortex bei Männern und Frauen Unterschiede auf. Möglicherweise tragen diese Verschiedenheiten im Gehirn bei Frauen zu der Tendenz bei, langfristig zu planen.

Im Lauf der Urgeschichte entwickelten Frauen diese Fähigkeit zum Langzeitdenken. Die Jagd erforderte von den Männern, die Gewohnheiten von Tieren und Vögeln zu berücksichtigen, den Zyklus des Mondes und die Stellung der Sterne zu beachten und anhand von Wind- und Regenmustern und den Weidegründen des letzten Jahres zu bestimmen, wohin eine Herde im nächsten Monat oder nächsten Jahr ziehen würde. Zweifellos mussten auch Männer über Ereignisse nachdenken, die erst in einigen Monaten oder sogar Jahren eintreffen würden. Die Pflege und Erziehung der Kinder zwang Frauen jedoch, sich auf Situationen vorzubereiten, die erst in einigen Jahrzehnten auftraten. Dorothy Parker kommentierte diese weibliche Verantwortung folgendermaßen: »Eine weise Frau benötigt achtzehn Jahre, um aus ihrem Sohn einen Mann zu machen.«

In den vielen Jahrtausenden, in denen Frauen für mögliche Krisenzeiten vorausplanten, könnten sich geringfügige Änderungen in der Gehirnarchitektur entwickelt haben, aufgrund derer sie regelmäßiger als Männer zu langfristigen Konzepten neigen.

Der neue Holismus

Einige Männer besitzen zweifellos die Fähigkeit zu Langzeitplanungen. Die Finanzexperten und Vorstände nahezu aller großen Unternehmen sind vorwiegend Männer, die imstande sein müssen, langfristige, strategische Entwürfe auszuarbeiten. Frauen hingegen zeichnen sich durch ihren »Weitblick« aus, wie der ehemalige amerikanische Präsident George Bush betonte.

Viele Unternehmensanalytiker und Direktoren sind der Ansicht, dass die Fähigkeit, Themen in einem breiteren und langfristigen Zusammenhang zu sehen, im globalen Markt an Bedeutung gewinnen wird.[72] Die »Weite« und die »Tiefe« des Blickwinkels wurden zu Schlagworten in zahlreichen Vorstandsbüros und Sitzungssälen. Zu dieser sich beschleunigenden Entwicklung könnten Frauen einen großen Beitrag leisten.

Dafür müssen sie lediglich sie selbst sein.

Die Macht der Fantasie

»Die Probleme der Welt lassen sich nicht von Skeptikern und Zynikern lösen, deren Horizont auf die offensichtlichen Realitäten beschränkt ist. Wir benötigen Menschen, die von Dingen träumen können, die es nie zuvor gab«, erklärte John F. Kennedy. Kennedy verehrte die Fantasie. Er betrachtete sie als einen bedeutenden Bestandteil von Fortschritt.

Fantasie ist nichts anderes, als in die Tiefen unseres gespeicherten Wissens zu greifen, Informationsbestände auf neuartige Weise zu ordnen und vorherzusagen, was sich aus verschiedenen Kombinationen derselben Bestandteile ergibt. All dies sind Aspekte des Netzwerkdenkens. Daher ist die Wahrscheinlichkeit groß, dass die Fähigkeit zur Fantasie spezifischen Bereichen des präfrontalen Kortex entspringt, in dem

Muster aufgenommen, Pläne geschmiedet und neuartige Antworten entwickelt werden.[73]

Mit ihrer auf besondere Art aufgebauten stirnseitigen Gehirnrinde und ihren ausgezeichneten Verbindungen innerhalb des Gehirns sind Frauen bestens ausgestattet, sich den Ausgang zukünftiger Ereignisse auf innovative Weise vorzustellen.

»Der langsame Zeitzünder der Möglichkeit wird von der Fantasie entzündet«, schrieb Emily Dickinson. Mit ihrem natürlichen Talent zum Netzwerkdenken, ihrer geistigen Flexibilität, ihrer Intuition, ihren breiten, in Zusammenhänge eingebetteten Langzeitperspektiven und ihrer Fantasie besitzen Frauen angeborene Fähigkeiten, die die Wirtschaftswelt ändern können.

Darüber hinaus bietet sich ihnen nun auch die Gelegenheit dazu, da sie in bislang beispielloser Zahl auf den Arbeitsmarkt drängen.

Der Aufstieg der arbeitenden Frauen

»Der Platz der Frau in der Gesellschaft kennzeichnet den Entwicklungsstand einer Zivilisation«, erklärte die im 19. Jahrhundert lebende Feministin Elizabeth Cady Stanton. In der Landwirtschaft waren Frauen daran gewöhnt, lange und schwer zu arbeiten. Die amerikanischen Frauen verkauften darüber hinaus ihren Überschuss an Marmelade, Seife, Kerzen, Decken und gestrickten Pullovern in ihrer guten Stube oder auf dem lokalen Bauernmarkt. Einige fertigten kommerziell Lederwaren oder Kleidung an oder führten ein Familienunternehmen. Die Frauen verdienten jedoch selten eigenes Geld und vertraten auch die von ihnen geleiteten Unternehmen kaum nach außen.

In den dreißiger Jahren des 19. Jahrhunderts verließen die amerikanischen Frauen die Landwirtschaft, um Stellungen als Bedienstete anzunehmen oder billige Fabrikarbeit zu leisten. In den siebziger Jahren waren dennoch lediglich 14 Prozent der amerikanischen Frauen im arbeitsfähigen Alter außerhalb des eigenen Heims beschäftigt, und davon waren die meisten unverheiratet. Ihr Anteil am bezahlten Arbeitsmarkt belief sich auf nur 16 Prozent.[74] In ihrem Urlaub kehrten diese weiblichen Pioniere mit Geschichten, Geld und Konfektionskleidung zurück und regten damit weitere Frauen an, ebenfalls in die moderne Welt der bezahlten Arbeit aufzubrechen.

Nach dem amerikanischen Bürgerkrieg lockte die rasche Entwicklung der Wirtschaft mehr junge Frauen in die sich ständig ausweitenden Städte. Zumindest bis zu ihrer Heirat unterrichteten sie oder arbeiteten in Fabriken. Um 1900 entstanden zusätzliche Arbeitsplätze in Büros und Geschäften. Nach dem Ersten Weltkrieg übernahmen Scharen junger, unverheirateter Frauen Schreibarbeiten, erledigten die Buchhaltung, arbeiteten in Telefonzentralen und sorgten in der Bürowelt für Ordnung. In den dreißiger Jahren des 20. Jahrhunderts entfielen bereits zwanzig Prozent aller Arbeitsplätze in Büros auf Frauen.[75] Viele dieser Frauen kehrten in den Beruf zurück, sobald ihr jüngstes Kind die Highschool abgeschlossen hatte.

Während der großen Depression der dreißiger Jahre erhöhte sich der Anteil der amerikanischen unverheirateten Frauen, die von neun bis 17 Uhr in vorwiegend eintönigen, untergeordneten Jobs ohne Aufstiegschancen arbeiteten. Zwischen 1870 und 1940 verdoppelte sich jedoch die Gesamtzahl der arbeitstätigen Frauen und ein weiteres Mal während des Zweiten Weltkriegs.[76]

Die Teilnahme der Frauen am bezahlten Arbeitsmarkt erlebte einen vorübergehenden Einbruch mit der Rückkehr der Männer aus dem Krieg an die ihnen »rechtmäßig zustehenden« Arbeitsplätze in der Wirtschaftswelt. Der Wirtschaftsboom der Nachkriegszeit steigerte erneut die Nachfrage nach Sekretärinnen, Lehrerinnen, Krankenschwestern und Verkaufspersonal und erweiterte die Berufsmöglichkeiten für Frauen. In den fünfziger Jahren zog es sogar verheiratete Frauen auf den amerikanischen Arbeitsmarkt. Um 1970 hatten etwa 43 Prozent aller Frauen über 16 Jahren in den USA einen bezahlten Arbeitsplatz. 1996 arbeiteten nahezu 60 Prozent dieser Frauen.[77]

Im Jahr 1998 betrug der Anteil der Frauen auf dem amerikanischen Arbeitsmarkt 46 Prozent.[78] In der Landwirtschaft waren zu diesem Zeitpunkt weniger als 3,5 Prozent aller Amerikaner beschäftigt.[79]

Weniger Babys

Die historische Entwicklung, dass Frauen verstärkt auf den Arbeitsmarkt drängen, wird aus verschiedenen Gründen anhalten. Zunächst einmal können Frauen heute außerhalb des eigenen Heims arbeiten, weil sie weniger Kinder gebären.

In der Landwirtschaft benötigten Frauen zahlreiche Kinder, um Bohnen zu pflücken, Kühe zu melken, Eier einzusammeln, Kerzen zu ziehen und Socken zu stopfen. Kinder stellten einen kostengünstigen, zuverlässigen und wichtigen Bestandteil der Arbeitskraft auf dem Bauernhof dar. Als im 19. Jahrhundert ehrgeizige junge Männer und Frauen ihr Bündel schnürten und den Zug nach Chicago oder New York bestiegen, ließen sie diese Notwendigkeit zurück. Die städtische Familie hatte keine Verwendung für ein Dutzend Kinder. So war im Verlauf des 19. Jahrhunderts in den USA eine ständige Abnahme der Geburtenrate zu verzeichnen.

Dieser Trend hält weiter an. Heute gebären amerikanische Frauen im Durchschnitt 2,2 Kinder, die das Erwachsenenalter erreichen. In weiten Teilen Europas liegt dieser Durchschnitt noch niedriger.[80]

Neue Erfindungen beschleunigten den Rückgang der Geburtenrate. Die stark verbesserten technologischen Möglichkeiten in der Medizin bewahren mehr Kleinkinder vor einem vorzeitigen Tod. Daher müssen Frauen heute nicht mehr zahlreiche Kinder in der Hoffnung empfangen, dass zumindest zwei oder drei überleben. Mit den modernen Methoden der Empfängnisverhütung und der Legalisierung der Abtreibung im Jahr 1973 sind die amerikanischen Frauen heute imstande zu planen, ob sie in jungen Jahren gebären wollen oder nicht.

Auf diese Weise erhöht sich die Zahl der berufstätigen Jahre der verheirateten Frauen vor der Schwangerschaft. Sie bleiben während der Schwangerschaft länger im Arbeitsprozess, kehren nach der Geburt der Kinder früher zurück, und ihre Laufbahn wird durch weniger Schwangerschaften unterbrochen.[81] Das führt dazu, dass Frauen heute im Allgemeinen weniger Zeit für Schwangerschaft und Kinderpflege aufwenden als zu jedem anderen Zeitpunkt in der menschlichen Evolution.

Erleichterungen in der Hausarbeit

Das häusliche Leben der Frauen ist wesentlich weniger anstrengend als in der Vergangenheit. Heute sind die meisten Frauen von einer Vielzahl genialer Geräte umgeben. Sie ziehen weder die Erbsen, noch züchten sie die Hühner, die sie zum Abendessen servieren. Stattdessen jagen und sammeln sie im Supermarkt. Auf der Suche nach Kleidung durchblättern sie Kataloge oder spazieren durch Kaufhäuser, statt Schafe zu scheren, Wolle zu spinnen und Röcke, Jacken und Decken zu weben.

Fließendes Warmwasser, Glühbirnen, Waschmaschinen, Geschirrspüler, Elektroöfen, Mikrowellengeräte, Kühlschränke, Babyfläschchen, Fertigspeisen, Telefone und das Fernsehen am (Samstag-)Morgen gehören zu dem endlosen Strom von Erfindungen, die das Kochen, Waschen, Reinigen, Einkaufen und die Kindererziehung für die Frauen vereinfachen. Diese Hilfsmittel ermöglichten schließlich den Schritt der Frau aus ihrem Heim auf den Arbeitsmarkt.

Das Angebot von Arbeitsplätzen für Frauen steigt

Arbeit ist reichlich vorhanden. Der Rückgang der auf rauchenden Schloten und endlosen Fertigungsstraßen basierenden Industrie, der Anstieg der hoch qualifizierten Arbeitsplätze und die Ausweitung des Dienstleistungssektors kommen den Frauen zugute. Denken wir zum Beispiel an all die Schreibtisch- und Computerarbeiten in der Bürowelt oder an die Berufsmöglichkeiten in Medizin und Technik. Auch der Bereich Unterricht, Kranken-, Heim- und Kinderpflege, der Verkaufssektor und die Dienstleistungsbetriebe verzeichnen weiterhin Zuwächse.[82] Diese Arbeitsplätze erfordern im Allgemeinen nicht die Körperkraft eines Mannes. Viele werden als Teilzeitarbeitsplatz oder mit flexiblen Arbeitsstunden angeboten. Auch dies sind Faktoren, die Frauen besonders ansprechen.

Der moderne Arbeitsplatz fordert eine gewisse Ausbildung. Wie Sie in Kapitel 3 erfahren werden, haben Frauen ihre Freizeit genutzt, um sich weiterzubilden. Wegen der gehobenen Ausbildung gebären Frauen wiederum weniger Kinder, wodurch sich der Abwärtstrend der Geburtenrate und der ständige Zustrom der Frauen auf den Arbeitsmarkt weiter fortsetzt.[83]

Hinzu kommt, dass viele Frauen arbeiten müssen. Aufgrund der steigenden Lebenshaltungskosten erklären die Frauen in den meisten Zweiverdienerfamilien, keinen angemessenen Lebensstandard aufrechterhalten zu können, wenn nicht beide Ehepartner berufstätig sind. Andere Frauen arbeiten, weil ihr Ehemann seine Stellung verloren hat, in die Ausbildung zurückgekehrt ist oder es vorzieht, als Hausmann die Kinder zu erziehen. Wieder andere Frauen arbeiten, weil sie geschieden sind. Wenn Frauen in Industriegesellschaften in den bezahlten Arbeitsmarkt eintreten, erwerben sie damit die finanziellen Mittel, sich leichter aus einer unglücklichen Ehe zu befreien. Viele wagen diesen Schritt und steigern damit die Anzahl jener Jahre, die sie gezwungen sind zu arbeiten.

Frauen wollen arbeiten

Weniger Kinder, mehr Haushaltsgeräte, mehr Jobs außerhalb des eigenen Heims für Frauen, ein höherer Ausbildungsstand und mehr Scheidungen ermutigen Frauen, sich der arbeitenden Bevölkerung anzuschließen. Hinzu kommt, dass Frauen heute später heiraten. Dies bedeutet, dass sie vor ihrer Ehe über einen längeren Zeitraum ihren Lebensunterhalt selbst verdienen. Frauen leben zudem länger und steigern auch auf diese Weise die Anzahl ihrer Arbeitsjahre.

Ein weiterer Grund, warum Frauen arbeiten, ist all das, was sie mit dem selbst verdienten Geld kaufen können. Fernsehgeräte, Autos, ausgefallene Mahlzeiten, Aerobic-Kurse, Massagen, Designer-Jeans, Konzerttickets, Ferien in Übersee, Afrika oder Katmandu: In den USA und anderen wohlhabenden Ländern haben sich viele Frauen an ein angenehmes Leben und Unterhaltung gewöhnt.

Während die Notwendigkeit, Kinder zu gebären, sank, stieg der Anreiz der Arbeit, sodass sich mehr Frauen der bezahlten Arbeitswelt anschlossen.[84]

»Geld ist die stärkste ausgleichende Kraft in der Gesellschaft. Es verleiht jenem Macht, der es besitzt«, erklärt der New Yorker Gesellschaftsreporter Roger Starr. Das Büro für Arbeitsstatistik berichtet, dass die amerikanischen vollzeitbeschäftigten Ehefrauen 1993 durchschnittlich 41 Prozent des Familieneinkommens erwirtschafteten. 1998 verdienten etwa zwanzig Prozent der arbeitstätigen Ehefrauen in den USA mehr als ihre Ehepartner.[85] Männer treten zudem früher in den Ruhestand, und auch der Anteil der Teilzeitarbeiter steigt bei den Männern.[86]

Als Folge schließt sich die »Gehaltsschere« zwischen den Geschlechtern – wenn auch langsam und ungleichmäßig[87] –, und die amerikanischen Frauen erwerben allmählich eine wirtschaftliche Gleichstellung mit den Männern.

Der weltweite Aufstieg der Frauen auf dem Arbeitsmarkt

Was in den USA geschieht, ereignet sich oftmals in anderen Teilen der Welt mit etwas Verzögerung. Diese Aussage trifft vor allem im Hinblick auf Frauen zu.

In den meisten Regionen der Welt gebären Frauen heute weniger Kinder. Bedeutend weniger Frauen sterben im Kindbett[88], und viele erhalten eine bessere Ausbildung.[89] Zudem nehmen in zahlreichen, vorwiegend landwirtschaftlich geprägten Ländern Insektizide, Unkrautvernichtungsmittel, Traktoren und andere technologische Erneuerungen den Frauen einen Teil ihrer Arbeit in der Landwirtschaft ab, sodass sie einträglichere Jobs in der bezahlten Arbeitswelt annehmen können.[90]

Ma Shuozhu, das Familienoberhaupt einer Großfamilie im ländlichen China, drückte es folgendermaßen aus: »Die Arbeit in der Landwirtschaft ist leichter geworden, deshalb bleibt nun Zeit für Geschäfte.«[91]

Durchschnittlich beträgt der Anteil der Frauen auf dem Arbeitsmarkt in den Ländern der Europäischen Union und der übrigen industrialisierten Welt derzeit vierzig Prozent.[92] 1990 beteiligten sich Frauen weltweit mit 39,5 Prozent an der Berufswelt.[93] Im Verlauf der vergangenen zwei Jahrzehnte stieg der Anteil der außer Haus beschäftigten Frauen in nahezu allen Regionen der Welt, während die Beteiligung der Männer am Arbeitsmarkt zurückging.[94]

Japan hob beispielsweise verschiedene Beschränkungen im Bereich Überstunden und Nachtarbeit auf, die Frauen früher ausgeschlossen hatten. Als Folge entfallen heute 35 Prozent aller bezahlten Arbeitsstunden auf japanische Frauen. In Katar, einem der strengsten islamischen Länder der Welt, beginnen Frauen nun, außerhalb des eigenen Heims zu arbeiten – und dies ohne Schleier. Selbst in den gebirgigen Urwäldern von Papua-Neuguinea widersetzen sich Frauen den althergebrachten Bräuchen, um sich dem modernen Arbeitsmarkt anzuschließen.

Miriam Wilngal gehört zu ihnen. 1997, kurz nach der Tötung eines angesehenen Stammesführers im Verlauf eines Dschungelkampfes, berichtete die *New York Times* über sie. Als Schadenersatz für die Tötung bot man dem Stamm eine Geldbuße von 15 000 Dollar, 25 Schweine und ein Mädchen zur Heirat an: Miriam. Miriam Wilngal weigerte sich zu heiraten. Damit widersetzte sie sich dem Stammesbrauch, brachte eine kunstvoll ausbalancierte Struktur gesellschaftlicher Schulden und Guthaben zum Einsturz und verärgerte ihre Familie.

»Ich möchte mich zur Schreibkraft ausbilden lassen, mein eigenes Geld verdienen und nicht von einem Mann abhängig sein«, erklärte Miriam den Reportern in Port Moresby.[95]

Der Vorteil der Frauen

Die Welt wird mehr Frauen wie Miriam kennen lernen.

1995 arbeitete das United Nations Development Programme einen genialen Index aus, um den Aufstieg der Frauen mit dem der Männer zu vergleichen. Hierfür zog es verschiedene Maßstäbe heran, wie die Gesundheit von Männern und Frauen, Lebenserwartung, schulische Leistung, Lese- und Schreibfertigkeit, Zugang zu Wissen, relatives Einkommen und Lebensstandard. Das UNDP bediente sich dann dieser Angaben, um eine Rangordnung der 130 untersuchten Länder nach dem Grad der Gleichstellung von Männern und Frauen zu erstellen.

Die besten Werte erzielten Frauen in Schweden, Finnland, Norwegen und Dänemark. Die USA errangen Platz 5. Japan lag an achter Stelle, und die schlechtesten Werte erhielten Frauen in Niger, Mali, Sierra Leone und Afghanistan. In keiner Gesellschaft wurden Frauen ebenso gut behandelt wie Männer. Im Lauf der letzten zwei Jahrzehnte zeigte sich jedoch in jeder dieser Gesellschaften eine Verschiebung hin zur Gleichstellung der Frau. Dieser aus dem Jahr 1995 stammenden Untersuchung zufolge »ist kein einziges Land auf dem Weg zu einer größeren Gleichberechtigung zwischen den Geschlechtern zurückgefallen«.[96]

Seit der Veröffentlichung dieser Daten muss Afghanistan einen Schritt zurück getan haben, da die fundamentalistische Taliban-Regierung jedes Anzeichen einer Gleichberechtigung von Frauen zunichte gemacht hat.

Dennoch verzeichnen Frauen in nahezu allen heutigen Gesellschaften Fortschritte auf dem bezahlten Arbeitsmarkt. Darüber hinaus arbeiteten viele nationale und internationale Organisationen Projekte aus, die diesen Fortschritt der Frauen weiter beschleunigen.[97]

Netzwerkdenken: Anerkennung in der Zukunft

»Es ist wahr: in diesem Netz findet sich Magie«, schrieb Shakespeare. Ein bemerkenswertes Zusammenspiel von technologischen und wirtschaftlichen Kräften befähigt Frauen auf der gesamten Welt, in den bezahlten Arbeitsmarkt einzutreten.

Mit der zunehmenden Komplexität und dem steigenden Tempo des globalen Marktes werden immer mehr Unternehmen Angestellte benötigen, die imstande sind, eine breite Palette von Daten zu sammeln, aufzunehmen und abzuwägen, verschlungene Beziehungen zwischen Denkmodellen zu errichten, sich unvorhergesehene Geschäftsentwicklungen vorzustellen, mit zwiespältigen Situationen umzugehen, durch Intuition die geeigneten Handlungen in schwierigen Unternehmensphasen zu veranlassen, Strategien in verschiedenen Richtungen zu entwickeln, komplexe Langzeitpläne auszuarbeiten, ein breites Spektrum an möglichen Folgen vorherzusehen, auf schnelle, unerwartete Veränderungen einzugehen, Notfallprogramme vorzubereiten, Unternehmensziele in einen breiteren gesellschaftlichen Kontext zu integrieren, in Systemen zu denken, geistig flexibel zu bleiben – und gleichzeitig eine Vielzahl an Aufgaben im Büro zu bewältigen.

Alle diese Fähigkeiten sind Aspekte des Netzwerkdenkens und Eigenschaften des weiblichen Gehirns. Viele Menschen werden mit Amy Pascal, der Präsidentin von Columbia Pictures, übereinstimmen, die erklärte: »Mein größter Vorteil als Vorstandsdirektorin ist die Tatsache, dass ich eine Frau bin«.[98]

KAPITEL 2
Die organisierte Frau
Weiblicher Teamgeist

*Wenn die Natur eine Frau schafft,
tut sie es mit vollem Ernst.*

OLIVER WENDELL HOLMES

»Absolute Macht ist wunderbar«, heißt es. Beide Geschlechter suchen und genießen diese Ambrosia. Oft wird Macht aber von Frauen und Männern anders empfunden. Männer assoziieren sie im Allgemeinen mit Rang und Status, während Frauen sie häufig als Netzwerk lebenswichtiger menschlicher Beziehungen betrachten.

Nicht jeder Mann und jede Frau fügt sich genau in diese psychologischen Muster. Soziologen, Anthropologen, Psychologen und sogar Unternehmensanalytiker haben diesen facettenreichen Unterschied zwischen den Geschlechtern ausführlich beschrieben: Das Interesse der Frauen gilt persönlichen Kontakten. Sie streben nach zwischenmenschlicher Harmonie und zeigen eine deutliche Neigung zu Arbeit und Spiel im gleichberechtigten Team, während Männer für gesellschaftliche Vorherrschaft empfänglich sind und das Bedürfnis haben, in einer tatsächlichen oder vermeintlichen Hierarchie eine bedeutende Stellung zu erringen.[1]

Viele Psychologen sind der Ansicht, dass sich der Drang der Männer zu Rang und Ansehen und der der Frauen zu menschlichen Beziehungen in der Kindheit entwickelt und von der Haltung der Eltern, den Spielen der Kinder und der unterschiedlichen Beziehung von Jungen und Mädchen zu ihrer Mutter geprägt wird. Das männliche Streben nach Rang wird jedoch weithin mit dem männlichen Hormon Testosteron in Beziehung gebracht. Ich glaube, dass die weibliche Neigung zu egalitären, harmonischen Beziehungen mit dem weiblichen Hormon Östrogen in Zusammenhang steht, wenn auch die diesbezüglichen Daten nicht eindeutig sind.

In diesem Kapitel behaupte ich daher, dass die Einstellung von Männern und Frauen zu Macht nicht ausschließlich von ihren Kindheitserfahrungen abhängt, sondern auch von der Physiologie und der Entwicklungsgeschichte. Darüber hinaus erkläre ich, dass der biologische Trieb der Männer nach Rang und Ansehen ihnen half, in traditionellen hierarchischen Körperschaften die Spitze zu erreichen, während die Sehnsucht der Frauen nach Beziehungen (und insbesondere nach einer Bindung zu ihren Kindern) ihrem Aufstieg in die höchsten Ränge im Wege stand.

Das Management und der Umgang innerhalb von Unternehmen erlebt nun einen Wandel. Die Organisationsform der lateralen Netzwerke und Arbeitseinheiten, die sich aus gleichberechtigten Teamspielern zusammensetzen, lösen pyramidenförmige Unternehmensstrukturen ab. Die Wirtschaftswelt wandelt sich in dieser und vielen anderen Hinsichten, die dem weiblichen Geist entgegenkommen – und ihn benötigen werden.

Männer wollen Ansehen, Frauen Liebesbeziehungen

»Der Mann ist der Rivale der anderen Männer; er genießt den Wettkampf«, schrieb Charles Darwin und bewies damit sein Verständnis vom Mann.[2]

Männer neigen dazu, sich in einer Hierarchie einen Platz zu suchen und dann nach einem höheren Rang zu streben. Sie sind bereit, erschöpfende Arbeitseinheiten auf sich zu nehmen, um eine bessere Stellung zu erzielen, und opfern häufiger Gesundheit, Sicherheit und wertvolle Zeit mit der Familie und Freunden, um Status, Geld und Prestige zu erringen.[3] Im Hinblick auf das von den Psychologen als »interner Wettbewerb« bezeichnete Streben nach persönlichen Zielen und ausgezeichneten Leistungen findet sich bei Männern und Frauen kein Unterschied. Männer erreichen jedoch im »externen Wettbewerb« – der Bereitschaft, andere mit Einsatz der Ellbogen zur Seite zu schieben, um nach vorne zu gelangen – höhere Werte.[4]

Frauen sind allgemein mehr an Zusammenarbeit, Harmonie und Beziehungen interessiert, d. h. an einem Netzwerk der Unterstützung.[5] Sie platzieren sich in einem Netz von Freundschaften, schließen laterale Kontakte zu anderen und bilden Cliquen. Danach arbeiten sie an der

Intensivierung dieser Verbindungen. Mit Entschlossenheit und Klugheit klettern Frauen die gesellschaftliche oder unternehmerische Leiter hinauf. Doch wenn sie einen hohen Rang erreicht haben, spielen sie ihre Autorität im Allgemeinen etwas herab. Nur wenige Frauen sind an Macht um der Macht willen interessiert.

Das weibliche Einschichtsystem

Laterale Verbindungen versus geordnete Hierarchien, Zusammenarbeit versus Wettbewerb, Interaktion und Informationsaustausch versus Status und Unabhängigkeit: Diese geschlechterspezifischen Unterschiede entwickeln sich in der Kindheit.

Kleine Mädchen streben bei ihren Spielen selten nach einem direkten Wettbewerb mit eindeutigen Siegern und Verlierern. Stattdessen schließen sie sich lieber zu nicht hierarchisch aufgebauten, führerlosen Gruppen von etwa fünf bis sechs Mädchen zusammen, die für die Bedürfnisse der anderen empfänglich sind.[6] Ihre Spiele werden durch ein endloses Geben und Nehmen gekennzeichnet. Die Mädchen wechseln einander ab, bringen Vorschläge ein, suchen nach vernünftigen Lösungen und versuchen, einander zu überzeugen. Mädchen nehmen nahezu niemals zu Gewalt Zuflucht. Im Falle eines Konflikts unterbrechen Mädchen das Spiel, ignorieren oder verändern die Regeln oder lassen Ausnahmen zu. Immerhin geht es um die Gefühle einer Mitspielerin.

Für Mädchen sind Frieden, Harmonie, soziale Stabilität und Spiele ohne hierarchischen Aufbau und ohne Wettkampfcharakter wichtige Voraussetzungen, um Spaß zu haben.[7] Bei diesen Spielen ist Siegen nicht entscheidend. Mädchen streben nach Applaus und Bewunderung. »Beliebt zu sein« ist für die meisten Mädchen das höchste Ziel.

Jungen dagegen spielen Krieg. Kleine Jungen ordnen sich zu großen hierarchischen Systemen und verbringen ihre Tage am Spielplatz damit, nach der Spitzenposition zu streben.[8] Während Mädchen Beliebtheit wichtig ist, sehnen sich Jungen nach Respekt. Sie unterbrechen, geben Anweisungen, nehmen Befehle entgegen, treiben miteinander Späße und verhandeln über ihren Status, um einen höheren Rang zu erringen und zu behalten. Ihre Spiele sind strukturierter und komplexer als die der Mädchen. Jungen konzentrieren sich auf das Ergebnis. Im Gegensatz zu Mädchen, die ein Spiel beenden, wenn es sie langweilt, hören Jungen erst auf, wenn sie gewonnen oder verloren haben. Die Spiele der Jungen kennen eindeutige Sieger und Verlierer.[9]

Jungen achten auch stärker auf Regeln. Ihre Spiele, wie Baseball und Football, haben klar festgelegte, anerkannte Vorschriften. Jungen legen deshalb mehr Wert auf Prinzipien wie Gerechtigkeit, Fairness und Pflichtgefühl.[10] Im Falle eines Streits setzen sich die meisten Jungen mit den Regeln auseinander und suchen nach gerechten Anwendungsmöglichkeiten. Regeln zurechtzubiegen steht nicht zur Debatte. Jungen ist es überaus wichtig, nach den Regeln zu spielen – und zu gewinnen. Der Football-Trainer Vince Lombardi soll diese männliche Eigenschaft folgendermaßen zusammengefasst haben: »Siegen ist nicht alles, es ist das einzige Ziel.«

Als die Journalistin Peggy Orenstein zu Beginn der neunziger Jahre eine Gruppe von Schülern der 8. Stufe an zwei Schulen im Norden Kaliforniens untersuchte, fielen ihr diese geschlechterspezifischen Unterschiede im Klassenzimmer sofort auf. Die Schüler der einen Schule setzten sich vorwiegend aus Weißen der Mittelschicht zusammen, während die der anderen vorwiegend den einkommensschwächeren Minderheiten der Innenstadtbezirke angehörten.[11] Aber Jungen waren Jungen und Mädchen Mädchen. Die Rasse, die gesellschaftliche Schicht und der familiäre Hintergrund brachten keinen Unterschied.

In beiden Schulen drückten Mädchen eine abweichende Meinung höflich aus, als wollten sie andere Sprecher nicht herabsetzen. Jungen sprachen ihre Ablehnung direkt und lautstark aus. Sie verzichteten auf die Vorschrift, die Hand zu heben, und brüllten ihre Antworten – ob richtig oder falsch – einfach hinaus. Zudem manipulierten Jungen ihre Klassenkameraden, widerlegten deren Argumente oder stimmten nur mit ihnen überein, um Aufmerksamkeit auf sich zu ziehen und Punkte zu sammeln. Sie strebten nach Anerkennung für ihre Bemerkungen. Ein Junge aus der Schule der Mittelschicht drückte es folgendermaßen aus: »Da ich meine Meinung für wichtig halte, brülle ich sie einfach hinaus. Mädchen warten mit erhobener Hand, bis die Pausenglocke läutet.«[12]

Frauen kennen im Berufsalltag ausschließlich Sieger

Diese geschlechterspezifischen Unterschiede zeigen sich besonders deutlich im Büroalltag.

Der Führungsstil von Frauen basiert auf der Verteilung der Macht, dem Einbeziehen aller Mitarbeiter, Beratung, Einigkeit und Zusammenarbeit.[13] Frauen arbeiten interaktiv und geben Informationen bereitwilliger weiter als Männer. Weibliche Manager ermuntern ihre Angestellten durch Zuhören und Unterstützung. Frauen sprechen häufiger ihre Anerkennung aus – und messen andererseits erhaltenem Lob einen höheren Stellenwert zu. Frauen machen auch häufiger ein Kompliment, bedanken oder entschuldigen sich öfter. Sie suchen öfter Rat, um auch andere in den Entscheidungsprozess einzubeziehen. Anstelle direkter Befehle bedienen sich Frauen zudem eher der Form eines Vorschlags. Mitunter schwächt eine Managerin ihre Kritik so stark ab, dass Männer nicht einmal bemerkten, dass sie kritisiert wurden.[14]

»Männer halten an deutlichen Aussagen, hierarchischen Strukturen und Formalitäten fest, während Frauen den menschlichen Faktoren mehr Aufmerksamkeit schenken«, meint Esther Dyson, eine Unternehmerin im Bereich Internet.[15] Frauen stellen das Persönliche in den Vordergrund. Im Vergleich zu Männern neigen sie eher dazu, in einen Betrieb einzutreten, dessen Arbeitsatmosphäre ihnen herzlich erscheint. Viele bilden sogar eine starke Beziehung zu dem Unternehmen selbst aus. Die Unternehmensanalytikerin Carolyn Duff schreibt, dass Frauen die Organisation oft »als etwas Lebendiges betrachten, als eine fürsorgliche Person«.[16]

Deshalb setzen sich Frauen stärker für das Unternehmen ein und unterstützen die Unternehmenswerte häufiger als Männer.[17] Darüber hinaus verrechnen sie geringere Spesen und verlangen weniger Belohnungen für sich.[18] Typischerweise glauben Frauen daran, dass jeder in der Geschäftswelt Erfolg haben kann: Sie kennen im Berufsalltag ausschließlich Sieger.

Männer spielen um Sieg oder Niederlage

»Die Geschäftswelt ist eine Kombination von Krieg und Sport«, meinte der französische Schriftsteller André Maurois. Männer neigen dazu, den Berufsalltag unter dem Aspekt von Sieg und Niederlage zu sehen.

Von Männern verfasste Bücher über geschäftlichen Erfolg raten meist, Angestellte zu motivieren, indem man sie in einem Zustand »ständiger Unsicherheit und fortwährender Konkurrenz« hält.[19] Daraus ergibt sich, dass es vielen Männern schwer fällt, Informationen weiterzugeben. Sie sammeln und horten sie[20] und widmen der Frage, wer über wen herrscht, mehr Aufmerksamkeit als den Beziehungen der Mitarbeiter untereinander.[21]

Für Männer besitzen Titel, Büroräumlichkeiten, die Höhe des Gehalts und Sondervergünstigungen – d. h. die deutlichen Zeichen des eigenen Ranges – einen gehobenen Stellenwert.[22] Selbst die Art, in der Männer ihre Investitionen überwachen, spiegelt dieses Interesse am Status wider. Im Vergleich zu Frauen neigen Männer eher dazu, die Investitionsentwicklung ihres Geschäftsbereichs an der Entwicklung des Dow-Jones- oder eines anderen Index zu messen.[23]

Männer, Frauen und Bürostress

Diese geschlechterspezifischen Unterschiede, die sich in der männlichen Leidenschaft zu Rang und Ansehen und der weiblichen Sehnsucht nach Beziehungen ausdrücken, durchdringen nahezu jeden Aspekt des Büroalltags einschließlich des Umgangs der beiden Geschlechter mit Bürostress.

Eine wissenschaftliche Befragung von 2000 männlichen und 670 weiblichen Arbeitern eines amerikanischen Herstellungsbetriebs zu den Themen Depression, Angst und Schlaflosigkeit ergab, dass Männer besonders darunter leiden, wenn sie das Gefühl haben, die Kontrolle über ihre Arbeit zu verlieren. Frauen geraten unter Stress, wenn sie wenig oder keine soziale Unterstützung zu erhalten glauben. Männer setzen sich mit dem Problem auseinander, indem sie sich an ihren Vorgesetzten wenden – ein hierarchischer Schritt –, während Frauen in einem Gespräch mit Freunden und Verwandten – d. h. auf derselben Ebene – Hilfe suchen.[24]

Im Vergleich zu Frauen leiden Männer in geringerem Maß unter starren Regeln, Begrenzungen und Vorgängen im Büroalltag. Sie wuchsen mit starren Regeln auf dem Spielplatz auf und empfinden sie am Arbeitsplatz nicht als neu. Wie zudem bereits besprochen, respektieren die meisten Männer abstrakte Vorschriften; sie stellen sie auf und halten sie ein.[25] Frauen gehen einen anderen Weg. Als Mädchen änderten sie die Regeln auf dem Spielplatz so ab, dass sie ihren wichtigsten sozialen Bedürfnissen entsprachen. Durch ihre Neigung zum Netzwerkdenken sind Frauen darüber hinaus leichter imstande, Alternativen anzuerkennen. Frauen leiden denn auch im Vergleich zu Männern wesentlich stärker unter Stress, wenn sie im Büroalltag mit Vorschriften konfrontiert werden, die sie nicht abändern können.

Wenn Frauen das Gefühl haben, dass eine andere Person für *ihre* Ideen Anerkennung erhält, verursacht dies bei ihnen ebenfalls Stress. Da sie dazu neigen, Macht zu teilen und Informationen bereitwilliger weiterzugeben als Männer, achten sie stärker auf die Rückmeldung. Wenn daher eine Frau eine Problemlösung anbietet und ein Mann ihre Ideen zum Ausdruck bringt – und Anerkennung dafür bekommt –, fühlt sich die Frau herabgesetzt und sogar »beraubt«.[26]

Männer hingegen sind daran gewöhnt, einander etwas wegzuschnappen. Sie leben seit ihrer Kindheit mit geliehenen Ideen und können nicht begreifen, warum Frauen auf einen kleinen Diebstahl so empfindlich reagieren.

Der Kleinkrieg während der Objektpräsentation

Diese geschlechterspezifischen Unterschiede können bei Präsentationen von Männern und Frauen große Probleme verursachen.

Da Männer unruhiger reagieren, wenn sie angespannt sind, neigen sie beim Sprechen dazu, mehr Raum zu benötigen.[27] Zudem verteilen sie ihre Unterlagen häufig über den gesamten Tisch, stützen den Arm oder den Ellbogen auf die Stuhllehne einer Frau und beugen sich über sie, um ihren Erklärungen Nachdruck zu verleihen. Da Frauen stark auf ihre Umgebung und Körperhaltungen achten (wie in Kapitel 4 näher erklärt wird), fassen sie diese Gesten als feindliches Eindringen in ihr persönliches Umfeld und als hierarchischen Schritt auf – und empfinden Stress. Ersucht eine Frau jedoch einen herrisch gestikulierenden männlichen Kollegen, sich aus ihrem Territorium zurückzuziehen, hält er sie für kleinlich oder empfindet die Aufforderung als Zeichen, dass sie sich im Vergleich zu ihm einen höheren Rang zumisst.

Männer brechen häufiger eine Denkpause, um Boden zu gewinnen[28], und melden sich öfter zu Wort, um der Präsentation die von ihnen gewünschte Wendung zu geben.[29] Zudem sind sie eher zu verbalen Angriffen bereit und nehmen jene Mitarbeiter ernst, die ihnen widersprechen. Sobald ein Mann die Stimme hebt, folgen die anderen und reizen einander zu einer Spirale des Übertrumpfens, die in einem Schreiduell enden kann.[30]

Frauen schrecken vor derartigen verbalen Angriffen zurück. Sie neigen weniger dazu, andere während einer Präsentation herauszufordern oder sich zu verteidigen, wenn sie selbst angegriffen werden. Frauen empfinden den verbalen Zweikampf als anstrengend, belanglos und der vorliegenden Aufgabe abträglich. Immerhin streben sie einen Konsens an.

Frauen und Männer unterscheiden sich sogar in der Art, wie sie einen Befehl erteilen. Ein Mann wird schlichtweg sagen: »Ich benötige Ihren Bericht am Freitag.« Eine Frau neigt eher zu einer indirekten Frage: »Wird der Bericht am Freitag fertig sein?« Frauen streben nicht nach Vorherrschaft.

Spöttisches Geplänkel im Büro

Die Soziolinguistin Deborah Tannen von der Georgetown University und andere Sozialwissenschaftler untersuchten den Sprachgebrauch der Geschlechter im Büroalltag.[31] Da Frauen ein Gespräch als Mittel sehen, um Nähe auszudrücken und Verbindungen, Konsens und Bestätigung zu pflegen, arbeiten sie laut Tannen daran, das Gespräch zwischen den einzelnen Teilnehmern so glatt und ausgeglichen wie möglich zu führen. Wenn eine Person ein anderes Problem oder Thema anspricht, wird eine Frau auch diese Richtungsänderung im Gespräch unterstützen. Frauen suchen nach einer gemeinsamen Basis und Verständnis, um Beziehungen aufzubauen. Aus diesem Grund spielen sie ihre Sicherheit mit Phrasen wie »Ich bin nicht sicher« herab.

»Kaum sind zwei Personen eine halbe Stunde zusammen, erringt die eine gegenüber der anderen eine deutliche Vorrangstellung«, schrieb Samuel Johnson. Dies sind die Worte eines Mannes, denn Männer betrachten ein Gespräch häufig als Kampf um Rang und Stellung. Aus diesem Grund spielen sie ihre Zweifel üblicherweise herab, prahlen häufiger und stellen weniger Fragen, da ihnen diese wie ein Hilferuf oder die Anerkennung eines niedrigeren Ranges erscheinen. Männer neigen zudem eher dazu, Anweisungen zu erteilen.

Wenn Vertreter desselben Geschlechts miteinander sprechen, ist alles in Ordnung. Jeder weiß, wie es läuft. Probleme treten nach Tannens

Beobachtung dann auf, wenn Frauen und Männer miteinander sprechen. Frauen bitten häufiger um Rat als Männer und dies sogar, wenn sie ihn eigentlich nicht benötigen. Damit versuchen Frauen, Beziehungen herzustellen. Männer fragen erst um Rat, wenn sie ihn tatsächlich benötigen. Wenn daher eine Frau einen Mann um Rat ersucht, erreicht sie häufig nicht ihr Ziel. Statt eine Beziehung zu stärken, könnte sich der Mann überlegen fühlen.

Männer können nicht begreifen, warum sich Frauen so häufig entschuldigen. Als die Fotografin Joyce Ravid eine Aufnahmenserie von mir machte, erlebte ich mit, wie ihr männlicher Assistent über diesen weiblichen Zug völlig außer sich geriet. Ich neigte meinen Kopf und sie machte ein Foto. Dann veränderte ich meine Pose und sie schoss erneut. Wir hatten einen guten Rhythmus gefunden. Diese Harmonie zu verlieren bedeutete auch einen Verlust an Filmmaterial und Zeit. Wenn es geschah, murmelte ich daher: »Es tut mir Leid.« Worauf sie sich ebenfalls leise entschuldigte. Auf diese Weise zirpten wir herum wie zwei Kanarienvögel. Schließlich erkundigte sich ihr Assistent, wofür wir uns ständig entschuldigten.

Die »rituellen Entschuldigungen« der Frauen dienen dazu, kleine Unstimmigkeiten in einer Beziehung auszugleichen.[32] Männer verstehen die Notwendigkeit hierfür nicht. Sie entschuldigen sich erst, wenn sie einen echten Fehler begangen haben und diesen und damit auch ihren Statusverlust einzugestehen bereit sind. Die rituellen Entschuldigungen der Frauen erscheinen ihnen daher häufig als Ausdruck von Schwäche, Unterwürfigkeit – und einem niedrigeren Rang.

Worte, Worte und wieder Worte. Selbst die von Frauen und Männern für ihre Gespräche im Büro gewählten Themen können zu Spannungen führen. Männer neigen zu Scherzen, spaßhaften Einzeilern und unpersönlichen Diskussionen über Politik, Geschäft und Sport. Frauen empfinden dieses spöttische Geplänkel als Zurückweisung. Damit wird eine Rangordnung festgelegt, die dem Bedürfnis der Frauen nach Beziehungen und Gleichstellung widerspricht. Frauen bringen im Allgemeinen auch kein Interesse für unpersönliche Gespräche über Sport oder Politik auf. Ihnen erscheinen diese Themen distanzierend und ausweichend.

Einige Frauen erzählen humorvolle Geschichten und Anekdoten. Sie geben eines ihrer kleinen Geheimnisse preis und nehmen sich damit selbst auf den Arm.[33] Dieser Hinweis auf Persönliches und ein solcher

Humor lassen die meisten Männer kalt. Sie betrachten Selbstironie als passiv und jämmerlich. Sein Privatleben zu enthüllen bedeutet, schwach und verletzlich zu sein.

Unterschiedliche Definitionen von Macht

Unsere Sprechweise wird selbstverständlich von Faktoren geprägt, die nicht mit unserem Geschlecht in Beziehung stehen. Die soziale Klasse, das Alter, die wirtschaftliche und gesellschaftliche Macht sowie unsere kulturellen Traditionen bestimmen häufig, wer Fragen stellt, wer höflich spricht, wer sich einer direkten Sprache bedient und wer hier und dort ausweicht. Um festzustellen, ob diese Unterschiede zwischen den Geschlechtern auch in anderen Gesellschaften auftreten, untersuchte die Psychologin Marilee Monnot auf Videobänder aufgenommene Gespräche zwischen Männern und Frauen der Massai, eines viehhütenden Nomadenstammes in Kenia. Sie zeichnete auch die Gespräche zwischen den Mitgliedern des Hamar-Stammes, eines Hirten- und Pflanzervolks im Südwesten Äthiopiens, und denen der Aka-Pygmäen in den tropischen Wäldern Südost-Kameruns auf.[34]

In all diesen Gesellschaften neigten Frauen im Vergleich zu Männern eher dazu, Sprache zu benutzen, um Zusammenarbeit und Zusammenhalt zu betonen. Die Sprache der Männer spiegelte häufiger Wettbewerb und den Kampf um Rang und Ansehen wider.

Wissenschaftler auf vielen Gebieten sind der Ansicht, dass Männer und Frauen bzw. Jungen und Mädchen diese geschlechterspezifischen Ausdrucksformen *erlernen*. Sie behaupten, dass die Spiele der Kinder, die Vorschriften der Eltern, die Anforderungen der Lehrer und die unterschwelligen Botschaften der Gesellschaft kleine Mädchen anregen, Zusammenarbeit und Beziehungen anzustreben, und Jungen darauf vorbereiten, Hierarchien aufzubauen und den Wettbewerb aufzunehmen. Einige Wissenschaftler stellen die Theorie auf, dass dieses geschlechterspezifische Verhalten in der frühen Kindheit geprägt wird. Da Mädchen nicht dazu aufgefordert werden, sich von ihren Müttern zu trennen, entwickeln sie ein Weltbild, in dem sichere Beziehungen einen hohen Stellenwert genießen. Da Jungen dieses enge Band häufiger durchtrennen, indem sie männliche Freunde suchen, männliche Spiele spielen und auf männliche Weise agieren, betrachten sie sich als losgelöst und autonom.[35]

Frühe Kindheit, Jugend und Gesellschaft üben zweifellos einen Einfluss auf das Weltbild aus, das die Geschlechter errichten. Die Lebensweisen praktisch aller anderen Primaten stützen jedoch die Ansicht, dass das Streben der Männer nach Rang und Ansehen und das der Frauen nach Beziehungen auch unserem menschlichen Erbe entspringt.

Affenpolitik

In nahezu allen Primatengemeinschaften, in denen mehr als ein Männchen lebt, bilden sich Primatologen zufolge so genannte »Hierarchien der männlichen Vorherrschaft über Männchen«.

Diese Herrschaftsleitern variieren je nach Spezies, Futtermenge, der Sicherheit des Lebensbereichs, der Anzahl der Männchen und Weibchen in einer Gruppe, dem Verwandtschaftsgrad und sogar der Jahreszeit. Einige Hierarchien sind ziemlich starr, andere wiederum bemerkenswert flexibel; einige sind linear, gleich an einer Kette hängenden Perlen; wieder andere basieren auf komplizierten Bündniskombinationen.[36] In jedem einzelnen Augenblick ist jedoch das soziale Gitter eindeutig definiert. Jedes Männchen weiß, wer welchen Platz einnimmt und wer der Boss ist. Männliche Primaten bilden nur selten gleichberechtigte Gemeinschaften.[37]

Auch bei den Schimpansen, unseren engsten Verwandten, sind die Männchen mit ihrer Rangordnung beschäftigt. Im Zoo der niederländischen Stadt Arnheim kämpfen die männlichen Schimpansen mindestens fünf- bis sechsmal täglich um die Macht.[38] Oft versucht ein Männchen, ein anderes mit einem Bluff einzuschüchtern. Es erhebt sich auf die Hinterbeine, krümmt seinen Rücken, wiegt sich von einer Seite zur anderen, schreit und saust an seinem Rivalen vorüber, ohne ihn zu beachten. Dann lässt es sich wieder zu Boden fallen, schlägt mit den Fäusten auf die Erde und johlt triumphierend.

Vielleicht fühlten auch Sie sich schon einmal gedemütigt, wenn ein Kollege oder Bekannter auf einem Geschäftstreffen oder einer Party über ihre Schulter hinweg den Raum absuchte oder an Ihnen vorübereilte, um eine andere Person zu begrüßen. Diese »kalte Schulter« ist eine unter Menschenaffen übliche Geste der Verachtung.[39]

Männliche Schimpansen bilden sogar Koalitionen, um eine gute Position innerhalb der Gemeinschaft zu erringen. In einem grauenvollen Statuskampf im Arnheimer Zoo griffen zwei Untergebene ihren Anführer im gemeinsamen Nachtkäfig an. Der Überfall ereignete sich, nachdem alle Wissenschaftler und Tierpfleger zu Bett gegangen waren. Am nächsten Morgen lag der Anführer blutend und mit gebrochenen Knochen sterbend am Käfigboden. Ihm waren mehrere Fingernägel, Zehen und beide Testikel abgebissen worden.

»Politik ist der Kaumagen der Gesellschaft – gefüllt mit Säure und Kieselsteinen«, erklärte Thoreau einst. Auch weibliche Primaten kennen eine Rangordnung und erweisen sich als klug berechnende, gesellschaftliche Aufsteiger, die zu vorübergehenden Koalitionen fähig sind, um ihr Ziel zu erreichen.[40] Weibliche Hierarchien sind im Allgemeinen aber viel stabiler und subtiler.

Der weibliche Wettkampf erfolgt »regelmäßig und mit geringerer Intensität«, wie die Primatologin Barb Smuts von der University of Michigan bekräftigt, während der der Männchen »episodischer und intensiver« auftritt.[41] Angriffe und Verstümmelungen zwischen weiblichen Schimpansen sind seltener als zwischen Männchen.[42] Auch der Grund für ihre Kämpfe unterscheidet sich von dem der Männchen. Weibliche Schimpansen konkurrieren um Nahrung und den Schutz ihrer Jungen. Die Rangordnung ist nahezu nie ein Motiv für Streitigkeiten.[43]

Macht als Aphrodisiakum

Das zwanghafte Streben moderner Männer nach Rang und Ansehen stammt also zweifellos aus prähistorischen Zeiten, in denen eine Hierarchie der männlichen Vorherrschaft über Männchen üblich war. Ferner ist leicht zu erkennen, warum Männer Rang, Status, Geld, Titel und Büroräumlichkeiten als Macht betrachten: All diese Faktoren ziehen Frauen an.

»Nichts passt schlechter zusammen als das Herz einer Dame und der Geldbeutel eines Bettlers«, schrieb der englische Satiriker John Heywood im 16. Jahrhundert. In verschiedensten Stammesgesellschaften, wie denen der Zulus, der Aleut-Eskimos und der Bambuti-Pygmäen, sind Frauen vor allem an einer Heirat mit »großen Männern« interessiert, d. h. mit Persönlichkeiten hohen Ranges.[44] Umfragen unter amerikanischen Frauen in den dreißiger und achtziger Jahren ergaben, dass Frauen die möglichen finanziellen Aussichten ihres Partners doppelt so wichtig erscheinen wie Männern.[45] Selbst weibliche Mäuse, Rehe und Dickhornschafe empfinden ein ranghohes Männchen als attraktiver.[46]

»Macht ist das stärkste Aphrodisiakum.« Henry Kissingers bekannter Ausspruch bringt es genau auf den Punkt. Vermutlich schon, seit unsere Vorfahren auf den Bäumen lebten, fühlen sich Frauen von Männern mit hohem Status angezogen. Dafür gibt es einen bedeutenden Grund: Die Frauen der Urzeit zogen ihre Kinder als Lebensversicherung auf. Wer einen gesellschaftlich mächtigen Mann für sich gewann, profitierte von seiner Intelligenz, seiner Schlauheit und seinem Charisma – und zudem von seiner Fähigkeit, seine Gefährtin und seine Nachkommen zu schützen und zu versorgen.[47]

Der Jugendliche, der sich einer Gang anschließt, um wichtig zu erscheinen, der Eingeborene aus Neuguinea, der sich bei einem Fest mit begehrten Federn schmückt, und der Geschäftsmann, der bis in die späten Abendstunden arbeitet, geschäftliche Risiken eingeht und seine Investitionen an der Börse jeden Morgen kontrolliert, folgen alle den Schritten der ältesten Melodie der Natur – dem Paarungstanz. In ihrem Drang nach Höchstleistungen sterben Männer sogar an Überarbeitung. In Japan ist diese Erscheinung als *karoshi* bekannt. Männer erliegen einem Herzinfarkt, der durch die Erschöpfung des Büroalltags ausgelöst wurde.

»Die Tragödie des Lebens liegt nicht so sehr in dem, was Männer erleiden, sondern in dem, was ihnen entgeht«, meinte Thomas Carlyle einst zu Recht. Wer jedoch die Spitze in der Hierarchie der männlichen Vorherrschaft erreicht hat, sichert sich damit üblicherweise die besten Chancen für die Partnerwahl und seine Nachkommenschaft, kann auf diese Weise seine Saat an die Ewigkeit weitergeben – und gleichzeitig seinen männlichen Durst nach Rang und Ansehen stillen.

Der Ursprung weiblicher Freundschaften

Wie und warum entwickelten Frauen diese starke Sehnsucht, Beziehungen zu Freunden aufzubauen und sich in einem »Team« zusammenzuschließen, und wie pflegen sie diese gleichberechtigten sozialen Netze? Verschiedene Daten weisen darauf hin, dass auch diese weiblichen Eigenheiten ihren Ursprung in unserer Urgeschichte haben.

Die meisten weiblichen Primaten pflegen keine weiblichen Freundschaften, sondern bauen ihre Beziehungen vorwiegend zu weiblichen Verwandten aus. Die Gewohnheit von Frauen, enge, relativ gleichberechtigte, gesellschaftliche Bindungen zu nicht verwandten weiblichen Wesen zu errichten, tritt bei unseren nächsten Verwandten, den gewöhnlichen Schimpansen, und den als Bonobos bekannten Zwergschimpansen auf.[48]

In Gefangenschaft schließen weibliche Schimpansen mit anderen Weibchen Freundschaften. Im Arnheimer Zoo begründeten Mütter Langzeitfreundschaften mit Müttern anderer Familien.[49] Diese Weibchen pflegen ihre Freundschaften täglich, indem sie einander Geschenke wie Blätter und Zweige übergeben, ihren weiblichen Freunden das Fell reinigen und im Falle eines Streits ihre Freundinnen durch ihre Anwesenheit unterstützen.

Jedes Weibchen kennt die Rangordnung und die subtilen Statusunterschiede zwischen den einzelnen Mitgliedern seiner weiblichen Gruppe. Rangunterschiede werden im Allgemeinen auf feinsinnige Weise zum Ausdruck gebracht. Diese Schimpansenfreundschaften erinnern damit stark an die gleichberechtigten Mädchenfreundschaften und Frauencliquen.

Bonobos sind in Bezug auf Errichtung und Pflege weiblicher Freundschaften wesentlich exzentrischer. Diese Affen leben in den Urwäldern der Demokratischen Republik Kongo, dem ehemaligen Zaire. Die Weibchen verlassen ihre Geburtsgemeinschaft in der Pubertät und nehmen, sobald sie eine neue Gemeinschaft finden, zu einem älteren Weibchen eine Beziehung auf. Hierfür starren sie ein bestimmtes Weibchen interessiert an, lassen sich in seiner Nähe nieder und pflegen sein Fell, sofern es ihnen gestattet wird. Nach einigen Wochen werden diese beiden Tiere im Allgemeinen enge Gefährten. Diese Freundschaft ist die Eintrittskarte der Neuen in ein Netzwerk von Weibchen, das sie ihr Leben lang pflegen wird und auf das sie vertrauen kann.[50]

Die Tatsache, dass Bonobos Netzwerke von Weibchen errichten und diese Freundschaften in der Wildnis aufrechterhalten, ist bemerkenswert. Wie sie diese Bande unterhalten, ist sogar noch außergewöhnlicher. Sie reiben ihre Genitalien in einer Form von Koitus aneinander, den die einheimischen Mongandu als *hoka-hoka* bezeichnen. Ein Weibchen lehnt sich zurück, während es das andere frontal umarmt und seine vorstehende Klitoris an der des liegenden Weibchens reibt. Oft erreichen beide Tiere einen Orgasmus. Die weiblichen Bonobos vereinen sich nahezu täglich im *hoka-hoka*, um eine aufgebrachte Gefährtin zu beruhigen, einen Streit beizulegen, sich vor der Mahlzeit zu entspannen oder gesellschaftliche Spannungen abzubauen. Der sexuelle Austausch befähigt sie, die schwesterlichen Koalitionen zu stärken, mit deren Hilfe sie – als Team – Futterquellen kontrollieren und an Rang und Ansehen gewinnen.[51]

Diese weiblichen Freundschaften erbringen auch einen genetischen Nutzen.[52] Weibchen, die unter den Bonobos einflussreiche Beziehungen haben, genießen einen besseren Zugang zu Futterquellen und Unterstützung, die sie wiederum zur Aufzucht ihrer Nachkommenschaft einsetzen.[53] Weibliche Primaten mit den »richtigen« Beziehungen und einem hohen Status gebären auch in schnellerer Folge[54] und in jüngerem Alter. Da bei Schimpansen die Jungen hochrangiger Weibchen zudem rascher erwachsen werden und ebenfalls früher Nachkommen gebären, geben Weibchen mit den richtigen Beziehungen mehr DNS an die Zukunft weiter.[55]

Urzeitliche Frauen mit einem Freundeskreis und einem Team einsatzbereiter Gehilfinnen gebaren ihre Kinder zweifellos auch in jüngeren Jahren und genossen ebenso bessere Nahrung und mehr Schutz für ihre Nachkommenschaft. Ihre Kinder überlebten und vererbten die weibliche Neigung weiter, in guten Beziehungen Macht zu sehen.

Die biologische Grundlage des weiblichen Drangs nach Beziehungen

Niemand weiß, was im weiblichen Gehirn Frauen anregt, harmonische, nichthierarchische Beziehungen zu errichten und sich zu gleichberechtigten Teams zusammenzuschließen. Diese Frage wurde nie untersucht. Ich wage die Schlussfolgerung, dass diese Eigenschaft mit den weiblichen Hormonen, den Östrogenen, in Zusammenhang steht.

In der Pubertät geben die Eierstöcke große Mengen dieser mächtigen chemischen Verbindungen ab. Gleichzeitig verstärkt sich in dieser Lebensphase der weibliche Drang, sich zusammenzuschließen, zusammenzuarbeiten und ein System der gegenseitigen Unterstützung zu errichten.[56] In der Menopause sinkt der Östrogenpegel, und die Frauen gewinnen an Entschlossenheit, Freimütigkeit und Unabhängigkeit (dies wird in Kapitel 7 näher behandelt). Östrogen steht zudem bei vielen Säugetierarten, einschließlich des Menschen, in direktem Zusammenhang mit fürsorglichem Verhalten.

Daher vermute ich, dass Östrogen die tiefe Sehnsucht der Frauen nach Beziehungen zu anderen, nach Harmonie und Konsens und nach Arbeit und Spiel in relativ gleichberechtigten Gruppen fördert.

Testosteron: das Leistungshormon

Zahlreiche Untersuchungen belegen, dass Testosteron, das vorherrschende männliche Hormon, mit dem Drang der Männer nach Rang und Ansehen in Verbindung steht. Dem Soziologen Steven Goldberg vom City College der City University of New York zufolge bereitet Testosteron das männliche Gehirn während der fötalen Phase auf eine Eigenschaft vor, die er als »männliches Leistungsstreben« bezeichnet und die Männer in stärkerem Maß als Frauen zum Kampf um einen höheren Status motiviert.[57]

Die Zahlenwerte wissenschaftlicher Studien stützen Goldbergs These. Injiziert man kastrierten mexikanischen Schwertschwanzfischen, weiblichen Anolis-Eidechsen, rangniedrigen männlichen und weiblichen Ringtauben und rangniedrigen Hennen Testosteron, steigen alle in der gesellschaftlichen Hierarchie.[58] Ein hoher Rang wird bei Gruppen von ausschließlich männlichen Rhesusaffen, bei weiblichen Affen und Schimpansen und bei verschiedenen anderen Säugetierarten mit einem hohen Pegel an männlichen Hormonen gleichgesetzt.[59]

Auch beim Menschen wird ein hoher Testosteronspiegel allgemein mit einem hohem Rang assoziiert.[60]

Kämpferische Strafverteidiger, Hockeyspieler und Schauspieler weisen häufig einen höheren Testosterongehalt auf als Minister.[61] Vor einem Wettbewerb, wie etwa einem Videospiel oder einem Schachspiel, steigt bei den meisten Männern der Testosteronspiegel.[62] Nach einem Wettkampf im Ringen, beim Tennis oder beim Schach weisen die Sieger zumindest eine Stunde lang einen höheren Testosterongehalt auf als die Verlierer.[63] Selbst die männlichen Zuschauer eines Fußballspiels erleben oft einen Testosteronschub, wenn ihr Team gewinnt. Dies ist vielleicht der Grund, warum männliche Anhänger gerne laut jubeln und mitunter aggressiv werden, wenn ihre Mannschaft triumphiert.

Bei Frauen herrscht eine komplexere Beziehung zwischen Testosteron und Entschlossenheit. Eine Untersuchung unter 350 Frauen ergab, dass jene, die im Mutterleib einem hohen Testosterongehalt ausgesetzt waren, dazu neigten, seltener zu heiraten, weniger Kinder zu gebären, Karriere über Familie zu stellen, häufiger von Männern dominierte Berufe zu wählen und hochrangige Positionen anzustreben.[64] Frauen, die in Fachberufen, in der Technik oder im Management arbeiten, weisen häufig einen höheren Testosteronspiegel auf als weibliche Büroangestellte, Hausfrauen und Frauen im Dienstleistungssektor.[65]

Im Gegensatz zu Männern steigt oder sinkt der Testosterongehalt bei einem Sieg oder einer Niederlage im Sport nicht.[66] Wissenschaftler schließen daraus, dass das Wettbewerbsverhalten von Frauen in geringerem Maß vom Testosteronspiegel gesteuert wird.

Die Natur ist nicht geradlinig. So besteht keine eindeutige Beziehung zwischen Hormonen, Entschlossenheit und Status. Männliche Fachkräfte neigen beispielsweise zu einem geringeren Gehalt an männlichen Hormonen als männliche Arbeiter oder Arbeitslose.[67] Das körpereigene Testosteron muss einen spezifischen Pegel erreichen, um in eine Beziehung zu einem hohen Rang zu treten. Zusätzlich tragen die soziale Reife, der Bekanntenkreis, die Zeit, die eine Person in einer bestimmten Gesellschaft lebt, das eigene Verhalten und eine Vielzahl anderer kultureller und psychologischer Phänomene zur Herausbildung des Ranges eines Menschen bei.

Dessen ungeachtet findet sich bei jungen Männer ein siebenfach höherer Testosterongehalt als bei jungen Frauen. Und wie die Männchen vieler anderer Arten sind Männer auf der ganzen Welt eher bereit, auf aggressive Weise um Rang und Ansehen zu wetteifern.[68]

Die biologische Grundlage für Risikobereitschaft

Viele andere chemische Verbindungen wurden ebenfalls mit dem Streben nach Titel, Status und Prestige in Beziehung gebracht.[69] Die meiner Ansicht nach interessanteste ist Monoamin-Oxydase (MAO), eine Substanz, die für die Risikobereitschaft eine große Rolle spielt.

Männer und Frauen lieben Neuheiten, Abwechslung und intensive Erlebnisse gleichermaßen. Jungen und Männer suchen den Nervenkitzel jedoch häufiger als Frauen – auf der Straße, am Himmel, unter Wasser, am Spieltisch und auf den Finanzmärkten der Welt.[70] Männer kaufen häufiger risikoreiche Aktien und Anleihen.[71]

Der Psychologe Marvin Zuckerman bezeichnet dieses Streben nach einer intensiven neuen Erfahrung als »Sensationslust«. Er verbindet die Suche nach dem Nervenkitzel mit einem niedrigen Gehalt der beruhigenden Substanz MAO. Ferner verweist er darauf, dass Männer im Vergleich zu Frauen zu einem niedrigeren MAO-Spiegel neigen.[72]

Wie wir alle wissen, lieben auch Frauen das Abenteuer. Jahrelang stand meine eineiige Zwillingsschwester jeden Morgen auf, um in ihrem Heißluftballon mit den Winden über Aspen in Colorado zu fahren. Im Durchschnitt sind jedoch Männer eher bereit, ihr Leben zu wagen, während sich Frauen als das vorsichtigere Geschlecht erweisen.

Frauen vergessen ihren Ärger nicht

Das männliche Streben nach Rang und Ansehen hat einige Nachteile. So fordert es seinen Tribut in Form von Überarbeitung, Schlafmangel und zu wenig Zeit für Freunde und Familie.

Frauen leiden ebenfalls unter ihrer Version von Machtstreben, der Suche nach harmonischen Beziehungen. Viele unterdrücken ihre persönlichen Ansichten, ihre Interessen und sogar ihre Berufsaussichten, um anderen gefällig zu sein und die Harmonie in ihrer sozialen Welt aufrechtzuerhalten. »Selbstaufopferung ist jener Faktor, der die Selbstentwicklung der Frau am stärksten verzögert und behindert«, meinte Elizabeth Cady Stanton.

Das weibliche Verlangen nach Beziehungen kann sich im Büroalltag als Schwäche auswirken. Da Frauen im Allgemeinen nach Konsens und Harmonie mit ihrer Umgebung streben, fällt es ihnen häufig schwer, mit Menschen zusammenzuarbeiten, die sie ablehnen oder mit denen sie nicht einer Meinung sind. Frauen neigen im Vergleich zu Männern stärker dazu, sich von ihren Rivalen zu distanzieren.[73] Während Männer einander zum Beispiel nach einer Auseinandersetzung im Büro auf ein Getränk einladen, fliehen Frauen.

Darüber hinaus vergessen Frauen eine Herabsetzung nicht. Sie besitzen eine dünnere Haut als Männer[74] und zeigen ihre Verletzbarkeit zu unpassender Zeit, wie etwa bei Uneinigkeiten oder Auseinandersetzungen. Seit sie laufen können, sind Jungen daran gewöhnt, auf dem Spielplatz gehänselt oder beleidigt zu werden. Sie lernen frühzeitig, mit verbalen Angriffen umzugehen, ihre Niederlagen abzuschütteln und es von Neuem zu versuchen. Zudem sind Männer biologisch zum Kampf um Rang und Ansehen vorbestimmt. Daher versuchen sie, ihren Ärger zu verdrängen und weiterzuschreiten.

Frauen reagieren anders. Sie wuchsen in gleichberechtigten Gruppen auf, in denen man auf die Gefühle des anderen Rücksicht nahm. Auch am Arbeitsplatz bilden sie Cliquen und setzen ihr Streben nach Zusammenarbeit und Konsens fort. Wenn daher ein Kollege Streit auslöst und die Arbeit einer Frau herabsetzt oder ihren Ruf besudelt, vergisst die Frau diesen Vorfall nicht. »Sie nehmen die Dinge persönlich – viel zu persönlich«, meinte Dawn Steel, die ehemalige Direktorin von Columbia Pictures über ihre weiblichen Angestellten.[75]

In einer gemeinsamen Umfrage von Deloitte & Touche und der Fortune Marketing Research Group unter Hunderten von Geschäftsmännern und -frauen über die Fähigkeiten, die Frauen bräuchten, um eine höhere Effizienz im Geschäftsleben zu erzielen, legten diese Unternehmer verschiedene Vorschläge vor.[76] Einer lautete zum Beispiel, dass Frauen Gefühle und geschäftliche Entscheidungen besser trennen und die Dinge weniger persönlich nehmen sollten.

Mädchen und Frauen vergessen ihren Groll nicht.[77]

Ein nachtragendes Verhalten gehört vermutlich zu den ältesten Zügen des Menschen. Sogar weibliche Schimpansen hegen ihren Groll. Männliche Schimpansen scheinen innerhalb von Stunden nach einer Auseinandersetzung Frieden zu schließen. Wurde jedoch ein Weibchen von einem anderen Weibchen verraten, indem es ihr Junges nachlässig behandelt oder zu viel vom gemeinsamen Mahl gegessen hatte, stieß oder trat es die Sünderin und ignorierte sie dann tage- oder wochenlang.[78]

Diese weibliche Eigenschaft könnte ein weiterer Anpassungsmechanismus sein, der sich in der Urgeschichte entwickelte. Die Frauen der Urzeit, ebenso wie die Säugetierweibchen, konnten sich eine Fehleinschätzung des Charakters eines anderen Lebewesens nur ein einziges Mal erlauben. Ein nachlässiges oder feindliches Sippenmitglied konnte dem Kind der Frau großes Leid zufügen. Auch bei der Partnerwahl gingen Frauen sorgsam vor. Immerhin riskierten sie neun Monate Schwangerschaft und mehrere Jahre Kindererziehung. Unsere weiblichen Vorfahren mussten sich daher gut an geringfügige Übertretungen erinnern und die, die diese begingen, entsprechend behandeln. Daraus entwickelte sich möglicherweise die Neigung der Frauen, ihren Groll nicht zu vergessen.

»Das Weibchen einer Spezies ist gefährlicher als das Männchen«, schrieb Rudyard Kipling. Männer können sich als überaus boshafte Geschöpfe erweisen, das steht fest. Aber wenn es darum geht, mit jemandem »abzurechnen«, erringen die Frauen den ersten Preis.

Beleidigte Mädchen und Frauen hüllen sich häufig in Schweigen, während Jungen und Männer dazu neigen, sich in der direkten körperlichen Konfrontation auszudrücken.[79] Frauen schließen einen Kollegen oder eine Kollegin von informellen Treffen aus, ignorieren ihn oder sie bei Konferenzen und anderen geschäftlichen Besprechungen und nutzen ihre Beziehungen, um eine geschlossene Front gegen ihn oder sie zu bilden.[80]

Sie versuchen, die direkte Konfrontation zu vermeiden – und verbreiten stattdessen auf geschickte Weise hinter dem Rücken der jeweiligen Person falsche Gerüchte.[81] Eine Untersuchung des Psychologen Donald Sharpsteen unter 350 Männern und Frauen ergab, dass sich Frauen im Vergleich zu Männern eher der Gerüchteküche bedienen, um Rache zu nehmen.[82] »Meiner Beobachtung nach fallen Frauen einander häufig in den Rücken«, meinte eine weibliche Angestellte einer Investmentgesellschaft.[83]

H. L. Mencken fand Frauen »enorm gefährlich und daher überaus faszinierend«. Zweifellos besitzen Frauen wie Männer eine gefährliche Seite. Indem sie über Jahrmillionen hilflose Babys aufgezogen haben, entwickelten sie aber ein mächtiges Arsenal wertvoller Fähigkeiten. Sie zeichnen sich darin aus, mehrere Aufgaben gleichzeitig zu erledigen, im Zusammenhang zu denken, ihre Intuition zu verwenden, flexibel zu bleiben, langfristig zu planen, Beziehungen zu errichten, Einigkeit zwischen den Menschen ihrer Umgebung zu stiften und im gleichberechtigten Team zu arbeiten.

Im Folgenden werde ich darauf eingehen, auf welche Weise diese weiblichen Eigenschaften einen hohen Nutzen für den sich ausbildenden globalen Markt bringen werden. Zunächst wende ich mich jedoch der Frage zu, warum Frauen in der traditionellen Geschäftswelt bisher keine Gleichstellung mit den Männern erzielt haben.

Die Frau in der Organisation

»Ich ziehe es vor, dies nicht zu tun«, erklärte Bartleby, wann immer ihn sein Vorgesetzter aufforderte, seine Sekretariatsaufgaben wahrzunehmen. Der seltsame Kerl in Herman Melvilles Geschichte »Bartleby, der Schreiber« brachte die Gefühle der meisten Männer gegenüber Büroarbeiten zum Ausdruck.

Um 1900 entfielen 75 Prozent aller Sekretariatsposten in den Vereinigten Staaten auf Männer.[84] 1990 erfüllten Frauen 68 Prozent aller Aufgaben am Computer und in der Datenverarbeitung und 79 Prozent aller Sekretariats- und Administrationstätigkeiten.[85] Über 98 Prozent aller Sekretariatsmitarbeiter und über neunzig Prozent aller Personalsachbearbeiter, Datenverarbeiter, Buchhalter, Stenographen und Rezeptionisten waren ebenfalls weiblich.[86] In der Buchhaltung, im Archiv, in der Lohnverrechnung und in der Informationsabteilung betrug der Frauenanteil über achtzig Prozent.

Auch in der Unternehmenswelt steigen Frauen die Karriereleiter empor. 1990 waren in den USA vierzig Prozent der Manager der mittleren Ebene weiblich.[87]

Nur wenige Frauen erreichen jedoch den höchsten Rang in Management oder Vorstand großer Gesellschaften. 1995 betrug der Anteil der Männer in der obersten Managementebene der von *Fortune* aufgelisteten 1000 Industriebetriebe und 500 Dienstleistungsunternehmen vierzig Prozent, ungeachtet ob diese Positionen durch Titel, Gehalt oder Verantwortung definiert wurden.[88] Unter den fünf Spitzenverdienern in jedem der 500 Dienstleistungsbetriebe fanden sich nur zwei Prozent Frauen.[89]

Relativ wenige Frauen werden in den Vorstand eines Unternehmens berufen. Die New Yorker Forschungsorganisation Catalyst, die den Aufstieg der Frauen am Arbeitsmarkt fördert, führte eine Untersuchung durch, derzufolge 1997 84 Prozent der 500 von *Fortune* aufgelisteten Unternehmen zumindest eine Vorstandsdirektorin hatten, gegenüber 69 Prozent im Jahr 1993.[90] Die männlichen Vorstandsmitglieder bezeichnen diese Position mitunter als den »Frauenstuhl«. 1997 besetzten Frauen in den großen amerikanischen Unternehmen nur 10,6 Prozent aller Vorstandspositionen.[91]

Interessanterweise bleiben die Zahlen der weiblichen Studenten an Wirtschaftsfakultäten deutlich hinter denen an medizinischen oder rechtswissenschaftlichen Fakultäten zurück. In den siebziger Jahren entfielen nur fünf Prozent der Diplome an amerikanischen Wirtschaftsuniversitäten auf Frauen.[92] 1997 betrug der Frauenanteil unter den Studenten der Wirtschaftsfakultät von Harvard dreißig Prozent. Dieser Prozentsatz hat sich in einem Zeitraum von fünf Jahren nicht verändert.[93] Dieselbe Statistik findet sich auch in allen anderen großen Wirtschaftsuniversitäten in den Vereinigten Staaten.[94] Im Lehrkörper der zwanzig bedeutendsten amerikanischen Wirtschaftsuniversitäten sind nur acht Prozent Frauen.[95]

Während bereits in den USA der Aufstieg der Frauen in die höchsten Ebenen der Geschäftswelt nicht beeindruckt, zeigt sich in anderen Ländern eine ähnliche oder sogar noch schlechtere Situation. In allen entwickelten Industrieländern stapeln Frauen heute Papier, machen Aufzeichnungen, vereinbaren Geschäftsbesprechungen und halten den Büroalltag am Laufen.[96] Dennoch entfallen weniger als fünf Prozent aller hohen Managementpositionen in den großen Unternehmen sämtlicher Industriegesellschaften auf Frauen.[97]

Warum Frauen nicht an die Spitze gelangen

Felice Schwartz, die Gründerin von Catalyst sagte einst: »Ich kenne keinen einzigen Vorstandsvorsitzenden in diesem Land, der nicht gerne mindestens eine oder zwei wirklich talentierte Frauen in den hohen Rängen seines Unternehmens hätte.«[98] Warum gelangen in der Unternehmenswelt nicht mehr Frauen an die Spitze?

Die männlichen Manager verweisen darauf, dass Frauen auf diesem Marktsektor Newcomer seien. Bisher sind wenige lange genug »im System«, um die Spitze zu erreichen, oder es mangelt ihnen an der nötigen Erfahrung. Andere sind der Ansicht, dass sich Frauen, die in der Geschäftswelt Karriere machen wollen, im Allgemeinen nicht auf die Unterstützung der »Alten« verlassen könnten. Viele Unternehmensanalytiker berichten, dass Vorgesetzte nach wie vor lieber einen Mann als eine Frau fördern. Zudem werden Frauen allgemein nicht zu Golfspielen und anderen Sportveranstaltungen eingeladen, bei denen Männer Geschäft mit Vergnügen verbinden.[99]

Kurz gesagt, Manager diskriminieren Frauen noch immer durch ihre Einstellungspolitik. Sie bestimmen die Person, die für einen Posten geschult wird, die Pflichten, die den einzelnen Mitarbeitern zugewiesen werden, deren Gehaltshöhe und Beförderungschancen.

Selbst eine kleine Veränderung in der Beförderungspolitik eines Unternehmens kann große Auswirkungen haben, wie Forscher anhand des Computermodells eines fiktiven Unternehmens erkannten. Ihre Fantasiefirma besaß acht Jobebenen, dieselbe Anzahl von Männern und Frauen auf der untersten Sprosse und eine Standardpolitik zur Beförderung der einzelnen Mitarbeiter auf der Karriereleiter. Dann bauten sie einen Ein-Prozent-Vorteil bei der Beförderung von Männern in ihr System ein und simulierten eine Reihe von Beförderungen.[100]

Es dauerte nicht lange, bis 65 Prozent (statt fünfzig) aller Mitarbeiter der höchsten Ebene männlich waren.

Empfindliches Gleichgewicht: Arbeit und Familie

Diskriminierung ist aber nur einer der Gründe für die ungleichen Proportionen zwischen Frauen und Männern in den höchsten Jobebenen der traditionellen Unternehmenswelt. Ich vermute, dass in dieser komplexen Situation auch eine biologische Komponente eine Rolle spielt: Während Testosteron und andere männliche Hormone zum männlichen Aufstiegsstreben beitragen, bewirkt Östrogen vermutlich, dass Frauen lieber einige Zeit zur Kindererziehung aus dem Berufsleben aussteigen, wodurch sie ihre Aussichten schmälern, diese hochrangigen Positionen zu erreichen.

Wie in Kapitel 5 dargelegt wird, steht Östrogen in einer eindeutigen Beziehung zum fürsorglichen Verhalten vieler Säugetierarten, einschließlich des Menschen. Zudem finden sich zahlreiche Hinweise, dass Frauen im Vergleich zu Männern eher geneigt sind, den Versuch zu wagen, Arbeit und Familie zu koordinieren. 1989 ergab zum Beispiel eine Umfrage der *New York Times* unter 1497 amerikanischen arbeitenden Elternteilen, dass sich 83 Prozent der Mütter zwischen Arbeit und Familienleben hin und her gerissen fühlen; etwa 72 Prozent der Väter erklärten, dasselbe zu empfinden. Im Vergleich zu den Männern betrachteten viel mehr Frauen ihre Karriere als zu großes Opfer, das zu bringen sie nicht bereit waren.[101]

Ein bemerkenswertes Beispiel ist der heiß diskutierte Fall von Brenda Barnes, der ehemaligen Präsidentin und Vorstandsvorsitzenden von

Pepsi-Cola in Nordamerika und Mutter von drei Kindern im Alter von zehn, acht und sieben Jahren. 1997 legte sie ihre hoch bezahlte, statusreiche Position zugunsten der Erziehung ihrer Kinder nieder. »Jedes Mal, wenn ich einen Kindergeburtstag, ein Schulkonzert oder eine Eltern-Lehrer-Versammlung versäumte, fühlte ich einen Stich in meinem Herzen«, erklärte sie.[102]

Zweifellos gibt es unendlich viele ehrgeizige Frauen. Zahlreiche Frauen arbeiten täglich zehn Stunden, um ihre Familien vor Armut und Unterernährung zu bewahren. Viele zögern die Geburt ihrer Kinder bis über ihr 35. Lebensjahr hinaus, um eine Karriere aufzubauen. Einige entscheiden sich sogar für eine geringere Kinderzahl, um sich stärker auf ihre beruflichen Pflichten konzentrieren zu können. Andere überlassen ihre Kinder Babysittern, um bis in die späten Abendstunden zu arbeiten. Und Frauen in gehobenen Positionen haben oft gar keine Kinder.

In der Regel zeigen Frauen im Vergleich zu Männern weniger Bereitschaft, bis spätabends im Büro zu bleiben, ständig zu reisen, Schulereignisse auszulassen, Kunden abends zu unterhalten, umzuziehen und ihr Familienleben und ihre persönlichen Interessen ihrer Karriere zu opfern.[103] Viele Frauen steigen aus hoch bezahlten Positionen aus, sobald die Erziehung ihrer Kinder durch ihre Arbeit gefährdet wird.[104] Eine Angestellte aus Seattle drückt es folgendermaßen aus: »Ich arbeite gerne außer Haus. Aber um keine Missverständnisse darüber aufkommen zu lassen, wer an erster Stelle steht: Er ist rothaarig und wiegt 18 Kilo.«[105]

Das Forschungsinstitut Catalyst berichtet, dass »familiäre Pflichten« zu den stärksten Hinderungsgründen für den Aufstieg der Frauen in höhere Geschäftskreise zählen.

Dieses empfindliche Gleichgewicht zwischen Arbeit und Kindererziehung findet sich auf der ganzen Welt. In einer Studie über Arbeitsgewohnheiten dokumentierten die Vereinten Nationen diesen weiblichen Balanceakt in 130 Gesellschaften. In abgelegenen Ortschaften Argentiniens ziehen Frauen flexible Tätigkeiten wie etwa Straßenverkauf häufig einer geregelteren Anstellung vor, da sie ihre Kinder lieber zur Arbeit mitnehmen wollen.[106]

Aus evolutionsgeschichtlicher Sicht ergibt diese weibliche Neigung zum Balanceakt zwischen Arbeit und Familie einen Sinn: Nichts ist für die Zukunft einer Frau wichtiger als das Überleben ihrer Kinder. Männer sind ihr ganzes Leben lang imstande, Kinder zu zeugen. Frauen hingegen können nur eine geringe Zahl an Kindern gebären. Sie sind gezwungen, diese wertvollen Nachkommen aufzuziehen, um ihre DNS bis in alle Ewigkeit zu verbreiten. So lautet das Gesetz der Natur.

Ungeachtet dieser biologischen Fakten werden in den nächsten Jahrzehnten zweifellos immer mehr Frauen die höchsten Ebenen der Unternehmenswelt erreichen. Frauen besitzen einen höheren Ausbildungsstand als in der Vergangenheit und mehr Erfahrung für ihre Berufslaufbahn. Nationale Gesetze und Vorschriften in Bezug auf Diskriminierung am Arbeitsplatz sowie entsprechende Gerichtsurteile haben das Ihre beigetragen. Zudem nehmen die Unternehmen allmählich die Bedürfnisse der Frauen ernst und stellen mehr Jobs mit flexibler Arbeitszeit und andere Facilitäten zur Verfügung, die es Frauen erleichtern, Arbeit und Familie zu kombinieren.

Der Aufstieg der Frauen in die höchsten Ränge der Unternehmenswelt wird dennoch langsam und ungleichmäßig erfolgen. Selbst in Schweden, einem Land, in dem das Angebot an Kinderbetreuung und flexiblen Arbeitsstunden zu einem der besten der Welt gehört, bringen Männer und Frauen ihre Karriere in Gefahr, wenn sie sich für Teilzeit entscheiden. Claes Tell, ein Vater, der sich für den Elternurlaub entschlossen hat, erklärt: »Im Topmanagement gelten allgemein noch immer traditionelle Werte. Auf diese Weise kann man nicht an die Spitze gelangen.«[107]

Daher bin auch ich davon überzeugt, dass Frauen in den höchsten Ebenen der traditionellen Geschäftswelt niemals eine Gleichstellung mit den Männern erzielen werden. Der Grund hierfür liegt weder in einem Mangel an Erziehung oder Intelligenz seitens der Frauen noch in einer möglichen Angst vor Fehlschlägen und ebenso wenig in einer Monopolisierung dieser begehrten Positionen seitens der Männer. Frauen sind jedoch in geringerem Maß bereit, Überstunden zu machen, geschäftliche Risiken einzugehen, in andere Städte zu ziehen und ihr Familien- und Privatleben auf andere Weise in Gefahr zu bringen, um den Gipfel zu erreichen. Sie haben das Gefühl, wichtigere Aufgaben erledigen zu müssen.

Doch das Klima in der Unternehmenswelt verändert sich. Verschiedene Segmente der sich entwickelnden Geschäftsgemeinschaft benötigen in zunehmendem Ausmaß den flexiblen, kooperativen Geist der Frauen und bieten auf diese Weise neue Wege an die Spitze.

Unternehmen mit flachen Hierarchien

In den Wirtschaftszeitaltern der Vergangenheit wies die Struktur großer Unternehmen zumeist die Form einer Pyramide auf.[108] Jede Hierarchie arbeitet mit ähnlichen Managementprinzipien und vergleichbaren Prozessen. Jede Gesellschaft besaß ähnliche Vorschriften, Erwartungen, Buchhaltungssysteme und vergleichbare Sonderleistungen für Arbeitnehmer. Vom landwirtschaftlichen Familienbetrieb bis zum Megaunternehmen galt derselbe gesellschaftliche Vertrag zwischen Arbeitnehmer und Arbeitgeber. Gegenseitige Treue, eine lebenslange Anstellung, Bevormundung und eine nach Rängen geordnete, lineare Autoritätsleiter bildeten die Grundlage. Der »Organisations-Mann« begann unten und arbeitete sich durch Schulterklopfen, Scherze, Risikobereitschaft und Überstunden empor.

In den späten achtziger Jahren erlebte die amerikanische Geschäftswelt jedoch einen bislang unbekannten organisatorischen Aufruhr. Der Anstieg des globalen Wettbewerbs bedingte, dass Fixkosten rasch gesenkt und die betriebliche Leistungsfähigkeit gesteigert werden mussten, was in vielen Unternehmen zu einer Reduktion des Personalstandes führte. Die weltweite Expansion von Unternehmen und die gleichzeitige Revolution in der Telekommunikation (wie etwa durch den Einsatz von Telefax, E-Mail und von Satelliten übertragenen Telefonkonferenzen) erschwerten es den wenigen an der Spitze, bedeutende Informationen und Beziehungen nach ihrem Willen weiterzugeben oder zurückzuhalten.

Selbst männliche Unternehmer betrachten die alte hierarchische Ordnung nicht mehr als sakrosankt. Um eine »innerbetriebliche Veralzheimerung« zu vermeiden, die Informationsautobahn zu nutzen, mit den sich ausweitenden Geschäftsnetzwerken in Kontakt zu bleiben und talentierte Mitarbeiter anzuziehen, kamen viele zu der Ansicht, dass ihre Organisationen neu strukturiert werden müssen. Dies geschieht, indem das pyramidenförmige Befehls- und Kontrollmodell durch wesentlich flexiblere, dezentralisierte und weniger hierarchische Geschäftsstrukturen ersetzt wird und Arbeitsgruppen errichtet werden, die aus gleichberechtigten Teamspielern bestehen.

Abschaffung der Hierarchie

Wie werden diese neuen Strukturen aussehen?
Verschiedene Unternehmensfachleute und Trendanalytiker entwarfen Versionen für das Unternehmen von morgen.[109] Die beiden Unternehmensberater Bruce Pasternack und Albert Viscio von Booz Allen & Hamilton bringen mit dem von ihnen geprägten Begriff *centerless corporation*, »zentrumloses Unternehmen«, eine weit verbreitete Haltung zum Ausdruck.[110]

Die beiden Managementexperten interviewten leitende Angestellte und untersuchten die Strukturen, Funktionen und Bilanzen hunderter Unternehmen auf der ganzen Welt. Sie sind der Ansicht, dass das weltweit operierende Unternehmen, das sich verschiedenen Aufgabenbereichen widmet und auf eine große Heimatzentrale verzichtet, zu den bedeutendsten aufstrebenden Unternehmensmodellen zählen wird.

Ein kleiner »globaler Kern« von Spitzenmanagern wird ihnen zufolge hochrangige Strategien entwerfen, Führungspersönlichkeiten heranziehen, Schlüsselpositionen besetzen und das Unternehmen beaufsichtigen. Die nur lose miteinander verknüpften unabhängigen Geschäftseinheiten werden jedoch grundsätzlich selbstständig funktionieren. Der Teamarbeit wird große Bedeutung zukommen, und die mittleren Managementschichten werden aufgelöst, um »flachere« Organisationen zu erreichen. Das Hauptgewicht des Unternehmens liegt auf dem Wissen der fachlich ausgebildeten Arbeitnehmer und den Verbindungen zwischen getrennten, größtenteils autonomen Unternehmensteilen.

Die Unternehmensanalytikerin Sally Helgesen entwickelte eine Variante dieses »flachen«, nicht pyramidenförmig aufgebauten Unternehmenstyps.[111] Ihrer Meinung nach werden die entstehenden Firmen um ein Zentrum angeordnet, von dem aus strahlenartige Verbindungen zu Satelliteneinheiten bestehen. Jeder Manager wird im Zentrum eines Kreises von Mitarbeitern stehen, von denen wiederum direkte Kommunikationsverbindungen zu weiteren Kreisen von Mitarbeitern ausgehen. Auf diese Weise entsteht ein gigantisches Spinnennetz, das Peter Drucker als Zukunftsrad bezeichnet.

Helgesen zufolge wird jede Einzelkomponente relativ autonom operieren. Die Mitarbeiter arbeiten in Teams, die sich wöchentlich, saisonal oder jährlich verändern können. Die Manager dieser Teams ähneln eher einem Teamleiter, der Aufgaben definiert, organisiert und zuweist, inspiriert, Hilfe leistet und ein Netzwerk von Teamspielern errichtet. Diese Art von Struktur gründet sich auf Flexibilität – mit all ihren Vorteilen. Die Manager können mit einem weiteren Kreis von Kollegen zusammenarbeiten, andere Teams zu einer bestimmten Aufgabe zusammenrufen und diese nach Projektabschluss wieder auflösen.

Auch in diesem Schema geht die Leitung vom Manager aus, jedoch auf subtilere Weise. Er steht nicht mehr »allein an der Spitze«. Diese Vorgesetzten bilden das Aktionszentrum und sind imstande, Daten aus sämtlichen Unternehmenssektoren zu vereinen. Jeder ist somit in einen breiteren Wissensbereich eingeweiht. Für Aktionäre ist der Umstand besonders wichtig, dass diese Geschäftsstruktur das Unternehmen befähigt, im Zeitalter ständiger technologischer Entwicklungen und des globalen Wettbewerbs Veränderungen rasch herbeizuführen.[112]

Viele Unternehmen haben bereits ihre Version dieses hierarchiereduzierten, flacheren Zukunftsrades installiert. Einige verringerten den Bereich des mittleren Managements, andere schufen zahlreiche halbautonome Teams oder errichteten neue laterale Verbindungen zwischen verschiedenen Unternehmenseinheiten. Zu diesen reorganisierten Unternehmen zählen Body Shop, Ford Motor Company, Kodak, Hewlett-Packard, Wal-Mart und die Pfadfinderinnen der USA als eine der größten Nonprofit-Organisationen der Vereinigten Staaten.[113]

Peter Drucker glaubt, dass viele weitere Unternehmen diesem Trend folgen werden. In der »Wissenswirtschaft«, wie Drucker diese neu entstehende Wirtschaft bezeichnet, sind fachlich ausgebildete Arbeitnehmer »nicht mehr den Befehls- und Kontrollmethoden der Vergangenheit unterworfen«.[114] Statt wie die Arbeitnehmer von früher nach ihrem Rang eingeordnet zu werden, sollen die mit Wissen ausgestatteten Mitarbeiter, so rät Drucker, »verknüpft« werden.

Die Politikanalytiker Francis Fukuyama und Abram Shulsky erklären in einem Bericht der Rand Institution: »Große, vertikal ausgerichtete Unternehmen werden ihre Managementhierarchie entweder abflachen oder ein Netzwerk kleinerer, aktiverer Betriebe errichten.«[115]

Virtuelle Unternehmen

Die extremste Form des flachen, dezentralisierten Unternehmens stellt das so genannte virtuelle Unternehmen dar. Derartige Organisationen reichen von »bürolosen« Firmen bis zu traditionellen Unternehmen, deren einzelne Geschäftsbereiche mithilfe des Computers miteinander kommunizieren.

Im bürolosen Unternehmen könnten sich die Mitarbeiter wöchentlich in gemieteten Räumlichkeiten treffen. Die meisten Aufgaben werden an freie Mitarbeiter vergeben, die Manager leasen Angestellte anderer Unternehmen oder stellen bei steigendem Bedarf kurzfristig neue Mitarbeiter ein. Kollegen erledigen ihre geschäftlichen Angelegenheiten per Internet. Ist diese Vorstellung absurd? Meiner Ansicht nach keineswegs. Täglich verbinden sich in den Vereinigten Staaten mehr freie Mitarbeiter zu Netzwerken, die nur anhand der auf den Anrufbeantwortern hinterlassenen Botschaften und der aus den Faxgeräten hervorkriechenden Papierschlangen wahrzunehmen sind.

Edie Weiner und Arnold Brown, die Trendanalytiker der New Yorker Unternehmensberatungsfirma Weiner, Edrich, Brown, bezeichnen diesen neuen Organisationstyp als »Hyborg«. Dies ist die Kurzform für »Hybridorganisation«.

Sie behaupten, dass jede dieser Hyborgs einzigartig bleiben wird mit ihrer besonderen Mixtur aus Strukturen, Kommunikationsmitteln, der Beziehung zwischen Mitarbeitern und Management und den Sonderleistungen für die Angestellten. Festangestellte gegen Vertragsangestellte, Wissen versus Sachanlagevermögen, rotierende Managementpositionen, Arbeit, die in den Vereinigten Staaten, China oder Haiti erledigt wird, Tochtergesellschaften, Joint Ventures, Unterverträge, strategische Zusammenschlüsse, Lizenzen, Leasingverträge, Mehrfachprodukte, flexible Arbeitszeit, Teilzeit, Gewinnaufteilung, bezahlte oder unbezahlte Arbeitsfreistellung, variable Bezahlungsprogramme: Jedes Unternehmen wird ein unvergleichbarer Mischorganismus sein.

»Dies ist Unternehmen im Cafeteria-Stil«, meint Edie Weiner. Die Beziehungen würden mehr auf Ergebnissen als auf Loyalität basieren, mehr auf Selbstvertrauen als auf Bevormundung, mehr auf Veränderung als auf Dauerhaftigkeit.[116] Vor kurzem erklärte Weiner mir gegenüber: »Das zukünftige Organisationsmodell zeichnet sich dadurch aus, dass es kein Modell gibt.«

Frauen in Hyborgs

Nun zum wesentlichen Aspekt dieser Entwicklung: Der Trend zur Dezentralisierung, einer flacheren Unternehmensstruktur, verstärkter Teamarbeit, lateralen Beziehungen und Flexibilität kommt dem weiblichen Geschäftsstil entgegen.[117]

Die flexible, flache Organisationsform ähnelt dem Teamsystem, das kleine Mädchen auf dem Spielplatz von sich aus errichten. Es ist auch mit den Cliquen der Frauen im Büroalltag und den Zusammenschlüssen weiblicher Schimpansen zu vergleichen und stimmt mit den Nahrungssuchtrupps der urzeitlichen Frauen in den Ebenen des alten Afrikas überein. Darüber hinaus passt es zu dem natürlichen Machtverständnis der Frauen. Aus evolutionstechnischer Sicht sollten Frauen daher besonders gute Leistungen in diesen hierarchielosen Unternehmensnetzen erbringen.

Viele dieser Hybridorganisationen sollten zudem auf Frauen eine verstärkte Anziehungskraft ausüben. In einer Unternehmensform, in der Teamarbeit im Vordergrund steht, laterale, gleichberechtigte Beziehungen geschätzt werden, der Acht-Stunden-Tag überholt ist und steife, einheitliche Regeln für Arbeitsfreistellung, Urlaub und Pensionseintritt durch flexiblere Arbeitsbedingungen ersetzt worden sind, finden Frauen die Anpassungsmöglichkeit, die sie für die Kindererziehung benötigen.

Der Politikwissenschaftler Harlan Cleveland sagte diese flexible Unternehmensstruktur bereits 1972 voraus, als er von Organisationen sprach, »in denen die Aufgaben erfüllt werden, ohne dass die tatsächliche Kontrolle an der Spitze einer hierarchischen Pyramide zu finden ist. Untereinander vernetzte Spannungssysteme werden entwickelt werden, in denen die Kontrolle locker erfolgt, die Macht verteilt wird und mehrere Entscheidungszentren bestehen werden.«[118]

Cleveland ahnte jedoch nicht, dass dieses neu aufkeimende Büroklima, das sich durch Faktoren auszeichnet wie einen interaktiven Managementstil, verstärkten Informationsaustausch, das Bedürfnis nach Konsens innerhalb der Gruppe, die Übertragung der Macht an die Mitarbeiter, die Suche nach mehreren Alternativen und die Neigung zu schwierigen, innerbetrieblichen Problemlösungen, bei denen es ausschließlich Sieger gibt, den natürlichen weiblichen Talenten besonders entgegenkommen würde.[119]

Sobald Frauen in traditionellen Unternehmen oder in einigen Betrieben neuen Typs höhere Positionen einnehmen, werden sie zwangsläufig Veränderungen im Unternehmensalltag herbeiführen.

Weibliche Angestellte werden ihre Gedanken zweifellos an einen weiteren Kreis von Mitarbeitern weitergeben und auf diese Weise den Informationsfluss verstärken. Sie werden Treffen ansetzen, die Gemeinsamkeit und Machtaufteilung betonen, und Arbeitsvorschriften und Zeitpläne flexibler gestalten. Einige weibliche Manager werden informelle Geschäftsbesprechungen in einer neuartigen Umgebung abhalten: Anstelle der Geschäftsabwicklung auf dem Golfplatz werden sie während eines abendlichen Telefongesprächs Vereinbarungen schließen, sich in Frauenclubs treffen oder bei Zusammenkünften Frauenthemen diskutieren. Einige werden Veränderungen an der Büroeinrichtung vornehmen, um ihren Rang und Titel so wenig wie möglich zum Ausdruck zu bringen. Andere werden neue Methoden für den Erwerb und die Verteilung von Sondervergünstigungen vorschlagen.

Rund um den Erdball werden weibliche Manager und Mitarbeiter auf subtile Weise eine flexiblere, vielseitigere, gleichberechtigtere und stärker auf Zusammenarbeit gestützte Arbeitsumgebung herausbilden, die besser mit dem weiblichen Geist übereinstimmt.

Viele werden sich auch für eine selbstständige Arbeit entscheiden und Karriere, Familie und Freizeit auf unkonventionelle Weise kombinieren.

Unternehmerinnen als Trendsetter

Mehr Frauen als Männer steigen von der Unternehmensleiter herab.[120] Wenn Karrierefrauen ihre mächtigen Positionen aufgeben, bedeutet dies jedoch nur in den seltensten Fällen, dass sie sich zum Plätzchenbacken zurückziehen.

Eine Untersuchung unter hohen weiblichen Angestellten, die zurückgetreten sind, ergab, dass etwa neunzig Prozent ihre Laufbahn in einer anderen Stellung fortsetzten.[121] Die Präsidentin von Catalyst,

Sheila Wellington, berichtet: »Diese Frauen erklären ihren Vorgesetzten ausnahmslos, dass sie ihren Beruf aufgeben, um zu Hause zu bleiben. Nur die wenigsten tun dies tatsächlich. Frauen neigen nicht dazu, alle Brücken hinter sich abzubrechen. Sie bauen ein eigenes Unternehmen auf oder suchen nach einem Arbeitsplatz, der ihnen einen höheren Grad an Ausgeglichenheit und bessere Aufstiegschancen verspricht.«[122]

Viele Frauen gründen ein eigenes Unternehmen. In den von *Fortune* aufgelisteten 500 Unternehmen waren 1979 16,3 Millionen Menschen beschäftigt; heute sind es lediglich zwölf Millionen.[123] 1994 galten 16 Millionen Amerikaner als »einsame Adler«, als freie, selbstständig arbeitende Unternehmer. Der überwiegende Teil von ihnen war weiblich. Doppelt so viele Frauen wie Männer entscheiden sich für ein eigenes Unternehmen.[124]

Die von Frauen geführten Betriebe verzeichnen zudem Erfolge. 1996 berichtete die National Foundation for Women Business Owners, dass annähernd acht Millionen Betriebe – dies entspricht etwa einem Drittel aller amerikanischen Unternehmen – in weiblichem Eigentum stehen.[125] Schätzungen zufolge werden Frauen im Jahr 2000 die Hälfte aller US-Firmen besitzen. Zudem ist die Wahrscheinlichkeit höher, dass diese Betriebe im Geschäft bleiben. Achtzig Prozent der in weiblichem Eigentum stehenden Unternehmen verbuchen innerhalb von zwei Jahren Erfolg. Dieser Wert liegt deutlich über dem landesweiten Durchschnitt von etwa fünfzig Prozent.[126]

Auch in vielen anderen Teilen der Welt gründen Frauen kleine Unternehmen.[127] In Großbritannien leiten heute mehr als 790 000 Frauen eine eigene Firma, in Deutschland werden vierzig Prozent aller neuen Betriebe von Frauen gegründet, und in Singapur steht jedes fünfte Unternehmen im Eigentum einer Frau.[128] Yang Yurong gründete 1979 im Alter von 42 Jahren im ländlichen China einen eigenen Betrieb. Dazu lieh sie sich 150 Yuan und kaufte damit einige Entenküken, ein Schwein und Bücher über Entenzucht. 1988 verdiente sie mit ihrer Entenfarm mehr als 10 000 Yuan.[129]

Die rasche technologische Entwicklung sollte weltweit noch mehr Frauen befähigen, ein eigenes Geschäft zu eröffnen, denn das Zeitalter des »elektronischen Hauses« ist bereits angebrochen.

Ich befinde mich in einem solchen. Während ich diese Worte auf meinem Computer tippe, sammelt mein E-Mail-Briefkasten geschäftliche

Mitteilungen. Mein Faxgerät könnte in jedem beliebigen Augenblick einen Geschäftsbrief auswerfen, und mein Esstisch hat sich bereits vor langer Zeit in einen zweiten Schreibtisch verwandelt, auf dem sich Artikel und Briefe stapeln. Alte Karteischränke dienen als Nachttische, ein Teil meiner Küchenkästchen hat die Funktion einer Postabteilung übernommen, und mein Anrufbeantworter registriert eingehende Gespräche. Früher erklärte ich, dass ich zu Hause arbeite. Ich würde der Wahrheit jedoch näher kommen, wenn ich sagte, dass ich in meinem Büro schlafe.

Mit der Revolution auf dem Telekommunikationssektor gehöre ich zu Millionen Berufstätigen, die ein stickiges, mit Neonlampen beleuchtetes, überwachtes Kämmerchen in der Geschäftswelt hinter sich gelassen haben, um zu Hause zu arbeiten. Im Zeitalter Aufsehen erregender Veränderungen werden kreative Frauen in der stets vielfältigeren Wirtschaftslandschaft eine Nische finden, diesen »Unternehmensraum« ausfüllen und reich werden – sofern sie das wollen.

Vielen bietet sich auf diese Weise die Möglichkeit, Kinder großzuziehen, während sie – zumeist zu Hause – ihre Karriere fortsetzen.

Verwaltung

»Die Berichte über meinen Tod sind stark übertrieben«, telegrafierte Mark Twain 1897 der Associated Press. Dasselbe könnte man von traditionellen Unternehmen behaupten, deren Vorgesetzte Befehle aussprechen, deren Mitarbeiter Befehle ausführen, deren Informationen in festgelegten Bahnen fließen und deren Manager alles daransetzen, um das erwünschte Ergebnis zu erzielen. Viele verbuchen Erfolge.

Dennoch sind Peter Drucker und zahlreiche andere Unternehmensanalytiker der Ansicht, dass ein Zeitalter der »Verwaltung« angebrochen sei. Betriebe ersetzen hierarchische Strukturen, in denen Vorgesetzte von oben herab befehlen, durch lateral verknüpfte Netzwerke, in denen Manager Teamgeist, gleichberechtigte Beziehungen, Konsens und Flexibilität fördern.[130] Ungeachtet der Tatsache, dass zweifellos sowohl Männer als auch Frauen diese Eigenschaften besitzen, ist diese Denk- und Handlungsweise für Frauen typischer.

»Die beste Vorbereitung auf die Geschäftswelt ist die Mutterschaft«, behauptet der Trendanalytiker Arnold Brown. Im Verlauf von Millionen von Jahren erwarben sich Frauen bei der Erziehung ungestümer

Kinder zahlreiche besondere Fähigkeiten. Während Frauen in die Ränge des mittleren Managements aufsteigen und einige von ihnen die Spitze erreichen, bringen sie in jeden Sektor der Unternehmenswelt auf natürliche Weise Flexibilität, Fantasie, Intuition, Zusammenarbeit, Konsens und eine umfassende, in den Zusammenhang eingebettete, langfristige Betrachtungsweise ein.

Die Universitätsprofessorin Judy Rosener von der Managementfakultät der University of California in Irvine ist der Ansicht, dass jene Unternehmen, die die Fähigkeiten von Frauen in vollem Umfang nützen, innovativer und produktiver werden – und höhere Gewinne erwirtschaften werden. Sie warnt davor, dass »Organisationen, die den Wettbewerbsvorteil der Frauen ignorieren, dies auf eigene Gefahr tun«.[131]

KAPITEL 3

Die Sprache der Frauen
Kommunikation im Informationszeitalter

*Der Unterschied zwischen dem richtigen Wort
und dem beinahe richtigen Wort
entspricht dem Unterschied
zwischen einem Blitz und einem Leuchtkäfer.*

MARK TWAIN

»Ich bitte euch, sprecht die Worte, wie ich sie euch vorgesagt habe. Lasst sie über die Zunge gleiten.« So ermutigte Shakespeare seine Schauspieler, ruhig, geschmeidig und gewandt zu sprechen. Frauen können klug, weltoffen, intuitiv und vieles mehr sein. Zu ihren herausragendsten Talenten zählt jedoch meiner Ansicht nach jene Gabe, die Shakespeare so hoch schätzte – ein Gefühl für die Sprache.

In einer Zeit, in der das Fernsehen Hunderte von Programmen anbietet und weltweit die Zahl der Menschen steigt, die eine Ausbildung benötigen, um ihren Lebensunterhalt zu verdienen, kommt der Fähigkeit, mit dem geschriebenen und dem gesprochenen Wort kommunizieren zu können, an vielen Arbeitsplätzen große Bedeutung zu. Zu diesen zählen selbstverständlich Fernsehen, Radio, Journalismus und der wachsende Erziehungsbereich.

In diesem Kapitel stelle ich die Behauptung auf, dass Frauen in zahlreichen Kommunikations- und Erziehungssektoren die Vorherrschaft übernehmen werden. Dank ihres kontextuellen Blickwinkels, ihrer geistigen Flexibilität, ihrer Vorstellungskraft und ihrer herausragenden Sprachbegabung werden sie unseren Äther, unsere Printmedien und unsere Klassenzimmer mit Vielseitigkeit und einer breiten Palette an Themen, komplizierten Diskussionen über verschiedenste Fragen und Ideen und einer detaillierten und sensiblen Darstellung von Minderheiten, Fremden, Frauen und menschlichen Beziehungen bereichern.

Zum Sprechen geboren

Beim Sprechen sind Frauen überlegen. In den Vereinigten Staaten plaudern Mädchen oftmals bereits im Kleinkindalter mehr als Jungen, und ihre Sprachentwicklung setzt früher ein.[1] Während des Heranwachsens drücken sich Mädchen in längeren Sätzen und komplizierteren grammatischen Konstruktionen aus, etwa im Passiv.[2] Ihre Sprache ist geschmeidiger, sie versprechen sich seltener, neigen weniger dazu, etwas wegzulassen oder sich zu wiederholen, und lassen weniger Sätze unbeendet. Die Wahrscheinlichkeit, dass ein Mädchen stottert, beträgt im Vergleich zu Jungen nur ein Viertel bis ein Drittel, und Dyslexie tritt bei Mädchen dreimal so selten auf.[3] Wesentlich weniger Mädchen benötigen zudem Förderunterricht im Lesen.

Mädchen lieben Worte. Sie genießen Wortspiele, Rätsel, Puzzles, erfinden Geschichten, sprechen gern mit Erwachsenen. Im Alter von zwölf Jahren zeichnen sie sich durch eine fehlerfreie Grammatik, Interpunktion und Rechtschreibung aus und sind imstande, gelesenen Text zu verstehen und sich an ihn zu erinnern.[4] Über Männer, Frauen und SAT-Prüfungen (Standardleistungstests) wurde viel diskutiert. Nach Ansicht vieler wurden diese Tests umgestaltet, um die geschlechterspezifischen Unterschiede zu minimieren.[5] Bei Eignungstests, die sprachliche Fähigkeiten genauer dokumentieren als SAT-Prüfungen, erbringen Mädchen regelmäßig bessere Leistungen als Jungen.[6]

Jungen holen niemals auf. Mädchen und Frauen sind geradezu meisterlich redegewandt und finden rasch das geeignete Wort, die richtige Redewendung oder den treffenden Satz.[7] Durchschnittlich können erwachsene Frauen nahezu doppelt so viele Synonyme für gewöhnliche Wörter wie *scharf* oder *wild* anführen. Sie sind besser im Wiederholen von Zungenbrechern und können mehr Wörter mit einem bestimmten Anfangsbuchstaben aufsagen. Das Vokabular von Männern und Frauen besitzt zwar denselben Umfang, Männer können jedoch in ihren Erinnerungen nicht so rasch die geeigneten Worte finden.[8]

Bei der erneuten Auswertung von sechs großen Untersuchungen über geschlechtsspezifische Unterschiede, die zwischen 1960 und 1992 durchgeführt worden waren, erkannten Psychologen, dass sich Frauen in allen drei Jahrzehnten durch verschiedene sprachliche Fähigkeiten auszeichneten.[9] Etwa 150 000 Amerikaner im Alter zwischen 13 und 22

Jahren nahmen an diesen Analysen teil. Im Durchschnitt ergab sich ein geringer Unterschied zwischen männlichen und weiblichen Testpersonen. Im Bereich der besten fünf bis zehn Prozent in den Kategorien Leseverständnis, Schreiben, Wahrnehmungsgeschwindigkeit und assoziative Erinnerung war der Anteil der weiblichen Testpersonen hingegen beträchtlich höher als der der männlichen.

Die amerikanischen Frauen teilen ihre ausgezeichnete sprachliche Ausdrucksfähigkeit mit Frauen anderer Kulturen. Auch in Japan finden Mädchen rascher das geeignete Wort, die treffende Redewendung und den passenden Satz als Jungen.[10] In so unterschiedlichen Ländern wie England, der Tschechischen Republik, Japan und Nepal zeichnen sich Frauen gleichermaßen bei Sprachtests aus.[11]

1996 führte die International Gallup Organization in 22 Ländern Asiens, Europas, Nord- und Südamerikas eine Untersuchung unter Männern und Frauen durch mit der Fragestellung, welches Geschlecht ihrer Meinung nach gesprächiger sei. In Chile, Estland, Frankreich, Honduras, Indien, Kanada, Thailand, den Vereinigten Staaten und elf weiteren Ländern, die insgesamt 3,05 Milliarden Menschen und 53,3 Prozent der Weltbevölkerung umfassen, war die überwiegende Mehrheit der Männer und Frauen überzeugt, dass Frauen gesprächiger sind. Nur die Mexikaner und Isländer sahen bei Männern und Frauen keinen Unterschied in der Redseligkeit.[12]

»Die Freude am Sprechen ist die unauslöschliche Leidenschaft einer Frau«, schrieb der französische Dramatiker Alain-René Lesage zu Beginn des 18. Jahrhunderts. Rund um den Erdball stimmen ihm die Menschen zu.

Wie üblich hängt auch hier vieles von den Umgebungsbedingungen ab. Männer sprechen mehr, sobald sie sich in einer formellen Gruppe – vorwiegend in einer gemischten Gruppe aus Männern und Frauen – befinden. Das ist Ihnen vermutlich bereits im Diskussionsteil öffentlicher Lesungen aufgefallen. Männer stellen ausnahmslos mehr und längere Fragen. Psychologen sind der Ansicht, dass Männer in der Öffentlichkeit, wie etwa bei Konferenzen oder Geschäftsbesprechungen, häufiger sprechen, um ihren Rang zu begründen, zum Ausdruck zu bringen und zu stärken.[13] Frauen sprechen häufiger zu Hause und in der Gesellschaft anderer Frauen. Dies geschieht zweifellos, um die Beziehungen innerhalb der Familie oder im Freundeskreis zu festigen.

Es ist unmöglich, eine Aussage darüber zu treffen, welches Geschlecht die interessanteren Gespräche führt oder die beeindruckenderen Briefe oder Berichte verfasst. Ob es sich um Gartenarbeit, Fischen, Philosophie oder Geschichte handelt: Beide Geschlechter können faszinierend *und* langweilig sein. Männer sprechen häufiger über Geschäfte, Sport und Politik, während sich Frauen lieber über Menschen unterhalten.[14]

Lässt man den Inhalt der Gespräche unberücksichtigt, zeigt sich in verschiedensten Untersuchungen und Kulturen, dass sich Frauen in der Konstruktion ihrer Sätze, ihrer Wortwahl und der Betonung der Nuancen der gesprochenen Sprache auszeichnen. Allgemein besitzen Frauen mehr Gewandtheit, das auszudrücken, was sie tatsächlich sagen wollen.

Das weibliche Gehirn ist für das Sprechen geschaffen

»Eher gehen einer Nachtigall die Lieder aus als einer Frau die Worte«, lautet ein spanisches Sprichwort. Wie beschwören Frauen diese verbale Magie herauf?

Mit einzigartigen Gehirnen. Bei der Untersuchung der Gehirne von fünf weiblichen und vier männlichen Toten entdeckte die Neurowissenschaftlerin Sandra Witelson von der kanadischen McMaster University, dass die weiblichen Gehirne in spezifischen Bereichen, die für die Wahrnehmung und Unterscheidung von Klängen im Zusammenhang mit Sprache verwendet werden, elf Prozent mehr Neuronen (Nervenzellen) aufwiesen als die männlichen.[15]

Die Unterscheidung von Klängen ist für die entwickeltere Kommunikation von grundlegender Bedeutung. Wenn Sie ein knurriges »Guten Morgen« hervorstoßen, vermitteln Sie eine andere Botschaft als mit einem gesungenen, hohen, weichen »Hallo«. Wir taxieren die verbale Botschaft einer Person anhand der Kadenz, des Rhythmus, des Tonfalls, der Stimmlage und der Modulation. Frauen beginnen bereits in ihrer Kindheit, diese geistige Ausrüstung zu nutzen. Weibliche Babys lauschen aufmerksamer auf Musik und achten auch stärker auf die Stimme der Menschen.[16]

Bei der Entzifferung des Tonfalls einer Stimme scheinen Frauen aufgrund ihrer Biologie begünstigt zu sein. Witelsons Daten stammen jedoch von nur neun Testpersonen. Das Zählen von Nervenzellen im Gehirn ist zudem äußerst schwierig und oft ungenau. Wir benötigen eindeutig mehr Nachweise, ehe wir zu Recht die Behauptung aufstellen können, dass die sprachlichen Fähigkeiten der Frauen auf ihrer Gehirnphysiologie gründen.

Es gibt weitere Belege für diese These. 1995 schlossen die Neurowissenschaftler Bennett und Sally Shaywitz von der Universität Yale gemeinsam mit ihren Kollegen 19 Männer und 19 Frauen an einen Gehirnscanner an. Dann projizierten die Forscher mithilfe von Spiegeln und einem Computerbildschirm unsinnige Worte vor ihre Augen.[17]

Die Aufgabe bestand darin herauszufinden, ob sich die Worte *Lete*, *Jete*, *Loke*, *Jote* und andere codierte Geräusche reimten. Während die männlichen Testpersonen diese Klänge geistig verbalisierten, aktivierten sich bestimmte Bereiche ihrer linken Gehirnhälfte. Bei den meisten weiblichen Versuchsteilnehmern aktivierten sich auch die entsprechenden Bereiche der rechten Gehirnhälfte, da das für den Versbau verantwortliche Sprachzentrum der Frauen auf beide Gehirnhälften verteilt war.

Größere Gehirnbereiche verbessern die sprachlichen Fähigkeiten

Weil Frauen dazu imstande sind, benutzen sie zum Sprechen beide Seiten der Gehirnrinde. Wie in Kapitel 1 angeführt, sind Neurowissenschaftler heute der Ansicht, dass sich das Corpus callosum, jene Gewebebrücke, die die beiden Gehirnhälften miteinander verbindet, bei Frauen in einem oder mehreren Bereichen an der Rückseite wölbt, während es bei Männern annähernd zylindrisch ist.[18]

Um festzustellen, ob diese Gehirnarchitektur Frauen zu einem effizienteren Umgang mit Worten befähigt, schlossen Melissa Hines von der University of California und ihre Kollegen 28 Frauen an einen Gehirnscanner an und machten Aufnahmen vom Corpus callosum.[19] Hines unterzog diese Frauen auch verschiedenen Aufgaben, die ihre verbalen Fähigkeiten testeten. Unter anderem forderte sie sie auf, Synonyme und Worte mit dem Anfangsbuchstaben S aufzulisten. Ein stärkeres Corpus callosum stellte sich tatsächlich als vorteilhaft heraus. Frauen mit einer größeren Auswölbung an der Rückseite des Gehirnbalkens erbrachten bei diesen Sprachübungen bessere Ergebnisse.

Die Tatsache, dass die Sprachzentren der Frauen an einem »sichereren« Ort angesiedelt sind, bringt einen weiteren Vorteil für Frauen mit sich. Die bedeutendsten Sprachzentren liegen bei ihnen an der Stirnseite der linken Gehirnhälfte, während sie bei Männern weit verstreut sind und einige sich sogar an der Rückseite der linken Gehirnhälfte befinden.[20] Da jene Schlaganfälle, die häufiger zu Lähmungserscheinungen führen, bei beiden Geschlechtern vorwiegend in den rückwärtigen Bereichen der linken Gehirnhälfte auftreten, werden die Sprachzentren der Männer mehr geschädigt als die der Frauen.[21]

Von allen biologischen Faktoren, die die Sprachfähigkeit der Frauen begünstigen, zeichnet sich vor allem das weibliche Hormon Östrogen aus.

Östrogen: Der Grundstoff der Sprache

Oliver Wendell Holmes bezeichnete die Zunge einer Frau als »mächtiges Körperteil«. Hätte er gewusst, was wir heute wissen, hätte er stattdessen die Macht des Östrogens gepriesen. Um zu verstehen, auf welche Weise ein stummes Körperhormon wie Östrogen die geschickte Erwiderung einer Frau am Esstisch oder in der Geschäftsbesprechung auslösen kann, müssen wir etwas mehr über die Schaltungen des Gehirns erfahren.

Das menschliche Gehirn besteht aus einem Bündel von etwa zehn Milliarden Nervenzellen oder Neuronen. Jede dieser Nervenzellen besitzt zumindest einen langen Arm, das Axon, und zahlreiche, astförmig ausgestreckte Ranken, die Dendriten. Impulse von einer Nervenzelle zur anderen werden durch dieses Axon geschickt, das sich verteilt, um mehrere benachbarte Neuronen zu kontaktieren. Durch die vielfach verzweigten Dendrite erhält jede Zelle Tausende von Impulsen.[22] Die Impulse springen über einen unendlich kleinen Spalt zwischen den Nervenzellen, den man als Synapse bezeichnet. Einige zehn Trillionen dieser synaptischen Verbindungen zwischen den Nervenzellen vereinen die einzelnen Teile des Gehirns.[23]

Selbstverständlich spricht nicht jedes Neuron mit jedem anderen. Die Impulsweiterleitung erfolgt zu einigen wenigen. Diese kommunizieren mit jenen, jene wiederum mit anderen. Auf diese Weise werden die einzelnen Gehirnregionen untereinander (aber auch mit anderen Körperbereichen) durch miteinander verknüpfte Nervenzellen zu spezifischen Kreisläufen verbunden, die als Systeme oder Module bekannt sind.[24]

Hier zeigt sich die Wirkung des Östrogens. Dieses Hormon fördert die Bildung mehrerer Dendritverbindungen pro Nervenzelle und steigert somit die Anzahl der Verbindungen zwischen den Nervenzellen.[25] Dadurch erhöht das Östrogen den Informationsfluss zwischen den Neuronen.

Östrogen ist zudem leistungsstark. So erreicht die Fähigkeit von Frauen, sich in Worten auszudrücken, zur Mitte des monatlichen Menstruationszyklus ihren Höhepunkt. Gleichzeitig befindet sich auch der Östrogenspiegel auf seinem Maximum.[26] Mit dem steigenden Östrogengehalt erhöht sich auch das verbale Erinnerungsvermögen von Frauen und ihre Fähigkeit, rasch das richtige Wort zu finden.[27] Sobald sich Frauen nach der Menopause einer Hormonersatztherapie unterziehen, um ihren Östrogengehalt zu steigern, verbessern sich ihre Testergebnisse in verschiedenen verbalen Fähigkeiten einschließlich der verbalen Erinnerung und Artikulation.[28]

Diese Verbindung zwischen Östrogen und sprachlichen Fähigkeiten zeigt sich besonders deutlich bei Mädchen, die aufgrund des so genannten Turner-Syndroms, eines genetischen Leidens, einen geringen Östrogengehalt aufweisen. Diesen Mädchen fällt es schwer, sich an verbale Informationen zu erinnern und rasch und angemessen zu sprechen.[29]

»Macht Östrogen klug?«, lautete 1997 eine Frage auf der Titelseite der Zeitschrift *New York*. »Klug« bedeutet für jeden etwas anderes. Östrogen vervielfältigt jedoch die Sprachautobahnen im Gehirn und erhöht auf diese Weise verschiedene verbale Fähigkeiten. Sich sprachlich gut auszudrücken wird oft – jedoch nicht immer zu Recht – mit Intelligenz gleichgesetzt.

Gibt es Gene, die das Sprechen steuern?

Eine faszinierende Studie ergab, dass spezifische Gene Frauen befähigen könnten, effektiver zu sprechen als Männer.

Wie in Kapitel 1 erwähnt, entdeckte der Neurowissenschaftler David Skuse vom Institute of Child Health in London mit seinen Kollegen ein Gen oder eine Gruppe von Genen auf dem X-Chromosom, das verschiedene weibliche Eigenschaften einschließlich des sprachlichen Ausdrucks, der Lesefähigkeit und Sprachstörungen beeinflusst. Aufgrund von Vererbungsmustern und komplexen körperlichen Wechselwirkungen wird dieses Gen, bzw. diese Gengruppe, bei allen Männern stillgelegt, während es bei etwa fünfzig Prozent der Frauen aktiv bleibt. Skuse zufolge erklärt dies, warum »Männer wesentlich anfälliger sind für verschiedene Entwicklungsstörungen der Sprache, Sprechprobleme und Leseschwierigkeiten.«[30]

Sprechen gehört zu den bedeutendsten Errungenschaften der Menschheit. Selbst Darwin, der die Menschheit schlicht als weitere Tierart betrachtete, erklärte: »Von den niedrigen Tieren unterscheiden sich die Menschen ausschließlich in ihrer nahezu unendlich größeren Fähigkeit, die unterschiedlichsten Klänge und Ideen miteinander zu assoziieren.« Frauen zeichnen sich in der verbalen Kommunikation, diesem wichtigen Kennzeichen der Menschheit, regelmäßig besonders aus.

Warum ist der weibliche Teil der Spezies so gut für die Sprache ausgestattet? Meiner Ansicht nach entwickelte sich diese weibliche Fähigkeit, um den urzeitlichen Frauen die Erziehung und Ausbildung ihrer Nachkommenschaft zu ermöglichen. Dies war die bedeutendste Aufgabe des weiblichen Geschlechts.

Babysprache

Babys kennen keine Grammatik. Für sie besitzen Worte zudem keine Bedeutung. Daher beginnen sie, Sprache zu erlernen, indem sie auf die Prosodie der Sprache, ihre Rhythmen und die Sprachmelodie achten. Bereits im Mutterleib lauschen sie dem Rhythmus, der Melodie, der Stimmlage und der Intonation der Worte ihrer Mutter.[31]

Da Kleinkinder für hohe Klänge empfänglicher sind, versuchen Mütter instinktiv dieser Neigung zu entsprechen, indem sie mit höherer Stimme sprechen.[32] Darüber hinaus reden sie langsam und weich und bedienen sich eines Singsangs und einer breiten tonalen Palette. Alles zu einem einzigen Zweck – aufzufallen. Diese Übertreibung hilft dem Baby, die Stimme seiner Mutter aus all den umgebenden Geräuschen herauszufiltern. Mütter wissen das unbewusst. In Amerika, Deutschland, Frankreich, Italien, Lettland und Japan, ebenso wie bei den Komantschen, den Singhalesen Sri Lankas und den Xhosa Südafrikas verwenden Mütter dieselben Stimmtricks.[33]

In einer Vielzahl von Kulturen bedienen sich Mütter zudem kurzer Worte, eines kleinen stimmlichen Repertoires und langer Pausen zwischen ihren einschmeichelnden, hohen Phrasen. Darüber hinaus wiederholen sie dieselben Laute immer wieder.[34] Um die Aufmerksamkeit ihrer Babys auf sich zu lenken, bedienen sie sich auch sprachlicher Hilfsmittel, indem sie den Namen des Babys aussprechen oder Sätze wie »Sieh nur!« und »Was ist das?« rufen.[35]

Väter verwenden einige derselben Stimmtechniken. Die Psychologin Anne Fernald von der Stanford University schließt daraus, dass diese Abfolge stereotyper Sprachmuster unter menschlichen Eltern allgemein verbreitet ist und sich aus den musikalischen Signalen niedrigerer Primaten entwickelte.[36]

Im Allgemeinen verbringen Väter wesentlich weniger Zeit mit ihren Babys. Eine vom Population Council durchgeführte Untersuchung von 186 Gesellschaften ergab, dass weniger als zwei Prozent aller Väter »eine regelmäßige, enge Beziehung« zu ihren Nachkommen haben.[37] Selbst wenn Väter eine enge Beziehung zu ihren Kindern besitzen, verbringen sie bedeutend weniger Zeit mit Liebkosungen und im Gespräch mit ihnen. Bei den Aka-Pygmäen Zentralafrikas beispielsweise halten Väter ihre Babys während einer Zeitspanne von 24 Stunden etwa 57 Minuten im Arm, im Vergleich zu 490 Minuten bei Müttern.[38]

Weltweit verbringen Mütter mehr Zeit im direkten Kontakt mit ihren Kinder. Sie halten die Babys stundenlang dicht vor ihrem Gesicht, reden auf sie ein, beruhigen sie, tadeln und erziehen sie – mit Worten. In ihren wechselseitigen Beziehungen bedienen sich Mütter der verbalen Kommunikation in stärkerem Maß als Väter.[39] Mütter erkennen die Stimmung und die Bedürfnisse ihrer Kinder auch anhand von Rhythmus und Melodie der Babygeräusche.

Über Jahrhunderte hinweg zogen jene Mütter der Urzeit, die mit ihren Babys sprachen und ihnen zuhörten, vermutlich gesündere und ausgeglicherere Nachkommen groß. Diese Kinder überlebten bis zum Erwachsenenalter, um selbst Kinder in die Welt zu setzen. Auf diese Weise bildeten sich im weiblichen Gehirn in einem unerschütterlichen Prozess natürlicher Auslese all jene biologischen Veränderungen aus, die den Frauen im Sprachbereich einen Vorteil verleihen.

Ich Tarzan, du Jane

Wir wissen nicht, wann im Verlauf der menschlichen Evolution Frauen Männer im Sprechen überholten. Dass es jedoch vor langer Zeit geschah, steht fest.

Die Stimmen der Frauen sind veränderbarer, musikalischer und ausdrucksstärker als die der Männer.[40] Diese Eigenschaften teilen sie mit anderen weiblichen Primaten. Äffinnen stoßen eine größere Bandbreite an Geräuschen wie Wimmern, Gurren, Bellen und anderen »sozialen« Rufen in mittlerer Tonhöhe aus als männliche Primaten, die sich auf ein Repertoire von Knurren, Brüllen und aggressiven schrillen Lauten beschränken.[41] Die urzeitlichen Frauen erwarben die für eine kompliziertere tonale Ausdrucksweise benötigten Verbindungen im Gehirn vermutlich bereits, bevor unsere Vorfahren vor etwa vier Millionen Jahren von den Bäumen Ostafrikas herabstiegen.

Während unsere Ahnen in die Grasebenen vordrangen, die sich in der afrikanischen Landschaft erstreckten, wurde es für beide Geschlechter notwendig, sich auf einem gehobenen Niveau zu verständigen.

Neue Klangkombinationen halfen ihnen, ihre Zugrichtung zu koordinieren, und komplexere grammatikalische Konstruktionen erlaubten ihnen, das Gestern zu beschreiben und für morgen zu planen. Mit den ersten Ansätzen einer menschlichen Sprache waren sie imstande, Argumente vorzubringen, Angebote zu machen, Vereinbarungen zu treffen, Anführer zu unterstützen, Feinde zu übertölpeln, Fähigkeiten zu erlernen, Nachrichten zu verbreiten, Regeln aufzustellen, Tränen zum Versiegen zu bringen, den Verwandtschaftsgrad festzustellen, Geliebte zu verführen, die Götter zu besänftigen und bis spät in die Nacht Geschichten zu erzählen. Der Psychologe Steven Pinker vom Massachusetts Institute of Technology und Paul Bloom von der University of Arizona beschreiben die Situation unserer fernen Vorfahren folgendermaßen: »Sie konnten mit ihrer Ich-Tarzan-du-Jane-Grammatik ebenso wenig weiterleben wie wir.«[42]

Niemand kennt den genauen Zeitpunkt, an dem sich die menschliche Sprache zu entwickeln begann. In zwei Millionen Jahre alten fossilen Schädeln zeigt sich jedoch, dass sich bereits zumindest ein grundlegendes Sprachzentrum im menschlichen Gehirn ausgebildet hatte, das heute als Broca-Bereich bezeichnet wird.[43] Gemeinsam mit dieser Umorganisation im Gehirn müssen auch jene komplizierten Gehirnverbindungen entstanden sein, die für die Sprache unerlässlich sind. Im Verlauf der Zeit formte sich eine komplexere Gehirnarchitektur und brachte ein Sprachzentrum hervor.

Der sprachliche »Rüstungswettlauf« hatte begonnen. Individuen, die die mächtige Waffe der Sprache besaßen, waren imstande, Feinde zu besiegen und stabilere Beziehungen zu ihren Freunden zu schaffen. Durch ihr Leben und ihre Vermehrung gaben sie die Sprache, dieses herausragende Kennzeichen der Menschheit, weiter. Auf dem gesamten Weg dieser menschlichen Reise waren die Mütter dazu bestimmt, die jüngsten Nachkommen zu unterrichten. Für diese Aufgabe stattete die Natur das weibliche Gehirn mit besonderen sprachlichen Fähigkeiten aus.

»Ein einzelnes Wort verrät oft schon einen großartigen Entwurf«, erklärte der französische Dramatiker Racine. Worte sind nach wie vor die bedeutendsten Hilfsmittel der Menschheit, um komplexe Phänomene auf einfache Weise zu erläutern. Während wir immer tiefer in das Informationszeitalter vordringen, erhöht sich die Wahrscheinlichkeit, dass Frauen in jedem Beruf, der von Worten abhängt, einen natürlichen Vorteil haben werden. Dies gilt insbesondere für die Kommunikationsindustrie und den gesamten Bereich des Erziehungswesens.

Frauen und Medien

»Diese unmöglichen Frauen! Wie schaffen sie es immer wieder, uns zu überreden!«, schrieb Aristophanes 411 v. Chr. Mit Worten besitzen Frauen nach wie vor die Fähigkeit, Aufmerksamkeit auf sich zu ziehen und ihren Standpunkt überzeugend darzulegen. Daher überrascht es nicht, dass Frauen in Radio und Fernsehen rasch Einzug gehalten haben.

Heute sind mehr als die Hälfte aller Reporter des National Public Radio weiblich. Auch viele Radioprogrammgestalter und -produzenten sind Frauen.[44] Ungeachtet der Popularität des Fernsehens, besitzt das Radio noch immer großen Einfluss. Etwa 91 Prozent aller amerikanischen Haushalte können NPR empfangen und etwa zwölf Millionen Menschen schalten wöchentlich auf diesen Sender.[45] NPR weitet sich sogar noch aus. 1990 waren 395 Radiostationen als Mitglieder angeschlossen, bis 1996 erhöhte sich diese Zahl auf 540.

Radio hören (und zwar nach unterschiedlichsten Sendern) passt zu unserer modernen Lebensgewohnheit. »Als eine der vorherrschenden Strömungen in der Mediennutzung der letzten dreißig Jahre zeigt sich ein aufsteigender Trend, eine Sendung zu sehen oder zu hören, während wir uns einer anderen Aktivität widmen«[46], erklärt John Robinson, der Direktor des Untersuchungsprojekts über die Zeitnutzung der amerikanischen Bevölkerung von der University of Maryland. Er bezeichnet diese Art des Zuhörens als »Sekundäraktivität«.

Heute schalten die Amerikaner etwa neunzig Minuten täglich ihr Radiogerät ein, im Vergleich zu 45 Minuten im Jahr 1965. Dies ergibt wöchentlich mehr als zehn Stunden. Neunzig Prozent des Radiohörens erfolgt, während wir arbeiten, Auto fahren, kochen, etwas in der Garage reparieren, uns sonnen, ein Picknick genießen oder etwas anderes unternehmen. Nach Country-Musik, die in den Vereinigten Staaten den ersten Platz einnimmt, hören Amerikaner vorwiegend Nachrichten und Talkshows.[47] Viele dieser Programme werden heute von Frauen geschrieben, produziert und präsentiert.

Auch in anderen Ländern steigt der Einfluss der Frauen im Radiobereich. Einer Statistik der Vereinten Nationen zufolge verdoppelten die Entwicklungsländer zwischen 1970 und 1991 ihren Anteil an der weltweiten Radionutzung.[48] Mehr als 25 Prozent aller Arbeitsplätze in den Radiostationen Afrikas, Lateinamerikas, Europas und Asiens sind heute mit Frauen besetzt.

Frauen im Fernsehen

Frauen sind auch in das TV-Land vorgedrungen. Männer stehen an der Spitze der drei bedeutendsten amerikanischen Fernsehstationen[49] und beherrschen auch die Vorstände, während Frauen die Ebene des mittleren Managements erobern.[50]

1994 betrug der Frauenanteil im mittleren Management der meisten amerikanischen Filmstudios und Fernsehstationen zwischen 35 und fünfzig Prozent.[51] In den achtziger Jahren waren 25 Prozent aller Fernsehtexter und -sprecher in den Vereinigten Staaten weiblich, und etwa fünfzig Prozent der TV-Serien zur Hauptsendezeit hatten zumindest einen weiblichen Produzenten.[52] »In der Fernsehindustrie sind die Schlüsselpositionen in der Unterhaltungsabteilung von sechs großen Fernsehnetzwerken mit Frauen besetzt«, berichtet Ken Auletta, der Medienreporter des *New Yorker*.[53]

Frauen dringen auch in vielen anderen Teilen der Welt in die Kommunikationsindustrie vor. Eine 1995 von den Vereinten Nationen in etwa vierzig Ländern durchgeführte Untersuchung ergab, dass der Anteil weiblicher Studenten im Bereich Kommunikation mehr als fünfzig Prozent beträgt.⁵⁴ In Westeuropa und Lateinamerika sind ungefähr vierzig Prozent aller Fernsehsprecher weiblich, während in Deutschland, Neuseeland, Australien, Schweden, Malaysia, Afrika und Lateinamerika etwa 35 bis vierzig Prozent aller TV-Produzenten Frauen sind.⁵⁵ Der Frauenanteil bei den Fernsehproduzenten Indiens betrug etwa dreißig Prozent. Selbst in Japan, wo Frauen weniger als zehn Prozent aller Posten im Management und aller Lehrstühle an Universitäten innehaben, sind zirka 19 Prozent aller TV-Sprecher weiblich.⁵⁷

Die Zukunftsaussichten für Frauen in der Medienwelt sind rosig. Zweifellos aufgrund der in Kapitel 2 besprochenen Gründe haben Frauen bisher noch nicht die höchsten Ebenen im Unternehmensmanagement erreicht. In Sendekonferenzen, bei denen die Produzenten entscheiden, was übertragen werden soll, spielen Frauen hingegen eine aktive Rolle. Sally Steenland, die ehemalige stellvertretende Direktorin der National Commission on Working Women, schließt daraus, dass Frauen in der Fernsehwelt »zur Machtausübung bestimmt sind«.⁵⁸

Die Macht der Produzenten in der Medienwelt

TV-Produzenten besitzen einen bemerkenswerten Einfluss. Sie bestimmen den Schwerpunkt jedes Segments und wählen die Person aus, die von der Crew interviewt wird. Sie stimmen spezifische visuelle Bilder auf bestimmte verbale Einschübe ab und entscheiden, welches Segment als Abschluss dienen wird. Ihre Ideen und Bilder erreichen unsere Wohnzimmer und fassen uns bei der Kehle.

Mehr als 89 Prozent der amerikanischen Männer und Frauen sehen durchschnittlich etwas mehr als vier Stunden täglich fern.⁵⁹ »Wie sollte man ohne Fernseher wissen, wo man das Sofa platzieren soll?« Dieser ironische Slogan enthält ein Körnchen Wahrheit. Auch in vielen anderen Ländern sehen die Menschen täglich zwischen zwei und vier Stunden fern.⁶⁰

Die aufgenommenen Bilder wirken sich zwangsläufig auf unsere Gedanken aus. So beeinflusste zum Beispiel die Berichterstattung über das Massaker auf dem Platz des himmlischen Friedens in Peking im Jahr 1989 die Weltmeinung China gegenüber. Die klassische Geschichte der TV-Beeinflussung begann jedoch mit einem ganz bestimmten Augenblick im Jahr 1968.

Präsident Lyndon B. Johnson sah einen Beitrag mit Walter Cronkite, dem führenden Nachrichtenreporter Amerikas, während der *CBS Evening News*. Cronkite war soeben von einer Reise in das Kriegsgebiet von Vietnam zurückgekehrt. An diesem Abend verwarf er die offiziellen rosigen Voraussagen eines möglichen Siegs in Südostasien und erklärte, dass er »überzeugter als je zuvor war, dass das blutige Erlebnis in Vietnam in einer Pattsituation enden wird«.[61] Nach diesen Worten soll Johnson sein Fernsehgerät ausgeschaltet und bemerkt haben: »Wenn ich Cronkite verloren habe, habe ich die Mittelschicht Amerikas verloren.«[62]

Fernsehen ist das globale Lagerfeuer. Es ist unmittelbar, direkt, persönlich, emotionell und allgegenwärtig. In der industrialisierten Welt entfällt auf jeweils zwei Personen ein Fernsehgerät.[63] Weltweit besitzen 85 Prozent aller Haushalte einen Fernseher.[64] Während Männer und Frauen um diesen strahlenden Schirm sitzen, erfolgt unweigerlich eine Angleichung ihrer Gedanken und Gefühle.

Ebenso wie das gedruckte Wort im 18. Jahrhundert zum Sturz der europäischen Monarchien beitrug und die amerikanischen Bürger veranlasste, in der amerikanischen Revolution mitzukämpfen, beeinflusst das Fernsehen heute die Meinungen und Empfindungen der Menschen. Fachleute und Politiker in Washington berücksichtigen mittlerweile den so genannten »CNN-Effekt«, die Wirkung dieses Kabelsenders auf die Ansichten der Menschen.

Im Allgemeinen steuern männliche Produzenten und Sprecher die internationale Berichterstattung im Fernsehen.[65] Sie umfasst jedoch nur einen kleinen Bruchteil dessen, was wir sehen. Nationale und lokale Berichte formen ebenfalls unsere politische Meinung und beeinflussen unsere Wahlentscheidung. Sitcoms führen auf subtile Weise zur Bildung unserer moralischen Maßstäbe und dessen, was wir als schicklich empfinden. Talkshows beeinflussen unsere Überzeugungen. Natur-, Kunst- und Unterhaltungssendungen wirken auf unseren Geschmack und unsere Vorstellungen ein, können sogar unsere Kauf-, Arbeits- und Freizeitgewohnheiten verändern.

Bereits im Kleinkindalter beginnt uns das Fernsehen zu manipulieren. Allzu oft hält es uns unser gesamtes Leben lang fest im Griff. Darüber hinaus überschüttet es jeden Menschen, der auf dieser Welt Zugang zu Bildschirmen hat, mit Meinungen, Werten, Urteilen und Lebensgewohnheiten.

Dies kam Peter Drucker eines Abends zu Beginn der neunziger Jahre während einer Reise durch eine abgelegene Provinz im Norden Chinas besonders deutlich zu Bewusstsein. Er hielt im Sitzungssaal der Ortschaft vor einer Gruppe von 22 Managern der umliegenden Baumwollplantagen einen Vortrag. Kurz vor 18 Uhr entschuldigten sich die Zuhörer höflich und verschwanden. Als sie um 18.30 Uhr zurückkehrten, wirkten sie erfrischt. Sie hatten sich *Dallas* angesehen.[66]

Ein weiteres Beispiel für die bemerkenswerte Reichweite des amerikanischen Fernsehens findet sich in einem abgelegenen Dorf Indiens. Hier tragen zahlreiche Kinder Namen wie Lucy, Ricky, Ethel oder Fred. In der Region war die bekannte amerikanische Fernsehsehrie *I Love Lucy* überaus beliebt gewesen.[67]

Viele Menschen beginnen zu fürchten, dass das Fernsehen einen mächtigeren Einfluss auf den weltweiten Geschmack und die Meinungen und moralische Ansichten erzielen könnte als Schulen, Politiker, Religion, Bücher oder Zeitungen. Diese Vorstellung ist umstritten. Zweifellos steht jedoch fest, dass sich die Macht des Fernsehens ausweitet. Das amerikanische Bureau of Labor Statistics berichtet, dass der Beruf des TV-Produzenten im Jahr 2005 in den Vereinigten Staaten zu den 25 zuwachsstärksten Berufen zählen wird.[68]

Da Frauen im Umgang mit Worten besonders geschickt sind, werden sie meiner Ansicht nach in zunehmendem Maß diese Jobs auf der mittleren Rangebene einnehmen, einige werden sogar die höchsten Positionen im TV-Land erringen. Auf diese Weise werden sie die Gedanken und Taten von Millionen, wenn nicht Milliarden Menschen beeinflussen.

Was Frauen im Fernsehen sehen wollen

»Das Fernsehen ist die erste wahrlich demokratische Kultur – die erste Kultur, die allen Menschen zugänglich ist und vollständig von dem regiert wird, was das Volk will. Der Wille des Volkes ist das eigentlich Erschreckende«, schrieb der Filmkritiker Clive Barnes. Sophokles, Shakespeare, Ibsen, Tschechow und die meisten anderen großen Schriftsteller der Vergangenheit waren Männer, die keineswegs ausschließlich reißerische Actionstücke produzierten. Die heutigen Film- und Fernseh-Produzenten und -Drehbuchautoren scheinen sich jedoch auf Waffen, Ungeheuer, gefühllose Männer, dümmliche Frauen und überwältigende Actionszenen zu konzentrieren, die vollständig auf den Geschmack eines vermeintlich männlichen Publikums ausgerichtet sind.

52 Prozent aller amerikanischer Fernsehzuseher sind heute jedoch weiblich.[69] »Die Nr. 1 und das bedeutendste Publikumssegment im Fernsehen ist die erwachsene Frau unter 55 Jahren«, erklärt David Poltrack, Vizepräsident der Forschungs- und Planungsabteilung von CBS. In der Folge stimmen die Produzenten in zunehmendem Maß ihre Programme auf den weiblichen Geschmack ab. So reduzierte beispielsweise der Fernsehsender NBC während der Olympischen Spiele von Atlanta im Jahr 1996 seine Berichte von Boxwettkämpfen und schob stattdessen – für das weibliche Publikum – Geschichten aus dem Leben und Profile der Teilnehmer ein.[70]

Die Drehbuchberaterin und Autorin des Buchs *When Women Call the Shots*, Linda Seger, ist der Ansicht, dass diese Verschiebung erst den Anfang darstellt. Aus einer Umfrage unter etwa 200 Frauen in den USA, China, Australien, Mexiko, Spanien, Indien, den Philippinen und verschiedenen anderen Ländern erkannte sie, dass sich Frauen im Fernsehen und bei Filmen mehr Vielfalt und Ausgeglichenheit wünschen. Dies umfasst auch glaubhaftere Frauenrollen, lebensechtere Partnerschaften zwischen Männern und Frauen und eine komplexere Handlung.[71] In diesen Wünschen spiegelt sich die im Zusammenhang eingebettete Betrachtungsweise der Frauen wider. Darüber hinaus finden Frauen mehr Gefallen an Musik- und Tanzbeiträgen.[72]

1994 kamen bei einer internationalen Konferenz in Bangkok mehr als 400 im Mediensektor beschäftigte Frauen aus etwa achtzig Ländern zusammen, um ihre Zukunftsvorstellungen über die Kommunikationsindustrie zum Ausdruck zu bringen. Auch sie sprachen sich für handlungsreichere Programme, mehr Visual- und Performance-Kunst, die verstärkte Integration von menschlichen Werten wie Mitgefühl und Zusammenarbeit in der Programmgestaltung und die globale Verbreitung weiblicher Ansichten aus.[73]

Seger ist überzeugt, dass mit dem Einzug der Frauen in den Produktionsbereich von Fernsehen und Film die Darstellung von Gewalt und die Häufigkeit von Actionfilmen abnehmen werden. Andererseits erwartet sie eine sensiblere Präsentation von Menschen und Themen, komplexere Handlungen, eine gesteigerte Vielfalt bei der ethnischen und altersmäßigen Zusammensetzung der Schauspieler und Berichterstatter, eine breitere Themenpalette bei Nachrichten und Filmen, mehr Talkshows und eine umfassendere, komplexere und genauere Darstellung von Frauen.[74]

TV-Sendungen spiegeln den weiblichen Geschmack allmählich wider. In den neunziger Jahren fungierte die Psychologin Sonya Friedman als Gastgeberin einer bekannten CNN-Talkshow, die eine breite Themenskala abdeckte. Heute diskutieren bereits viele Frauen im Fernsehen über »ernste« Themen.

Gleichzeitig spielen Frauen bedeutende Fernsehrollen wie Ärztinnen, Rechtsanwältinnen und Detektivinnen, wobei sich diese Charaktere wie gut ausgebildete, kompetente Frauen benehmen und nicht wie die weibliche Version eines Mannes. So sind beispielsweise die beiden weiblichen Detektive von *NYPD Blue* niemals mit gezogener Waffe oder in Gewaltszenen zu sehen. Stattdessen bedienen sie sich im Umgang mit tatsächlichen oder vermeintlichen Übeltätern beruhigender diplomatischer Worte und eines gewissen Grades an Mitgefühl.

Die weibliche Denk- und Handlungsweise wird im amerikanischen Radio und Fernsehen immer deutlicher sichtbar – und von dort in die gesamte Welt exportiert.

Autorinnen

In den letzten 3000 Jahren unserer niedergeschriebenen Geschichte zeichneten sich Männer als die gefeiertsten Schriftsteller, Dichter und Dramatiker aus. Selbstverständlich schrieben auch viele Frauen – und verfassten Briefe, Memoiren oder Gedichtbände. Nur wenige Frauen besaßen jedoch die nötige Zeit und Ausbildung, um ihrer ursprünglichen Liebe zum Wort folgen zu können. Im Amerika des 19. Jahrhunderts schrieb Harriet Beecher Stowe Romane mit tiefgreifenden sozialen Folgen und Sarah Orne Jewett schuf herausragende literarische Werke. Sie waren jedoch in der von Männern dominierten Welt der Künste und Buchstaben nicht willkommen. In Europa fühlten sich George Eliot und George Sand gezwungen, unter männlichem Pseudonym zu schreiben.

Die Zeiten haben sich geändert. Zu Beginn des 20. Jahrhunderts erwarben sich die starken, einsichtigen Werke amerikanischer Schriftstellerinnen wie Willa Cather und Edith Wharton großen Beifall bei den Kritikern. Das Tor war aufgestoßen worden. Seit dieser Zeit produzierten amerikanische und europäische Frauen tausende Romane, Gedichte, Schauspiele und kritische Werke und verliehen der Literatur unserer Zeit damit zusätzliche Tiefe.

54 Prozent aller zeitgenössischen amerikanischen Buchautoren sind weiblich.[75] Frauen verfassten zudem Abertausende wissenschaftliche Schriften, Zeitschriftenartikel, Reportagen und Kommentare. Heute sind etwa 53 Prozent aller amerikanischen Herausgeber und Reporter und 54 Prozent aller Fachbuchautoren Frauen.[76]

In mindestens sechs weiteren Industrienationen entfallen 25 Prozent aller Jobs als Reporter, Korrespondent und Herausgeber auf Frauen.[77]

Im Gegensatz zu zahlreichen düsteren Vorhersagen ist Lesen keine sterbende Kunst. Seit Gutenberg im Jahr 1455 die Druckerpresse mit beweglichen Typen erfand, genießen mehr und mehr Menschen die Freude des Lesens. Die weltweite Leserschaft wächst nach wie vor. 1994 las jeder Dritte in der industrialisierten Welt täglich eine Zeitung.[78] Allein die Amerikaner wendeten in diesem Jahr mehr als zwanzig Milliarden Dollar für Zeitungen und Zeitschriften auf.[79] Darüber hinaus kauften sie mehr als eine Milliarde Bücher. Dies entspricht einer Steigerung von 31 Prozent gegenüber 1991.[80]

Der Bücherverkauf ging zwar zwischen 1996 und 1997 leicht zurück, dennoch erwarten einige Buchhändler einen Anstieg der Verkaufsziffern in den kommenden Jahren.[81] Sie erklären, dass Fernsehen, Videos, Filme und das Internet das Interesse wecken und die Menschen zum Kauf eines Buches anregen. So verkaufte sich das Buch *Forrest Gump* in den USA ursprünglich 10000mal. Nach dem gewaltigen Erfolg des Films kamen weitere 1,6 Millionen Exemplare dazu.[82] Technologische Entwicklungen stimulieren die Leselust ebenfalls. »Sobald eine neue Technologie oder Internet-Entwicklung auf den Markt kommt, werden Dutzende Bücher dazu herausgegeben, die reißenden Absatz finden«, erklärt Len Vlahos vom amerikanischen Buchhändlerverband.[83]

Die Zahl der Leser wird sich weltweit noch erhöhen, da Personen mittleren Alters am meisten lesen und die große Gruppe des internationalen Babybooms langsam die Lebensmitte erreicht. Zudem lesen Frauen mehr als Männer[84] und besitzen nun in zunehmendem Maß Geld und Freizeit, um ihrer Freude am Wort nachgeben zu können.

Mit der Ausweitung der Bildungsmöglichkeiten auf immer mehr Menschen werden auch diese zu lesen beginnen. Amerikanische Erwachsene betrachten Lesen heute als eines der bedeutendsten Geschenke, das sie an ihre Kinder weitergeben können. In einer von Yankelovich Partners durchgeführten Studie erkannten die Forscher, dass 75 Prozent der Eltern ihren Kindern häufiger vorlesen, als ihre Eltern ihnen im Kindesalter vorgelesen haben.[85] Je früher ein Kind in die Welt der Bücher eingeführt wird, desto mehr wird es sein Leben lang lesen.

»Ein großer Schriftsteller bedeutet für ein Land, eine weitere Regierung zu haben«, schrieb Alexander Solschenizyn. Worte – und selbst die schlechterer Schriftsteller – können den Geist beeinflussen und Menschen zu Taten anregen. Eine 1992 durchgeführte Umfrage unter den Herausgebern von einhundert amerikanischen Tageszeitungen ergab, dass 84 Prozent der Ansicht sind, der Geschmack und die Einstellung weiblicher Journalisten würden den Inhalt ihrer Zeitungen verändern. Die von ihnen verbreiteten Nachrichten umfassten eine breitere Themenpalette und sie hätten auch Artikel über Gesundheit, Familie, Obdachlosigkeit und zahlreiche andere soziale Fragen, die Frauen berühren, eingebracht.[86]

Indem die von Frauen niedergeschriebenen Worte in den Geist von Milliarden Menschen auf der ganzen Welt eindringen, üben sich die Frauen in einer neuen Form weiblicher Anführerschaft und Macht und übermitteln der gebildeten Öffentlichkeit eine verstärkt kontextuelle, holistische und vielseitige Ansicht aller Themen, die sie beschäftigen.

Klatschkolumnistinnen

»Wenn Sie über jemanden etwas Schlechtes zu sagen haben, sollten Sie sich zu mir setzen«, hat Alice Roosevelt Longworth angeblich einst spöttisch bemerkt. Vermutlich lieben Frauen Klatsch, da sie dieser wortreiche Zeitvertreib mit ihren Vertrauten verbindet und jene Bande errichtet und festigt, die Frauen als Macht betrachten.

Selbstverständlich klatschen auch Männer. Jungen und Männer sprechen jedoch häufiger über Sportstars, Politiker und sich selbst, während Mädchen und Frauen eher über Freunde, Feinde und Geliebte plaudern. Frauen bemerken und besprechen auch zahlreiche Nuancen, die mit sozialen Wechselwirkungen in Zusammenhang stehen.[87] Aus diesem

Grund sind Frauen leichter für aufregende Gerüchte zu begeistern, ob im direkten Gespräch oder aus der Zeitung.[88] »Frauen sind im Allgemeinen nicht nur besser im Sammeln von Informationen, sondern auch in deren Verbreitung«, meint Richard Johnson, der Herausgeber der »Page Six«, der Klatschkolumne der *New York Post*.

Die Chinesen würden dem zustimmen. Während der letzten Jahrzehnte stand beispielsweise jedes Stadtviertel von Schanghai unter der wachsamen Aufsicht eines Stadtviertelkomitees. Die Mitglieder dieser Komitees überwachten jeden Bewohner und berichteten der Lokalregierung, was sie gesehen und gehört hatten. Diese gefürchteten Stadtviertelkomitees bestanden in ganz China und setzten sich typischerweise aus älteren, pensionierten Frauen zusammen.[89]

Ungeachtet dessen, was man von weiblichem Klatsch hält, hat er Tradition und einen bedeutenden gesellschaftlichen Nutzen. Lange vor der Erfindung des Fernsehens, des Radios, des Telefons, der Schreibmaschine und des Füllfederhalters, sogar lange vor der geschriebenen Sprache bedienten sich Frauen des Wortes. Flüsternd festigten sie Freundschaften, stellten Schürzenjäger bloß, deckten Betrüger auf, kritisierten Nachzügler, rüttelten Anhänger auf, beeinflussten Anführer, überzeugten Zweifler, verlachten Angeber, ehrten gute Samariter, ächteten Kriminelle, setzten moralische Maßstäbe fest und verbreiteten die Tagesnachrichten. Frauen verwendeten Worte, um zu integrieren, zu überzeugen, zu erziehen und zu strafen.

Ihre Worte legten auch weite Strecken hinter sich. »Klatsch benötigt keinen Wagen«, lautet ein russisches Sprichwort. So verbreiteten sich ihre geflüsterten Worte vom Lagerfeuer zu anderen Dorfgemeinschaften und den benachbarten Stämmen. Zweifellos übernahmen Frauen bereits vor einer Million Jahren die Rolle unserer heutigen Klatschkolumnistinnen und Gesellschaftsreporterinnen und ließen ihre Umgebung auf subtile Weise wissen, was in der Nachbarschaft geschah. Klatsch bildete das soziale Bindemittel der Menschheit.[90] Der britische Anthropologe Robin Dunbar ist der Ansicht, dass Klatsch für unsere frühesten Ahnen so bedeutend war, dass er die Entwicklung der menschlichen Sprache beschleunigte.[91]

Klatsch bietet uns auch heute die Gelegenheit, unseren Groll loszuwerden und unsere Ansichten nicht nur über Freunde, Feinde und Geliebte, sondern auch über Politiker und andere Persönlichkeiten der

Öffentlichkeit zum Ausdruck zu bringen. Während wir einander unsere Meinung über den Präsidenten der Vereinigten Staaten und das britische Königshaus mitteilen, erfahren wir etwas über die Werte unserer Freunde und Nachbarn. Wir gelangen zu Überzeugungen, stellen unsere Prinzipien auf die Probe und bleiben mit den Reichen und Mächtigen in Kontakt.

»Es bereitet mir ein wenig Unbehagen, mich als Richter in moralischen Fragen aufzuwerfen ... aber wir alle wünschen uns, dass unsere Götter und Göttinnen dieselben Regeln befolgen wie wir«, erklärt die Klatschkolumnistin Joanna Molloy von der New Yorker *Daily News*.[92]

Der Klatsch in unserer Kultur wird vermutlich zunehmen, nun da die einheitlichen Moralvorstellungen in diesem Zeitalter der Vielfalt pluralistischeren Ansichten Platz machen. Die Gastgeber von nachmittäglichen Talkshows, Zeitungskolumnisten, Fachleute, Politiker und Laien sprechen in den Medien ihre Meinung ungehindert aus. Diese wachsende Gruppe von Klatschverbreitern wird schließlich die Moralvorstellungen beeinflussen, indem sie ihre Helden und Lieblingsthemen fördert und die der Gegenseite verleumdet.

Die Mehrheit der Talkshow-Präsentatoren und Klatschkolumnisten wird weiblich sein – und die angeborenen Fähigkeiten nutzen, um unsere moderne Welt anzugreifen. John Tierney, Schriftsteller und Kolumnist der *New York Times*, ist der Ansicht, dass diese Frauen auch tatsächlich Einfluss haben werden: »Während Frauen in der Gesellschaft und den Medien an Status gewinnen, setzen sie ihre Fachkenntnisse auf dem Gebiet des Klatschens ein, um jenen Regeln Nachdruck zu verleihen, die Männer am liebsten ignorieren würden.«[93]

Frauen und das Internet

Die Gewandtheit der Frauen im Umgang mit Worten wird ihnen auch im Internet gute Dienste leisten. Der Cyberspace wimmelt von Worten. Teenager und allein stehende Erwachsene werben um zukünftige Partner, Professoren halten Vorlesungen, Ärzte beraten Patienten, Rechtsanwälte stehen Mandanten bei, und selbst Geschäftsleute, die einst darauf zählten, dass ihre Sekretärinnen ihre Gedanken in handschriftlichen Notizen entziffern, übersenden ihre Mitteilungen nun per Internet.

Viel Unsinniges begegnet uns im Cyberspace: Hier findet sich ein Schneesturm verstümmelter Syntax und bizarrer Terminologie. In der Rechtschreibung sind diese Websurfer Anhänger von Andrew Jackson. »Es ist wirklich Ausdruck eines armen Geistes, wenn man sich nicht mehr als eine Schreibweise für ein Wort vorstellen kann«, erklärte der siebte Präsident der Vereinigten Staaten.

Das Internet lässt auch die schlimmste Schreibweise zu. In jüngster Zeit stieg jedoch unter einigen Computerfans die Besorgnis über ihren eigenen Schreibstil.[94] Eine gute Grammatik erleichtert das klare Denken, argumentieren die Internetbenutzer nun. Wenn diese Hinwendung zu Grammatik, Interpunktion und klaren Ausdrucksformen anhält, werden Arbeitgeber mehr Frauen für ihre Internet-Geschäfte einstellen.

Auch um das Internet effektiv zu nutzen, werden sie sich an Frauen wenden. Die weibliche Überlegenheit in diesem Medium wurde kürzlich von den Managern der Telekommunikationsfirma MCI nachgewiesen. Mithilfe der eigenen Website ersuchte MCI zehntausende männliche und weibliche Computeranwender, fünf Fragen zu »Allgemeinwissen« über das Internet zu beantworten. Man entdeckte, dass Frauen das Web rascher und effektiver nutzten als Männer.[95] Wenn Frauen einen Großteil der Programmierung dieses mächtigen Kommunikationsmediums liefern, werden ihre Interessen und Ansichten in den nächsten Jahrzehnten gewiss die Welt durchtränken.

Frauen in der Erziehung

»Verstand ist ein wertvoller Besitz, wenn man ihn verbirgt«, meinte Mae West einst. Frauen sind klug genug, sich nötigenfalls dumm zu stellen. Das Klassenzimmer ist jedoch ein Ort, an dem Frauen ihre Intelligenz üblicherweise nicht zu verstecken versuchen. Sie haben größtes Interesse am Lernen, was meiner Ansicht nach darauf zurückzuführen ist, dass Lehrer ihre Informationen in erster Linie durch das gesprochene und das geschriebene Wort vermitteln.

Das ist eine relativ neue Lernform in der Entwicklung der Menschheit. Unsere Verwandten, die Schimpansen, lernen durch beobachten: Sie beobachten, wie ihre Mütter Nüsse knacken, wie ihre Geschwister reife Früchte pflücken und wie Männchen einander in Kämpfen um die

Rangordnung bedrohen. Sobald unsere Vorfahren von den Bäumen herabgestiegen waren, beobachteten die Kinder, wie ihre Väter Steinwerkzeuge herstellten und ihre Mütter Kräuter gegen Kopfschmerz und rauen Hals sammelten. Zu Beginn lernten unsere hominiden Ahnen wenig durch gesprochene Anweisungen und selbstverständlich nichts mittels geschriebener Worte.

Die Entwicklung der Alphabete, Schreibtafeln und schließlich von Papier, Tinte und der Druckerpresse veränderte den Lauf der menschlichen Erziehung. Unsere Vorfahren begannen, Wissen durch Symbole auf Papier festzuhalten und zu verbreiten, und gaben diese geschriebenen Worte an all jene weiter, die dank ihrer Möglichkeiten und ihres Interesses lesen lernten. Heute lernen wir vorwiegend, indem wir Worte hören oder lesen. Das begünstigt Personen mit besonderen Lese- und Sprachfähigkeiten – und das sind häufig Frauen.

Peter Drucker zufolge werden in der Wissenswirtschaft die einfachen Arbeiter durch so genannte »Wissensarbeiter« ersetzt.[96] Viele der talentierten, gut ausgebildeten und am Computer versierten Fachkräfte, die er als »goldene Arbeiter« bezeichnet, werden sich selbst ihren Fahrschein für eine aufstrebende Karriere ausstellen.[97] Angesichts dieses mächtigen wirtschaftlichen Auftriebs überrascht es kaum, dass sich Frauen motiviert fühlen, ihren weiblichen Vorteil zu nutzen und sich ausbilden zu lassen.

In den achtziger Jahren des 20. Jahrhunderts erfolgte die Ausbildung der amerikanischen Männer und Frauen in annähernd demselben Tempo. In den neunziger Jahren setzten die Frauen jedoch zum Überholspurt an. 1997 besaßen 89 Prozent der amerikanischen Frauen im Alter zwischen 25 und 29 Jahren ein Abschlusszeugnis einer Highschool, im Vergleich zu 86 Prozent der Männer derselben Altersgruppe.[98] In dieser Alterskategorie hatten 29 Prozent der Frauen im Vergleich zu 26 Prozent der Männer ein Collegediplom erworben.[99] Auf der Ebene der höheren akademischen Studien entfielen 1996 46 Prozent aller amerikanischen Universitätdiplome auf Frauen.[100] Interessanterweise wurde der Großteil dieser Diplome im Bereich Erziehung erworben.[101]

In anderen Ländern ergreifen Frauen ebenfalls die Chance auf eine Ausbildung. Die Zahl der Frauen und Männer mit einem Universitätsabschluss ist heute in Deutschland, Großbritannien und Italien nahezu ausgeglichen.[102] Selbst in Ländern, in denen Frauen aufgrund einer strengen kulturellen Tradition zu Hause bleiben, erwerben immer mehr eine Ausbildung. Der Jahresbericht des United Nations Development Programme von 1995 über die menschliche Entwicklung besagt, dass sich die weltweite geschlechterspezifische Kluft in der Erziehung »in den letzten beiden Jahrzehnten rasch verringerte«.[103]

Etwa 33 Prozent der Frauen in aller Welt können lesen und schreiben. Dies ist ein großer Fortschritt gegenüber den vergangenen Jahren. Im heutigen China, Sri Lanka und Simbabwe, um nur einige Entwicklungsländer zu nennen, in denen die Alphabetisierung voranschreitet, haben Frauen bereits einen weiten Weg zurückgelegt. Annähernd siebzig Prozent der erwachsenen Frauen dieser Länder können lesen und schreiben.[104]

»Ausbildung ist nicht, wie wenn man einen Eimer füllte, sondern wie wenn man ein Feuer entzündete«, schrieb William Butler Yeats. Was die Frauen betrifft, schlagen die Flammen hoch empor. Sie erwerben Wissen, die wichtigste Währung des Informationszeitalters. Und was Frauen erlernen, wollen sie auch an andere weitergeben.

Lehrerinnen

»Wer einen Mann unterrichtet, unterrichtet ein Individuum; wer eine Frau unterrichtet, unterrichtet eine Familie«, lautet ein Sprichwort. Frauen lieben es zu unterrichten. 1996 waren in den Vereinigten Staaten 98 Prozent aller Erzieher in Kinderkrippen und Kindergärten weiblich, ebenso wie 94 Prozent aller Lehrassistenten, 84 Prozent aller Sonderschullehrer, 84 Prozent aller Grundschullehrer, 57 Prozent aller Oberschullehrer, 68 Prozent der Berufs- und Fachschullehrer und 45 Prozent der College- und Universitätprofessoren.[105]

Nicht viele Frauen erreichten die höchste Ebene in der Verwaltung des Ausbildungssystems. Die überwiegende Mehrheit der Dekane, Rektoren und College- und Universitätsdirektoren sind nach wie vor Männer.[106] Angesichts des stärkeren Strebens der Männer nach Rang und Ansehen ist dies nicht verwunderlich. In den Vereinigten Staaten dominieren jedoch Frauen den unmittelbaren täglichen Ausbildungsprozess.

Vermutlich wird sich mit dem steigenden Bedarf an Lehrkräften der Frauenanteil im Unterrichtsbereich in den nächsten Jahrzehnten weiter erhöhen.

1910 schlossen nur zehn Prozent der 18-jährigen in New York die Highschool ab, was vermutlich den landesweiten Ausbildungsstand dieser Zeit widerspiegelt.[107] 1993 hatten 88 Prozent aller amerikanischen Erwachsenen ein Abschlussdiplom einer Highschool erworben.[108] Heute sind etwa 51 Millionen Kinder in den Grund- und Mittelschulen der Vereinigten Staaten eingeschrieben – mehr als zu jedem anderen Zeitpunkt in der amerikanischen Geschichte. Erzieher sagen vorher, dass diese Zahl bis 2005 auf etwa 55,9 Millionen steigen wird.[109]

Die Amerikaner glauben heute an Ben Franklins Ausspruch: »Wenn ein Mann den Inhalt seines Geldbeutels in seinen Kopf leert, kann ihn ihm niemand wegnehmen.« Mit der steigenden Zahl der in die Klassenzimmer strömenden Schüler wird sich auch der Bedarf an Lehrkräften erhöhen, die Informationen weitergeben und ihnen helfen, diese Ressourcen in Wissen umzuwandeln. Ich bin überzeugt, dass Frauen begeistert auf diesen Lehrerbedarf reagieren werden, da sich das Erziehungssystem in einer Weise verändert, die den Vorstellungen und Wünschen der Frauen entgegenkommt.

Kreatives Lehren

Der Soziologe Nathan Glazer wies darauf hin, dass die Qualität der öffentlichen Ausbildung in den USA nachließ, als hoch talentierte Frauen in anderen Bereichen der Wirtschaft mehr Zukunftschancen erhielten und dem Lehrberuf den Rücken kehrten. Möglicherweise war dies tatsächlich der Fall. Durch die Veränderung im Erziehungssystem bieten sich den Lehrkräften neue Möglichkeiten, die talentierte Frauen anregen könnten, diesen Beruf zu ergreifen und auszuüben.

Zu diesen neuen Optionen zählen die viel diskutierten Stiftungsschulen. Hierbei handelt es sich um öffentliche Schulen, die jedem Kind offen stehen, das in dem Schulbezirk wohnt, in dem die Stiftung niedergelassen ist. Im Allgemeinen werden diese Schulen von Nonprofit-Organisationen, Eltern oder Lehrern gegründet, die eine bestimmte erzieherische Vision verfolgen. Viele der Stiftungsschulen sind vom Bezirk bzw. vom Staat von zahlreichen ausbildungstechnischen Richtlinien und Vorschriften freigestellt und versprechen engagierte Lehrer und eine qualitativ gehobene Erziehung.

Inwieweit die Stiftungsschulen ihrem Versprechen gerecht werden, wird die Zukunft zeigen. Der Postangestellte Bobby Washington aus New Jersey fasst die Einstellung dieser Schulen folgendermaßen zusammen: »Wenn ich in eine öffentliche Schule gehe, sehe ich Lehrer, die ihren Job erfüllen. In den Stiftungsschulen folgen sie einer Mission.«[110]

Stiftungsschulen erfreuen sich großer Beliebtheit und verbreiten sich rasch. Im Juni 1998 stimmten bereits mehr als dreißig Staaten der Gründung dieser Schulen zu, 786 Institute dieses Typs waren bereits eröffnet. Bis zum Herbst desselben Jahres erwartete man die Öffnung weiterer 400 dieser Schulen.[111]

Die Stiftungsschulen stoßen auch auf viel Kritik. Dennoch rütteln sie jetzt schon den Sektor der öffentlichen Ausbildung auf, bieten eine Wahlmöglichkeit, Erneuerungen und in einigen Fällen jene Autonomie und Erziehungsflexibilität, die Frauen anzieht. Beth Mackin von der Gateway Charter School in Jersey City zählt zu ihnen. Sie gab ihre Stelle in einer öffentlichen Schule in Gateway auf, da sie die Arbeit im überschaubaren Lehrkörper und die Freiheit begeisterte, die dieser kleine Rahmen bot.[112] Beth drückte damit die für Frauen typischen Ansichten aus.

So genannte Magnetschulen sind in vielen Städten eine weitere Option. Sie sind innerhalb des traditionellen öffentlichen Schulsystems angesiedelt, bieten einen vielseitigeren und reichhaltigeren Lehrplan, sind aber weniger umstritten als Stiftungsschulen. Mit diesen verbindet sie jedoch die erweiterte Autonomie und die Freiheit der Lehrkräfte, eigene Ideen vorzubringen und einfallsreiche Lehrmethoden anzuwenden.[113]

Ein weiterer Trend zeichnet sich durch einen verstärkten Zustrom in Privatschulen ab. Diese wurden in den USA immer schon von den Bessergestellten bevorzugt. Durch die aufkeimende Kritik an öffentlichen Schulen erwiesen sich die Privatschulen für einen breiten Personenkreis als attraktive Alternative. 1996 besuchten zehn Prozent der amerikanischen Kinder ein privates Erziehungsinstitut.[114] In einigen Städten erhalten finanziell schwächer gestellte Eltern sogar eine Art öffentliche Unterstützungszahlung als Beitrag zum Unterrichtshonorar ihrer Kinder in Privatschulen. Generell bieten diese Schulen den Lehrkräften eine weniger strukturierte Umgebung und mehr Möglichkeiten, ihre

Fantasie im Klassenzimmer einzusetzen. Dies sind wiederum Optionen, die Frauen ansprechen.

»Meine Mutter wünschte sich für mich eine gute Erziehung. Daher schickte sie mich nie zur Schule«, soll Margaret Mead behauptet haben. Zahlreiche Mütter stimmen damit überein. Ausgestattet mit Computern, Internet und dem groben Schema eines geeigneten Lehrplans unterrichten sie ihre Kinder am Küchentisch.

Zur Zeit lernen etwa 1,2 Millionen amerikanischer Kinder zu Hause lesen, schreiben, multiplizieren und singen, und ihre Zahl steigt jährlich um mindestens 15 Prozent.[115] Einige öffentliche Schulen gestatten diesen Kindern, die Schulbibliothek und die Computerräume zu benutzen und an bestimmten Kursen und außerschulischen Aktivitäten teilzunehmen – Beispiele wären das Baseball-Team und das Schulorchester.[116]

Stiftungsschulen, Magnetschulen, Privatschulen und Heimunterricht bieten Lehrern (und Eltern) eine breitere Palette an Möglichkeiten, ihre persönliche Ansicht von Erziehung umzusetzen. Auch das traditionelle Klassenzimmer verliert viel von seiner Strenge und wird offener und innovativer. Der Universitätsprofessor für Öffentlichkeitsarbeit an der University of California in Berkeley, Bruce Fuller, ist davon überzeugt, dass diese Erziehungstrends weiter anhalten werden. »Das, was heute eine Brise ist, wird sich zu einem wahren Sturm entwickeln. Hierbei handelt es sich um eine Bewegung, die gewiss weiter anwachsen wird«, erklärte er.[117]

Dieser Sturm der Veränderung könnte mehr Frauen anregen, einen Beruf zu ergreifen, den ihre Vorfahren mit an Sicherheit grenzender Gewissheit vor Millionen Jahren an den Ufern ostafrikanischer Seen mit ihren Kindern ausgeübt haben. Sobald Frauen im Klassenzimmer mehr Autonomie erhalten, werden sie auch die Lehrmethode und den Lehrstoff unserer Kinder neu definieren. Viele werden in ihrem Unterricht eine verstärkte ethnische Vielfalt und einen breiteren, kontextuellen Zugang zum Stoff propagieren.

Mehr Ausbildung ist die Zukunft

Die University of Phoenix wurde in den USA als »größte Herausforderung im Bereich universitärer Ausbildung« bezeichnet. Grund dafür ist nicht, dass sie sich geradezu über Nacht in die größte Privatuniversität der Vereinigten Staaten verwandelt hat oder ein auf Gewinn ausgerichtetes Unternehmen ist. Sie ist vielmehr ein – gutes oder schlechtes – Beispiel für eine Universität des 21. Jahrhunderts.

Die University of Phoenix bezahlt wie jedes Unternehmen Steuern, mietet Räumlichkeiten, besitzt keine eigene Bibliothek und akzeptiert ausschließlich erwerbstätige Männer und Frauen mit einem Mindestalter von 23 Jahren. Die Studenten arbeiten tagsüber in ihren üblichen Berufen und widmen sich abends dem Unterricht. Jeder Kurs ist auf zwanzig Teilnehmer beschränkt, die regelmäßig in kleinen Lernteams zusammenarbeiten. Der Lehrplan ist so aufgebaut, dass er sich mit den Problemen der »tatsächlichen Welt« befasst. Die Lehrkräfte üben ihre Funktion nicht ganztags aus, sondern sind häufig Berufstätige, die andere Berufstätige unterrichten. Daher fungieren die Professoren eher als Diskussionsleiter denn als Pädagogen, die Schüler unterrichten.

Die strenge intellektuelle Hierarchie, die Professoren von Studenten trennt, gehört der Vergangenheit an. Hier befasst man sich mit einer Lehrmethode, die die Menschheit seit mehreren Millionen Jahren anwendet: dem praktischen Lernen in der Gruppe. An der University of Phoenix steht Karrieretraining anstelle psychischer Transformierung im Mittelpunkt der Ausbildung.

Peter Drucker ist keineswegs ein Befürworter der University of Phoenix, stimmt jedoch grundsätzlich damit überein, dass diese Unterrichtsform die Methode der Zukunft ist. Er behauptet, dass die traditionellen Colleges und Universitäten nach und nach unter ihren hohen Kosten zusammenbrechen werden und durch kostengünstigere, flexiblere, unabhängigere, konzentriertere, funktionellere und gleichberechtigtere Ausbildungssysteme auf Universitätsniveau ersetzt werden. »In dreißig Jahren werden die großen Universitätsanlagen Relikte sein«, lautet Druckers Vorhersage.[118]

Diese Prophezeiung ist meiner Ansicht nach übertrieben pessimistisch. Zum einen erfreuen sich berufstätige Professoren auch in traditionellen Colleges und Universitäten immer größerer Beliebtheit. Zum anderen passen sich diese Institutionen allmählich den praktischen Bedürfnissen unserer Zeit an, indem Kurse so angesetzt werden, dass sie auch erwachsenen Werkstudenten offen stehen und sich mit Themen befassen, die für sie im Berufsalltag ebenfalls von Bedeutung sind. Zudem bezweifle ich, ob das Modell der University of Phoenix tatsächlich die Zukunft der universitären Ausbildung darstellt. Viele im Ausbildungsbereich tätige Personen sind davon überzeugt, dass die größte amerikanische Privatuniversität nur eine weitere profitable Diplomfabrik ist. Die University of Phoenix könnte jedoch ein Gesicht der Ausbildungslandschaft von morgen aufzeigen. Derartige Institutionen bieten Studenten und Professoren mehr Flexibilität und Autonomie und diese Neuerungen werden weibliche Professoren und Studenten anziehen.

Das virtuelle Klassenzimmer

Veränderungen in der Unternehmenswelt könnten weiblichen Lehrkräften ebenfalls neue Möglichkeiten eröffnen. Bei vielen Vorstandsmitgliedern festigte sich die Überzeugung, dass das Kursangebot der meisten traditionellen Colleges und Universitäten die Absolventen nicht mehr mit jener Ausbildung ausstattet, die sie für eine produktive Tätigkeit in der Geschäftswelt benötigen. Daher gingen die Verantwortlichen in den Betrieben dazu über, einige ihrer Mitarbeiter zur Teilnahme an zusätzlichen berufsbildenden Kursen und Praxiseinheiten zu motivieren, die ein Netzwerk von Wissen formen und mit den Bedürfnissen der amerikanischen Unternehmenswelt übereinstimmen.

Einige Firmen haben sogar eigene Schulen eingerichtet, in denen eigens eingestellte Professoren jene Kenntnisse vermitteln, die für das Unternehmen von besonderer Bedeutung sind.[119] In den USA gibt es etwa 1200 derartige »Unternehmensuniversitäten«. Das American Council on Education hat einige Kurse anerkannt, wenn auch keine dieser Schulen bisher volle Zustimmung erhalten hat.

Die Unternehmen arbeiten auch mit renommierten Universitäten und Fachhochschulen zusammen, um via Internet »Satellitenklassenzimmer« zu schaffen. Die Angestellten können sich einloggen und zu Hause an karrierefördernden Kursen teilnehmen. Diese Ausbildungsmöglichkeit wird als *distance learning*, »Fernlernen«, bezeichnet.[120] 1998 gab es 762 derartige Cyberschulen für Fernstudenten. Da viele dieser virtuellen Klassenzimmer Erweiterungen anerkannter amerikanischer Universitäten sind, können die Studenten sogar akademische Diplome erwerben.

Die Zahl der virtuellen Klassenzimmer wird vermutlich weiter steigen. Heute kann ein amerikanischer Arbeitnehmer sein Jahreseinkommen um über achtzig Prozent steigern, wenn er auf dem Arbeitsmarkt anstelle eines Abschlusszeugnisses einer Highschool ein College-Diplom vorweist. Eine traditionelle College-Ausbildung kostet jedoch häufig mehr als 20 000 Dollar pro Jahr. Die wirtschaftliche Realität wird zweifellos immer mehr Amerikaner dazu bewegen, sich auf unkonventionelle Weise über Fernstudien weiterzubilden.

Die University of Phoenix, die unternehmenseigenen College-Kurse und die virtuellen Klassenzimmer haben eines gemein: Die Studenten betreten den Klassenraum mit einem starken Lernimpuls. Wenn daher ein Student sein Wissen nicht erweitert, liegt der Fehler vermutlich beim Unterrichtenden. Diese Lernumgebung stützt sich auf einen zielgerichteten, klar definierten, einfühlsamen Unterricht – eine Stärke von Frauen. Darüber hinaus bietet diese Ausbildungsform sowohl Studenten als auch Lehrkräften einen flexiblen Stundenplan. Im Allgemeinen sind Frauen stärker als Männer an dieser Art von Teilzeitjob interessiert, um gleichzeitig ihrem Bedürfnis nach der Erziehung ihrer Kinder nachkommen zu können.

Teilzeitarbeit ist zumeist gleichbedeutend mit einem geringeren Gehalt, niedrigeren Sonderleistungen und einer reduzierten Arbeitsplatzsicherheit. Dennoch werden diese neuen Ausbildungsforen Frauen mehr Flexibilität und Autonomie im Klassenzimmer und neue Wege für eine Anstellung im Erziehungssektor bieten.

Abgesehen von diesen Möglichkeiten, stehen weitere Optionen offen.

Ein Leben lang lernen

Ältere Bürger und berufstätige Erwachsene widmen sich an den Volkshochschulen neuen Wissensgebieten und Interessen. Diese lokalen Einrichtungen erweiterten sich seit den sechziger Jahren um etwa 250 Prozent.[121] Im Urlaub nehmen sie in Ferienhotels an Kursen über Kalligraphie, Archäologie, Kunstgeschichte und unzählige andere Gebiete teil. Einige lernen sogar während einer Kreuzfahrt um die Galapagos-Inseln oder durch die Karibik. Bis zum Jahr 2000 haben etwas bequemere Wissenshungrige etwa eine Milliarde Dollar pro Jahr für Kurse aufgewendet, die sie über ihre Videoanlage oder das CD-ROM-Laufwerk abspielen können.[122]

1996 besuchten vierzig Prozent aller amerikanischen Erwachsenen in der einen oder anderen Form einen Kurs für Erwachsenenbildung mit dem vorrangigen Ziel, ihre berufliche Laufbahn voranzutreiben. Wenn nun die Kinder der Babyboom-Generation das College-Alter erreichen, werden noch mehr Männer und Frauen die Aufnahmeformulare der Colleges ausfüllen und nach alternativen Ausbildungswegen Ausschau halten. Der traditionelle Professorenstand könnte durch die verstärkte Kritik am amerikanischen System der Professur auf Lebenszeit an Bedeutung verlieren. Es steht jedoch zu erwarten, dass die konventionellen Universitäten ihre Aktivitäten weiter ausbreiten.

James F. Carlin, der Präsident des Massachusetts Board of Higher Education erklärt über die höhere Schulbildung: »Ob es uns gefällt oder nicht, das derzeitige System wird auseinandergebrochen und anders zusammengesetzt werden. Danach ist es gewiss nicht mehr dasselbe. Warum auch nicht? Warum sollte sich alles bis auf die höhere Schulbildung verändern?«[123] Der Geist ist bereits aus der Flasche entkommen. Ausbildung wird flexibler, vielfältiger, unternehmensgerichteter, praktischer – und exportierbarer. Dank der Ausbreitung des Internets werden gewiss auch die Menschen in den Entwicklungsländern versuchen, sich eine westliche Ausbildung anzueignen.

Wer wird all diese Menschen in traditionellen öffentlichen Schulen, Stiftungs-, Magnet-, Privatschulen und traditionellen Colleges und Universitäten ausbilden? Wer wird die Erwachsenen vorbehaltenen Universitäten, die Sommeruniversitäten, die Gemeinschaftszentren und die Vereine älterer Bürger leiten? Wer wird auf Schiffen, in Besprechungsräumen, in Ferienhotels, in Fernsehen und Radio, auf CD-ROM und im Cyberspace unterrrichten? Meiner Meinung nach werden viele dieser Ausbilder Frauen sein.

Die Worte der Frauen erhalten neue Kraft.

Die Wissenswirtschaft

Millionen Jahre lang lebten unsere Vorfahren in kleinen, gleichberechtigten Gruppen, in denen kluge, charismatische und einfallsreiche Personen zu Anführern aufstiegen. Dennoch war das Wissen jedem Mitglied des Stammes zugänglich und jedes Individuum konnte es in Macht verwandeln, wenn es dieses Wissen zu nutzen wusste. In gewissem Sinn kehren wir zu diesen prähistorischen Zeiten zurück. Computer, Satelliten, interaktives Fernsehen, Telefone und Radios befähigen immer mehr Menschen, große Mengen an Informationen zu sammeln, diese Daten in Wissen umzuwandeln und sie auf dem Wirtschaftsmarkt zu verkaufen.

Heute ergreifen Frauen diese Gelegenheit. Ihre Zahl übersteigt bereits jetzt die ihrer männlichen Kollegen in den amerikanischen Colleges und Universitäten jeden Typs, von den öffentlichen über private bis zu religiös orientierten Ausbildungsinstituten. Demographen prophezeien, dass bis zum Jahr 2007 9,2 Millionen amerikanische Frauen und nur 6,9 Millionen amerikanische Männer in Colleges eingetragen sein werden. Bei Teilzeitstudenten, erwachsenen Studenten und Minderheiten angehörenden Studenten wird sich sogar ein noch größerer Unterschied zeigen. Auch in vielen anderen Teilen der Welt schließen Frauen allmählich die Ausbildungskluft.

»Wissen ist Macht«, erklärte Sir Francis Bacon. Trendanalytiker jeder Couleur stimmen überein, dass Ausbildung und Information die Währungen der Zukunft sind.[124] Frauen werden die Mittel besitzen, in einige der lukrativsten Jobs der industriellen Welt vorzudringen. Viele werden in der Kommunikationsindustrie und den sich ausweitenden Ausbildungseinrichtungen Karriere machen. Während sie uns im Radio, im Fernsehen, im Internet und in jedem anderen verfügbaren Ausbildungsmedium dieses reichhaltigen Kommunikationszeitalters unterrichten, werden sie ihre Neigung zu Vielfalt, Flexibilität, Zusammenarbeit und gleichberechtigter Teamarbeit ebenso wie ihre breit angelegte, kontextuelle Betrachtungsweise unterschiedlichster Themen und Ideen bis in den letzten Winkel der Welt verbreiten.

KAPITEL 4

Gedankenlesen
Die besonderen Fähigkeiten der Frauen
im Umgang mit Menschen

> *Die Fähigkeit, mit Menschen umzugehen,*
> *ist ebenso käuflich wie jede beliebige Ware,*
> *sei es nun Zucker oder Kaffee. Und ich bin bereit,*
> *für diese Fähigkeit mehr zu bezahlen*
> *als für jede andere unter der Sonne.*
>
> JOHN D. ROCKEFELLER

»Intelligenz ist, das Wesen der Dinge rasch zu erfassen«, schrieb der Philosoph George Santayana. Frauen besitzen ein bemerkenswertes Talent, Menschen »zu lesen«. Ihre sozialen Antennen stehen ständig auf Empfang. Sie nehmen die kleinsten ausgesendeten Signale auf, entdecken die Motive und Wünsche der Menschen – und navigieren sicher und geschickt in das menschliche Herz.

Frauen sind dazu geschaffen, Gedanken zu lesen. Bei ihnen sind Tastsinn, Gehör, Geruchssinn, Geschmack und visuelle Wahrnehmung in gewisser Hinsicht sensibler als bei Männern. Frauen besitzen zudem das Talent, die Gefühle eines Menschen durch einen Blick in sein Gesicht zu dekodieren. Im Handumdrehen entziffern sie die Stimmung aus der Körperhaltung und den Gesten ihres Gegenübers. Sie erinnern sich an mehr Details aus dem Raum oder Büro, in dem sie einer Person begegnet sind, und setzen diese in einen sozialen Zusammenhang. Viele verfügen sogar über einen genetischen Vorteil beim Interpretieren der Nuancen sozialer Wechselwirkungen. Neurowissenschaftler bezeichnen das als »höhere soziale Fähigkeiten«.

Frauen sind im sozialen Bereich klug. Ihre Fähigkeit, die Gedanken anderer zu lesen, ihre Anliegen zu verstehen und ihnen bei ihren Problemen zu helfen, wird sich in unserer modernen Welt als wertvolle Handelsware erweisen.

Während immer mehr Frauen außerhalb ihres Zuhauses arbeiten, bezahlen Millionen von Männern und Frauen andere, um ihre Einkäufe zu erledigen, ihren Hund auszuführen, ihren Kindern Schwimmunterricht zu erteilen, sie beim Sport zu begleiten, ja sogar, ihre Finanzen zu regeln. Restaurants, Take-away-Buden, Entertainer, Einzelhändler, Diätspezialisten, Tapezierer, Finanzberater, Reiseagenten, Privatdetektive, Dolmetscher, Rechtsanwälte, Vermittler und Therapeuten: Nie zuvor waren so viele Menschen bei den einfachsten bis hin zu den kompliziertesten Aufgaben in so hohem Ausmaß von den Dienstleistungen anderer abhängig.

Dank ihrer kontextuellen Betrachtungsweise, ihrer Fantasie, ihrer Netzwerkfähigkeiten und ihrer Talente im sprachlichen und sozialen Bereich haben sich Frauen bereits eine starke Position im Dienstleistungssektor erworben. In den kommenden Jahren werden sie in vielen dieser Bereiche dominieren und den Menschen rund um den Erdball originelle Lösungen und neue, geniale Wege für ihre Alltagsprobleme anbieten.

Lassen Sie mich am Anfang beginnen: Wie lesen Frauen die Gedanken anderer?

Der besondere Tastsinn der Frauen

Frauen reagieren durchschnittlich empfindlicher auf Berührungen.[1] Diese weibliche Eigenheit setzt bereits wenige Stunden nach der Geburt ein und hält ein Leben lang vor.[2] Frauen fühlen die Berührung einer anderen Person intensiver und nehmen, wenn sie berührt werden, Empfindungen genauer wahr.[3] Da Frauen annehmen, dass Männer ebenso empfindsam für Berührungen sind, liebkosen sie ihre Geliebten mitunter etwas zu sanft.

Ferner genießen Frauen Berührung. Kaschmir, Mahagoni, Rohleder, Gartenerde oder die flaumige Haut eines Pfirsichs: »Frauen sind davon überzeugt, dass Schönheit etwas ist, das sie berühren müssen«, meinte der Dramatiker Jean Giraudoux. Weibliche Babys berühren ihre Mütter häufiger als männliche.[4] Jungen widmen sich öfter rauen Spielen und Männer schütteln regelmäßiger die Hand. Gleichzeitig sind sie eher bereit, Fremde zu berühren.[5] Untersuchungen in den verschiedensten Gesellschaften zeigen jedoch, dass Mädchen und Frauen im Vergleich zu Männern häufiger ihnen bekannte Personen berühren.[6]

Diese weibliche Neigung ist vermutlich auf Millionen Jahre Kindererziehung zurückzuführen. In Teilen Nigerias massieren Mütter täglich den gesamten Körper ihrer Babys.[7] »Wenn du die Beine deiner Tochter massierst, wird sie einen eleganten Gang bekommen«, lautet ein Sprichwort der neuseeländischen Maoris.[8] Die Frauen des in der Kalahari-Wüste Südafrikas lebenden Stammes der San stehen neunzig Prozent des Tages in körperlichem Kontakt mit ihren Babys. Während des morgendlichen Feuerschürens trägt die Mutter das Baby auf der Hüfte, beim Sammeln von Früchten, Wurzeln und Gemüsen bindet sie es sich in einem Schal auf den Rücken, und nachts schläft das Baby dicht an die Mutter geschmiegt.[9] Die San kennen weder Wiegen noch Kinderwagen, Kinderstühle oder Autositze für ihre Babys. In einigen Gesellschaften durchlaufen Kleinkinder nie das »Krabbelalter«. Sie werden getragen, bis sie zu laufen lernen.

Babys brauchen diese mütterliche Berührung. »Einsamkeit ist die größte Angstquelle der Kindheit«, schrieb William James. Kinder in Krankenhäusern oder Waisen in Pflegeeinrichtungen leiden aufgrund des Berührungsmangels häufig an geistigen und physischen Behinderungen.[10] Gestreichelte Kinder hingegen sind wesentlich lebhafter und aktiver. Sie erzielen auch in Wachstums- und Entwicklungstests höhere Werte.[11] Liebkoste Babys nehmen nahezu doppelt so schnell zu wie Kleinkinder, die nur in geringem Maß Berührung genießen.[12]

Heute kennen die Wissenschaftler den Grund für die therapeutische Wirkung dieser Art der Berührung. Massage löst die Freigabe von Oxytocin im Gehirn aus. Dieses Hormon bewirkt ein entspanntes Gefühl, senkt den Blutdruck, führt zu einem Stoffwechselzustand, der die Einlagerung von Nährstoffen fördert, und stimuliert das Wachstum.[13] Untersuchungen an Ratten ergaben, dass die mütterliche Berührung auch die Abgabe von Somatotropin anregt und den Cortisolspiegel senkt. Das Hormon Cortisol kann das Immunsystem belasten und eine stärkere Krankheitsanfälligkeit bewirken.[14]

»Haben Sie Ihr Kind heute schon umarmt?« Dies ist ein medizinischer Vorschlag. Eine Mutter und ihr Kind sind ein symbiotisches Paar. Um gut zu gedeihen, muss ein Baby liebkost, gestreichelt und umarmt werden. Will eine Mutter die Bedürfnisse ihres Babys entdecken, muss sie es regelmäßig berühren. Kalt, rau, geschmeidig, steif, wackelig, durchnässt? Jahrtausendelang benötigten Frauen sensible Fingerspitzen, wenn sie Hinweise auf die Gesundheit ihrer Nachkommen sammeln wollten. Daraus entwickelte sich der ausgezeichnete Tastsinn der Frauen.

Dieser außergewöhnliche Tastsinn beschränkt sich nicht allein auf das Kinderzimmer. Im Büro, auf Konferenzen, auf Partys und sogar auf der Straße bemerken Frauen die schweißnasse Wange, die klamme Hand oder den kräftigen Handschlag ihres Gegenübers und nutzen diese winzigen Signale, um sich ein Bild der Persönlichkeit dieses Menschen zusammenzusetzen.

Frauen sind gute Zuhörer

Frauen besitzen in der Regel auch ein besonders gut entwickeltes Gehör.

So ist ihre Hörleistung im Bereich hoher Töne größer als bei Männern. Dieser Vorteil bildet sich bei Mädchen im Kindesalter heraus und wächst mit zunehmendem Alter. Frauen sind auch lauten Geräuschen gegenüber empfindlicher. Männer hingegen ziehen bei Musik und gesprochenen Wörtern in jeder Frequenz, vom Bass bis zum Sopran, eine größere Lautstärke vor.[15] Dies könnte einer der Gründe sein, warum Eheleute häufig wegen der Lautstärke des Fernsehers oder des Autoradios in Streit geraten. Und wer hört beim Einschlafen den tropfenden Wasserhahn? Selbstverständlich die Frau.

Ein viel sagendes Beispiel für diesen geschlechterspezifischen Unterschied im Bereich akustischer Wahrnehmung ereignete sich 1998 in einem Fitnesscenter in Massachusetts. Erlinda McGinty aus North Quincy gelangte zu der Ansicht, dass sie durch die Discomusik in ihrem Aerobic-Kurs taub werden würde. Daher ersuchte sie den (männlichen) Manager des Centers, die Musik leiser zu drehen. Er ignorierte ihre Bitte, es kam zu einer Auseinandersetzung, und die Situation geriet außer Kontrolle. Aufgebracht strengte McGinty schließlich ein Gerichtsverfahren mit dem Ziel an, sämtliche Fitnesscenter in Massachusetts zu verpflichten, Warnhinweise wegen lauter Musik für ihre Kunden anzubringen.[16] Der Manager dieses Fitnessclubs ist vermutlich wie viele andere Männer verwundert, warum sich Mrs. McGinty so über die laute Musik ärgerte.

Die Antwort findet sich in der Urgeschichte. Die urzeitliche Frau benötigte ein ausgezeichnetes Gehör, um ihr Kind, dieses kostbare DNS-Paket, großzuziehen. Eine Frau musste auf das leiseste Wimmern, ein verhaltenes Seufzen oder die unregelmäßige Atmung ihres Kindes achten, um diesen unausgereiften Geräuschen zu entnehmen, wann ihr Baby Schlaf, Nahrung oder Liebkosung benötigte.

Ihr herausragendes Gehör trug auch zum Schutz ihres Kindes bei, indem es ihre Empfindungen reizte. Geräusche können den emotionalen Kern des Gehirns anregen und Gefühle wie Nostalgie, Sehnsucht, Freude, Verzweiflung und Wut auslösen. Musik kann einen Menschen ermutigen, dem Feind entgegenzugehen, oder eine Begebenheit aus der Erinnerung aufrufen, die sich vor dreißig Jahren ereignete.

In den Ebenen des urzeitlichen Afrikas lauschten Frauen auf ihre Babys, auf den Wind und den Regen, auf die Geräusche von Schlangen, Katzen und Raubvögeln und auf ihr eigenes Herz, um ihre Nachkommen in Sicherheit großzuziehen. Wer über ein schärferes Gehör verfügte, konnte seine Kinder besser beschützen. Diese Eigenschaft wurde weitergegeben, sodass Frauen durch natürliche Auslese allmählich Vorteile erzielten.

Die Frauen der Urzeit verwendeten diesen ausgezeichneten Gehörsinn vermutlich auch, wenn sie ihren Partnern und Geliebten zuhörten. Auf diese Weise erkannten sie, ob diese Männer ehrlich, liebevoll und väterlich waren, noch ehe sie ihre Kinder gebaren und ihr Leben der Erziehung der Nachkommenschaft dieser Männer widmeten.

Heute erfährt eine Frau dank dieses natürlichen Talents einiges über ihre Kollegen am Arbeitsplatz. Frauen nehmen am Telefon, im Besprechungszimmer oder beim gemeinsamen Mittagessen eine leicht erhobene Stimme, eine weggelassene Silbe, ein Zittern in der Stimme oder einen drängenden Ton als subtile akustische Signale wahr. Die stimmliche Information wird geistig verarbeitet und dient als Hinweis, wie der Gesprächspartner einzuschätzen ist.

»Geruchsmarken«

Der Mensch kann über zehntausend verschiedene Gerüche wahrnehmen. Bei jedem Atemzug waten wir durch ein Meer von Düften. Darüber hinaus produzieren und absorbieren wir Gerüche und erhalten auf diese Weise eine »individuelle Geruchsmarke«, die ebenso einzigartig ist wie unser Gesicht oder unsere Hände. Frauen sind imstande, Gerüche in wesentlich geringeren Konzentrationen wahrzunehmen als Männer.[17] Zur Mitte des monatlichen Menstruationszyklus, bei dem der Östrogengehalt einen Höhepunkt erreicht, steigert sich diese Fähigkeit noch einmal.[18] Zudem nimmt die Empfindsamkeit von Frauen Aromen gegenüber mit zunehmendem Alter wesentlich langsamer ab als bei Männern.

Frauen leben in einer reichhaltigeren Geruchswelt und erkennen Düfte besser als Männer.[19]

Der hervorragende Geruchssinn der Frauen entwickelte sich vermutlich aus demselben evolutionstechnischen Grund wie ihr ausgezeichneter Tast- und Gehörsinn: um ihre Nachkommen zu schützen. Mit ihrer empfindsamen Nase nahm die urzeitliche Mutter gefährlichen Rauch, verwesendes Fleisch und sogar den Geruch eines Fremden im Dunkeln wahr.

Dank ihres Geruchssinns waren Frauen imstande, augenblicklich zu reagieren. Gerüche wirken direkt auf die älteren Erinnerungs- und Gefühlszentren im Gehirn ein, wo sie grundlegende Empfindungen auslösen. »Gerüche können ein Herz leichter brechen als Bilder oder Geräusche«, schrieb Rudyard Kipling. Sobald eine urzeitliche Mutter Gefahr roch, wurde sie von Angst und Mitgefühl überflutet – und stürzte los, um ihr Kind zu schützen.

Frauen bedienen sich nach wie vor ihres hervorragenden Geruchssinns, um ihre Kinder großzuziehen und zu beschützen. Selbst mit verbundenen Augen sind Mütter imstande, ihr Baby nur aufgrund seines Geruchs in einer Gruppe von Kindern auszumachen, während Väter bei dieser Übung weniger Erfolg aufweisen.[20]

Im Büro und bei gesellschaftlichen Ereignissen setzen Frauen dieses feine Sinnesorgan ebenfalls ein. »Die Nase weiß Bescheid«, pflegte Jimmy Durante zu sagen. Frauen nehmen Ihr Parfüm und Ihre Bodylotion wahr, den Alkohol der vergangenen Nacht in Ihrem Atem, den Geruch in Ihrem Mantel und Ihrem Haar und die Düfte, die Sie aus dem Fitnessstudio, dem Schönheitssalon, der Bibliothek und dem Park ins Büro mitbringen. All diese aromatischen Botschaften speichern Frauen in ihrer Datenbank, während sie sich von Ihnen ein Bild machen.

Geschmacksknospen

»Welch mutiger Mann, der als erster eine Auster aß«, schrieb Jonathan Swift. Die menschliche Nahrung umfasst eine Vielzahl an Ingredienzen. Immerhin sind wir Allesfresser und verzehren als solche eine unglaubliche Palette an Pflanzen und Tieren. Männer und Frauen unterscheiden sich jedoch auch in ihrem Geschmackssinn.

Frauen haben weniger Verlangen nach Rosinen, Grapefruit-Saft, Chilischoten, salzigen Kartoffelchips und anderen stark würzigen Lebensmitteln als Männer,[21] da sie im Allgemeinen Geschmacksrichtungen wie süß, sauer, salzig und bitter bereits in geringeren Konzentrationen wahrnehmen.[22] Im Zuge einer Studie über Süßwaren fügten Wissenschaftler beispielsweise Quark und einer gehaltvollen Sahnecreme Saccharose bei. Wie sich herausstellte, schmeckten der Quark und die Creme Frauen am besten mit einem Saccharosegehalt von etwa zehn Prozent. Männer genossen diese Lebensmittel mehr, wenn sie doppelt so süß waren.[23] Kleine Jungen zeigten sogar eine Vorliebe für Sahnecreme mit einem Saccharosegehalt von vierzig Prozent!

Dieser geschlechterspezifische Unterschied ist mir bereits in Restaurants aufgefallen. Ich liebe zuckersüße Nachspeisen wie Pekannusstorte und Kirschkuchen. Einige männliche Freunde beeindruckten mich jedoch damit, dass sie nach einer Portion Schokolademousse noch ein Mandeltörtchen verspeisten.

Diese weibliche Sensibilität könnte ebenfalls aus dem ursprünglichen Bedürfnis der Frauen entstanden sein, ihre Babys zu beschützen und zu ernähren. Die Fähigkeit, einen bitteren Geschmack zielsicher wahrzunehmen, bewahrte die urzeitlichen Mütter vor Giften, da die meisten Gifte im Pflanzenreich bitter sind.[24] Die Gabe, zwischen verschiedenen Abstufungen von süß und sauer zu unterscheiden, befähigte sie, unreife und weniger nahrhafte Früchte auszusortieren. Mit ihrem feinen Spürsinn für Salziges erkannten unsere weiblichen Vorfahren brackiges Wasser, ehe sie ihren Kindern davon zu trinken gaben.

Der Mund wird häufig als Wächter des Körpers bezeichnet. Da die Geschmacksknospen alle eingehenden Substanzen prüfen, gelangen keine schädlichen Stoffe in den Magen. In prähistorischen Zeiten kosteten Frauen Nahrungsmittel gewiss vor, ehe sie sie ihren Kindern anboten.

Heute nehmen Frauen beim Mittagessen in der Kantine auch die subtilsten Einzelheiten Ihrer Persönlichkeit wahr.

Die Nacht ist die Zeit der Frauen

Der wichtigste unserer menschlichen Sinne ist das Sehvermögen. Zumindest sechzig Millionen Jahre lang lebten unsere Vorfahren auf den Bäumen, wo ein einziger Fehltritt das Leben kosten konnte. Auch Affen stürzen ab und sterben. Als Folge dieses langen Zeitraums in den Baumkronen stattete die Natur Männer und Frauen mit einem ausgezeichneten Sehvermögen aus – zumindest in ihrer Jugend.

Die beiden Geschlechter weisen jedoch auch darin einen gewissen Unterschied auf. Männer sehen bei Tageslicht am besten, leiden jedoch seltsamerweise auch am stärksten unter besonders strahlendem Licht. In der Dunkelheit sind ihnen Frauen in ihrer Sehkraft überlegen. Sie können ihre Augen rascher an die Dunkelheit anpassen und sehen daher auch in tiefster Nacht besser.[25]

Vermutlich ist auch dies ein Erbe der Urgeschichte, aus einer Zeit, als Mütter eine gute Nachtsicht benötigten, um bedeutende Arbeiten zu verrichten, wie ihre Kinder in dem mondlosen Grasland zu füttern, zu verarzten und zu trösten. Heute bietet diese besondere Fähigkeit Frauen in dämmrig beleuchteten Restaurants, bei Diavorträgen im Büro und bei allen anderen Tätigkeiten einen Vorteil, bei denen trotz geringer Beleuchtung ein gutes Sehvermögen wichtig ist.

Frauen besitzen darüber hinaus eine bessere periphere Sicht. Aufgrund der Konstruktionsweise des Augapfels haben Männer eine etwas bessere Tiefenwahrnehmung, während Frauen ein weiteres Blickfeld übersehen können.[26] Frauen haben im wahrsten Sinne des Wortes einen »besseren Überblick«. In ferner Vergangenheit könnten sie diese ausgezeichnete periphere Sicht genutzt haben, um ihre Kinder zu beaufsichtigen, während sie in der Nähe ihre täglichen Arbeiten verrichteten, wie etwa an einem sumpfigen Seeufer Krebse fangen oder Nüsse aufschlagen.

Heute setzen sie diese Fähigkeit ein, um den schlurfenden Gang, die schlaffe Haltung, die verflochtenen Beine oder die klopfenden Finger eines Kollegen während eines Meetings einzuschätzen. Die hervorragende periphere Sicht ermöglicht Frauen auch, bei stark besuchten geschäftlichen oder gesellschaftlichen Zusammenkünften mit einem raschen Blick die Gäste einzuschätzen.

Frauen und Farbe

»Die reinsten und rücksichtsvollsten Geister finden sich unter jenen, die Farben lieben«, meinte John Ruskin. Niemand weiß, welches Geschlecht eine innigere Liebe zu Farben aufweist. Frauen nehmen jedoch deutlich erkennbare Farben, insbesondere die verschiedenen Nuancen von Rot und Grün, stärker wahr.[27]

Jeder achte weiße amerikanische Mann wird mit einer Einschränkung der Rot/Grün-Sicht geboren. Ihnen fällt es entweder schwer, die Rottöne von Grüntönen zu unterscheiden oder sie verwechseln die zarteren Schattierungen wie etwa Hellrosa mit Pastellblaugrün oder Braun mit Olivgrün.[28] Nur jede 230. Frau wird mit einer Sehschwäche geboren, durch die sie Rot und Grün oder deren zartere Nuancen schwer auseinanderhalten kann.[29]

Das weibliche Talent, Rot- und Grüntöne wahrzunehmen, ist genetisch bedingt. Die Gene für die Rot/Grün-Sicht und sämtliche Kombinationen dieser Farben befinden sich auf dem X-Chromosom. Da Frauen zwei X-Chromosomen besitzen, können die gesunden Gene eines Chromosoms mögliche defekte Gene des anderen überdecken. Männer hingegen haben nur ein X-Chromosom. Wenn nun ein Mann beschädigte Gene für die Rot/Grün-Sicht erbt, verfügt er über kein gesundes Gen, das diese Auswirkungen ausgleicht. Deshalb kann er folgenreiche Fehler begehen, wenn er einen Pullover kaufen, farbkodierte elektrische Leitungen anschließen oder über eine Ampel gehen will.

Frauen besitzen zudem eine genauere Erinnerung an Schattierungen, Töne und Farbwerte. Diese Farberinnerung ebenso wie ihre bessere Rot/Grün-Wahrnehmung stammt zweifellos aus der langen Geschichte der Nahrungssuche der Frauen – dem Vorläufer des heutigen Einkaufs. Sind die Beeren rot – und reif? Oder grün – und sauer? Mit ihrer Empfindsamkeit für Farbe war die urzeitliche Frau imstande festzustellen, welche Nahrungsmittel essbar, ungenießbar oder gar gefährlich waren. Eine gute Farbwahrnehmung garantierte ein sichereres Leben und eine gesündere Kost für die Kinder. Im Lauf der Jahrhunderte selektierte die Natur Frauen mit einer besseren Farbwahrnehmung.

Die Fähigkeit der Frauen, verschiedene Rotschattierungen unterscheiden zu können, half ihnen vermutlich bei der Pflege kranker Nachkommen. Wir beurteilen die Gesundheit eines Menschen nach der Farbe seiner Lippen und Wangen. Aus demselben Grund tragen Frauen heute Rouge und Lippenstift. Sie wollen Freunde und Bewunderer auf ihre Lebendigkeit hinweisen. Rotschattierungen deuten jedoch auch auf Fieber, Ausschlag, Entzündungen, vergossene Tränen und infizierte Wunden hin. Urzeitliche Frauen, die die subtilen Nuancen von Rot im Gesicht oder in den Augen eines Kindes zu deuten wussten, konnten Krankheiten leichter heilen und verängstigte Kinder schneller trösten.

Am heutigen Arbeitsplatz nimmt eine Frau eher das verlegene Erröten, die verzweifelte Blässe und das gesunde Strahlen im Gesicht eines Menschen wahr – und nutzt diese Signale, um sich ein Bild von dieser Person zu machen.

Gesichter lesen

Tastsinn, Gehör, Geruchssinn, Geschmackssinn, Nachtsicht, periphere Sicht, Farbwahrnehmung: Diese sensorischen Fähigkeiten bringen für Frauen in jenen Berufen bemerkenswerte Vorteile mit sich, in denen der Umgang mit Menschen und das gegenseitige Verständnis wichtig sind. Der gesellschaftliche Köcher der Frauen enthält jedoch weitere Pfeile. So zeichnen sie sich durch das Talent aus, Gesichtsausdrücke deuten zu können.

In einer aufschlussreichen Demonstration dieser Fähigkeit zeigten die Neurowissenschaftler Ruben und Raquel Gur von der University of Pennsylvania und ihre Kollegen 24 männlichen und 15 weiblichen Freiwilligen Dias von menschlichen Gesichtern, mit der Aufgabe, die mit traurigem Ausdruck herauszusuchen. Die Teilnehmer bewerteten jede der Abbildungen anhand einer siebenteiligen Skala.[30]

Frauen erwiesen sich empfänglicher für die Traurigkeit im Gesicht von Männern als von Frauen. Männer hingegen zeigten sich extrem unempfänglich für einen unglücklichen Ausdruck im Gesicht von Frauen. »Das Gesicht einer Frau muss deutliche Anzeichen von Trauer aufweisen, ehe ein Mann diese wahrnimmt. Subtile Ausdrücke entgehen Männern rundweg«, lautete die Schlussfolgerung von Ruben und Raquel Gur.[31]

Viele Studien bestätigen die Ergebnisse des Forscherteams. In der Regel können Frauen die Empfindungen eines anderen besser von dessen Gesicht ablesen als Männer. Im Vorschulalter, Schulalter und Oberstufenalter sind Mädchen Jungen derselben Altersklasse beim Wahrnehmen von Gefühlen im Gesicht eines anderen überlegen.[32] Frauen sind besonders empfänglich für die Gesichtsausdrücke von Babys. Erfahrung als Babysitter oder Mutter steigert diesen geschlechterspezifischen Unterschied nicht. Auch allein stehende Frauen ohne Erfahrung im Umgang mit Kindern erweisen sich als ebenso scharfe Beobachter, was die verschiedenen Gesichtsausdrücke von Kindern betrifft, wie Mütter mit jahrelanger Erfahrung.[33]

Die amerikanischen Frauen teilen die Fähigkeit, Gesichter lesen zu können, mit Frauen in zumindest zehn weiteren Ländern.[34] Selbst in den Dschungeldörfern Neuguineas sind Frauen Männern bei der Beurteilung von Emotionen anhand des Gesichtsausdrucks eines Menschen überlegen.[35]

Menschen mit einem niedrigeren gesellschaftlichen Rang besitzen häufig eine besonders ausgeprägte Fähigkeit, die Gesichtsausdrücke ihrer Vorgesetzten oder anderer höherrangiger Persönlichkeiten zu deuten.[36] Die besondere Gabe der Frauen, Trauer und andere Emotionen von einem Gesicht ablesen zu können, ist möglicherweise darauf zurückzuführen, dass sie über Jahrhunderte hinweg als dem Mann unterlegen betrachtet wurden.

Die Fähigkeit, Gefühle in einem Gesicht wahrzunehmen, steht jedoch auch im Zusammenhang mit dem weiblichen Hormon Östrogen. Mädchen, die mit nur einem Geschlechtschromosom geboren wurden (Turner-Syndrom), besitzen als Erwachsene einen geringeren Östrogengehalt und erzielen beim Erkennen von Gefühlen anhand von Gesichtsausdrücken deutlich schlechtere Ergebnisse.[37] Wie es scheint, hat die Evolution die Frauen chemisch dazu bestimmt, sich in der wichtigen sozialen Fähigkeit auszuzeichnen, die Innenwelt eines Menschen durch einen Blick auf sein Gesicht lesen zu können.

Es ist nicht schwer, den Grund zu vermuten, warum Frauen Männern beim Lesen von Gesichtsausdrücken überlegen sind. In der Urgeschichte wurde ein Mann, der den Ausdruck im Gesicht seines Gegners falsch interpretierte, vermutlich von einem Speer durchbohrt. Ein Mann musste auch den Gesichtsausdruck seiner Jagdgefährten deuten können. Wenn er jedoch das Gesicht einer Frau missinterpretierte, hatte das höchstens ein paar wütende Worte und den urzeitlichen Vorläufer einer Nacht auf dem Sofa zur Folge. Selbst ein Mann, der den Gesichtsausdruck eines Kindes falsch deutete, verlor wenig. Ein Gesicht nicht richtig zu lesen war für Männer nur in bestimmten, gefährlichen Fällen folgenreich.

Wenn jedoch eine urzeitliche Frau den Gesichtsausdruck ihres Babys oder ihrer heranwachsenden Söhne und Töchter falsch interpretierte, entgingen ihr lebenswichtige Informationen über deren Gesundheitszustand. Für Frauen war es aber auch wichtig, die Gesichter von Männern lesen zu können, insbesondere jener Männer, die sie als Gefährten oder Geliebte erwählten. Würde er sich als trügerisch, grausam, faul oder feige herausstellen? Bevor eine Frau mit einem Mann schlief und sein Kind gebar, musste sie so viel wie möglich über ihn in Erfahrung bringen.

In früheren Zeiten befähigte die Gabe, Gesichter lesen zu können, eine Frau, ihre vor dem Sprechalter noch hilflosen Kinder gut zu versorgen und mögliche Gefährten einzuschätzen. Heute erweist sich diese Fähigkeit auch auf dem globalen Arbeitsmarkt als lebenswichtig. Immer mehr Geschäftsleute müssen sich mit einem immer größeren Kreis von Kollegen und Kunden aus einer Vielzahl fremder Kulturen auseinander setzen. Um in dieser unbekannten gesellschaftlichen Welt erfolgreich zu sein, benötigen sie jede soziale Einzelheit, die sie in Erfahrung bringen können.

Körpersprache

Frauen sind darüber hinaus äußerst geschickt im Lesen all jener körperlichen Hinweise, die wir übermitteln, ohne nachzudenken.

Die emotionalen Mitteilungen der Menschen werden zu neunzig Prozent nonverbal weitergegeben.[38] Selbst wenn wir behaupten, uns auf einer Party ausgezeichnet zu unterhalten, senden unsere eng um den Leib geschlungenen Arme eine andere Botschaft aus. Auch im Gespräch bilden Worte oftmals nur einen Bruchteil der Kommunikation. Der Ton der Stimme überbringt etwa ein Drittel der Nachricht.[39]

Gestik, Haltung und Gesichtsausdruck lassen sich zu weiteren fünfzig Prozent oder mehr der Gesamtkommunikation zusammenfassen.
All diese Hinweise geben wir von Natur aus weiter. Betrachten Sie doch einmal Männer und Frauen mit Mobiltelefonen. Sie schlendern mit ausholenden Gesten über die Straße, lächeln, runzeln die Stirn und senden eine Vielzahl von Signalen an jemanden aus, der nicht anwesend ist.

Im 19. Jahrhundert wurden an mehreren tausend Männern und Frauen Untersuchungen durchgeführt, die bewiesen, dass Frauen Männern im Lesen der Emotionen einer Person anhand des Tons ihrer Stimme, ihrer Haltung, ihrer Gesten und anderer nonverbaler Zeichen überlegen sind.[40]

Mädchen und Frauen achten stärker auf die Körpersprache als Männer, die sich eher auf Worte konzentrieren. Daher bemerken Frauen diese nonverbalen Signale rascher und nehmen eine größere Menge von ihnen auf.[41]

»Ich wünsche mir nichts als einen fairen Vorteil«, erklärte einst W. C. Fields. Bei der Beurteilung von Menschen haben Frauen einen eindeutigen Vorteil. Sie haben eine Vielzahl biologischer Hilfsmittel entwickelt, um ihre Körpersprache und ihren Gesichtsausdruck zu lesen. Darüber hinaus entgeht ihnen auch nichts aus ihrer Umgebung.

Der physische Zusammenhang wird als Erinnerung gespeichert

»Wenn Sie einen Mann und eine Frau zur Kirche schicken, kann Ihnen nur die Frau später erzählen, wer was getragen hat«, bemerkte der Paläontologe Louis Leakey.[42] Frauen nehmen physische Zusammenhänge generell besser wahr und können sich leichter an sie erinnern.[43] Wenn man Frauen und Männern beispielsweise mehrere Objekte vorlegt und sie danach anders anordnet, fällt es Frauen zumeist leichter, die Veränderungen zu benennen.[44]

Die Gabe, Zusammenhänge wahrzunehmen, könnte mit der weiblichen Fähigkeit in Beziehung stehen, Besonderheiten rascher zu bemerken und sich leichter an sie zu erinnern.[45] Im Zuge eines Gedächtnistests wurden Männer und Frauen in ein Büro geführt, in dem sie einige Minuten auf die Ankunft einer Person warten sollten. Nach einiger Zeit rief man sie aus dem Büro und ersuchte sie, die Lage bestimmter Objekte im Büro anzugeben. Bemerkenswerterweise lag die Erinnerungsrate der Frauen um siebzig Prozent über der der Männer.[46] Frauen nehmen auch bei einem Besuch in einer Stadt, auf einem Universitätscampus oder in einem fremden Haus mehr Einzelheiten auf und speichern sie rascher.[47]

Auch im Straßenverkehr orientieren sich Frauen anhand unbeweglicher Objekte in der Landschaft. »Bieg beim Gemischtwarenladen links ab und dann wieder rechts, sobald du die hohe Steinmauer siehst.« Wenn Frauen den Weg weisen, nennen sie doppelt so viele konkrete Landschaftsmerkmale wie Männer.

Dieses so genannte Ortsgedächtnis, die Fähigkeit, sich an unbewegliche Gegenstände zu erinnern, entwickelt sich bei Frauen in der Pubertät, sobald der Östrogengehalt steigt.[48] Die Psychologen Irwin Silverman und Marion Eals stellten die Hypothese auf, dass diese weibliche Form einer räumlichen Orientierung auf längst vergangene Zeiten zurückzuführen ist, als sich Frauen auf der Nahrungssuche noch an den genauen Ort eines Wasserlochs, eines Beerenstrauchs, eines Termitenhügels oder eines Feigenbaums erinnern mussten. Die Frauen der Urzeit verwendeten diese unbeweglichen Landschaftsmerkmale auch, um ihren Rückweg wiederzufinden.

Männer hingegen orientieren sich üblicherweise an Entfernungen und Himmelsrichtungen. »Fahr zunächst einen Kilometer auf dem Highway 9 nach Norden und dann etwa fünfhundert Meter auf der Bundesstraße 21 nach Osten.« Wenn Männer jemandem den Weg weisen, verwenden sie doppelt so viele dieser quantitativen und richtungsmäßigen Hinweise wie Frauen.[49]

In mehreren Studien stellte man eine Beziehung zwischen dieser männlichen Orientierungsmethode und den männlichen Hormonen (insbesondere Testosteron) her.[50] Sie ist vermutlich auf die Jagd als ursprüngliche Beschäftigung der Männer zurückzuführen. Den Jägern der Urzeit dürfte es schwer gefallen sein, einen bestimmten Beerenstrauch wahrzunehmen, während sie eine Antilope in vollem Lauf oder einen über ihren Köpfen kreisenden Geier beobachteten. Den Stand der Sonne und die zurückgelegte Entfernung abzuschätzen wird sich bei der Verfolgung einer sich bewegenden Beute als praktischere Orientierungshilfe herausgestellt haben.

In der Vergangenheit kam gewiss beiden Orientierungssystemen ein wichtiger praktischer Nutzen zu. Das weibliche »Ortsgedächtnis« gewinnt jedoch am Arbeitsplatz erneut an Bedeutung. Sobald eine Frau ein Büro betritt, bemerkt sie das Miniatursegelboot auf dem Bücherregal, die Fotos aus Nepal, den russischen Roman auf der Fensterbank und den Squash-Schläger hinter der Tür. All diese persönlichen Details verwendet sie dann im Umgang mit diesem Kollegen.

Menschen, die häufig nach verlorenen Gegenständen suchen, kann das ausgezeichnete örtliche Gedächtnis der Frauen den Tag retten. Mitunter fahnden wir verzweifelt nach Brillen, Opernkarten, Autoschlüsseln, Sportschuhen, Visitenkarten und flüchtig notierten Terminvereinbarungen. Wenn es darum geht, sich zu erinnern, wo wir das eine oder andere liegen gelassen haben, gewinnen Frauen den ersten Preis.[51]

Ein natürliches Gefühl für Takt

Frauen verfügen über ein reichhaltiges Arsenal an Fähigkeiten im Umgang mit Menschen. Mit ihrem einfühlsamen Tastsinn beurteilen sie Ihren Handschlag. Mit ihrem sensiblen Gehör nehmen sie ein Zögern, Stocken oder Singen in Ihrer Stimme wahr. Aufgrund ihrer ausgezeichneten peripheren Sicht und ihrer Fähigkeit, nonverbale Hinweise zu entdecken, bemerken sie selbst im Halbdunkel einer Diavorführung Ihren ungeduldig wippenden Fuß. Sie lesen von Ihrem Gesicht ab, ob Sie verwirrt oder gelangweilt sind und registrieren die Gerüche in Ihrer Kleidung und im gesamten Raum. Sie beachten das Material, den Farbton und den Schnitt Ihres Anzugs und bemerken Einzelheiten in Ihrer Umgebung wie etwa die Sektschale auf dem Tisch und den Sektquirl auf dem Fußboden. Dann verwenden sie diese Vielzahl an Daten, um zu ergründen, was sie gerne hören wollen – und beginnen, Sie mit Worten zu manipulieren.

»Immerhin ist Takt eine Art von Gedankenlesen«, schrieb Sarah Orne Jewett. Während der jahrhundertelangen Erziehung von Kindern vor dem Sprechalter entwickelten Frauen eine reiche Palette an Fähigkeiten, die es ihnen ermöglichte, die Bedürfnisse und Wünsche der sie umgebenden Menschen zu begreifen.

Frauen nutzen diese Fähigkeiten auch heute in der Kindererziehung. Gleichzeitig erlauben ihnen diese weiblichen Talente, in all jenen Berufen ausgezeichnete Leistungen zu erbringen, in denen es um einen klugen, intuitiven und taktvollen Umgang mit Menschen geht. Übersetzer,

Dolmetscher, Polizist, Detektiv, Therapeut, Sozialarbeiter, Werbefachmann, Finanzberater, Rechtsanwalt, Richter und Vermittler zählen zu jenen »Menschenberufen«, in denen sich Frauen in den kommenden Jahren auszeichnen werden.

Viele Frauen werden ein weiteres, herausragendes soziales Talent in ihren Beruf einbringen. Dutzende psychologische Tests wiesen nach, dass Frauen im Allgemeinen besondere Fähigkeiten in einem Bereich besitzen, den die Psychologen als soziale Sensibilität bezeichnen.

Die weiblichen Gene für »höhere« gesellschaftliche Fähigkeiten

Neurowissenschaftler sind der Ansicht, dass die soziale Sensibilität, ein Konglomerat von Eigenschaften, das auch als »höhere gesellschaftliche Fähigkeiten« oder »soziale Kognition« bezeichnet wird, im präfrontalen Kortex angesiedelt ist. Dieser Bereich hinter den Augenbrauen gilt als bedeutende »Verkehrsverbindung« des Gehirns.

Wenn er gut ausgebildet ist, sind Sie sich zum Beispiel der Gefühle anderer Menschen besser bewusst. Es fällt Ihnen leicht, Gefühlsausdrücke am Gesicht Ihres Gegenübers abzulesen, und Sie bemerken und nutzen Hinweise der Körpersprache. Sie sind flexibel, aufgeschlossen und im Sozialkontakt angepasst. Durch Taktgefühl und Klugheit gewinnen und binden Sie Freunde an sich. Sie unterhalten gute Beziehungen zu Ihren Geschwistern, Eltern und Lehrkräften und überwinden Impulse, die Sie davon abhalten, Ihre gesellschaftlichen Ziele zu erreichen.[52]

Der Neurowissenschaftler David Skuse behauptet, dass Frauen im Vergleich zu Männern bessere Chancen hätten, die genetische Voraussetzung für dieses Paket gesellschaftsbezogener Eigenschaften zu erwerben. Als Begründung für diese Aussage führen er und seine Kollegen an, dass sie diese gesellschaftlichen Fähigkeiten auf ein spezifisches Gen oder eine Gengruppe auf dem X-Chromosom zurückverfolgt hätten, das die Bildung des präfrontalen Kortex beeinflusst. (Skuses Untersuchung wurde in Kapitel 1 eingehender besprochen.) Wie bereits angemerkt, wird dieses Gen bzw. diese Gengruppe aufgrund von Vererbungsmustern und körperlichen Wechselwirkungen bei allen Männern unterdrückt, während es bei etwa fünfzig Prozent der Frauen aktiv bleibt. Daher besitzen ungefähr die Hälfte aller Frauen eine Gehirnarchitektur, die sie besonders befähigt, feinste Abstufungen im sozialen Geben und Nehmen wahrzunehmen.[53]

Die Gewebebrücke, die die beiden Gehirnhälften verbindet, könnte als weiterer Aspekt der Gehirnarchitektur zu den »höheren« sozialen Fähigkeiten der Frauen beitragen.

Die beiden Hälften der Gehirnrinde erfüllen unterschiedliche Funktionen. So spielt beispielsweise die rechte Gehirnhälfte eine bedeutendere Rolle bei der Identifikation von Gesichtsausdrücken und der Wahrnehmung von Emotionen im Tonfall einer Person.[54] Die Deutung dieser nonverbalen Daten erfolgt in den Sprachzentren der linken Hemisphäre.

Die These lautet folgendermaßen: Da bei Männern die Verbindung zwischen den beiden Gehirnhälften schwächer ist, sind sie beim Deuten der gesammelten nonverbalen Daten möglicherweise langsamer und haben daher weniger ausgeprägte »höhere« soziale Fähigkeiten.[55]

Frauen sind geborene Menschenbeobachter

»Wer bist du?«, fragt die Raupe aus *Alice im Wunderland*. Wie die Raupe wollen auch Frauen wissen, wer ihr Gegenüber ist.

Diese Sehnsucht setzt in der frühen Kindheit ein. Neugeborene Mädchen verbringen im Vergleich zu neugeborenen Jungen mehr Zeit damit, Augenkontakt mit Erwachsenen zu halten.[56] Im Alter von vier Monaten kann ein Mädchen Gesichtszüge genauer ausmachen als ein Junge und die einzelnen Personen besser voneinander unterscheiden.[57] Ein weibliches Baby lächelt einem menschlichen Gesicht intensiver zu, während ein Junge ein blinkendes Licht genauso bereitwillig anlächelt.[58] Im Alter von einem Jahr nähern sich Mädchen ihren Müttern und fremden weiblichen Erwachsenen häufiger als Jungen und halten sich lieber in deren Umgebung auf.[59]

Diese weibliche Neugier auf Menschen hält ein Leben lang an. Mädchen und Frauen schenken Gesichtern mehr Beachtung. Sie erkennen Gesichter leichter als Jungen und Männer und machen im gesellschaftlichen Umgang häufiger selbst »ein freundliches Gesicht«. Wenn sie mit jemandem sprechen oder jemandem zuhören, ist es ihnen angenehm, nahe an diese Person heranzutreten.[60] Mädchen fühlen sich zu Menschen hingezogen. Sobald sie heranwachsen, beginnen sie, sich mit den Menschen ihrer Umgebung auseinander zu setzen.

Samuel Johnson verweist darauf, dass Freundschaften ständig »gewartet« werden sollten. Frauen glauben an diesen Grundsatz. So sind es in der Mehrzahl Frauen, die Glückwunschkarten verschicken, Partys geben, bei den Telefongesellschaften am Wochenende für Dauerbetrieb sorgen und mehr Zeit und Energie aufwenden, um Familienkontakte aufrechtzuerhalten.[61] Wie in Kapitel 2 besprochen, verstehen sich Frauen als Handelnde in einem Netz von Beziehungen, Verpflichtungen und Verantwortlichkeiten. Sie pflegen diese Verbindungen durch Gespräche, Zuhören, Mitgefühl und den Einsatz all ihrer besonderen Fähigkeiten im Umgang mit Menschen – wie etwa einem gewinnenden Lächeln.

Frauen lächeln bei sozialen Ereignissen häufiger als Männer.[62] Vermutlich tun sie dies, um mit anderen in Kontakt zu treten. Sie lächeln sogar häufiger, wenn sie allein sind, wie etwa im Restaurant oder beim Anhören einer Hörspiel-Cassette.[63]

Da sozial rangniedrigere Menschen öfter lächeln als ranghohe[64], betrachten einige Psychologen diese weibliche Eigenschaft als Ausdruck von Ehrerbietung, Beschwichtigung und Folge einer jahrhundertelangen gesellschaftlichen Unterordnung. Das weibliche »soziale Lächeln« setzt jedoch bereits im Babyalter ein und steigert sich mit den Jahren.[65] Andere Psychologen gelangten daher zu der Überzeugung, dass das weibliche Lächeln und Lachen als soziales Bindemittel dient. Es mildert Spannungen, gleicht Stimmungen aus, betont Gedanken und stärkt soziale Bande.[66]

Die natürlichen Fähigkeiten der Frauen im Umgang mit Menschen werden sich auf nahezu allen Sektoren der Wirtschaft des 21. Jahrhunderts als wertvolles Hilfsmittel erweisen. Peter Drucker und zahlreiche andere anerkannte Unternehmensanalytiker betrachten heute den Menschen selbst als entscheidenden Grundbaustein.[67] »Die Organisation der Zukunft muss unbürokratisch sein und auf dem menschlichen Kapital basieren«, erklärt Drucker.[68]

Die ausgezeichneten Fähigkeiten im Umgang mit Menschen, das Sprachtalent, die Neigung zur vernetzten Zusammenarbeit und die Gabe kontextuellen Denkens werden Frauen in vielen Geschäftsbereichen zu einem extrem wertvollen menschlichen Kapital machen. Kein anderes Marktsegment benötigt mehr Aufgeschlossenheit im Umgang mit Menschen als der Dienstleistungssektor.

Zu Ihren Diensten

Brenda Scharlow aus Clarksville in Indiana baute in ihren renovierten Feuerwehrwagen Baujahr 1954 einen ein Meter tiefen Swimmingpool ein. Sobald Sie sie anrufen, springt sie in die Fahrerkabine und steuert den Wagen vor Ihr Haus, um Ihren Kindern Schwimmunterricht zu erteilen.[69]

Heute besitzen etwa 239 000 Amerikaner (vorwiegend Frauen) eine Lizenz als »Nageltechniker«; sie lackieren Ihre Zehennägel, während Sie lesen oder plaudern.[70] Verschiedenste Unternehmen verkaufen Ihnen in Bahnhöfen heiße Mahlzeiten, bringen Ihre Bücher in die Bibliothek und Ihre Videos in den Videoverleih zurück, richten Ihr Wohnzimmer neu ein, planen Ihren Urlaub, überarbeiten Ihre Manuskripte und entrümpeln sogar Ihren Wandschrank.

Ihr persönlicher Fitnesstrainer kontrolliert Ihre Atmung und Muskelkraft, stellt ein Übungsprogramm zusammen und überwacht Ihr Training. Ihr persönlicher Chefkoch erzieht Ihren Gaumen, setzt Sie auf eine spezielle Diät und entwirft Ihre Mahlzeiten, kocht und serviert. Ihr persönlicher Einkäufer besorgt Ihre Kleider passend zu Ihren Schuhen und Schals. Ihr persönlicher Finanzberater hört sich Ihre Pläne für Ausbildung, Heirat oder Ruhestand an und kauft dann für Sie Aktien und Anleihen.

Vergessen Sie das Kochen. 1994 wendeten die Amerikaner 44 Prozent ihres frei verfügbaren Geldes für Mahlzeiten auf, die nicht im eigenen Haushalt zubereitet wurden.[71] Restaurants und der Straßenverkauf blühen. Demographen sagen vorher, dass in den kommenden Jahren zwanzig Prozent der Supermärkte schließen werden, während wir verstärkt Fertigmahlzeiten kaufen oder auswärts essen gehen werden.[72]

All jenen, die als Restaurantkoch, Bäcker, Maniküre, Hotelpage, in einer chemischen Reinigung oder in einer Gärtnerei arbeiten und besondere Topfpflanzen verkaufen, prophezeit das U. S. Bureau of Labor Statistics, dass ihre Dienste in den nächsten Jahren in steigendem Maß gefragt sein werden.[73]

Den wachstumsstärksten Sektor der amerikanischen Wirtschaft bilden heute kleine Dienstleistungsunternehmen, die als selbständige Betriebe geführt werden.[74] Da stets mehr berufstätige Frauen – und Männer – Hilfe bei den täglichen Routinearbeiten benötigen, werden noch mehr dieser Kleinbetriebe gegründet werden. Willkommen in einer neuen Gesellschaftsschicht, die die Trendanalytiker Edie Weiner und Arnold Brown als »professionelle Dienstleistungsklasse« bezeichnen.

Wer sind all diese Menschen?

Dem amerikanischen Statistikjahresbericht von 1996 zufolge entfallen derzeit sechzig Prozent der Arbeitsplätze in der Dienstleistungsindustrie auf Frauen. Etwa vier Millionen Unternehmen im Dienstleistungssektor stehen im Eigentum von Frauen, dies entspricht einem Anteil von 52 Prozent aller amerikanischen Betriebe in weiblicher Hand.[75]

Die amerikanischen Frauen erobern nicht als einzige den Dienstleistungssektor. 1990 waren in Europa und anderen entwickelten Staaten mehr als sechzig Prozent aller Arbeitnehmer in der Dienstleistungsbranche weiblich.[76] In nahezu allen 174 entwickelten und in Entwicklung stehenden Ländern, die von den Vereinten Nationen 1995 untersucht wurden, betrug der Frauenanteil in Sekretariatsbereich, Handel und Dienstleistungssektor etwa fünfzig Prozent.[77]

Auf der ganzen Welt wandeln Frauen ihre urzeitlichen Fähigkeiten im Umgang mit Menschen in klingende Münze um.

Frauen als Detektive, Polizisten und Berater

Eine der bemerkenswertesten Dienstleistungsanbieterinnen – und vermutlich eine Vorbotin der Entwicklungen im 21. Jahrhundert – ist Marie Schembri. Sie bezeichnet den dritten Stock ihres Sandsteinhauses in New York als »Bat-Höhle«. Hier bewahrt sie Perücken, Minikameras, Ferngläser und Nachtsichtgeräte, Rotkreuzuniform und Kampfstiefel auf. Gegen Honorar kleidet sich Schembri passend und kämmt dann die Cafés und Bars von 42nd Street und East Village nach einer drogenabhängigen Tochter durch, deckt einen Ehemann mit seiner Geliebten auf, erforscht, wofür eine Exfrau große Geldmengen aufwendet, lokalisiert gestohlene Waren. Sie bietet nahezu jede Dienstleistung an, die man von einem Privatdetektiv benötigen könnte.

Schembris klugen Kopf kann man mieten. Sie selbst ist davon überzeugt, dass Frauen in dem traditionellen Männerberuf eines Detektivs gute Arbeit verrichten. »Da Frauen weniger Kraft besaßen, mussten sie sich auf ihren Geist verlassen«, meint sie.[78]

Die Chancen stehen gut, dass auf Schembri und ihre Schnüfflerkolleginnen in den kommenden Jahren viel Arbeit zukommt. Dem Büro für Arbeitsstatistik zufolge gehört der Beruf des Privatdetektivs zu den 25 wachstumsstärksten Berufen der Vereinigten Staaten.[79]

Unter anderem wegen ihrer ausgezeichneten Fähigkeiten im Umgang mit Menschen dringen Frauen allmählich auch in die amerikanischen Polizeikräfte vor. Nur 13 Prozent aller Polizisten und Kriminalbeamten sind in den USA bislang weiblich.[80] In den Polizeidienststellen sind einige bedeutende Eigenschaften der weiblichen Corpsmitglieder nicht unbemerkt geblieben. So besitzen weibliche Polizeibeamte besonderes Geschick, Verbrecher dazu zu bewegen, in den Polizeiwagen zu steigen. Frauen unterlassen es, die Stimme zu heben, und ihr Schlagstock hängt unberührt am Gürtel. Sie treten vermittelnd auf und geraten im Vergleich zu Männern seltener in Konfrontationen. Weibliche Polizisten neigen dazu, Verdächtige durch ruhiges Zureden zu überzeugen, sich verhaften zu lassen, ohne gewalttätige Reaktionen herauszufordern.[81]

Polizistinnen erweisen sich zudem als überaus geschickt, wenn es darum geht, einem Verdächtigen ein Geständnis zu entlocken. Captain Margaret York und ihre Partnerin weisen die höchste Geständnisrate in der Mordabteilung der Polizei von Los Angeles auf. Über ihren Erfolg äußert sich York folgendermaßen: »Entweder man betrachtet uns als Mutterfigur, oder man hält uns für zu dumm, um die Information verwenden zu können«.[82] Besondere Anerkennung erhalten Polizistinnen für ihre außergewöhnlichen Erfolge bei der Arbeit mit Jugendlichen und bei Fällen von häuslicher Gewalt oder Vergewaltigung.[83]

Weibliche Rechtsanwälte setzen ihre natürlichen Fähigkeiten ebenfalls in ihrer Arbeit ein. Da sie generell ruhiger und einfühlsamer sind als ihre männlichen Kollegen, vergessen Zeugen mitunter, dass sie mit der gegnerischen Partei sprechen. In der Folge erhalten weibliche Vernehmer während der Zeugenbefragung mehr Informationen.[84]

Werbeagenturen, Steuerberatungskanzleien und Unternehmen der Sicherheitsindustrie anerkennen die besonderen Talente der Frauen im

Umgang mit Kunden.[85] 58 Prozent aller Public-Relations-Fachleute, 35 Prozent aller Werbefachleute und 52 Prozent aller Steuerberater und Buchhalter sind weiblich.[86]
Frauen ergreifen nun auch verstärkt den Beruf des Finanzberaters. Hardwick Simmons, Präsident und Vorstand von Prudential Securities, erklärt diesen Trend folgendermaßen: »Investoren bemühen sich mehr und mehr um eine Beziehung zu ihren Finanzberatern. Sie wünschen sich jemanden, dem sie vertrauen können und der ihnen zuhört. Ich weiß nicht, ob dies auf eine natürliche Veranlagung oder die Erziehung zurückzuführen ist, aber meiner Erfahrung nach besitzen Frauen im Vergleich zu Männern mehr Geschick für diese Art von Beziehungen.«[87]
Zumindest größtenteils ist es eine natürliche Veranlagung, Mr. Simmons. Aus diesem Grund werden Frauen auch von der anhaltenden Hochblüte persönlicher und professioneller Dienstleistungen profitieren.

Der Einzelhandel

»Eine Frau kauft immer etwas«, bemerkte Ovid im antiken Rom. Was dies betrifft, ist alles beim Alten geblieben. Heute sind Frauen jedoch nicht bloß Käufer, sondern auch Verkäufer – in bestimmten Bereichen. Männer verkaufen Fernseher, Autos und andere Geräte, und 85 Prozent der Verkäufe an Betriebe erfolgen über Männer. 77 Prozent aller Verkäufer im Bekleidungsbereich sind hingegen Frauen.

Der Einzelhandel erlebt einen Boom – insbesondere für Frauen. Während sich seit 1900 die Arbeitsplätze im Verkauf für Männer zumindest verfünffachten, erfolgte bei Frauen eine Steigerung auf das 13fache.[88] Heute entfallen auf amerikanische Frauen 65 Prozent aller Jobs in Einzelhandel und Dienstleistungsbereich und 75 Prozent aller Arbeitsstellen in Berufen, die mit Verkauf in Beziehung stehen.[89] Der Beruf des Verkäufers zählt zur Zeit in den USA zu den drei wachstumsstärksten.[90]

Auch in den europäischen Ländern und einigen Ländern Afrikas, Asiens und Lateinamerikas ist der Dienstleistungssektor und Einzelhandel vorwiegend in Frauenhand.[91]

Eine von Anthony Trollopes Figuren bezeichnete Frauen als »die erfolgreichsten Schwindler aller Zeiten«. Vielleicht dachte er an die unheimliche Fähigkeit der Frauen, die Gedanken eines anderen zu lesen, und dann das zu sagen, was diese Person gerne hören will. Wenn immer mehr Menschen in den USA und anderen Ländern immer mehr Kleider, Schmuck und Gott weiß, was noch alles, kaufen, werden sie zweifellos die kollektive weibliche Geldbörse kräftig füllen.

Kreative Freizeit

»Die Zukunft ist nicht mehr, was sie einmal war«, soll Yogi Berra erklärt haben. In der Vergangenheit freuten sich die Amerikaner darauf, ihre Freizeit mit Landschaft und einem Schläfchen am Strand zu füllen. Das hat sich geändert. Heute beabsichtigen viele, ihre wertvollen freien Stunden mit fantasievolleren Dingen zu verbringen. »Kreative Freizeit« erlebt einen Aufschwung.[92]

Die alte Bergbaustadt Bisbee in Arizona ersetzte ihre verlassenen Saloons durch 27 Kunstgalerien, drei Museen und ein Sommerkunstfestival. Die Zahl der amerikanischen Operngesellschaften hat sich seit 1975 von sechzig auf über einhundert gesteigert. Seit 1990 wurden 63 neue Museen für Kinder eröffnet. Kreative Sommerlager aller Art sprießen aus dem Boden. Das Camp *Start Up* bietet Mädchen im Alter von 13 bis 18 Jahren zwei Wochen Sommerferien mit einem Kurs über Karrieren in der Unternehmenswelt. Die Mädchen arbeiten Geschäftspräsentationen aus, nehmen an »Arbeitsessen« teil, entwerfen Visitenkarten und üben sich im Golf, der bedeutendsten Sportart der Unternehmenswelt. In einem zu Disney World in Orlando gehörigen Ferienhotel können die Gäste aus achtzig Kursen wählen, während ihre Kinder mit Mickymaus spielen.

Jerry Mallett, der Präsident der Adventure Travel Society, berichtet, dass »der weibliche Markt die Reiseindustrie antreibt«.[93] Dies ist meiner Ansicht nach kein Zufall, immerhin sind Lernen und Forschen »in«. 1996 gingen etwa fünf Millionen Amerikaner an Bord eines Kreuzfahrtschiffes. 1980 waren es noch 1,4 Millionen. Auch religiöse Pilgerfahrten liegen im Trend. Etwa 20 000 derartige Veranstaltungen finden sich im World Wide Web.[94] In Massen streben die Menschen in Themenparks, Megakirchen, die mit Vergnügungsparks kombiniert sind, Arbeitsfarmen und Ferienranches.

Dem Bericht der Travel Industry Association of America zufolge wendeten Urlauber in den USA im Jahr 1995 mehr als 416 Milliarden

Dollar auf. Damit sind sie nicht allein. Auch in anderen Überflussgesellschaften geben die Menschen große Geldmengen für Unterhaltung, Reisen und Restaurants aus.[95] Der Tourismus wird heute als größter Industriezweig der Welt betrachtet.[96] 1997 betrug der Gesamtwirtschaftswert aller Güter und Dienstleistungen, die mit Tourismus in Beziehung standen, 3,6 Trillionen Dollar. Dies entspricht zehn Prozent des globalen Bruttosozialprodukts.

Faktoren wie Großraumflugzeuge, geringe Transportkosten, die Öffnung der ehemals kommunistischen Länder, Reiseshows im Fernsehen und Geschäftsreisen, die Familienmitglieder einschließen, stimulieren den menschlichen Wandertrieb heute.

Wenn nun in den Industriegesellschaften Arbeitnehmer früher in den Ruhestand treten, länger leben und die Babyboom-Generation in die Fünfziger oder Sechziger kommt, werden noch mehr Menschen ihre Freizeit für Reisen, Unterhaltung und Ausbildung verwenden. Eine Weltreise muss man einfach gemacht haben. Als Folge wird der Beruf des Reisekaufmanns im Jahr 2005 zu den 25 wachstumsstärksten Berufsgruppen der Vereinigten Staaten zählen. Flugbegleiter werden nicht weit zurückliegen.[97] »Glücklich, wer ein Spiel zu spielen weiß«, schrieb Emerson. Die Welt ist am Üben. Deborah Luhrman von der World Tourism Organization erklärt, »das Reisen ist heute eines der grundlegenden Menschenrechte«.[98] Frauen werden sich an der Spitze all jener befinden, die sich auf den Weg machen. Viele andere Frauen werden jedoch Jobs in der Reise- und Unterhaltungsindustrie annehmen und von der Wanderlust profitieren.

Ein behagliches Zuhause

Frauen werden jedoch auch an den Menschen verdienen, die zu Hause bleiben. Martha Stewart, die Millionen Menschen anregt, ihre Pflanzen umzutopfen, Omeletts zu backen und ihre Wohnung für die Ferienzeit auf originelle Weise umzudekorieren, könnte als Vorbote in diesem Markt gelten. Viele andere Frauen haben sich ebenfalls für die Branche des »behaglichen Zuhauses« entschieden.

Feines Tafelleinen, Gläser, Badegels und hochwertige Baumwollstoffe sind die Materialien, mit denen die Menschen ihre Wohnumgebung neu gestalten. Der Verkauf von Artikeln, die der Verschönerung des

Heims dienen, stieg in den USA seit 1990 um dreißig Prozent.[99] Gartenarbeit liegt ebenso im Trend wie 15 000 Dollar teure Statuen und Zierteiche, die mit Goldfischen im Wert von 10 000 Dollar bestückt sind. Einer dieser Gentleman-Gärtner erklärte mir stolz, dass sein Preiskarpfen 25 cm lang sei!

In einem Zeitalter, in dem Kartoffeln in Plastiksäcken verpackt sind, Kuchen in Schachteln zum Verkauf stehen und Kleider plötzlich aus Katalogen auftauchen, sehnen sich die Menschen nach einer Verbindung zur Welt der Natur. Weibliche Unternehmer werden sich diesem Wunsch beugen.

Die amerikanischen Frauen sind nicht die einzigen, die von der steigenden Abhängigkeit von Dienstleistungen profitieren. In Russland, Polen und anderen osteuropäischen Ländern eröffnen Frauen ebenfalls eigene Unternehmen. Neben traditionellen Kleinbetrieben wie dem Verkauf von Gebäck und Einrichtungsgegenständen erzeugen sie auch Zeitschriften, Textilwaren, schließen sich zu Mediengesellschaften zusammen und leiten Sprachschulen und Trainingszentren für Buchhalter und Sekretärinnen.

Allmählich sind internationale Investmentgesellschaften bereit, diese von Frauen gegründeten Kleinunternehmen auf dem Dienstleistungssektor, im Einzelhandel und in der Unterhaltungsindustrie zu finanzieren.[100]

Kulturmakler

Über keinen anderen Einzeltrend spricht man in den heutigen Geschäftskreisen mehr als über die Globalisierung, die Ausweitung der Unternehmenstätigkeit und des Kapitalflusses in andere Länder. Die meisten Fachleute sind davon überzeugt, dass sich dieses tief verwurzelte, interkulturelle Phänomen über viele Jahrzehnte, wenn nicht Jahrhunderte unvermindert fortsetzen wird.

Wer wird all die notwendigen Brücken zu fremden Völkern in fremden Welten schlagen? Hier kommt der Kulturmakler zum Einsatz, ein Fachmann, der die Sprache und Bräuche jener Länder kennt, die auf Ihrer Geschäftsagenda oder Ihrem Urlaubsplan stehen.

Zu ihnen zählt meine Freundin Barbara Pillsbury, eine Anthropologin, die 13 Sprachen in Wort und Schrift beherrscht. Als Gründungsmitglied des Pacific Institute for Women's Health widmete sie sich in

Dutzenden Ländern speziellen Aufgaben für die U. S. Agency for International Development und andere Organisationen. Darüber hinaus ist sie auch auf heimischem Boden, in den USA, häufig als Kulturmaklerin tätig.

Pillsbury wurde zum Beispiel von einer Gruppe chinesischer Ärzte angestellt, die an zahlreichen medizinischen Fakultäten in ganz Nordamerika ihre weitere Ausbildung erhielten. Die chinesischen Ärzte wollten wissen, wie sie mit ihren amerikanischen Kollegen ein zwangloses Gespräch führen sollten, wie sie etwas ablehnen sollten, ohne feindselig zu wirken, wie sie sich bei beruflichen Zusammenkünften oder bei einer privaten Einladung in der Wohnung eines Amerikaners verhalten sollten und wie bestimmte amerikanische Redewendungen, Gesten und Tonfälle zu deuten sind.

Sorgfältig erklärte Pillsbury die amerikanischen Gewohnheiten, Einstellungen und Erwartungen. Sie führte auch praktische Übungen durch, simulierte Situationen, in die diese chinesischen Ärzte kommen könnten, und beriet sie in ihrem Verhalten.

Bringen Sie Ihre Frau mit, wenn Sie ein traditionsbewusster islamischer Mann in Beirut zu sich zum Abendessen einlädt? Wie reagieren Sie, wenn sich jemand in Tokio bis zur Hüfte vor Ihnen verneigt? Wie überreichen Sie in Namibia ein Geschenk? Da immer mehr Menschen beruflich mit Ausländern in Kontakt kommen und Geschäfts- oder Urlaubsreisen in die Türkei, nach Thailand oder Patagonien buchen, wird es immer wichtiger, mögliche Minenfelder in der täglichen Kommunikation auf unbekanntem Terrain zu umgehen.

Etwa sechzig Prozent aller Geschäfte zwischen amerikanischen und ausländischen Unternehmen scheitern. Arlene B. Isaacs, eine in New York beschäftigte Unternehmensberaterin sieht den Grund hierfür größtenteils in der ungenügenden Vorbereitung der Amerikaner auf lokale Traditionen, ehe sie in fremde Gefilde aufbrechen. Um auf dem globalen Markt erfolgreich zu sein, rät sie, zumindest zehn Prozent der Vorbereitungszeit zum Erlernen von Schlüsselphrasen wie »Guten Tag« oder »Auf Wiedersehen« aufzuwenden, und sich mit einigen Merkmalen, Künstlern, Schriftstellern und berühmten Persönlichkeiten des Landes vertraut zu machen.

Werden hohe Angestellte diese Zeit tatsächlich aufwenden? Die Klugen gewiss. Meiner Ansicht nach werden viele Trainer einstellen, die sie bei dieser Aufgabe unterstützen. Der Großteil dieser geschickten Kulturmakler wird weiblich sein.

Dank ihres Sprachtalents, ihrer Gabe, die Körpersprache und Gesichtsausdrücke eines Menschen zu lesen, und ihrer anderen sozialen Fähigkeiten werden sich Frauen in Gesellschaften auf der ganzen Welt auch als Dolmetscher auszeichnen.

Weibliche Rechtsanwälte

»Lasst uns erst einmal alle Rechtsanwälte töten«, ruft eine Figur in einem Theaterstück von Shakespeare.

Das ist nicht geschehen. In den USA gibt es zur Zeit etwa 864 000 Rechtsanwälte, wovon ein beträchtlicher Teil weiblich ist. 1960 waren 2,5 Prozent aller Rechtsanwälte Frauen, heute sind es etwa 26 Prozent. Etwa achtzig Prozent aller Rechtsreferenten und nahezu fünfzig Prozent aller Rechtsstudenten sind weiblich.[101] Der Oberste Gerichtshof der USA umfasst zwei weibliche Richter und der amerikanische Justizminister ist eine Frau.

Nicht viele Frauen haben die höchsten Ränge im juridischen Berufsstand erreicht. Etwa neunzig Prozent aller staatlichen und bundesstaatlichen Richter sind nach wie vor Männer. 1996 waren nur 13 Prozent aller Partner in den 1160 größten Rechtsanwaltskanzleien der USA Frauen.[102]

Viele Gründe führten dazu, dass Frauen die prestigeträchtigsten und höchstbezahlten Positionen im Rechtssystem nicht erreicht haben. Zunächst sind sie erst in jüngster Zeit in großer Zahl in diesen Beruf vorgedrungen. Soziologen zufolge sind die hochrangigen (männlichen) Partner von Rechtsanwaltskanzleien eher geneigt, einen Mann einer Frau als Partner vorzuziehen.[103] Cynthia Epstein vom CUNY Graduate Center in New York meint, dass diese Männer vor ihrem inneren Auge das Ideal eines Rechtsanwalts sehen, und das ist keine Frau.[104] Um für eine Partnerschaft in Frage zu kommen, müssen Frauen daher außerordentlichen Einsatz und herausragende Fähigkeiten beweisen.

Die Tatsache, dass weniger Frauen bereit sind, wertvolle Zeit für die Familie zu opfern, um einen aufreibenden Zeitplan einzuhalten und den Anforderungen gerecht zu werden, die dieser Beruf mit sich bringt, ist ein weiterer Faktor.[105] Junge weibliche Rechtsanwälte verpflichten sich ebenso stolz bei einflussreichen Rechtsanwaltskanzleien wie Männer. Nach einigen Jahren der Feuerprobe ziehen sich jedoch mehr Frauen als Männer zurück.[106] Um Frauen entgegenzukommen, bieten einige große Anwaltskanzleien in den USA heute Mutterschaftsurlaub, Teilzeitjobs und sogar Teilzeit-Partnerschaften an.[107] Ungeachtet dieser Maßnahmen verlassen nach wie vor mehr Frauen als Männer diese erlesenen Arbeitsplätze.

Um den Fortschritt der Frauen in jedem Sektor der Wirtschaft zu begreifen, muss man sich zunächst mit ihrem Wunsch auseinander setzen, Arbeit und Familie zu vereinbaren. Dieser Faktor wird auch im 21. Jahrhundert von entscheidender Bedeutung sein.

Frauen werden dessen ungeachtet auch im Rechtsbereich einen wichtigen Beitrag leisten und vor allem auf jenen Gebieten, auf denen Rechtsanwälte direkt mit einer Vielzahl von Personen in Kontakt kommen. In diesen Situationen muss man den eigenen Mandanten und den Gegner einschätzen, Geisteskraft mit Mitgefühl kombinieren, die gesammelten Daten in einem breiteren sozialen Zusammenhang abwägen und mit den Parteien diplomatisch verhandeln – und dies alles im Streben nach dem häufig zwiespältigen Gut der Gerechtigkeit. Alle Rechtsanwälte benötigen diese Fähigkeiten, die natürlichen sozialen Eigenschaften der Frauen sollten ihnen jedoch einen Vorteil verschaffen.

Zweifellos dringen Frauen in großer Zahl in das amerikanische Rechtssystem ein. Sie wählen allerdings häufig eine andere Laufbahn als Männer. Einige Frauen werden vorübergehend zu Rechtsanwälten, indem sie für eine bestimmte Aufgabe eingestellt werden. Andere wirken als hausinterne Rechtsberater in Unternehmen, in Nonprofit-Institutionen oder in Banken und Regierungsabteilungen. Wiederum andere unterrichten. Viele zieht es in kleinere Rechtsanwaltskanzleien, und manche gründen ihre eigene kleine Kanzlei.[108] Kurz gesagt, Frauen fühlen sich von jenen Positionen im Rechtsberuf angezogen, in denen Rang, Wettbewerb und Spezialisierung weniger wichtig sind und die Arbeit mit Menschen und das Denken im breiteren sozialen Kontext im Mittelpunkt stehen.[109]

Frauen und Männer streben nach unterschiedlichen Arten von Recht. Männliche Rechtsanwälte sind eher an Kapitalgewinn, Kauf und Verkauf von Immobilien, Fusionen und Übereignungen und anderen Bereichen des Wirtschaftsrechts interessiert. Diese Formen der Rechtsausübung bezeichnet der Dekan der juridischen Fakultät von Harvard, Robert C. Clark, als »Schmieren der Räder des Kapitalismus«.[110] Prozesse ziehen Männer ebenfalls stärker an. Im Gerichtssaal gibt es nur Sieg oder Niederlage – eine Situation, die mehr Männer als Frauen anspricht.[111]

Frauen sind grundsätzlich eher an einer Verbesserung der sozialen Bedingungen interessiert.[112] Daher fühlen sie sich vom Recht im Interesse der Allgemeinheit, dem Gesundheitsrecht, dem Bürgerrecht und dem Umweltrecht angezogen, die sich direkt auf das Wohl großer Gruppen von Menschen auswirken. Wie Sie vielleicht schon vermuten, haben Frauen auch mehr Interesse an Familienrecht, Stiftungs- und Eigentumsrecht und anderen Rechtsbereichen, wo sie in unmittelbarem Kontakt zu Menschen stehen und bei persönlichen Uneinigkeiten vermitteln.

Unsere streitlustigen Zeiten versprechen, diese weiblichen Rechtsanwälte mit einer Vielzahl an Fällen zu versorgen, die ihren Interessen entgegenkommen.

Rechtsstreitigkeiten

»Rechtsstreitigkeiten werden unsere neue Front«, schreibt Patrick Garry von der Rechtsfakultät der Columbia University.[113] Die hohe Scheidungsrate in den USA und das Aufkommen von Eheverträgen haben die Prozessflut zwischen ehemaligen Liebespaaren anschwellen lassen. Kinder verklagen ihre Eltern wegen ihrer persönlichen Rechte, Schüler ihre Lehrer wegen ihrer Noten, Arbeitnehmer ihre Mitarbeiter wegen sexueller Belästigung, Patienten ihre Ärzte wegen Kunstfehlern, Mieter ihre Vermieter wegen der Heizungs- oder Warmwasserkosten, Gefangene den Staat wegen der Verpflegung, und Arbeiter verklagen Unternehmen wegen Arbeitsverletzungen, Berufskrankheiten, Fahrlässigkeit oder Diskriminierung.

Dieses Phänomen wird aus gutem Grund *Mad plaintiff disease,* »verrückte Klägerkrankheit«, bezeichnet.[114] Jährlich werden in den USA dreißig Millionen Klagen bei den lokalen, staatlichen und bundesstaatlichen Gerichten eingebracht.[115] Der »Serienkläger« wurde zum neuen Modebegriff – ein Mensch, der eine Klage nach der anderen einreicht. Die »verrückte Klägerkrankheit« verbreitet sich allmählich auch auf andere Kulturkreise, da sich heute Männer und Frauen bei der Lösung von Problemen seltener auf traditionelle Bräuche und häufiger auf das moderne Rechtssystem verlassen.[116]

Die Prozesslawine in den Vereinigten Staaten führte zu neuen Verfahrensformen abseits des Gerichtshofes wie der Anrufung von Schlichtungs- und Vermittlungsstellen. Diese beiden Einrichtungen bieten Frauen die Gelegenheit, ihre außergewöhnlichen Fähigkeiten im Umgang mit Menschen zu nutzen.

Lösungen, die ausschließlich Sieger kennen

»Wir sind Zeugen der Geburt eines neuen Zweigs ziviler Gerechtigkeit«, meint Lewis Maltby von der American Civil Liberties Union.[117] Immer mehr Unternehmen, Handelsorganisationen sowie staatliche und lokale Regierungsstellen versuchen, den zeitlichen und finanziellen Aufwand eines Gerichtsprozesses zu vermeiden, und bieten für eine Vielzahl von Streitfällen innerhäusliche Schlichtungsstellen an.

Schlichtungsverfahren können von Fall zu Fall verschieden sein. Üblicherweise müssen die beiden Parteien jedoch vorab in der Wahl des Schiedsrichters oder der Schiedskommission übereinstimmen und sich verpflichten, den gefällten Spruch zu akzeptieren. Schiedsrichter müssen nicht notwendigerweise Rechtsanwälte sein, in der Praxis sind es jedoch viele. Allen gemeinsam ist, dass sie mit dem Streitgegenstand bestens vertraut sind. Wenn die Parteien eingewilligt haben, die Entscheidung anzunehmen, ist das Urteil des Schiedsrichters endgültig und rechtskräftig.

Verschiedene Industriezweige, einige Staaten und zahlreiche Nonprofit-Organisationen leiten Schlichtungsprogramme. Die beiden größten Organisationen sind die American Arbitration Association und der Council of Better Business Bureaus. Die Vertreter der American Arbitration Association berichten, dass Unternehmen aller Art ihre Dienste in Anspruch nehmen. Die Nachfrage nach Schlichtungseinrichtungen erlebt ein anhaltendes Hoch.[118] Die Vereinigung teilt zudem mit, dass die Anhörungsbeamten in diesen Schlichtungsverfahren in steigender Anzahl Frauen sind.

Eine Vermittlung ist im Gegensatz zu einer Schlichtung kein rechtlich bindender Verhandlungsprozess, in dem beide Parteien mithilfe eines unparteiischen, diplomatischen und geschulten Vermittlers eine Lösung aus ihrer Streitsituation suchen. Der Vermittler ist nicht autorisiert, eine Entscheidung zu fällen. Seine Aufgabe ist es, die Streitparteien zu Verhandlungen zu befähigen, sodass sie zu einem Kompromiss gelangen. Häufig ist der Vermittler eine Frau.

Dies überrascht mich nicht, da Frauen für diese Aufgabe mit einem bemerkenswerten evolutionären Erbe ausgestattet sind.

Das Erbe der Frauen als Vermittler

Weibliche Schimpansen sind wahre Experten, wenn es um Streitschlichtung geht. Im Zoo von Arnheim besitzen vor allem die älteren Weibchen eine besondere Fähigkeit als Vermittler. Wenn sich zwei junge Schimpansen zanken, tritt ein älteres Weibchen dazwischen und schwenkt brüllend die Arme. Bereits ihre Anwesenheit entmutigt unreife Unruhestifter.[119]

Die Weibchen greifen auch in Streitigkeiten zwischen erwachsenen Männchen vermittelnd ein, während Männchen eher dazu neigen, Partei zu ergreifen oder sich dem Kampf anzuschließen. Droht der Streit zu heftig zu werden, bricht der Anführer der Gemeinschaft üblicherweise die Auseinandersetzung ab. Nachdem sich die Streitparteien zurückgezogen haben, um sich schmollend zu putzen, beginnen die Weibchen, zwischen den Feinden zu vermitteln.[120]

Jedes Weibchen besitzt einen eigenen Vermittlungsstil. Ein Weibchen setzt sich zum Beispiel dicht neben eines der geschlagenen Männchen, putzt dessen Fell und fordert ihn auf, ihres zu putzen. Dann wendet sie ihm ihr Hinterteil zu. Er untersucht ihre Genitalien und folgt ihr, während sie sich langsam seinem Gegner nähert. Einige Augenblicke später lässt sie sich bei seinem Feind nieder und wiederholt das Ritual. Sie wechselt so oft hin und her, bis sich die beiden Kämpfer Seite an Seite wiederfinden. Mit einer sanften Ermunterung seitens der Vermittlerin wenden sie sich einander zu, küssen sich und putzen einander das Fell.

Andere weibliche Friedensstifter unter den Schimpansen ziehen einen Gegner an der Hand hinter sich her, bis er neben dem anderen Kampfhahn sitzt. Wieder andere stoßen den Sieger mit den Fingern in die Rippen, bis er sich auf das geschlagene Männchen zubewegt und Frieden schließt. Eine ältere Äffin ging sogar einmal auf ein Männchen zu, das eben einen Stein werfen wollte, und löste seine Finger von der Waffe. Als es daraufhin einen anderen Stein nahm, entwand sie ihm auch diesen. Sechsmal fand das Männchen einen neuen Wurfgegenstand, und sechsmal griff das Weibchen ein. Schließlich gab der Affe auf und setzte sich schmollend nieder.

Diese älteren Schimpansenweibchen sind ausgezeichnete Vermittler. Sie suchen im Streitfall nach Lösungen, die ausschließlich Sieger kennen. Oft erreichen sie eine Klärung, sodass die Harmonie in die Gemeinschaft zurückkehrt.

Die urzeitlichen Frauen, vor allem die älteren, wirkten zweifellos ebenfalls als Vermittlerinnen. Wenn die Frauen von heute ihre sprachlichen Fähigkeiten, ihr natürliches Talent im Umgang mit Menschen, ihre Gabe, mehrere Optionen anzuerkennen, und ihre kontextuelle Betrachtungsweise verwenden, werden sie diese lange weibliche Tradition fortsetzen und auch für viele Rechtsprobleme unserer Zeit Lösungen finden, die ausschließlich Sieger kennen.

Die »Verweiblichung« der Justiz

Wird der Zustrom von Frauen in viele Bereiche der Justiz langfristig bedeutende Folgen für das Rechtssystem mit sich bringen?

Für eine Antwort auf diese Frage ist es noch zu früh. Es gibt jedoch bereits Hinweise, wie die Zukunft möglicherweise aussehen könnte. Mehrere große juridische Fakultäten haben bereits neue Kurse zu Öffentlichkeits- und Umweltrecht in ihr Programm aufgenommen. Dies sind Gebiete, die besonders bei Frauen auf großes Interesse stoßen.[121] Einige Universitäten haben zudem ein System entwickelt, das die Arbeit von Studenten in Rechtshilfeinstituten für einkommensschwache Mandanten anerkennt.[122]

Wird sich unser Rechtskonzept verändern?

Verschiedenen Rechtsexperten zufolge besitzen männliche und weibliche Rechtsanwälte eine unterschiedliche Auffassung von Gerechtigkeit.[123] Rechtsanwältinnen betrachten angebliche oder verurteilte Kriminelle im breiteren Kontext ihrer ärmlichen Verhältnisse und ihrer ungenügenden Ausbildung. Rechtsanwälte sehen eher den engen Kontext des Verbrechens selbst und die Rechtsvorschriften der Gesellschaft.[124] Zudem konzentrieren sich Anwälte eher auf die Rechte und

Pflichten der autonomen Individuen, der atomistischen Einzelheiten, während Anwältinnen häufiger die Beziehungen zwischen Menschen und das soziale Umfeld berücksichtigen.[125]

Männliche und weibliche Rechtsanwälte unterscheiden sich darüber hinaus oft in ihrer Definition von Vergewaltigung, sexueller Belästigung und häuslicher Gewalt, genauso wie in ihren Ansichten zu Pornographie, Kindespflege, Abtreibung und elterlichen Rechten und Pflichten.[126] Ferner neigen Richterinnen im Gegensatz zu Richtern eher dazu, Klägern in Fällen von Rassen- oder Geschlechterdiskriminierung am Arbeitsmarkt Recht zu geben.[127]

»Jede neue Zeit schreibt ihre eigenen Gesetze«, erklärte der russische Schriftsteller Maxim Gorki. Die zunehmende Anwesenheit von Frauen wird keine abrupte Metamorphose im Rechtssystem bewirken. Die Veränderungen werden langsam und vorsichtig erfolgen.

Es steht zu erwarten, dass weibliche Anwälte und Richter Fälle in einem breiteren sozialen Zusammenhang untersuchen werden. Richterinnen werden auf subtile Weise viele Entscheidungen auf die mildernden Umstände des Einzelnen statt auf die strengen Vorschriften des Gesetzes gründen. Als Gesetzgeber könnten Rechtsanwältinnen Gesetze eines anderen Typs abfassen und unterstützen. Dies würde vor allem Gesetze im Bereich Gesundheit, Ausbildung, Umwelt und andere weit reichende soziale Themen betreffen. Auf diese Weise werden sich unsere Definition von Gerechtigkeit und unsere Rechtsprechung schrittweise verändern.

»Wir müssen nicht die Vergangenheit zurückgewinnen, sondern in der Zukunft siegen oder verlieren«, meinte Lyndon B. Johnson. Frauen werden siegen. Dank ihrer Gabe, die Gedanken anderer zu lesen, und ihrer ausgezeichneten sozialen Fähigkeiten werden viele gute Deals abschließen. Ihr Talent im Umgang mit Menschen könnte zu einer unschätzbaren Ware werden. Und während sie auf der ganzen Welt in vielen Bereichen des Dienstleistungssektors und anderen Berufen die Vorherrschaft erringen, werden sie das tägliche Leben von Millionen Menschen mit Behaglichkeit füllen und durch neue Anreize verändern.

KAPITEL 5

Die Erbinnen des Hippokrates
Frauen als Heilkundige

Sehen ist Glauben, aber Fühlen ist die Wahrheit.

THOMAS FULLER

»Die Gesundheit ist das höchste Gut«, schrieb Ralph Waldo Emerson. Die Gabe des Heilens ist vielen Frauen zuteil geworden. Im Verlauf unserer gesamten aufgezeichneten Geschichte kochten Frauen Tee, bereiteten Tränke zu, legten Breiumschläge auf, schienten Knochen, massierten Muskeln, reinigten Schnittwunden, verabreichten beruhigende und anregende Mittel und schrieben spezielle Diäten vor. Mit ihrem Wissen aus der Welt der Natur heilten sie Freunde und Verwandte.

Die Fähigkeit der Frauen zu heilen wurde in der westlichen Gesellschaft lange Zeit übersehen oder herabgesetzt. Heute entwickeln sich Frauen jedoch in nahezu allen Sektoren der Medizin zu einer bedeutenden Macht. Sie bringen gewaltige angeborene Vorzüge für diese Berufe mit, wie etwa eine natürliche emotionale Ausdrucksfähigkeit, Mitgefühl, die Neigung zum Pflegen und Versorgen, Geduld und die besondere physische Fähigkeit, mit kleinen Geräten wie einem Skalpell umzugehen.

Verschiedene Trends in der Medizin werden bewirken, dass zunehmend mehr Frauen mit immer größerer Wirkung dort arbeiten. Eine wachsende Anzahl von Patienten versucht, hoch technologisierte Behandlungen zu vermeiden. Sie sehnen sich nach den altmodischen, praktischen Heilmethoden von Fachleuten, die ihnen einfühlsam zuhören – eine der ursprünglichsten weiblichen Fähigkeiten. Eine zunehmende Zahl von Menschen wünscht außerdem, die konventionellen westlichen Behandlungsmethoden mit Präventivmedizin und alternativen Kuren zu ergänzen. Dies sind wiederum Fachbereiche der Medizin, in denen Frauen seit langem überrepräsentiert sind. Die steigende Lebenserwartung stimuliert darüber hinaus die Ausweitung von medizinischen Einrichtungen wie »begleitetem Wohnen« bis zu Gesundheitszentren für Personen mittleren Alters. Auch diese Einrichtungen werden die sozialen Fähigkeiten der Frauen und ihre praktische Pflege benötigen.

Männer haben in der Vergangenheit einen großen Beitrag zu sämtlichen Berufszweigen der Medizin geleistet und werden dies gewiss auch in Zukunft tun. Sie entwarfen und benutzen heute den überwiegenden Teil der für die Heilung schwerst kranker Patienten notwendigen Geräte, errichteten und leiten viele Krankenhäuser und haben Millionen Menschen vor Schmerz und Leid bewahrt.

Frauen bereichern den Heilberuf jedoch um eine neue Einstellung. Sie verbringen mehr Zeit mit den Patienten, arbeiten im Vergleich zu Männern häufiger mit anderen Fachleuten zusammen, behandeln eher den ganzen Patienten als nur die Krankheitssymptome und sind eher bereit, die traditionellen westlichen Methoden der Medizin mit alternativen oder »ergänzenden« Behandlungsweisen zu mischen.

Ich behaupte, dass Frauen mit ihrem Einzug in medizinische Berufe unsere westlichen Heilungskonzepte und -verfahren bedeutend bereichern werden.

Frauen als Heilkundige in traditionellen Gesellschaften

In gewissem Sinn erobern sich die Frauen im Westen eine Rolle zurück, die sie in traditionsbewussteren Gesellschaften nie verloren haben.

In diesen Kulturen gibt es mehr männliche Schamanen, die mithilfe der Magie und ihrer Kontakte zu den spirituellen Reichen heilen. Frauen sind hingegen die praktischen Heilkundigen für die alltäglichen Leiden des Fleisches. Zum Beispiel behandeln bei den Saraguro-Indianern der südlichen Hochebene von Ecuador die Mütter etwa 86 Prozent aller Familienleiden.[1] Im Alter von zwölf Jahren beginnen die Mädchen, Symptome zu diagnostizieren, ihren Müttern bei der Zubereitung von Heilmitteln zu helfen und Kuren anzuwenden. Die Jungen der Saraguros besitzen nahezu keine Heilkenntnisse.

Während sich im modernen Taiwan das Leben in vielen Bereichen verwestlichte, ist in anderen Bereichen alles beim Alten geblieben;

93 Prozent aller Krankheiten werden zunächst zu Hause – von den Frauen – behandelt.[2] Anthropologen erkannten, dass in traditionellen Gesellschaften Mütter und Großmütter häufig als Diagnostiker und Heilkundige wirken und auf diese Weise eine bedeutende Rolle für das körperliche Wohl spielen. Kranke wenden sich erst dann an professionelle Mediziner, wenn sie ihr Leiden nicht selbst heilen können oder zu Hause keine Linderung finden.[3]

In vielen traditionellen Gesellschaften herrscht sogar der Glaube, dass Frauen von Natur aus mit der Gabe des Heilens versehen seien. Die Singhalesen Sri Lankas behaupten, Frauen wären gute Heiler, weil sie regelmäßig mit *athquniya*, »der Berührung«, bedacht würden.[4] Auf Jamaika tragen männliche Schamanen mitunter Frauenkleider, um sich die mitfühlende und heilende Aura der Frauen anzueignen.[5] In vergangenen Jahrhunderten sprach man auch Frauen in europäischen Gesellschaften natürliche Heilkräfte zu, wenn auch einige unglücklicherweise als gefährliche Hexen betrachtet wurden.

Im 19. Jahrhundert rühmte man die weibliche Gabe zu heilen im Westen für kurze Zeit weithin. Mitte dieses Jahrhunderts wurde die Engländerin Florence Nightingale im erbarmungslosen Krimkrieg zwischen Russland auf der einen und dem Osmanischen Reich, Frankreich und England auf der anderen Seite zur Legende. Lytton Strachey schrieb in seinem Werk *Eminent Victorians* über Nightingale: »Ihr Mitgefühl linderte den Schmerz der Sterbenden und beschenkte die noch Lebenden mit einem Hauch des vergessenen Charmes des Lebens ... Die Männer vergötterten sie und küssten ihren Schatten, wenn sie vorüberging.«[6]

Clara Barton gelangte während des amerikanischen Bürgerkriegs zu ähnlichem Ruhm. Sie organisierte das Krankenpflegecorps der Armee der Union und erwarb sich den Spitznamen »Engel des Schlachtfelds«.

Einige Zeit lang lagen die Vereinigten Staaten bei der Ausbildung weiblicher Ärzte an der Spitze.[7] Als in den siebziger Jahren des 19. Jahrhunderts unzählige Männer und Frauen in die anwachsenden Städte der USA zogen, steigerte sich der Bedarf an professionellen medizinischen Einrichtungen, und immer mehr medizinische Fakultäten erklärten sich bereit, Frauen aufzunehmen und auszubilden.

In der ersten Hälfte des 20. Jahrhunderts nahm die Bedeutung der Frauen in der Medizin ab, da viele medizinische Institutionen, die

Frauen zuließen, wegen Geldmangels ihre Tore schließen mussten.[8] Verschiedene Colleges für Frauen wurden ebenfalls geschlossen, und die neuen Vorschriften gegen Vetternwirtschaft verhinderten, dass Frauen ihren Ehemännern in die aufkommenden koedukativen Colleges und Universitäten folgten.

Nach dem Zweiten Weltkrieg wurde es selbst unter gebildeten Frauen Mode, zu Hause zu bleiben und Kinder zu gebären. Kaum eine amerikanische Frau strebte nach einer Karriere in der Medizin. Als Folge lag der Prozentsatz weiblicher Ärzte 1950 unter dem von 1900. In den darauf folgenden Jahrzehnten wirkten sich die Frauenbewegung, Quoten und die Entschlossenheit von Millionen Frauen stark auf die akademischen Einrichtungen aus.[9] Die Tore öffneten sich wieder, und Frauen strömten in die Colleges und Universitäten – und in verschiedene medizinische Berufe.

Immer mehr Frauen in der Medizin

Sie sind gekommen, um zu bleiben. 1995 waren in den USA 95 Prozent der registrierten Krankenpfleger und lizenzierten Hilfsschwestern Frauen.[10] Mitte der neunziger Jahre betrug der Frauenanteil bei den Sprachtherapeuten, den Beschäftigungstherapeuten und den Diätassistenten mehr als neunzig Prozent.[11] Mehr als 99 Prozent aller Zahnhygieniker sind weiblich, ebenso wie 75 Prozent der Physiotherapeuten. Der Anteil an weiblichen Pharmazeuten stieg von 23 Prozent im Jahr 1980 auf etwa 36 Prozent und der der Gesundheitsdiagnostiker von zwölf Prozent im Jahr 1980 auf 32 Prozent.[12] Frauen stellten auch 79 Prozent der häuslichen Gesundheitspflege bereit.[13]

In den lukrativeren und prestigeträchtigeren medizinischen Bereichen erleben Frauen ebenfalls einen Aufschwung. 1960 waren weniger als ein Prozent aller Zahnärzte weiblich. Bis 1990 erhöhte sich ihre Zahl auf 15,4 Prozent. 1995 waren 37 Prozent aller Zahnmedizinstudenten Frauen.[14] Der Anteil der weiblichen Optometristen stieg von acht Prozent im Jahr 1980 auf 14 Prozent im Jahr 1990. Als besonders bemerkenswert muss hervorgehoben werden, dass 1960 nur 5,5 Prozent der amerikanischen Ärzte weiblich waren, sich diese Zahl zwischen 1970 und 1990 jedoch um 310 Prozent steigerte: 1990 waren 25,5 Prozent aller amerikanischen Ärzte Frauen, und Mitte der neunziger

Jahre betrug der Anteil der weiblichen Medizinstudenten nahezu 45 Prozent.[15]

Frauen gewinnen in vielen Bereichen der Medizin unaufhaltsam und in bedeutendem Ausmaß an Boden – und kehren damit in einen Berufszweig zurück, den sie vermutlich vor Millionen Jahren ausübten. Sie bringen zahlreiche natürliche Begabungen ein, wie etwa die großartige Fähigkeit, Mitgefühl auszudrücken.

Die emotionale Ausdrucksfähigkeit der Frauen

Emotionen sind der Schmelzofen des Gehirns.

Angetrieben von chemischen Substanzen, fühlen sich die Menschen angeregt, ein ertrinkendes Kind zu retten, einander ihre Liebe zu erklären oder die Zufriedenheit über eine ausgezeichnete Arbeit zu genießen. Wut, Stolz, Frömmigkeit, Neid, Patriotismus, Kummer und Jubel sind mächtige Gefühle und mitunter überwältigende Flutwellen, die durch das Gehirn branden und jeden Gedanken durchtränken. Sie bilden eine endlose Aufeinanderfolge von Ebbe und Flut. Und genauso, wie man den zahlenmäßig begrenzten Tasten eines Klaviers unendliche Melodien entlocken kann, lassen sich die chemischen Grundsubstanzen, die die Gefühle hervorrufen, zu unzähligen Kombinationen vermischen, sodass subtile Variationen von Trauer, Abscheu, Ekel, Angst, Sorge oder Freude entstehen.

Männer wie Frauen fühlen eine unglaubliche Vielzahl von Emotionen, und sie fühlen sie mit durchdringender Intensität und beharrlicher Regelmäßigkeit. Die Fähigkeit, diese Emotionen auszudrücken, ist jedoch eine besondere Eigenheit der Frauen.

Die weibliche Emotionalität ist ein weltweites Phänomen. Die Meinungsforscher von Gallup befragten Menschen in 22 Gesellschaften, welches Geschlecht emotionaler wäre. Ihre Schlussfolgerung lautet: »Bei keiner anderen Eigenschaft herrscht auf der ganzen Welt größere Einigkeit, als dass dieses Merkmal auf Frauen stärker zutrifft als auf Männer.«[16] 88 Prozent der Amerikaner halten Frauen für emotionaler als Männer, bei den Franzosen sind 79 Prozent dieser Meinung, bei den Japanern 74 und bei den Chinesen 72.

Männer drücken überwältigende Gefühle immer aus, doch sie tun es weniger direkt und offen als Frauen. Wenn sie deprimiert sind, neigen sie eher dazu zu scherzen, zu trinken oder einfach in Stillschweigen zu verfallen. Frauen ziehen es vor, über ihre Ängste, ihre Sorgen oder ihren Kummer zu sprechen.[17] Psychologische Studien belegen, dass Männer ihre Empfindungen »verinnerlichen«: Sie behalten sie für sich.[18] Männer besitzen eine geradezu bemerkenswerte Fähigkeit, ihre Gefühle zu beherrschen, die ich als emotionale Zurückhaltung bezeichne.

Die emotionale Zurückhaltung der Männer

Die emotionale Zurückhaltung der Männer könnte teilweise auf die Kindererziehung zurückzuführen sein. Amerikanische Mütter verwenden beispielsweise weniger emotionale Worte, wenn sie ihren kleinen Jungen eine Geschichte erzählen. Im Spiel mit ihren Söhnen drücken sie ebenfalls eine geringere Palette an Gefühlen aus. Überdies vermeiden sie es, über komplexe Gefühle zu sprechen, und ziehen es vor, diese Empfindungen mit ihren Töchtern zu erörtern.[19]

Verschiedene Faktoren lassen den Schluss zu, dass die männliche emotionale Zurückhaltung zudem in ihrer Biologie wurzelt. Ungeachtet der Tatsache, dass Mütter ihre Söhne und Töchter anders behandeln, können kleine Jungen ihre Gefühle nicht besser kontrollieren als Mädchen. Im Alter von zehn Jahren drücken zum Beispiel beide Geschlechter dieselbe Menge an Wut aus. Während Jungen heranwachsen, steigt ihr Gehalt an Testosteron, und sie lernen, Gefühle wie Verletzbarkeit, Schwäche und Traurigkeit zu verbergen. Jungen versuchen, Trauer, Kummer, Angst, Einsamkeit, Schuld und Schmerzen nicht mehr zum Ausdruck zu bringen.[20] Sie tarnen diese Empfindungen durch Schweigen.

Selbst wenn sie aufgefordert werden, weigern sich Jungen häufig, über ihre Gefühle zu sprechen. Sie werden zu Meistern des Scherzens und all jener scheinbar spontanen Bemerkungen, die Jungen und Männer verwenden, um ihre Emotionen zu überdecken.[21] Einige verdrängen diese Gefühle sogar in ihr Unterbewusstsein, sodass sie nicht wirklich wissen, was sie empfinden.[22]

Mit zunehmendem Alter beginnen junge Männer, Gespräche über Gefühle zu vermeiden. Bei Ehestreits ziehen sich Männer zum Beispiel eher vor verbalen Auseinandersetzungen zurück, fliehen in stürmisches Schweigen und blocken jeden Versuch ihrer Ehefrauen ab, ein Gespräch über Emotionen zu führen.[23] Anhand der Aufnahmen von hunderten Ehestreits entdeckte der Psychologe John Gottman von der University of Washington, dass die Abblocktaktik zu 85 Prozent von Männern angewendet wird.

Diese männliche emotionale Zurückhaltung tritt offenbar in vielen Kulturen auf. Bei einer Umfrage unter Frauen in den USA, Finnland, Norwegen und Schweden beklagten sich alle gleichermaßen über die »emotionale Verkümmerung« der Männer.[24] Selbst in Indien, China und Japan – in Gesellschaften, in denen kleine Jungen traditionellerweise mehr Aufmerksamkeit und Vorrechte genießen als kleine Mädchen – drücken Männer ihre Gefühle nicht so häufig aus wie Frauen.[25]

Die biologische Grundlage
für die emotionale Zurückhaltung der Männer

Gottman und sein Kollege Robert Levenson bieten eine faszinierende Erklärung für die männliche Zurückhaltung im Bereich von Gefühlen, und insbesondere von negativen Empfindungen.[26]

Sie verweisen darauf, dass negative Emotionen wie Angst, Eifersucht und Wut das vegetative Nervensystem aktivieren oder mit diesem gemeinsam agieren. Dieses Körpersystem steuert den Herzschlag und regt den Körper zum Kampf oder zur Flucht an. Bei Männern wird dieses körpereigene Erregungssystem bereits bei einem niedrigeren Grad von negativen Gefühlen ausgelöst. Ist es einmal ausgelöst, erholen sich Männer zudem langsamer als Frauen von den körperlichen Symptomen.[27]

Ein chronischer Erregungszustand des vegetativen Nervensystems ist für beide Geschlechter schädlich. Die beiden Psychologen stellten daher die Hypothese auf, dass sich Männer unbewusst Konflikten, insbesondere Auseinandersetzungen in der Ehe, entziehen, um die schädlichen Auswirkungen dieser körperlichen Stimulation zu vermeiden. Männer gehen emotionellen Reaktionen also aus dem Weg, um ihre Gesundheit zu wahren.[28]

Ich vermute jedoch, dass auch geschlechterspezifische Unterschiede im Gehirn eine Rolle spielen. Um meiner Argumentation folgen zu können, ist es notwendig zu wissen, wie das Gehirn den Denkprozess mit Gefühlen verbindet.

Das Denken und die Umwandlung der Gefühle erfolgt – wie bereits im vorhergehenden Kapitel erörtert – beim Menschen im präfrontalen

Kortex. Hier verarbeiten wir Emotionen, mäßigen Empfindungen, integrieren Gefühle in unsere Ideen und regulieren den Grad unserer emotionellen Erregung. Mithilfe des präfrontalen Kortex hegen wir beispielsweise kleinlichen Neid auf unsere Freunde oder wandeln diese Gefühle in Freude über ihr Glück um.

In der Kopfmitte unterhalb des präfrontalen Kortex befindet sich eine strukturierte Gruppe, in der wir grundlegende emotionale Reaktionen wie Angst, Wut, Abscheu, Freude, Trauer und leidenschaftliche Liebe registrieren, erzeugen und aktivieren. Diese Gehirnregionen werden in ihrer Gesamtheit als limbisches System bezeichnet, ein Begriff, der langsam aus der Mode kommt, da die Wissenschaftler immer mehr jener Bereiche genau isolieren, die an der Erzeugung von Emotionen teilhaben.[29] Alle stimmen darin überein, dass dem Nucleus amygdalae (Mandelkern), dieser tief in beiden Gehirnhälften angesiedelten mandelförmigen Region, große Bedeutung bei der Erzeugung von Gefühlen zukommt.[30]

Verbindungen zwischen präfrontalem Kortex und Nucleus amygdalae könnten bei der emotionalen Zurückhaltung der Männer eine Rolle spielen. Wie es funktioniert, wird im Folgenden erklärt.

Körperschleifen

Spezifische Neuronenkreisläufe verbinden den Mandelkern mit dem präfrontalen Kortex und anderen Bereichen des Gehirns.[31] Das Herz, der Magen, die Muskeln und praktisch alle körperlichen Organe sind mit dem Mandelkern, dem präfrontalen Kortex und anderen Gehirnregionen verknüpft.[32] Verschiedene dieser Körperschleifen widmen sich ausdrücklich der Integration von Denken und Fühlen. Aus diesem Grund könnten Sie Herzklopfen bekommen oder »Schmetterlinge« im Bauch spüren, sobald Sie an einen geliebten Menschen denken.[33]

Bei Menschen mit Gehirnschäden in einem bestimmten Bereich des präfrontalen Kortex sind die Schleifen durchbrochen. Diese Patienten sind imstande, völlig rational zu denken – ihr Fühlen ist jedoch nahezu vollständig blockiert.[34]

Eliot, ein Patient des Neurologen Antonio Damasio von der medizinischen Fakultät der University of Iowa, gehört zu dieser Personengruppe. Ihm wurde ein Tumor in der Region des präfrontalen Kortex entfernt. Während der Operation entfernten die Chirurgen auch umliegendes Gehirngewebe, das beschädigt worden war. Eliot erholte sich, aber er war nicht mehr er selbst. Sein Verstand war klar, er war freundlich und sogar charmant und konnte sich an verschiedenste Namen und Daten erinnern. Allerdings war es ihm unmöglich, einfachste Entscheidungen zu treffen oder Plänen zu folgen. Und er ließ weder Trauer, noch Freude, Enttäuschung, Groll oder Sorge erkennen und brach nur in den seltensten Fällen in einen kurzen Wutanfall aus. Da im Gehirn eine bedeutende Verbindung zwischen Denken und Fühlen durchtrennt worden war, war Eliot zwar imstande zu denken, aber nicht zu fühlen.[35]

Die Theorie lautet folgendermaßen: Möglicherweise sind diese Emotionsschleifen, die die Gehirnbereiche für Denken und Fühlen verbinden, bei beiden Geschlechtern unterschiedlich ausgebildet, sodass es den meisten Männern im Vergleich zu den meisten Frauen leichter fällt, ihre Empfindungen zurückzuhalten.

Verwandte Aspekte der Gehirnarchitektur könnten ebenfalls zur männlichen Zurückhaltung und sogar Unterdrückung von Gefühlen beitragen. Wie Sie wissen, widmen sich die beiden Gehirnhälften spezifischen Aufgaben. Zum Beispiel ist die Fähigkeit, negative Emotionen zu blockieren oder zurückzuhalten, vorwiegend auf die linke stirnseitige Gehirnrinde beschränkt.[36] Diese Gehirnregion könnte bei den beiden Geschlechtern geringfügig verschiedenartig gestaltet sein, sodass Männer ihre Trauer und Verzweiflung besser zurückhalten können.

Wie in Kapitel 1 besprochen, sind die beiden Hemisphären bei Männern zudem weniger stark integriert, d. h. weniger intensiv miteinander verbunden. Im Zuge einer Studie wurden Männer und Frauen zum Beispiel aufgefordert, an etwas Trauriges zu denken, während sie in einen Gehirnscanner eingefahren wurden. Bei den Frauen zeigte der präfrontale Kortex beider Hemisphären Aktivität, während bei den Männern vorwiegend die linke Hemisphäre tätig war.[37] Diese Unterteilung des männlichen Gehirns könnte bei Männern ebenfalls zu der Entkoppelung ihrer Gefühle zu sich selbst beitragen.

Emotionale Überflutung

Wenn Männer allerdings mit ihren Empfindungen in Kontakt kommen, speziell wenn es sich um mächtige Gefühle wie Angst, Wut, Traurigkeit oder Sorge handelt, geraten sie im Vergleich zu Frauen leichter in Gefahr, von diesen Emotionen überspült zu werden. Gottman bezeichnet diesen Zustand als »emotionale Überflutung«.[38]

Das Herz pocht heftig, die Muskeln sind angespannt, Schweiß tritt auf, der Blutdruck steigt, die Atmung wird tiefer, und Adrenalin und Stresshormone durchströmen den Körper. Einige »überflutete« Personen fallen in primitive Reaktionen zurück. Sie ballen zum Beispiel die Fäuste oder weinen. Wenn Männer wütend sind, wird die emotionale Überflutung überdeutlich. Wie wir in den Kapiteln 6 und 9 erfahren werden, ist bei Männern die Wahrscheinlichkeit größer, dass sie von ihrer Wut überwältigt werden.

Die männliche Neigung zur emotionalen Überflutung könnte mit ihrer Tendenz zu emotionaler Zurückhaltung in Zusammenhang stehen. Männer besitzen weniger Neuronenbahnen, die verschiedene Gehirnregionen miteinander verbinden. Möglicherweise sind sie in geringerem Maß imstande, ihre Gefühle so schnell und effektiv wie Frauen zu integrieren oder sich von ihnen zu lösen.

Letztendlich wird es den Wissenschaftlern gelingen, die neurologische Grundlage für die emotionale Zurückhaltung von Männern und ihre Anfälligkeit für emotionale Überflutung zu entdecken. In der Zwischenzeit fällt es uns nicht schwer, uns vorzustellen, warum Männer diese Eigenschaften entwickelt haben könnten.

»Das Glück des Mannes liegt in der Überwindung seiner Leidenschaften«, schrieb Tennyson. Dies traf vermutlich in besonderem Maß auf die Urzeit zu. Für einen prähistorischen Jäger wäre es nachteilig gewesen, wenn er vor den gelben Augen eines Leoparden vor Angst erstarrt wäre, beim tödlichen Stich in die Kehle eines Gazellenjungen von Mitleid überwältigt, oder während eines Überfalls auf ein feindliches Lager von Erbarmen übermannt worden wäre. Urzeitliche Jäger, die ihre Emotionen zurückhalten und sogar unterdrücken konnten, müssen in unverhältnismäßig großer Zahl überlebt haben.

Der Psychologe Howard Gardner von der Harvard University meint, dass der Mensch verschiedene Arten von Intelligenz besitzt. Zu ihnen zählen die »interpersonale Intelligenz«, die Fähigkeit, die Stimmungen anderer zu verstehen, und die »intrapersonale Intelligenz«, das Wissen um die eigenen Gefühle.[39] Möglicherweise sind Männer weniger gut ausgestattet, um mit ihren Emotionen in Kontakt zu treten.

Emotionale Zurückhaltung könnte in verschiedenen medizinischen Situationen ein Vorzug sein, wie etwa, wenn ein Arzt einem Patienten eine extrem schlechte Nachricht mitteilen muss. Patienten suchen jedoch in den meisten Arztpraxen, Unfallstationen der Krankenhäuser, Rehabilitationszentren und Behandlungsräumen der Physiotherapeuten Mediziner, die einerseits Mitgefühl ausdrücken und andererseits in Stunden der Not Befehle erteilen können.

Das weibliche Einfühlungsvermögen

Dichter, Dramatiker und Philosophen haben sich in endlosen Passagen – und oftmals mit einem Hauch von Verachtung – über die weibliche Emotionalität ausgelassen. Diese Verachtung lebt nach wie vor weiter. Eine 1995 über das Prodigy-Computernetzwerk unter 14 070 Amerikanern durchgeführte Umfrage ergab, dass 65 Prozent aller befragten Männer Frauen für zu emotional halten.[40]

Häufig bin ich derselben Ansicht. Wie viele andere Frauen lasse ich mich von Theaterstücken, Opern, Filmen, Paraden, kirchlichen Zeremonien und ergreifenden menschlichen Augenblicken leicht bewegen. Irgendetwas geschieht in meinem Gehirn, und obwohl ich mich lächerlich fühle, beginne ich zu weinen. Die Gefühle der Frauen quellen oft zu ungünstiger Zeit über. Dennoch glaube ich, dass die emotionale Ausdrucksfähigkeit von Frauen ein Nebenprodukt natürlicher Auslese für eine der bewundernswertesten Eigenschaften der Menschheit ist, die Empathie. Sie befähigt uns, die Gefühle anderer stellvertretend zu erleben.

Bei Hunderten von Tests zu Empathie, emotionaler Reaktionsfähigkeit, Pflegebereitschaft und Zuneigung erreichten Mädchen und Frauen – vom Kleinkindalter bis ins hohe Alter – höhere Werte als Jungen und Männer.[41] Kleine Mädchen umarmen und liebkosen Puppen und drücken ihre Zuneigung zu diesen menschlichen Nachbildungen aus. Mädchen gehen beim Spiel mit ihren Spielgefährten ebenfalls wesentlich sorgsamer um als Jungen. Die Psychologinnen Eleanor Maccoby und Carol Nagy Jacklin berichten, dass »Frauen auf der ganzen Welt und im Verlauf der gesamten Menschheitsgeschichte als das fürsorglichere Geschlecht betrachtet werden und daher bei ihnen im Vergleich zu Männern die Wahrscheinlichkeit höher ist, dass sie Aufgaben erfüllen, die mit der intensiven Pflege und Fürsorge von Kindern, Kranken und Schwachen in Zusammenhang stehen«[42].

Freud unterstellte Frauen eine solche Selbstaufopferung, dass er sie als »moralische Masochisten« bezeichnete. Selbst Darwin, der unbeirrt an seiner Ansicht festhielt, dass Männer mutiger und intelligenter seien als Frauen, stimmte darin überein, dass Frauen einfühlsamer sind. 1871 schrieb er, dass sich Frauen von Männern »hauptsächlich in ihrer größeren Empfindsamkeit und in ihrem geringeren Egoismus« unterschieden.[43]

Heute verstehen die Wissenschaftler allmählich, welche biologischen Faktoren der emotionalen Ausdrucksfähigkeit und Empathie von Frauen zugrunde liegen.

1996 schlossen der Psychiater Mark George vom National Institute of Mental Health und seine Kollegen zehn Männer und zehn Frauen an einen Gehirnscanner an und forderten sie auf, an traurige Ereignisse zu denken, wie den Tod eines geliebten Menschen, die Trennung von einem Geliebten, Krankheiten oder Enttäuschungen im Beruf. Während sich die Testpersonen bittere Erfahrungen aus ihrer Vergangenheit und Gegenwart in Erinnerung riefen, zeichnete George die Aktivität ihrer Gefühls- und Denkzentren im Gehirn auf.

Die Ergebnisse boten eine Überraschung: Während trauriger Gedanken verzeichnete das weibliche Gehirn eine achtmal höhere Aktivität als das männliche.[44] George schloss daraus, dass »Frauen eine tiefere Traurigkeit zu empfinden scheinen als Männer«.[45]

Wie die Neurowissenschaftler Arne Ohman, John Morris und Ray Dolan entdeckten, weist das weibliche Gehirn vermutlich eine höhere Aktivität auf, da es über bessere Verbindungen verfügt.[46] Die Forscher führten daraufhin Testpersonen in den Scanner ein und zeigten ihnen Dias von verärgerten Gesichtern. Sobald die Testpersonen diese wütenden Gesichtsausdrücke sahen und erkannten, aktivierte sich ihr linker Mandelkern. Wurden ihnen die Bilder jedoch so schnell gezeigt, dass sie sie nicht bewusst wahrnehmen konnten, reagierte stattdessen der rechte Mandelkern. Daraus schlossen die Wissenschaftler, dass der rechte Mandelkern Emotionen des Unterbewusstseins registriert und auslöst, während der linke aktiver ist, wenn das Gehirn diese emotionalen Reaktionen empfängt und sie in bewusste Gefühle umwandelt.[47]

Entscheidend hierbei ist, dass der Mandelkern der rechten Gehirnhälfte nicht in direkter Verbindung zu dem der linken steht. Es gibt zwar Wechselwirkungen, aber die Übertragungsleitungen sind kompliziert aufgebaut. Dank ihres stärker integrierten Gehirns besitzen Frauen vermutlich eine bessere Kommunikation zwischen dem linken und dem rechten Mandelkern, die in einem leichteren Zugang zu ihren unbewussten Gefühlen zum Ausdruck kommt.

Winterdepression und Frühlingsgefühle

Mark George teilt mit zahlreichen Psychologen die Ansicht, dass Frauen ihre Emotionen tiefer empfinden als Männer.[48] Ich habe mich bisher noch nicht entschlossen, ob ich dieser Meinung zustimme. Das weibliche Gehirn wird aktiver, wenn Frauen an etwas Trauriges denken. Bedeutet eine erhöhte vernetzte Gehirnaktivität gleichzeitig, dass auch die Emotionen tiefer und komplexer empfunden werden? Eine Antwort darauf lässt sich nur schwer finden. Ich bezweifle jedoch nicht, dass Frauen häufiger von ihren Emotionen beeinträchtigt werden. Viele Studien bestätigen beispielsweise, dass Frauen doppelt so häufig unter Depressionen leiden wie Männer.[49]

Psychiater schließen sich der Aussage dieser Statistiken nicht an. Einige verweisen darauf, dass Frauen eher bereit sind, inneren Aufruhr einzugestehen und Hilfe zu suchen. Andere bringen vor, dass mehr Frauen mit Aussichtslosigkeit am Arbeitsplatz und sozialen Zwangslagen zu kämpfen haben, die zu Depressionen führen. Wiederum andere behaupten, dass wir Depression auf eine Weise definieren, die eher auf Frauen als auf Männer zutrifft.[50] Sie sind der Ansicht, dass Gesundheitsfachleute ein im Vergleich zu Frauen häufigeres Auftreten von Depressionen unter Männern konstatieren würden, wenn wir Alkoholiker, Drogenabhängige, Mörder und Stadtstreicher als depressive Menschen definierten.[51]

Ungeachtet dieser Auseinandersetzung ergaben Untersuchungen, die in einem Dutzend Ländern wie Kanada, Frankreich, Deutschland, Italien, Südkorea, Libanon, Neuseeland und den Vereinigten Staaten durchgeführt wurden, dass Frauen tatsächlich mehr von den definierten klassischen Symptomen einer klinischen Depression aufweisen als Männer.[52] Dies ist vor allem im Frühjahr der Fall.

»April ist der grausamste Monat«, schrieb T. S. Eliot. Im Februar, März und April verzeichnen psychiatrische Kliniken die höchsten Einweisungsraten, wobei die Mehrzahl der Patienten weiblich ist. Frauen lassen auch häufiger Symptome von Frühjahrsmüdigkeit erkennen. Der Sonnengott Helios, Ra, Mithra oder Sol – oder wie auch immer wir ihn nennen wollen – heitert mehr Frauen auf als Männer. Frauen sind für die jahreszeitlichen Wechsel von Licht und Dunkelheit empfänglicher.[53]

Kurz gesagt, Frauen bringen die gesamte Palette positiver und negativer Emotionen (mit Ausnahme von Wut) intensiver und häufiger zum Ausdruck als Männer.[54]

Diese emotionale Ausdrucksfähigkeit beginnt in der Kindheit. In einem klassischen Experiment setzte der Psychologe Martin Hoffman einige Tage alte Babys einer Vielzahl von Geräuschen wie den Rufen wilder Tiere, einer monotonen, computergenerierten Sprache und dem unglücklichen Weinen anderer Babys aus. Alle Babys weinten am heftigsten, sobald sie das Weinen anderer Babys hörten. Das Weinen der weiblichen Babys war jedoch intensiver als das der männlichen.[55]

»Gefühle zu empfinden ist ebenso gesund, wie Marmelade zu genießen«, schrieb G. K. Chesterton. Ich fürchte, viele Frauen würden ihm zustimmen. Frauen drücken ihre Gefühle nicht nur häufiger, sondern auch präziser aus.[56] Ob Freude, Abscheu, Entsetzen oder Überraschung, Frauen sind geschickter, mit nonverbalen Hinweisen und insbesondere Gesichtsausdrücken genau erkennen zu lassen, was sie fühlen. Im Allgemeinen ist das Gesicht einer Frau zudem einfach ausdrucksstärker.[57]

Die Natur hat Frauen so geschaffen, dass sie häufiger und eindeutiger Mitgefühl empfinden und sichtbar machen.

Die Evolution der weiblichen Empathie

Einer Studie zufolge reagieren amerikanische Mütter im Umgang mit ihren Babys zumindest einmal pro Minute auf das Weinen oder Wehklagen ihrer Jüngsten. Wenn das Baby glücklich gluckst, stößt die Mutter ebenfalls einen Freudenlaut aus. Damit versucht sie nicht, das Verhalten des Kindes zu imitieren, sondern zeigt ihm, dass es seine Gefühle wahrgenommen hat. Auf diese Weise bestätigt sie, was ihr

Baby fühlt, und koordiniert ihren Gemütszustand mit dem des Kindes. In der Praxis bezeichnet man dieses Verhalten als »emotionale Abstimmung«.[58]

Gewiss mussten sich auch urzeitliche Mütter gefühlsmäßig mit ihren Nachkommen koordinieren. Wenn sie beim Anblick eines kranken oder unglücklichen Kindes ebenfalls litten, wendeten sie mehr Zeit und Energie auf, um dieses Kind am Leben zu erhalten. Emotional abgestimmte Mütter zogen besonders ausgeglichene Kinder groß. Diese Kinder genossen eine überproportional hohe Lebenserwartung und führten zu einer allmählichen Auslese von Frauen mit einer gesteigerten Fähigkeit, Trauer, Mitleid, Empathie, Erbarmen und andere fürsorglichen Empfindungen auszudrücken.

Als Folge fühlen sich nahezu alle gesunden menschlichen Mütter veranlasst, ihr Baby auf den Arm zu nehmen, es zu betrachten, mit ihm zu sprechen, seinen Zustand zu erforschen und von ihm zu erzählen. Viele Frauen lösen sich in ihren Gedanken niemals von ihrem Kind. Die Dichterin Sylvia Plath drückt es folgendermaßen aus: »Ich sehe es im Schlaf, mein rosiges, schreckliches Mädchen. / Sie überbrüllt die Glaswand, die uns trennt«.

Einige Mütter scheinen sogar emotionell mit ihren Babys zu verschmelzen. Die Mütter der Siriono-Indianer aus Bolivien bilden ein extremes Beispiel für diese Fixierung. Sie übernehmen den Namen des Neugeborenen als ihren eigenen und setzen ihm als Erkennungszeichen die Worte »Mutter von« hinzu.[59] »Jeder Käfer besitzt in den Augen einer Mutter die Schönheit einer Gazelle.« Dieses maurische Sprichwort beschreibt die Gefühle der Frauen auf der ganzen Welt. Nahezu alle vergöttern ihre Babys.

Ich behaupte nicht, dass alle Frauen in besonderem Maß empathisch wären, oder dass Männer schlechtere Elternteile abgäben. In sämtlichen Teilen der Welt wenden jedoch Frauen, ungeachtet des Kulturkreises, bedeutend mehr Zeit für die praktische Babypflege auf als Männer.[60] Dies war immer so. Zudem fällt die Pflege und Fürsorge der Jungen bei nahezu allen unseren Primatenverwandten ausschließlich den Weibchen zu.

Um sicherzustellen, dass ihre Jungen gut umsorgt werden, entwickelten Frauen die bedeutende Fähigkeit, Mitgefühl zu empfinden und zum Ausdruck zu bringen.

Die chemische Grundlage der Empathie

»Da Gott nicht überall gleichzeitig sein kann, schuf er Mütter.« So lautet ein jüdisches Sprichwort. Die Natur hat Mütter hervorgebracht, deren Fürsorge von chemischen Verbindungen angetrieben wird, die sich bei sämtlichen Säugetieren wiederfinden.

Während des Geburtsvorgangs erhöht sich zum Beispiel der Östrogengehalt und löst bei allen Säugetierarten mütterliches Verhalten aus: Sie beginnen augenblicklich, ihre Nachkommen an sich zu schmiegen, zu tragen und zu beschützen.[61]

Der chemische Grundbaustoff des Gehirns, Oxytocin, steht ebenfalls in Verbindung zu dieser fürsorglichen Haltung. Obwohl beide Geschlechter dieses Hormon erzeugen, produzieren es die Säugetierweibchen in größeren Mengen – und vor allem während des Geburtsvorgangs. Der Oxytocinstoß bewirkt das Zusammenziehen während der Wehen und löst das »Einschießen« der Muttermilch aus. Oxytocin steigert bei den Weibchen jedoch auch die Reaktionen auf den Anblick, die Geräusche und die Gerüche ihrer Babys, sodass sie die Neigung entwickeln, ihre winzigen Nachkommen anzuerkennen, abzulecken, zu wärmen und zu pflegen.[62]

Die mütterliche Fürsorge ist sogar mit spezifischen Genen verbunden. Weiblichen Mäusen, denen das FosB-Gen fehlt, unterlassen es, ihre Neugeborenen einzusammeln und sich über sie zu beugen, um sie zu wärmen und zu säugen. Hungrig und frierend sterben diese Jungen.[63] Das Mest-Gen scheint bei Mäusen ebenfalls mütterliches Verhalten zu fördern.[64]

»Welch mächtige Kraft ist doch die Mutterschaft«, rief Euripides aus. Der große Dramatiker wusste, wovon er sprach. Die Natur hat für die unendlich bedeutende Aufgabe der Kinderpflege ein großartiges Hilfsmittel entworfen. Die weibliche Empathie besitzt jedoch auch Anwendungsmöglichkeiten außerhalb der Mutterschaft – wie etwa auf dem modernen Arbeitsmarkt.

Emotionen am Arbeitsplatz

Darwin war der Ansicht, dass die Weibchen der verschiedenen Tierarten ihre Empathie, Selbstlosigkeit und Fürsorge von Natur aus nicht nur auf ihre Jungen, sondern auch »auf ihre Artgenossen« ausweiteten.[65] Viele heutige Frauen leugnen jedoch entschlossen ab, dass sie emotional ausdrucksstark und fürsorglich sind, dass das weibliche Mitgefühl einen natürlichen Ursprung besitzt und dass Frauen dazu vorbestimmt sind, ihre Empathie auf ihre Mitmenschen auszuweiten. Diese Zweiflerinnen gehen offenbar von der Überzeugung aus, dass sie als emotional schwache Frauen abgestempelt werden, die für herausfordernde Aufgaben nicht genug Härte besitzen, sobald sie diese weiblichen Eigenschaften eingestehen.

In der Vergangenheit waren diese Ängste wohlbegründet. Die meisten Geschäftsleute misstrauten »übertriebener« weiblicher Emotionalität. Diese Haltung hat sich geändert. Arbeitgeber und Manager erkennen heute, dass Frauen in stressigen Jobs ausgezeichnete Leistungen erbringen. Ebenso wichtig ist die Tatsache, dass viele Manager Teamgeist und eine auf Einfühlungsvermögen gründende Einstellung Kollegen und Kunden gegenüber allmählich zu schätzen lernen.[66] Diese Qualitäten bringen Frauen in den Beruf ein.

Die emotionale Ausdrucksfähigkeit und das Mitgefühl der Frauen spielen in der Medizin eine immer bedeutendere Rolle. Mehr und mehr Patienten verlangen eine praktische und einfühlsame Fürsorge. In den medizinischen Fakultäten ist man daher dazu übergegangen, die Studenten im Umgang mit den Patienten zu schulen, sie zu lehren, zuzuhören und auf den Patienten einzugehen – kurz, Anteilnahme und Mitgefühl auszudrücken. Diese Fähigkeiten besitzen die meisten Frauen von Natur aus.[67]

Die emotionale Ausdrucksfähigkeit und Empathie der Frauen wäre jedoch in der praktischen Krankenpflege oder im Büroalltag nutzlos, wenn sie nicht mit einer weiteren weiblichen Eigenschaft gepaart wäre: der Geduld.

Die Geduld der Frauen

»Genie ist nichts anderes als eine starke Neigung zu Geduld«, soll der französische Naturforscher Graf Georges-Louis Leclerc de Buffon erklärt haben. Frauen besitzen in allen Altersklassen mehr von dieser wertvollen Gabe als Männer. Amerikanische Mädchen können ihre Aufmerksamkeit länger auf eine Sache konzentrieren als Jungen. Mädchen wenden mehr Zeit für eine geringere Anzahl von Projekten auf und sind eher bereit, Begonnenes auch zu vollenden.[68] Im Büro erweisen sich Frauen ebenfalls als geduldiger.[69] Sie bringen sogar mehr Geduld auf, wenn sie Geld am Aktienmarkt investieren.[70]

Die weibliche Gabe der Geduld findet weltweit Anerkennung. In einer 1996 durchgeführten internationalen Untersuchung zu Geschlecht und Gesellschaft stellte das Gallup-Institut Männern und Frauen in 22 Gesellschaften die Frage, ob sie Geduld eher als männliche oder als weibliche Eigenschaft betrachteten. Eine überwältigende Mehrheit war der Ansicht, dass Frauen das geduldigere Geschlecht sind.[71]

Diese weibliche Gabe findet sich auch bei unseren nächsten Verwandten, den Schimpansen. Die gewöhnlichen Schimpansenweibchen verbringen etwa dreimal soviel Zeit bei langwierigen und zeitraubenden Aufgaben wie Nüsse knacken und Insekten sammeln.[72]

Bei nahezu allen Säugetierarten widmen sich die Weibchen der elterlichen Pflege intensiver als ihre männlichen Partner. Das Aufziehen der Nachkommen erfordert Ausdauer, Toleranz und Geduld – unabhängig davon, ob es sich um Schimpansen, Igel oder Füchse handelt. Daher vermute ich, dass Frauen diese Eigenheit mit wahrscheinlich allen weiblichen Säugetieren teilen.

Die Methode, nach der die natürliche Auslese für die Eigenschaft Geduld erfolgte, könnte recht einfach gewesen sein. Impulsivität, das Gegenteil von Geduld, wird mit einem geringen Serotoningehalt in Beziehung gebracht, einem grundlegenden Neurotransmitter im Säugetiergehirn. Männer besitzen zumindest in einem Gehirnbereich, der mit Emotionen in Zusammenhang steht, weniger Rezeptoren für diesen Neurotransmitter.[73] Wahrscheinlich entwickelten Frauen mehr jener physiologischen Mechanismen, die für Geduld erforderlich sind.

»Mit Geduld werden wir mehr erreichen als mit unseren Streitkräften«, schrieb der im 18. Jahrhundert lebende britische Staatsmann Edmund Burke. Er hätte hinzufügen können, dass Geduld eine bedeutende Kraft darstellt. Ihre außergewöhnliche Ausdauer wird den Frauen in vielen Bereichen des Arbeitsmarktes, vor allem in der Medizin, gute Dienste leisten.

Der Griff der Frauen nach dem Skalpell

Neben Mitgefühl und Geduld besitzen Frauen eine besondere physische Eigenschaft, die ihnen in der Medizin Vorteile verschaffen sollte: ihre Fähigkeit, mit kleinen Objekten zu hantieren.

Dass Frauen schlankere, bewegliche Hände haben, könnte einer der Gründe sein. Ihre Geschicklichkeit steht jedoch auch in Beziehung zu dem weiblichen Hormon Östrogen. Die Fähigkeit, kleine Gegenstände zu bewegen, steigt bei Frauen zur Mitte ihres monatlichen Menstruationszyklus, wenn der Östrogengehalt den Höhepunkt erreicht.[74] Mit einem hohen Östrogengehalt erweisen sich Frauen beispielsweise in Experimenten als besonders erfolgreich, bei denen man Stäbchen in Löcher einfügen muss. Frauen, die nach der Menopause Östrogen einnehmen, lassen ebenfalls eine Steigerung ihrer manuellen Geschicklichkeit erkennen.[75]

Die Ursache für diese besonders ausgeprägte Feinmotorik findet sich auch in der Architektur des weiblichen Gehirns. Bei Frauen liegen die Gebiete für die komplexe Steuerung von Arm und Hand im vorderen Teil der linken Hemisphäre, in der Nähe des motorischen Kortex, der zentralen Steuerungseinheit, die den Muskeln des Körpers mitteilt, wie sie reagieren müssen. Bei Männern liegen dieselben Gebiete im hinteren Bereich der linken Hemisphäre. Psychologen zufolge befähigt diese nahe Anordnung Frauen zu präziseren Bewegungen ihrer Hände.[76]

Die besondere Feinmotorik der Frauen entwickelte sich zweifellos in unserer fernen Evolutionsgeschichte. Schimpansen nutzen ihre ausgeprägte manuelle Geschicklichkeit beim »Fischen« von Termiten. Sie führen einen langen dünnen Zweig in einen Termitengang ein und drehen ihn dann kräftig, sodass die Insekten zum Angriff übergehen und den Zweig entlang aus ihrem Tunnel strömen. Weibliche Schimpansen widmen dieser langwierigen, Geschicklichkeit erfordernden Arbeit dreimal so viel Zeit wie Männchen.[77] Weibliche Schimpansen und Orang-Utans hantieren zudem wesentlich häufiger mit Blättern, Zweigen und anderen Gegenständen als ihre männlichen Artgenossen.[78] Weibliche Primaten pflegen ihren Jungen zudem öfter das Fell und entfernen dabei Schmutzflecken, Ungeziefer und Staub aus dem Pelz ihrer Nachkommen.[79]

Wir Menschen pflegen einander auch das Fell. Was geschieht, wenn wir an der Kasse eines Supermarkts auf der Jacke des Menschen vor uns einen Faden entdecken? Verspüren Sie nicht den Drang, ihn zu entfernen? Meines Wissens nach hat bislang noch niemand untersucht, ob Männer oder Frauen einander häufiger »den Pelz putzen«. Da sich Frauen jedoch der Kinderpflege intensiver widmen, ist die Wahrscheinlichkeit groß, dass sie sich auch häufiger mit Sozialpflege befassen.

Hat sich bei unseren auf Bäumen lebenden weiblichen Vorfahren durch das jahrhundertelange Stochern, Zupfen und Lausen die Fähigkeit entwickelt, leicht und geschickt mit kleinen Gegenständen umzugehen? Perfektionierten die urzeitlichen Frauen diese Feinmotorikkoordination nach ihrem Abstieg von den Bäumen, als sie begannen, stundenlang, jahrzehntelang, ein Leben lang kleine Saatkörner und Beeren zu sammeln, Babys zu versorgen und ihre Freunde herauszuputzen?

Das Vorhandensein einer für diese Aufgabe bestimmten, besonderen Architektur im weiblichen Gehirn und die Beziehung zwischen Östrogen und Feinmotorik lassen den Schluss zu, dass Frauen bereits seit mehreren Millionen Jahren eifrig mit kleinen Gegenständen umgegangen sind. Während sie dieses Talent in der Vergangenheit nutzten, um ihre Nachkommen zu ernähren und zu pflegen, setzen sie es heute in komplizierten Bereichen der Chirurgie ein.

Der Mann als Techniker

Die meisten Männer sind bei Aufgaben, die Feinmotorik erfordern, deutlich im Nachteil.[80] Bitten Sie bloß einen Mann, Ihre Halskette zu öffnen, und warten Sie dann fünf Minuten, während er mit dem Verschluss kämpft.»Männer errichten Brücken und bauen Eisenbahnlinien quer durch Wüsten, und doch behaupten sie überzeugend, dass eine einfache Aufgabe, wie einen Knopf anzunähen, ihre Fähigkeiten übersteigt«, bemerkte der Journalist Heywood Broun einst. Dieses Klischee enthält mehr als ein Körnchen Wahrheit. Männer eignen sich generell besser für anstrengende und krafttraubende Aufgaben als für feine Präzisionarbeiten.

Dies lässt sich vor allem im Frühjahr erkennen, wenn Männer beginnen,»die Erbse in Schwung zu bringen«, wie mein Vater Übungswürfe im Baseball bezeichnete. Männer besitzen beim Werfen, Fangen, Treten, Laufen und Springen – d.h. bei den »groben« Körperbewegungen – mehr Geschick.[81] Diese Fähigkeiten stehen mit spezifischen Aspekten der männlichen Gehirnarchitektur sowie dem männlichen Geschlechtshormon Testosteron in Beziehung.[82] Sie sind vermutlich darauf zurückzuführen, dass Männer sich jahrtausendelang an ihre Beute heranpirschten, sie verfolgten, umzingelten und schließlich zur Strecke brachten.

Es ist schwierig abzusehen, auf welche Weise sich die grobmotorischen Fähigkeiten der Männer in zahlreichen Schreibtischjobs, die den künftigen Arbeitsmarkt dominieren werden, als nützlich erweisen werden. Ärzte, Zahnärzte und andere Fachleute im Bereich der Medizin haben gewiss wenig Verwendung für sie. Nur außergewöhnlich geschickte Männer werden beispielsweise als Chirurg Erfolg haben. Männer besitzen jedoch ein verwandtes Talent, das für die medizinische Praxis des 21. Jahrhunderts und viele andere Tätigkeiten von entscheidender Bedeutung ist: ihr ausgezeichnetes räumliches Empfinden. Männer sind in räumlichen und mechanischen Dingen generell begabter als Frauen.

Jungen drücken diese räumliche Fähigkeit frühzeitig aus. Einem männlichen Baby gelingt es besser als einem weiblichen, ein Blinklicht quer über einen TV-Monitor zu verfolgen. Kleine Jungen zeichnen sich darin aus, den Pfad eines in Bewegung befindlichen Gegenstands vorhersagen zu können.[83] Jungen lieben Spielzeug wie Autos, Bauklötze, Züge und andere Objekte, die sie bewegen, oder zum Bauen verwenden können. Sie drängen sich in Videospielhallen, um räumliche Spiele zu spielen und eine elektronische Beute zu jagen. Mädchen benutzen Computer sicher und geschickt, Jungen jedoch lieben diese geradezu. Im Alter von zehn Jahren sind Jungen besser imstande vorherzusagen, wo ein spezifisches Muster in einem Papierfalttest aufscheinen wird, und unter mehreren dreidimensionalen Objekten zwei gleiche herauszufinden, die aus einem geringfügig anderen Blickwinkel dargestellt werden.[84] Sobald in der Pubertät Testosteron durch das männliche Gehirn strömt, überflügeln Jungen Mädchen allgemein in Geometrie, technischem Zeichnen und bei anderen räumlichen Aufgaben.

In Untersuchungen unter 150 000 amerikanischen Jugendlichen im Alter zwischen 13 und 22 Jahren, die über einen Zeitraum von 32 Jahren durchgeführt wurden, befand sich unter den besten fünf bis zehn Prozent in den Wissensgebieten Naturwissenschaft, Mathematik, Mechanik und Technik eine überwältigende Mehrheit männlicher Testpersonen.[85]

Auch außerhalb der Vereinigten Staaten zeigt sich das männliche Talent für räumliches Empfinden. Studien in Japan und verschiedenen anderen Ländern erbrachten ähnliche Resultate.[86] Raumgefühl ist ein Kennzeichen von Männern.

Testosteron fördert das räumliche Empfinden

Wissenschaftler sind heute der Ansicht, dass die Gehirnarchitektur für das räumliche Empfinden durch fötales Testosteron im Mutterleib angelegt wird. Ebenso wie fötales Testosteron die Asymmetrie des männlichen Gehirns bildet, fördert es das Raumgefühl. Der körpereigene Testosterongehalt nährt das ausgezeichnete räumliche Empfinden von Männern ein Leben lang.[87]

Für die Beziehung zwischen Testosteron und räumlichem Empfinden gibt es zahlreiche Beispiele. Erhält ein gesunder, älterer Mann eine Testosteroninjektion, erhöht sich seine räumliche Auffassungsgabe.[88] Den auf dem Parkplatz abgestellten Wagen wiederzufinden und andere räumliche Aufgaben zu bewältigen fällt Frauen rund um die Menstruation leichter, wenn der Östrogengehalt einen Tiefpunkt erreicht und das körpereigene Testosteron zur Wirkung kommt.[89] Und Frauen mittleren Alters, die sich einer Östrogentherapie unterziehen, erbringen bei räumlichen Aufgaben bessere Leistungen, sobald sie die Medikamente absetzen und sich das körpereigene Testosteron voll entfalten kann.[90]

Die Beziehung zwischen Testosteron und dem männlichen Raumgefühl ist nicht einfach. Sowohl ein Übermaß als auch ein Mangel können das räumliche Empfinden beeinträchtigen.[91] Überdies kann Östrogen eine bedeutende Rolle im Raumgefühl eines Menschen spielen.[92] Dessen ungeachtet steht Testosteron mit vielen räumlichen Fähigkeiten in Zusammenhang – und Männer haben nun einmal viel mehr von diesem Hormon als Frauen.[93]

Vor Millionen Jahren nutzten Männer ihr räumliches Talent, um Zebras und andere wilde Tiere aufzuspüren. Vor zehntausenden Jahren schossen sie kleine Vögel im Flug. In den letzten hundert Jahren setzten Männer ihre räumliche und mechanische Zauberkunst ein, um die Welt mit Telefonkabeln zu umspannen, unsere Haushalte mit Radios und Fernsehern zu beleben und auf dem Mond spazieren zu gehen. Auch in der Zukunft werden sie komplexe Computer und hoch technologische medizinische Geräte entwerfen und bedienen.

Da Männer ein außerordentliches Talent für Technik besitzen und nach Rang und Ansehen streben, werden männliche Ärzte weiterhin versuchen, die höchsten Jobs in den prestigeträchtigsten medizinischen Fachgebieten zu erreichen. Männer leiten in den USA Krankenhäuser,

Gesundheitsorganisationen und Versicherungen im Gesundheitsbereich. 1995 waren mehr als 95 Prozent der Dekane und Abteilungsvorsitzenden der medizinischen Fakultäten ebenfalls Männer.[94] Ich bin der Meinung, dass die Männer ihre Anwesenheit in diesen finanziell attraktiven Positionen in vielen Bereichen der Medizin auch weiterhin beibehalten werden.

Gleichzeitig erfolgt ein großer Umdenkprozess in der Medizin hin zu einer kontextuellen, holistischen Betrachtungsweise von Krankheit und Gesundung. Dank ihres Mitgefühls, ihrer Geduld, ihrer manuellen Geschicklichkeit, ihrer ausgezeichneten Fähigkeiten im Umgang mit Menschen, ihrer Sprachbegabung und ihres kontextuellen Blickwinkels werden Frauen in vielen medizinischen Berufen stark in Erscheinung treten – und Veränderungen in der Kunst des Heilens bewirken.

Dieser Trend hat bereits seinen Anfang genommen.

Die Heilungsmethoden der Frauen

Weibliche Ärzte belegen ihren Zeitplan mit weniger Patienten pro Stunde, sofern sie nicht unter dem Druck eines »überwachten Gesundheitssystems« stehen. 1992 behandelten weibliche Ärzte durchschnittlich 97 Patienten pro Woche, während männliche 117 Konsultationen absolvierten.[95] Diese Frauen erklären, dass sie mehr Zeit für den Patienten aufwenden, um eine Beziehung aufzubauen. Sie betrachten das zusätzliche Gespräch und Zuhören als bedeutenden Bestandteil eines holistischen Heilungsprozesses.[96]

Auf Video aufgenommene Arztbesuche bestätigen diesen geschlechterspezifischen Unterschied. Weibliche Ärzte sprechen mehr mit ihren Patienten, stellen mehr Fragen, hören sich mehr Antworten an und wenden sowohl für ihre männlichen als auch für ihre weiblichen Patienten mehr Zeit auf.[97] Yvonne Mart Fox, die Ärzte im Hinblick auf ihre Beziehung zum Patienten berät, drückt es folgendermaßen aus: »Ich fordere Männer auf, einen möglichst intensiven Kontakt zu ihren Patienten aufzubauen. Frauen liegen jedoch in dieser Beziehung eindeutig vorn.«[98]

Nicht jeder Patient sucht eine von Einfühlungsvermögen geprägte Beziehung zu seinem Arzt. Insbesondere Männer betreten die Praxis eines Arztes häufig ausschließlich, um ein spezifisches Problem zu lösen. Sie wünschen sich keine emotionale Bindung an diesen Fachmann. Trotzdem erklären viele Frauen *und* Männer, nach einem Besuch bei einem weiblichen Arzt zufriedener zu sein.[99] Sie ziehen die von Frauen angebotene praktische, empathische Betreuung vor.

Sobald eine schwere Operation bevorsteht, wissen beide Geschlechter diese fürsorgliche Behandlung zu schätzen. Die Chirurgin Dr. Susan Love, ehemalige klinische Professorin an der University of California in Los Angeles, erklärt, dass sie im Operationssaal im Moment des Wirksamwerdens der Narkose immer die Hand ihres Patienten ergreift: »Ich versichere Ihnen, dass jeder Mann, den ich jemals operierte, meine Hand ebenso rasch ergriff wie jede Frau – und sie ebenso fest umklammerte.«[100]

Eine 1994 durchgeführte Umfrage unter Medizinstudenten ergab, dass sie weibliche Ärzte für »sensibler, uneigennütziger und weniger egoistisch« halten als männliche.[101] Der Universitätsprofessor Anthony I. Komaroff von der medizinischen Fakultät von Harvard stimmt dem zu: »Männliche Ärzte widmen sich eher dem Lösen von Rätseln, während Frauen eher das Heilen in den Mittelpunkt stellen.«[102]

Die weibliche Gabe des Heilens gründet sich teilweise darauf, dass Frauen gute Gesprächspartner und Zuhörer sind und einen ausgeprägten Tastsinn, Einfühlungsvermögen und eine fürsorgliche Haltung besitzen. All diese Talente gehen auf die Urgeschichte der Frau zurück.

Weibliche Ärzte schlagen eine andere Richtung ein

Es überrascht gewiss nicht, dass sich Frauen in der Medizin für unterschiedliche Laufbahnen entscheiden und eine Wahl treffen, die ihr evolutionsgeschichtliches Erbe und ihre Einstellung zum Heilberuf widerspiegelt.

Frauen tendieren zu Innerer Medizin, Pädiatrie, Obstetrik und Gynäkologie, Hausarztpraxis und anderen Unterabteilungen der Erstversorgung, die die praktische, fürsorgliche Behandlung in den Mittelpunkt stellen. Männer ziehen hoch technologische Fachbereiche wie Gefäßchirurgie, Kardiologie, Radiologie, Anästhesiologie und Pathologie vor. Diese Gebiete erfordern ihre räumlichen und mechanischen Fähigkeiten und einen kurzfristigeren Kontakt zum Patienten.[103]

Frauen bringen zudem für eine Aufgabe, bei der sie als Mitglied eines Teams an der Heilung eines Patienten beteiligt sind, mehr Interesse auf als Männer. Die derzeitigen Veränderungen im amerikanischen Gesundheitssystem zwingen immer mehr allein praktizierende Ärzte, sich einer Gruppe anzuschließen. Weibliche Ärzte erklären sich jedoch nahezu doppelt so häufig zu einer Aufgabe in Krankenhäusern, Gesundheitsorganisationen oder Gruppenpraxen bereit, während Männer die selbstständige Arbeit vorziehen.[104] Dies könnte man teilweise auf die natürliche Neigung der Frauen zurückführen, gleichberechtigte Verbände zu bilden.

Die Behandlung eines Patienten im Team könnte Frauen ebenfalls ansprechen, da weibliche Ärzte allgemein stärker daran interessiert sind, den Patienten in seiner Gesamtheit zu betrachten, als sich auf die Symptome einer Krankheit zu beschränken. Wie Sie bereits wissen, sehen Frauen nahezu jedes Thema oder Problem in einem breiteren Zusammenhang, während Männer die Unterteilung vorziehen, um sich jeweils mit einem Element intensiv zu befassen. Daher überrascht es nicht, dass Frauen auch zur Medizin einen holistischeren Zugang haben.

Die weibliche Neigung, einfühlsame, praktische Versorgung anzubieten, als Teil eines Teams zu arbeiten und den Patienten in seiner Gesamtheit zu behandeln, könnte zum Trend der Zukunft werden. Die verstorbene Ärztin und ehemalige Vorsitzende des medizinisch-wissenschaftlichen Rats der American Menopause Foundation, Marcia L. Storch, war wie viele andere davon überzeugt, dass die Patientenbehandlung im Team zum neuen Modell der Medizin wird. Mir gegenüber erklärte sie: »Eine Ärztegruppe wird Daten über verschiedene Aspekte des Lebens eines Patienten sammeln und dann alle Teile der facettenreichen Krankheit dieser Person behandeln.«[105]

Der weitere Zustrom von Frauen in die praktische Medizin wird uns vermutlich mehr einfühlsame, pragmatische, holistisch orientierte Teampraxen bescheren.

Krankenpflegerinnen

1997 eröffnete ein weibliches Pionierteam von vier hervorragend ausgebildeten Krankenpflegerinnen in New York ein Gesundheitszentrum.

Halsschmerzen, Magenschmerzen, am Spielplatz und bei Haushaltsunfällen erlittene Schnitt- und Schürfwunden und Asthma: diese Frauen behandeln sämtliche leichteren Krankheiten und chronische Leiden ebenso, wie ein Arzt es tun würde, und verweisen Patienten mit komplizierteren Krankheitsbildern an Fachärzte oder Krankenhäuser weiter. Die lizenzierten Krankenpflegerinnen widmen jedoch dem Patienten mehr Zeit, als die meisten Ärzte für diesen aufzuwenden bereit wären. Wie der Großteil der Krankenpflegerinnen mit höherer Ausbildung empfehlen sie eher spezielle Diäten und körperliche Übungen als kostspielige Behandlungen, welche häufiger von technologieorientierten männlichen Ärzten verschrieben werden.[106]

Die heutigen Wirtschaftskräfte werden derartige Krankenpflegeteams gewiss fördern. Medizinische Einrichtungen und insbesondere Gesundheitsorganisationen und Krankenhäuser betrachten diese unabhängigen Krankenpflegepraxen als Möglichkeit, um die Kosten zu senken und die Effizienz zu steigern.[107] Die staatlichen amerikanischen Krankenversicherungen Medicare und Medicaid sowie die Privatversicherungen unterstützen daher die Ausweitung dieser Krankenpflegepraxen in Bereichen, die üblicherweise von Ärzten dominiert werden. Heute gestatten mehr als 25 amerikanische Staaten gut ausgebildeten Krankenpflegern, ohne Überwachung durch einen Arzt in verschiedenen Bereichen der Medizin zu praktizieren. Mit Ausnahme von Illinois ist es ihnen in diesen Staaten zudem erlaubt, eine breite Palette von Medikamenten zu verschreiben.[108]

Die Krankenpflege, eine Spezialität von Frauen in traditionellen Gesellschaften auf der ganzen Welt, erweitert ihren Aktionsradius. Dieser Trend wird die Macht der Frauen innerhalb der amerikanischen medizinischen Gemeinschaft gewiss erhöhen.[109] Einige Demographen prophezeien sogar, dass das traditionelle Gesundheitssystem der Vereinigten Staaten bald schon einen Überschuss an Ärzten und einen Mangel an hoch talentierten und hoch angesehenen Krankenpflegerinnen erleben wird.[110]

Ganzheitliche Medizin

Fachleute im Bereich der Medizin beachten endlich auch soziale und psychologische Faktoren, die zu Krankheiten beitragen.[111]

Seit langem weiß man, dass soziale Isolation gesundheitsgefährdend sein kann. Hunderte Studien setzen sie mit Herzerkrankungen, Krebs,

Depressionen und anderen Krankheiten in Verbindung.[112] Alternde Männer und Frauen, die niemandem ihre Erfahrungen und Gefühle mitteilen können, haben eine doppelt so hohe Wahrscheinlichkeit, zu erkranken oder zu sterben.[113] Untersuchungen zeigen, dass soziale Isolierung einen Menschen ebenso rasch töten kann wie Rauchen, Übergewicht und Bewegungsmangel.[114] In einer in Kalifornien unter Männern und Frauen durchgeführten Zehnjahresstudie lag zum Beispiel die Sterberate von Personen mit geringen gesellschaftlichen Kontakten um das Dreifache über der von Menschen mit einem erfüllten Sozialleben.[115]

Als Abhilfe für derartige Probleme empfehlen Gerontologen und andere Ärzte heute ihren Patienten ein umfassendes soziales Programm, um Krankheiten und Altersschwäche zu verzögern.

Zahlreiche Jobs werden in Fachgebieten entstehen, die mit der Medizin verbunden sind. Da nahezu in der gesamten entwickelten Welt weniger Kinder geboren werden und mehr Männer und Frauen ein hohes Lebensalter erreichen, kommt es in vielen Teilen der Welt zu einer Überalterung. Schätzungen zufolge wird im Jahr 2015 der Anteil der über 65jährigen an der Weltbevölkerung etwa zwanzig Prozent betragen. Heute will ein Großteil dieser älteren Menschen zu Hause leben – und Politiker hören aufmerksam auf diese mächtige Wählergruppe. Die Niederlande, die skandinavischen Länder und die USA liegen in dieser Hinsicht vorn und versorgen ältere und gebrechliche Personen mit Wohnungen und sozialen Dienstleistungen wie Bewegungskursen, Tanzveranstaltungen, Theaterabenden und medizinischer Betreuung rund um die Uhr.[116]

»Unterstütztes Wohnen« lautet der Trend der Zukunft. Vor zehn Jahren erwirtschafteten private Heimpflegegesellschaften, die kranke und ältere Menschen in ihrer eigenen Wohnung unterstützten, jährlich etwa 1,3 Milliarden Dollar. Heute nehmen sie 8,5 Milliarden Dollar ein.[117] Bis zum Jahr 2020 wird der Gewinn dieser Heimpflegeeinrichtungen voraussichtlich zwanzig Milliarden Dollar betragen.[118] Ihre Dienstleistungen konzentrieren sich auf die sozialen und persönlichen Bedürfnisse ihrer Klienten ebenso wie auf die gesundheitliche Betreuung.

Die Zahl der »Gesundheitszentren« steigt ebenfalls. Diese Institutionen bieten Bewegungstraining auf höchstem Niveau, Ernährungsratschläge und medizinisches Fachpersonal, das Personen jeden Alters physiotherapeutisch behandelt.[119] Ziel ist es nicht, Krankheiten zu therapieren, sondern die Menschen gesund und fit zu erhalten. Demographen zufolge werden viele derartige Zentren in Zukunft von Krankenhäusern und anderen Gesundheitseinrichtungen geführt werden. Kreative Unternehmer haben bereits damit begonnen, Lifestyle-Zentren zu errichten, in denen Diätunterricht und Körpertraining mit Meditation und Spiritualität kombiniert werden.

Wer wird all diese sozialen Einrichtungen im Umfeld der Medizin versorgen? Meiner Ansicht nach zum überwiegenden Teil Frauen, da sie Mitgefühl, die Neigung zu praktischen Behandlungen und eine holistische Einstellung zu Krankheit und Gesundheit einbringen, die sowohl kranken und gebrechlichen Menschen als auch all jenen zugute kommen, die sich um den Erhalt der Gesundheit bemühen.

Ergänzungsmedizin

Der am weitesten verbreitete unter allen heutigen Trends, die die Interessen und Heilfähigkeiten der Frauen besonders ansprechen, ist der der neuen Einstellung gegenüber alternativen Methoden in der Medizin.

»Die besten Ärzte der Welt sind Doktor Diät, Doktor Ruhe und Doktor Fröhlich«, schrieb Jonathan Swift. Eine wachsende Anzahl von Amerikanern stimmt mit ihm überein. Sie verstehen endlich, was Schamanen auf der ganzen Welt seit zumindest 30000 Jahren wissen: Zwischen Körper und Geist besteht eine Beziehung. Seit zu viele unpersönliche, gehetzte, teure, westliche High-Tech-Ärzte sie wie Maschinen mit fehlerhaften Einzelteilen behandeln statt als menschliche Wesen in ihrer Gesamtheit, wenden sich immer mehr Patienten alternativen Heilmitteln zu.

Die Wurzel der Traubensilberkerze hilft gegen Hitzewallungen. Passionsblume und Kavapfeffer besänftigen Stimmungsschwankungen, und der Gotu kola steigert die geistige Beweglichkeit. Viele Amerikaner sind bereit, ihre Krankheiten und andere physische Probleme mit unkonventionellen Mitteln zu behandeln. 1996 wendeten sie 14 Milliarden Dollar für alternative Therapien wie Homöopathie, Naturheilkunde, Akupunktur, Biofeedback, Meditation, Selbsthypnose, Visualisation, Aromatherapie, Reflexologie, Chiropraktik, Osteopathie und biologische Diäten auf. Dies entspricht einer Steigerung von 69 Prozent gegenüber 1989.[120]

Jeder dritte Amerikaner unterzieht sich einer Behandlung der Alternativmedizin.[121] Etwa vierzig Prozent glauben, dass aus Kräutern gewonnene Heilmittel bei der Behandlung schwerer Krankheiten wie Krebs Abhilfe bringen können.[122]

Angesichts dieser öffentlichen Meinung steigen die Vermittler und Anhänger der konventionellen westlichen Medizin allmählich von ihrem hohen Ross. Etwa die Hälfte aller amerikanischen medizinischen Fakultäten bietet heute Kurse an, in denen bislang abgelehnte Techniken wie Homöopathie, Akupunktur und Massage besprochen werden. Microsoft, Donna Karan und andere große Unternehmen erweiterten die Versicherungsdeckung ihrer Angestellten um verschiedene Formen alternativer Behandlungsmethoden. Oxford Health Plans zählt zu jenen Versicherungsgesellschaften, die mehrere alternative Heilverfahren wie Akupunktur und Chiropraktik abdecken.[123]

Interessanterweise haben bisher etwa sechzig Prozent der amerikanischen Ärzte ihre Patienten an alternative Heilpraktiker überwiesen. Selbst die Bezeichnung verändert sich: aus der »alternativen Medizin« wurde die »Ergänzungsmedizin«.

Diese unkonventionellen Behandlungsmethoden fördern das Selbstvertrauen und spenden neue Kraft. Immerhin sind Vitamine, Kräutertees, biologische Nahrungsmittel und Mineralwasser im Laden an der Ecke zu kaufen. Sie können Yogaübungen während des Fernsehens ausführen, eine Masseuse einstellen, die ihren Massagetisch in Ihrem Wohnzimmer aufklappt, Bücher über Gesundheitsvorsorge kaufen, an Konferenzen teilnehmen oder mit Gleichgesinnten im Naturkostladen oder im Internet ins Gespräch kommen. Hunderte von Websites widmen sich heute alternativen Behandlungsmethoden.

Die konventionelle westliche Medizin ist imstande, ein menschliches Herz zu transplantieren, ein Gehirn zu scannen und Medikamente unzweifelhafter Wirkungskraft anzubieten. Aber kann sie all die entsetzlichen täglichen Gewohnheiten ändern, die den Patienten krank gemacht haben? Oder die postoperative Depression überwinden, die den Heilungsprozess verlangsamt? Die zahlreichen Anhänger der Ergänzungsmedizin antworten mit Nein. Der beste Weg scheint zu sein, konventionelle und alternative Therapien zu mischen.

Das Älterwerden der Babyboom-Generation sollte diesen Trend zur ergänzenden Behandlung weiter verstärken. Skeptische Babyboomer mittleren Alters könnten sogar überredet werden, einige ihrer Grundsätze anzunehmen: Verschiedene Gesundheitspflegeorganisationen denken derzeit daran, einen Teil der Arztkosten durch ihre Mitglieder decken zu lassen, falls diese nicht nachweisen können, dass sie dem Erhalt ihrer Gesundheit die nötige Aufmerksamkeit widmen.

Die hoch technologische Wissenschaft, der Gott der modernen westlichen Medizin, wird an ihre alte Lehrerin gekoppelt, die häusliche Kur aus der Welt der Natur. Sie gehört zu den Stärken der Frauen. Während die Ergänzungsmedizin weiterhin einen Aufschwung erlebt, werden Frauen mächtige und finanziell einträgliche Stellungen in der Kunst des Heilens übernehmen.

Die Rückkehr der Hebammen

Die alte Form der Geburtshilfe gewinnt wieder etwas von ihrem früheren Ansehen zurück. Zur Zeit der Kolonisation war sie in den Vereinigten Staaten weit verbreitet. Um 1900 begleiteten Hebammen etwa die Hälfte aller Geburten.[124] Mit dem Aufkommen der standardisierten Medizin nahm die Bedeutung der Geburtshilfe ab. In einigen Staaten wurde sie sogar für illegal erklärt.

Heute gestattet eine steigende Zahl von Staaten die Ausübung der Geburtshilfe durch Hebammen wieder. Einige Krankenhäuser und medizinische Fakultäten bieten neuerdings Kurse und praktische Übungen in diesem Berufszweig an und führen alternative Geburtszentren, die mit diplomierten Hebammen ausgestattet sind. Bei diesen Hebammen handelt es sich um registrierte Krankenschwestern, die speziell in Geburtshilfe ausgebildet wurden und am American College of Nurse Midwives ein Diplom erworben haben.[125]

Im ländlichen Süden, den Appalachen und im amerikanischen Südwesten wird oftmals von Frauen ohne Lizenz und formelle Ausbildung eine traditionellere Form von Geburtshilfe ausgeübt. Zusätzlich ist eine wachsende Zahl von ausgebildeten, aber nicht diplomierten Hebammen tätig. Auf diese Weise praktizieren Frauen nahezu in den gesamten Vereinigten Staaten diesen alten weiblichen Beruf – legal oder illegal.[126] In großen Teilen Asiens, Afrikas und Lateinamerikas entbinden Dorfhebammen nahezu alle Babys.

Die Anthropologin Wenda Trevathan von der New Mexico State University behauptet, der Beruf der Hebamme sei der älteste Frauenberuf. Sie stellt die Hypothese auf, dass unsere weiblichen Vorfahren dieses besondere Gewerbe bereits seit etwa zwei Millionen Jahren ausüben, d. h. seit dem Zeitpunkt, als das menschliche Gehirn Form annahm. Ihrer Ansicht nach führte eine Reihe evolutionstechnischer Ereignisse zur Entwicklung dieses weiblichen Berufs.

Alles begann, als unsere Ahnen lernten, aufrecht zu gehen. Trevathan argumentiert, dass mit diesem revolutionären Wandel zum Zweifüßer das menschliche Becken seine heutige Form ausbildete, wobei sich seine Breite vergrößerte und seine Tiefe abnahm. Das Ende der Wirbelsäule krümmte sich nach innen und verringerte zusätzlich den Querschnitt des weiblichen Geburtskanals. Mit der Weiterentwicklung des menschlichen Gehirns vor 1,5 Millionen Jahren bekamen die Babys allmählich einen zu großen Kopf, um leicht durch diesen eingeengten Geburtskanal gleiten zu können. Um überhaupt geboren werden zu können, mussten sie in einem verfrühten Entwicklungsstadium auf die Welt gebracht werden. So verließen sie den Mutterleib in einem zunehmend hilflosen und unfertigen Zustand.

Durch die weitere Vergrößerung des menschlichen Gehirns und die zusätzliche Umformung des Beckens für ein verbessertes Gehen benötigten Mütter im Laufe der Zeit bei der Geburt ihrer Nachkommen Hilfe.[127] Daher ist Trevathan der Ansicht, dass Hebammen bereits vor einer Million Jahren ihre lebenswichtige Kunst ausgeübt haben könnten.

Diese Frauen haben eine schwierige Aufgabe zu bewältigen. Das menschliche Baby muss sich auf seinem Weg in die Außenwelt durch den Geburtskanal zwängen. Dazu kommt, dass die meisten den Mutterleib mit nach unten gerichtetem Gesicht verlassen, d. h. abgewendet vom Gesicht der Mutter. Insbesondere bei einer Erstgeburt waren unsere weiblichen Vorfahren auf jemanden angewiesen, der das Baby leitete, die Nabelschnur löste und es auffing, ehe es mit dem Gesicht voran auf den Boden fiel.

Weibchen anderer Tierarten bieten einer werdenden Mutter kaum Unterstützung. Delphine sind hier eine Ausnahme. In einem Fall beobachteten Wissenschaftler einen weiblichen Delphin, der bei der Geburt seines Jungen in Schwierigkeiten geriet. Die Flosse des Jungen steckte im Becken fest. Nur Augenblicke später zog ein anderer weiblicher Delphin das Junge aus dem Mutterleib und hob es zum Atmen über die Wasseroberfläche – obwohl es bereits gestorben war. In der Zwischenzeit zog ein drittes Weibchen die herausragende Plazenta vorsichtig aus dem Geburtskanal der Mutter.

Ebenso bemerkenswert ist ein Fall, bei dem ein männlicher Orang-Utan ein Baby erst mit seinem Mund und dann mit seinen Händen behutsam aus dem Mutterleib geleitete. Sobald das Neugeborene in seine Hände geglitten war, übergab er es der Mutter.[128]

Allgemein üblich ist Geburtshilfe jedoch nur beim Menschen. Zweifellos ist dies darauf zurückzuführen, dass die menschliche Geburt immer schwierig und gefährlich ist. Trevathan ist der Ansicht, dass die in vielen Kulturen vorhandene, tiefe Angst der Frauen vor der Geburt ein emotionaler Anpassungsmechanismus ist, der sich entwickelte, damit die urzeitliche Mutter während dieses beschwerlichen Vorgangs Hilfe suchte.[129]

Die moderne Geburtshilfe bringt Veränderungen mit sich. Eine kürzlich durchgeführte Untersuchung ergab, dass bei Frauen, die mit Unterstützung einer Hebamme entbanden, um fünfzig Prozent weniger Kaiserschnitte erfolgten als bei jenen, die von einem Arzt begleitet wurden. Die Wehendauer war um 25 Prozent kürzer und sie benötigten während der Geburt um vierzig Prozent weniger Sauerstoff und um dreißig Prozent weniger schmerzstillende Medikamente. Zudem litten sie seltener unter Wochenbettdepression.[130] Ergebnisse wie diese, die steigenden Gesundheitskosten in den USA und das wachsende Interesse an natürlicher Geburt führten zu einer breiteren Anerkennung der Geburtshilfe seitens der Öffentlichkeit und der Fachwelt.

Während sich in der westlichen Welt der Trend zur Ergänzungsmedizin auf vielfache Weise fortsetzt, werden sich immer mehr Frauen an Hebammen wenden – und immer mehr Frauen werden in diesen alten weiblichen Beruf zurückkehren.

Schamanen im 21. Jahrhundert

Der Zustrom von Frauen in sämtliche Formen primärer Gesundheitspflege ist für Patienten und unseren gemeinschaftlichen Geldbeutel eine willkommene Veränderung. Patricia Braus schrieb in der Zeitschrift *American Demographics* über weibliche Ärzte: »Wenn sich die derzeitigen Trends fortsetzen, könnte ihre steigende Zahl zu einer Reduktion der Kosten in der Gesundheitspflege beitragen, die Verfügbarkeit der dringend benötigten Ärzte in der Erstversorgung erhöhen und die medizinische Praxis verändern.«[131]

Der Beitrag der Frauen in der Kunst des Heilens umfasst Mitgefühl, Geduld, einen präzisen Tastsinn, Freude im Umgang mit Menschen, die Bereitschaft zur Krankenbehandlung im Team, die Neigung zu holistischen Behandlungsmethoden und eine Betrachtungsweise, die den Patienten als ganzheitliches menschliches Wesen mit sozialen und psychologischen Bedürfnissen sieht. Die weibliche Gabe zu heilen wurde uns von unseren Vorfahren überliefert, die vor Millionen Jahren in den Ebenen Afrikas lebten. Lange Zeit nutzten Frauen ihre Heilkräfte in traditionellen Gesellschaften und bald schon werden sie als Erbinnen von Hippokrates zahlreiche Bereiche der heutigen westlichen Medizin beherrschen.

KAPITEL 6

Der Führungsstil der Frauen
Frauen in Gesellschaft und Politik

*Früher bedeutete Führung vermutlich,
Muskeln zu zeigen; heute hingegen bedeutet sie,
mit den Menschen gut auszukommen.*

INDIRA GANDHI

»Je mehr wir uns unserer Bedeutungslosigkeit und Machtlosigkeit angesichts der kosmischen Kräfte bewusst werden, desto erstaunlicher sind die Errungenschaften des Menschen«, schrieb Bertrand Russell. Viele dieser Errungenschaften entsprangen dem ehrgeizigen menschlichen Gehirn.

Welches Geschlecht besitzt mehr Ehrgeiz?

1996 führte die International Gallup Organization unter Männern und Frauen aus 22 Gesellschaften auf dem amerikanischen Kontinent, in Europa und Asien eine Umfrage über Ehrgeiz durch. In Japan, China, Taiwan und Frankreich war man der Ansicht, dass Männer um einiges ehrgeiziger seien als Frauen. Die Spanier betrachteten Frauen als etwas ehrgeiziger als Männer. 37 Prozent der Amerikaner hielten Männer für ehrgeiziger, 26 Prozent dachten dies von den Frauen und 37 Prozent waren der Ansicht, dass die beiden Geschlechter gleich ehrgeizig seien. Zumindest vierzig Prozent der Befragten in 14 dieser Länder schlossen sich der Meinung an, dass sich die beiden Geschlechter im Hinblick auf den Ehrgeiz ebenbürtig seien.[1]

Weltweite wirtschaftliche und soziale Trend beweisen den Ehrgeiz der Frauen. In weiten Teilen der industrialisierten Welt besitzen Frauen heute dieselbe Ausbildung wie Männer. In den USA liegt die Zahl der Frauen in Colleges und Universitäten sogar über der der Männer. Frauen besetzen heute vierzig Prozent aller Posten im mittleren Management von Unternehmen in den USA und den übrigen Industrieländern.

Frauen gründen mehr neue Unternehmen als Männer, und ihre Betriebe haben bessere Chancen, im Geschäft zu bleiben. Sie dominieren im Dienstleistungssektor und werden bald fünfzig Prozent aller Rechtsanwälte in den USA stellen. Sie haben zahlreiche Zweige des medizinischen Berufs übernommen, schreiben mehr als fünfzig Prozent aller in den Vereinigten Staaten veröffentlichten Bücher und produzieren einen zunehmenden Anteil dessen, was wir im Fernsehen sehen, im Radio hören und in den Zeitungen lesen.

Frauen und Männer unterscheiden sich jedoch in ihrem Ehrgeiz. Einer der herausragendsten Unterschiede betrifft den Führungsstil.

Ungeachtet der Tatsache, dass Frauen der Weg in die Politik und Verwaltung in allen Industriegesellschaften offen steht, streben auf der ganzen Welt bedeutend weniger Frauen als Männer nach einer Stellung in den höchsten Regierungsebenen.

In vielen Teilen der demokratischen Welt stellen Politik und Regierung jedoch nicht mehr den einzigen Zugang zu lokaler, nationaler oder internationaler Führung dar. Regierungen werden durch neue soziale Kräfte ergänzt und teilweise sogar unterminiert. Regierungsunabhängige Einheiten wie multinationale Körperschaften, der globale Finanzmarkt, das Internet, internationale Gerichtshöfe und Nichtregierungsorganisationen kontrollieren in steigendem Maß große Geldsummen, beeinflussen die öffentliche Meinung und wirken auf die Politik der Regierungen ein.[2] Gleichzeitig kommen in vielen Regionen der Welt ethnische und religiöse Gruppierungen auf, die allmählich die Macht des Staates auf den Stamm oder die Sekte verlagern. Der Politologe Harlan Cleveland schreibt über diese Bewegungen: »Der Nationalstaat leckt nach oben zum Globalismus und nach unten zum Tribalismus, aber er leckt bloß – er ist noch nicht am Ende.«[3]

Durch das Wachstum der regierungsunabhängigen Nonprofit-Organisationen wird die Zivilgesellschaft von allen Kräften, die den Staat herausfordern, Frauen den breitesten Zugang zu Macht und Führung bieten. Dieses Kapitel befasst sich mit der sich ausweitenden Rolle der Frauen in der Gesellschaft und ihrer Partizipation an Regierung und Militär. Im Anschluss daran geht es um die Karriere, die Männer und Frauen in Gesellschaften auf der ganzen Welt anstreben. Schließlich gelange ich zu der Ansicht, dass Frauen, die in den verschiedensten Nonprofit-Organisationen an Macht gewinnen, ihre besonderen Fähigkeiten im Umgang mit Menschen, ihr Mitgefühl und ihren weiten, holistischen Blickwinkel einsetzen werden, um einige unserer kompliziertesten sozialen und umwelttechnischen Probleme zu lösen.

Die Zivilgesellschaft

Ernest Gellner zufolge gehören zu den Zivilorganisationen all jene Nonprofit-Zwischeninstitutionen wie Gewerkschaften, politische Parteien, Lobbys, Interessenverbände, Stiftungen, Clubs und Vereinigungen, die weder mit der Familie noch mit dem Staat in Beziehung stehen.[4]

Ein bekanntes Beispiel ist Mothers Against Drunk Driving (MADD), eine von Frauen gegründete Organisation, die betrunkene Autofahrer von der Straße fernzuhalten versucht. Planned Parenthood, Girl Scouts of the U.S.A., die Heilsarmee, die League of Women Voters und die Naturschutzbehörde sind nur einige wenige von tausenden amerikanischen Gruppierungen, die sich dem einen oder anderen Anliegen widmen. Soziologen, Politologen und andere Fachleute bezeichnen die Gesamtheit dieser Organisationen, von den lokalen bis zu den internationalen, als Zivilgesellschaft.

Die Zivilgesellschaft besitzt kein zentrales Konzept, keinen formellen Ethikkodex und keine einheitliche Parteilinie. Stattdessen besteht jede zivile Vereinigung aus Individuen, die sich zusammengeschlossen haben, um ein gemeinsames Ziel zu erreichen. Die meisten von ihnen sind egalitär, flexibel und autonom. Zivile Vereinigungen werden nicht für alle Zeiten von der Familie oder einer Regierungsmacht unterstützt. Daher ist der einzelne nicht verpflichtet, sich aufgrund seiner Geburt oder eines Gesetzes einer Zivilorganisation anzuschließen. Die Mitglieder sind Freiwillige, die sich aus freiem Willen auch wieder von der Organisation lösen können.

»Die Zivilgesellschaft ist im wahrsten Sinne des Wortes von und für die Menschen errichtet. Sie ist unsere Macht«, meinte Benjamin Barber von der Rutgers University.[5]

Der Aufstieg der zivilen Vereinigungen

Die Zivilgesellschaft besitzt eine lange Geschichte, in der Frauen eine große Rolle gespielt haben.

In traditionellen Kulturen bilden Männer und Frauen häufig informelle Wirtschaftsbündnisse und Interessengruppen. Im europäischen Mittelalter übten unabhängige Händler und Handwerkerzünfte beträchtliche wirtschaftliche und sogar politische Macht aus. Diese Zünfte waren die Vorläufer der modernen zivilen Organisationen. Mit dem Ausbruch der Industriellen Revolution schlossen sich die Europäer in beträchtlicher Zahl zu Vereinigungen zusammen, die sich von Familienunternehmen deutlich unterschieden und vom Staat unabhängig waren. Im 19. Jahrhundert tauchten in den USA Hunderte dieser freiwilligen Vereinigungen auf, wie etwa Handelsvereinigungen, Wohltätigkeitsvereine, Logen, Bestattungsgesellschaften, religiöse Gruppen, Vorläufer von Handelsgewerkschaften und Mütterorganisationen.[6]

Viele von ihnen wurden von Frauen dominiert. Um 1830 schrieb Alexis de Tocqueville in seinem klassischen Buch *Über die Demokratie in Amerika* voll Bewunderung über diese zivilen Vereinigungen. Besonders beeindruckt war er von den Frauen, die sich freiwillig zu den Gruppen meldeten. »Würde man mir die Frage stellen, worauf der einzigartige Wohlstand und die wachsende Kraft dieses Volkes (der Amerikaner) beruht, würde ich antworten: auf der Überlegenheit seiner Frauen.«[7]

Ende des 19. und Anfang des 20. Jahrhunderts traten immer mehr Frauen politischen Clubs, Arbeitervereinigungen und Berufsorganisationen bei.[8] In Amerika und Europa errichteten sie Versammlungshäuser, schlossen sich religiösen und moralischen Reformgesellschaften an und gingen für das Frauenwahlrecht auf die Straße.[9] In Asien kämpften sie für Ausbildung, und in Indien, China, Westafrika und vielen anderen Teilen der nichtwestlichen Welt schlossen sich Frauen Sozialbewegungen als Mitglieder oder Anführerinnen an.[10]

In den Vereinigten Staaten und anderen Industrienationen stieg in den letzten Jahrzehnten die Zahl der Zivilvereinigungen rasch an.[11] Nach wie vor spielen Frauen eine extrem wichtige Rolle in vielen dieser Organisationen. Der United Nations Non-Governmental Liaison Service schreibt über Frauen, dass »sie häufig die Mehrheit in Gemeinschafts- und Basisorganisationen bilden und eine führende Rolle in Bewegungen spielen, die sich dem sozialen Wandel widmen«.[12]

Die Domestizierung der Vereinigten Staaten

Maxine Croft und Roslyn Williams, langjährige ältere Einwohner einer heruntergekommenen Wohnsiedlung in Fort Greene, Brooklyn, ertrugen es nicht länger, in einer Art von Niemandsland zu leben. In der Umgebung hörte man so häufig Schüsse, dass sich die Nachbarn fürchteten, nach 17 Uhr aus dem Haus zu gehen. Die beiden Frauen fragten um Subvention an und erhielten einen Zuschuss von 10 000 Dollar für die Gründung der Fort Greene Coalition. Sie stellten Teenager ein und bildeten sie aus, ausgestattet mit Handfunkgeräten Korridore und Gänge zu kontrollieren. Die Jugendlichen begleiten ältere Bewohner auch zu den Geschäften auf der gewaltanfälligen Myrtle Avenue.[13] Ein kleiner, aber kostbarer Sieg für die Zivilgesellschaft – und für Frauen.

»Denke global und handle lokal.« Die Amerikaner haben sich diese Maxime zu Herzen genommen. In Austin, St. Louis, Santa Barbara und vielen anderen amerikanischen Städten haben Frauen (und Männer) Gemeindegruppen errichtet, um ungelernte Menschen auszubilden, Jugendprogramme zu starten, Bürgerwehren gegen Einbrüche zu organisieren und Bäume zu beschneiden. Andere setzen sich für die Pflege der Bürgersteige ein oder sammeln Geld für Schulen, Fußballfelder oder Büchereien. In einigen Gebieten stellen Gruppierungen lokaler Händler Straßenreiniger und private Wächter ein, um die Reinheit und Sicherheit ihrer Umgebung zu erhöhen. 1970 gab es etwa 10 000 dieser Nachbarschaftsvereinigungen. Bis 1997 war ihre Zahl auf über 150 000 angestiegen.[14] Allein die Anzahl der Bürgerwehren zur Verbrechensverhütung verzehnfachte sich während der neunziger Jahre.

Heute gibt es in den USA ungefähr eine Million Nonprofit-Organisationen. Dies entspricht einer Verdreifachung gegenüber 1967.[15]

Eine expandierende nationale Organisation ist Emily's List. Das Akronym EMILY steht für Early Money Is Like Yeast (»frühes Geld ist wie Hefe«). Emily's List ist eine politische Frauenorganisation, die Startkapital für den Wahlkampf von Frauen, die in staatliche oder bundesstaatliche Ämter wollen, sammelt. Einigen Fachleuten zufolge ist Emily's List derzeit die drittgrößte politische Aktionsgruppe in den Vereinigten Staaten.[16] Viele weitere politische Frauengruppen haben es sich ebenfalls zur Aufgabe gemacht, Frauen bei Wahlen zu unterstützen, Frauenthemen zu verbreiten und Lobbys für mehr Frauenfragen auf der politischen Tagesordnung zu bilden.[17]

Diese Form des Engagements und der Führerschaft blüht – und verändert die amerikanische Gesellschaft. In New York verzeichnete man 1996 weniger Morde als in den letzten vier Jahrzehnten. In Boston, Los Angeles und San Francisco geht die Zahl der Mordfälle ebenfalls zurück. Dieser unerwartete Trend führte zu einer Vielfalt an Erklärungen: Die Polizei verrichtet offenbar gute Arbeit. Weniger Männer und Frauen rauchen gecracktes Kokain, ein wahres Pulverfass für Gewalt. Die derzeitige AIDS-Epidemie in den Gefängnissen könnte einige der Kriminellen aus dem Kreislauf entfernt haben. Manche Sozialkritiker verweisen jedoch auf eine andere mögliche Ursache für den Rückgang der Verbrechensrate in den USA: Frauen.

»Wir müssen den Frauen danken, dass sie diese Entwicklung in Bewegung gesetzt haben«, schreibt Nicholas Von Hoffman in *The New York Observer*. Er bezieht sich auf die Heime für misshandelte Frauen, die Kliniken zur Schulung von Männern, die ihre Frauen misshandeln, die Programme für Eltern schwer erziehbarer Kinder, die Lobbygruppen für die Kontrolle des Waffenhandels und tausende andere zivile Vereinigungen, die von Frauen ins Leben gerufen und geleitet werden oder in denen Frauen eine vorherrschende Rolle spielen. »Möglicherweise nutzen Frauen, wenn sie hochrangige Positionen und mehr Einfluss erringen, ihre neugewonnene Macht, um die Domestizierung der Vereinigten Staaten voranzutreiben«, schließt Von Hoffman.[18]

Die Domestizierung geht weiter voran. Heute wenden etwa 93 Millionen Amerikaner freiwillig jährlich mehr als zwanzig Milliarden Stunden für Projekte auf, die ihre speziellen Anliegen fördern.[19] Peter Drucker prophezeit, dass bis 2010 mehr als 120 Millionen Amerikaner zumindest fünf Stunden pro Woche freiwillig für Organisationen im zivilen Bereich zur Verfügung stehen werden, die ihren Bedürfnissen entsprechen.[20] Er betrachtet diese zivilen Organisationen als Wachstumsbereiche und bezeichnet sie in ihrer Gesamtheit als dritten Sektor der Gesellschaft nach Regierung und Wirtschaftswelt.[21]

Drucker ist der Ansicht, dass dieser dritte Sektor »zum bedeutendsten Beitrag der Amerikaner für die Gegenwart« werden könnte.[22] Der Politiktheoretiker Francis Fukuyama von der George Mason University stimmt dem zu. Er ist davon überzeugt, dass dieses dichte Netzwerk von

Vereinigungen wie ein sozialer Klebstoff wirkt, der eine Umwelt schafft, in der der Wirtschaftsmarkt und die Regierung effizient arbeiten können.[23] Wenn dieser Sektor einer Gesellschaft vital und gesund ist, wird eine Nation gut gedeihen.

Frauen in der Zivilgesellschaft

Frauen tauchen in diesem Nonprofit-Sektor der amerikanischen Gesellschaft als mächtige Kraft auf. Weibliche Manager und Berufstätige nehmen dort bedeutend mehr einflussreiche Positionen ein als in der auf Gewinn ausgerichteten Unternehmenswelt.[24] Der dritte Sektor der Gesellschaft spricht offenbar den weiblichen Geist an.

Dies erwartete ich aus verschiedenen Gründen.

Zunächst bestehen zivile Vereinigungen aus Gleichgesinnten, die sich für eine gemeinsame Sache zusammenschließen. Die Organisationen beginnen häufig als kleine Einheit, die Mitglieder sind Freiwillige, und die Teilnehmer arbeiten in relativ gleichberechtigten Teams oder hierarchisch flachen Gruppierungen zusammen. Mit zunehmender Größe der Vereinigung stellen die Mitglieder Personal ein, setzen ein Führungsgremium ein und legen verschiedene Aufsichtsprinzipien fest. Mit Ausnahme der großen Nonprofit-Organisationen, die über einen eigenen Vorstand, große Kommissionen und pyramidenartig angeordnetes Personal verfügen, neigen zivile Vereinigungen eher zu einer kaum hierarchischen Struktur und einem Entscheidungsprozess im Team.

Frauen genießen die lateralen Verbindungen zu anderen und die Arbeit in einer weniger formellen, weniger hierarchisch aufgebauten Umgebung.

Weibliche Vorstandsmitglieder in Nonprofit-Organisationen tun jedoch weit mehr als lediglich den »Frauenstuhl« zu besetzen. Peter Drucker berichtet, dass »viele Nonprofit-Organisationen heute bereits haben, was man sich in der Wirtschaftswelt noch erhofft – einen funktionierenden Vorstand«.[25] Nach Druckers Einschätzung besitzen sie mit einem dem Vorstand verantwortlichen Präsidenten etwas wirklich Einzigartiges. Auf diese Weise sind Frauen im Vorstand tatsächlich in der Lage, echte Führungsarbeit zu leisten.

Zivile Vereinigungen sprechen Frauen meiner Ansicht nach auch aufgrund ihrer Neigung zu einer kontextuellen Betrachtungsweise an.

Frauen verbinden in der Regel individuelle soziale Probleme wie Drogenabhängigkeit oder Schwangerschaften von Minderjährigen mit tiefergreifenden sozialen Problemen. Zudem planen sowohl Frauen als auch die meisten zivilen Organisationen gerne langfristig. Sie stimmen in ihrer breiten Betrachtungsweise und ihren langfristigen sozialen Zielen überein.

Ferner verfügen Frauen über die für diese Art von Arbeit erforderlichen Fähigkeiten im Umgang mit Menschen. Viele Nonprofit-Organisationen sind auf Freiwillige angewiesen. Diese Mitarbeiter stehen in keinerlei Vertragsverhältnis zu der Organisation. Daher müssen die Leiter (die ebenfalls Freiwillige sein können) die Gabe mitbringen, andere zu motivieren, zu organisieren und anzuführen. In dieser Art von Organisation können und müssen Frauen ihre außergewöhnlichen sozialen Fähigkeiten einsetzen.

Besonders nützlich erweisen sich diese Fähigkeiten bei der Einschätzung bedeutender Geldgeber. »Frauen erweisen sich beim Spendensammeln – und insbesondere wenn es darum geht, Geldgeber zu bedeutenden Beiträgen zu motivieren – aufgrund ihres strategischen Denkens als überaus geschickt«, erklärt Roger Pasquier vom Environmental Defense Fund. »Um beim Spendensammeln Erfolg zu haben, muss man in den Geist des Geldgebers vordringen. Dazu muss man Einzelheiten aufmerksam registrieren, einfühlsam zuhören und empathisch reagieren. Zahlreiche Frauen besitzen diese Talente.«[26]

In der westlichen Gesellschaft findet sich keine historisch begründete Ansicht, welches der beiden Geschlechter beim Spendensammeln mehr Erfolg aufweist. Frauen, die sich um eine Anstellung in einer Nonprofit-Organisation bemühen, müssen daher gegen keinerlei Vorurteile ankämpfen. Sie können relativ leicht in bedeutende Positionen in der Spendenabteilung aufsteigen. Dank ihres Talents zur Arbeit im Netzwerk finden sie zudem rasch unterstützungswillige Geldgeber. Als weiteren Vorteil bieten diese Organisationen Frauen eine Arbeitsumgebung mit geringer Wahrscheinlichkeit, ständig reisen und in andere Städte übersiedeln zu müssen.[27]

Den vermutlich größten Anreiz für Frauen bildet jedoch die Tatsache, dass viele Nonprofit-Institutionen nicht den Geldverdienst als oberstes Ziel anstreben, sondern bemüht sind, ein gesellschaftliches oder umwelttechnisches Problem zu lösen oder zu lindern. Dies kommt der weiblichen Neigung zu heilen und zu pflegen entgegen.

Folglich stiften zahlreiche ehrgeizige, gut ausgebildete Frauen verschiedenartigste zivile Vereinigungen, treten ihnen als Mitglieder bei oder leiten sie. Während die Zivilgesellschaft in den Vereinigten Staaten und der ganzen Welt ihre mächtige Position weiter ausbaut, werden die Werte und Interessen der Frauen in steigendem Maß die öffentliche Meinung, Moral und Politik beeinflussen.

Frauen in Stiftungen

Frauen sind in keinem Bereich des dritten Sektors stärker vertreten als in Stiftungen. Dies zeigt sich an der Anzahl von Frauen in hochrangigen Positionen innerhalb großer amerikanischer Stiftungen.

Das vom Foundation Center in New York veröffentlichte *Foundation Directory* für 1998 umfasst 8649 Stiftungen mit einem Vermögenswert von mehr als zwei Millionen Dollar oder einem jährlichen Vergabevolumen von mehr als 200 000 Dollar.[28] Obwohl diese Stiftungen weniger als zwanzig Prozent aller aktiven, Stipendien erteilenden Stiftungen ausmachen, beträgt ihr Vermögenswert mehr als 247 Milliarden Dollar. Dies entspricht 89 Prozent des Gesamtvermögenswertes aller Stiftungen. Jährlich schütten diese Stiftungen Gelder im Wert von mehr als 12,4 Milliarden Dollar aus, was etwa neunzig Prozent des gesamten Volumens aller Stiftungen entspricht. Bei jeder Eintragung erscheinen im Jahrbuch lediglich die bedeutendsten ein oder zwei Stiftungsmitglieder, die Kuratoren und der oberste Verwaltungsangestellte.

Eine Aufteilung der in diesem Jahrbuch genannten Einzelpersonen nach Geschlecht ergab, dass 12 541 Frauen als bedeutendste Stiftungsmitglieder, Kuratorinnen und oberste Verwaltungsangestellte aufgeführt waren. Dies entspricht 29,12 Prozent aller Personen.[29]

Der Jahresbericht 1998 des Council on Foundations führt sogar eine noch höhere Teilnahme von Frauen an. Diese Organisation bewertete 667 große amerikanische Stiftungen und Stiftungsprogramme von Unternehmen. Von 4580 ganztägig Beschäftigten waren 75 Prozent Frauen. 92 Prozent des unterstützenden Personals, 68 Prozent der Programmleiter und fünfzig Prozent aller Direktoren waren ebenfalls weiblich.[30]

Im Vergleich dazu betrug der Frauenanteil unter den Direktoren und Vorstandsmitgliedern der 500 von *Fortune* aufgelisteten Unternehmen weniger als fünf Prozent. Die Wahrscheinlichkeit, dass Frauen eine

Führungsrolle spielen, liegt somit in großen Stiftungen deutlich höher als in der traditionellen Unternehmenswelt.

Die Zahl der Frauen in leitenden Positionen innerhalb von Stiftungen wird vermutlich weiter ansteigen, wodurch sich ihre Macht innerhalb der gesamten Gesellschaft zusätzlich ausweiten wird. Zwischen 1981 und 1996 verdoppelte sich in den Vereinigten Staaten die Zahl der Stiftungen von 22 000 auf 39 000 nahezu.[31] Jährlich werden etwa 1000 neue Stiftungen gegründet.[32] Zusammen verteilen sie pro Jahr annähernd 14 Milliarden Dollar. Ungeachtet ihrer Zurückhaltung in den Medien haben sich Stiftungen in vielen Bereichen der amerikanischen Gesellschaft zu bedeutenden Machtfaktoren entwickelt.[33]

»Die schwierigste Aufgabe eines Präsidenten ist nicht, das Richtige zu *tun*, sondern zu *wissen*, was richtig ist«, erklärte der amerikanische Präsident Lyndon B. Johnson. Zu wissen, was richtig ist, fällt uns allen oft ebenso schwer. In der Frage, welchem Zweck Stiftungsgelder zugewiesen werden sollen, zeigen sich geschlechterspezifische Unterschiede. Mit dem verstärkten Zustrom von Frauen in Spitzenpositionen innerhalb der Stiftungswelt verändert sich auch die Zielrichtung in der Verteilung. Ein Mitarbeiter des Foundation Center erklärte mir gegenüber, dass er eine Zunahme von Geldern für Frauenangelegenheiten bemerke, dies jedoch nicht mit statistischen Werten stützen könne.

Daten, die aufzeigen, dass Stiftungen der Grundlagenforschung weniger und Interessengruppen und sozialen Dienstleistungsprogrammen mehr Geldmittel zur Verfügung stellen – d. h. Interessengebieten der Frauen –, bestätigen diese Einschätzung.[34]

Wohltätigkeitsorganisationen

»Gib, was immer du kannst; den Himmel kümmert's nicht, ob's viel ist oder wenig«, schrieb William Wordsworth. Nichts sagt mehr über unsere Werte, Ängste und Hoffnungen aus, als wie, wann, wo und wem wir Geld spenden. Die Menschen sind aus unterschiedlichsten Gründen wohltätig. Mitgefühl, Buße für Sünden, eine Rückzahlung für zuteil gewordenes Glück, Hilfe, um einen bestimmten Aspekt der Gesellschaft zu verbessern, der Wunsch, soziale Verantwortung auszudrücken, steuerliche Aspekte oder Prahlen vor Freunden zählen zu den Motivationen für eine Spende.

Heute lassen etwa 65 Prozent aller amerikanischen Haushalte zumindest einer gemeinnützigen Einrichtung einen Geldbetrag zukommen. 1997 betrug die Spendengesamtsumme an Wohltätigkeitsorganisationen 143 Milliarden Dollar.[35] Dieser Betrag steigt weiter an. Demographen schätzen, dass die Babyboom-Generation vom Erbe ihrer sparsameren Eltern etwa eine Trillion Dollar für Wohltätigkeit beiseite legen wird. Da Ehepaare heute weniger Kinder bekommen, werden sie ebenfalls einen größeren Geldbetrag zu verschenken haben. Als Folge erwartet man eine Verdreifachung des jährlichen Spendenaufkommens an gemeinnützige Einrichtungen bis zum Jahr 2030.[36]

Die Wahrscheinlichkeit ist groß, dass viele dieser Wohltätigkeitsinstitutionen von Frauen geleitet werden.

Die Domestizierung der Welt

In den USA und Europa ist die Zivilgesellschaft mit ihren zahlreichen Organisationen so weit verstreut, dass wir sie kaum bemerken. Andere Nationen haben zivilen Organisationen gegenüber jedoch voneinander abweichende Standpunkte. Das kam mir durch einen Artikel in der *New York Times* über Homosexualität im heutigen China zu Bewusstsein.

Der Artikel berichtete vom homosexuellen Lebensstil in einer chinesischen Großstadt. Offenbar gestattet die chinesische Regierung Homosexuellen, sich in Cafés und Nachtclubs zu versammeln. Von Gesetzes wegen ist es diesen Männern und Frauen jedoch nicht erlaubt, sich in formellen Gruppen zu organisieren, um auf das politische Establishment einzuwirken. Im kommunistischen China bestimmt der Staat noch immer, wer sich mit wem zusammenschließen darf. In anderen in Entwicklung stehenden Nationen fordern die Regierungen, dass sich zivile Vereinigungen formell registrieren lassen und ihre Mitglieder anführen. Auf diese Weise kann ihnen die Regierung Steuern auferlegen und ihre Aktivitäten genauestens überwachen.

In weiten Teilen der Welt ist die Zivilgesellschaft ein schwankender Riese, der erst mühsam auf die Beine kommt. Wie Jeans, Hamburger und die Demokratie verbreitet sich die Zivilgesellschaft – mithilfe internationaler, häufig von Frauen geleiteter Nonprofit-Organisationen.

Der 1987 in der kalifornischen Stadt Palo Alto gegründete Global Fund for Women wies mehr als 800 Frauenorganisationen in etwa einhundert verschiedenen Ländern kleine Geldbeträge zu. Diesen Frauengruppen steht es frei, das Geld nach ihrem Ermessen zu verwenden, solange sie sich als Gemeinschaft auf die Rechte der Frauen konzentrieren.

1998 besuchten die Anthropologinnen Barbara Pillsbury und Michele Andina vom Pacific Institute for Women's Health verschiedene Basisorganisationen in Brasilien, Uganda, der Türkei, Pakistan, Indien, Nepal, Nicaragua und den Philippinen, um ihren Fortschritt zu beurteilen. Pillsbury berichtet, dass unter anderem ein Heim für weibliche Opfer von häuslicher Gewalt in Katmandu, ein Ausbildungszentrum für weibliche afghanische Flüchtlinge in Islamabad und ein Frauenclub in Uganda, der AIDS-Beratung erteilt, hervorragende Leistungen bringen. Ihre Schlussfolgerung lautet: »Überlasst alles einfach den Frauenorganisationen.«[37]

Eine weitere dieser internationalen Organisationen ist die Women's World Bank. Diese globale Organisation errichtet vorwiegend in Entwicklungsländern Mikrobanken und Kreditgesellschaften für Frauen. Die Kreditagenturen leihen armen Frauen das nötige Startkapital für die Gründung eines eigenen Unternehmens. In etwa fünfzig Ländern gibt es heute auf Frauen konzentrierte Mikrobanken.[38] Die Weltbank, eine an die Vereinten Nationen angeschlossene Organisation, die große internationale Projekte finanziert, pries diese Mikrobanken als hervorragende innovative Errungenschaften im Kampf gegen die Armut.[39]

Internationale Zivilvereinigungen von Frauen organisieren zudem Alphabetisierungsprogramme, Friedensinitiativen, Bewegungen gegen den Waffenhandel, Organisationen zum Schutz der weiblichen Gesundheit und Fortpflanzungsfähigkeit sowie Hilfsprogramme für AIDS-Kranke, Drogenabhängige, Prostituierte und weibliche Opfer von Gewalttaten.[40]

Einige bezeichnen diesen Trend als »Ameisenwirtschaft«. Pillsbury und andere, die im internationalen Entwicklungsbereich an leitender Stelle arbeiten, sind davon überzeugt, dass sich diese Basisorganisationen von Frauen im kommenden Jahrhundert zu den bedeutendsten wirtschaftlichen Katalysatoren und Kräften der sozialen Gerechtigkeit ausbilden werden.

Die internationale Führungsrolle der Frauen

»Der kräftigste Druck auf Erden kann freundlich ausgeübt werden«, schrieb Lester Pearson, der ehemalige Premierminister von Kanada.

Frauen wissen das. Wenn sie ihre angeborenen Talente zu einer gemeinsamen Mission vereinen, werden sie sich zu einem politischen Machtfaktor entwickeln.

1997 versammelten sich Frauen serbischer, bosnischer und kroatischer Abstammung über Monate hinweg jeden Mittwoch auf einem Platz in Belgrad, um zum Frieden aufzurufen. Sie bezeichneten sich selbst als »Frauen in Schwarz«. Im Mittleren Osten vereinten sich palästinensische und israelische Frauen, um für ihre Kinder eine sichere Umgebung zu schaffen. Die »Grüngürtelbewegung« in Kenia veranlasste mehr als 50 000 Frauen, gegen die Versteppung in ihren Gärten Bäume zu pflanzen. Einige der am stärksten bedrohten Regionen des Landes wurden auf diese Weise zu Wäldern.[41] In der Ukraine vereinen sich Frauen im Kampf gegen atomare Verunreinigung.[42] Islamische Frauen aus verschiedenen Ländern stellten ein Handbuch mit dem Titel »Claiming Our Rights: A Manual for Women's Human Rights Education in Muslim Societies« (dt. etwa »Wir fordern unsere Rechte: Ein Handbuch über die Menschenrechtserziehung von Frauen in islamischen Gesellschaften«) zusammen.[43]

»Menschen bewegen die Regierungen«, meinte Kofi Annan, der Generalsekretär der Vereinten Nationen.[44] Ein ausgezeichnetes Beispiel hierfür bietet Jody Williams. Die aus Vermont stammende Amerikanerin erhielt 1997 mit anderen den Friedensnobelpreis für ihre weltweite Kampagne gegen die Herstellung und den Einsatz von Landminen. Teilweise als Folge ihrer Bemühungen unterzeichneten im selben Jahr 120 Regierungen einen Vertrag, der den Einsatz dieser willkürlichen Tötungsmechanismen stark einschränkt. »Gemeinsam sind wir eine Supermacht«, meinte Williams.[45]

Die Frauen, die im September 1995 nach Peking reisten, um an der von den Vereinten Nationen unterstützten Vierten Weltkonferenz für Frauen in Peking teilzunehmen, dürften bei den chinesischen Autoritäten große Unruhe ausgelöst haben. Viele von ihnen wurden von den chinesischen Behörden in beträchtlicher Entfernung von der Konferenz untergebracht, und der Verkehr zwischen den Konferenzzentren und anderen Versammlungsorten wurde streng überwacht.

Dennoch versammelten sich mehr als 30 000 Frauen aus Kanada, Ecuador, Indien, Kenia, der Mongolei, Papua-Neuguinea und nahezu allen dazwischen liegenden Ländern. Dorfweberinnen standen neben

Nobelpreisträgerinnen, Saris vermischten sich mit Dreadlocks und hohen Absätzen, und Babys schliefen neben Laptops. Auf der Agenda standen Themen wie Armut und Gewalt, wirtschaftliche Entwicklung der Frauen, gleiche Ausbildung und Weiterbildung für Frauen, umfassende Gesundheitspflege für Frauen, Gleichberechtigung am Arbeitsplatz und ein fairer Anteil an Befugnissen für Frauen innerhalb der Familie, des Staates und der internationalen Gemeinschaft. »Frauenrechte sind Menschenrechte«, lautete die Zusammenfassung der Konferenz.

1975 trafen sich Frauen zu Gesprächen über ein breites Spektrum an Frauenfragen in Mexiko-Stadt, 1980 in Kopenhagen und 1985 in Nairobi. Bei Konferenzen der Vereinten Nationen spielten Frauen eine ebenso wichtige Rolle wie bei der Umweltkonferenz im Jahr 1992 in Rio, der Menschenrechtskonferenz von 1993 in Wien und der 1994 abgehaltenen Konferenz zu Bevölkerung und Entwicklung in Kairo. Bei all diesen Versammlungen erwiesen sich Frauen als treibende Kraft und gaben sogar die Richtung für politische Diskussionen vor.[46]

Diese Konferenzen blieben nicht ohne Auswirkungen. Als eine internationale Frauengruppe 1998 eine Bestandsaufnahme über den Fortschritt der Frauenrechte seit der Konferenz von Peking macht, mussten sogar die Skeptikerinnen eingestehen, dass viel erreicht worden war. Mehr als fünfzig Prozent von 187 Ländern hatten bedeutende Errungenschaften vorzuweisen, wie etwa die Ausarbeitung von Plänen zur Stärkung der Frauenrechte, die Errichtung nationaler Büros für Frauenangelegenheiten und erweiterte Möglichkeiten für Frauen, um landesweite Gesetze vorzuschlagen.[47]

Die Teilnehmerinnen schrieben diesen Fortschritt der »steigenden Bedeutung lokaler und internationaler Frauenorganisationen« zu.[48]

Frauen – Totengräber von Dynastien?

Araber bezeichnen Frauen vermutlich deshalb als »Totengräber von Dynastien«, weil sie imstande sind, die herrschende politische Ordnung durch ihre Fähigkeit zu schwächen, sich abseits der offiziell zulässigen Kanäle zu treffen, miteinander zu sprechen und zu planen.[49] Diese weibliche »Totengräberarbeit« wird gewiss weiter zunehmen, da Nichtregierungsorganisationen auf der ganzen Welt wie Pilze aus dem Boden sprießen.

Heute umfasst Civicus, ein weltweites Bündnis ziviler Organisationen, mehr als 380 Mitglieder in über sechzig Ländern. Die Zahl seiner Mitglieder verdreifachte sich seit 1994.[50] Civicus ist Beispiel für eine neue Klasse ziviler Vereinigungen, die der so genannten überstaatlichen zivilen Organisationen. Die Vereinten Nationen anerkennen heute mehr als 15 000 dieser internationalen Vereinigungen.

Einige von ihnen sind außerordentlich mächtig. Friends of the Earth zum Beispiel drängten und überredeten viele Nationen, am Umweltgipfel von 1992 in Rio teilzunehmen.[51] Menschenrechtsgruppen bewegten Regierungen mit Erfolg, die Errichtung eines internationalen Strafgerichts zu unterstützen. Und verschiedene Hilfs- und Entwicklungsorganisationen beginnen nun, jährlich Milliarden Dollar zu verteilen.[52]

»Die unerschütterliche Machtkonzentration in den Händen des Staates, die 1648 mit dem Westfälischen Frieden begann, ist zumindest für eine Weile beendet.« Dieser Ansicht ist Jessica T. Mathews vom Carnegie Endowment for International Peace.[53] Viele stimmen mit ihr überein. Der Anstieg der Nichtregierungsorganisationen wird als »überraschende Wende in der weltweiten politischen Struktur« betrachtet.[54] Während der Staat an Souveränität verliert und die Nichtregierungsorganisationen einen Aufschwung erleben, werden Frauen in diesen bedeutenden internationalen Foren einflussreiche Positionen erringen.

Die Führungsrolle von Frauen in der Zivilgesellschaft wird sich aus zwei Gründen ausweiten. Zum einen verfügen Frauen über eine immer bessere Ausbildung. Die Trendanalytikerinnen Pamela McCorduck und Nancy Ramsey meinen: »Gut ausgebildete Frauen finden sich heute auf der ganzen Welt in steigender Zahl, sodass sie als neue kritische Masse imstande sind, radikale Veränderungen zu bewirken.«[55] Zum anderen haben Frauen eine hohe Lebenserwartung. Im Jahr 2015 werden zwanzig Prozent der Weltbevölkerung älter sein als 65 Jahre – und die Frauen in dieser politisch und sozial mächtigen Altersgruppe werden den Männern im Verhältnis 2:1 überlegen sein.[56]

»Würden Spinnen ihre Netze verknüpfen, könnten sie damit einen Löwen fesseln.« Frauen glauben an dieses äthiopische Sprichwort. Dank ihrer natürlichen Fähigkeiten im Umgang mit Menschen und ihrem Drang zur Arbeit im Netzwerk werden sie im 21. Jahrhund nur einen Löwen besiegen.

Die Zukunft weiblicher Führungspersönlichkeiten in der Regierung sieht anders aus. Frauen zieht diese Form von Macht in der Regel nicht an. Zum Teil könnte dies darauf zurückzuführen sein, dass sie sich in steifen, hierarchischen Strukturen weniger behaglich fühlen als Männer.

Frauen in Regierungen

»Der Bürger hat die Pflicht, seinen Mund aufzumachen«, schrieb Günter Grass. In der Politik und beim Aufstieg innerhalb der formellen Hierarchie einer lokalen, staatlichen oder nationalen Regierung auf der ganzen Welt erwiesen sich Männer als bedeutend lautstärker und energischer als Frauen.

Die männliche Vorherrschaft in Regierungen zeigt sich in sämtlichen Industriegesellschaften. 1997 nahmen Frauen nur neun Prozent der Sitze im Senat der Vereinigten Staaten und nur 12,6 Prozent der Sitze im Repräsentantenhaus ein.[57] Von den Gouverneurssitzen in fünfzig US-Staaten haben Frauen bislang nicht einmal zehn Prozent besetzt.[58] 1994 betrug der Frauenanteil in den nationalen Parlamenten der Mitgliedsstaaten der Europäischen Union weniger als 13,6 Prozent. In Frankreich, Italien und Irland entfielen 1998 weniger als zwölf Prozent aller Sitze in den Unterhäusern der Nationalregierungen auf Frauen.[59]

Die höchste politische Vertretung von Frauen findet sich in den skandinavischen Ländern, Deutschland und den Niederlanden, in denen Frauen mehr als 25 Prozent der Sitze in den Parlamenten einnehmen.[60] Doch selbst in Norwegen und Schweden dominieren Männer im wichtigen Außen-, Finanz- und Justizministerium. Frauen erhalten die weniger einflussreichen und weniger prestigeträchtigen Ministerposten für Gesundheit, Ausbildung und Arbeit.[61]

In Russland und den osteuropäischen Ländern verloren Frauen mit der Einführung demokratischer Regierungen sogar einige ihrer Parlamentssitze. Unter der kommunistischen Herrschaft entfielen in diesen Ländern zwischen zwanzig und 35 Prozent der Sitze in den Unterhäusern auf Frauen. »Die sozialistischen Systeme gaben Arbeitern und Frauen den Vorrang«, berichtet Pierre Cornillon von der in Genf ansässigen Inter-Parliamentary Union.[62] Nach dem Zusammenbruch der kommunistischen Herrschaft errangen Männer die Hälfte der Sitze der Frauen.[63]

Die Nationalregierungen Asiens werden ebenfalls von Männern dominiert. In Japan waren 1995 nur 2,3 Prozent aller Mitglieder des Oberhauses, des Unterhauses und der gesetzgebenden Versammlung Frauen.[64] In Regierungen mit einem Unterhaus und in einhäusigen gesetzgebenden Versammlungen in nahezu allen Ländern Lateinamerikas, Afrikas, des Mittleren Ostens und Asiens entfielen auf Frauen weniger als 15 Prozent der Sitze. Zu den wenigen Ausnahmen zählen die Seychellen, Kuba, Südafrika und China. In diesen Ländern nahmen Frauen zwanzig Prozent der Sitze ein.[65]

Der Frauenanteil auf Kabinettsebene ist noch geringer. 1995 hatten Frauen in Gesellschaften auf der ganzen Welt durchschnittlich sechs Prozent dieser Posten inne. In den Entwicklungsländern betrug der Frauenanteil lediglich fünf Prozent, in den Industriestaaten acht Prozent.[66] Nur in den skandinavischen Ländern, den Niederlanden und auf den Seychellen entfielen auf Frauen mehr als dreißig Prozent der Kabinettsposten.[67]

Die Wahrscheinlichkeit, dass eine Frau Staats- oder Regierungsoberhaupt wird, ist noch geringer. In einer 1995 vom United Nations Development Programme durchgeführten Untersuchung unter den Mitgliedsländern der Vereinten Nationen stellten Frauen nur in Island, Irland, Nicaragua und Sri Lanka den Präsidenten.[68] Gleichzeitig nahmen Frauen in Bangladesch, Norwegen, Pakistan, Sri Lanka, der Türkei und der kleinen Inselrepublik Dominica den Posten des Premierministers ein.[69] Insgesamt wurden im 20. Jahrhundert erst 22 Frauen Staatsoberhaupt oder Regierungschef. Selbst in diesen Fällen fand sich in den umliegenden hohen Positionen eine überwiegende Mehrzahl von Männern.

Die mangelnde Teilnahme von Frauen an Nationalregierungen lässt sich nicht durch den Entwicklungsstand eines Landes, sein Einkommen oder den Ausbildungsgrad seiner Frauen erklären. In den Entwicklungsländern beträgt der Frauenanteil im Parlament durchschnittlich zehn, in den fortgeschrittenen Industrieländern zwölf Prozent.[70]

Das Wahlverhalten bietet ebenfalls keine Erklärung für die mangelnde Teilnahme von Frauen an Nationalregierungen. Die amerikanischen Politologen spekulieren häufig, dass es den Wählern schwer falle, sich Frauen in hohen öffentlichen Ämtern vorzustellen. Dies trifft nicht zu. Der Politikwissenschaftler Richard Seltzer von der Howard University leitete eine Studie über 61 603 Personen, die sich zwischen 1972 und 1994 zur Wahl für die staatliche gesetzgebende Versammlung, das

Repräsentantenhaus der USA, den Senat oder das Gouverneursamt aufstellen ließen. Er und seine Kollegen fanden heraus, dass Frauen ebenso häufig siegen wie Männer – sofern sie sich zur Wahl stellen.[71] Eine ähnliche Untersuchung ergab, dass Frauen nur geringfügig häufiger weibliche Kandidaten wählen als Männer.

In vielen Kulturen treten Frauen im mittleren Lebensalter in die Politik ein.[72] Einige Gesellschaften, wie etwa Indien, haben in ihren Vertretungskörperschaften Geschlechtsquoten eingeführt.[73] Der Anteil der Frauen, die zwischen ihrem 20. und 40. Lebensjahr zu einem Aufstieg in die höchsten Ränge der Regierung ansetzen, ist jedoch auf der ganzen Welt deutlich geringer als der der Männer.

Als das United Nations Development Programme in mehr als einhundert Ländern die Position von Frauen im Vergleich zu Männern untersuchte, zeigte sich, dass Frauen auf der ganzen Welt in den Bereichen Gesundheit, Ausbildung und wirtschaftliche Macht die Kluft zwischen den Geschlechtern allmählich schließen. »Die Politik bleibt jedoch weiterhin ein Hindernisparcours für Frauen«, lautete die Schlussfolgerung.[74]

Das Matriarchat ist ein Mythos

In Vergangenheit und Gegenwart treten weibliche Anführer in traditionellen Stammeskulturen noch weniger deutlich hervor. Der Soziologe Martin King Whyte erkannte anhand der Untersuchung von 93 Gesellschaften von Jägern und Sammlern, Gärtnern, Hirten und Bauern, dass in all diesen Kulturen eine überwiegende Mehrheit von Männern die Positionen der formellen Autorität innehatte.[75] In 82 dieser Gesellschaften waren sämtliche politischen Anführer auf lokalem, mittlerem und höchstem Niveau Männer. Selbst in Kulturen, in denen Frauen wirtschaftliche und soziale Macht besaßen, wie etwa bei den Navajo-Indianern im Südwesten der USA oder den traditionellen Landbaugesellschaften in Westafrika, lag die Wahrscheinlichkeit, dass Männer ranghohe politische Positionen einnahmen, bedeutend höher.

Einige Wissenschaftler verweisen auf Frauengestalten auf alten Gefäßen und weibliche Motive in archäologischen Aufzeichnungen als Bestätigung, dass einst an manchen Orten die Frauen die Vorherrschaft innehatten.[76] Für derartige Matriarchate finden sich jedoch keine stichhaltigen Beweise – für das Gegenteil schon. In heutigen Kulturen, in denen weibliche Götter dominieren, weibliche Figuren die Wasserkrüge zieren und weibliche Krieger in der Kunst, den Mythen und den Liedern vertreten sind, nehmen Männer nach wie vor die höchsten Ränge in der Stammeshierarchie ein.

Es gibt keinen Beleg dafür, dass Frauen jemals in irgendeinem Teil der Welt in herrschenden Positionen zahlenmäßig dominierend waren.[77] Das von Anthropologen als herrschende Frauenklasse definierte Matriarchat ist ein Mythos.

Wenn Frauen die Welt beherrschten ...

Trotz der spärlichen Teilnahme von Frauen an Regierungsämtern in sämtlichen Kulturen der Welt ist die Mehrzahl von Männern und Frauen der Überzeugung, dass eine verstärkte Präsenz von Frauen die Regierungsarbeit verbessern würde.

Eine 1996 durchgeführte Meinungsumfrage in 22 Gesellschaften bestätigte dies. Die Frage der Meinungsforscher lautete: »Würde Ihr Land besser oder schlechter regiert werden, wenn Frauen mehr politische Ämter innehätten?« In 21 dieser Gesellschaften, einschließlich China, Deutschland, Indien, Japan und den Vereinigten Staaten war der überwiegende Teil der Frauen – und Männer – der Ansicht, dass sich die Lage bessern würde.[78] Nur in El Salvador war die Bevölkerung in dieser Frage auf zwei gleich große Lager verteilt. Im Zuge einer von der University of Chicago 1991 durchgeführten Umfrage gaben neunzig Prozent der Amerikaner an, sie würden eine Frau ins Präsidentenamt wählen, wenn sie die nötigen Qualifikationen aufweise.[79]

Da immer mehr Frauen eine gute Ausbildung erhalten, ist zu erwarten, dass zumindest eine größere Anzahl in die lokalen und nationalen Regierungen einziehen wird.

Diese Frauen werden vermutlich die Arbeitsweise der Regierungen verändern. Die ehemalige Kongressabgeordnete Patricia Schroeder aus Colorado ist hierfür ein Beispiel. Als einflussreiches Mitglied des Repräsentantenhauses der USA zählt sie zu den wichtigsten Urhebern einer Gesetzgebung, die die Möglichkeiten der Frauen in der Armee verbesserte. Sie beschränkte sich nicht darauf, lediglich über Frauenrechte zu sprechen, sondern half durch ihre Arbeit vielen Frauen und führte tatsächlich positive Entwicklungen im Militärdienst herbei.

Frauen mit Regierungsverantwortung fühlen sich zu einer Öffentlichkeitspolitik hingezogen, die die Gesundheit, die öffentliche Erziehung, Kinder, die Tagesbetreuung, die Familien und ältere Menschen fördert.[80] In der gesetzgebenden Versammlung des Staates Washington nehmen Frauen zur Zeit vierzig Prozent der Sitze ein. Sie bringen Themen wie Mutterschaftsurlaub, häusliche Gewalt und das Scheidungsrecht auf die Tagesordnung, die in der Vergangenheit wenig Aufmerksamkeit erhielten.[81] In der gesetzgebenden Versammlung des Staates Virginia brachten Frauen zum Beispiel einen Gesetzesentwurf zu häuslicher Gewalt ein. Und in Connecticut kann heute dank der weiblichen Gesetzgeber eine Frau nach der Geburt ihres Kindes 48 Stunden im Krankenhaus bleiben.

Ob Frauen in Machtpositionen auch in der Außenpolitik andere Ansichten hätten, bleibt abzuwarten. Nach ihrer Bestellung zur ersten weiblichen Außenministerin der USA erwarb sich Madeleine Albright einen Ruf als unnachgiebige Verteidigerin der nationalen Interessen der Vereinigten Staaten. Als richtungsgebende politische Macht spricht man ihr nur geringen Einfluss zu.

Beobachter sind der Ansicht, dass Regierungen eine kritische Masse von Frauen an der Spitze benötigen – die Einschätzung liegt bei etwa 35 Prozent –, ehe sich die Werte der Frauen auf die nationale Politik und Zielrichtung auswirken.[82] Das Wesen einer solchen Auswirkung genau vorherzusagen, ist schwierig. Führungspersönlichkeiten wie Indira Gandhi und Margaret Thatcher zeigen, dass Frauen ebenso widerstandsfähig und entschlossen sein können wie Männer. Die Wahrscheinlichkeit, dass Frauen an der Macht Konflikte mit militärischen Mitteln lösen, ist jedoch bei den meisten geringer. Vermutlich würden sie eher Winston Churchill zustimmen, der einst in versöhnlicher Stimmung meinte: »Endlose Gespräche sind immer besser als ein endloser Krieg.«

Heute treten mehr Frauen in die Politik ein. In den USA verdreifachte sich die Zahl weiblicher Bürgermeister zwischen 1975 und 1982.[83] 1996 entfielen etwa 21 Prozent der Sitze in sämtlichen gesetzgebenden Versammlungen der Vereinigten Staaten auf Frauen.[84] In 13 der 87 Länder, über die das United Nations Development Programme Daten sammelte, betrug der Frauenanteil unter den Vertretern der Öffentlichkeit auf Gemeindeebene etwas mehr als 25 Prozent.

Frauen gehen jedoch aus anderen Gründen in die Politik als M
Untersuchungen im Verlauf der letzten 25 Jahre zeigten auf, dass s
um ein öffentliches Amt bemühen, um den Zustand der Gesellscl
verbessern. Männer widmen sich häufiger einer politischen Karriere,
um geschäftliche Kontakte zu schließen und die politische Leiter bis zur
Spitze emporzuklettern.[85] Harriet Woods, die ehemalige Präsidentin des
National Women's Political Caucus, erklärt: »Die meisten Frauen beginnen aus Sorge um die Gemeinschaft und nicht aus Ehrgeiz.«[86]

Angesichts dieser deutlich unterschiedlichen Zugänge zu politischer Macht werden Frauen in den höchsten Rängen der Regierung der Vereinigten Staaten oder jedes beliebigen anderen Landes wohl kaum eine zahlenmäßige Gleichstellung mit Männern erreichen. Diese formellen, nach Rängen geordneten, pyramidenförmigen Zugangswege zu Führungspositionen sprechen Männer im Allgemeinen stärker an. Durch ihren Einfluss in zivilen Organisationen werden Frauen die Regierung jedoch bewegen, die Welt aus ihrem Blickwinkel zu betrachten.

Frauen, Männer und Krieg

Ein weiterer Sektor nationaler und internationaler Führungspositionen, in dem Frauen kaum vorherrschen werden, ist die Armee.

In den vergangenen Jahren öffnete sich die amerikanische Armee für Frauen. Millionen von Frauen traten ein und verbesserten ihre Lebenssituation dadurch. Einige graduierten in West Point, eine Handvoll wurde sogar General. Die Armee ist jedoch ein streng hierarchisch aufgebauter Zweig des Staates und damit keine Arbeitsumgebung, die Frauen, insbesondere gut ausgebildete Frauen, üblicherweise anspricht.

Zudem ist der Kampf das oberste Ziel einer militärischen Einheit. Selbst wenn sich einige Frauen von den Aussichten auf Kampf angezogen fühlen und ausgezeichnete Kriegerinnen abgäben, sind Männer physisch und emotional für den Kampf besser ausgestattet. In einer 1996 durchgeführten Gallup-Umfrage in 22 Gesellschaften war die Bevölkerung von 21 dieser Gesellschaften überzeugt, dass Männer physisch aggressiver wären.[87] Nur in Island fand sich sowohl bei den Männern als auch bei den Frauen eine geringe Mehrheit für die Ansicht, dass Frauen kampfbereiter sind.

Aggression ist selbstverständlich nicht immer auf Emotionen zurückzuführen; mitunter ist sie das Ergebnis kühler Berechnung. Und selbst wenn die Aggression emotionsgetrieben ist, können die dahinterliegenden Gefühle variieren. Patriotismus kann eine Einzelperson anregen, den Feind zu vernichten. Neid kann einen Menschen bewegen, einen Kollegen mit einer Flut von Schimpfworten einzudecken. Freude kann stimulieren, bei einem Fußballspiel Aufruhr zu verursachen. Ideologie, religiöse Überzeugung oder ethnischer Hass können Menschen motivieren, sich zu konfessioneller Gewalt, »ethnischer Säuberung« oder Pogromen zusammenzuschließen. Und einige kämpfen ausschließlich um der Ehre willen. Napoleon meinte: »Ein Mann ist bereit, für ein Stück Ordensband zu sterben.« Dessen ungeachtet ist emotionsgetriebene physische Aggression eine Bastion der Männer.

Jungen beginnen frühzeitig zu üben. Auf der ganzen Welt spielen sie häufiger wilde, ungezügelte Spiele als Mädchen.[88] Im Teenageralter widmen sich Jungen öfter Kontaktsportarten. In allen Teilen der Welt bilden Männer aggressive Gangs.[89] Zudem begehen Männer 87 Prozent der Gewaltverbrechen in den USA – ein Prozentsatz, der vermutlich auch in vielen anderen Ländern erreicht wird.[90]

Die männliche Neigung zu physischer Aggression ist nicht nur auf Überbevölkerung, Armut und andere Stressfaktoren des modernen Stadtlebens zurückzuführen. Im französischen, spanischen und italienischen Mittelalter sowie in Chaucers England und Abraham Lincolns Amerika waren Männer ebenfalls wilder als Frauen.[91] Die Evolutionspsychologen Martin Daly und Margo Wilson von der McMaster University in Kanada berichten, dass bis vor wenigen Jahren selbst die San-Buschmänner der Kalahari-Wüste »eine Mordrate aufwiesen, die etwa der der gewalttätigsten Stadtgettos in den USA glich«.[92]

Heute bekunden Männer auch in unterschiedlichen Kulturkreisen wie Botswana, Brasilien, Kanada, Indien, Kenia, Mexiko, Schottland und der Demokratischen Republik Kongo (früher Zaire) im Vergleich zu Frauen eine bedeutend höhere Gewaltbereitschaft.[93]

In keinem Teil der Welt sind Frauen physisch aggressiver als Männer. Frauen können gehässig sein und demütigen, eine andere Person ausschelten und hinter ihrem Rücken verleumden, aber nur wenige Frauen gehen zu einem körperlichen Angriff über – ausgenommen innerhalb des eigenen Zuhauses. In den USA, Kanada, Großbritannien und Neuseeland begehen Frauen gegen Sexualpartner ebenso viele Akte physischer Gewalt wie Männer.[94] Die Wahrscheinlichkeit dass Frauen schlagen, treten, beißen, ihren Partner würgen oder mit einem Gegenstand nach ihm werfen, liegt sogar etwas höher.

Frauen gehen jedoch langsamer vom verbalen zum physischen Angriff über als Männer und verursachen seltener sichtbare Verstümmelungen oder ernste Verletzungen.[95] Bedeutend weniger Frauen greifen zudem unbekannte Personen an oder töten sie. Der Anteil der Frauen, die in den USA wegen Mordes angeklagt werden, liegt zu jedem beliebigen Zeitpunkt zwischen zwölf und 14 Prozent. Den meisten wird Mord an ihren Ehemännern, Geliebten, Rivalinnen oder Kindern zur Last gelegt.[96] Die von Männern ausgeführten Gewalttaten stehen zu den von Frauen begangenen in einem Verhältnis von 9:1.[97]

Einige Wissenschafter behaupten, dass Frauen sowie Weibchen anderer Primatenarten ebenso aggressiv seien wie Männchen, ihre Aggressivität jedoch bloß auf andere Art ausdrückten.

Tatsächlich streiten weibliche Primaten ständig um Nahrung und Raum. Eine Machtverschiebung innerhalb der Gemeinschaft kann ebenfalls zu unliebsamen Zusammenstößen führen, bei denen gedroht, verfolgt, getreten und gebissen wird. Die Weibchen schließen sich gegen andere zusammen und gehen häufiger als Männchen ohne Vorwarnung zum Angriff über. Ihre Angriffe dauern oft länger, sodass sich ihre Bisse und Tritte zu größeren Auswirkungen summieren. Und wenn es um den Schutz der Jungen geht, können Weibchen ausgesprochen kampflustig und unberechenbar sein.[98]

Dennoch sind die Männchen der meisten Primatenarten körperlich brutaler als die Weibchen. Ihre Kämpfe sind intensiver, und es kommt häufiger zu Verletzungen.[99]

Der Mann als Beschützer

»Es ist unfair, Männer für ihre Kampfeslust zu verurteilen. Immerhin haben sie diese Gewohnheit von der Natur übernommen«, schrieb der amerikanische Essayist Christopher Morley. Diese Bemerkung trifft zu: In der menschlichen Entwicklung lässt sich das Auftreten der männlichen Kampfbereitschaft leicht erkennen. Die urzeitlichen Männer waren zum Kampf gezwungen, wollten sie eine Frau für sich gewinnen. Danach mussten sie kämpfen, um die errungene Gefährtin gegen andere zu verteidigen. Unsere männlichen Vorfahren mussten zudem die Gemeinschaft in ihrer Gesamtheit verteidigen, wie es auch heute noch bei den Männchen der meisten Primatenarten der Fall ist.[100]

Man könnte sogar behaupten, dass Frauen für das kampfbereite Wesen der Männer teilweise verantwortlich sind. Immerhin wählten die urzeitlichen Frauen bevorzugterweise kriegerische Männer als Gefährten und gebaren deren Kinder.

Ein erstaunliches Beispiel bieten heute die Yanomami-Indianer im Regenwald Amazoniens. Die Männer bezeichnen sich selbst als *waiteri*, was so viel wie »wild« bedeutet. Im Falle von Auseinandersetzungen, wobei es sich üblicherweise um die Gunst einer Frau handelt, bekämpfen die Yanomami-Männer einander mit Keulen und Äxten. Ihre Wildheit zahlt sich aus. Ein Yanomami-Mann, der im Kampf siegt, zieht mehr Frauen und heimliche Geliebte an. Folglich zeugen Sieger etwa dreimal so viele Kinder wie Verlierer.[101]

»Mangel an Mut ist das Letzte, mit dem sich eine Frau bei dem Mann, den sie liebt oder von dem sie abhängig ist, zufrieden geben wird«, schrieb Joseph Conrad. Millionen Jahre lang wählten Frauen Männer, die sie schützen und versorgen konnten. Durch den unermüdlichen Prozess der natürlichen Auslese entwickelten Männer daher Ritterlichkeit und Kampfbereitschaft.

Die chemische Grundlage für den Kampfgeist

Die Natur schuf eine bemerkenswerte Kampfmaschine.

1995 untersuchten Ruben Gur und seine Kollegen 37 Männer und 24 Frauen in einem Gehirnscanner. Sie forderten sie auf, sich zu entspannen und keine geistigen Anstrengungen zu unternehmen. Natürlich ist es schwierig, an nichts zu denken. Die Scans dieser »untätigen« Gehirne enthüllten jedoch einen eindeutigen Unterschied zwischen den Geschlechtern. Bei Männern wurde mehr metabolische Aktivität in älteren, action-orientierten Gefühlszentren des Gehirns registriert. Bei Frauen wurde eine stärkere metabolische Aktivität im Gyrus cinguli verzeichnet, einer evolutionstechnisch jüngeren Gehirnregion, die für die Verarbeitung von Empfindungen zuständig ist und bei symbolischen Handlungen eine wichtige Rolle spielt. Gur leitete daraus ab, dass Frauen ihre Enttäuschung eher symbolisch, d.h. mit Worten ausdrücken, während Männer eher zu physischer Aggression neigen.[102]

Männer besitzen mit dem Hormon Testosteron eine weitere natürliche Kampfwaffe. Jahrhundertelang kastrierten Landwirte Hähne, Stiere und Hengste, um ihre Aggressivität einzudämmen. Wenn sich männliche Bodybuilder und andere Athleten Testosteron injizieren, erleben sie eine Art »Wutanfall«.[103] Ferner werden etwa die Hälfte aller Gewaltverbrechen in den USA von Männern unter 24 Jahren begangen. In diesem Alter befindet sich der Testosteronpegel auf dem Höhepunkt.[104]

Zwischen Testosteron und Aggressivität besteht eine komplizierte Beziehung. Auch ein Mangel an Testosteron kann Gewalttätigkeit auslösen. Verschiedene andere chemische Substanzen im Gehirn spielen bei der männlichen Kampfbereitschaft ebenfalls eine Rolle.[105] Durch Kindheitserfahrungen, Ausbildungsgrad, Karriere, religiöses Leben und eine Vielzahl von Umweltfaktoren wird die Kampfbereitschaft ebenfalls stimuliert, eingedämmt oder umgeleitet.[106] Der Grundbestandteil für den chemischen und sozialen Aggressionseintopf ist jedoch Testosteron. Bei Männern liegt der Gehalt an diesem männlichen Hormon zumindest um das Siebenfache über dem Wert der Frauen.[107]

Heute beträgt der Frauenanteil in den amerikanischen Streitkräften 15 Prozent. Diese Soldatinnen sind historisch betrachtet keineswegs einzigartig. Im Zweiten Weltkrieg stellte die Sowjetunion Frauen als Maschinengewehrschützen, Infanteriesoldaten und Kommunikationsexperten ein. Etwa acht Prozent der sowjetischen Soldaten waren weiblich. Im israelischen Unabhängigkeitskrieg von 1948 kämpften ebenfalls viele Frauen. Auf der ganzen Welt schließen sich Frauen seit Jahrhunderten dem Kampf um Unabhängigkeit und Freiheit an.[108]

Eine Untersuchung von 67 Gesellschaften – von traditionellen Kulturen bis industrialisierten Demokratien – ergab, dass 58 dieser Gesellschaften Frauen vollständig vom Krieg ausschließen. In den übrigen neun spielten Frauen eine untergeordnete Unterstützungsrolle.[109] Die meisten kehrten nach Hause oder zu ihrer Beschäftigung zurück, sobald der Frieden erreicht worden war.

Bereits lange bevor unsere Ahnen von den Bäumen herabstiegen, übernahmen Männer innerhalb der Gesellschaft die Rolle der Krieger. Meiner Ansicht nach werden sie auch weiterhin den Großteil der Soldaten und vermutlich den gesamten militärischen Führungsapparat stellen, selbst wenn sich innerhalb der Streitkräfte Veränderungen abzeichnen.

Die neue Armee

Neue Technologien verändern zahlreiche Aspekte der Kriegführung. Das stark von digitaler Kommunikation, satellitengesteuerten Raketen, radarresistenten Stealthflugzeugen und computergespeicherten Datenbeständen abhängige Kampfgeschehen ebenso wie Manöver im Weltall könnten zu einer Verringerung der Zahl der Infanteristen, Fahrzeuge und Nahkämpfe führen. Selbst Panzer und Gewehre könnten der Vergangenheit angehören, sobald eine hoch entwickelte Militärmaschinerie zentrale Computersysteme, Finanzzentren und Luftfahrtkontrolleinrichtungen gegen den Feind einsetzt. Computer könnten sogar die Befehle erteilen: »Feind wählen; Waffe einlegen; zerstören.«[110]

Diese Neuerungen könnten dazu führen, dass die Körperkraft und die Neigung zu physischer Aggressivität für zahlreiche Arten militärischer Operationen an Bedeutung verliert und sich dadurch in verschiedenen Kampfformen Möglichkeiten für Frauen eröffnen.

Mir fällt es jedoch schwer zu glauben, dass der Nahkampf jemals wirklich überflüssig wird. Bei den Konflikten der absehbaren Zukunft könnte es sich um Bürgerkriege kleineren Ausmaßes, ethnische Auseinandersetzungen in unruhigen Ländern und gelegentliche, von den Vereinten Nationen sanktionierte Strafoperationen gegen Aggressoren, wie etwa im Krieg gegen den Irak 1991, handeln. Wenn fremde Kräfte als Friedensstifter oder Überwacher von Waffenstillständen involviert werden, müssen die für den Kampf geschulten Bodensoldaten bereit sein, zu töten oder getötet zu werden. Dies ist die ursprüngliche Aufgabe der Männer.

Zur Zeit untersuchen die amerikanischen Streitkräfte die Vor- und Nachteile, die sich aus einem Ersatz eines Teils der unbeweglichen, zentralisierten Strukturen durch flachere Organisationskomponenten ergeben würden. Dazu wäre es notwendig, einige der mittleren Rangebenen abzuschaffen und Einheiten zu errichten, deren Teams einen weniger hierarchischen Aufbau haben.[111] Derartige Veränderungen in der Organisationsstruktur könnten mehr Frauen bewegen, sich der Armee anzuschließen.

Sind die Streitkräfte imstande, sich zu restrukturieren? Die Politiktheoretiker Francis Fukuyama und Abram Shulsky argumentieren, dass in der Geschichte flachere, weniger hierarchisch aufgebaute

Militärstrukturen üblich waren.[112] Da in den vergangenen Jahrhunderten der Informationsaustausch zwischen den einzelnen militärischen Organisationen mangelhaft war, sahen sich die Anführer gezwungen, jeder Kampfeinheit einen gewissen Grad von Unabhängigkeit zuzugestehen. Den beiden Analytikern zufolge entstand der heute in westlichen Gesellschaften übliche, umfangreiche hierarchische Armeeführungsapparat im 19. Jahrhundert – gleichzeitig mit dem hierarchischen System in den Fabriken.

Fukuyama und Shulsky sind der Ansicht, dass moderne militärische Institutionen allmählich einen gewissen Grad an Dezentralisierung, eine flachere Organisationsstruktur und mehr Einheiten einführen werden, die einen geringeren hierarchischen Aufbau aufweisen. Diese Veränderungen könnten für Frauen neue Anreize bringen.

Eine zentralisierte Befehlskette ist jedoch bei vielen heutigen Militäroperationen, insbesondere im Fall der Zusammenarbeit mit großen Industrienationen nach wie vor lebenswichtig. Und die Zeiten des aggressiven Bodenkriegs sind keineswegs vorüber. Die Berufschancen von Frauen in der Armee könnten sich bis zu einem gewissen Grad erweitern, meiner Ansicht nach wird jedoch der militärische Sektor auch weiterhin eine Hochburg der Männer bleiben.

Werden Frauen am Arbeitsplatz jemals eine Gleichstellung mit Männern erreichen?

»Gleichstellung am Arbeitsplatz« kann vieles bedeuten. Diese Aussage hat ihre Tücken. Was Einkommensgleichheit anbelangt, werden Frauen in vielen Kulturen und Wirtschaftssektoren schlussendlich eine gleiche Bezahlung für gleiche und sogar für »vergleichbare« Arbeit erzielen. Ich nehme jedoch nicht an, dass sich Männer und Frauen für dieselbe Art von Arbeit entscheiden werden.

In sämtlichen traditionellen Gesellschaften übernehmen Männer die körperlich anstrengenderen und gefährlicheren Arbeiten und innerhalb der Gemeinschaften einen Großteil der Beschützer- und Führungsfunktionen.[113] Frauen wenden mehr Zeit für die Pflege und Erziehung der Kinder und die Betreuung von älteren und kranken Menschen auf. Diese Arbeitsaufteilung nach Geschlechtern wurde zum Kennzeichen der Menschheit[114], an der sich bis heute nichts geändert hat.[115]

Heute sind in den USA über 95 Prozent des Pflege- und Unterrichtspersonals in Kinderkrippen und Kindergärten Frauen. Die überwiegende Mehrzahl der Krankenpfleger, Sekretäre, Diätspezialisten, Schneider, Buchhalter, Bankkassierer, Wirtschafter, Physiotherapeuten und Angestellten an Informationsschaltern ist ebenfalls weiblich.[116]

Von den Vereinten Nationen durchgeführte Untersuchungen bestätigen, dass Frauen auch in vielen anderen Industriegesellschaften zu Kinderpflege, Krankenpflege, Unterricht, Verkauf, Büroarbeiten und Dienstleistungen tendieren.[117]

Männer erledigen noch immer die manuellen Arbeiten. Mehr als 95 Prozent der amerikanischen Müllmänner, Lastentransporteure, Arbeiter auf Ölbohrstellen, Dachdecker, Pflasterleger und Maurer sind Männer.[118] Männer ziehen Berufe vor, die ein hoch entwickeltes räumliches und technisches Verständnis erfordern. 96 Prozent aller Mechaniker und 97 Prozent aller Zimmerleute, Bauarbeiter und LKW-Fahrer sind männlich. Berufe wie Elektriker, technischer Zeichner, Geodät, Flugzeugpilot und Navigator sind in den USA fest in männlicher Hand. Achtzig Prozent aller Architekten und mehr als neunzig Prozent aller Arten von Technikern sind Männer. Ihnen fällt auch nach wie vor die Rolle des Beschützers zu. 97 Prozent der Feuerwehrleute und nahezu neunzig Prozent der Polizisten sind männlich.[119]

In Europa und anderen Industrienationen zieht es Männer ebenfalls zu schwerer körperlicher Arbeit und technischen Berufen.[120]

Bis zu einem gewissen Grad bricht diese geschlechterspezifische Unterscheidung auf dem amerikanischen Arbeitsmarkt allerdings zusammen. Männer widmen sich zunehmend der Krankenpflege und der Arbeit in Bibliotheken, während Frauen häufiger Berufe ausüben wie Techniker, Architekt, Priester, Unternehmensdirektor und Leistungssportler. Eine ausgeglichene Aufteilung zwischen Männern und Frauen findet sich heute bei Verkäufern, Tierpflegern, Vertretern, Barkeepern, Public-Relations-Fachleuten, Verlegern, Reportern, Wirtschaftswissenschaftlern, Immobilienmaklern, Wirtschaftsprüfern und Biologen.

Innerhalb dieser Berufe folgen die Geschlechter jedoch nach wie vor unterschiedlichen Wegen. So verkaufen beispielsweise mehr Frauen Kosmetika, während Männer technische Geräte verkaufen. Die Mehrzahl der Modejournalisten sind Frauen, die Mehrzahl der Wirtschaftsjournalisten Männer. Im Nonprofit-Bereich neigen Männer eher zu

Aufgaben in Organisationen, die sich mit internationalem Handel, Entwicklung und Wirtschaft befassen, während sich Frauen Institutionen anschließen, die sich auf soziale Dienstleistungen und Ausbildung konzentrieren. Nur ein äußerst geringer Anteil aller Berufe ist heute geschlechterneutral.[121]

Verschiedene Faktoren tragen zu dieser geschlechterspezifischen Trennung bei, etwa die Einstellungspolitik von Managern und Arbeitgebern, die Auswahl der Angestellten, die Aufteilung von Aufgaben, die Positionierung von Arbeitnehmern innerhalb des Büros und die Wahl der Kandidaten für Schulungen und Beförderungen. All diese Einzelentscheidungen können die traditionellen Geschlechterrollen stärken. Die meisten männlichen und weiblichen Arbeitssuchenden akzeptieren bereitwillig traditionelle Laufbahnen und streben sie sogar an.[122]

Ihre Wahl ist teilweise auf die geschlechterspezifischen Unterschiede im Gehirn von Männern und Frauen zurückzuführen.

Gehirnorganisation und Berufswahl

Um die Beziehung zwischen Gehirnstruktur und Beruf zu untersuchen, entwickelten der Psychologe Ernest Govier und seine Kollegen einen genialen »zweigeteilten Hör-Test«.[123] Die Testperson trägt einen Stereokopfhörer, über den unterschiedliche, bedeutungslose Silben, wie *dak* und *gak*, simultan erklingen. Sie wird aufgefordert, sich beide Signale anzuhören und zu berichten, was sie gehört hat.

Der springende Punkt des Experiments ist folgender: Im Allgemeinen hören die Menschen mit dem rechten Ohr genauer, da dieses direkt mit der linken Gehirnhälfte verbunden ist, in der ein Großteil der Sprachverarbeitung stattfindet. Klänge, die mit dem linken Ohr aufgenommen werden, wandern erst in die rechte Gehirnhälfte, kehren dann über eine Schlinge in die Sprachregionen der linken Hemisphäre zurück und verursachen dabei Hörfehler. Daher neigt der Mensch dazu, das rechte Ohr zu bevorzugen.

Bei Frauen wird das rechte Ohr weniger bevorzugt, da ihre Sprachverarbeitungszentren gleichmäßiger über beide Gehirnhälften verteilt sind. Dank dieses Unterschieds kann der Test feststellen, wessen Gehirn eher wie das eines Mannes und welches eher wie das einer Frau ausgebildet ist.

Die Forscher entdeckten, dass die meisten Männer und Frauen in typischen Männerberufen, wie Zimmermann, Bauarbeiter und Taxifahrer, ein »männlich organisiertes« Gehirn besitzen. Die meisten Männer und Frauen in typischen Frauenberufen, wie Krankenpfleger, neigen zu einem »weiblich organisierten« Gehirn.[124] Diese und verschiedene andere Untersuchungen untermauern die Theorie, dass die Berufswahl eines Menschen häufig mit dem Grad der Verweiblichung oder Vermännlichung seines Gehirns zusammenhängt.[125]

Der Hormonspiegel scheint ebenfalls in einer Beziehung zur Berufswahl zu stehen. Männer mit einem hohen Testosterongehalt gehören häufiger dem Arbeiterstand an, während Männer mit einem mittelhohen Testosteronspiegel eine längere formelle Ausbildung erwerben und zu Angestellten oder computerkundigen höheren Mitarbeitern aufsteigen.[126] Frauen, die eine hohe Dosis pränatalen Testosterons erhalten haben, tendieren seltener zur Heirat, gebären weniger Kinder, betrachten Karriere als bedeutender, entscheiden sich häufiger für von Männern dominierte Berufe und erreichen ranghöhere Positionen.[127]

In keinem anderen Bereich wird die Beziehung zwischen Geschlecht und Beruf deutlicher als in Naturwissenschaft und Technik. Eine Untersuchung von Männern und Frauen in 45 Ländern ergab, dass Männer generell bessere Leistungen bei räumlichen Aufgaben erbrachten und höhere Punktzahlen in naturwissenschaftlichen und technischen Tests erzielten.[128] So ist es kein Zufall, dass Männer weltweit in Berufen in den Bereichen Physik, Computerwissenschaft, Mathematik und Technik dominieren.[129]

Die zweistufige Wirtschaft

Da sich die meisten Frauen im Vergleich zu Männern stärker für Kindererziehung und persönliche Kontakte interessieren als für Rang und Ansehen, enden sie häufiger in Berufen und Positionen, die schlechter bezahlt werden. Sie entscheiden sich auch öfter für Teilzeitarbeit. Aus dieser Situation entsteht das, was Wirtschaftsfachleute als »zweistufige Wirtschaft« bezeichnen. Ein lebhaftes Beispiel dafür liefern die Bereiche Medizin und Rechtswissenschaft.

In den USA gibt es mehr männliche Ärzte in den Spitzenpositionen der Medizin, die sich den hoch technologisierten, hoch bezahlten Sparten widmen oder in den Krankenhäuser die lukrativen Verwaltungsposten einnehmen. In den schlechter bezahlten Rängen finden sich überwiegend Ärztinnen, die sich mit der praktischen Krankenpflege befassen und weniger Stunden arbeiten, um ihre Kinder erziehen zu können.[130] Ähnliches ist in Russland und Westeuropa zu beobachten.

Dieselbe zweistufige Struktur bildet sich auch in der Rechtswissenschaft. Die meisten Rechtsanwälte beginnen ihre Karriere mit gleicher Bezahlung. Im Verlauf der Jahre verdienen Männer jedoch mehr.[131] Teilweise ist das darauf zurückzuführen, dass weibliche Rechtsanwälte die lukrativen Großkanzleien nach einigen Jahren verlassen, um in einer kooperationsbereiteren Umgebung mit flexibler Arbeitseinteilung zu arbeiten oder um ihre Kinder zu erziehen.[132] Männliche Rechtsanwälte arbeiten häufig sieben Tage pro Woche und opfern oder vernachlässigen ihr Familienleben, um voranzukommen.

Die Tendenz zu einer zweistufigen Wirtschaft zeigt sich auch in Dänemark, Schweden, England, Russland und dem ehemaligen Ostdeutschland.[133] In diesen Gesellschaften bieten sich beiden Geschlechtern dieselben Möglichkeiten in Ausbildung und Wirtschaft. Die Frauen neigen jedoch zu den »Hilfsberufen«, während die Männer in den lukrativeren technischen Bereichen und den ranghohen Führungspositionen dominieren.[134] Gleichzeitig erhalten Frauen auf der ganzen Welt eine geringere Bezahlung.[135]

Dass diese zweistufige Wirtschaft vermutlich bestehen bleibt, bedeutet nicht, dass sie den Männern ausschließlich Vorteile bringt. Frauen enden an den schlechter bezahlten Arbeitsplätzen, während Männer die gefährlicheren Jobs übernehmen, häufig unter schlechteren Bedingungen arbeiten und körperlich stärker gefordert werden, wie etwa beim Tiefseefischen, auf der Baustelle oder bei der Arbeit als Polizist.[136] Unter den Menschen, die bei der Ausübung ihrer Arbeit sterben, finden sich zu neunzig Prozent Männer.[137]

Die innere Stimme

»Die Natur täuscht sich normalerweise«, meinte der große amerikanische Maler James McNeill Whistler, der die Welt als unvollkommen betrachtete.

Richtig oder falsch, die Natur ist Wirklichkeit – und die menschliche Natur übt nach wie vor Einfluss auf den Beruf aus. Ungeachtet der von

Regierung und Unternehmenswelt bewirkten Veränderungen, die auf gleiche Chancen für beide Geschlechter in jedem erwünschten Beruf abzielen, landet weltweit die überwiegende Mehrzahl der Männer und Frauen – aufgrund eigener Wahl – in denselben Sparten, in denen bereits ihre männlichen und weiblichen Vorfahren tätig waren. Das urzeitliche Verlangen flüstert noch immer als innere Stimme.

Die Welt verändert sich jedoch in einer Weise, die die von Frauen angestrebten Tätigkeitsbereiche bevorzugt. Das U. S. Bureau of Labor Statistics sagt voraus, dass die stärkste Zunahme an Arbeitsplätzen in den folgenden Bereichen stattfinden wird: Dienstleistungen für Unternehmen, Kinderbetreuung, Gesundheitsdienste, computergestützte Datenverarbeitung, stationäre Pflege und Einzelhandel.[138] In all diesen Branchen dominieren Frauen.[139] In der Medizin, der Rechtswissenschaft, den Ausbildungsinstitutionen, der Kommunikationsindustrie und dem Dienstleistungssektor machen Frauen ebenfalls große Fortschritte. Einigen gelingt es sogar, in der traditionellen Unternehmenswelt, der Regierung und der Armee die höchsten Ränge zu erreichen.

Peter Drucker und viele andere Wirtschaftstheoretiker betrachten Information und Wissen als die bedeutendsten Werte für die Zukunft. Wie mir scheint, sind Frauen hervorragend dafür ausgestattet, diese Art von Währung zu erwerben und in Macht umzuwandeln.

Viele Frauen befinden sich heute in Führungspositionen. Besonders deutlich zeigt sich dies in der Zivilgesellschaft. In der rasch wachsenden Welt der Nonprofit-Institutionen haben Frauen lokale, nationale und internationale Foren gefunden, um ihre Ansichten zu bedeutenden Themen zum Ausdruck zu bringen. Ihr Einfluss wird auch weiterhin zunehmen. Der ungarische Präsident Árpád Göncz formulierte es folgendermaßen: »Zivile Initiativen werden allmählich zu einer Weltmacht.«[140]

»Ein Führer ist ein Verkäufer von Hoffnung«, meinte Napoleon Bonaparte einst. Dank ihrer herausragenden Fähigkeiten im Umgang mit Menschen, ihres Mitgefühls, ihrer Neigung zu vernetztem Denken und ihrer Gabe zur Zusammenarbeit im Netzwerk werden weibliche Führungskräfte in der Zivilgesellschaft Kindern, Minoritäten, Benachteiligten, Kranken, alten Menschen und anderen Frauen Hoffnung bringen. Und sie werden ihre Aufmerksamkeit weit reichenden gesellschaftlichen und Umweltproblemen widmen – Belange, die den weiblichen Verstand beschäftigen.

KAPITEL 7

Die Zukunft gehört den Frauen
Wie Frauen die Geschäftswelt verändern

Habe, Herz, kein Mitleid mit diesem Haus aus Knochen:
Schüttle es im Tanz, reiß es vor Freude nieder.
Niemand hat ein Anrecht darauf; es ist dein.
Verschenke es, versteigere es, zerstöre es.

EDNA ST. VINCENT MILLAY

»Eine Berührung der Natur macht die ganze Welt zu Verwandten«: Shakespeare schätzte die tiefe Ähnlichkeit, die uns menschliche Wesen verbindet. Und doch hat die Natur mit der Frau und dem Mann in groben Zügen zwei Arten von Menschen geschaffen und jeder leicht unterschiedliche Fähigkeiten, Neigungen und Talente verliehen.

Frauen besitzen eine Gabe für Worte, die Fähigkeit, die Haltung, Gesten, Gesichtsausdrücke und Tonfälle der Menschen zu »lesen«, eine fein abgestimmte Intuition, eine ausgeprägte Fantasie, Geduld, die Fähigkeit, Gefühle auszudrücken, eine besondere Empathie, den Drang, für Kinder, Verwandte und die Gemeinschaft zu sorgen, das Talent, gleichberechtigte Beziehungen zu anderen zu errichten, Freude an der Arbeit im Netzwerk, eine Verhandlungseinstellung, die ausschließlich Sieger kennt, geistige Flexibilität, einen breiten, kontextuellen, langfristigen Zugang zu Problemen und Entscheidungen. Während Frauen über Jahrtausende hinweg ihrer Arbeit nachgingen und ihre Gefährten wählten, gruben sich all diese Fähigkeiten in ihre Physiologie ein.

Männer haben ebenfalls viele natürliche Talente. Die Welt verändert sich jedoch in einer Weise, die die natürlichen Gaben der Frauen begünstigen wird.

Heute werden Fernseh- und Radiosendungen zu Millionen Menschen auf der ganzen Welt übertragen; der Äther benötigt Menschen mit sprachlichen Fähigkeiten – eine anerkannte Stärke der Frauen. Je mehr Menschen lesen und schreiben lernen, desto mehr kaufen Zeitungen, Bücher und Zeitschriften. Frauen werden in der wachstumsstarken Medienbranche die Reihen der Herausgeber, Autoren, Journalisten und Fachbuchautoren aufstocken. Urlauber, die um die ganze Welt reisen, und Unternehmer, die in fremden Gefilden Geschäftsstellen gründen, benötigen Frauen als Übersetzer, Dolmetscher, Reisekauffrauen und »Kulturmakler«.

Traditionelle Betriebe dezentralisieren, lösen sich von streng hierarchischen Bürostrukturen und bilden Personalnetzwerke auf der Grundlage gleichberechtigter Teams. Frauen können ihre besonderen Fähigkeiten nutzen, um diese Büronetzwerke zu errichten und zu unterhalten. Hybridorganisationen entstehen und bieten flexible Arbeitsbedingungen. Frauen werden sich diesen Unternehmen zuwenden, um Arbeit und Familie in einem guten Gleichgewicht miteinander zu verbinden. Der Arbeitsmarkt wird zudem mehr freiberufliche Mitarbeiter einstellen. Frauen selbst gründen mehr Kleinunternehmen mit hohen Erfolgschancen. Im Zeitalter des freien Unternehmertums werden viele dieser klugen, unabhängigen Frauen erfolgreich ihren Weg finden.

Das Gesundheitssystem verändert sich. Viele Menschen wollen heute die hoch entwickelten westlichen Techniken der Medizin mit persönlicherer, individueller Behandlung sowie Präventivmedizin und alternativen Heilmethoden ergänzen. Dies sind Bereiche der Medizin, in denen Frauen häufig dominieren. Mit der zunehmenden Überalterung der Weltbevölkerung steigt überall der Bedarf an verschiedenartigsten Gesundheitsdiensten, und Frauen besitzen eine besondere Gabe für die Pflege älterer Menschen.

Durch ihre sprachlichen und sozialen Fähigkeiten sowie ihr Mitgefühl und ihren ausgeprägten sozialen Blick erwerben sich Frauen eine mächtige Position in aufstrebenden Rechtsberufen. In unserer prozesssüchtigen Welt bieten Schiedsgerichte und Vermittlungsstellen eine beliebte Alternative zu teuren Gerichtsverfahren. Da Frauen ausschließlich Sieger kennen und über ausgezeichnete »menschliche« Fähigkeiten verfügen, füllen sie diese aufbrechenden Karrierenischen in steigendem Maß.

Die Grundschul- und Realschulausbildung war immer und wird auch weiterhin eine Hochburg der Frauen sein. Da Frauen zudem die Ausbildungskluft zu Männern schließen, tritt heute eine größere Anzahl von

Frauen in den Lehrkörper von Colleges und Universitäten ein. Und weil stets mehr Menschen eine fundierte Ausbildung benötigen, um einen guten Arbeitsplatz zu erringen oder zu behalten, und auch aus reinem Vergnügen weiterbildende Kurse besuchen, wächst die Zahl der Ausbildungseinrichtungen für Erwachsene stark an. Viele Menschen werden nach Kursleitern suchen, die imstande sind, Informationen klar und fantasievoll weiterzugeben – größtenteils Frauen.

Der Staat, das altehrwürdige Reich der Männer, wird allmählich durch eine neue Form der Anführerschaft ergänzt: die Gesamtheit der Nonprofit- und regierungsunabhängigen Organisationen, aus denen sich die Zivilgesellschaft zusammensetzt. Die meisten dieser Organisationen »denken« wie Frauen. Sie nehmen bei der Lösung komplexer sozialer Probleme eine langfristige, kontextuelle Betrachtungsweise an und stützen sich bei der Unternehmensführung auf eine Struktur, die weniger Rangunterschiede und Hierarchien kennt. Diese Vereinigungen benötigen die besonderen Fähigkeiten der Frauen im Umgang mit Menschen, ihre Neigung zur Arbeit im Netzwerk, ihre holistische Betrachtungsweise des Lebens und ihre fürsorgliche Einstellung den Menschen, der Gesellschaft und der Umwelt gegenüber.

Je mehr Frauen in den Arbeitsmarkt eintreten und in Machtpositionen aufsteigen, desto mehr berufliche Möglichkeiten ergeben sich für weitere Frauen. Zahlenmäßig übertreffen Frauen Männer bereits im Dienstleistungssektor, in dem sie in zunehmendem Maß einen Arbeitsplatz finden. Während die Zahl der Frauen in nahezu jedem Bereich des Arbeitsmarktes steigt, nimmt der Anteil der Männer an den Gesamtarbeitskräften in nahezu allen Teilen der Welt ab.[1] Dies ist kein Grund zum Jubeln, sondern zeigt lediglich auf, dass der Weltarbeitsmarkt an diesem Punkt der Menschheitsgeschichte die Fähigkeiten und das Temperament der Frauen – ebenso wie das der Männer – benötigt.

Die demographischen und biologischen Kräfte nähern sich einander an

Zwei seltsamerweise verwandte Phänomene werden die wirtschaftliche Gleichstellung der Frauen mit den Männern fördern.

Nach dem Zweiten Weltkrieg verwandelte sich die industrialisierte Welt in eine einzige große Wiege. Ein Hoch auf den internationalen

Babyboom! Diese Babyboom-Generation erreicht jetzt die Lebensmitte. Viele Anthropologen sind der Ansicht, dass Frauen aus verschiedensten Kulturkreisen und Regionen der Welt im mittleren Lebensalter an Entschlossenheit gewinnen.

Wenn diese Flutwelle gut ausgebildeter, erfahrener Babyboom-Frauen mittleren Alters in die Machtpositionen der Unternehmenswelt, der Kommunikationsindustrie, des Erziehungswesens, des Dienstleistungssektors, der Rechtsprechung, der Medizin und der Zivilgesellschaft aufsteigt und einige wenige sogar die höchsten Posten in Regierung und Armee erringen, werden sie den historischen Trend zu wirtschaftlicher und sozialer Gleichstellung zwischen den beiden Geschlechtern beschleunigen.

Simone de Beauvoirs Vorhersage bewahrheitet sich. Sie war davon überzeugt, dass die urzeitlichen Frauen und Männer eine grobe Form von Gleichberechtigung kannten, dass sich diese wirtschaftliche und soziale Gleichstellung durch die vor einigen zehntausend Jahren stattfindende Landwirtschaftliche Revolution auflöste und dass der Tag kommen würde, an dem wirtschaftliche Kräfte Frauen befähigen, ihren Status als »zweites Geschlecht« abzulegen. Dies geschieht heute. Die Frauen unserer modernen Industriegesellschaften fordern die wirtschaftliche Macht und den sozialen Einfluss zurück, den ihre weiblichen Vorfahren vor einer Million Jahren besaßen. In einigen bedeutenden Bereichen der Wirtschaft werden Frauen sogar zum ersten Geschlecht.

In diesem Kapitel beschreibe ich die Reise der Frauen über einen Zeitraum von Millionen Jahren, von ihrem Leben auf den Ebenen des urzeitlichen Afrikas über ihren wirtschaftlichen Abstieg durch das Aufkommen der Landwirtschaft bis zur Rückeroberung der Gleichstellung mit den Männern in unserer heutigen Welt. Ich erläutere die in anderen Kulturen herrschende Haltung gegenüber der Menopause und erkläre, warum die Welle der postmenopausalen Babyboom-Generation den Wiederaufstieg der mächtigen Frauen beschleunigen wird. Ferner verweise ich auf das Wahlverhalten von Frauen und stelle die Behauptung auf, dass es im Zuge der Überalterung der Weltbevölkerung bedeutende Auswirkungen auf Themen, die Wahlen selbst und die Politik der Regierungen ausüben wird. Zu guter Letzt stelle ich Vermutungen über die Veränderungen an, die Frauen in der zukünftigen Wirtschaftswelt auslösen werden.

Die Gleichstellung von Mann und Frau in der Urzeit

»Oh, welche Macht schenken uns die Mächtigen, dass wir uns so sehen, wie andere uns wahrnehmen!« Der Dichter Robert Burns hatte eine Laus beobachtet, die auf dem Häubchen einer stolzen, elegant gekleideten Frau im Kirchenstuhl vor ihm umherkroch. Während das Ungeziefer seinen Weg zur Spitze des Huts der ahnungslosen Frau fortsetzte, dachte er über das Geschenk der Selbsterkenntnis nach.

Wie schwierig ist es, liebevoll gehegte Vorstellungen von uns und anderen zu verwerfen. Besonders schwierig scheint das zu sein, sobald Wissenschaftler und Laien über das Thema Frauen, Männer und Macht nachdenken. »Dies ist eine Männerwelt.« Seit die Pilgerväter in Plymouth Rock gelandet sind, haben viele Amerikaner diesem Ausspruch Glauben geschenkt. Und doch entspricht er nicht der Wahrheit. Ehe sich die Europäer über die ganze Welt ausdehnten und ihre Ansicht, dass Frauen von Natur aus Männern unterlegen seien, verbreiteten, besaßen Frauen in vielen Gesellschaften wirtschaftliche und gesellschaftliche Macht.

Aus nächster Nähe erkannte ich dies erstmals im Alter von 22 Jahren. Gegen Ende meiner Collegeausbildung bot mir Stan Freed, Anthropologe und Direktor des American Museum of Natural History in New York, einen Job bei Forschungsarbeiten unter den Navajo-Indianern im Südwesten der Vereinigten Staaten an. Nach Abschluss meiner Ausbildung flog ich nach Denver, kaufte mir für dreihundert Dollar einen heruntergekommenen Chevrolet und fuhr zur Niederlassung Pine Springs in der Nähe von Window Rock in Arizona. Ich hatte noch nie einen amerikanischen Ureinwohner gesehen und war noch nie weiter in den Westen vorgedrungen als bis Philadelphia.

In meiner ersten Woche bei einer Navajo-Familie fand ich heraus, dass meine Navajo-»Mutter« für das Abendessen sorgte. Mabel Meyers besaß Schafe und Rinder, die aus einem Raum bestehende Blockhütte mit ihrem bauchigen Herd, einen Tisch mit Kunststoff beschichteter Tischplatte, zwei große Messingbetten und ein kleines Fertighäuschen für den Sommer, das etwas entfernt in der weiten Wüste aus Salbei und Kiefern stand. Mabel sammelte Wildblumen, um daraus Färbemittel zuzubereiten, spann Wolle von ihren eigenen Schafen und webte kleine Navajo-Decken, die sie in Gallup in New Mexico verkaufte. Sie erzog ihre fünf Kinder als allein stehende Mutter. In den vielen Monaten, die ich mit ihr und ihrer Familie lebte, kann ich mich jedoch keines einzigen Augenblicks erinnern, in dem jemand aus der Gemeinschaft auf sie als allein stehende Mutter oder Alleinverdienerin hinabgeblickt hätte.

Die Navajos gehören zu den etwa 15 Prozent aller menschlichen Gesellschaften, die ihre Abstammung anhand der weiblichen Linie zurückverfolgen. Üblicherweise erbt die Navajo-Frau den Großteil des Familienbesitzes und gibt ihren Clan-Namen an ihre Kinder weiter. Diese Frauen diagnostizieren zudem Krankheiten, wofür sie mit den Göttern in Kontakt treten müssen, und schreiben die geeigneten spirituellen Rituale für die Heilung vor.[2] Der mächtigste Gott ist weiblich und trägt den Namen »die sich verändernde Frau«. Die Navajo-Männer stehen den lokalen Ratsversammlungen vor und vertreten die Navajo-Nation gegenüber der amerikanischen Regierung. Die Frauen der Navajos verfügen jedoch über beträchtliche Besitztümer und spirituelles Wissen, Güter, die sie verschenken oder verkaufen können. Jahrhundertelang genossen sie auf diese Weise große wirtschaftliche und gesellschaftliche Macht.

»Schenken ist die höchste Ausdrucksform von Macht«, schrieb Erich Fromm. Dies trifft auf die ganze Welt zu. Wo Frauen das Land, das Vieh oder die Fischereirechte besitzen, einen besonderen Service bieten, wie etwa Bier erzeugen, Krankheiten heilen oder Kontakt mit der übernatürlichen Welt herstellen, nutzen sie ihre Ressourcen und Fähigkeiten, um Freundschaften aufzubauen, Informationen auszutauschen, Bündnisse zu schließen und Bande zu knüpfen, die ihnen Macht und Ansehen verleihen.[3] Vor dem Auftreten der Europäer genossen Frauen in vielen traditionellen Kulturen wirtschaftlichen und gesellschaftlichen Einfluss.

Gewehre, Religion und die Unterdrückung der Frauen

»Die Verbreitung des westlichen Kolonialismus mit seinen westlichen Gewohnheiten und Einstellungen gegenüber Frauen hat die Rolle der Frauen in einheimischen Gesellschaften so stark beeinflusst, dass Frauen in nahezu allen Regionen der Welt an Bedeutung verloren.« Die Anthropologin Naomi Quinn fasst hier eine Ansicht zusammen, der sich viele andere Anthropologen anschließen.[4]

Bevor Kolumbus auf den karibischen Inseln landete, französische Missionare in Ruderbooten in die großen Seen Nordamerikas vorstießen, James Cook in Tahiti an Land ging und die Europäer nach Afrika, Australien, Amazonien und in die Arktis vordrangen – und ihren Gott, ihre Waffen und ihre Ansichten über die Geschlechter mitbrachten –, besaßen die Frauen in vielen eingeborenen Gesellschaften wertvolle Güter und Kenntnisse, mit denen sie Handel treiben oder die sie verschenken konnten.

Die Frauen der Hopi- und Schwarzfuß-Indianer, der Irokesen und der Algonkin Nordamerikas stellten eine wirtschaftliche Macht dar. Die Frauen der Pygmäen im Kongo waren ebenso einflussreich wie die Semang-Frauen der malaiischen Halbinsel, die Frauen Polynesiens, der Trobriand-Inseln und die Frauen in Teilen der Anden, Afrikas und des karibischen Gebietes. In vielen traditionellen Jäger-und-Sammler-Kulturen und »Gartenbau-Gesellschaften« besitzen Frauen beträchtliches wirtschaftliches und gesellschaftliches Ansehen.[5]

Ein gutes Beispiel sind die Tlingit-Indianer im Südosten Alaskas. Die Anthropologin Laura Klein von der Pacific Lutheran University ist eine Expertin auf dem Gebiet Frauen und Macht in einheimischen Gesellschaften und lebte mehrere Jahre mit diesen Menschen. Sie zitiert einen Händler, der um 1880 mit ihnen Geschäfte machte und folgende Aufzeichnung hinterließ: »Kein Handel wird abgeschlossen und keine Expedition ausgeschickt, ohne erst den Rat der Frauen einzuholen.«[6]

»Ein Geschenk, und sei es auch klein, ist wertvoll.« Millionen Jahre, ehe Homer diese Worte niederschrieb, waren sich Frauen dieser Tatsache bereits bewusst. Anhand des Studiums der Lebensgewohnheiten heutiger Jäger-und-Sammler-Völker gelangten Anthropologen zu der Überzeugung, dass urzeitliche Frauen ihre älteren Kinder unter der Obhut ihrer Verwandten zurückließen, sich »zur Arbeit meldeten« und mit den von ihnen gesammelten Früchten und Gemüsen regelmäßig etwa achtzig Prozent des Mahls bereitstellten.[7] Nüsse, Melonen, wilde Zwiebeln, Pflaumen, ein Hase oder eine Schildkröte, Vogeleier, Krabben oder ein Stück einer unendlich wertvollen Honigwabe gehörten zu den Grundnahrungsmitteln und Leckereien, mit denen die Frauen in das Lager zurückkehrten. Darüber hinaus brachten sie Informationen über die besten Frischwasserstellen und die Aufenthaltsorte von Gazellen und anderen wilden Tieren mit.

In der gesamten Urzeit war die »Zweiverdienerfamilie« an der Tagesordnung. Frauen besaßen Güter und Wissen, welche sie gegen Macht

und Ansehen eintauschen konnten. Wissenschaftler vieler Fachgebiete stimmen heute überein, dass unsere jagenden und sammelnden Vorfahren in nahezu gleichberechtigten Verbänden zusammenlebten.[8] Die ursprüngliche menschliche Lebensweise basierte auf Verschiedenartigkeit und Gleichberechtigung.
Dies sollte sich ändern.

Der Pflug – Totengeläut für Frauen

Ihren gleichberechtigten Status mit Männern behielten Frauen über viele Jahrtausende bei – er erlebte die Auswanderung der Menschheit aus Afrika, den Rückgang der weiten Tundren und die großen Herdenzüge durch Europa und Asien, das Wachstum moderner Wälder aus Eichen- und Ahornbäumen und die starke Zunahme kleinerer, einzeln lebender Tiere wie Rehe, Wildschweine und Bären. Der verheerenden Auswirkung einer durch die Landwirtschaft aufgekommenen völlig neuen Lebensweise hielt die gesellschaftliche Gleichstellung der Geschlechter jedoch nicht stand.

Um 9000 v. Chr. siedelten sich Männer und Frauen auf den Abhängen und in den Bergtälern oberhalb der Flußebenen von Euphrat und Tigris im heutigen Mittleren Osten an. Um 8000 v. Chr. domestizierten sie zunächst Weizen, dann Gerste, Kichererbsen, Linsen, Weintrauben, Oliven, Schafe, Schweine, Ziegen, Rinder und andere Tiere und Pflanzen.[9] Die meisten Anthropologen sind der Ansicht, dass die ersten Landwirte Frauen waren. Mit einem primitiven Grabstock oder einer Hacke pflanzten sie essbares Saatgut und pflegten die Felder. Auch heute noch widmen sich Frauen in vielen Gartenbau-Gesellschaften unserer Tage dieser Aufgabe. In den Gesellschaften der Vergangenheit genossen Frauen für diese Tätigkeit oft ein beträchtliches soziales Ansehen.

Doch dann wurde im 4. Jahrtausend v. Chr. auf einem sumerischen Siegel ein primitiver Pflug abgebildet.[10] Der Pflug sollte für den Aufstieg der Zivilisation ebenso bedeutend sein wie die Nutzung des Feuers, die Entwicklung der Druckerpresse und die Erfindung der Dampfmaschine und des Computerchips. Aber er sollte das Machtgleichgewicht zwischen Männern und Frauen zerstören.

Mit der Erfindung des Pflugs und der Zähmung von Tieren für Arbeit und Transport gaben die Männer die Jagd auf und begannen, Bäume zu fällen, Felder zu pflügen, Pflanzen zu bewässern, Ernten einzubringen und ihren Überschuss auf den lokalen Märkten zu verkaufen. Die Männer waren nun auch gezwungen, ihr kostbares Land zu verteidigen.[11] »Söhne bedeuten Waffen.« In Indien verwenden Männer und Frauen dieses Sprichwort nach wie vor. Sie wissen, dass Söhne die Familie und den Besitz schützen.[12]

Während sich die Landwirtschaft über die ganze Welt verbreitete, wurden die Männer die wichtigsten Produzenten. Bald schon gehörte ihnen auch das Land, das Vieh und die Ernte – wertvolle Waren, die sie in Reichtum und Einfluss umwandeln konnten. Im Lauf der Zeit wurden die Landwirte Europas, Nordafrikas und Asiens auch Krieger, Handwerker, Schreiber, Priester, Händler, Familienoberhäupter und Staatschefs.

Der Abstieg: Frauen, das zweite Geschlecht

»Die größten Fortschritte in der Zivilisation sind Vorgänge, die die Gesellschaften, in denen sie sich ereignen, nahezu zusammenbrechen lassen«, erklärte Alfred North Whitehead. Die Entwicklung des Pflugs in der Landwirtschaft wirkte sich auf die Frauen unzweifelhaft verheerend aus: Sie verloren ihre angestammte wirtschaftliche Rolle.[13] Während sich an den Ufern der alten Welt Wirtschaftshöfe und kultivierte Felder aneinander reihten, zog es die in der Landwirtschaft tätigen Frauen in neue häusliche Arbeitsbereiche. Sie begannen zu spinnen, zu weben, Kühe und Schweine zu füttern, Kerzen zu ziehen, Seife und Brot herzustellen und bedeutend mehr Kinder großzuziehen – als Helferinnen bei den täglichen Arbeiten auf dem Hof und den Feldern.[14]

Vorüber waren die Zeiten, da Frauen auf der Suche nach Nahrungsmitteln und Luxusgegenständen weite Gebiete durchstreiften, mit ihren Gütern und ihrem Wissen mit den Nachbarn Handel trieben, wertvolle Beziehungen in der weiteren Gemeinschaft errichteten und einen Großteil der Nahrung für die Familie heimbrachten. Vorüber war ihre einst lebenswichtige Rolle in der Produktion, aus der sie die Waren bezogen, die sie in Macht und Ansehen umwandeln konnten. »Der Mensch ist ein Tier, das Handel treibt«, schrieb Adam Smith. Mit dem Verlust ihrer lebenswichtigen Handelswaren büßten die Frauen auch ihr Ansehen ein.

Die landwirtschaftliche Gesellschaft ist nicht die einzige Kultur, in der Männer Frauen in der einen oder anderen Weise dominierten. Wo jedoch der Pflug in der Landwirtschaft vorherrscht, wird eine feststehende, geschlechterspezifische und soziale Doppelmoral sichtbar; Frauen werden allgemein als dem Mann unterlegen betrachtet.[15]

Viele Wissenschaftler und Laien haben Erklärungen für diesen außergewöhnlichen kulturellen Wandel – die Landwirtschaftliche Revolution – und ihre negative Auswirkung auf den Rang der Frauen vorgelegt.[16] Es genügt zu sagen, dass Frauen mit dem Aufkommen der intensiven Pflugwirtschaft, dem Beginn bedeutenden Privatbesitzes und dem Auftauchen einer Vielzahl verwandter technologischer und wirtschaftlicher Veränderungen ihre einst entscheidende Rolle in der Produktion sowie den sozialen Status, den sie in der Urzeit genossen hatten, verloren.

Wie Simone de Beauvoir es in ihrem bedeutenden Buch ausdrückte, wurden die Frauen zum zweiten Geschlecht.

Frauen als untergeordnete Wesen

»Frauen, unterwerft euch euren Ehemännern ebenso wie dem Herrn«, sprach der Apostel Paulus. Das landwirtschaftliche Leben brachte viele westliche Ansichten über Frauen hervor, wie etwa die Dogmen, dass Frauen schwach, eitel und abhängig wären, in Sexualität, Intelligenz und Geschick, in wirtschaftlichen und finanziellen Angelegenheiten hinter dem Mann zurückstünden und auf ewig von ihm abhängig wären.

In einem Gesetzestext aus dem alten Babylon findet sich um 1750 v. Chr. die erste Eintragung, die Frauen als bewegliches Gut und Besitz des Mannes beschreibt.[17] Zur Zeit der griechischen Antike schwand ihr Ansehen bei nahezu allen europäischen Völkern. Die Männer des klassischen Griechenlands waren der Ansicht, dass die meisten Frauen keinen Sinn für Geschäfte hätten, nicht stressbeständig wären und nahezu keine intellektuelle Kreativität besäßen. Kluge Kurtisanen unterhielten die Männer der herrschenden Klasse mit Gedichten, Liedern und Sex, und dennoch behaupteten die griechischen Patrizier, dass nur wenige Frauen etwas von Geschichte oder Philosophie verstünden. Frauen seien im Großen und Ganzen schwach, emotional und töricht.

Dieses Frauenbild blieb während der gesamten, von der Landwirtschaft geprägten westlichen Zivilisation erhalten. Selbstverständlich gelangten außergewöhnliche Frauen gelegentlich zu beträchtlicher Macht. Katharina von Medici, Königin Elisabeth I. und Katharina die Große sind die herausragendsten Beispiele unter vielen klugen, scharfsinnigen und ehrgeizigen Frauen der landwirtschaftlichen Tradition. Mit der Verbreitung des Christentums erlangten einige Frauen in der Kirche als Nonnen Berühmtheit. In der dörflichen Gemeinschaft arbeiteten die Frauen Seite an Seite mit ihren Männern und erwarben sich hin und wieder regional wirtschaftlichen Einfluss. Um 1300 gab es in London einige weibliche Lebensmittelhändler, Bäcker, Bierbrauer, Hutmacher, Barbiere und Bader. In der Renaissance erhielten die Frauen der höheren Klasse oft eine Ausbildung und wurden Dichterinnen, Dramatikerinnen, Musikerinnen oder Malerinnen. Hochgebildete europäische Frauen des 17. Jahrhunderts führten mitunter Salons, die sich den Künsten und der Literatur widmeten. Und viele Frauen herrschten klug und geschickt über ihre Ehemänner und ihren Haushalt.

Während der zahlreichen Jahrhunderte unserer agrarischen Vergangenheit hatten die meisten Frauen in Europa und anderen landwirtschaftlichen Gesellschaften nur eine geringe Ausbildung, kaum wirtschaftliche Möglichkeiten und waren in ihren Rechten in Bezug auf ihren Besitz und ihre Kinder eingeschränkt.[18] Ihre Pflicht im Leben bestand darin, ihre Kinder zu erziehen und ihren Ehemann zu achten, bis dass der Tod sie schied.

Charles Darwin lieferte sogar »wissenschaftliche« Erklärungen für die untergeordnete Stellung der Frau. In seinem 1871 veröffentlichten Werk *Die Entstehung der Arten durch natürliche Zuchtwahl* schrieb er, dass Männer während unserer gesamten menschlichen Vergangenheit verpflichtet gewesen seien, andere Männer zu bekämpfen, um Frauen für sich zu gewinnen, und diese wertvollen Fortpflanzungsgeschöpfe zu nähren und zu beschützen. Die Aufgabe der Männer erforderte Darwin zufolge Mut, Durchhaltevermögen, Entschlossenheit, Erfindungsgeist, Fantasie und Verstand. Aufgrund natürlicher Auswahl, und weil die Besten überlebten, »wurde der Mann der Frau schließlich überlegen«.[19]

Die Industrielle Revolution verschob das Machtgleichgewicht zwischen den Geschlechtern. Sobald Ende des 18. Jahrhunderts hinter den Scheunen des landwirtschaftlichen Europas und etwas später in Amerika Fabriken entstanden, verließen Frauen die Landwirtschaft, um in diesen Fabriken zu arbeiten. Womit kehrten sie nach Hause zurück? Mit

Geld, einem beweglichen, teilbaren Reichtum, der die Grundlage für größere Unabhängigkeit und Gleichberechtigung darstellte. Wie in Kapitel 1 angesprochen, nimmt seitdem nicht nur in den USA, sondern auch in vielen anderen Ländern die Zahl der Frauen auf dem bezahlten Arbeitsmarkt ununterbrochen zu.

Auf der ganzen Welt fordern Frauen inzwischen jene wirtschaftliche Stellung zurück, die sie vor 10 000, 100 000 und sogar einer Million Jahren innehatten.

Ein rosarotes Getto?

»Für jeden Trend gibt es einen Gegentrend«, berichtet der Trendanalytiker Edie Weiner. Verschiedene Gegentrends könnten den wirtschaftlichen Status der Frauen ungünstig beeinflussen.

So soll der Umfang der Weltbevölkerung Einschätzungen zufolge um 2030 einen Höhepunkt erreichen und dann wieder sinken.[20] Dieser Bevölkerungsanstieg wird mit Fortschritten in der Computerindustrie, der Kunststoffindustrie, der Glasfaserindustrie und anderen hoch technologischen Industriezweigen einhergehen, die weniger Personal einstellen. Möglicherweise wird die Zahl der Menschen ansteigen, während die der Arbeitsplätze sinkt. Historisch betrachtet wurden Frauen in Zeiten von Arbeitsplatzmangel als Letzte eingestellt und als Erste entlassen.[21]

Die Weltbank sagt vorher, dass die größten Wirtschaftsmächte der Welt im Jahr 2020 folgende Rangordnung aufweisen werden: China, USA, Japan, Indien, Indonesien, Deutschland und Korea, gefolgt von Frankreich, Taiwan, Brasilien, Italien, Russland, Großbritannien und Mexiko.[22] In vielen dieser Gesellschaften werden Frauen vorwiegend als Wegwerf-Fabrikarbeiterinnen, -Feldarbeiterinnen und -Sekretärinnen betrachtet.[23] Frauen werden oft einen langen Weg zurücklegen müssen, um grundsätzliche Veränderungen an dieser Haltung zu bewirken.

Selbst in den USA und Europa behindert die Ungleichheit am Arbeitsplatz den weiblichen Fortschritt. Wie in früheren Kapiteln angesprochen, entscheiden sich Frauen häufig für schlechter bezahlte Jobs und erhalten – auf der ganzen Welt – eine geringere Bezahlung für vergleichbare Arbeit.[24] Um ihre Kinder erziehen zu können, übernehmen Frauen zudem den Großteil der Teilzeitarbeitsplätze. Da die Zahl der

Teilzeitarbeitsplätze weiter steigt, werden Frauen vermutlich noch mehr dieser niedrig bezahlten Positionen einnehmen.[25]

»Glaube nicht, dass es hier keine Krokodile gibt, nur weil das Wasser ruhig ist«, lautet ein malaiisches Sprichwort. Selbst wenn Frauen einen Ganztagsarbeitsplatz innehaben, sind die Gewässer rundum nicht immer unbewegt. Flexible Arbeitszeiten, Job-sharing und Vertragsarbeit zählen zu einer Vielzahl von Innovationen am Arbeitsmarkt, die amerikanische und europäische Unternehmen einführten, um den Wünschen der Frauen entgegenzukommen. Bei einigen dieser Verbesserungen müssen Frauen jedoch auf Pensionsabsicherung, Arbeits- und Krankenversicherung, Dauerstellung, Urlaubsgeld und Verbindungen zur weiterreichenden Unternehmensgemeinschaft verzichten.

Die aufstrebende internationale Wirtschaft könnte die Ungleichheiten zwischen den Geschlechtern in manchen Bereichen weiter verschärfen. In Entwicklungsländern entfällt auf Frauen der Großteil der gering bezahlten Arbeitsplätze in der Textil-, Bekleidungs- und Elektroindustrie, während Männer eine Ausbildung zum Facharbeiter erhalten.[26]

Zusätzlich kettet der religiöse Fundamentalismus viele Frauen an ihr Heim. Ein eklatantes Beispiel hierfür bietet Afghanistan, wo die extremislamische Führung Frauen nicht gestattet, zur Schule zu gehen, eine Stellung anzunehmen oder ohne Tschador, dem langen schwarzen Gewand mit Schleier, auf die Straße zu gehen. Selbst in westlichen Ländern werden islamische Mädchen nach wie vor zu arrangierten Heiraten gezwungen. Wenn sie sich weigern, hat der Bruder oder der Vater das Recht – bzw. fordert es ein –, sie zu töten. Diese Tradition wird als »Ehrentötung« bezeichnet. In Indien und China werden weiterhin weibliche Babys vernachlässigt, ausgesetzt oder getötet.

Eine Wendeltreppe

Tiefgreifende politische und wirtschaftliche Strömungen bieten Frauen dennoch in vielen Teilen der Welt die Gelegenheit, die wirtschaftliche Kluft zwischen den Geschlechtern zu schließen.[27]

Ein Großteil der internationalen Wirtschaft verschiebt seine Grundlage von natürlichen Ressourcen und körperlicher Arbeit zu Gütern und Dienstleistungen.[28] Dies eröffnet den Frauen die internationale Geldwirtschaft. Mit dem raschen Anstieg des internationalen Handels und der freieren Märkte, der Erweiterung von Investitionen über Landesgrenzen hinweg und all den Hilfsmitteln des Computerzeitalters beginnen Geld und Wissen rund um die Welt – und also auch in Griffweite von Frauen – zu fließen.

Jahr für Jahr finden Millionen Frauen einen bezahlten Arbeitsplatz, durch den sie ihrer Armut entfliehen können.[29] Viele weitere werden ihnen folgen. Die Vereinten Nationen schätzen, dass Frauen bis zum Jahr 2000 die Hälfte des globalen Arbeitskräftebestandes ausmachen.[30] Die Wirtschaftswissenschaftlerin Barbara Bergmann fasst die Meinung vieler ihrer Kollegen zusammen, wenn sie erklärt: »Für die nächsten Jahrzehnte lässt sich vorhersagen, dass sich die wirtschaftlichen Kräfte weiter verstärken werden, die die Frauen aus der häuslichen Umgebung lösen.«[31]

»Der Aufstieg zu großartigen Orten erfolgt stets über eine Wendeltreppe«, schrieb Sir Francis Bacon. Auch wenn Frauen der Sieg nicht leicht fallen wird, haben sie bereits begonnen, ihre natürlichen Talente in aller Welt zu verbreiten, und schütteln damit Jahrtausende wirtschaftlicher Unterlegenheit ab. Das zweite Geschlecht wird in einigen Wirtschaftssektoren der industrialisierten Welt sogar zum ersten Geschlecht.

Der Babyboom, eine Laune der Bevölkerungsentwicklung des 20. Jahrhunderts, sollte in Verbindung mit der Menopause, einer Realität der weiblichen Physiologie, den Trend des Wiederaufstiegs wirtschaftlich mächtiger Frauen beschleunigen.

Die Welle der Babyboom-Generation

Als der Zweite Weltkrieg vorüber war und die Truppen aus den Kampfgebieten zurückkehrten, legten Rosie, die Nieterin, und ihre Gefährtinnen am Fließband der Industriegesellschaften ihre Werkzeuge nieder und kehrten nach Hause zurück. Dies war der einzige Zeitpunkt im 20. Jahrhundert, an dem der Frauenanteil am amerikanischen Arbeitsmarkt sank.[32]

Frauen der Mittelschicht trafen sich zum Kaffeeklatsch, putzten das Haus, bereiteten das Abendessen vor und ließen sich zur Cocktailstunde mit ihnen den Lebensunterhalt verdienenden Ehemännern zu einer Diskussion über das wichtigste Thema – Babys – auf dem Sofa nieder.

Sie nahmen sich diese Gespräche so stark zu Herzen, dass zwischen 1946 und 1964 etwa 76 Millionen Amerikaner geboren wurden. Heute stellt diese Babyboom-Generation dreißig Prozent der amerikanischen Bevölkerung.[33] In den Jahren nach dem Zweiten Weltkrieg verzeichnete man auch in Kanada, Australien, Europa und Teilen Südamerikas und Asiens einen Geburtenrekord.[34]

Dies war die Zeit des berühmten internationalen Babybooms. Ausmaß und Dauer dieses Bevölkerungsanstiegs schwankten zwar von Land zu Land, dennoch wimmelte es in großen Teilen der industrialisierten Welt von Babys.

Ich gehöre zu diesen Babyboomern. Mein erstes Schuljahr verbrachte ich in der Kirche meiner kleinen Heimatstadt New Canaan in Connecticut, während wir darauf warteten, dass die zuständigen Behörden zusätzliche Räumlichkeiten für den Unterricht fanden. Nach meinem Eintritt ins College schlief ich die ersten fünf Tage auf einem Notbett im Keller eines Studentenheims, während die Verwaltung versuchte, mehr Betten zu organisieren. Bei meinem Wechsel zum Fortgeschrittenenstudium begleitete mich eine Rekordanzahl von Studenten. Während sich die Babyboomer durch ihre Wachstumsjahre wühlten, entsprangen aus ihrer Mitte zahlreiche soziale Trends des 20. Jahrhunderts. Sie verbrannten ihre Büstenhalter, protestierten gegen den Krieg, führten Sex, Drogen und Rock 'n' Roll in die Mittelschicht ein und marschierten an der Spitze der Bewegung für mehr Frauenrechte.

Die Babyboomer sind schließlich erwachsen geworden und treten nun als gewaltige Gruppe von Männern und Frauen in das mittlere Lebensalter ein. Die ältesten amerikanischen Babyboomer sind nun Anfang Fünfzig und stehen im Begriff, erneut alles in Bewegung zu bringen. Warum? Weil immer mehr Frauen dieser Generation die Menopause durchlaufen.

Diese Argumentation wirkt weit hergeholt. Der biologische Wandel wird jedoch meiner Ansicht nach dazu beitragen, dass die Babyboom-Frauen beispiellose gesellschaftliche und wirtschaftliche Macht erringen werden. Zahlreiche Studien belegen, dass Frauen mittleren Alters auf der ganzen Welt an Unabhängigkeit, Reichtum, Eigentum und Beziehungen gewinnen, die ihnen wirtschaftliche Macht und Ansehen verleihen. Zusätzlich erhalten sie eine biologische Dividende. Da in der Menopause der Östrogengehalt zurückgedrängt wird, kommt das natürliche Testosteron der Frauen besser zum Vorschein, das stets aufs neue mit Entschlossenheit und Machtstreben in Verbindung gebracht wird.

Der Einfluss der Menopause

Viele Menschen im Westen betrachten die Menopause mit zwiespältigem Gefühl. Sie glauben, der »Wechsel« habe eine nachteilige Wirkung auf Gesundheit, Sexualität, Vitalität und die Freuden des Lebens. Dass diese Angst vorherrscht, wurde mir durch Marie Lugano, die Präsidentin der American Menopause Foundation, verdeutlicht. Sie erhält zahlreiche Bitten von Frauen um Rat und Aufklärung. Einige erklären klipp und klar, dass sie kein Informationsmaterial in ihrem Postkasten finden wollen, auf dessen Umschlag das Wort »Menopause« steht.

Die von den amerikanischen Frauen zum Ausdruck gebrachte Angst vor der Menopause wird in anderen Teilen der Welt nicht geteilt. Dies trifft insbesondere auf Gesellschaften zu, in denen die Menstruation von Männern und Frauen als gefährlich und unrein betrachtet wird. In diesen Kulturen befreien sich postmenopausale Frauen eigentlich von den strengen Tabus, die junge Frauen einschränken. Sie können endlich Entschlossenheit entwickeln und maßgebliche Posten im öffentlichen Leben übernehmen.

In dieser Situation befanden sich die Abchasen in den sechziger Jahren, als die Anthropologin Sula Benet bei ihnen lebte.[35]

Zwischen zerklüfteten Gebirgsausläufern, die mit Eichen, Kastanien und Buchsbäumen bewachsen waren, und von wilden Blumen geschmückten alpinen Weiden lebten die Abchasen in einem Gebiet, das etwa ein Drittel von Bayern umfasst. Die Eingeborenen bezeichneten ihr Heimatland stolz als »Gottes zweiten Gedanken«. Im Westen grenzt es an das Schwarze Meer, im Süden und Osten an Georgien, und im Norden wird es durch das Kaukasus-Gebirge von Russland getrennt, das es bis vor kurzem vor der Industriegesellschaft beschützte. Die oft als »Joghurtvolk« bezeichneten Abchasen zählen zu den langlebigsten Völkern der Erde.

Traditionellerweise besaß jede Abchasen-Familie einen eigenen Weinberg. Erwachsene schlürften Wein und Wodka, und alle tranken literweise vergorene Milch. Vor der Invasion der modernen westlichen Sitten aßen die Abchasen frische Kirschen, Orangen und Birnen, wilde Persiomenen, Walnüsse, Honig und Maismehl – und wenig Fleisch, keine Butter, keinen raffinierten Zucker, keinen Kaffee und keinen Tee. Sie weigerten sich auch, beim Essen über Dinge zu sprechen, die sie wütend oder traurig machten. Ihre Leidenschaft galt dem Pferderennen und sie liebten den Tanz. Sex wurde als ebenso wichtig betrachtet wie ein gesunder Appetit und eine gute Nachtruhe. Sie stellten sich nie unverrückbare Termine, und Ruhestand war unbekannt. »Ohne Arbeit helfen dir die anderen nicht«, erklärten sie.[36] Als Benet unter ihnen lebte, soll der älteste Abchase 145 Jahre alt gewesen sein, während viele ihren einhundertsten Geburtstag feierten.

Nach der Menopause wuchs die Bedeutung der Frauen der Abchasen zunehmend.[37] Wie in vielen traditionellen Kulturen galten junge menstruierende Frauen rituell als unrein. Solange sie bluteten, durften sie keine Tiere schlachten und nicht an den Gesprächen der Männer teilnehmen. Der »Fluch«, wie die Menstruation seit dem Mittelalter in westlichen Kulturen genannt wird, hielt die Frauen an ihrem Platz. Nach der Menopause konnten Frauen Fleisch verarbeiten und an Zeremonien teilnehmen, von denen jüngere Frauen ausgeschlossen waren. Sie gewannen auch in ihrem Haushalt und gegenüber ihren Söhnen und deren jüngeren angeheirateten Verwandten an Autorität.

In »Gottes zweitem Gedanken« hatten Frauen nach der Menopause über lange Jahre großen Einfluss.

»Der Fluch«

Das traditionelle Gartenbauvolk der Kaguru aus Tansania teilt diese Ansicht über die Menopause. Sie vergleichen menstruierende Frauen mit Feuer – sie seien gefährlich, wild und unrein. Die jungen Frauen müssen sich während der Menstruation sorgsam von den anderen fernhalten, um nicht das gärende Bier zu verunreinigen, die Geister zu beunruhigen oder die Jagdvorbereitungen zu stören. Mit der Menopause befreien sich Frauen von diesem monatlichen Stigma. Wie aus einer Puppe entschlüpften sie zu neuer Macht innerhalb der Gemeinschaft. Der Anthropologe Tom Beidelman von der New York University berichtet von den Kagurus, dass die »scheue und nachgiebige junge

Braut mitunter zu einer zähen und klugen alten Frau wird, die es mit jedem Mann aufnehmen kann«.[38]

»Die Zeit bringt alles zur Reife«, meinte Cervantes. Viele Menschen in aller Welt würden diese Maxime auf Frauen anwenden. Bei den Tiwis des australischen Hinterlandes üben alternde Frauen bei Heiratsverhandlungen und wichtigen Eigentumsverträgen große Macht aus.[39] In den Dörfern des Himalaja brauen postmenopausale Frauen Bier, destillieren Spirituosen und verdienen am Verkauf dieser Produkte und anderer Luxuswaren große Summen.[40] Auf dem Ulithi-Atoll in Mikronesien wird die älteste Frau des Dorfes dem Dorfvorsteher gleichgesetzt und übernimmt die Aufsicht über den Gartenbau, das Weben und andere Gruppentätigkeiten.[41] Die Schwarzfuß-Indianer des amerikanischen Westens sprechen älteren Frauen ein »männliches Herz« zu, und viele dieser Frauen werden zu hochbegehrten Ehefrauen.[42] Selbst bengalische Frauen, die traditionellerweise etwa dreißig Jahre lang in ihren Häusern eingeschlossen bleiben, geben manchmal ihre Zurückgezogenheit auf, verabschieden sich von ihren Verwandten und brechen – nach der Menopause – zu einer teuren Pilgerreise auf.[43]

Die Anthropologin Judith Brown schreibt, dass rund um den Erdball »ältere Frauen als ›männergleich‹ betrachtet werden«.[44] In allen untersuchten traditionellen Gesellschaften gewannen postmenopausale Frauen in der einen oder anderen Form an Macht – wirtschaftlich, gesellschaftlich, politisch oder spirituell.[45]

Faktoren, die nicht mit der Befreiung vom Tabu der Menstruation in Beziehung stehen, spielen ebenfalls eine Rolle. Die meisten postmenopausalen Frauen sind nicht mehr an kleine Kinder gebunden. Nun endlich haben sie Zeit für Gemeinschaftsangelegenheiten, Geburtshilfe oder schamanische Praktiken. Sie erben zudem Besitz, gelangen zu Reichtum und nehmen eine zentrale Stellung innerhalb der Familie ein. In fast allen Gesellschaften übernehmen postmenopausale Frauen die Herrschaft über den Haushalt, dominieren ihre jüngeren, angeheirateten Verwandten, deren Kinder – und hierbei insbesondere die Söhne – und erhalten das Recht, Arbeiten von diesen Verwandten zu fordern. Frauen im mittleren Alter überwachen häufig auch die Vorräte. In Kulturen, in denen Lebensmittel die interpersonalen Beziehungen festigen, ist dies eine machtvolle Funktion. Da diese Frauen keine Kinder mehr bekommen können, sieht man häufig über ihre sexuellen Abenteuer hinweg.[46]

Die befreienden Aspekte der Menopause wurden weithin beobachtet. Meiner Ansicht nach trägt jedoch ein weiterer biologischer Faktor zu Tatkraft und Entschlossenheit der Frauen im mittleren Alter bei.

»Friedliche Stärke«

»Keine Schönheit des Frühlings oder des Sommers besitzt solch Grazie / wie ich sie in einem Herbstgesicht gesehen habe«, schrieb John Donne über eine ältere Frau. Im mittleren Lebensalter scheinen Frauen ein neues Äußeres zu erwerben, das ich mit den physiologischen Veränderungen der Menopause in Verbindung bringe.

Mitte Vierzig, etwa vier bis acht Jahre vor der letzten Menstruation einer Frau, bewirken biologische Veränderungen, dass die Eierstöcke weniger Östrogen freisetzen.[47] Während der Gehalt an weiblichen Hormonen im Blutkreislauf und in anderen Geweben sinkt, beginnen einige Frauen die Auswirkungen zu spüren. Hitzewallungen, Schweißausbrüche, eine trockene Vagina und Stimmungsschwankungen führen die Liste an. Das Klimakterium hat aber auch einen Vorteil. Mit der Menopause sinkt der Östrogengehalt, wodurch Testosteron und andere männliche Hormone im weiblichen Körper stärker zur Wirkung kommen.[48] Folglich strömen bei postmenopausalen Frauen proportional höhere Konzentrationen männlicher Hormone durch den Blutkreislauf.

Einige Auswirkungen sind unangenehm. Im mittleren Alter nehmen Frauen um die Taille zu (eine vorwiegend männliche Eigenschaft), bei einigen verstärkt sich die Gesichtsbehaarung, bei anderen kommt es zu einer leichten Form von Kahlköpfigkeit und die meisten bekommen eine tiefere Stimme. Einige leiden auch an miteinander verwandten Erkrankungen wie Diabetes, Bluthochdruck oder Herzleiden.

Mit der Menopause gewinnen Frauen auf der ganzen Welt an Tatkraft, Selbstvertrauen und Offenheit. Diese Eigenschaften setzt man mit einem hohen Testosterongehalt bei Frauen in Verbindung.[49] Germaine Greer erfasste das Wesen dieses Zustands, als sie die Menopause als »friedliche Stärke« bezeichnete.

Ich werde immer wieder gefragt, auf welche Weise eine Hormonersatztherapie, bei der das verlorene Östrogen ersetzt wird, die postmenopausale Persönlichkeit einer Frau beeinflusst. Diese Frage ist schwierig zu beantworten. Einige Tatsachen über Hormonersatztherapien stehen jedoch eindeutig fest: nur acht bis zwölf Prozent der amerikanischen Frauen nehmen im mittleren Alter mehr als zwei Jahre lang Östrogen ein. In anderen Ländern ist der Anteil noch geringer.[50]

Frauen, die sich einer Hormonersatztherapie unterziehen, bekommen das verschämte, selbstkritische Verhalten junger Mädchen und die schlanke mädchenhafte Taille oder die hohe Stimme nicht wieder. Sie strahlen dieselbe reife Zufriedenheit aus, durch die sich postmenopausale Frauen häufig auszeichnen. Bei der Hormonersatztherapie wird scheinbar gesundheitsförderndes Östrogen zugefügt, ohne dass dramatische Nebenwirkungen die friedliche Stärke der postmenopausalen Lebensmitte beeinträchtigen.

Warum hat die Natur den Frauen mittleren Alters die Menopause zukommen lassen, einen Zustand, der sie befreit, so dass sie in der Gemeinschaft eine bedeutendere Rolle spielen können?

Warum gibt es die Menopause?

Seit Jahrzehnten setzen sich Wissenschaftler mit dem Sinn der Menopause auseinander.[51] Um dieses weibliche Phänomen zu begreifen, mussten sie erst feststellen, ob die Menopause der Frauen tatsächlich einzigartig ist.

Zahnwale und verschiedene Arten von Versuchsmäusen scheinen ebenfalls eine Menopause zu erleben.[52] Auch einige ältere weibliche Affen weisen einen unregelmäßigen Menstruationszyklus auf. Ihre Fruchtbarkeit nimmt ab, und sie gebären ihre Jungen in längeren Intervallen. Bei einigen werden überhaupt keine befruchtungsfähigen Eier mehr freigesetzt.[53] In einer Untersuchung unter 13 Affenarten in Gefangenschaft zeigte sich, dass sechzig Prozent aller älteren weiblichen Schimpansen aufhören, sich zu vermehren; vierzig Prozent der älteren weiblichen Gorillas pflanzten sich ebenfalls nicht mehr fort, und weniger als fünfzig Prozent der Weibchen anderer Arten wurden mit zunehmendem Alter unfruchtbar.[54]

Nicht bei all diesen Weibchen trat jedoch eine Menopause ein.[55] Im Gegensatz hierzu erleben ausnahmslos alle Frauen eine vollständige Ruhigstellung ihres Fortpflanzungssystems.[56] Nahezu alle Frauen machen die Menopause im mittleren Lebensalter, etwa um das 50. Lebensjahr, durch – und nicht im hohen Alter. Und beinahe alle Frauen, die die durchschnittliche Lebenserwartung erreichen, haben eine lange postreproduktive Lebensphase.[57]

Was für ein seltsames Phänomen! Sämtliche Frauen sind etwa ein Drittel ihres gesunden Erwachsenenlebens lang nicht imstande, sich fortzupflanzen, während die meisten Weibchen anderer Arten auf diesem Planeten, die sich durch einen Geschlechtsakt fortpflanzen, bemüht sind, sich bis an ihr Lebensende zu vermehren. Selbst Männer sind bis ins hohe Alter zur Zeugung fähig. Zudem ist diese bizarre weibliche Wandlung zur Lebensmitte nicht nur eine Konsequenz der in den letzten Jahrhunderten verlängerten Lebenserwartung des Menschen.

Anhand der Lebensmuster von Einzelpersonen in 24 traditionellen Gesellschaften berechneten die Anthropologinnen Jane Lancaster von der University of New Mexico und Barbara King vom College of William and Mary, dass die Wahrscheinlichkeit einer urzeitlichen Frau, 45 Jahre alt zu werden – und hiermit die Menopause zu erleben –, bei 53 Prozent lag, sofern sie das Alter von 15 Jahren erlebte.[58] Schätzungen zufolge erreichte der *Homo habilis*, eine Spezies, die vor zwei Millionen Jahren an den Ufern der seichten Seen Ostafrikas Gazellen jagte, ein Alter von 61 Jahren – sofern er das Babyalter und die Kindheit überlebte.[59] Somit lebten die urzeitlichen Frauen vor mehr als einer Million Jahre lange genug, dass sich die Natur für eine Menopause entscheiden konnte.[60]

Den lebenswichtigen Zweck, den die Menopause in der Urzeit erfüllte, kennen wir heute als großmütterliche Betreuung.

Die Großmutter-Hypothese

»Gott schenkte den Frauen die Menopause, damit sie genug Energie haben, um hinter ihren Enkelkindern herzulaufen«, meinte Jan, eine 46jährige Afroamerikanerin der Babyboom-Generation aus Los Angeles kürzlich in einem Interview für die Zeitschrift *American Demographics*.[61]

Jan hat Recht.

Die Anthropologin Kristen Hawkes von der University of Utah und verschiedene andere Anthropologen verfechten die Ansicht, dass sich die Menopause entwickelte, damit Frauen sich wirkungsvoller ihrer Rolle als Großmutter widmen konnten.[62] Qualität vor Quantität. »Früh aufzuhören«, befähigte die Frauen, Kräfte zu sparen, vermied einen Fortpflanzungswettkampf mit den eigenen Töchtern, half ihnen, ihre Energie für ihre lebenden Nachkommen zu sparen, und steigerte auf diese Weise ihre Chancen, dass ihre Gene in die Zukunft weitergegeben wurden.

Urzeitliche Großmütter erwartete zudem eine Vielzahl von Aufgaben. Im Gegensatz zu Schimpansenjungen, die sich direkt nach dem Abstillen selbst ernähren, sind menschliche Kinder hoffnungslos ungeeignet, ihre Nahrung selbst zu sammeln, zuzubereiten und sich selbst zu füttern. Irgendjemand muss ihnen helfen. Hawkes zufolge übernahmen ältere Frauen im Verlauf von Jahrtausenden diese Aufgabe. Sie unterstützten ihre schwangeren und stillenden Töchter und versorgten ihre Enkelkinder nach der Stillzeit mit Nahrung.[63]

Diese Aufgaben erfüllen die Großmütter der Hadza, eines Nomadenstammes von etwa 750 Mitgliedern, die den Gartenbau strikt ablehnen. Die Männer und Frauen des Stammes ziehen noch immer durch das mit Strauchwerk bedeckte Hügelland in der Nähe des Eyasi-Sees im Norden von Tansania, sammeln Früchte, Honig und Knollen und jagen Kleinwild – wie es unsere Vorfahren vor einer Million Jahren taten. Die fünfzig-, sechzig-, siebzig- und sogar achtzigjährigen Hadza-Frauen tragen jedoch mehr zum Essen bei als alle anderen Mitglieder der Gruppe.[64] Sie verteilen ihre Lebensmittel zunächst unter ihren Töchtern und dann unter ihren Nichten und Cousinen, also unter all jenen jungen Frauen, die ihre genetische Veranlagung besitzen. Darüber hinaus sorgen sie ohne Vergütung für deren Kinder.

Hawkes betrachtet die Evolution der Menopause und der großmütterlichen Betreuung als Höhepunkte der menschlichen Entwicklung und meint: »Die Großmutter-Hypothese lässt uns begreifen, aus welchen Gründen die moderne Menschheit plötzlich fähig war, sich in jeder Richtung zu bewegen und verschiedenste Aufgaben zu erfüllen. Sie könnte erklären, warum es uns gelang, die Herrschaft über den Planeten zu erringen.«[65]

Postmenopausale Weisheit

Ich vermute, dass die postmenopausalen Frauen der Urzeit der Gemeinschaft ebenso dienten wie den nächsten Verwandten.

Vermutlich waren sie lebende Bibliotheken, alte Weise, die sich an seltsame Wettermuster, gefährliche Nachbarn und seltene Pflanzen erinnern konnten, die giftig waren, heilende Kräfte besaßen oder sich durch ihren hohen Nährwert auszeichneten. Sie schlichteten Streit zwischen Kindern, beruhigten ungeduldige Teenager, hörten sich Eheprobleme an, vermittelten bei Auseinandersetzungen und verbreiteten Nachrichten. Einige waren Visionäre oder Seher. Die meisten trugen zum Frieden innerhalb der Gemeinschaft bei.[66] Ein großer Teil von ihnen besaß zudem die Fähigkeit zu heilen, bei Geburten zu helfen, den Kindern lehrreiche Geschichten zu erzählen oder mit der spirituellen Welt in Kontakt zu treten.

»Es gibt auf Erden keine größere Macht als die Lebenslust einer postmenopausalen Frau«, soll Margaret Mead gesagt haben. Vor langer Zeit wendeten zahllose weise, kluge, geduldige, sachkundige, friedfertige Hüterinnen ihre Energien auf, um ihren Verwandten und ihrer Gemeinschaft zu helfen. Ihre Nachkommen überlebten – und wurden für die Menopause und die friedliche Stärke der Frauen mittleren Alters ausgewählt.

Während die Flutwelle der Babyboom-Frauen in den kommenden Jahren die Menopause durchlebt, werden viele ebenfalls zu Hüterinnen der lokalen, nationalen oder weltweiten Gemeinschaften werden.

Genetische Motive für soziales Bewusstsein

Solche Motive wird es viele geben.

Das 20. Jahrhundert ist von einer dramatischen Veränderung im Lauf der Menschheit geprägt: Bedeutend mehr Menschen erreichen heute ein hohes Alter. Weniger Kinder sterben im Babyalter, an ansteckenden Krankheiten, bei Unfällen oder bei der Geburt. Stattdessen sterben sie – in höherem Alter – an Herzleiden, Schlaganfällen oder Krebs. In den USA beträgt die durchschnittliche Lebenserwartung derzeit 76 Jahre. Bis 2050 wird sie sich voraussichtlich auf 83 erhöhen.[67]

Viele dieser älteren Männer und Frauen werden sich einer guten Gesundheit erfreuen, da bundesamerikanische Studien ergeben, dass weniger alte Menschen an chronischen Krankheiten leiden. Dieser Trend zeigte sich erstmals in den frühen achtziger Jahren.[68] 89 Prozent der Menschen in der Altersklasse zwischen 65 und 74 Jahren führen an, unter keinen Behinderungen zu leiden, und vierzig Prozent der 85jährigen sind voll funktionsfähig.[69]

Die Gruppe der gesunden Personen mittleren und höheren Alters wird sich ausweiten, da die ältesten Babyboomer heute erst fünfzig Jahre alt sind. Das Amt für Volkszählung sagt voraus, dass im Jahr 2030 etwa zwanzig Prozent aller Amerikaner über 65 Jahre alt sein werden.[70] Im Jahr 2050 werden zwischen 15 und 19 Prozent der Weltbevölkerung älter sein als 65.[71] In den meisten asiatischen Ländern sind heute weniger als zehn Prozent der Bevölkerung über 65. Demographen zufolge kann sich diese Zahl in den kommenden dreißig Jahren verdoppeln bis verdreifachen, da die Geburtenrate sinkt und die heutige Generation ein hohes Alter erreichen wird.[72]

Diese Personengruppe wird sich zum Großteil aus Frauen zusammensetzen, denn bereits heute finden sich in vielen Ländern unter den 65jährigen doppelt so viele Frauen wie Männer.[73] Frauen leben einfach länger als Männer. Und sie werden in den kommenden Jahren aus evolutionstechnischen Gründen eine bedeutende Rolle als Hüterinnen der Gemeinschaft spielen.

Die meisten älteren Männer und Frauen haben ihre DNS unter der Bevölkerung verbreitet. Diese Großeltern erteilen Ratschläge, sorgen für die Enkelkinder, richten Familienfeiern aus, laden zu Urlauben und Wochenenden ein und überlassen ihren Kindern und Enkelkindern Geld und Besitz. Heute leben jedoch weniger ältere Mitbürger mit oder in der Nähe ihrer erwachsenen Kinder, da diese in andere Ortschaften oder Städte gezogen sind. Diesen Personen ist es also nicht mehr möglich, in praktischer Weise für ihre Nachkommen zu sorgen. Wenn sie den Wunsch hegen, ihren Kindern zu helfen, sind sie gezwungen, ihre Aufmerksamkeit der größeren Gemeinschaft zuzuwenden. Gelingt es ihnen, die sozialen und physischen Umgebungsbedingungen zu verbessern, ermöglichen sie ihren Kindern und Enkelkindern – und hiermit ihrer eigenen DNS – ein angenehmeres Leben.

Im Buch Genesis heißt es, Gott übergab dem Menschen die Herrschaft über die Erde und alles, was sich auf ihr befand. In den sechziger Jahren legte Harvey Cox, Universitätsprofessor für Religion in Harvard, ein anderes Konzept vor: Der Mensch sei der Verwalter der Erde. Mit der zunehmenden Überalterung der Weltbevölkerung wird der Begriff Verwalter zum Schlagwort. Die alternden Männer und Frauen müssen eine Gesellschaft errichten, die ihre Familien und die von ihnen verbreitete DNS versorgen kann.

Diese Verwalter werden die Welt auf vielfache Weise verändern.

Graue Panther auf dem Vormarsch

Die Florida Silver-Haired Legislature, eine Gruppe von 300 ehemaligen Richtern, Ärzten, Professoren, Unternehmensmanagern und anderen Fachleuten mit einem Durchschnittsalter von achtzig Jahren, trifft sich seit zwanzig Jahren jährlich für eine Woche in Tallahassee in Florida. Sie übernehmen die beiden Kammern der staatlichen gesetzgebenden Versammlung, um Themen zu diskutieren, die für die älteren Menschen Floridas und der größeren Gemeinschaft von zentraler Bedeutung sind.[74] Hier gibt es keine langatmigen Reden und kein Posieren. Bis zum Ende der Woche wählen die Teilnehmer fünf Fragen höchster Wichtigkeit, die von den Mitgliedern in ihren lokalen Kirchengruppen, zivilen Vereinigungen, Hauseigentümerversammlungen oder Wohnwagenvereinen diskutiert werden. Wenn sie die Unterstützung dieser Organisationen gewinnen, wenden sie sich an die staatliche Gesetzgebung und versuchen, das gewünschte Gesetz durchzusetzen. Bisher verwandelten sich mehr als einhundert ihrer Anliegen in staatliche Gesetze.

Etwa in der Hälfte der amerikanischen Staaten sind derartige Körperschaften älterer Mitbürger aktiv. Wegen der immer kleiner werdenden Familien werden in Zukunft mehr alternde Bürger ihre Zeit, Energie und ihr Geld für Anliegen aufwenden, die nicht direkt mit ihren eigenen Verwandten in Beziehung stehen. Dieser Trend hat schon eingesetzt, wie PlanWise, eine Anlageberatungsfirma in Bayside, New York, berichtet. Viele ihrer älteren Klienten haben ihre Spenden für Wohltätigkeitseinrichtungen und ihre Legate an Personen außerhalb des eigenen Familienkreises erhöht.[75]

Nicht nur in den USA, sondern auch in vielen anderen Ländern schließen sich ältere Männer und Frauen zusammen, um ihr eigenes Leben, das ihrer Familie und das der Gemeinschaft im weiteren Sinn zu verbessern. Sie werden jedoch nicht nur auf diese Art die Zukunft beeinflussen. Eine weitere Möglichkeit ergibt sich in der Wahlkabine.

Im Jahr 2020 werden 45 Prozent der amerikanischen Wähler älter sein als 55. Ein überwiegender Anteil dieser älteren Wähler wird aus Frauen bestehen.[76] Die Journalistin Cheryl Russel von der Zeitschrift *American Demographics* schreibt: »Diese Frauen werden in der Wahlkabine zu einer beeindruckenden Macht.«[77] Der Politiktheoretiker Francis Fukuyama stimmt dem zu. Seiner Ansicht nach werden ältere

Frauen »zur Mitte des 21. Jahrhunderts zu den am meisten umworbenen Wählergruppen der Politiker gehören«.[78] Wieder werden Frauen einen Vorsprung haben.

Welche Art von Welt werden diese älteren Frauen und ihre jüngeren Geschlechtsgenossinnen errichten?

Wie Frauen wählen

Zumindest seit 1964 bilden Frauen in den USA die Mehrzahl der Wähler bei nationalen Wahlen, da sie in der Bevölkerung im Wahlalter einfach stärker vertreten sind. Seit Mitte der achtziger Jahre gehen Frauen in gleich hoher oder höherer Anzahl zur Wahl als Männer.[79]

Frauen wählen häufig anders als Männer.[80] Unterlagen zufolge setzte dieses Verhalten in den USA mit dem Erwerb des Wahlrechts im Jahr 1920 ein.[81] Soziologen berichten jedoch, dass die geschlechterspezifische Kluft im Wahlverhalten seit den fünfziger Jahren den heutigen Stand aufweist. Die Verschiedenheit des weiblichen Wahlverhaltens steht in direktem Zusammenhang mit dem Anstieg des Frauenanteils am bezahlten Arbeitsmarkt.[82]

Kein Geschlecht stellt einen bestimmten Wählerblock dar. Einzelpersonen führen stets zu Vielfalt. Dennoch sind doppelt so viele Männer wie Frauen der Ansicht, dass die landesweit bedeutendsten Themen der Budgetausgleich und die Einschränkung der Ausgaben sind.[83] Sie sind auch eher bereit, Geld für Parks und Freizeiteinrichtungen, Verkehrsmittel, Autobahnen, Brücken und die Infrastruktur des Landes aufzuwenden. Männer unterstützen die Nutzung des Weltraums zudem häufiger.[84] Bezüglich der US-Außenpolitik sind Männer stärker als Frauen daran interessiert, dass die überlegene Militärmacht aufrechterhalten wird, die Sicherheitsvereinbarungen mit Verbündeten gestärkt, schwache Nationen gegen Angreifer geschützt werden und das Handelsdefizit zurückgedrängt wird.

Frauen hingegen setzen sich für verschiedene Sozialprogramme und soziale Dienstleistungen ein[85] und betrachten Erziehung, Gesundheitspflege, Kinderbetreuung, Armut und Arbeitslosigkeit als bedeutendste Elemente auf der nationalen Tagesordnung.[86] Sie sprechen sich auch eher für wirtschaftliche und gesellschaftliche Programme für Afroamerikaner und andere Minderheiten aus.[87] Zusätzlich unterstützen sie verstärkt Maßnahmen zur Einschränkung des Waffenbesitzes. Die Todesstrafe befürworten sie weniger häufig. Im Vergleich zu Männern stimmen Frauen seltener für die Wehrpflicht, militärische Ausgaben, Nuklearwaffen und außenpolitische Interventionen.[88] In der Außenpolitik sind Frauen vor allem daran interessiert, den weltweiten Hunger zu bekämpfen, die Einfuhr illegaler Drogen in die USA zu unterbinden, die Hilfsprogramme der Vereinten Nationen zu unterstützen und weltweit die Umwelt zu verbessern.[89]

Dieses weibliche Wahlverhalten ist unabhängig von Einkommen, Rasse, Alter, sozialer Klasse oder Wohnsitz.[90] Bei einigen Wahlen kommt es jedoch zu Variationen. Zusätzlich können Einkommenssituation und Beruf den geschlechterspezifischen Unterschied erweitern oder verringern. Im Allgemeinen sind amerikanische Frauen, ob alt oder jung, reich oder arm, schwarz oder weiß, Land- oder Stadtbewohner, im Vergleich zu Männern eher bereit, Sozialprogramme für Kinder, Gesundheit, Ausbildung und Benachteiligte zu unterstützen.[91]

Die geschlechterspezifische Kluft im Wahlverhalten tritt mit zunehmendem Alter der Frauen deutlicher hervor. Junge Männer und Frauen teilen häufig dieselben politischen Ansichten. Im Verlauf des Lebens entfernen sich Frauen in ihrer politischen Meinung jedoch zunehmend von der der Männer.[92] Im mittleren Lebensabschnitt sind Frauen finanziell schlechter abgesichert als Männer. Sie arbeiten häufiger in Teilzeitbeschäftigungen, haben eine geringere Pensionsvorsorge und einen schlechteren Zugang zu Krankenversicherungen. Daher sind sie stärker daran interessiert, soziale Programme und Dienstleistungen zu unterstützen, wie etwa in den Bereichen Ausbildung, Gesundheitspflege, Pensionsvorsorge, soziale Sicherheit und anderen Formen wirschaftlicher Sicherheit und Hilfeleistung für Bedürftige.[93]

Als Folge stellen sich Frauen weniger häufig gegen die Regierung. Sie neigen dazu, die Regierung als soziales Sicherheitsnetz zu betrachten, und sind der Ansicht, dass die Regierung dem Land bei der Lösung seiner Probleme helfen sollte. Aus diesem Grund überlassen sie diese Bereiche ungern Einzelinitiativen oder Privatunternehmen und sprechen sich für eine starke Position der Regierung aus.[94]

Der United Nations Non-Governmental Liaison Service berichtet, dass Frauen in vielen Kulturen die sozialen Anliegen der Amerikanerinnen teilen. International betrachtet sind Frauen stärker an den

Bedürfnissen und Rechten von Frauen, Kindern, älteren Menschen, Behinderten, Minoritäten und Benachteiligten interessiert als Männer.[95] Sie sorgen sich stärker um Gesundheit und Fortpflanzung, Ausbildung, Wohlfahrt und Umwelt, sind zudem weniger militaristisch eingestellt und unterstützen im Falle von internationalen Konflikten verstärkt gewaltlose friedliche Lösungen.[96]

Bei den amerikanischen Wahlen zeigt sich bereits der beträchtliche Einfluss dieser weiblichen Werte.[97] Allgemein betrachten sich Frauen aller Altersstufen im Gegensatz zu Männern eher als gemäßigt und liberal. Aus diesem Grund entscheiden sich mehr Frauen für demokratische Kandidaten.[98]

Der wachsende Einfluss der Frauen in der Wahlkabine

Weiße Frauen aus den Vorstädten werden weithin als treibende Kraft für die Wiederwahl von Bill Clinton zum Präsidenten der Vereinigten Staaten im Jahr 1996 betrachtet.[99] Diese Frauen vertrauten Clinton nicht als Mann, sondern als Politiker, dass er sie bei den Collegebeiträgen für ihre Kinder und der Pflege für ihre alten Eltern unterstützt, gegen das Rauchen bei Teenagern zu Felde zieht und seinen Wählerinnen das Recht zugesteht, eine eigene Entscheidung darüber zu treffen, ob sie ein Kind gebären wollen oder nicht.

Die Stimmen dieser Frauen bewirken auch in anderer Hinsicht Veränderungen. Der Historiker Arthur M. Schlesinger jr. bemerkte kürzlich, dass die USA mit dem wieder erwachten Interesse an Familie, Arbeit und Gemeinschaft ein neues »Lebenszentrum« geschaffen habe. Fragen zu nuklearer Aufrüstung, Welthandel und Regierungsmacht sind heute hinter Themen wie Kindererziehung, medizinische Versorgung, Ausbildung und Umweltprobleme weit abgeschlagen.

Die leidenschaftlichsten Anhänger von Regierungsaktionen in diesen Bereichen sind weiße Frauen aus den Vorstädten. Sie bilden die Vorhut all jener, die einen verstärkten Einsatz der Regierung für Familien, Arme, Kranke und ältere Menschen fordern.[100]

Da sich weltweit immer mehr Frauen an der Wahl von Präsidenten, Gouverneuren, gesetzgebenden Versammlungen etc. beteiligen, die ihre Ansichten teilen, werden sie unzählige spezifische Programme in Gang setzen, die der Menschheit Menschlichkeit schenken.

Wie Frauen die Wirtschafts- und Berufswelt verändern werden

»Ich glaube, ich habe das fehlende Glied zwischen dem Tier und dem zivilisierten Menschen gefunden«, schrieb Konrad Lorenz. »Das sind wir.«

In dem vor uns liegenden Jahrhundert wird sich Frauen die Möglichkeit eröffnen, auf andere Weise zur Zivilisierung der Menschheit beizutragen als ausschließlich in der Wahlkabine. In diesem Buch und auch zu Beginn dieses Kapitels behaupte ich, dass sich die Wirtschaftswelt in einer Weise verändert, die die Nachfrage nach den besonderen Fähigkeiten der Frauen steigert. Ferner behaupte ich, dass Frauen in einflussreichen Rollen ihre weiblichen Talente gut einzusetzen wissen werden.

Frauen in machtvollen Positionen innerhalb der Kommunikationsindustrie werden das beeinflussen, was wir im Fernsehen sehen, im Radio hören und in den Zeitungen, Büchern und Zeitschriften lesen. Hierbei sind folgende Veränderungen zu erwarten: weniger Gewalt und Action, mehr komplexe Geschichten, mehr Fortsetzungen einer Geschichte, eine verstärkte Einbindung menschlicher Werte in die Drehbücher, eine sensiblere Darstellung von Frauen, lebensechtere Porträts menschlicher Beziehungen, eine größere ethnische und altersmäßige Vielfalt bei Schauspielern und Kommentatoren, eine breitere Palette an Themen in Nachrichtensendungen und Filmen, mehr TV- und Radio-Talkshows, mehr von bedeutenden Persönlichkeiten verfasste Kolumnen in Zeitschriften und Zeitungen, mehr Visual- und Performancekunst, eine Ausweitung der Kindersendungen und eine breitere, stärker im Zusammenhang verankerte Betrachtungsweise aller nur erdenklichen Themen.

Im heutigen Amerika haben Frauen eine ebenso umfassende Ausbildung wie Männer. In der Zukunft wird ihre Ausbildung besser sein. Als Lehrkräfte werden sie mehr Flexibilität, Fantasie, Geduld, Mitgefühl und eine breitere Palette an Themen und Ansichten ins Klassenzimmer einbringen und damit das Denken von Millionen Menschen beeinflussen. Zweifellos werden sie ethnischer, rassischer und kultureller Vielfalt größeren Respekt erweisen und ein flexibleres Rollenbild der Geschlechter fördern. Frauen haben bei der Einführung von Kursen über Frauenfragen und afroamerikanische Kultur in vielen Schulen bereits eine bedeutende Rolle gespielt. Vermutlich werden sie mehr Zeit aufwenden, um sich in die Persönlichkeit jener Menschen zu vertiefen, die Geschichte geschrieben haben, und damit viele Menschen aufrütteln, denen es lieber wäre, wenn die heiligen Kühe unberührt blieben. Sie werden sich verstärkt der Kunst und Literatur fremder Kulturen widmen, in Diskussionen auf die komplizierten Beziehungen zwischen den Spezies eingehen und komplexe gesellschaftliche Probleme auf subtile und nachdenkliche Weise untersuchen.

Mit ihrem Aufstieg in einflussreiche Positionen innerhalb der amerikanischen und der übrigen Unternehmenswelt werden Frauen zweifellos unsere Meinung zu Millionen Konsumentenprodukten und -diensten verändern. Bedeutende Erzeugnisse wie zum Beispiel Autos, die einst ausschließlich an Männer verkauft wurden, haben den weiblichen Markt erreicht. Anzeigen könnten stärker auf den weiblichen Geist zugeschnitten werden. Und Geräte für das Heimbüro, wie etwa Computer und Faxapparate, werden vermutlich in einer breiteren Farbpalette erzeugt werden. Frauen werden vielfältigere, weniger konventionelle Ansichten zu geschäftlichen Aspekten einführen, ein Büroklima der Gleichberechtigung fördern und dauerhaftere persönliche Kontakte zu Klienten errichten.

Gewiss werden sie die Flexibilität am Arbeitsplatz unterstützen und Programme fördern, die zu einem besseren Ausgleich zwischen Arbeit und Privatleben führen. Sie werden versuchen, das Machogehabe während geschäftlicher Besprechungen zurückzudrängen, auffällige Rangmerkmale aus der Büroeinrichtung entfernen und ein breiteres Spektrum von Sondervergünstigungen einführen. Einige Unternehmen haben bereits Systeme errichtet, bei denen für Überstunden und besondere Leistungen Punkte zuerkannt werden, die gegen unterschiedliche Vergünstigungen statt eines standardmäßigen Geldbonus eingelöst werden können.

Ein größerer Anteil von Frauen wird selbstständig zu arbeiten beginnen und Karriere, Familie und Freizeit auf unkonventionelle Weise miteinander verbinden. Die ohnehin bereits selten gewordene traditionelle Mittagspause könnte vollständig verschwinden, verschiedenste kreative Familienausflüge werden mit Geschäftsreisen verbunden. Die konventionelle, fünftägige Arbeitswoche könnte allmählich durch einen flexibleren Zeitplan abgelöst werden.

In den Dienstleistungsberufen dominieren Frauen bereits und bringen innovative Ideen zur Organisation unseres Lebens und unserer

Freizeit ein. Ein Hoch auf den Aufschwung der neuen Klasse der »professionellen Dienstleistungsanbieter« – eine gut ausgebildete Gruppe, die nicht mit den unterwürfigen Untergebenen der Vergangenheit verwechselt werden sollte. Weibliche Küchenchefs, Weinverkoster, Reiseführer und Kulturmanager werden uns zu Hause und in der Ferne in neue Welten einführen.

Immer mehr Frauen werden in die Managementränge der Polizei vordringen, in denen man sich heute bereits stärker auf verbale Fähigkeiten, Verstand und das Talent, das Verhalten der Menschen zu deuten, verlässt als auf Muskelkraft. Dank ihres vernetzten Denkens könnten Polizistinnen und Privatdetektivinnen einen größeren Anteil unserer facettenreichen Verbrechen lösen. Rechtsanwältinnen und Richterinnen könnten eine breitere, kontextuellere Betrachtungsweise von Verbrechen und Gerechtigkeit in den Gerichtssaal einbringen. Sie werden zu einer Neudefinierung sexueller Belästigung am Arbeitsplatz beitragen und vernünftige Lösungen in Vermittlungs- und Schlichtungsstellen anbieten, bei denen es häufig ausschließlich Sieger gibt. In der Gesetzgebung werden sich Frauen zweifellos weiterhin für Gesetze zur Verbesserung der Ausbildung, der Gesundheitspflege und der Umwelt einsetzen. Sie werden verstärkt auf die Rechte von Frauen, Minderheiten und Homosexuelle achten und aufmerksam Anteil nehmen an Gesetzen zu Pornographie, häuslicher Gewalt, Scheidung, Unterhalt und elterlichen Pflichten.

In medizinischen Berufen erweitern Frauen bereits unsere Ansichten über Gesundheit und Heilung. Sie führen weniger Untersuchungen pro Stunde durch und widmen jedem einzelnen Patienten mehr Zeit, stellen Fragen, hören geduldig zu und machen sich ein umfassenderes Bild. Hausbesuche könnten wieder in Mode kommen, und Gruppenpraxen sollten einen Aufschwung erleben. Mehr Ärzte, Krankenpfleger und andere Berufstätige im Bereich Medizin werden soziale und psychologische Faktoren berücksichtigen, die zu einer Krankheit beitragen können. Bereits heute bitten Ärzte mitunter traditionelle Heilkundler in den Operationssaal, um einen Patienten während eines schwerwiegenden Eingriffs zu massieren.

Gesundheits- und Fitnessclubs könnten sich ebenso in Gemeinschaftszentren ansiedeln wie Naturkostrestaurants, Reiseagenturen und Buchhandlungen. In den Drogerien finden sich bereits dicht gedrängt auf Regalen natürliche Medikamente und Essenzen für die Aromatherapie. Möglicherweise gewinnt auch das Schamanentum wieder an Popularität. Die Zahl der TV-Sendungen und Internet-Sites, die sich der holistischen Medizin widmen, wird ansteigen. Die Zeitungs- und Zeitschriftenkolumnen zu natürlichen Heilmethoden werden sich ausweiten, Unterstützungsgruppen für Schwerkranke und ihre Familien in großer Zahl entstehen. Frauen könnten sogar den letzten Tagen eines Menschen mehr Menschlichkeit verleihen. So gibt es von weiblicher Seite Vorschläge für neue Sterberituale, wie etwa eine stille Bootsreise mit engen Freunden vor der Euthanasie.

Während regierungsunabhängige Nonprofit-Organisationen verschiedenster Art weiterhin blühen, werden die weiblichen Führungskräfte der Zivilgesellschaft große Geldsummen verwalten, politische Anführer beeinflussen und Regierungsprogramme und -zielsetzungen unterstützen, die das Wohl von Frauen, Kindern, Minoritäten, älteren Menschen, Behinderten und Benachteiligten verbessern. Zudem werden sie in landesweiten Diskussionen über Gesundheit, Sicherheit, Ausbildung, Wohlfahrt und Umwelt eine führende Rolle spielen, da diese Bereiche Frauen aller Alterskategorien, Klassen und ethnischen Gruppen ein bedeutendes Anliegen sind.

Albert Einstein sagte einst: »Die wichtigsten Probleme der Gegenwart lassen sich nicht auf derselben Denkebene lösen, auf der sie entstanden sind.« In Fernsehen, Radio, Internet, Büro, Klassenzimmer und Gerichtssaal, auf der Urlaubsreise, im Krankenhaus und in der Arztpraxis, in Büchern und in Filmen, in den gesetzgebenden Körperschaften, den Treffen der Wohnvereinigungen, bei Nationalversammlungen und Weltkonferenzen bringen Frauen eine andere Denkweise ein: Gemeinschaftsgeist; Verständnis für andere; Geduld; Mitgefühl; ein starkes Verlangen, sich mit anderen zusammenzuschließen, zu pflegen und zu heilen; und die Fähigkeit, Themen in ihrem größeren Zusammenhang zu untersuchen.

Während Frauen die Überreste der landwirtschaftlichen Tradition und ihres Zweite-Klasse-Status abschütteln, setzen sie ihre zahlreichen natürlichen Fähigkeiten auf dem Arbeitsmarkt ein. Mitunter auf subtile und mitunter auf dramatische Weise werden sie die Welt verändern.

KAPITEL 8

Der Sex wird zivilisiert
Die Verweiblichung der Lust

*Die sexuelle Umarmung kann nur mit
Musik oder einem Gebet verglichen werden.*

HAVELOCK ELLIS

»Auch ich, allmächtige Göttin des Sex, schleiche im Schein deines Mondes heulend wie eine Katze durch die Nacht.« So beschrieb Edna St. Vincent Millay den Sexualtrieb, die tiefste und ursprünglichste Empfindung auf Erden. Einige betrachteten diese Sehnsucht als dämonisch, andere als göttlich, für andere wieder ist Sex eine Plage. Jedes gesunde menschliche Wesen, das jemals auf Erden gewandelt ist, kennt dieses Verlangen. Ein Bild in einer Zeitschrift löst in Ihrem Kopf eine Fantasie aus. Sie fühlen die Fingerspitzen Ihres Geliebten im Nacken, und wie ein Hauch von Parfüm erfüllt sexuelle Begierde Ihren Geist.

In diesem Kapitel stelle ich die Behauptung auf, dass sowohl Männer als auch Frauen einen starken Sexualtrieb entwickelten, der bei den beiden Geschlechtern jedoch in spezifischer Hinsicht unterschiedlich ausgebildet ist. Ich stimme zu, dass Frauen an der körperlichen Liebe ebenso interessiert sind wie Männer, glaube jedoch, dass ihre Lust von einer anderen Art von Fantasie und anderen Umständen ausgelöst wird. Männer werden von sichtbaren sexuellen Anreizen und Signalen von Jugend, Gesundheit und Fruchtbarkeit angezogen. Frauen fühlen sich eher durch Zuwendung, Status und materielle Ressourcen angeregt. Der weibliche Sexualtrieb ist flexibler, was die stärkere Tendenz von Frauen zur Bisexualität erklärt. Die weibliche Libido ist zudem intensiver (wenn auch weniger konstant), in einen breiteren emotionalen und sozialen Kontext eingebunden und dauert das gesamte Leben lang an.

Die sexuelle Doppelmoral bricht heute zusammen. Mädchen beginnen in jüngeren Jahren, mit Sex zu experimentieren. Frauen haben vor der Ehe eine größere Anzahl von Geliebten und sind mit ihren Ehemännern zu mehr sexuellen Experimenten bereit. Einige »swingen«, andere heuern Gigolos an, wieder andere sind bisexuell oder lesbisch. Die weibliche Sexualität wird heute wieder von der frühen Jugend bis ins hohe Alter ausgedrückt, was eine Rückkehr zur Lebensweise urzeitlicher Frauen bedeutet.

Viele derzeitige Trends versprechen, den weltweiten Marsch der Frauen zu sexueller Freiheit zu beschleunigen, wie etwa die steigende Verstädterung, bessere Ausbildungsmöglichkeiten, die wachsende wirtschaftliche Unabhängigkeit der Frauen, die höhere Scheidungsrate, kleinere Familien und die überall erhältlichen Empfängnisverhütungsmittel, ganz zu schweigen von Faktoren wie Satellitenfernsehen und Internet.

Um ihre Anliegen voranzutreiben, versammeln sich Frauen bei internationalen Konferenzen, gehen auf die Straße, bilden Lobbys, verfassen Artikel und treten in vielfacher Weise für die Rechte der Frauen im Bereich Sexualität und Fortpflanzung ein. Zudem bringen sie die Mehrzahl der Klagen wegen sexueller Belästigung ein – und gewinnen viele dieser Fälle. Als aufgeschlossene Rechtsanwältinnen, Richterinnen, Journalistinnen, Politikerinnen und Geschäftsfrauen verschiedenster Richtungen tragen sie zu einer neuen Definition des Sexualkodex der Schicklichkeit nach weiblichen Maßstäben bei. Frauen verweiblichen die Sinneslust allmählich.

Daraus schließe ich, dass für Frauen eine Ära sexueller Zivilisiertheit anbrechen wird, sobald die weiblichen Maßstäbe für sexuelles Verhalten unsere Schulen, Büros und Schlafzimmer durchdringen.

Der ewige Durst

W. H. Auden bezeichnete den Sexualtrieb als »unerträglichen neuralen Reiz«. Anatomisch behält er Recht. Der menschliche Appetit auf Sex setzt im Hypothalamus ein, einem älteren Teil des Säugetiergehirns. Durch ein kompliziertes Netzwerk von Reaktionen werden im Gehirn chemische Substanzen in den Blutkreis ausgeschüttet, die die Gonaden zur Produktion von Androgenen (und hierbei vor allem Testosteron) und Östrogenen (vorwiegend Östradiol) anregen. Während die Welle dieser Hormone anschwillt und abebbt, fühlen wir jenen urzeitlichen Drang.

Die Nebennierenrinde spielt in der menschlichen Begierde ebenfalls eine Rolle. Dieses Gewebe bildet die äußere Hülle der Nebenniere, die oberhalb jeder Niere angeordnet ist. In der Pubertät beginnt sie, männliche Sexualhormone und kleine Mengen weiblicher Hormone auszuscheiden. Diese chemischen Substanzen tragen zu der Flut sexueller Begierde bei, die uns überfällt, wenn wir einen besonderen Duft riechen, einen wohlgeformten Körper sehen, oder in unserem Geist einer Fantasie nachgehen.[1]

Das Gleichgewicht zwischen Testosteron, Östrogen und sämtlichen anderen Bestandteilen des chemischen Cocktails, der uns ins Schlafzimmer treibt, ist überaus komplex.[2] Die Dosis, der Zeitpunkt, die Gene und die sozialen Umstände spielen eine Rolle bei der Wirkung von Sexualhormonen auf ein menschliches Wesen.[3] Testosteron bleibt jedoch ein zentraler Bestandteil dessen, was der Dichter Pablo Neruda als »ewigen Durst« bezeichnet. Wenn Frauen nach der Entfernung der Eierstöcke mit Testosteron behandelt werden, steigen ihre sexuelle Begierde, der Grad ihrer sexuellen Erregung, ihre sexuellen Fantasien und sogar die Zahl ihrer Orgasmen.[4]

Zwei meiner Freunde, ein Mann und eine Frau, erhalten regelmäßig von ihrem Arzt Testosteron injiziert. Beide sind attraktive, fleißige und erfolgreiche Wissenschaftler mittleren Alters. Beide erfahren die Injektionen als Steigerung eines erlahmenden Sexualtriebs und geben übereinstimmend an, etwa 36 Stunden nach einer Injektion ein gewaltiges Verlangen nach Sex zu spüren.[5] Ihre Libido bleibt einige Wochen lang auf hohem Niveau. Frauen mit einem von Natur aus hohen Testosteronspiegel haben häufiger sexuelle Gedanken und mehr Verlangen nach Sex als Frauen mit einem niedrigen Gehalt. Sie masturbieren häufiger und haben auch häufiger Sex.[6]

Bei einigen Frauen steigt die sexuelle Lust rund um den Eisprung, wenn der Östrogen- und Testosteronspiegel seinen Höhepunkt erreicht.[7] Andere empfinden mehr Verlangen kurz vor der Menstruation. Dies könnte eine Nachwirkung eines höheren Testosterongehalts zur Zyklusmitte sein.[8] Der jahreszeitliche Rhythmus scheint ebenfalls eine Rolle zu spielen. Niemand weiß, ob die männliche Libido im Spätherbst am stärksten ist, der Testosterongehalt von Männern erreicht jedoch im November und Dezember einen Höhepunkt. Auf den Tag bezogen, steigt der Wert von Männern und Frauen um die Morgendämmerung auf das Maximum an.[9]

Sind wir nichts anderes als wandelnde Hormone, Befehlsempfänger, die tun, was ihnen die geistlose Substanz Testosteron aufträgt? Keineswegs. Mit der Ausweitung der menschlichen Gehirnrinde vor etwa zwei Millionen Jahren erlangten unsere Vorfahren in zunehmendem Maß die Kontrolle über ihre grundlegenden Triebe. Heute entscheiden wir, wann, wo, mit wem, wie und sogar ob wir unsere sexuellen Impulse zum Ausdruck bringen. Das tatsächliche körperliche Empfinden von Lust stammt jedoch aus der Natur – und ich bin davon überzeugt, dass Männer und Frauen dieses »Gefühl« gleich wahrnehmen.

Dasselbe Verlangen wird jedoch häufig von beiden Geschlechtern auf andere Weise empfunden.

Die sexuellen Welten der Männer

»Gestatte meinen umherstreifenden Händen, ihrer Wege zu gehen / vor, zurück, hindurch, hinauf, hinunter.« Der Dichter John Donne liebte die Berührung. Einige Menschen werden von Sex im Wald oder in der Badewanne angeregt, andere lieben hochhackige Stiefel, Kerzenlicht oder Kamasutra-ähnliche Liebesstellungen. Und jedes menschliche Wesen hat ein etwas anderes Bedürfnis nach Liebkosungen und Worten während des Koitus.

Ein Großteil dieser Variation stammt aus der Kindheit, der Jugend und all den zufälligen geistigen Assoziationen, die wir zwischen bestimmten Erfahrungen und sexuellen Gefühlen herstellen. Männer und Frauen kennen jedoch auch sexuelle Gewohnheiten, die mit an Sicherheit grenzender Wahrscheinlichkeit in der geschlechterspezifischen Anlegung des Gehirns ihren Ursprung finden.

Männer zum Beispiel erinnern sich häufiger an spezifische Aspekte vergangener sexueller Episoden wie etwa einen bestimmten Geruch, ein Kleidungsstück oder den Zeitpunkt, zu dem sie Sex hatten. Die weibliche Psyche ist für eine »Konditionierung« weniger anfällig. Sie assoziiert in geringerem Maß spezifische Dinge oder Ereignisse mit sexuellen Begegnungen.[10] Dies könnte erklären, warum Männer häufiger an Fetische gebunden sind und ein stärker »deviantes« Sexualverhalten aufweisen als Frauen.[11] Einige Männer verbinden ein bestimmtes Ereignis oder einen Gegenstand aus ihrer Kindheit mit Sex und müssen dieses Szenario wiederholen, um ihr Verlangen auszulösen.

Das beeinflussbare Sexualwesen von Männern könnte sich aus einem bedeutenden Grund entwickelt haben. Frauen können nahezu jederzeit einen Sexualpartner finden, wenn sie wollen. Immerhin besitzen sie die wertvollen Eier. Männer müssen diese Eier befruchten, wenn sie ihre Gene an die Ewigkeit weitergeben wollen. Daher müssen sich Männer an die Umstände erfolgreicher sexueller Begegnungen erinnern.

Im Vergleich zu Frauen fantasieren Männer häufiger über Sex mit unterschiedlichen oder anonymen Partnern. Dies ist vermutlich darauf zurückzuführen, dass es für Männer biologisch günstig ist, so viele Frauen wie möglich zu schwängern.[12]

Und Männer lieben es zuzusehen.

»Als ich durch das offene Fenster spähte, erblickte ich dein jungfräuliches Gesicht. Aber, ganz Frau, du lagst unterst.« Die Lyrikerin Praxilla schrieb diese Zeilen im Griechenland des 5. Jahrhunderts v. Chr. Die Zeiten haben sich nicht geändert. In einer in den zwanziger Jahren des 20. Jahrhunderts unter mehreren hundert amerikanischen Männern und Frauen durchgeführten Studie erklärten 65 Prozent der Männer, bereits das eine oder andere Mal durch ein Schlafzimmerfenster gespäht zu haben. Nur zwanzig Prozent der Frauen hatten einen verstohlenen Blick durch ein Fenster geworfen.

Männer werden durch visuelle Stimuli stärker angeregt.[13] Sie verwenden visuelles pornographisches Material jeder Art häufiger als Frauen.[14] Wenn sie ihre Fantasie spielen lassen, rufen sie sich mit dem Bild von einer geschlechtlichen Vereinigung oder bestimmten Körperteilen öfter deutliche Einzelheiten des Sexualaktes herauf.[15] Viele Männer regt es bereits an, ihre eigenen Geschlechtsteile zu betrachten oder sie ihren Frauen oder Geliebten zu zeigen. Dies kann bei manchen zu öffentlichem Exhibitionismus führen.

Andere beim Sex zu beobachten, verleiht Männern vermutlich einen körperlichen Schock. Bekannt ist, dass bei männlichen Affen, die ein sexuell verfügbares Weibchen sehen oder einen Gefährten beim Begatten eines Weibchens beobachten, der Testosteronspiegel stark ansteigt. Die Primatologin Kim Wallen vom Yerkes Regional Primate Research Center der Emory University stellt daher die Hypothese auf, dass Männer in Stripbars gehen oder sich nackte Mädchen in Zeitschriften ansehen, um ihren Testosteronspiegel in die Höhe zu treiben.[16] So überrascht es nicht, dass das heute 500 Millionen Dollar umfassende amerikanische Pornogeschäft nahezu ausschließlich von Männern gestützt wird.

Der männliche Drang zuzusehen wird laut Darwin belohnt. Durch die Betrachtung einer Frau kann ein Mann ihre Gesundheit und Vitalität einschätzen. Mit steigendem Testosteronspiegel fühlt er sich sogar angeregt, die jung, gesund – und fruchtbar – wirkenden Frauen zu umwerben.

Was regt Frauen an?

Frauen regen Erotikartikel ebenfalls an, wenn auch nicht im selben Maß wie Männer.[17]

Romantische Worte, Bilder und Themen in Filmen und Geschichten üben auf Frauen einen weit stärkeren Reiz aus als auf Männer.[18] Die sexuellen Fantasien von Frauen umfassen mehr Zuneigung und Aufmerksamkeit.[19] Frauen befassen sich öfter mit ihren eigenen gefühlsmäßigen Reaktionen und denken doppelt so häufig über die emotionalen Eigenschaften ihres Sexualpartners nach.[20] Im Vergleich zu Männern fantasieren Frauen zudem häufiger über bekannte Partner. Sie stellen sich auch mehr Liebkosungen an nichtgeschlechtlichen Körperteilen vor.[21]

Diese weiblichen Vorlieben waren zu erwarten. Frauen interessieren sich für Worte, sie verbalisieren ihre Gefühle bereitwilliger als Männer und sind zudem neugieriger auf andere Menschen, deren Stimmungen und deren emotionalen Zustand. Darüber hinaus sind sie für Berührungen am gesamten Körper empfindsamer.

Die weibliche Sehnsucht nach Worten, Berührungen und romantisch zärtlichem Sex mit bekannten Partnern ist vermutlich evolutionstechnisch begründet. Eine Frau riskiert beim Sex Schwangerschaft und Mutterschaft. Wenn sie vor dem Koitus mit ihrem Geliebten spricht und ihn berührt, kann sie sein Temperament und seine Absichten einschätzen. Drückt er Zuneigung aus, könnte er sich zu einem liebevollen Versorger entwickeln.

»Gutes im Überfluß ist wundervoll«, erklärte einst Mae West. Die Verlage kennen diese weibliche Vorliebe und stellen sich darauf ein. In mehr als fünfzig Ländern werden Liebesromane an Frauen verkauft. Selbst amerikanische Pornovideohersteller geben dieser weiblichen

Sehnsucht nach. In der visuellen Pornographie wird traditionsgemäß die zufällige, anonyme Begegnung dargestellt, die Männer anregt. Um auch weibliche Kunden anzuziehen, fügen die Produzenten nun Dialoge und den Hauch einer romantischen Geschichte ein.

Die weibliche Kapitulation

»Der Großmut der Frauen zeigt sich in ihrer Unterwerfung«, schrieb Victor Hugo. Tatsächlich unterwerfen sich Frauen gerne – und vor allem einem Geliebten im Bett.

71 Prozent der amerikanischen Männer und 72 Prozent der amerikanischen Frauen fantasieren, während sie mit einem Sexualpartner zusammen sind.[22] Die beiden Geschlechter rufen sich jedoch unterschiedliche Bilder vor Augen. Eroberung und Herrschaft sind in den geistigen Szenarien der meisten Männer zentral. Unterwerfung und Kapitulation zählen zu den vorherrschenden Eigenschaften der sexuellen Träume der Frauen.[23]

Amerikanische Frauen fantasieren doppelt so häufig von passivem Sex wie Männer – sie denken eher daran, »genommen zu werden«, als »zu nehmen«.[24] Sie betrachten sich als Objekt des sexuellen Verlangens eines Partners im Gegensatz zu Männern, die andere als Empfänger ihrer sexuellen Aufmerksamkeit sehen.[25] Dieser geschlechterspezifische Unterschied findet sich auch in Japan und Großbritannien.[26]

Bitte missverstehen Sie mich nicht: Weniger als 0,5 Prozent der Männer gefällt es, eine Frau zum Sex zu zwingen, und weniger als 0,5 Prozent der Frauen wollen gezwungen werden.[27] Vergewaltigung unterscheidet sich grundlegend von sexuellen Spielen zwischen gleichgesinnten Partnern. Daten belegen jedoch, dass Frauen häufiger darüber fantasieren, sich einem Partner zu unterwerfen.

Eine Freundin von mir, eine attraktive, reiche, unabhängige Frau in den Vierzigern, erzählte mir einmal eine ihrer Fantasien. Sie fuhr über eine Landstraße und wurde von einem Polizisten aufgefordert anzuhalten. Während er neben ihrem Wagenfenster ein Strafmandat wegen überhöhter Geschwindigkeit ausschreibt, blitzt in ihrem Geist eine Fantasie auf, in der er von ihr fordert, mit ihm im Gebüsch zu schlafen. »Es ging nicht um Vergewaltigung sondern um Autorität – und um Unterwerfung«, erklärte sie mir.

Der anonyme Fremde, der gesichtslose Prinz, der eine Frau überwältigt: Psychologen sind der Ansicht, dass sich Frauen dieser Fantasie der Unterwerfung und Hilflosigkeit hingeben, um kein Schuldgefühl wegen ihres Sexualtriebs zu empfinden oder um die Verantwortung für den ersten Koitus abzugeben. Die Tagträume der Frauen über Unterwerfung könnten jedoch auch auf ältere Bereiche im weiblichen Gehirn zurückzuführen sein, da die sexuelle Unterwerfung des Weibchens im Tierreich allgemein verbreitet ist.

Nehmen wir als Beispiel den Leguan. Ein männlicher Leguan umwirbt ein Weibchen, indem er sich aufbläst, um dominant und wichtig auszusehen, und dann das Weibchen angreift. Wenn das Weibchen paarungsbereit ist, legt es sich bäuchlings und reglos auf den Boden. Dies ist die Stellung vollkommener Unterwerfung. Ihre Passivität lädt das Männchen zur Kopulation ein. Bei den Leguanen und zahlreichen anderen Reptilien sind Zeichen der Unterwerfung seitens des Weibchens und der Vorherrschaft seitens des Männchens für den Koitus unerlässlich.[28] Wissenschaftler bezeichnen diesen Paarungstanz als »agonistische Sexualität«.

Vögel und Säugetiere fügten dem Verhaltensmuster der Reptilien von Dominanz und Unterwerfung eine Vielzahl liebevoller Extras hinzu. Die meisten lecken oder küssen, tätscheln oder streicheln und beschnüffeln einander freundschaftlich, ehe sie zur Kopulation übergehen. Das bezeichnet man als »verbindende Sexualität«.[29] Weibliche Löwen, Ratten und die Weibchen vieler anderer Säugetierarten verharren aber ebenfalls reglos und zur Paarung bereit. Der Ethologe Irenäus Eibl-Eibesfeldt ist daher der Ansicht, dass die Leitmotive für die menschliche Sexualität – männliche Dominanz und weibliche Unterwerfung – dem ursprünglichen Reptilienstamm unseres menschlichen Gehirns entspringen.

Auch manche Männer genießen die passive Rolle. In den Schlafzimmern rund um den Globus geben sich jedoch bedeutend mehr Frauen insgeheim dieser ursprünglichen Fantasie der Unterwerfung hin, um ihre Lust anzufachen.

Die abgelenkte Frau

Während des Koitus lassen sich Frauen eher ablenken als Männer. Sobald eine Frau ein Baby weinen hört, sich an eine Begebenheit aus dem Büro erinnert oder sich fragt, ob sie den Backofen ausgeschaltet hat, kann ihre Konzentration gestört werden. Sie muss sich neu konzentrieren und ihre sexuelle Erregung wieder aufbauen.[30] Männer sind besser imstande, ihre Aufmerksamkeit nicht vom Sexualakt ablenken zu lassen.[31]

Diesen geschlechterspezifischen Unterschied finden wir auch bei Weibchen anderer Arten. Zerkrümelt man beispielsweise im Blickfeld eines kopulierenden Rattenpaares ein Stück Käse, sieht das Weibchen zum Käse. Das Männchen fährt in seiner Tätigkeit unbeirrt fort. Ich vermute, dass die leichte Ablenkbarkeit der Weibchen auf den Aufbau des weiblichen Gehirns zurückzuführen ist. Wie in Kapitel 1 besprochen, besitzt das weibliche Gehirn gute Verbindungen. Frauen neigen dazu, viele getrennte Gedanken gleichzeitig aufzunehmen – Netzwerkdenken. Dieses vernetzte Denken könnte ihre Konzentration während des Liebesaktes stören.

Möglicherweise war es von der Natur aber auch vorgesehen, dass Frauen leichter ablenkbar sind. Sex ist gefährlich, er verringert die Wachsamkeit. Die Männchen aller Arten müssen auf Wachsamkeit verzichten und ihre Aufmerksamkeit dem Orgasmus und der Verbreitung ihres Samens widmen. Das weibliche Ei gelangt von sich aus in die Gebärmutter, sodass sich Frauen nicht auf den Orgasmus konzentrieren müssen, um ein Kind zu empfangen. So wachten in den mondhellen Nächten des urzeitlichen Afrikas vermutlich die leicht ablenkbaren Frauen über das kopulierende Paar.

Wer hat einen stärkeren Sexualtrieb?

Die Schwierigkeit beim Sex ist »die andere Person«, soll James Thurber geschrieben haben.

In einer 1990 durchgeführten Untersuchung unter 14 070 Amerikanern waren 87 Prozent der Ansicht, dass Frauen weniger an Sex interessiert seien als Männer.[32] Dutzende weitere Studien stützen die These, dass Männer häufiger an Sex denken und sich mehr mit Sex beschäftigen als Frauen.[33]

Diese Kluft schließen Frauen allmählich. In den vierziger und fünfziger Jahren erklärten 94 Prozent der Männer und vierzig Prozent der Frauen, sie masturbierten.[34] Bei einer kürzlich erfolgten Umfrage gaben neunzig Prozent der Männer und etwa siebzig Prozent der Frauen an, dass sie sich selbst befriedigen.[35] Allerdings lässt auch die jüngste amerikanische Untersuchung zum Thema Sex den Schluss zu, dass der männliche Sextrieb stärker ist als der weibliche.

Die aus dem Jahr 1994 stammende Studie trägt den Titel National Health and Social Life Survey (NHSLA) oder »NORC-Studie«, da sie von Wissenschaftlern des in Chicago angesiedelten National Opinion Research Center durchgeführt wurde. Sie ist die erste amerikanische Untersuchung an 3432 willkürlich gewählten männlichen und weiblichen Testpersonen im Alter zwischen 18 und 59 Jahren.[36] Obwohl verschiedene Wissenschaftler die NORC-Studie in einigen Punkten anzweifeln[37], gilt sie allgemein als ernst zu nehmende wissenschaftliche Untersuchung.

Diese landesweite Studie zeigt, dass die Geschlechter in vielem übereinstimmen. So haben beispielsweise etwa dreißig Prozent der Männer und 26 Prozent der Frauen wöchentlich zwei- bis dreimal Geschlechtsverkehr.[38]

Auf die Frage, wie oft sie an Sex *dächten*, erklärten 54 Prozent der Männer, täglich an Sex zu denken, im Vergleich zu lediglich 19 Prozent der Frauen. Weiter gaben 27 Prozent der Männer und nur acht Prozent der Frauen an, mindestens einmal pro Woche zu masturbieren.[39] Der geschlechterspezifische Unterschied in der Häufigkeit des Masturbierens zeigt sich in allen Teilen der Welt, wo entsprechende Daten gesammelt werden.[40] Amerikanische, britische, französische und finnische Männer berichten, im Verlauf ihres Lebens mehr Sexualpartner zu haben als Frauen. Dasselbe Muster findet sich auch in anderen Ländern.[41]

Lässt sich daraus ableiten, dass Männer tatsächlich ein aktiveres Sexualleben führen als Frauen?

»Eine der wertvollsten Eigenschaften der Männer ist, dass sie genau wissen, was sie nicht glauben.« Was den Sexultrieb anbelangt, bin ich einer Meinung mit Euripides. Ungeachtet der gegenteiligen Daten bin ich davon überzeugt, dass sich der weibliche Sexualtrieb von dem des Mannes unterscheidet. Er ist subtiler, komplexer und wird häufiger missverstanden.

Die Sexualität der Frauen

»Der Winterhimmel ist kalt und tief / mit scharfen Winden und gefrierendem Schneeregen. / Aber wenn wir uns unter unserer Decke lieben, / entfachen wir eine Wärme, die drei Monate lang andauert.« Dies schrieb Tsu Yeh über die Intensität des Liebesspiels im China des 4. Jahrhunderts. Beide Geschlechter beginnen während der Vereinigung zu glühen. Wie zahlreiche Sexualforscher jedoch betonen, sind Frauen im Bett die besseren Künstler.

Im Durchschnitt dauert ein Orgasmus bei Männern und Frauen gleich lang, allerdings unterscheiden sich die ersten starken Muskelkontraktionen in Zahl und Dauer. Anfangs haben Männer drei oder vier starke Kontraktionen, die von einer Reihe unregelmäßiger, schwächerer gefolgt werden. Frauen haben zunächst etwa fünf bis sechs Muskelkontraktionen, die sich in einem längeren Rhythmus über das gesamte Ereignis fortsetzen. Bei Männern dauert dieses angenehme erste Stadium des Orgasmus nur etwa drei bis vier Sekunden an, bei Frauen in der Regel fünf bis sechs Sekunden.[42]

Der weibliche Orgasmus umfasst auch größere Bereiche des Beckengewebes und wird während der Schwangerschaft und nach der Geburt eines Kindes häufig intensiver erfahren, da die Beckenregion zu diesen Zeiten besser durchblutet ist.[43]

Ebenso beeindruckend ist die Tatsache, dass Frauen mehrere Orgasmen rasch hintereinander erleben können, wozu nur sehr junge Männer imstande sind.

Manche Frauen gelangen, auch ohne sich zu berühren, zu einem Orgasmus. Im Gegensatz dazu erreicht nur einer von tausend Männern ausschließlich durch Fantasie einen Orgasmus.[44] Der dauerhaften männlichen Libido steht somit eine intensivere sexuelle Reaktion bei Frauen gegenüber.

Würden die Wissenschaftler den Sexualtrieb anhand der Dauer und Intensität des Orgasmus messen, statt daran, wie oft man pro Tag an Sex denkt, wie oft man pro Woche masturbiert, und mit wie vielen Partnern man im Verlauf eines Lebens schläft, würden sie den weiblichen Sexualtrieb zumindest als ebenso stark einschätzen wie den männlichen.

Die weibliche Sinnlichkeit

Die falsche Beurteilung der weiblichen Libido zeigt sich deutlich, wenn man die Definition für sexuelle Aktivität auch auf die Sinnlichkeit ausweitet. Bei einer Umfrage unter 14 070 Männern und Frauen mithilfe des Prodigy-Computernetzwerks waren 75 Prozent der Befragten der Ansicht, dass Frauen sinnlicher seien als Männer.[45]

Blumen, Öle, Kerzenlicht, Satinlaken, flauschige Handtücher: Wenn Frauen über Sex fantasieren, rufen sie sich häufiger als Männer die Beschaffenheit von Dingen, Geräusche, Gerüche und sämtliche Eindrücke, die den Sex umgeben, in Erinnerung.[46] Frauen haben auch eine größere Vorliebe für Küsse, Liebkosungen, Streicheln und Umarmungen während der Vereinigung.[47] Kurz gesagt, Frauen betten den Geschlechtsakt in einen breiteren physischen Kontext ein.

Sie weben den Sex auch zu einem reichhaltigeren emotionalen Muster. Fordert man Männer und Frauen auf, den geschlechtlichen Bereich innerhalb ihrer Ehe zu beschreiben, sprechen Frauen häufiger von Behaglichkeit, Gesprächen, Liebe und Vertrautheit, d. h. dem emotionalen Umfeld des Koitus. Männer beziehen sich eher auf die Heftigkeit, Erregung, Häufigkeit und andere Aspekte des physischen Teils der Vereinigung.[48]

»Männer glauben, einen Orgasmus zu haben ist dasselbe, wie mit jemandem zu schlafen. Darin liegt der Unterschied«, bemerkte eine Frau in der Prodigy-Untersuchung.[49] In ihren Worten steckt ein Körnchen Wahrheit. Die weibliche Sexualität ist in ein breiteres Gitter von Emotionen, ein weiteres Spektrum physischer Empfindungen und einen ausgedehnten sozialen und umweltbedingten Zusammenhang eingewoben. Hierin spiegelt sich das weibliche Netzwerkdenken wider. Der männliche Sexualtrieb ist stärker auf die Kopulation selbst ausgerichtet. Dies ist wiederum ein Beispiel für die männliche Eigenschaft, die Umwelt in Einzelbereiche aufzugliedern und die Aufmerksamkeit nur einem spezifischen Element zu widmen.

Wissenschaftler und Laien, die ihre Ansicht über den Sexualtrieb auf Faktoren wie Häufigkeit der Masturbation und Anzahl der Partner gründen, definieren sexuelles Verlangen eindeutig aus männlicher Sicht. Sie unterteilen den Bereich Sex und betrachten ihn aus einem eingeengten Blickwinkel. Daher überrascht es nicht, dass sie die weibliche Sexualität falsch bewerten.

Frauen, Sex und Alter

»Die Tragödie des Alters liegt nicht darin, dass man alt ist, sondern darin, dass man sich jung fühlt«, schrieb Oscar Wilde. Während des

Älterwerdens fühlen sich beide Geschlechter nach wie vor jung. Es ist jedoch bekannt, dass sich die Sexualität mit dem Alter verändert.

Beide Geschlechter haben mit zunehmendem Alter weniger sexuelle Fantasien, masturbieren weniger häufig und vollziehen seltener Geschlechtsverkehr. Der männliche Sexualtrieb erreicht rund um das 20. Lebensjahr seinen Höhepunkt und sinkt dann allmählich gemeinsam mit dem Testosteronspiegel. Frauen erleben den Höhepunkt ihres Sexualtriebs mit Ende Zwanzig und Anfang Dreißig. Der Rückgang erfolgt langsamer, sodass er während eines Großteils ihres Lebens auf etwa demselben Stand bleibt.[50]

Im Gegensatz zu der landläufigen Annahme nimmt der Sexualtrieb der meisten Frauen nicht mit der Menopause ab. Ende der achtziger Jahre befragten schwedische Wissenschaftler 497 Schwedinnen mittleren Alters aus stabilen Ehen über den Zustand ihrer Partnerschaft und ihres Sexualtriebs. Sechs Jahre danach stellten sie denselben Frauen dieselben Fragen erneut. Sie entdeckten, dass das sexuelle Verlangen bei nahezu zwei Dritteln der Frauen bemerkenswert stabil blieb. Zehn Prozent führten sogar an, dass sich ihre sexuelle Begierde gesteigert habe.[51]

Etwa 27 Prozent berichteten von einem Rückgang ihrer Libido. Das Alter war jedoch nicht der hauptsächliche Grund für den Verlust des Verlangens. Stattdessen zeigte sich, dass die meisten jener Frauen, deren Sexualtrieb zurückgegangen war, alkoholkranke Partner hatten, Vertraulichkeit in der Beziehung vermissten, nicht genug finanzielle oder emotionale Unterstützung erhielten oder eine schwere Depression durchlitten hatten.[52]

Untersuchungen der Duke University an gesunden, gut ausgebildeten Frauen der gehobenen Mittelschicht erbringen ähnliche Ergebnisse: Langeweile, Stress, Drogen, ein schlechter Gesundheitszustand, ein uninteressierter oder alkoholkranker Partner oder der Tod des Ehemanns können einen Schatten auf die weibliche Libido werfen.

Sofern Frauen finanziell gut versorgt und geistig gesund sind, bleibt der Sexualtrieb der meisten Frauen im mittleren Alter stabil.[53] Eine *Redbook*-Studie über alternde Frauen zeigt auf, dass nahezu vierzig Prozent darüber klagen, nicht oft genug Sex zu haben.[54] Möglicherweise ist dies darauf zurückzuführen, dass mit dem Sinken des Östrogenspiegels während der Menopause das Testosteron stärker zur Geltung kommt.[55]

»Ist es nicht seltsam, dass das Verlangen die Leistung um so viele Jahre überlebt?«, schrieb Shakespeare. Sexuelle Funktionsfähigkeit und sexuelles Verlangen sind selbstverständlich zwei voneinander getrennte Phänomene. Beide Geschlechter kämpfen mit zunehmendem Alter mit Veränderungen in ihrer genitalen Funktionsfähigkeit. Wissenschaftlern zufolge fordert der Alterungsprozess von Frauen jedoch körperlich einen geringeren Preis.[56]

All diese Daten verweisen darauf, dass Frauen eine robuste Libido besitzen. Sie unterscheidet sich lediglich von der des Mannes, indem sie weniger anhaltend, aber intensiver und abhängiger von Emotionen, Gefühlen und den Bedingungen der Umgebung ist. Über den gesamten Lebensweg hinweg ist sie jedoch ebenso dauerhaft.

Lieben Frauen Abwechslung beim Sex?

Von sämtlichen Unterschieden zwischen dem männlichen und weiblichen Sexualtrieb scheint die Frage der Abwechslung vor allem die männlichen Wissenschaftler am meisten zu faszinieren. Viele halten unterschütterlich an der Ansicht fest, dass Frauen im Vergleich zu Männern weniger Interesse an Sex mit unterschiedlichen Partner hätten.[57]

Ihre Argumentation lautet folgendermaßen: Im Verlauf der Urgeschichte strebten Männer nach sexueller Vereinigung mit zahlreichen Frauen, um ihren Samen so weit wie möglich zu verbreiten. Durch natürliche Auslese entstand die männliche Vorliebe für sexuelle Vielfalt. Da Frauen innerhalb ihres Lebens nur eine begrenzte Anzahl von Kindern gebären konnten – und bei jeder geschlechtlichen Vereinigung Schwangerschaft und Mutterschaft riskierten –, mussten sie bei ihrer Partnerwahl sorgsamer vorgehen als Männer.

Ich stimme insoweit zu, dass die meisten Frauen in Bezug auf ihren Sexualpartner wählerischer sind als die meisten Männer. Es gibt jedoch zwingende Beweise, dass Frauen zu einer breiten sexuellen Abwechslung bestimmt sind.

Die Beweiskette ergibt sich aus den grundlegenden biologischen Voraussetzungen. Wissenschaftler behaupten, dass Männer drei verschiedene Arten von Sperma besäßen, die jeweils eine andere Aufgabe erfüllten. Die »Eierfänger« schwimmen den Vaginalkanal aufwärts, um sich mit dem Ei zu treffen. Die »Torwächter« verklumpen sich zu einem

Pfropfen, um das Eindringen fremder Spermien zu verhindern. Und die »Jäger und Zerstörer« greifen fremde Spermien an und töten sie.[58] Sollte sich dies als wahr erweisen, zeigt das männliche Angriffs- und Verteidigungssystem gegen fremde Spermien im Geburtskanal auf bemerkenswerte Weise auf, dass die urzeitliche Frau mehreren Männern »schöne Augen machte«.

Ebenso bedeutend ist jedoch, dass unsere weiblichen Vorfahren aus mehrfachen Beziehungen vermutlich beträchtliche Vorteile genossen, wie mehr Nahrungsmittel und Schutz, wertvolle gesellschaftliche Kontakte und sogar zusätzliches, unterschiedliches oder hochwertigeres Sperma.[59]

Ihre kleinen Verfehlungen waren möglicherweise auch nicht so folgenschwer, wie einige meiner Kollegen annehmen. Immerhin brachten unsere weiblichen Ahnen den Großteil ihrer fortpflanzungsfähigen Jahre entweder schwanger oder stillend zu. Wissenschaftler stellten fest, dass Frauen in heutigen Jäger-und-Sammler-Kulturen selten während der Stillzeit ovulieren. Dies ist auf das geringe Körpergewicht der Mütter und die regelmäßige schwere körperliche Belastung zurückzuführen. Daher ist anzunehmen, dass urzeitliche Frauen, die mit wechselnden Partnern Geschlechtsverkehr hatten, häufig nicht schwanger werden konnten.

Historisch betrachtet nahmen Männer große Mühen auf sich, um die weibliche Lust zu unterdrücken. Die Beschneidung in Teilen Afrikas, der Schleier in vielen islamischen Gesellschaften, die Absonderung der Frauen in Indien, das Binden der Füße in China und die Anstandsdamen und Keuschheitsgürtel im mittelalterlichen Europa zeugen davon, dass Männer in vielen Kulturen die weibliche Libido für mächtig – und unberechenbar – hielten.

Ihre Ängste sind möglicherweise wohlbegründet. In allen Regionen der Welt, in denen heute sexuelle Freiheit herrscht, wie etwa in Skandinavien, den Vereinigten Staaten und einigen Stammeskulturen, haben viele Frauen Sex mit verschiedenen Partnern.[60]

Besonders seltsam an dieser Debatte ist jedoch die mangelnde Aufmerksamkeit der Wissenschaftler für die grundlegende mathematische Frage: Mit wem haben all die lustgetriebenen Männer Sex?

Wenn Männer mehr Sexualpartner haben als Frauen, wie sämtliche Untersuchungen ergeben, müssen entweder einige hypersexuelle Frauen mit einer Unmenge von Männern schlafen, oder Männer übertreiben, während Frauen ihre Tugendhaftigkeit hervorstreichen. In einer überzeugenden wissenschaftlichen Studie folgerte die Psychologin Dorothy Einon vom University College in London, dass möglicherweise beide Geschlechter über ihre Eskapaden lügen. Frauen haben vermutlich bedeutend mehr Sexualpartner, als sie anführen, Männer weniger.[61]

Ungeachtet der heutigen wissenschaftlichen Lehrmeinung, dass Männer mehr Interesse an Sex mit verschiedenen Partnerinnen besäßen, bestätigen zahlreiche Beweise, dass Frauen als Konkubinen eine lange Geschichte – bzw. Urgeschichte – aufzuweisen haben. Die interessantesten Daten dazu stammen aus einer Untersuchung unter weiblichen Prostituierten. Von schmalen Gassen Asiens bis in den Dschungel Amazoniens entscheiden sich viele Frauen, Sexualität zu ihrem Lebensunterhalt zu machen.

Geld ist sexy

Niemand weiß, wie viele amerikanische Frauen in der Prostitution arbeiten. Die Polizei verzeichnet lediglich einige wenige »Sexarbeiterinnen«. Selbst in Ländern, in denen die Prostitution gesetzlich geregelt ist, gehen viel mehr Frauen heimlich, in Teilzeitbeschäftigung oder als Amateurinnen anschaffen, als offiziell gemeldet sind.[62]

Im 19. Jahrhundert waren Schätzungen zufolge zwischen fünf und 15 Prozent der jungen Frauen in Paris und New York kurzfristig oder langfristig als Prostituierte tätig.[63] Historiker merken an, dass viele diesen Beruf wählten, da ihnen die Prostitution besser erschien als die Arbeit in einer Fabrik oder als Haushaltsbedienstete.[64]

Der Rückgang der Prostitution im 20. Jahrhundert ist vermutlich darauf zurückzuführen, dass sich Frauen andere Möglichkeiten eröffneten, ihren Lebensunterhalt zu verdienen. Manche Frauen entschieden sich dennoch für »dieses Leben«. Psychologen vermuten, dass jede 1000. bis 2000. Frau in den USA diesen Beruf zumindest zeitweilig ausübt.[65]

Angesichts der Tabus bezüglich Prostitution, der Gefahr für die Gesundheit, der Möglichkeit von Gewalttaten und der mangelnden Sozialleistungen überrascht es, dass eine Frau freiwillig dieser Berufung folgen soll. Und doch geschieht genau dies. Malaiische Frauen in Singapur erklären, sie seien zur Prostituierten geworden, um der Schufterei als Ehefrau zu entgehen. Bemba-Frauen aus Afrika führen als

Begründung an, dass sie genug Geld verdienen wollten, um eine Haushaltshilfe einstellen zu können. Amerikanische Prostituierte geben an, Geld, Freiheit und Abenteuer zu lieben. Das sexuelle Vergnügen könnte jedoch der eigentliche Anreiz sein.

Zu dieser Erkenntnis gelangte ich nach einer Rede vor Callgirls bei einem Treffen der Prostituiertenvereinigung von New York. Diese Sexarbeiterinnen sind keine Straßenprostituierten, sondern Frauen der Mittelschicht, die sich zur Arbeit als Begleitservice, in Massagesalons oder im eigenen Heim entschlossen haben. Wenn sie zu Hause arbeiten, gelangen sie über Anzeigen in Zeitungen und Zeitschriften an ihre Kunden oder erhalten sie von anderen gegen Gebühr zugewiesen.

Nach meiner Rede (über die Entwicklung der menschlichen Sexualität) stellte ich meinem Publikum die klassische Frage: »Erleben Sie bei Ihrer Arbeit einen Orgasmus?« Eine attraktive Dreißigjährige erklärte, dass einige ihrer Kunden ihre Wohnung nicht verlassen wollten, ehe nicht auch sie einen Orgasmus gehabt habe. Daher konzentriere sie sich bei ihrer Arbeit an dem Kunden darauf, ebenfalls einen Höhepunkt zu erreichen. Eine andere meinte, dass ihre Arbeit ihre Genitalien stimuliere, sie jedoch versuche, nicht mit Kunden zu einem Orgasmus zu kommen, die ihr nicht sympathisch seien. »Dieses Geschenk gönne ich ihnen nicht«, sagte sie. Wieder eine andere berichtete, dass sie einen Orgasmus zu verhindern versuche, da sie sonst das Gefühl habe, nicht gearbeitet, sondern dem Vergnügen gefrönt zu haben.

Die meisten stimmten jedoch überein, dass bestimmte Kunden sie anregten. Eine Frau fasste die allgemeine Meinung zusammen: »An einem guten Tag habe ich etwa fünf Kunden, und oft bekomme ich mit einem von ihnen einen Orgasmus.«

Jahrzehntelang haben Akademiker und verschiedenste Fachleute darüber spekuliert, warum sich Frauen freiwillig zur Prostitution entschließen. Latente Homosexualität, geringe Intelligenz, häuslicher Missbrauch, gierige Verwandte, verzweifelte Armut und verschiedene Psychosen führen die Liste der möglichen Gründe an. Evolutionspsychologen sind der Ansicht, dass Prostitution nur eine Möglichkeit darstellt, von dem angeblich stärkeren männlichen Interesse an sexueller Vielfalt zu profitieren.[66]

Bislang konnte niemand eine Gruppe sozialer Faktoren isolieren, die zu Prostitution führen. Die jüngsten Bücher von Prostituierten und neue wissenschaftliche Studien bewegten die Sexologen Vern und Bonnie Bullough zu der Schlussfolgerung, dass Prostitution im Allgemeinen »einfach ein Beruf« sei.[67]

Sexuelle Sklaverei kommt in verschiedenster Form vor. Einige Straßenprostituierte sind mittellose Drogenabhängige. In Teilen Asiens werden junge Mädchen und sogar Kinder von ihren Eltern in die sexuelle Sklaverei verkauft, da sie zu arm sind, sie zu ernähren. Viele amerikanische Freudenmädchen erklärten hingegen, sich selbst für diesen Beruf entschieden zu haben. Diese glücklichen Prostituierten haben sich mit exotischen Tänzerinnen, Pornofilm-Schauspielerinnen, Telefonsexanbieterinnen, Erotikmasseusen und anderen Mitgliedern der Sexindustrie zu einer Organisation zusammengeschlossen, die sich für die Entkriminalisierung der Prostitution einsetzt. Sie nennen ihre Vereinigung COYOTE, was für Call Off Your Old Tired Ethics, also etwa »Löst euch von eurer veralteten Moral«, steht.

»Jede Frau hat ihren Preis«, berichteten mir Bordellwirtinnen. Anhand von informellen Gesprächen mit zahlreichen Frauen gelangte ich zu der Ansicht, dass sich viele tatsächlich auf Teilzeitbasis der Prostitution widmen würden, wenn sie die Sicherheit hätten, dass sie diese Tätigkeit unverletzt, unentdeckt, verschont von Krankheiten und Schwangerschaft – und großzügig entlohnt – ausüben könnten.

Geld ist sexy, meinen Callgirls. Ich vermute, Frauen sind dazu geschaffen, ebenso häufig nach sexueller Vielfalt zu suchen wie Männer – sofern dies ihrem ursprünglichen Verlangen nach Ressourcen entgegenkommt.

Die sexuelle Flexibilität von Frauen

Frauen weisen eine weitere sexuelle Eigenschaft auf, die zweifellos auf ihre ferne Vergangenheit zurückzuführen ist: Die weibliche Sexualität ist flexibler als die männliche. Folglich besitzen Frauen eine stärkere Neigung zur Bisexualität.

Die Natur ist unordentlich. Entgegen dem westlichen Trend, die Welt in zwei Arten von Menschen einzuteilen, die hetereosexuellen und die homosexuellen, handelt es sich hierbei nicht um klar definierte Kategorien. Die einzelnen Personen unterscheiden sich durch den Grad ihrer Neigung. So reicht die Bandbreite von Menschen, die nur unter extremem gesellschaftlichem Druck (wie etwa im Gefängnis) homosexuelles Verhalten zeigen, bis zu Menschen, die von Kindheit an wissen, dass sie sich zum selben Geschlecht hingezogen fühlen.

Die 1994 durchgeführte NORC-Studie über die amerikanische Sexualität teilt Homosexualität in drei Dimensionen auf: Verlangen, Verhalten und persönliche Identifizierung. Die Untersuchung erbrachte, dass sich etwa 4,5 Prozent aller Männer und ungefähr 5,6 Prozent aller Frauen von Vertretern des eigenen Geschlechts körperlich angezogen fühlen. Rund 4,9 Prozent der Männer und 4,1 Prozent der Frauen hatten seit ihrem 18. Lebensjahr zumindest einmal einen gleichgeschlechtlichen Sexualpartner. Und 2,8 Prozent der Männer und 1,4 Prozent der Frauen bezeichnen sich als vorwiegend homosexuell.[68]

Andere amerikanische Untersuchungen jüngster Zeit sowie Studien aus Großbritannien, Frankreich und weiteren Ländern erbrachten ähnliche Zahlen.[69] In Japan geben beispielsweise 3,7 Prozent der Männer und 3,1 Prozent der Frauen an, homosexuellen Körperkontakt gehabt zu haben.[70]

Schulmädchen experimentieren häufiger mit Bisexualität als Jungen. Etwa zwei Drittel der heterosexuellen Frauen fühlen sich von anderen Frauen angezogen.[71] Viele Frauen, die sich selbst als Lesbierinnen bezeichnen, fühlen sich zu Männern hingezogen.[72] Eine in den siebziger Jahren durchgeführte amerikanische Studie über Homosexualität erbrachte, dass zwanzig Prozent der befragten, üblicherweise homosexuellen Männer ein Kind gezeugt haben, während vierzig Prozent der Lesbierinnen in einer heterosexuellen Beziehung gelebt und ein Kind geboren haben.[73] »Im Vergleich zu Männern neigen Frauen eher dazu, Gefühle für beide Geschlechter zu entwickeln. Männer sind stärker auf eine Richtung eingestellt – ihnen bieten sich weniger Wahlmöglichkeiten«, meint der Psychologe Michael Bailey von der Northwestern University.[74]

Wie in vielen anderen Aspekten des menschlichen Verhaltens, die in diesem Buch besprochen werden, ist auch die sexuelle Orientierung der Frauen breiter und allgemeiner, während die der Männer stärker gebündelt erscheint.

Die weibliche Flexibilität in der Sexualität könnte in der fernen Vergangenheit vorteilhaft gewesen sein. Um ihren Samen zu verbreiten, mussten Männer einem starr vorgegebenen Pfad folgen und Frauen umwerben. Die urzeitlichen Frauen benötigten hingegen jemanden, der ihnen bei der Pflege ihrer Kinder half. Den einflussreichsten Jäger für sich zu gewinnen war ideal. Bei einem Mangel an Männern war eine Frau hingegen gezwungen, sich einem Mann als Zweitfrau anzuschließen oder eine weibliche Gefährtin zu suchen, die sie bei der Kindererziehung unterstützte. Frauen benötigten einen Langzeitpartner – ungeachtet ob männlich oder weiblich.

Männer und Frauen stimmen somit in ihren sexuellen Mustern nicht überein. Obwohl Männer häufiger an den eigentlichen Sexualakt denken und im Verlauf ihres Lebens mehr Sexualpartner haben, haben manche Frauen vermutlich bedeutend mehr Partner als nahezu alle Männer. Frauen erleben mehr und heftigere Orgasmen, ihre Sexualität ist in einen weiteren Kontext von physischen und emotionalen Empfindungen eingebettet, und ihre Sexualität dauert während des gesamten Lebens an. Darüber hinaus ist die weibliche Lust auf ein breiteres Spektrum von männlichen und weiblichen Partnern ausgerichtet.

Wie werden Frauen ihren Sexualtrieb zum Ausdruck bringen, sobald sie nahezu auf der ganzen Welt wirtschaftliche Macht und gesellschaftliches Ansehen erreichen?

Das Problem mit der Lust

Rund um das knisternde Freudenfeuer sprangen die Tänzer zum schweren Schlag der Trommeln und entschwanden dann in der Dunkelheit, um einander flüsternd zu umarmen. Auf einem mit Kokosnusspalmen und Brotfruchtbäumen bewachsenen Abhang wurden die verflochtenen Farne Zeuge eines heimlichen, nachmittäglichen Treffens. Einige Mädchen gingen nicht einmal sonntags zur Kirche, um ihr Sexualleben auch nicht für eine einzige Stunde aufzugeben. So präsentierte sich das Leben auf der zu Samoa gehörigen Insel Tau bei Margaret Meads Ankunft im Jahr 1925.

Jahrhundertelang hatten die Polynesier daran festgehalten, dass Sex eine Kunst sei, die gelernt, geübt und genossen werden sollte – solange dies mit Menschen der geeigneten Klasse und eines passenden verwandtschaftlichen Beziehunggrads geschah.[75]

Streben wir einem Sexualleben entgegen, das dem der traditionellen Polynesier gleicht?

In mancher Hinsicht gewiss.

Jedes Zeitalter, jede Kultur und jedes menschliche Wesen hat eigene Ansichten über Sex. Einige Gesellschaften feiern ihn, andere fürchten und verurteilen ihn. Darüber hinaus ändert sich die Einstellung mit dem Alter der Menschen, der Entwicklung oder dem Zerfall von Kulturen und dem Wechsel von Zeiten der Unterdrückung und der Billigung. Zu jenen Entwicklungen, die in der Geschichte der westlichen Sexualmoral einen Wandel bewirkten, gehört der Aufstieg des Christentums. Wie Nietzsche schrieb, »reichte das Christentum Eros den Pokal mit Gift«.

Die Stoiker des antiken Griechenlands hatten lange die Verwerflichkeit des Koitus verkündet, doch nur wenige schenkten ihnen Gehör. Derartige Sekten bildeten eine Insel der Prüderie inmitten eines Ozeans sexueller Freizügigkeit. Die Griechen verherrlichten die Sinneslust – solange Sex zwischen Männern und Kurtisanen, Männern und Konkubinen oder Männern und jungen Knaben gepflegt wurde. Nur von den griechischen Frauen der bürgerlichen Klassen erwartete man, dass sie sich vor der Ehe der Keuschheit verschrieben und ihrem Gemahl ein Leben lang treu blieben.[76]

Während der ruhmreichen Tage des Kaiserreichs predigten die Asketen des klassischen Roms ebenfalls Keuschheit. Wie bei den Griechen schenkten ihnen nur wenige Gehör.

Die frühchristlichen Priester nahmen jedoch den alten Grundsatz der Keuschheit an. Im Verlauf der Zeit betrachtete man in der Kirche den Koitus sowohl der Männer als auch der Frauen als schmutzig und unchristlich. Nur mit der Absicht, sich fortzupflanzen, sollten sich verheiratete Paare dem Geschlechtsverkehr hingeben. Selbst das sinnliche Verlangen nach dem eigenen Gemahl wurde verdammt. Als das Christentum im 4. Jahrhundert zur offiziellen Religion des Römischen Reichs wurde, anerkannte die staatliche Führung diese Glaubensgrundsätze über Sexualität.

In gewisser Weise verbesserten die kirchlichen Doktrinen das Ansehen der Frauen. Da Frauen als Gottes Abbild galten, hatten auch sie Anspruch auf Respekt. Zudem zielten diese Sexualkodizes darauf ab, Frauen mit pflichtbewussten Ehemännern, Beschützern und Versorgern zu versehen, die sich weder von ihnen scheiden lassen noch sie verstoßen konnten. Das Christentum schränkte auch den männlichen

Ehebruch ein und eröffnete Frauen als Nonnen einen neuen Weg zu politischer und wirtschaftlicher Macht.

Die frühchristlichen Sexualvorschriften dämpften unzweifelhaft das sexuelle Verlangen. Während sich das Christentum von Westen her über Irland bis Spanien und weiter bis in die russische Steppe ergoss, setzten die Europäer nahezu alle Formen sexueller Begierde mit Sünde in Verbindung.

Renaissance und Reformation tauten den eisigen Moralkodex allmählich auf. Mit der Ausweitung der Städte und der steigenden Lese- und Schreibfertigkeit gegen Ende des 17. Jahrhunderts wurden die westlichen Sexualdoktrinen liberaler.[77] Die europäischen Ärzte des 18. Jahrhunderts betrachteten Masturbation jedoch nach wie vor als gesundheitsschädlich. Sie glaubten, es würde die Kräfte eines Menschen erschöpfen und ihn für Krankheiten – von Pickeln und Verstopfung bis Blindheit und Wahnsinn – anfällig machen.[78] Während die Industrielle Revolution im 18. Jahrhundert voranschritt, wurden Ehebruch und andere sexuelle Tätigkeiten entkriminalisiert. In London tauchten Enklaven von Homosexuellen auf, und weite Teile der berufstätigen und der bürgerlichen Klasse in England, auf dem europäischen Kontinent und in Amerika gelangten zu der Ansicht, dass die Sexualität in der Ehe genossen werden sollte.[79] Der Sex wurde von seiner Verbindung zu Gott gelöst.

»Der Orgasmus hat das Kreuz als Mittelpunkt des Verlangens und Abbild der Erfüllung abgelöst«, klagte der britische Schriftsteller Malcom Muggeridge.

Die Freigeister des 20. Jahrhunderts

»Einem willigen Pferd die Sporen geben«, lautet ein lateinisches Sprichwort. Wirtschaftliche, soziale und technologische Veränderungen des 20. Jahrhunderts haben in steigendem Maß dazu geführt, dass wir unsere ursprünglichen erotischen Sehnsüchte ausdrücken.

Margaret Sanger wurde 1917 verhaftet, weil sie sich für Empfängnisverhütung und eine Klinik zur Geburtenkontrolle im New Yorker Stadtteil Brooklyn ausgesprochen hatte. In den dreißiger Jahren kamen Latexkondome auf den Markt. Das Automobil und Motels an der Straße boten den Männern und Frauen dieser Zeit zudem mehr Privatsphäre.

In den vierziger Jahren wurde das Penizillin erfunden – und sogleich eingesetzt, um Krankheiten entgegenzuwirken. In den sechziger Jahren ermöglichte die Antibabypille den Frauen, die Fortpflanzung zu kontrollieren. Sex um des Vergnügens willen kam in Mode.

Heute scheinen die meisten Amerikaner Sex gegenüber ebenso zu empfinden wie die Polynesier. Sie betrachten jede heterosexuelle Tätigkeit zwischen unverheirateten Erwachsenen als annehmbar, solange der Partner einwilligt.[80]

Männer berücksichtigen allmählich auch die sexuellen Wünsche der Frauen. In den vierziger Jahren verbrachten amerikanische Paare etwa zehn Minuten beim Vorspiel; heute hat sich dieser Zeitraum um fünf bis sieben Minuten erhöht.[81] In den fünfziger Jahren praktizierten nur zwölf Prozent der verheirateten Paare Cunnilingus; heute üben sich etwa 75 Prozent der Ehepaare in dieser Kunst.[82] Frauen mittleren Alters erforschen zudem eine breitere Palette an sexuellen Techniken.[83]

Einige deklamieren noch immer Kirchensprüche, verschreiben sich einer männlichen Macho-Ethik oder hüllen sich in viktorianische Tugendhaftigkeit. Andererseits betrachten viele amerikanische Männer und Frauen Sex heute als Vergnügen und eine Möglichkeit, sich zu entspannen und ihre Liebe und Freundschaft auszudrücken. Sex hat sich in seiner Bedeutung weit über einen Fortpflanzungsakt hinausentwickelt.

Diese entspannte westliche Haltung verbreitet sich rund um den Globus. Die Pekinger Zeitungen sprechen von »Flut«, wenn sie Orgasmus meinen. In Kuweit und Irland diskutieren Radiosprecher in Sendungen mit Hörerbeteiligung über Sex und Romantik. In Indien drängen sich die Menschen in den Kinosälen, um glühende italienische Liebesgeschichten zu sehen. In Moskau erfreut sich eine Nachtsendung über Sex mit dem Titel »Rund um Es« großer Beliebtheit, in der Gäste ihre Ansichten über Gruppenorgien, Sadomasochismus und Masturbation kundtun. In Warschau versammeln sich die Menschen vor den Fernsehschirmen, um *Clan* zu sehen, eine Seifenoper über Familienthemen einschließlich heikler sexueller Situationen wie Ehebruch und Scheidung. In Deutschland und China öffnen Sexmuseen ihre Pforten. Liu Dalin, der Direktor des Sexmuseums in Schanghai, erklärt, die chinesische Einstellung zum Sex ließe sich mit den Worten »außen blass, aber innen glutheiß« ausdrücken.[84]

In weiten Teilen der gebildeten Welt wird Sexualunterricht erteilt.[85] Anzeichen der sexuellen Befreiung finden sich überall und insbesondere bei der Jugend.

Der Aufstieg der weiblichen Sexualität

Zu Halloween machte ich einmal mit einem Freund bei einem Supermarkt in New York Halt, um schwarze Plastikteller und schwarze Servietten zu kaufen. An der Kasse erklärten wir dem jugendlichen Angestellten scherzhaft, dass wir einen Hexensabbat feiern würden. »Kennst du vielleicht eine Jungfrau, die wir opfern könnten?«, fragten wir im Spaß. Nachdem er lange und ernsthaft überlegt hatte, meinte er bedauernd: »Nein, nicht eine.«

Seit den sechziger Jahren durchgeführte amerikanische Untersuchungen bestätigen, dass männliche Jugendliche häufiger Geschlechtsverkehr und mehr Sexualpartner haben als weibliche. Jungen lassen nach ihren sexuellen Eskapaden auch weniger Schuldgefühle und Reue erkennen. Bei den Mädchen ist jedoch ein Wandel im Gange. Der Jahresbericht 1995 der Carnegie Corporation besagt, dass 27 Prozent der amerikanischen Mädchen und 33 Prozent der Jungen mit 15 Jahren bereits Geschlechtsverkehr hatten.[86] Verschiedene Studien bekräftigen diese Erkenntnisse: Mehr junge Frauen haben mit mehr verschiedenen Partnern in einem geringeren Alter Sex.[87] Die sexuellen Eskapaden junger amerikanischer Frauen nähern sich denen der Männer an.

Amerikanische Eltern verhalten sich zudem heute toleranter gegenüber den vorehelichen sexuellen Experimenten ihrer Töchter. Eine 1991 unter etwa 1000 erwachsenen Amerikanern durchgeführte Umfrage ergab, dass 43 Prozent nichts gegen Sex vor der Ehe einzuwenden hatten; 18 Prozent fanden ihn nur unter einigen wenigen Umständen unpassend.[88]

Weltweit gibt es eine breite Vielfalt in der Haltung gegenüber vorehelichem Sex. In Indien und dem Iran beispielsweise sind Männer und Frauen nach wie vor der Ansicht, dass Jungfräulichkeit bei der Eheschließung unerläßlich ist.[89] Eine 1990 durchgeführte Umfrage unter 20 000 chinesischen Männern und Frauen ergab, dass 86 Prozent Sex vor der Ehe billigen.[90] In Finnland, Frankreich, Norwegen, den Niederlanden, Schweden und Deutschland betrachten Männer und Frauen

Jungfräulichkeit beim Partner als belanglos. In Teilen Südafrikas und Polynesien ziehen Männer sogar eine Frau vor, die bereits ein Kind geboren hat; auf diese Weise können sie sicher sein, dass sie fruchtbar ist.

Allgemein zeigt sich weltweit eine offenere Einstellung zur vorehelichen Sexualität der Frau.

Doktorspiele

Der Trend zum vorehelichen Sex ist nicht neu.

Unter den traditionellen Muria Indiens finden sich beispielsweise die sechsjährigen Mädchen und Jungen in der Abenddämmerung im *gotul*, dem Kinderhaus, ein, um einander Geschichten zu erzählen, zu tanzen und zu spielen. Dann legen sie sich mit einem Partner zum Schlafen und kehren kurz vor der Morgendämmerung an die Arbeit zurück. Die älteren Mädchen vereinen sich oft paarweise mit heranreifenden Jungen, um sie in die Kunst des Liebens einzuführen. Kleinere Mädchen experimentieren mit Liebkosungen, Küssen und geschlechtlichen Berührungen; in der Pubertät beginnen sie ebenfalls, sich mit anderen Bewohnern des *gotul* zu vereinen.[91] Die Mädchen der argentinischen Pelaga-Indianer beginnen im Alter von fünf Jahren, Koitus zu spielen.[92] In Arnhem Land in Australien schmiegen sich fünfjährige Jungen und Mädchen in eindeutigen Kopulationshaltungen aneinander. Da die Erwachsenen der Ansicht sind, dass ihre Kinder wissen sollten, wie Geschlechtsverkehr vollzogen wird, stimmen sie dem zu.[93]

Der Sexologe John Money schätzt, dass Kinder im Alter von fünf bis acht Jahren auf natürliche Weise beginnen, ihre Geschlechterrolle zu spielen, sei es bei Vater-und-Mutter-, Doktor- oder anderen Spielen, bei denen die Genitalien stimuliert werden. Nach dem achten Lebensjahr konzentrieren sich diese sexuellen Spiele stärker auf den Geschlechtsverkehr. Die spielerische Komponente weicht dem Interesse an echtem Sex.[94]

Wenn die heutigen Mädchen lange vor der Pubertät mit Sex experimentieren, kehren sie zu Verhaltensweisen zurück, die über lange Perioden unserer menschlichen urzeitlichen Vergangenheit weit verbreitet waren.

Wenn Kinder Kinder bekommen

Zwischen der Sexualität moderner Mädchen und der ihrer jagenden und sammelnden Vorfahren gibt es jedoch einen großen Unterschied. In den letzten 175 Jahren sank das Pubertätsalter pro Jahrzehnt um etwa ein bis drei Monate. In den USA tritt die Menarche heute durchschnittlich im Alter von zwölf Jahren ein.[95] Einige dieser jungen Mädchen können daher auch schwanger werden. Diese Entwicklung ist neu.

In den meisten Stammesgesellschaften erreichen die Mädchen erst um das 16. Lebensjahr die Pubertät. Durch die fettarme Ernährung und die hohen körperlichen Anstrengungen erleben sie einen Teil ihrer Jugend in subfertilem Zustand. Im Allgemeinen können sie erst mit 18 Jahren schwanger werden, und die meisten gebären ihr erstes Kind um das 20. Lebensjahr herum.[96] In den Industrieländern nehmen Mädchen eine protein- und fettreiche Kost zu sich und betreiben wenig körperliche Bewegung. Dadurch steigt das kritische Körpergewicht und verleitet den Körper zu einer frühen Pubertät.[97]

Nun zum Kern der Sache: Die Natur hat die Mädchen dazu bestimmt, in jungem Alter mit Sex zu experimentieren. Das moderne Leben befähigt sie zudem, schwanger zu werden. Folglich werden wir ohne Sexualunterricht kein Ende des derzeitigen Trends zur Teenager-Schwangerschaft erleben. In vielen Ländern Europas ist Sexualunterricht bereits weit verbreitet und auch in den USA setzt er sich in zunehmendem Maß durch.

Die neue Freizügigkeit

Viele Sozialwissenschaftler stimmten darin überein, dass sich in entwickelten wie in Entwicklung stehenden Ländern eine immer liberalere Einstellung dem Sex gegenüber durchsetzt, die sich auch auf die sexuelle Freiheit der Frau ausweitet.[98] Meiner Ansicht nach wird sich die Geschwindigkeit dieser Entwicklung durch verschiedene demographische Gründe beschleunigen.

In den USA neigen die besser ausgebildeten Menschen zu einer weniger restriktiven Haltung[99] – und die Zahl dieser Personengruppe steigt. Ebenso zeigt sich bei den Beziehern höherer Einkommen ein Trend zu größerer sexueller Freiheit – und auch diese Bevölkerungsgruppe wächst.

Die Einwohner von Großstadtregionen sind ebenfalls im Bereich Sex großzügiger – und die städtischen Zentren weiten sich aus.[100] Menschen, die niemals verheiratet waren, nicht geschieden, getrennt oder verwitwet sind, besitzen eine größere sexuelle Offenheit – und auch dieser Personenkreis vergößert sich.[101] In Kleinfamilien lebende Menschen neigen wiederum zu stärkerer sexueller Freiheit – und die Kleinfamilie ist heute der am meisten verbreitete Familientyp.[102]

Allgemein steigert sich das Interesse der Menschen an Sex mit zunehmender Gesundheit, der leichten Verfügbarkeit von Verhütungsmitteln und der Möglichkeit zum Schwangerschaftsabbruch. Medien wie das Satellitenfernsehen und das Internet bieten eine breite Palette an Sendungen, die über Sex und sexuelle Erfahrungen informieren, und erreichen heute auch die entferntesten Winkel der Welt. Besondere Bedeutung kommt jedoch der Tatsache zu, dass Frauen an wirtschaftlicher Unabhängigkeit gewinnen und seltener bereit sind, ihre sexuelle Freiheit gegen den Schutz und die Versorgung durch einen Mann einzutauschen.[103]

»Dass Frauen und nicht Männer die Führungsposition übernehmen, zählt zu den einzigartigen Merkmalen dieser neuen sexuellen Revolution«, betont der Sexologe und Futurist Robert Francoeur von der Fairleigh Dickinson University.[104]

Amerikanische Frauen und Frauen in vielen anderen Kulturen beginnen früher, mit Sex zu experimentieren, haben vor der Ehe mehrere Sexualpartner, leben mit einem Partner außerhalb einer ehelichen Gemeinschaft zusammen, verlangen von ihren Geliebten Cunnilingus und andere Formen sexueller Befriedigung, verwenden Verhütungsmittel, planen ihre Familien, heiraten später und lassen sich scheiden, wenn ihre Partner ihre sexuellen und gesellschaftliche Bedürfnisse nicht befriedigen. Frauen treffen sich zudem bei nationalen und internationalen Konferenzen, um die Praktiken der Klitoridektomie und Jungfräulichkeitsuntersuchung zu verurteilen, und fordern auf der Straße und in den Printmedien das Recht, ihr Sexual- und Fortpflanzungsleben selbst zu kontrollieren.

Frauen tragen aktiv zu der heutigen weltweiten Verschiebung hin zu größerer sexueller Ausdrucksfähigkeit bei und führen diese Bewegung oftmals an. Damit kehren sie zu einem für das weibliche Gehirn elementaren Sexualleben zurück.

Ferner drücken Frauen ihre Sexualität auch in einer betont zeitgenössischen Weise aus.

Cybersex

Heute müssen Mädchen, Jungen, Frauen und Männer nicht mehr im Sexshop verstohlen Zeitschriften und erotische Liebesromane kaufen. In Schulen, Büros, Wohnzimmern und Schlafzimmern findet sich Sex im Überfluss – im Internet. Mit der richtigen Kreditkarte oder dem Geschick, einfache Codes zu brechen, stehen auf dem World Wide Web mehrere tausend Pornosites zur Verfügung. Hier wird alles in lebendigen Farben gezeigt, zum angenehmen Surfen nach der Schule, der Arbeit oder spätnachts.

Neunzig Prozent der Aktivität im Internet soll durch Jungen im Teenageralter erfolgen, die Nacktbilder auf ihre Bildschirme laden. Ich bezweifle das. Das Forschungsinstitut Nielsen Media Research zeigte auf, dass sich die Angestellten von IBM, Apple Computer, AT&T, der NASA und Hewlett-Packard monatlich mehrere tausendmal in die Online-Ausgabe von *Penthouse* einloggen.[105] Eine kürzlich erfolgte Umfrage unter zehntausenden amerikanischen Haushalten ergab, dass etwa dreißig Prozent der Internetbenutzer »Erwachsenen-Sites« aufsuchen. Nur acht Prozent all dieser Internet-Besuche erfolgten durch Jugendliche.[106] Etwa 92 Prozent dürften auf Männer und Frauen entfallen, die von ihrem Computerterminal aus an Chatgruppen teilnehmen und mit Freunden oder Fremden über Cybersex plaudern – oder ihn vollziehen.

Einiges zu diesem Thema erfuhr ich bei einem Abendessen mit einem etwa vierzigjährigen Fremden aus erster Hand. Die Unterhaltung verlief stockend, bis er erfuhr, dass ich Anthropologin bin und häufig über sexuelles Verlangen und Liebe schreibe. Augenblicklich setzte er zu einem Monolog über seine nächtlichen Erlebnisse mit verschiedenen Frauen im Internet an. Üblicherweise schrieben er und die Frau einander so lange »schmutzige« Dinge, bis der eine oder andere einen Orgasmus erreicht. Wenn er »zuerst kam«, schaltete er den Computer aus und widmete sich anderen Dingen; brach der Dialog auf der anderen Seite ab, wusste er, dass seine Partnerin »gekommen« war.

Die sexuellen Gespräche im Internet reichen von der Frage, wie man seinen Partner am besten befriedigt, bis zum Austausch von Verkaufsadressen für Menschenkäfige. Bei den Bildern spannt sich der Bogen von Schönheitsköniginnen bis zu fettleibigen Frauen. Aber ist diese Entwicklung wirklich neu?

Übermannt von Müdigkeit sank ich einst nach einem langen Besichtigungstag bei den Maya-Ruinen auf der Halbinsel Yucatán zu einer Rast zu Boden, bis ich bemerkte, dass ich mich auf einem sechs Meter langen, liegenden Steinpenis niedergelassen hatte. Ihren künstlerischen Höhepunkt erreichte die Pornographie im alten China, Indien, Kambodscha und Japan. Cyberpornographie kann sich zudem nicht mit all den Büchern, Zeitschriften und anderen Formen von sexueller Unterhaltung für Erwachsene messen, für die die Amerikaner jährlich Milliarden Dollar aufwenden.

Ich bezweifle, dass sich Cyberpornographie auf die breite Masse besonders schädlich auswirken wird. Richard Posner, Bundesrichter und Autor des Buches *Sex and Reason*, gelangt zu der Schlussfolgerung, dass zwischen sexuell abweichendem Verhalten und Pornographie kein ursächlicher Zusammenhang besteht.[107] In den kommenden Jahrzehnten wird jedoch jeder, der neugierig genug ist, sich an den Computer zu setzen und die richtigen Knöpfe zu drücken, in einem jüngeren Alter mehr Sex sehen, als jemals zuvor in der Menschheitsgeschichte möglich war. Möglicherweise regt das Internet Männer und Frauen an, ihr sexuelles Spiel zu erweitern.

Swingen

»Alles, was mir wirklich Spaß macht, ist entweder unmoralisch, illegal oder macht dick.« Ein Großteil der Frauen stimmen Alexander Woollcotts Bemerkung sicher zu.

Die North American Swing Club Association berichtet, dass etwa drei Millionen Amerikaner swingen. Sie treffen sich in ungefähr 300 Swinger-Clubs und auf zahllosen privaten Sexpartys. Um diese Welt begreifen zu lernen, interviewte ich einen Mann mit dieser Neigung. Dieser attraktive, geistreiche Mittfünfziger war tagsüber ein international anerkannter Wissenschaftler und nachts ein Swinger.

Zweimal wöchentlich besucht er mit einer oder mehreren Freundinnen *Le Trapeze*, einen Sexclub für Swinger in New York. Er bezahlt am Eingang 75 Dollar, schließt gemeinsam mit seinen Partnerinnen seine gesamte Kleidung in einem Schließfach ein, übergibt den Schlüssel einem Garderobebediensteten, erhält zwei Badetücher und schlendert in Begleitung zu der Saftbar, dem Aufenthaltsraum, dem Speisesaal, dem Jacuzzi und den mit Matratzen ausgelegten Sexräumen. In einem dieser Sexräume lassen sie sich nieder, entspannen sich gemeinsam und schlafen vielleicht miteinander. Reizt sie jedoch ein anderes Paar, könnten sie ein kurzes Gespräch führen, und, wenn alle einverstanden sind, für einige Zeit die Partner wechseln.

Dr. Robert McGinley ist Vorsitzender der Lifestyle Organization, einer der größten Swinger-Organisationen der Welt. Er berichtet, dass in den letzten zwei Jahrzehnten immer mehr Frauen am Partnerwechsel Gefallen finden. Der leichte Zugang zu Verhütungsmitteln ist einer der Gründe. Dass Frauen heute in wirtschaftlicher und gesellschaftlicher Unabhängigkeit aufwachsen, ist jedoch der vorrangige Faktor. McGinley hat in den letzten zehn Jahren mehr als 10 000 Paare interviewt. Seiner Aussage nach regen vorwiegend allein stehende Frauen zu diesen Eskapaden an, suchen den geeigneten Club und laden einen Partner ein, sie zu begleiten.[108]

Gigolos

Auch Frauen kaufen Sex.

Erst kürzlich traf ich auf einer meiner Reise mit einem Gigolo zusammen. Dieser hoch gewachsene, schlanke Mann mit weißem Haar und weicher Stimme war intelligent, auf jungenhafte Weise attraktiv und stammte ursprünglich aus Kalifornien. Ich wurde ihm durch ein Mittelschicht-Callgirl vorgestellt und interviewte ihn bei einem Abendessen. Er bot seine Dienste vierzig-, fünfzig-, sechzig- und siebzigjährigen Frauen an; Frauen, die entweder allein stehend waren, einen Freund hatten, mit einem bedeutend älteren Mann verheiratet oder verwitwet waren.

Zum Zeitpunkt unseres Gesprächs war er in New York bei einer hochrangigen Managerin aus der Finanzwelt verpflichtet. Zwischen zehn und 17 Uhr hielt er sich im weitläufigen Hinterzimmer ihres Büros im Stadtzentrum auf. Er las, sah fern und erfüllte zu einem gewissen Zeitpunkt während des Tages die Wünsche seiner Auftraggeberin. Zusätzlich schickte sie ihm ihre Sekretärin, damit auch diese von seinen Fähigkeiten profitieren konnte. Gelegentlich war er auch zwei ihrer Klientinnen zu Diensten. Nachts lebte er mit einer anderen Frau zusammen, die ihn ebenfalls für den Sex bezahlte.

Frauen bezahlten ihn aber auch, um sie zu Kunstausstellungen und Cocktailpartys zu begleiten, mit ihnen zum Abendessen auszugehen, sogar, um sie auf einen Safaritrip in Afrika, eine Schiffsreise nach Indonesien oder eine Fahrt durch den amerikanischen Südwesten zu begleiten. Sex war jedoch immer Teil des Geschäfts, wie er betonte. Auf meine Frage, wie er zu einer so regelmäßigen sexuellen Leistung imstande sei, meinte er: »Ich finde an jeder Frau, mit der ich schlafe, etwas Attraktives.«

Eine geläufigere sexuelle Ausdrucksform bietet die Homosexualität. Untersuchungen ergeben, dass Amerikaner heute gegenüber Homosexualität keine tolerantere Haltung einnehmen als vor 25 Jahren.[109] Nahezu 75 Prozent sind nach wie vor der Ansicht, dass Sex zwischen zwei Erwachsenen desselben Geschlechts »immer falsch« ist.[110] Frauen akzeptieren Homosexualität allerdings in wesentlich stärkerem Ausmaß als Männer.[111]

In den letzten Jahren verabschiedeten verschiedene amerikanische Gemeindeverwaltungen Antidiskriminierungsgesetze zum Schutz der Rechte von Homosexuellen und Lesbierinnen. So können sich Homosexuelle in einigen Staaten in der Krankenversicherung ihres Partners mitversichern lassen. Die Harvard University gestattet heute homosexuellen und lesbischen Paaren, in der Gedenkkirche der Universität an Segnungszeremonien teilzunehmen. Im Norden Europas ist bereits ein weit größerer Fortschritt bei den Rechten von Homosexuellen zu verzeichnen. Selbst in der vor der Abschaffung der Apartheid ausgearbeiteten südafrikanischen Verfassung von 1996 wird Diskriminierung aufgrund sexueller Orientierung verboten.

Auch ohne die allgemeine Zustimmung der Bevölkerung wird Homosexualität in den meisten Industriegesellschaften allmählich sichtbar – und jene, die sie sich zu ihr bekennen, werden durch Gesetze gegen Diskriminierung geschützt. In Zeiten, in denen nahezu alles erlaubt ist, sollte es nicht verwundern, dass sich manche unabhängige Frauen für die gleichgeschlechtliche Option entscheiden.

Die Doppelmoral bricht zusammen

Aufgrund der zunehmenden wirtschaftlichen Unabhängigkeit drücken Frauen ihre Sexualität freier aus. Sie schreiben den Kodex sexuellen Verhaltens neu – und teilen die kleinen Verfehlungen der Männer. Kurz gesagt, die alte sexuelle Doppelmoral bricht zusammen.

Dies zeigt sich vor allem in den amerikanischen Colleges. Seit den späten siebziger Jahren füllten Flugzettel über Vergewaltigungen bei Verabredungen und sexuelle Belästigung die Schwarzen Bretter. Unzählige Krisenzentren für Studenten wurden errichtet. Frauen beteiligten sich an Diskussionsabenden, sahen sich Übungsfilme an und bildeten Organisationen, um sich gegen Belästigungen zu wehren. Einige Mädchen nahmen an Selbstverteidigungskursen teil, und in den Schulen wurden Richtlinien und Strafen festgesetzt. Berater, Vermittler und Ombudsleute wurden wichtig[112], sowohl Studenten als auch Mitglieder der Fakultäten wegen sexueller Verfehlungen vor das Campusgericht gestellt.

Bei fast allen Tätern handelte es sich um Männer.[113]

Die weiblichen Moralnormen geben nun auch im Büro den Ton an, da sich Frauen in zunehmendem Maß zu Wort melden. Forschern zufolge geben zwischen vierzig und fünfzig Prozent der amerikanischen Frauen an, schon einmal im Büro oder am College sexuell belästigt worden zu sein.[114] 1995 erklärten 59 Prozent der Frauen in hochrangigen Angestelltenpositionen innerhalb der Geschäftswelt, Belästigungen ausgesetzt gewesen zu sein.[115] Sexuelle Belästigung ist mittlerweile gesetzlich definiert, ein sexueller Verhaltenskodex wurde geschrieben, Sexualunterricht wird erteilt. Selbst die Tabus haben sich aufgelöst.

Männer bekommen Angst. In den vergangenen Jahrzehnten geriet die Karriere einer Frau in Gefahr, wenn es zu einem sexuellen Fehlverhalten kam. Oft wurde sie auch einfach entlassen. Heute sind es eher die Männer, die die Folgen sexueller Belästigung tragen müssen. Frauen, die eine entsprechende Klage in den USA gewinnen, erhalten derzeit durchschnittlich etwa 250 000 Dollar.[116]

Dennoch ist sexuelle Belästigung in vielen Ländern weiterhin geläufig. Annähernd fünfzig Prozent der berufstätigen Frauen in Estland, Finnland, Schweden und der ehemaligen Sowjetunion berichten, sexuell belästigt zu werden, und etwa siebzig Prozent der Japanerinnen erklären, in der einen oder anderen Form sexuellen Belästigungen am Arbeitsplatz ausgesetzt zu sein.[117] Auch wenn in all diesen Regionen der Welt Vorschriften erlassen und die Täter bestraft werden, wird die sexuelle Belästigung weiter andauern.

Die Gründe für diese Übergriffe wurzeln nämlich tief in der menschlichen Psyche.

Fremde im Büro

Millionen Jahre lang erledigten die Geschlechter unterschiedliche Aufgaben.[118] Seit unsere Vorfahren die Erde durchstreifen, haben Männer und Frauen im fortpflanzungsfähigen Alter niemals täglich Seite an Seite gearbeitet.

Heute stehen Männer und Frauen jeden Tag auf, um sich zeitraubenden Vorbereitungen zu unterziehen, damit sie gesund und attraktiv aussehen, sobald sie einander in kleinen Büros begegnen. Sie zwängen sich in Konferenzräume und teilen die gemeinsame Kaffeekanne. Sie treffen einander beim Frühstück, Mittagessen, Abendessen, am Wochenende und selbst in Hotelzimmern in fremden Städten – um in unmittelbarer Nähe zueinander zu arbeiten.

Wie für eine Meute Jagdhunde gelten für Büroangestellte dieselben ethischen Kodizes, dieselben Ziele, dieselben Tagespläne, Büroscherze und Bürogerüchte. Sie verbringen wöchentlich mehr Zeit miteinander als mit ihren Ehepartnern oder Geliebten. Und Freunde und Familien sind von diesem Bürofischteich ausgeschlossen. Manche stellen Fotos ihrer Ehepartner und Kinder auf ihren Schreibtischen auf, aber bei vielen vergehen Jahre der Zusammenarbeit, bevor sie die Familie des Bürokollegen kennen lernen.

Nichts in unserer Vergangenheit hat uns auf dieses Ausmaß an unmittelbarem Kontakt mit Fremden vorbereitet.

Die Flirtfalle

Darüber hinaus sind wir zum Flirten geboren. Wir tragen ein Arsenal von Haltungen und Gesten in uns, die wir unbewusst zur Verführung einsetzen.[119] Wir werfen unser Haar zurück, stolzieren umher, schwingen unsere Hüften und strecken unsere Rücken durch. Wir heben eine Augenbraue, berühren unseren Gesprächspartner leicht, sprechen zu ihm mit sanfter, hoher Stimme und schenken ihm ein strahlendes Lächeln, das selbst dann sexuelles Verlangen entzünden kann, wenn wir gar nicht beabsichtigen, diesen Wahnsinn zu entfachen. Viele dieser Verführungssignale sind zudem universal. Aus diesem Grund können ein Amerikaner und eine Japanerin wirkungsvoll miteinander flirten, auch wenn sie nicht ein einziges Wort der Muttersprache des anderen beherrschen.

Um die »Gefahr« im Büro weiter zu steigern, interpretieren die Geschlechter diese Verführungsgesten leicht unterschiedlich. »Im Zweifelsfall schließen Männer auf sexuelles Interesse«, meint der Psychologe David Buss von der University of Texas in Austin.[120]

Ein Rechtsanwalt aus Washington bot mir ein bemerkenswertes Beispiel für diesen geschlechterspezifischen Unterschied. An einem dunstigen Sommertag saß der Rechtsanwalt bei einem Treffen neben einem Kongressabgeordneten. Eine junge Frau betrat den Raum und wählte den Stuhl direkt vor ihnen. Während sie sich setzte, streckte sie sich, lehnte sich zurück, fasste ihr langes Haar für einen Augenblick zusammen, um ihren Nacken zu kühlen, schüttelte dann den Kopf und ließ ihr Haar fallen. Der Kongressabgeordnete beugte sich zu meinem Freund und bemerkte: »Sie versucht, mich einzufangen.«

Wenige Frauen betrachten eine so allgemeine Geste als verführerische Aufforderung.

Wenn sich Männer und Frauen bei einer Filmvorführung oder einem freundschaftlichen Beisammensein im Büro treffen, interpretieren Männer das Lächeln und die Freundlichkeit einer Frau häufiger als sexuelles Interesse und Verführungsversuch als Frauen es tun.[121] Männer sind darüber hinaus für visuelle Anreize besonders empfänglich. Hochhackige Schuhe, enge kurze Röcke, ein tiefes Dekolleté, vorbeirauschendes Haar, ein gebogener Rücken, ein geneigter Kopf und ein wiegender Gang gelten bei ihnen als sexuelle Aufforderung.

Frauen wissen, dass ihre Kleidung für Männer sexuelles Interesse ausstrahlt. Aus diesem Grund wählen sie für eine abendliche Verführung etwas Aufregendes. Viele vergessen jedoch, dass Männer im Büro für diese Signale ebenso empfänglich sind. Männer hingegen sind sich der weiblichen Empfindsamkeit von Worten nicht bewusst. Sie verwenden häufiger sexuell getönte Wörter als Frauen und betrachten sie als akzeptabel.[122] Wenn Männer daher schlüpfrige Scherze und unanständige Kommentare von sich geben, wissen sie üblicherweise nicht, welch tiefgreifende Reaktion sie bei Frauen generell auslösen.

Dieser einfache geschlechterspezifische Unterschied könnte bei der Anklage wegen sexueller Belästigung gegen Clarence Thomas, heute Richter am Obersten Gerichtshof, eine Rolle gespielt haben. Thomas soll seiner untergeordneten Kollegin Anita Hill gegenüber eine anzügliche Bemerkung über Schamhaare auf einer Coca-Cola-Dose und einen gut ausgestatteten männlichen Darsteller in einem Pornofilm gemacht haben. Diese Art rüder Anspielungen lassen Männer ungerührt. Frauen hingegen empfinden sie häufig als beleidigend und sogar bedrohlich. Sie klagen auch am häufigsten über verbale sexuelle Belästigungen von Männern.[123] Eine sexuelle Berührung löst bei Frauen jedoch ebenfalls größere Bestürzung aus als bei Männern.[124]

Das Büro ist ein Brutplatz für sexuelle Katastrophen, eine neutrale Zone, weit entfernt von der Familie und Freunden, mit engen Räumen, zahlreichen gemeinsam verbrachten Stunden, gemeinsamem Stress, gemeinsamen Projekten und verführerischen Gesten, die von Zeit zu Zeit die Leidenschaft aufflackern lassen. Zudem haben Männer und Frauen unterschiedliche Ansichten über ein sexuell angemessenes Verhalten. Daher vermute ich, dass wir es noch häufig erleben werden, dass Bürokollegen verwirrende Signale aussenden und sich unerwünschte sexuelle Freiheiten nehmen.

In der Zukunft könnte ein Gutteil dieser Täter weiblich sein. Die weibliche Belästigung erfolgt etwas anders, aber sie besteht. Frieda Klein, eine Beraterin der Cambridge University in Massachusetts auf dem Gebiet sexueller Belästigung, die mit großen Unternehmen zusammenarbeitet, berichtet: »Frauen werden vermutlich seltener die Kerben im Revolver zählen.« Ihrer Ansicht nach haben Männer dagegen häufiger »emotionslose oder zusammenhanglose sexuelle Beziehungen«.[125] Ich vermute daher, dass Frauen sich wenige Zielscheiben suchen werden, diese jedoch auf subtilere Weise und beharrlicher belästigen.

Sex und Romantik im Büro durch Gesetze zu verbieten gleicht dem Versuch, das Wetter zu verbieten. Etwa 25 Prozent aller amerikanischen Unternehmen haben Verhaltensmaßnahmen ausgearbeitet, die sich mit diesem Thema befassen.[126] Viele sind sogar der Meinung, Sex und Romantik wären zulässig – sofern sie eine Beziehung zwischen Mitarbeitern desselben Machtniveaus betrifft. Einige Firmen haben jedoch Manager eingestellt, die als »Liebeswächter« auftreten und sicher stellen, dass alle beteiligten Parteien der Beziehung zustimmen.[127]

Wenn sexuelle Annäherungsversuche jedoch nicht willkommen sind und eine Klage wegen sexueller Belästigung eingebracht wird, haben Frauen vor Gericht einen guten Stand. Mit der Ausweitung der sexuellen Freiheit der Frauen werden unerwünschte sexuelle Annäherungsversuche von Männern nachhaltiger eingeschränkt.

Sexuelle Zivilisiertheit

Cybersex, Swingen, Gigolos und andere sexuelle Experimente könnten in den kommenden Jahrzehnten bei Frauen an Beliebtheit gewinnen. Die meisten kehren jedoch einfach in die altmodischen Formen weiblicher Sexualität zurück – mit kurzen Ausflügen in jüngeren Jahren, einem freieren Sexualleben vor der Ehe und mehr sexuellen Experimenten innerhalb der Ehe. Dieser Vorstoß in die sexuelle Freiheit der Frauen zeigt sich in Gesellschaften auf der ganzen Welt. Die Doppelmoral bricht zusammen. Verschiedene Kräfte unserer Zeit werden die Ausweitung der sexuellen Ausdruckskraft von Frauen beschleunigen, wie etwa die weltweite Verstädterung, die steigende Ausbildung, Verhütungsmittel, Scheidungen, die Rolle der Kleinfamilie, die wirtschaftliche Macht der Frauen, Satellitenfernsehen, Internet – und die neue Entschlossenheit der Frauen.

Während immer mehr Frauen ihre Rechte in den Bereichen Sexualität und Fortpflanzung einfordern, sich auf nationalen und internationalen Versammlungen treffen, um feministische Programme auszuarbeiten und in den Regierungen für einen höheren Anteil an Frauenthemen Lobbying betreiben, während sie sexuelles Fehlverhalten im Büro und zu Hause aufzeigen und vor Gericht Klagen wegen sexueller Belästigung gewinnen, verändert sich die Sexualmoral. Männer nehmen in zunehmendem Maß im Büro, in Schulen, im College, an der Universität, bei Verabredungen, beim gemeinsamen Abendessen und in den Schlafzimmern auf der ganzen Welt in Fragen sexueller Höflichkeit einen weiblicheren Blickwinkel ein – während sich Frauen das sinnliche Verlangen zu Eigen machen.

»Begierde ist der älteste Löwe«, lautet ein italienisches Sprichwort. Im Zuge des Kampfes der Frauen um weibliche Sexualverhaltensnormen zähmen sie allmählich diesen urzeitlichen menschlichen Trieb und schaffen eine internationale Atmosphäre sexueller Zivilisiertheit.

KAPITEL 9

Romantik
Liebe im 21. Jahrhundert

Nur Liebende sind in Sonnenlicht gekleidet.

E. E. CUMMINGS

»Der Donner erfüllte deine dunklen Augen mit Lichtströmen, in der Nacht, auf dem Wasser, und in mir brach der Sturm los.« Ein in der mexikanischen Provinz Guerrero lebender katholischer Priester schrieb dieses Gedicht im Jahr 1629 nieder. Es war ihm in der Eingeborenensprache Nahuatl von einem Azteken überliefert worden.

Liebe, Obsession, Leidenschaft, Schwärmerei, Vernarrtheit[1]: Ungeachtet der Bezeichnung haben nahezu alle Männer und Frauen bereits die Ekstase und die Qualen dieses Wahnsinns erlebt. 1992 untersuchten Anthropologen Berichte aus 166 verschiedenen Gesellschaften und stießen in 147 von ihnen auf Hinweise zur Liebe.[2] In den 19 übrigen haben die Anthropologen es lediglich unterlassen, diesen Aspekt im täglichen Leben zu erforschen. Wohin auch immer die Wissenschaftler blickten, entdeckten sie in der Literatur Beweise für diese Leidenschaft. Die Menschen sangen Liebeslieder oder schufen romantische Verse, sie übten sich in Liebesmagie, trugen Zaubermittel für Liebe herum oder brauten Liebestränke. Einige liefen mit ihren Geliebten fort, andere begingen aus unerfüllter Liebe Selbstmord oder Mord, und viele Gesellschaften stellen diese romantischen Verwicklungen in Mythen und Fabeln dar.

Die ägyptische Legende berichtet von der Liebe zwischen Isis und Osiris vor 3000 Jahren.[3] Das zwischen 960 und 1279 n. Chr. in China verfasste *Jade Goddess* (»Jadegöttin«) erzählt von einem jungen Paar, das Eltern, Freunde und Ehre hinter sich ließ und fortlief. Paris und Helena, Orpheus und Euridike, Abélard und Héloïse, Troilus und Cressida, Romeo und Julia, Majnun und Layla im Mittleren Osten und Krischna und Radha in Indien: Tausende überlieferte Gedichte, Geschichten, Lieder und Legenden sind durchdrungen von dem Hochgefühl und den Qualen der Leidenschaft. Sie alle entspringen derselben tiefen Quelle des menschlichen Verlangens nach Liebe.

In diesem Kapitel stelle ich die Behauptung auf, dass diese ursprüngliche menschliche Emotion, diese romantische Anziehungskraft mit spezifischen chemischen Substanzen im Gehirn in Zusammenhang steht, dass der Mensch die für Leidenschaft grundlegenden Kreisläufe im Gehirn mit anderen Säugetierarten teilt und dass sich die Liebe zwischen unseren Vorfahren entwickelte, damit sich Männer und Frauen für einen bestimmten Partner entschieden und auf diese Weise ihre Paarungsenergie schonen. Ferner werde ich auf einige geschlechterspezifische Unterschiede in den romantischen Neigungen eingehen.

Meine Schlussfolgerung lautet, dass romantische Liebe als mächtige soziale Kraft in Gesellschaften auf der ganzen Welt aufbricht. Die lange Tradition der arrangierten Ehen schwindet dahin. Heute wählen immer mehr Männer und Frauen selbstständig ihren Partner und heiraten aus Liebe. Während diese mächtige Emotion in Weilern, Dörfern und Städten rund um den Globus entfesselt wird, werden im 21. Jahrhundert mehr Bücher, Filme, Talkshows, Zeitungskolumnen und Internetsites zum Thema Liebe auftauchen. Mehr Menschen werden in der Liebe Freude – und Zurückweisung – erfahren, auf der Suche nach Liebe heiraten – und sich scheiden lassen – und mit alternativen Formen von Romantik experimentieren, wie etwa Liebe über das Internet oder »Polyamorie« (Mehrfachliebe).

Dank ihres einfühlsamen Wesens, ihrer Gabe, Menschen zu verstehen, ihrer sprachlichen Fähigkeiten und ihres ausgeprägten Interesses an Romantik werden sich Frauen zu engagierten Kapitänen auf diesem unerforschten Ozean entwickeln. Möglicherweise geben sie sogar den Rahmen vor, wie viele Menschen romantische Leidenschaft zum Ausdruck bringen werden.

Charakteristische Merkmale der Liebe

»Was ist Liebe?«, fragt Shakespeare.

Im Verlauf der Geschichte versuchten tausende Männer und Frauen, romantische Anziehung zu definieren. Die meisten gelangten zu dem Schluss, dass sie ein Mysterium ist. Depression, Furcht oder Angst betrachten die westlichen Menschen nicht als Mysterium. Das Gefühl zwanghafter Leidenschaft wird hingegen häufig in die Welt des Übernatürlichen verbannt. Deshalb wissen wir wenig über die biologischen Hintergründe für diese Verrücktheit.

Das ist ein Nachteil für uns. Während leidenschaftliche Liebe einerseits zutiefst erfüllend sein kann, ist sie andererseits zu schwerwiegender Zerstörung imstande. In den USA sind mehr als 25 Prozent aller Mordopfer Ehepartner, Sexualpartner oder Sexualrivalen. Jährlich wird eine Million amerikanischer Frauen wegen zurückgewiesener Liebe niedergestochen. Die Zahl der durch diese Empfindung verursachten klinischen Depressionen und Selbstmorde ist unermesslich.

Daher organisierte ich ein Team von Kollegen, um die Beziehungen zwischen dem Gehirn und der Liebe zu untersuchen. In einem Abschnitt meiner Studie durchforschte ich mit Michelle Cristiani, einer Anthropologiestudentin, die eben ihr Diplom an der University of New Mexico erwirbt, die psychologische Literatur der letzten 25 Jahre zum Thema Liebe und stellte einen diesbezüglichen Fragebogen zusammen. Bis zum heutigen Tag haben 437 Amerikaner, 402 Japaner und 13 Navajo-Indianer auf unsere Umfrage geantwortet. Mithilfe des New Yorker Statistikers MacGregor Suzuki wurde ein Teil des Materials ausgewertet.

Im zweiten Teil der Studie schlossen die beiden Neurowissenschaftler Lucy Brown und Gregg Simpson vom Albert Einstein College of Medicine, der Psychologe Art Aron von der State University of New York in Stony Brook, die Psychologiestudentin Deb Masek von SUNY Stony Brook und ich verliebte Männer und Frauen an einen Kernspinresonanztomographen an, um ihre Gehirnaktivität zu messen. Wir hofften, einige der Gehirnregionen zu lokalisieren, die aktiv werden, wenn liebeskranke Menschen an die geliebte Person denken.

Dieses zweiteilige Projekt befindet sich noch im Anfangsstadium, weshalb es zu früh wäre, die Ergebnisse zu diskutieren. Drei Merkmale zeichneten sich jedoch bereits deutlich ab. Liebe besitzt einige allumfassende Eigenschaften. So steigern sich die Energiereserven, und die Aufmerksamkeit richtet sich auf die angebetete Person. Männer und Frauen dürften diese Besessenheit etwa im selben Ausmaß erfahren. Ferner stehen wohl zumindest die zwei natürlichen Stimulantia Dopamin und Noradrenalin mit der Liebe in Beziehung.

Besondere Bedeutung

»Der Pfad der Liebe ist schmal. Er bietet lediglich einer Person Platz«, schrieb der im 15. Jahrhundert lebende indische Dichter Kabir. Der französische Naturforscher Pierre Teilhard de Chardin stimmte dem zu und bezeichnete die Liebe als »Zwei-Personen-Universum«. Von Gustave Flaubert stammt vielleicht die treffendste Beschreibung von Liebe: »Sie ist der Brennpunkt des Lichts, in dem sich die Gesamtheit der Dinge vereint.«

Weder die angesammelte Weisheit mehrerer Jahrhunderte noch die Wunder der Technologie haben an dieser herausragenden Eigenschaft romantischer Anziehung, nämlich, dass sie sich auf eine einzige Person konzentriert, etwas verändert. Zu Beginn könnte man noch zwischen mehreren Kandidaten schwanken, für den einen Liebe empfinden, vom anderen besessen sein. Aber die Zeit verstreicht, Ereignisse geschehen, und es kommt der Augenblick emotioneller Wahrheit, wonach die gesamte Aufmerksamkeit auf eine einzige Person gerichtet wird. Die Psychologin Dorothy Tennov, eine Pionierin auf diesem Gebiet, meint, dass eine Person »besondere Bedeutung« annimmt.[4]

Bei unserer Umfrage gaben 93 Prozent der Frauen und 89 Prozent der Männer an, nur widerwillig mit einer anderen Person als der geliebten auszugehen. Ihre Herzen waren so erfüllt, dass kein Raum frei blieb.

Eindringliche Gedanken

Man beginnt, unablässig an den Geliebten zu denken, erinnert sich an gemeinsame Augenblicke, fragt sich, ob dieses betörende Wesen dieselbe Art von Büchern und Filmen liebt wie man selbst. Man schwelgt in Fantasien über anregende Gespräche und wundervolle Zeiten im Bett. »Eindringliche« Gedanken an den Geliebten durchfluten Ihr Bewusstsein. Eine Bewohnerin der kleinen südpazifischen Insel Mangaia fasste es folgendermaßen zusammen: »Dein Geist begibt sich auf Wanderschaft.«[5]

79 Prozent der Männer und 78 Prozent der Frauen unserer Umfrage berichteten, dass ihr Geist im Klassenzimmer oder am Arbeitsplatz zu dem Geliebten abschweife.

Konzentrierte Aufmerksamkeit

Typischerweise konzentriert sich eine verzauberte Person auf kleine Aspekte des geliebten Wesens, vervielfacht und vergrößert sie.

Wenn man sie dazu auffordert, können nahezu alle Verliebten auflisten, was sie an ihrem Geliebten ablehnen. Aber sie fegen diese Aspekte zur Seite oder überzeugen sich davon, dass die Mängel einzigartig und charmant wären. Dann schwärmen sie über die positiven Details der physischen Eigenschaften und der Persönlichkeit ihres Geliebten. Einige sind geradezu in dessen Fehler vernarrt.[6]

Der französische Romanautor Stendhal bezeichnete diesen Vorgang als »Kristallisation.« Ihm fielen die Eiskristalle auf den unbelaubten Ästen winterlicher Bäume auf. Im Auge des Betrachters verwandeln sich diese einfachen Substanzen in kleine Schlösser funkelnder Schönheit.[7] Dies ist der Blick durch die rosarote Brille.[8]

65 Prozent der Männer und 55 Prozent der Frauen stimmten in unserer Umfrage dem Ausspruch zu: »Er (sie) hat ein paar Fehler, aber die stören mich nicht wirklich.«

Verzauberte Männer und Frauen befassen sich nicht nur mit winzigen Aspekten der Persönlichkeit ihres Geliebten, sondern konzentrieren sich auch auf kürzeste Augenblicke der Gemeinsamkeit. Wie ausgelassen er neben ihr in der Brandung schwamm; wie sie für ihn sang, während sie Arm in Arm durch die Straßen der Stadt schlenderten... Für Liebeskranke strahlen diese Momente etwas ganz besonderes aus. Ein berührendes literarisches Beispiel stammt aus dem alten China. Im 9. Jahrhundert schrieb Yüan Chen das Gedicht »Die Bambusstrohmatte«: »Ich kann es nicht ertragen / die Schlafmatte aus Bambusstroh fortzuräumen / denn als ich dich in jener Nacht nach Hause brachte / beobachtete ich, wie du sie ausrolltest.«

72 Prozent der Männer und 84 Prozent der Frauen unserer Umfrage erinnerten sich an Belanglosigkeiten, die ihr Geliebter gesagt oder getan hatte. 82 Prozent der Männer und neunzig Prozent der Frauen erklärten, sich diese wertvollen Momente vor ihrem inneren Augen immer wieder in Erinnerung zu rufen.

Stimmungsschwankungen

»Liebende sind wagemutig«, schrieb der im 19. Jahrhundert lebende amerikanische Schriftsteller Bayard Taylor. Verliebte Männer und Frauen erliegen einem Sperrfeuer mächtiger Emotionen. Freudige Erregung herrscht vor. Verliebte berichten, sich euphorisch, lebensfroh und voll Energie zu fühlen. Einige sprechen von »spirituellen« Empfindungen und »verschmelzen« geradezu mit dem Geliebten. Ein junger Mann von der Insel Mangaia beschreibt dieses Gefühl mit den Worten: »Ich glaubte, in den Himmel zu springen!«[9] Viele leiden an Schlaflosigkeit und verlieren sogar den Appetit.

Trifft ein verliebter Mann oder eine verliebte Frau plötzlich die von ihm geliebte Person, werden die beiden mitunter von Scheu und Zurückhaltung überfallen. Einige zittern, andere erröten oder erbleichen, wieder andere stottern, bekommen feuchte Hände, weiche Knie, Schwindelanfälle oder haben »Schmetterlinge im Bauch«. Andere berichten von Herzklopfen und beschleunigter Atmung. Hinter der Scheu und dem Hochgefühl verbirgt sich häufig Angst. Der im 12. Jahrhundert lebende Franzose Andreas Capellanus schrieb über diesen Aufruhr folgendes: »Das Herz des Geliebten beginnt heftig zu pochen.« Und Elvis Presley sang: »*I'm in love; I'm all shook up*« (etwa: »Ich bin verliebt, vollkommen durchgeschüttelt«).

Charakteristischerweise leidet der von Verliebtheit ergriffene Mann oder die verliebte Frau auch unter starken Stimmungsschwankungen. Ob Telefon, Postkasten, Café oder Sportclub, überall sind sie Orten oder Dingen ausgesetzt, die sie mit ihm oder ihr in Verbindung setzen könnten. Reagiert die geliebte Person positiv, gerät der Verliebte in Verzückung. Weist sie den Verliebten zurück, verfällt er in einen Zustand, den Stendhal als »tot und leer« bezeichnet. Der Verliebte stürzt in tiefe Depression, ist lustlos und reizbar und brütet vor sich hin, bis er eine Erklärung für die Zurückweisung findet, sich sein schmerzendes Herz besänftigt und sich erneut auf die Jagd macht.

85 Prozent der Frauen und 87 Prozent der Männer unserer Umfrage stimmten der folgenden Behauptung nicht zu: »Sein (ihr) Verhalten hat keine Wirkung auf mein emotionales Wohlbefinden.«

Beide Geschlechter sind bereit, Zeit, Geld und gelegentlich sogar ihr Leben für die geliebte Person zu opfern. Keats schrieb über seine geliebte Fanny Brawne: »Für dich könnte ich sterben.«

Die Sehnsucht nach emotionaler Vereinigung

Der Liebesbesessene hofft inständig, dass seine Liebe erwidert wird.[10]

Diese Sehnsucht nach einer emotionalen Vereinigung tritt in verschiedensten Formen auf. Zumeist fantasieren Geliebte darüber, was sie eines Tages gemeinsam zu unternehmen hoffen. Einige werden sogar eifersüchtig auf die Zuneigung des Geliebten zu Familienmitgliedern und Freunden. Viele leiden an Trennungsangst, sobald sie die unmittelbare Nähe des Geliebten verlassen. Ein junger Marokkaner gestand seiner Geliebten: »Wenn ich dich nur einen halben Tag nicht sehe, werde ich verrückt.«[11] Und nahezu alle entwickeln eine Überempfindlichkeit für Signale, die ihr Geliebter aussendet. »Sie horchen auf das Klopfen an der Tür und warten auf ein Zeichen«, beschreibt Robert Graves diesen Zustand.

Im Zuge unserer Umfrage gaben achtzig Prozent der Männer und 83 Prozent der Frauen an, die Handlungen eines Menschen, zu dem sie sich stark hingezogen fühlen, aufzuspalten und nach Hinweisen auf seine Gefühle für sie zu untersuchen.

Außer Kontrolle

Im Zentrum dieser Besessenheit liegt ihre unberechenbare Macht. Verliebtheit ist planlos, unwillkürlich, irrational und häufig unkontrollierbar. »Es war unwiderstehlich«, schrieb Somerset Maugham, »der Geist konnte nicht dagegen ankämpfen, und Freundschaft, Dankbarkeit und Interessen besitzen daneben keine Macht.«

Sechzig Prozent der Männer und siebzig Prozent der Frauen unserer Umfrage stimmten der folgenden Aussage zu: »Sich zu verlieben geschieht nicht aus eigenem Willen. Mich hat es einfach überfallen.«

Wir besitzen keine wohldurchdachte Struktur, sondern »zwei Seelen«. Die Liebe bricht in den alten Gefühlszentren in der Mitte des Kopfes aus, überflutet die rational denkende Gehirnrinde und lässt uns hilflos zurück. Liebe hat zum Ausbruch von Kriegen geführt, einige der erlesensten Werke der Literatur hervorgebracht, die berührendsten Verse, die bezwingendsten Kunststücke und die sehnsuchtsvollsten Melodien. Menschen wurden ihretwegen getötet, andere gerettet. Diese Besessenheit unterdrückt sogar unsere ureigensten Triebe, einschließlich des Bedürfnisses nach Nahrung und Schlaf.

Widrigkeiten fachen die Flamme an. Psychologen wissen, dass Schwierigkeiten wie beim so genannten Romeo-und-Julia-Effekt die Verliebtheit aufflackern lassen. Selbst Streit und vorübergehende Trennungen können stimulierend wirken. Der römische Dichter Terenz schrieb: »Je geringer meine Hoffnung, desto heißer meine Liebe.«

65 Prozent der Männer und 71 Prozent der Frauen unserer Umfrage stimmten der folgenden Aussage zu: »Meine Liebe stirbt nie – auch wenn es schlecht läuft.«

Der Wunsch nach sexueller Exklusivität

Als interessanteste Eigenschaft der Liebe erscheint mir der intensive Wunsch des Verliebten nach sexueller Vereinigung mit der geliebten Person – der in einer Sehnsucht nach sexueller Exklusivität gipfelt.

83 Prozent der Männer und neunzig Prozent der Frauen unserer Umfrage bejahten die folgende Aussage: »Sexuelle Treue gewinnt an Bedeutung, wenn man verliebt ist.«

Die Sehnsucht nach sexueller Exklusivität lässt mich vermuten, dass sich die Liebe aus bestimmten Gründen entwickelte: um den Einzelnen zu befähigen, seine Aufmerksamkeit einem spezifischen Partner zu widmen und dadurch seine Paarungsenergie zu schonen, und um die urzeitlichen Männer und Frauen zumindest so lange vor Untreue und Verlassenwerden zu bewahren, bis ihre wichtigste Aufgabe, die geschlechtliche Vereinigung und Empfängnis, erfüllt war.

Das Verlangen nach sexueller Vereinigung übersteigt jedoch nicht den Wunsch nach emotionaler Vereinigung. 75 Prozent der Männer und 83 Prozent der Frauen stimmten der folgenden Aussage zu: »Zu wissen, dass er/sie in mich verliebt ist, ist wichtiger, als mit ihm/ihr zu schlafen.«

Sinnliches Verlangen und romantische Liebe sind unterschiedliche Emotionen

Die meisten Menschen unterscheiden relativ leicht zwischen romantischem Hochgefühl und sexueller Befriedigung.[12] In zahlreichen Kulturen finden sich unterschiedliche Worte für den Sexualtrieb und die Liebe.[13] Die Taita aus Kenia zum Beispiel unterscheiden zwischen *ashiki* (Verlangen) und *pendo* (Liebe).[14]

Deshalb gelangte ich zu der Überzeugung, dass diese Emotionen verschiedenen, aber häufig miteinander verbundenen Kreisläufen im Gehirn entspringen. Sinnliches Verlangen und romantische Anziehung gehören unterschiedlichen Gefühlssystemen an.

Immerhin kann man mit einer Person schlafen, in die man nicht verliebt ist, und kann man in jemanden verliebt sein, den man noch nie geküsst hat. Der überzeugendste Beweis, dass sinnliches Verlangen und romantische Anziehung zwei unterschiedliche Empfindungen sind, findet sich bei Amerikanern mittleren Alters, die Testosteroninjektionen erhalten, um ihren Sexualtrieb zu stärken. Sobald das Testosteron zu wirken beginnt, erhöht sich ihr Verlangen nach sexueller Befriedigung – sie verlieben sich jedoch nicht.

Was geht im Gehirn vor, wenn wir uns verlieben?

Die chemische Grundlage der Liebe

1983 stellte der Psychiater Michael Liebowitz vom New York State Psychiatric Institute die Behauptung auf, dass das Hochgefühl der Anziehung auf eine Überflutung des Gehirns mit einer oder mehreren stimulierenden Substanzen zurückzuführen ist, zu denen Dopamin, Noradrenalin bzw. Serotonin gehören.[15] Bei der Katalogisierung der genannten Merkmale im Zusammenhang mit romantischer Liebe gelangte ich zu der Schlussfolgerung, dass seine Aussage zutrifft.

In der richtigen Dosis bewirken Dopamin und Noradrenalin ein Gefühl von Euphorie und Lebhaftigkeit[16], die beiden grundlegenden Bestandteile der Liebe. Dieselben chemischen Substanzen lösen auch Schlaflosigkeit, Appetitmangel, ein Übermaß an Energie und Hyperaktivität aus.[17] Hierbei handelt es sich wiederum um primäre Eigenschaften der Leidenschaft. Ein hoher Gehalt an Dopamin kann zu Angst und sogar Panik führen[18] – weiteren Symptomen der Liebe.

Dopamin steht außerdem mit konzentrierter Aufmerksamkeit, Motivation und zielgerichtetem Verhalten im Zusammenhang[19] und könnte eine Erklärung für die »besondere Bedeutung« bieten, die dem Geliebten zugewiesen wird. Es regt vermutlich auch den innigen Wunsch an, den Geliebten zu sehen, mit ihm zu sprechen und in seiner Nähe zu sein. In neuen Situationen jeglicher Art steigt der Dopamingehalt. Vielleicht beschreiben deshalb so viele Verliebte die von ihnen geliebte Person als einzigartig.

Noradrenalin wird mit Prägung in Beziehung gesetzt, diesem seltsamen tierischen Verhalten, bei dem wir unsere Aufmerksamkeit auf eine bestimmte Person lenken und ihr überallhin folgen.[20] Verliebtheit könnte eine menschliche Form von Prägung darstellen. Noradrenalin wird auch mit einem gesteigerten Erinnerungsvermögen für neue Reize assoziiert[21], was vermutlich zur »Kristallisation« beiträgt. Sie umfasst die Neigung eines verzauberten Verliebten, sich lebhaft an neuartige Augenblicke mit der geliebten Person zu erinnern.

Was veranlasst den Liebenden, an »eindringlichen Gedanken« zu leiden?

Diese beständigen Gedanken haben vieles mit den durch den Geist jagenden Gedanken gemeinsam, unter denen Psychotiker leiden. Psychotische Personen wiederholen unablässig ihre Gedanken und Gefühle im Kopf. Die Mehrzahl der Psychosen wird heute mit Serotoningaben behandelt.[22] Im Augenblick stelle ich daher die Theorie auf, dass die eindringlichen Gedanken dann auftreten, wenn der Gehalt an Dopamin und Noradrenalin steigt und der des Serotonins sinkt.

Leidenschaftliche romantische Handlungen kommen in zahlreichen Abstufungen vor, die von reiner Freude über die Erwiderung der Liebe bis zu Leere, Angst und Verzweiflung reichen können, wenn die Empfindungen nicht erwidert werden. Zweifellos ist eine Vielzahl chemischer Substanzen – in verschiedenen Konzentrationen und Kombinationen – an dieser komplexen Palette von Gefühlen beteiligt. Ich bin jedoch überzeugt, dass die romantische Liebe einer eigenen Emotionskategorie angehört, die mit einer spezifischen Gruppe von chemischen Substanzen, Regionen und Kreisläufen im Gehirn in Zusammenhang steht. Zudem steht für mich fest, dass sich diese universelle menschliche Empfindung entwickelte.

Anziehung bei Tieren

Viele Vögel und Säugetiere lassen während der Werbung gesteigerte Energiereserven und gebündelte Konzentration erkennen. 1871 schrieb Darwin über dieses Fieber bei Stockenten. Ebenso wie die meisten anderen Vogelarten vereinen sich Stockenten zu Paaren, um ihre Jungen aufzuziehen. Eine bestimmte weibliche Stockente fühlte sich jedoch zu einer Spießente hingezogen – der Angehörigen einer anderen Entenart! »Offensichtlich war es Liebe auf den ersten Blick, denn sie schwamm liebevoll um den Neuling«, schrieb Darwin. »Von diesem Augenblick an vergaß sie ihren alten Partner.«[23]

Die Tierliteratur ist voll von derartigen Beispielen. Männliche und weibliche Hunde, Pferde, Gorillas, Kanarienvögel (und viele andere Tierarten) weigern sich hartnäckig, sich mit irgendeinem Artgenossen zu paaren, sondern konzentrieren ihre Aufmerksamkeit auf einen bestimmten. Die Wissenschaftler bezeichnen diese tierische Anziehung als »sexuelle Bevorzugung« oder »Paarungswahl«.[24] Fühlen sich diese Tiere zueinander »hingezogen«? Meiner Ansicht nach ja. Anziehungskraft zwischen Tieren ist ein einfacher chemischer Mechanismus, durch den die Natur sicherstellt, dass Männchen und Weibchen all jener Tierarten, die sich geschlechtlich fortpflanzen, einen Partner aus der Menge wählen und sich in seine Nähe begeben, um mit dem Paarungsvorgang zu beginnen.

Viele Tiere entwickelten bereits deutliche physische Merkmale, um andere Vertreter ihrer Art auf sich aufmerksam zu machen. Mit knalligen Kennzeichen wie violetten Federn, orangefarbenen Schnäbeln, symmetrischen Gesichtszeichnungen und rosafarbenen Hinterbacken machen Tiere mögliche Partner auf sich aufmerksam. Mit der Ausprägung dieser äußerlichen Merkmale muss die Entwicklung der entsprechenden Mechanismen im Gehirn einhergegangen sein, sodass sich ein Beobachter auch tatsächlich angezogen fühlt.

Wann, wo und ob ein Tier diesen Reiz tatsächlich empfindet, variiert zweifellos von Art zu Art. Bei Mäusen könnte der Impuls vielleicht nur einige Sekunden andauern, während er bei unseren in den Bäumen lebenden Primatenahnen möglicherweise Stunden, Tage oder Wochen anhält.

Nachdem unsere menschlichen Vorfahren in die Ebenen Afrikas herabgestiegen waren, sich der präfrontale Kortex weiterentwickelte und die Menschheit Sprache, Feuer, Gesang und Kunst kennenlernte, müssen die urzeitlichen Männer und Frauen begonnen haben, Mythen und Legenden zu verfassen, Liebestränke zu brauen, Liebessymbole zu zeichnen, Liebesamulette zu schnitzen, Liebeslieder zu singen und glückerfüllte Geschichten über jene Empfindung weiterzuerzählen, die wir heute Liebe nennen.

Schönheit: Die ewige Schwäche der Männer

Wenn wir die Ergebnisse der Anfangsphase unserer Untersuchung und die geringen Daten aus der psychologischen Literatur auswerten, fühlen beide Geschlechter romantische, leidenschaftliche Liebe mit etwa derselben Intensität.[25] Die Natur gestand weder dem Mann noch der Frau Immunität gegen dieses Feuer zu. Zweifellos entwickelten jedoch die Geschlechter einen unterschiedlichen Geschmack für das, was sie als attraktiv empfinden.

Schönheit betört Männer.

Der Psychologe David Buss von der University of Texas in Austin und seine Kollegen ersuchten mehr als 10 000 Personen in 37 Gesellschaften, eine Liste von 18 Merkmalen zu studieren und sie nach der Wichtigkeit zu ordnen, die ihnen bei der Wahl eines Ehepartners zukommt.[26] Interessanterweise wiesen Männer und Frauen vielen Eigenschaften denselben Stellenwert zu. Liebe oder gegenseitige Anziehung führte bei beiden Geschlechtern die Liste an. Dahinter kamen Zuverlässigkeit, emotionale Stabilität und Reife und ein angenehmes Wesen. Sowohl Männer und Frauen wünschten sich einen freundlichen, gesunden, klugen, gebildeten und geselligen Ehepartner, der sich für Heim und Familie interessierte.

Vom Land der Zulus bis Polen und von Kolumbien bis Taiwan zeigten Männer im Vergleich zu Frauen ein größeres Interesse an der körperlichen Erscheinung ihres Partners – und insbesonders an seiner Jugend und Schönheit. Bei Kontaktanzeigen erwähnen männliche Amerikaner dreimal häufiger als Frauen, dass sie nach einer gut aussehenden Partnerin suchen.[27] Buss behauptet, diese männliche Vorliebe für Jugend und Schönheit sei ererbt. Eine frische Haut, strahlende Zähne, lebhafte Augen, glänzendes Haar, feste Muskeln, ein geschmeidiger Leib und eine heitere Persönlichkeit bilden visuelle Hinweise auf Gesundheit, Jugend und Vitalität.[28]

Ein angenehmes Verhältnis von Taille zu Hüfte, eine reine Haut, weiche symmetrische Gesichtszüge und kleine Füße werden mit einem hohen Östrogengehalt und einem geringen Testosterongehalt assoziiert und verweisen auf eine gute Gesundheit und Fortpflanzungsfähigkeit.[29] Die Yanomami-Indianer in den Regenwäldern Amazoniens drücken diesen darwinistischen Blickwinkel unwissentlich prägnant aus. Sie bezeichnen die begehrenswertesten Frauen als *moko dude*, was soviel wie »vollkommen reif« bedeutet.[30]

Möglicherweise verurteilen Frauen diese männliche Vorliebe für Jugend, Schönheit und eine geschmeidige, kurvenreiche Figur, andererseits beuten viele von ihnen die männliche Verwundbarkeit gnadenlos aus. In Teilen Amazoniens tragen Frauen einen schmalen Gurt um die Taille, mit dem eine Schnur verbunden ist, die zwischen den Schamlippen und dem Gesäß hindurchführt, in einer Schleife an den Gurt geknotet ist und in einer Quaste endet, die bei jeder Bewegung des Körpers mitschwingt.

Die amerikanischen Frauen sind nur um eine Kleinigkeit weniger schamlos. Sie tragen Make-up, um ihre Augen zu vergrößern, röten ihre Wangen, bleichen die Brauen, ziehen die Lippen nach und cremen die Haut ein, um jung auszusehen. Sie zwängen sich in zu enge Schuhe, um ihre Füße kleiner wirken zu lassen, und färben ihr Haar blond, um an den weichen Farbton von Kinderhaar zu erinnern. Einige zahlen Chirurgen große Beträge, damit sie ihnen die Nase zerschneiden und ihr annähernd die Form einer Babynase verleihen, um die Haut von ihren Gesichtsmuskeln zu lösen und sie glattzuziehen oder um Fett von den Hüften abzusaugen und die »richtigen« Proportionen wiederherzustellen.[31] Ferner tragen Frauen aller Altersklassen Push-up-Büstenhalter, kurze Röcke, enge Gürtel und Netzstrümpfe, um jugendlich und sinnlich zu wirken.

Frauen scheinen zu wissen, dass diese Merkmale bei Männern als Zeichen guter Gesundheit gelten. Dank der blühenden Kosmetikindustrie und plastischen Chirurgie fällt es vielen von ihnen heute leichter, diese Form von Jugend und Schönheit zur Schau zu stellen.

Da Männer für – leicht erkennbare – visuelle Signale besonders anfällig sind, verlieben sie sich rascher als Frauen.[32]

Frauen lieben Ressourcen

»Die größte Frage, die bisher niemand beantwortete und auf die ich nach dreißig Jahren Erforschung der weiblichen Seele noch keine Antwort weiß, lautet: ›Was will die Frau?‹«, schrieb Sigmund Freud an Marie Bonaparte.

Heute wissen Wissenschaftler allmählich, was Frauen wollen. Es gibt natürlich Ausnahmen, doch es steht fest, dass sich Frauen häufiger in

Männer mit Ressourcen verlieben, d. h. mit Geld, Erziehung oder Ansehen. Hierin gleichen sie den urzeitlichen Frauen, die diese Werte benötigten, um ihre Kinder großzuziehen.[33] Frauen fühlen sich von Männern angezogen, die als Zeichen ihrer Dominanz entspannt sitzen, sich zurücklehnen, seltener nicken und stattdessen mehr Gesten mit der Hand ausführen.[34] Sie neigen zu fleißigen, ehrgeizigen, anerkannten Männern, die drei bis fünf Jahre älter sind als sie. Klug sollte ein Mann ebenfalls sein, denn obwohl beide Geschlechter intelligente Partner bevorzugen, ist das Interesse an einem intelligenten Langzeitpartner bei Frauen etwas größer.[35]

Frauen gefallen »gut aussehende« Männer mit einem entschlossenen Kinn (ein Zeichen eines hohen Testosterongehalts) und mit einem entwickelten Körper.[36] Allgemein ziehen sie große Männer vor, da diese eher prestigeträchtige Positionen in der Geschäftswelt einnehmen und auch einen stärkeren physischen Schutz bieten.[37] Ebenso achten Frauen bei Männern auf Kraft, eine ausgeprägte physische Koordination und eine gute Gesundheit.[38]

Weibliche Sportfans treten in den USA reihenweise an, um mit einem Basketball- oder einem Baseballspieler zu schlafen. Diese Form der Starverehrung ist nicht außergewöhnlich. In den Urwäldern Amazoniens flüstern die Mehinaku-Mädchen »*awitsiri*« (»großartig«), wenn sie den besten Ringer des Dorfes bewundern.[39]

Frauen suchen jedoch vor allem nach einem Langzeitpartner, der seinen gesellschaftlichen Status und sein Vermögen mit ihnen teilt.[40]

Um das Vermögen, den Rang und die Großzügigkeit eines Mannes einschätzen zu können, muss eine Frau ihren zukünftigen Partner studieren, und das kostet Zeit. Ein freundliches Herz oder eine gefüllte Brieftasche zu erkennen, erfordert aber weder Monate noch Jahre. Mitunter genügen zwei Verabredungen, manchmal auch bloß zwei Stunden. Aufgrund der komplexen Wünsche der Frauen ist die Wahrscheinlichkeit jedoch gering, dass sie sich schon beim ersten Treffen verlieben.[41]

Liebe auf den ersten Blick

Dessen ungeachtet verlieben sich beide Geschlechter auf den ersten Blick.

Der im 13. Jahrhundert lebende englische Dichter Chaucer beschrieb den Augenblick, in dem Troilus Cressida begegnete, folgendermaßen:

»Sein Blick durchdrang die Menschenmenge und ging so tief, dass er auf Cressida fiel und an ihr hängen blieb.«[42] Troilus verliebte sich auf den ersten Blick.

Dasselbe geschah einer Frau auf der kleinen Insel Mangaia beim Einkauf im Gemischtwarenladen. »Sobald ich diesen Mann sah, wünschte ich, er wäre mein Ehemann. Dieses Gefühl überraschte mich, da ich ihm noch nie zuvor begegnet war«, erzählte sie der Anthropologin Helen Harris.[43] Schließlich heiratete sie den Mann, und als sie Jahre später über dieses Ereignis nachdachte, bezeichnete sie das Treffen als »Werk der Natur«.

Liebe auf den ersten Blick ist tatsächlich das Werk der Natur. Die meisten Tiere dürfen nicht warten, da sie nur ein paar Stunden, Tage oder Wochen paarungsbereit sind. Zu Beginn der Paarungszeit sind sie gezwungen, einen passenden Partner zu wählen und sich zu paaren. Die unmittelbare Anziehungskraft entwickelte sich vermutlich, um ihnen den Einstieg in diesen Prozess zu erleichtern.

Ferner finden sich Beweise, dass die chemischen Voraussetzungen im Gehirn mit der unmittelbaren Anziehung in Zusammenhang stehen. Sobald eine weibliche Präriemaus, ein kleines Nagetier, einen Tropfen männlichen Urins auf ihrer Oberlippe fühlt, steigt der Gehalt an Noradrenalin in ihrem Gehirn. Dieser Anstieg und andere chemische Reaktionen stimulieren den Wechsel zum Paarungsverhalten.[44]

Zeigt man weiblichen Schafen Dias vom Gesicht männlicher Schafe, so steigt der Gehalt an Noradrenalin in ihren Gehirnen ebenfalls sprungartig an – aber nur, wenn sie paarungsbereit sind.

Bei Präriemäusen und Schafen dauert der Reiz möglicherweise nur wenige Sekunden, beim Menschen hingegen kann er monate- und jahrelang anhalten.

Warum gerade er? Warum gerade sie?

Männer fühlen sich häufig zu Frauen hingezogen, die Signale von Jugend und Schönheit ausstrahlen, während Frauen zu Männern mit Rang und Vermögen neigen. Warum aber fühlen wir diese chemische Flutwelle bei einer bestimmten Person?

»Alles ist wohlbegründet«, meint die Bibel. Das Timing muss stimmen. Wenn Sie Ihr Zuhause oder das College soeben verlassen haben, in eine fremde Stadt gezogen sind, sich von einer früheren Beziehung erholt haben, sich an Ihrem Arbeitsplatz oder in der Schule wohlfühlen, viel Freizeit haben oder einsam sind und einen Freund benötigen, erfüllen Sie die Voraussetzungen, um sich zu verlieben.[45]

Beide Geschlechter fühlen sich zudem zu leicht rätselhaften Personen hingezogen. »Wir lieben Frauen in jenem Grad, in dem sie uns fremd sind«, beschrieb Baudelaire dieses Phänomen. Das Gefühl, einen schwer zu fassenden, unergründlichen, grenzenlosen Schatz für sich errungen zu haben, gehört zu den mächtigsten Bestandteilen der Liebe.[46] Einige Wissenschaftler sind heute sogar der Ansicht, dass Jungen und Mädchen mitunter im Alter zwischen drei und sechs Jahren an all jenen Personen ein mögliches romantisches Interesse verlieren, die sie regelmäßig sehen. Die Ablehnung des Bekannten zeigt sich der Wissenschaftler nach auch bei vielen Säugetierarten. Sie entwickelte sich, um eine Paarung zwischen engen Verwandten zu verhindern.[47]

Von der Andersartigkeit eines Menschen angezogen zu werden und gut bekannte Personen abzulehnen scheint ebenfalls durch chemische Substanzen gesteuert zu werden. Wenn man Frauen auffordert, an den verschwitzten T-Shirts von Männern zu riechen, und sie fragt, welchen Geruch sie als besonders sexy empfinden, entscheiden sie sich häufig für die T-Shirts von Männern mit Immunsystemen, die sich von ihren unterscheiden.[48]

Interessanterweise wählen Frauen, die die Pille nehmen und denen dadurch teilweise eine Schwangerschaft vorgetäuscht wird, Männer mit ähnlichen Immunsystemen. Claus Wedekind vom Zoologischen Institut der Universität Bern erklärt, dass schwangere Frauen diese Wahl treffen, da sie sich in dieser Zeit von Natur aus lieber mit Verwandten umgeben, während ovulierende Frauen unbewusst Partner mit einem unterschiedlichen Immunsystem wählen.

Die Hutteriten aus South Dakota besitzen ein besonderes Talent, Partner mit einem unterschiedlichen Immunsystem zu wählen. Die Mitglieder dieser strengen religiösen Sekte sind als Nachfahren von nur 64 Personen, die um 1870 in die USA einwanderten, eng miteinander verwandt. DNS-Tests ergaben jedoch, dass sich die Männer und Frauen dieser Sekte regelmäßig für Partner mit unterschiedlichen Immunsystemen entscheiden.[49]

Timing, der Reiz des Geheimnisvollen, Unterschiede im Immunsystem und zweifellos auch viele andere biologische Faktoren vereinen sich, um einen Reiz in einem Gehirnkreislauf auszulösen, sobald Ihnen eine bestimmte Person quer durch einen gefüllten Saal zulächelt. Von allen Einzelfaktoren, die jene Feuersbrunst entfachen können, ist jedoch die Kindheit der wichtigste.

Liebeskarten

Wir wachsen in einer kaleidoskopischen Welt aus Erfahrungen und Ideen auf, die unsere romantischen Neigungen formen.

Der Humor und das Interesse Ihres Vaters für Politik oder Filme; der Umgang Ihrer Mutter mit Worten und ihr Sinn für Ästhetik; wie Ihre Eltern ihre Sätze durch Schweigen oder Lachen unterbrechen; was Ihre Geschwister als irritierend oder als herausfordernd betrachten; die Ansichten Ihrer Lehrer in Bezug auf Gerechtigkeit, Ehre und Freundlichkeit; was Ihre Freunde bewundern, als abstoßend empfinden oder womit sie vertraut sind: Tausende subtile Kräfte fügen sich zu unseren ganz persönlichen Überzeugungen, Interessen und Werten zusammen. Auf diese Weise tragen wir bereits im Teenageralter eine Liste von Eigenschaften in uns, die wir in einem Partner suchen.

Der Sexologe John Money von der Johns Hopkins University bezeichnet diese unbewusste geistige Schablone als »Liebeskarte«. Er ist der Ansicht, dass Kinder bereits im Alter zwischen fünf und acht Jahren diese Karten entwickeln, die sich in der Pubertät weiter verfestigen.[50] Sie begleiten uns, während wir unser Boot durch den Ozean von möglichen Partnern rudern – und lässt uns an einer fremden Küste landen, sobald wir uns Hals über Kopf verlieben.

Inwieweit sich die Liebeskarten von Männern und Frauen unterscheiden, ist schwer zu beurteilen. Sie sind zu komplex, um sie genau zu identifizieren oder zu vergleichen. Ich wage jedoch zu vermuten, dass ein herausragender Unterschied zwischen den Geschlechtern besteht.

Anhand der psychologischen Literatur und der Beobachtung meiner männlichen Freunde gelangte ich zu der Ansicht, dass Männer als eine der wichtigsten Eigenschaften eine tiefe Sehnsucht danach empfinden, von einer Frau gebraucht zu werden. Männer wollen helfen, Probleme lösen, nützlich sein und »etwas tun«. Oft stürzten sie sich in eine Liebesbeziehung, um eine Frau zu »retten«; viele verharren auch in unglücklichen Ehen, weil sie das Gefühl haben, ihre Anwesenheit sei entscheidend – dass sie gebraucht würden. In den Millionen Jahren, die Männer Frauen Schutz und Versorgung anboten, dürften sie ein tiefes Verlangen danach entwickelt haben, ihrem Partner nützlich zu sein.

Frauen andererseits scheinen von ihrem Partner bewundert werden zu wollen. Möglicherweise suchen sie nach dieser liebevollen Aufmerksamkeit, weil sie instinktiv fühlen, dass ein hingebungsvoller Mann auch zu ihren Nachkommen liebevoll und großzügig sein wird.

Wann, in wen und wo Sie sich verlieben, was Sie an ihrem Geliebten attraktiv finden, wie Sie die geliebte Person umwerben, sogar ob Sie diese Leidenschaft als traumhaft oder quälend empfinden, hängt von der Gesellschaft und der Einzelperson ab. Sobald Sie jedoch diese eine besondere Person gefunden haben – sei es als Ehepartner oder Geliebter –, ist das tatsächliche physische Gefühl, das Sie in dieser Leidenschaft erfahren, chemisch bedingt. Es ist in das menschliche Gehirn eingebaut, denn wir Menschen haben die Fähigkeit zu lieben ererbt.

Wie wird es diesem alten Gehirnkreislauf für romantische Anziehung ergehen, wenn Frauen an wirtschaftlicher und gesellschaftlicher Macht dazugewinnen?

Ausgesprochen gut. Einer der herausragenden sozialen Trends des kommenden Jahrhunderts wird meiner Überzeugung nach die Wiederbelebung und Verherrlichung der Liebe sein. Und es werden die Frauen sein, die uns auf diesem gewundenen Pfad der leidenschaftlichen Romantik führen werden.

Der Aufstieg der Liebe

Wir Amerikaner lieben die Liebe. Die meisten betrachten Romantik als Lebenselixier – und als ausreichenden Grund, um ein Heiratsversprechen zu geben.

Hingegen empfanden in nahezu allen traditionellen Gesellschaften Männer und Frauen die romantische Leidenschaft nicht als angemessenen Grund, um zu heiraten – zumindest nicht beim ersten Mal. Die Ehe wurde als bedeutender geschäftlicher Vertrag betrachtet. Man wählte einen Partner mit der richtigen Verwandtschaft und guten politischen

Beziehungen. Aus diesem Grund arrangierten die Eltern das erste Verlöbnis ihrer Kinder.[51]

Viele arrangierte Ehen wandelten sich jedoch in Liebesbeziehungen. In Indien gilt nach wie vor das Sprichwort: »Erst heiraten und sich dann verlieben.« Dennoch sind weltweit zahllose Männer und Frauen mit beträchtlicher Enttäuschung arrangierte Ehen eingegangen, denn sie liebten heimlich eine andere Person. Aus diesem Grund fürchtete man in vielen Teilen der Welt diese Leidenschaft. Sie konnte einen Menschen zu Verrücktheiten verleiten oder das heikle Gleichgewicht sozialer Verpflichtungen zum Kippen bringen.

Die Griechen der Antike waren der Ansicht, dass man nicht aus Liebe heiratete. Sie huldigten der Liebe, solange sie sich zwischen Männern und Jungen, hoch gestellten Herren und Kurtisanen oder Hausherren und Konkubinen entwickelte. In der gehobenen Klasse war die Ehe hingegen ein formelles Bündnis zwischen Familien und Clans. Sie war dazu bestimmt, politische Bande zu unterhalten, das Erbe zu sichern und eine korrekte Verteilung des Besitzes zu gewährleisten.[52]

Auch die römischen Adligen vergnügten sich mit Sklaven, Prostituierten und Konkubinen. Ihre Herkunft und ihr Erbe wurden jedoch ebenfalls durch sorgfältig arrangierte Verlöbnisse abgesichert.[53]

Die frühchristlichen, asketischen Kirchenväter läuteten das Ende der Liebe in jeder Form ein. Sie betrachteten sie als ebenso sündhaft wie die sinnlichen Begierden des Fleisches, die für gottgefällige Männer und Frauen unpassend waren. Nur die reine, geistige Liebe zum Herrn bringe Glück und Erlösung. Schon das leidenschaftliche Verlangen nach der eigenen Ehefrau erschien den gottesfürchtigen Christen als Schande. Im Mittelalter klassifizierte man daher die leidenschaftliche Sehnsucht als dämonische Besessenheit und eine Form – vorübergehender – Geisteskrankheit.[54]

Zweifellos liebten viele Männer und Frauen aus den Dörfern ebenso wie die adeligen Herren und Damen einander heimlich in aller Leidenschaft, wenn sie abends zueinander ins Bett stiegen. Vincent de Beauvais schrieb in *Speculum Doctrinale*, einem im Mittelalter weithin befolgten Lehrbuch: »Der aufrechte Mann sollte seine Gemahlin mit seinem Urteilsvermögen lieben und nicht mit seiner Zuneigung.«[55]

Suche nach dem Glück

Die Liebe gewann in Frankreich durch die Troubadours des 12. Jahrhunderts einiges von ihrem Ansehen zurück. Diese umherziehenden Barden, Unterhaltungskünstler und Ritter sangen von den Qualen und Leiden hoffnungsloser, unerwiderter, nicht vollzogener Liebe. Sie bedienten sich in ihrem Gesang nicht der lateinischen Sprache sondern der Mundart der Provence. So konnten alle ihre Worte verstehen. Ihre Lieder von Schmerz und Begierde verbreiteten sich im heutigen Frankreich, Italien und Deutschland von Hof zu Hof. Für die Troubadours war die Ehe durch Pflichten, Eigentum und Bündnisse definiert. Außerhalb des Ehebundes betrachtete man hingegen die unerfüllte romantische Leidenschaft als ehrenwert und sogar ritterlich.

Im 13. Jahrhundert verewigte Dante in der *Göttlichen Komödie* seine Leidenschaft für Beatrice. Zweifellos erlebten auch weniger gebildete Männer und Frauen im Mittelalter und in der frühen Renaissance leidenschaftliche Liebe.

Mit der Verbreitung der Lese- und Schreibfertigkeit im 16. und 17. Jahrhundert kam es zu einer verstärkten Anerkennung der Romantik. Aus der Druckerpresse quollen Shakespeares Schauspiele und Sonette ebenso wie andere Liebesgedichte und -geschichten.[56] Im 18. Jahrhundert meldeten sich die Intellektuellen zu Wort. Jean-Jacques Rousseau zum Beispiel lehnte die arrangierte Ehe ab und verkündete die Vorteile romantischer Liebe.[57] Die Armen stimmten ihm bei. Etwa ein Drittel aller europäischen Männer und Frauen besaß weder Land noch sonstiges Eigentum, und die Aufzeichnungen des britischen Hofes im 18. Jahrhundert lassen den Schluss zu, dass diese Menschen häufig aus Liebe heirateten.[58]

Schriftliche Ratgeber, medizinische Texte und religiöse Predigten dieser Zeit setzten die Liebe weiterhin als ungeeigneten Grund für eine Ehe herab.[59]

Die Industrielle Revolution spornte die westliche Begeisterung für die Romantik an. Zu Ende des 18. und Beginn des 19. Jahrhunderts wurden in Europa und Amerika Textilfabriken errichtet. Der Handel florierte, die Städte weiteten sich aus, und unsere Vorfahren verließen die Bauernhöfe – und die Familien, die sie zu einer arrangierten Ehe zwangen. Im geschäftigen Treiben der Städte benötigten Eltern nicht mehr jene politischen und wirtschaftlichen Beziehungen, die eine arrangierte Verlobung bedingten.

Zu den zahlreichen wirtschaftlichen und gesellschaftlichen Kräften, die die Industrielle Revolution anfachte, kam die Überzeugung hinzu, dass eine Ehe am besten funktionierte, wenn der Einzelne sich selbst seinen Partner wählte – sofern die Eltern seiner Entscheidung zustimmten.[60]

Die romantischen Dichter Englands und des europäischen Kontinents huldigten diesem Trend und priesen das Glück und den Kummer leidenschaftlicher Liebe in gefühlsbetonten Versen. Beim weniger gebildeten Volk kamen Groschenromane in Mode. Shakespeare bezeichnete diesen Ausbruch an Leidenschaft, der das westliche Herz getroffen hatte, als »Amors feurigen Pfeil«.

Heiraten aus Liebe

Mit jedem verstreichenden Jahrzehnt des 20. Jahrhunderts wurde der Brauch populärer, einen Menschen zu heiraten, weil man ihn »tief und innig« liebte.

In den sechziger Jahren gaben in den USA 65 Prozent von 503 befragten männlichen Collegestudenten an, keine Frau heiraten zu wollen, die sie nicht liebten – selbst wenn eine Frau alle Eigenschaften aufwiese, die sie an ihrem Partner wünschten.[61] Frauen sind umsichtiger. 25 Prozent von 576 befragten weiblichen Collegestudenten erklärten, sie würden sich weigern, einen Mann zu heiraten, den sie nicht liebten, selbst wenn er der ideale Partner wäre; 72 Prozent waren unentschlossen.

Inzwischen haben sich diese Zahlen verändert. Eine 1991 durchgeführte Umfrage ergab, dass 86 Prozent der Männer und 91 Prozent der Frauen niemanden heiraten würden, den sie nicht liebten.[62] Besonders bemerkenswert ist, dass heute fünfzig Prozent beider Geschlechter der Überzeugung sind, das Verblassen der Liebe wäre ein ausreichender Scheidungsgrund.[63]

Die meisten westlichen Menschen betrachten Liebe als Mittelpunkt ihres emotionalen und sozialen Lebens. Ohne sie fühlen sie sich beraubt. Gewiss heiratet so mancher, um Ansehen und finanziellen Gewinn zu erzielen. Gleichzeitig lieben viele nach wie vor Romane und Opern, in denen, wie zu den Zeiten der Troubadours, vor allem die ver-

eitelte Liebe thematisiert wird. Aber wenn sie abends zu Bett gehen, wollen sie neben sich den geliebten Menschen sehen.
Ihr Sinn für Romantik verbreitet sich rund um die Welt.

»Freie Liebe«

»Wer sich verliebt, fällt in Ungnade«, lautet ein chinesisches Sprichwort. Den Chinesen erschienen die Angelegenheiten des Herzens lange Zeit als belanglos im Vergleich zur Bedeutung der Familie. Jahrhundertelang heirateten Millionen chinesischer Männer und Frauen die für sie gewählten Partner. Ehre, Pflicht und Respekt hatten Vorrang, denn die eigenen Vorfahren und Nachfahren standen auf dem Spiel.[64] Ein chinesischer Spruch fasst diese Einstellung treffend zusammen: »Du hast nur eine Familie, aber du kannst immer noch eine andere Ehefrau nehmen.«[65]

Manche vereitelten die Pläne ihrer Eltern, indem sie sich in den Familienbrunnen stürzten oder Rattengift einnahmen. Doch viele fügten sich – oft mit gebrochenem Herzen – in die arrangierte Verlobung. Die Reichen suchten sich für die Liebe Konkubinen, und die professionellen Geschichtenerzähler sangen auf den Märkten und in den Teehäusern des chinesischen Reiches über diese Leidenschaft.[66] Die Masse fürchtete jedoch die tiefgreifende, unberechenbare Leidenschaft.

»Erst sieht das Herz und dann der Verstand«, schrieb Thomas Carlyle. Dieser Gedanke kam in China mit dem Opiumkrieg im 19. Jahrhundert auf. Um 1920 begannen manche Chinesen, ihre Partner selbst zu wählen; sie bezeichneten dies als »freie Liebe«.

Das Gesetz zur Ehereform im Jahr 1952 brachte auch offiziell den Wandel. Es besagte, dass »die Ehe auf dem freien Willen beider Parteien basieren soll«[67]. Die chinesischen Kommunisten betrachteten die arrangierte Ehe als barbarisch und sprachen sich für eine eigenständige Wahl des Lebenspartners aus.

Seit 1976 sind in China mehr als 500 neue Zeitschriften erhältlich, von denen sich viele der Liebes-Werbung, der Romantik und der Ehe widmen.[68] Zur Zeit befassen sich mehr als 35 Fernsehsendungen mit Dreiecksbeziehungen und unerwiderter Liebe. Nur 5,8 Prozent der jungen Männer und Frauen Hongkongs würden heute eine Person heiraten, die sie nicht lieben – selbst wenn diese Person alle anderen Eigenschaften aufweise, die sie sich bei ihrem Lebensgefährten wünschten.[69] Obwohl

Hongkong als kosmopolitische Stadt nicht die Ansichten Chinas widerspiegelt, stellen diese Zahlen doch einen deutlichen Sinneswandel dar.

Von den Hütten in der Arktis bis zu den Lagern im australischen Outback wählen Männer und Frauen ihren Partner selbst. In einer Untersuchung unter 37 Gesellschaften führten Männer und Frauen Liebe und gegenseitige Anziehung als wichtigstes Kriterium für eine Eheschließung an.[70] Nur in Indien und Pakistan, wo der Lebensstandard niedrig und die Großfamilie nach wie vor für das wirtschaftliche Wohl von Bedeutung ist, sind etwa fünfzig Prozent der Männer und Frauen bereit, ohne Leidenschaft zu heiraten.[71]

In vielen Regionen der Welt, in denen Ehen nach wie vor größtenteils arrangiert werden, wie etwa in Indien, einigen islamischen Ländern und im Afrika südlich der Sahara, treffen die Verlobten einander vor ihrem Hochzeitstag – um der Wahl zuzustimmen oder sie abzulehnen.[72]

Arrangierte Ehen, in denen die Liebe fehlt, sind im Verschwinden begriffen.

Das Ende der Polygamie

Dasselbe gilt für die Polygamie – die Ehe mit mehreren Frauen gleichzeitig.[73] Etwa 84 Prozent der Gesellschaften gestatten einem Mann nach wie vor, mehrere Frauen zur Gemahlin zu nehmen. Viele dieser Gesellschaften fördern diese Vorgehensweise sogar. In den meisten dieser Kulturen, wie etwa in islamischen Gesellschaften, erwerben jedoch nur fünf bis zwanzig Prozent der Männer genug Reichtum und Ansehen, um sich einen Harem zuzulegen.[74]

Für diese Männer bietet die Polygamie Vorteile. Obwohl sich polygame Ehemänner der genetischen Vorzüge eines Harems zweifellos nicht bewusst sind, können sie in derselben Zeit mehrere Frauen schwängern und damit ihren Samen unverhältnismäßig weit verbreiten.

Die Frauen in diesen Gesellschaften schließen sich traditionsgemäß einem Harem an, da es ihnen günstiger erscheint, die zweite oder dritte Frau eines reichen als die einzige eines armen Mannes zu sein. Heute sind jedoch immer weniger Frauen bereit, einen Ehemann zu teilen. Sie wünschen sich eine romantische – und monogame – Partnerschaft.

Viele Vorkämpferinnen der Monogamie warteten 1997 stundenlang in Teheran, um den Film *Leila* zu sehen, der die Geschichte einer jungen

Iranerin erzählt, die ihren Ehemann innig liebt. Das Paar scheint eine traumhafte Ehe zu führen, bis Leila entdeckt, dass sie unfruchtbar ist. Bald schon drängt Leilas Schwiegermutter ihren Sohn, eine zweite Frau zu nehmen, was er zunächst ablehnt. Doch schließlich heiratet er erneut und zeugt ein Kind. Inzwischen ist Leila in das Haus ihrer Eltern zurückgekehrt. Das neue Paar lässt sich bald darauf scheiden, und der Kinobesucher bleibt mit der Frage zurück, ob es zu einer Wiedervereinigung von Leila und ihrem Ehemann kommen wird.

Der Film verursachte in Teheran Aufruhr. Die vor einem Kino in der Schlange wartende 18-jährige Farima Sanati erklärte gegenüber einem Reporter: »Keine Frau kann Polygamie ertragen.«[75]

Liebe auf dem Papier und am Bildschirm

Mit der Möglichkeit, den Partner selbst zu wählen, sind weitere Entscheidungen verbunden. So überrascht es nicht, dass heute beide Geschlechter nach Anleitungen suchen, wie sie einen Partner umwerben und auswählen sollen.

Die Brücken am Fluß ist ein Roman über die Romanze einer verheirateten Frau mit einem reisenden Fotografen, der sich zu Beginn der neunziger Jahre in Millionenauflagen in den USA verkaufte. Die Kinoversion zog ebenfalls große Menschenmengen an. *The Rules*, ein Buch, das genaue Anweisungen für die Werbung um einen Partner enthält, entzündete die amerikanische Fantasie wie ein Waldbrand. Fernsehdramen und Sitcoms über Liebende oder Beinahe-Liebende erleben ebenfalls einen Aufschwung.

TV-Talkshows stiegen in ihrer Beliebtheit raketenartig. Diese faszinierenden Foren bieten dem Zuseher eine vielseitige Erfahrung: Psychologen erteilen Ratschläge, das Publikum agiert als klassischer griechischer Chor, der die kulturellen Moralvorstellungen wiedergibt, und zu alledem kann man einen mitfühlenden Blick auf Menschen werfen, deren Liebe unter keinem guten Stern stand.

Die zunehmende weltweite Forderung, »verliebt zu sein«, wird zweifellos die Sucht nach immer mehr Romanen, Selbsthilfebüchern, Beratungskolumnen, Filmen, TV-Serien und Talkshows auslösen, die die Höhepunkte und Qualen der Werbung beschreiben. Dank ihrer emotionalen Sensibilität, ihres Mitgefühls, ihrer Neugier auf Menschen, ihrer sprachlichen Fähigkeiten und ihres Interesses an Beziehungen und Romanzen werden Frauen zweifellos die meisten dieser Abhandlungen über Romantik verfassen oder produzieren.

Frauen werden die Richtlinien vorgeben, nach denen viele von uns ihr romantisches Leben führen werden.

Die Wahl des Geliebten

Mit zunehmender wirtschaftlicher Macht könnten Frauen auch Veränderungen in der Partnerwahl herbeiführen.

Liebe ist kein Zufall. »Diese erste, zarte, unachtsame Verzückung«, um mit Robert Brownings Worten zu sprechen, wird üblicherweise auf eine Person gelenkt, die uns ähnelt. Die meisten Männer und Frauen empfinden dies für unbekannte Menschen derselben ethnischen und sozialen Gruppe, desselben wirtschaftlichen Hintergrunds, derselben Religion, desselben Ausbildungsniveaus und desselben Grades an physischer Attraktivität und Intelligenz.[76] Sie neigen auch dazu, sich in Menschen mit einem ähnlichen Humor, denselben politischen und gesellschaftlichen Werten und ähnlichen Überzeugungen und Gefühlen über das Leben im Allgemeinen zu verlieben.[77]

Nun, da die Medien mehr Bilder von Menschen unterschiedlichen Hintergrunds ausstrahlen, und mehr Frauen eine eigene Berufskarriere verfolgen und eigenes Geld verdienen, könnten viele Frauen einen Partner aus einer unterschiedlichen sozialen oder ethnischen Gruppe wählen. In den USA stieg die Zahl der Ehen zwischen Vertretern unterschiedlicher Rassen zwischen 1960 und 1990 um etwa 800 Prozent.[78]

Frauen könnten das Interesse am Geld des Mannes verlieren, wenn die Daten zu diesem Thema auch noch zwiespältig sind. Die Untersuchung von 1111 Kontaktanzeigen in amerikanischen Zeitungen und Zeitschriften ergab, dass Frauen etwa elfmal häufiger einen finanziell starken Partner suchen als Männer.[79] Außerordentlich reiche und erfolgreiche Frauen halten oft Ausschau nach Männern mit noch mehr Geld und Ansehen.[80]

Einige Studien lassen jedoch darauf schließen, dass das weibliche Interesse an den Vermögenswerten des Mannes schwindet. In den achtziger Jahren erschien japanischen Frauen, die in der Regel wenig eigene wirtschaftliche Macht besaßen, das finanzielle Potenzial eines Ehepartners um 150 Prozent wichtiger als japanischen Männern. In Holland, einem Land, in dem die Frauen beträchtlich mehr finanzielle Unabhängigkeit genießen, war den Frauen der wirtschaftliche Status eines Partners nur um 36 Prozent wichtiger als den Männern.[81]

Virtuelle Liebe

In den Vereinigten Staaten werden heute sechzig Prozent der Männer und Frauen ihrem Partner durch Freunde vorgestellt.[82] Frauen suchen jedoch auch auf anderen Wegen nach Liebe, wie etwa im Internet.

Dies ist nicht so ungewöhnlich, wie man annehmen könnte. In Indien hat die Suche nach einem Ehepartner über eine Anzeige in der Zeitung eine lange Tradition. Seit europäische Siedler nach Nordamerika kamen, gingen Frauen aus fernen Ländern an Bord von Schiffen oder Flugzeugen, um Männer zu treffen und zu heiraten, die sie nie zuvor gesehen hatten. Zwischen diesen arrangierten Ehen und einer Verabredung im Internet besteht ein Unterschied. Selbst Bräute, die über eine moderne Agentur verheiratet werden, haben einen Vermittler, der vorgeblich ihre Interessen vertritt. Im Internet erleichtert niemand die Kommunikation.

Niemand sieht das Böse, hört das Böse oder berührt das Böse. Bei einer Verabredung im Cyberspace gibt es nur Worte. Welch himmlische Voraussetzungen für Betrug!

Täuschung ist selbstverständlich Teil der Werbung um einen Partner. Das Ziel ist nicht Ehrlichkeit, sondern Illusion. Man muss beeindrucken. Harry Truman meinte einst: »Wenn du sie nicht überzeugen kannst, dann verwirre sie.« So stolzieren die Männchen vieler Spezies hochmütig umher, stellen ihr Geweih zur Schau, lassen ihre Federn glänzen, wedeln mit dem Schweif, greifen ihre Rivalen an, verteidigen ihre Umgebung oder blasen sich einfach auf, um wichtig zu erscheinen. Weibchen präsentieren ihre Hinterbacken, schütteln den Kopf, strecken den Rücken durch oder krümmen den Leib zusammen, um zu signalisieren, dass eine Annäherung willkommen ist.

Der Mensch bildet da keine Ausnahme. Von ausgefallenen Uhren bis zum Face-Lifting täuschen Männer und Frauen mit hunderten Werbungssignalen, die ihr eigentliches Wesen verbergen oder aufwerten sollen.

Der Cyberspace ist ein wahrer Spielplatz für Täuschungsmanöver – wie folgendes Beispiel zeigt.

1997 berichtete Associated Press über eine Frau aus Alexandria in Virginia, die sich in einen Gesprächspartner aus einem »Chat-Room« im Internet verliebt hatte.[83] Bald schon entwickelten sich die täglichen E-Mails zu einem Sperrfeuer von Telefonanrufen. Sie traf den Mann bei einem romantischen, aber keuschen Rendezvous in New Mexico, er machte ihr einen Antrag, sie nahm an, und die Hochzeit wurde geplant. An ihrem Hochzeitstag verband ihr zukünftiger Ehemann seine Brust mit elastischen Bandagen. Er behauptete, er habe bei einem Autounfall Verletzungen erlitten. Kurz nach der Hochzeit wurde das Täuschungsmanöver aufgedeckt: Der Mann war eine Frau. Die frischgebackene (echte) Braut beantragte die Annullierung ihrer Ehe.

Das Internet kann sich jedoch auch als nützliches Hilfsmittel für Verliebte herausstellen. Viele Paare treffen einander erst persönlich und beginnen dann einen romantischen Briefwechsel via E-Mail. Diese neue Art des Briefeschreibens gestattet den Menschen, sich in einer Weise auszudrücken, wie sie es aus Scheu möglicherweise nicht wagen würden. Gewiss wird das Internet unsere Möglichkeiten erweitern, einen Geliebten zu umwerben und die Magie der Romantik anzufachen.

Homosexuelle Liebe

Mehr Frauen als bisher könnten in der Homosexualität einen weiteren Weg zu romantischer Leidenschaft entdecken.

Umfragen ergeben zwar, dass die Amerikaner Homosexualität heute nicht in stärkerem Ausmaß akzeptieren als vor einigen Jahrzehnten. Dennoch zeigt sich deutlich, dass man der gleichgeschlechtlichen Liebe in den USA und in Übersee bedeutend weniger Verachtung entgegenbringt. Wenn Frauen wirtschaftliche Unabhängigkeit erlangen, werden vermutlich mehr von denen, die sich zu anderen Frauen hingezogen fühlen, ihrer Neigung nachgeben.

Homosexuelle und lesbische Romanzen unterscheiden sich auf vielfache Weise. Homosexuelle Männer sind seltener bereit, mit einem Partner zusammenzuleben. Weniger als die Hälfte aller homosexuellen Männer teilen ihren Haushalt mit einem Lebensgefährten[84], und viele dieser Männer und ihrer Gefährten sind offen oder stillschweigend übereingekommen, dass sie gelegentlich Sex mit anderen haben werden.[85] Lesbierinnen suchen häufiger nach einer beständigen Partnerschaft, die auf Treue gründet.[86] So leben etwa 75 Prozent der lesbischen Frauen in einer festen Beziehung. Lesbierinnen sind auch in stärkerem Maß an Zuneigung und Vertrautheit interessiert[87], denn ähnlich wie heterosexuelle Frauen haben auch sie ein Faible für Romantik.

Der Anteil der lesbischen Frauen an der Gesamtbevölkerung ist gering. Wie in Kapitel 8 erwähnt, bezeichnen sich in den USA nur 2,8 Prozent der Männer und 1,4 Prozent der Frauen als vorwiegend homosexuell.[88] Sie sprechen ihre Meinung aber offen aus, gehen für ihre Rechte auf die Straße und verkünden ihre Überzeugungen auf vielfältige Weise. Auch deshalb findet sich das Thema Homosexualität heute in vielen Filmen und Büchern.

Homosexuelle Männer und Frauen verbreiten, was zum Ideal des 21. Jahrhunderts werden könnte: die Suche nach Glück in romantischer Liebe.

Liebe im Alter: Die Schneeammer

»Für wahre, aufrichtige Liebe – Liebe auf den ersten Blick, erfüllt von Hingabe, die einem Mann den Schlaf raubt... ist das beste Alter wohl zwischen fünfundvierzig und siebzig Jahren«, erklärt Anthony Trollope in *Barchester Towers*.

Romanzen zwischen älteren Menschen werden immer üblicher.[89] Heute leben mehr Männer und Frauen länger und erhalten sich ihre Gesundheit auch in fortgeschrittenem Alter. Viele bleiben in ihren eigenen Wohnungen, statt nach dem Tod des Partners oder einer Scheidung bei ihren Kindern einzuziehen. Sie nehmen an Seniorenaktivitäten teil und haben Zeit, Energie und auch Gelegenheit, in späteren Jahren der Romantik zu begegnen.

Der Witwer Harold Goodmann und Marj Lintz trafen einander eines Abends beim Bowling. »Sie war es«, erinnert er sich. »Ich war von ihm überwältigt«, meint sie. Nun leben sie seit neun Jahren zusammen – und feierten 1998 seinen 92. und ihren 80. Geburtstag. »Wir sind eins«, erklären sie einstimmig.[90]

Die bemerkenswerteste Geschichte einer Liebe in fortgeschrittenem Alter hörte ich von einem Mann, dessen Tochter darauf bestand, dass er in ein Altersheim zog. Offensichtlich wollte sie sein Haus für eigene Zwecke nutzen. Nachdem er mehrere Monate in dem Heim verbracht hatte, stieg er eines Tages auf sein Fahrrad und fuhr mehr als 150 Kilometer zu einem Campingplatz für Wohnwagen in Texas, von dem man ihm erzählt hatte. Ältere Menschen aus dem ganzen Land, die sich als »Schneeammern« bezeichneten, trafen sich hier im Winter mit ihren Campingwagen. Dort begegnete unser Mann einer Frau und verliebte sich in sie. Seitdem fährt er mit ihr in ihrem Campingwagen kreuz und quer durch Nordamerika.

Liebe bleibt selbstverständlich nicht nur Witwern vorbehalten. In einer Untersuchung erreichten Männer und Frauen, die mehr als zwanzig Jahre verheiratet waren, höhere Werte für ihre Leidenschaft zueinander als jene, die nur fünf Jahre verheiratet waren. Deren Werte erinnern eher an die der Abschlussklasse einer Highschool.[91]

Mehrfachliebe: Netzwerk der Intimität

Eine seltsame Form der modernen Liebe ist die Polyamorie (Mehrfachliebe) – die sich als Liebe zu mehreren Personen oder »Netzwerk der Intimität« definieren lässt.

Im Gegensatz zu Swingern, die mit einer Vielzahl von Partnern Sex haben wollen, erklären Menschen, die sich der Polyamorie verschrieben haben, dass sie an langfristigen Liebesbeziehungen zu mehr als einer Person interessiert seien.[92] Die meisten polyamourösen Menschen empfinden eine tiefe Zuneigung zu ihrem Ehepartner. Aber wie der Herausgeber von *Loving More*, Brett Hill aus Boulder in Colorado, betont, »erfüllt eine Person nicht alle Bedürfnisse«.

Eheleute kommen daher überein, ehrlich zueinander zu sein und diese außerehelichen Beziehungen diskret zu behandeln. Im Allgemeinen legen sie genaue Regeln fest. So könnten sie vereinbaren, dass der Ehepartner abends zum Schlafen nach Hause kommt, keine Verabredungen für den Freitag trifft, da dies der Familientag ist, und keine langen Telefongespräche mit dem/der Geliebten führt, solange die Kinder noch nicht schlafen. Einige Gruppen polyamouröser Einzelpersonen leben unter demselben Dach zusammen und betrachten sich als miteinander verheiratet. So standen bei einer »Hochzeitsfeier« sechs Figuren auf der Hochzeitstorte.

Polyamouröse Menschen behaupten, ihr Lebensstil gestatte ihnen, unterschiedliche Formen von Liebe auszudrücken, wie lustvolle Sexualität, leidenschaftliche Verliebtheit und tiefe Zuneigung. Begeisterte Anhänger schlossen sich sogar zu einer landesweiten Vereinigung mit jährlicher Hauptversammlung zusammen und diskutieren endlos mit anderen polyamourösen Menschen im Internet über ihr komplexes Liebesleben.

Eifersucht ist in diesem Lebensstil ein so großes Problem, dass das in San Francisco ansässige Sacred Space Institute, ein Zentrum für Polyamorie, das sich für eine »verantwortungsbewusste Nonmonogamie« ausspricht, Workshops mit Übungen abhält, in denen man lernt, glücklich darüber zu sein, dass der Partner mit einem anderen Menschen im Bett ist.

Es überrascht mich nicht, dass Eifersucht nahezu alle polyamourösen Beziehungen quält. Wie Sie sich erinnern werden, ist die tiefe Sehnsucht nach sexueller Exklusivität ein Kennzeichen der Liebe.

Das grünäugige Ungeheuer

»Leidenschaft ist ein Übel, eine Besessenheit, etwas Dunkles. Man empfindet Eifersucht auf alles. Es gibt weder Unbekümmertheit noch Harmonie«, schrieb der belgische Autor Georges Simenon. In allen von Wissenschaftlern auf Liebe untersuchten Gesellschaften ist Eifersucht bei beiden Geschlechtern bekannt.[93] Shakespeare bezeichnete sie als »grünäugiges Ungeheuer«. Sie ist allgegenwärtig, und da die Liebe immer mehr Akzeptanz genießt, nehme ich an, dass die Welt auch immer mehr eifersüchtige Liebhaber kennen lernen wird.

Männer und Frauen werden häufig wegen derselben Dinge eifersüchtig. Eine Umarmung, ein Flirt oder ein Tanz mit einem anderen kann im Ehepartner oder Lebensgefährten Besitzdrang auslösen. Den Partner beim Geschlechtsverkehr mit einem Geliebten zu überraschen kann sowohl Männer als auch Frauen zur Raserei treiben.[94] Darüber hinaus gehen Männer und Frauen mit ihrer Eifersucht auf dieselbe Weise um. Beide setzen ihren Rivalen herab, achten auf die Wünsche ihres Partners, überwachen ihn und bedrohen ihn. Beide versuchen, reicher, wichtiger, anziehender oder klüger zu wirken als ihr Rivale.[95]

Unterschiede zwischen den Geschlechtern finden sich dagegen in den Auslösern der Eifersucht und in der Einschätzung entsprechender Situationen. Frauen sind eher bereit, einen One-Night-Stand und sogar eine kurze Affäre zu übersehen, solange sie sich überzeugen können, dass die Tändelei bloß vorübergehend und unbedeutend war. Bindet sich der Mann jedoch gefühlsmäßig an eine Rivalin, oder beginnt er, seine Ressourcen zu ihr umzuleiten, kann eine Frau vor Eifersucht überschäumen.[96]

Während Frauen dazu neigen, sich über eine emotionale Bindung zwischen ihrem Partner und ihrer Rivalin zu sorgen, geraten Männer eher wegen tatsächlicher oder eingebildeter sexueller Affären in Wut.[97] Sie nehmen dann häufig unverhohlen den Wettkampf mit ihrem Rivalen auf und greifen ihn verbal oder körperlich an. Gleichzeitig wenden sie sich auch gegen ihre Partnerin. Die männliche Eifersucht ist weltweit die häufigste Ursache für die Misshandlung oder Ermordung von Ehefrauen.[98]

Es ist schwierig, einen Eifersüchtigen zu lieben. Havelock Ellis bezeichnete Eifersucht als »Drachen, der die Liebe unter dem Vorwand, sie am Leben erhalten zu wollen, tötet«. Eifersucht bietet jedoch einige Vorteile für die Fortpflanzung. Sie kann eine Person anregen, ihrem eifersüchtigen Partner durch liebevolle Worte oder beruhigende Taten Sicherheit zu schenken, was wiederum die Stabilität der Beziehung steigert.[99] Eifersucht kann ein Paar auch auseinander bringen, dadurch die Wahrscheinlichkeit senken, dass einem Mann Hörner aufgesetzt werden, und gleichzeitig die Frau in die Lage versetzen, einen neuen Partner zu suchen, der ihren Wünschen besser entspricht.

Die unwillkommene Emotion Eifersucht ist vermutlich fest in das menschliche Gehirn eingesponnen und zählt zu einer Konstellation von Gefühlen, die Männer und Frauen ererbt haben, um in der Werbung um einen Partner erfolgreich zu sein.

Eine weitere derartige Emotion scheint jener unerträgliche Schmerz zu sein, den wir empfinden, wenn wir von einer geliebten Person verlassen werden.

Liebeskummer

»Kein Gefühl ist gewalttätiger als Liebe«, schrieb Cicero. Wer wurde nicht schon einmal zurückgewiesen? Ich bin bisher nur auf zwei Menschen gestoßen, die behaupteten, noch nie von jemandem verlassen worden zu sein, den sie wirklich liebten. Beide waren Männer, attraktiv, reich, erfolgreich und oberflächlich. Beide hatten zudem ein Problem: Der eine war in einer häßlichen Ehe mit einer alkoholkranken Persönlichkeit des öffentlichen Lebens gefangen, der andere von Geschäftspartnern hintergangen worden. Dennoch waren sie noch nie von jemandem verlassen worden, den sie über alles geliebt hatten.

Ich nehme an, Männer wie diese sind selten. Bei einer Umfrage unter den Studenten der Case Western Reserve University gaben 93 Prozent der Männer und Frauen an, von jemandem verlassen worden zu sein, den sie geliebt hätten. 95 Prozent der Männer und Frauen erklärten zudem, sich selbst von jemandem getrennt zu haben, der heftig in sie verliebt gewesen war.[100] Nur wenige entkommen dem Gefühl der Leere, Hoffnungslosigkeit, Angst und Wut, die das Verlassenwerden in allen Teilen der Welt hervorruft.

Eine zurückgewiesene chinesische Frau schrieb: »Ich kann das Leben nicht mehr ertragen. All meine Interessen sind dahin.«[101] Eine polynesische Frau klagte: »Ich fühlte mich einsam, traurig und weinte. Ich aß nicht mehr und schlief schlecht. Meine Gedanken schweiften immer von meiner Arbeit ab.«[102] Die treffendsten Worte für das, was wir empfinden, wenn wir zurückgewiesen werden, fand jedoch der Dichter Seamus Heaney: »In deiner Gegenwart verflog die Zeit, verankert an einem Lächeln; Deine Abwesenheit zerstörte das Gleichgewicht der Liebe und löste die Tage auf. ... Du bist gegangen, und ich treibe auf See. / Bis du den Befehl wieder übernimmst / befindet sich mein Selbst in Meuterei.«

Keines der beiden Geschlechter entkommt diesen Qualen, wenn sie sich auch in ihrem Umgang damit unterscheiden.

Verfolgen

Vermutlich leben Männer in einer stärkeren Abhängigkeit von ihrem Partner als Frauen[103], da sie eine weniger feste Bindung zu Verwandten und Freunden haben. Aus diesem Grund neigen sie nach der Beendigung einer Liebesbeziehung eher zu Alkoholmissbrauch, Drogenkonsum und wilden Autofahrten. Die Selbstmordwahrscheinlichkeit liegt bei ihnen um das Drei- bis Vierfache über der von Frauen.[104]

Weil es vielen Männern schwer fällt, ihren ehemaligen Partner einfach loszulassen, verfolgen sie ihn.[105] Das amerikanische Justizministerium berichtet, dass jährlich mehr als eine Million Frauen verfolgt werden. Die überwiegende Mehrzahl von ihnen ist zwischen 18 und 39 Jahre alt – und befindet sich somit auf dem Höhepunkt der Fortpflanzungsfähigkeit. 59 Prozent werden von einem Ehemann, einem Exmann, einem Lebensgefährten oder einem Freund verfolgt.[106] Jede zwölfte Frau wird einmal in ihrem Leben von einem Mann verfolgt, bei dem es sich üblicherweise um einen ehemaligen Ehemann oder Geliebten handelt.[107]

Einige Männer überhäufen die Exgeliebte mit Briefen, Karten, Blumen, Faxen, E-Mails oder Geschenken. Andere rufen mitten in der Nacht an oder hören das Telefon ihres Opfers ab. Wiederum andere folgen der begehrten Frau im Wagen oder springen aus Büschen hervor, wenn sie von der Arbeit kommt, um mit ihr zu sprechen oder sie zu beleidigen. Und manche attackieren sie körperlich. Mehr als fünfzig Prozent der Verfolger bedrohen ihre Opfer, zwischen 25 Prozent und 35 Prozent werden gewalttätig, und zwei Prozent töten die Frau schlussendlich.[108] Die Täter sind zumeist männlich.

Auch Frauen bereitet es oft Schwierigkeiten, einen Partner freizugeben, der sie zurückweist. Der anhängliche Typ Frau will ihn nicht loslassen und weint, schützt Hilflosigkeit vor, schläft vor der Wohnungstür des Mannes, schickt Karten und Briefe oder ruft unablässig an. »Wer nicht loslässt, wird in den Abgrund gezogen«, warnt ein Sprichwort. Viele Frauen entscheiden sich für den Abgrund. Etwa 370 000 Männer im Alter zwischen 18 und 39 Jahren wurden 1997 verfolgt.[109]

Zurückgewiesene Frauen besitzen jedoch nicht die Aggressivität zurückgewiesener Männer. Sie neigen eher dazu, in klinische Depression zu verfallen oder zu sprechen. Neben der Erleichterung, die Gespräche manchmal mit sich bringen, können endlose Diskussionen auch die gegenteilige Wirkung haben. Während Frauen über die vergangene Beziehung nachgrübeln, geben sie den Gespenstern der Vergangenheit neue Nahrung.

»Die Liebe dauert so kurz und das Vergessen so lange.« Mit diesen Worten fasste der Dichter Pablo Neruda das Leiden all jener Menschen weltweit zusammen, die von einer geliebten Person zurückgewiesen worden sind.

Kontrollierte Liebe

Die islamischen Tuaregs aus Nigeria bezeichnen Liebe als *tamazai*, »eine Krankheit von Herz und Seele«. Viele amerikanische Psychologen gehen einen Schritt weiter und betrachten die Liebe als Sucht.[110] Dem stimme ich nicht nur zu, sondern ich bin zudem überzeugt, dass unerwiderte Liebe den Dopamin- bzw. Noradrenalingehalt im Gehirn bis zu einem Wert erhöht, bei dem diese natürlichen Anregungsmittel tatsächlich jene Angst und jenen Kummer hervorrufen, den der Zurückgewiesene dann empfindet. Vermutlich schließen sich andere chemische Substanzen im Gehirn an und vertiefen den Schmerz.

Ungeachtet der chemischen Natur dieses Leidens bin ich der Ansicht, dass Liebe ebenso wie Furcht oder Angst unter Kontrolle gehalten werden kann. Dazu muss man seine intellektuellen Fähigkeiten einsetzen. Werfen Sie die Karten und Briefe der geliebten Person weg, rufen Sie nicht mehr an, schreiben Sie nicht, und fliehen Sie, wenn Sie ihn oder sie im Büro oder auf der Straße sehen. Verabreden Sie sich mit Freunden, treiben Sie Sport, stellen Sie sich ein paar Sprüche zusammen, die Sie im Stillen wiederholen, um sich zu beruhigen oder abzulenken. Tun Sie alles, was Ihnen einfällt – aber halten Sie sich fern von der Droge, Ihrem Exgeliebten. Schließlich wird sich die chemische Grundlage für die Leidenschaft im Gehirn auflösen.

Ist es andererseits möglich, die Liebe zu einem anderen Menschen, in den man sich gerne verlieben würde, selbst auszulösen? Shakespeare spielte in seinem Werk *Ein Sommernachtstraum* mit diesem Gedanken. Droll erhält den Auftrag, einen magischen Liebestrank auf die Augenlider der schlafenden Titania, der Elfenkönigin, zu sprühen, damit sie sich in das erste Wesen verliebt, das sie nach dem Aufwachen erblickt. Unglücklicherweise sieht sie Zettel, einen Mann mit dem Kopf eines Esels.

Das eine oder andere Mal wünscht sich jeder, einen Zaubertrank zu besitzen, der hilft, sich in eine bestimmte Person zu verlieben. Alraunwurzel, Meeresschnecken, Ginseng, Anchovis, ein getrockneter Frosch, der Schweiß einer Stute, Austern und Ziegenhoden wurden ebenso wie Hunderte, wenn nicht Tausende andere Gegenstände und Ingredienzen angewendet, um einen Geliebten zu gewinnen oder zu halten.

Nicht eines dieser Mittel wird den gewünschten Erfolg bringen. Romantische Anziehungskraft ist zwar eine chemische Erfahrung, die Leidenschaft flackert jedoch nur zum richtigen Zeitpunkt auf und nur dann, wenn Sie jemanden gefunden haben, der mit Ihrer Liebeskarte übereinstimmt. Niemand verliebt sich willkürlich.

Liebe im Zeitalter der Frauen

Wir werden nie erfahren, welches Geschlecht intensiver, beständiger oder treuer liebt. In einer Studie unter Studenten der University of Miami gaben 64 Prozent der Frauen an, verliebt zu sein, im Vergleich zu nur 46 Prozent der Männer.[111] Von den in Russland und Japan untersuchten Studenten waren etwas mehr Frauen als Männer verliebt.[112] Anhand dieser wenigen Daten scheinen Frauen eine leicht stärkere Neigung aufzuweisen, sich dieser Leidenschaft hinzugeben.

Zweifellos verherrlichen Frauen dieses Gefühl häufiger als Männer. Diskussionen über Liebe und Rendez-vous beherrschen die Frauenzeitschriften. Liebesromane werden in 52 Ländern – nahezu ausschließlich an Frauen – verkauft. Frauen lieben es, Pornographie in eine romantische Geschichte zu hüllen. Ungefähr 85 Prozent aller Valentinskarten werden in den USA von Frauen verschickt[113], und in ihrer Freizeit lesen und sprechen Frauen häufiger über Liebe als Männer.[114]

Während arrangierte Ehen zu einem Relikt der Geschichte werden und die Liebe in die Erwartungen junger und älterer Menschen auf der ganzen Welt über die Ehe einfließt, werden wir im 21. Jahrhundert einen Anstieg der Verabredungen erleben und mehr Wege finden – von Kontaktanzeigen bis zu Ehestiftern verschiedenster Art –, um potenzielle Partner kennenzulernen. In den kommenden Jahrzehnten werden mehr Lieder, Bücher, Filme, TV-Serien, Ratgeberkolumnen und Talkshows über die Liebe auftauchen. Die experimentellen Formen der Liebe, wie Polyamorie und Romantik im Internet, sollten ebenfalls einen Aufschwung erleben. Möglicherweise entstehen sogar neue Feiertage, um der Liebe zu huldigen. Mehr Menschen werden aus leidenschaftlicher

Liebe zueinander heiraten – und mehr werden sich scheiden lassen, sobald die Romantik stirbt. Mehr Menschen werden unter unerwiderter Liebe leiden, und mehr werden Verbrechen aus Leidenschaft begehen. Und immer mehr Männer und Frauen werden wieder und wieder nach Liebe suchen – in der Jugend, in der Lebensmitte und in fortgeschrittenem Alter.

Ein Hoch auf die in unserer modernen Welt von ihren Fesseln befreite romantische Liebe mit all ihren Hoffnungen, Freuden und Leiden! Dank ihrer natürlichen Talente werden uns Frauen auf dieser mitreißenden Reise den Weg zeigen und sogar die Rahmenbedingungen festlegen, wie, wo, wann und mit wem wir uns dieser alten menschlichen Leidenschaft hingeben.

KAPITEL 10

Ehen zwischen Gleichgestellten
Die Reformierung einer Institution

Glückliche Liebe. Ist das normal,
ist das seriös, und ist das nützlich –
was hat schon die Welt von zwei Menschen,
die diese Welt nicht sehen?

WISLAWA SZYMBORSKA

»Jede Ehe, ob glücklich oder unglücklich, ist unendlich interessanter und bedeutender als jede Romanze, und sei sie noch so leidenschaftlich.« Ich glaube, W. H. Auden hatte Recht. Eine lange Ehe ist wie ein Orientteppich, reich an komplizierten Mustern, die die Partner im Verlauf von vielen Jahren durch Glück und Kummer, Erfahrungen und Gedanken in ihn eingewebt haben. Unterhalb des kaleidoskopischen Musters befinden sich Kette und Schuss, das stabile Netzwerk aus gemeinsamen Zielen und Interessen, Erinnerungen und Geheimnissen. Durch diesen Teppich ziehen sich die Fäden des Humors, der Geduld, des Kompromisses und der hartnäckigen Entschlossenheit.

Lust ist ein einfaches Verlangen, Liebe eine euphorische Verrücktheit und Zuneigung eine schmückende Verbindung zu einer anderen lebenden Seele.

Nahezu jeder Erwachsene kennt das Gefühl von Zuneigung: die kosmische Vereinigung, die man bei einem Spaziergang Hand in Hand am Strand empfindet, die ruhige Zufriedenheit bei einem Gespräch beim Abendessen, das Gefühl von Sicherheit, wenn Sie sich abends in die Arme Ihres Partners schmiegen und ihm einen Gutenachtkuss geben. Antoine de Saint-Exupéry schrieb: »Liebe besteht nicht daraus, einander anzusehen, sondern gemeinsam in dieselbe Richtung zu blicken.«

Dieses universelle menschliche Gefühl der Zuneigung bleibt uns erhalten, da es in die Biologie des menschlichen Gehirns eingebettet ist.

Die Ehe hingegen, jene alte menschliche Institution, in der der Zuneigung gehuldigt wird, erfährt eine historische Reformation. Die traditionelle patriarchalische Familie mit männlichem Oberhaupt – die Bastion der landwirtschaftlichen Gesellschaft über mehrere Jahrtausende hinweg – wandelt sich mit dem Aufstieg der Frauen zu wirtschaftlicher Macht zu neuen Familienformen.

Anzeichen für diesen Wandel sind überall zu sehen. Heute werden mehr Ehen zwischen Gleichgestellten geschlossen, die die Soziologen als »gleichberechtigte Ehen« bezeichnen. Die Intimität wird nach weiblichen Begriffen neu definiert. Männer und Frauen kehren zu dem alten Muster der häufigen Scheidung und Wiederverheiratung zurück, das sowohl mehr Kummer als auch neue Möglichkeiten mit sich bringt. Die Sexualität der Frauen und der Ehebruch werden nicht mehr nach strengeren Maßstäben beurteilt als das männliche Verhalten. Während allein stehende Frauen früher ihre Kinder in Waisenhäusern unterbrachten, erziehen sie sie heute bis zu ihrer Heirat selbstständig. Mehr Haushalte haben vorübergehend ein weibliches Oberhaupt. Frauen halten das Familiennetzwerk aufrecht und bilden »internationale« Familien aus untereinander nicht verwandten Freunden. Es gibt sogar Anzeichen, dass in den USA eine Version von Matrilinearität entsteht, der Suche nach den Vorfahren in der weiblichen Abstammungslinie.

All diesen bedeutenden Entwicklungen liegt die unverrückbare Realität zugrunde, dass Frauen heute eine bessere Ausbildung erhalten, unabhängiger werden und mehr Interesse für die menschliche Evolution entwickeln als je zuvor. Diese Faktoren werden jedoch weder die tiefgreifende menschliche Sehnsucht nach Zuneigung noch die Institution der Ehe schwächen. Ich werde im Gegenteil in diesem Kapitel zu der Schlussfolgerung gelangen, dass sich Männern und Frauen heute die Möglichkeit bietet, emotional und intellektuell befriedigende Ehen einzugehen als zu jedem anderen Zeitpunkt der Geschichte oder Urgeschichte.

Die Ehe

Nur drei Prozent aller Säugetiere vereinen sich zu Paaren, um ihre Jungen aufzuziehen – der Mensch gehört zu ihnen. Mit Ausnahme einiger weniger Länder heiraten heute etwa neunzig Prozent aller Frauen bis zu ihrem 50. Lebensjahr.[1] Praktisch alle gesunden Männer und Frauen in traditionellen Kulturen sind ebenfalls verheiratet.[2]

Die Amerikaner treten heute etwas später in den Stand der Ehe ein als vor einhundert Jahren. 1890 betrug das Durchschnittsalter zum Zeitpunkt der ersten Eheschließung bei Frauen 22,0 Jahre und bei Männern 26,1 Jahre.[3] 1994 heirateten Frauen in den USA durchschnittlich im Alter von 24,5 Jahren und Männer mit 26,7 Jahren.[4] Mehr Männer und Frauen leben vor der Hochzeit mit einem Partner zusammen. Zudem bekommt eine bemerkenswerte Anzahl von Frauen ein außereheliches Kind und heiratet erst Jahre später. 1994 waren 91 Prozent aller amerikanischen Frauen bis zum Alter von 45 Jahren zumindest einmal verheiratet.[5]

Selbst die respektlose amerikanische Babyboom-Generation, die in den sechziger Jahren die Sexuelle Revolution einläutete, heiratet. Sie ging für Bürgerrechte auf die Straße, ließ sich Bärte wachsen, rauchte Marihuana, verbrannte Büstenhalter, aß Tofu, ließ den Äther unter den Klängen der Rock 'n' Roll-Musik erdröhnen und lehnte das Großunternehmertum, das Establishment und den Krieg ab. Dennoch heirateten 93 Prozent dieser Männer und Frauen. Viele vermieden die traditionelle kirchliche Heirat und gaben einander das Eheversprechen beim Barbecue im Garten, auf dem Gipfel eines Berges oder beim Fallschirmspringen. Einige heirateten in Badeanzügen mit bunten Ketten um den Hals. Ungeachtet der äußeren Form, blieb eines beim Alten: Sie knüpften die ehelichen Bande.

»Es gibt viele glückliche Sklaven«, meinte Darwin[6], der als junger Mann der Ehe skeptisch gegenüberstand. Sorgsam listete er alle Gründe auf, warum ihm die Ehe missfiel, einschließlich der finanziellen Belastung, des Verlustes an Freiheit, der zeitlichen Einschränkungen und der unentrinnbaren Angst und Verantwortung des Elterntums. Schließlich vermählte er sich mit Emma Wedgwood, einer Cousine ersten Grades. Wie er schrieb, hatten ihn zwei Faktoren zum Altar gelockt: »eine freundliche sanfte Ehefrau auf dem Sofa« und seine Angst davor, eine »unfruchtbare Arbeitsbiene« zu sein.[7]

»*Wedlock; padlock*« (etwa »Ehe ist ein Gefängnis«), lautet ein altes englisches Sprichwort. Nach wie vor herrscht die weit verbreitete Ansicht, dass Frauen von Natur aus geheiratet werden wollen, während Männer Unabhängigkeit und Abenteuer suchen. Dem stimme ich nicht zu. Meiner Ansicht nach ist das Verlangen nach einer starken Bindung an einen Partner – ein Trieb, der üblicherweise in der Institution der Ehe zum Ausdruck kommt – eine biologisch bedingte Sehnsucht, die tief in das Gehirn beider Geschlechter eingebettet ist.

Die chemische Grundlage der Bindungssehnsucht

In den fünfziger Jahren stellte der britische Psychoanalytiker John Bowlby die Behauptung auf, dass der Mensch ein natürliches Bindungssystem entwickelt habe, das aus spezifischen Verhaltensweisen und physiologischen Reaktionen bestünde.[8] Tatsächlich begreifen Neurowissenschaftler jedoch erst in letzter Zeit die chemischen Voraussetzungen für die bemerkenswerte Bindungssehnsucht.

Zumindest die beiden eng miteinander verwandten Gehirnsubstanzen Vasopressin und Oxytocin sind beteiligt. Sie werden im Hypothalamus erzeugt, einer älteren Region des Gehirns, die die vegetativen Funktionen steuert – Kämpfen, Fliehen, Nahrungsaufnahme und Geschlechtsverkehr. Um zu begreifen, auf welche Weise diese Neurotransmitter das Gefühl der Bindung an einen Partner erzeugen, müssen wir uns einige Amerikaner aus dem Mittleren Westen ansehen, die ihr gesamtes Leben mit einem einzigen Partner verbringen: die Präriemäuse.

Diese pelzigen, graubraunen, mäuseähnlichen Nagetiere leben in einem komplizierten System von Wohnhöhlen auf dem Weideland des Mittleren Westens. Sie sind »von Natur aus« monogam und finden sich zu Paaren zusammen, um ihre Jungen aufzuziehen. Etwa neunzig Prozent vereinen sich für ihr gesamtes Leben mit einem Partner.[9] Die Ehekarriere der Präriemaus beginnt kurz nach der Pubertät, wenn das Männchen zu seiner Suche nach einer Partnerin aufbricht. Sobald er auf ein geeignetes Weibchen stößt, beginnt er, es zu umwerben. Er beschnüffelt seine zukünftige Partnerin, leckt an ihr, läuft pfeilschnell auf sie zu, schmiegt sich an sie und besteigt sie: In einem Zeitraum von zwei Tagen kopuliert das Paar etwa fünfzigmal.

Besonders eigentümlich ist, was dann geschieht. Nach Abklingen des sexuellen Feuerwerks verhält sich das Männchen wie ein junger Ehemann. Es baut ein Nest für die in Kürze zu erwartenden Jungen, beschützt seine Gefährtin grimmig gegen Rivalen und verteidigt seinen kostbaren Bau. Sobald die Jungen geboren sind, kauert es sich über sie und schleppt sie zurück, wenn sie auf Wanderschaft gehen wollen.

Sue Carter, eine Verhaltensendokrinologin von der University of Maryland, Tom Insel vom Yerkes Regional Primate Research Center in Atlanta und ihre Kollegen bestimmten die Ursache für diese Paarbindung. Während der Ejakulation der männlichen Präriemaus steigt der Gehalt an Vasopressin in ihrem Gehirn, der den Drang nach einem ehelichen und väterlichen Verhalten auslöst.[10]

Die »Kuschelsubstanz« Oxytocin

Die eng verwandte Gehirnchemikalie Oxytocin ist für den Bindungsdrang bei Säugetieren, vor allem bei Weibchen, ebenso wichtig.[11]

Wie Vasopressin wird Oxytocin im Hypothalamus und zusätzlich in den Eierstöcken und Hoden erzeugt. Im Gegensatz zu Vasopressin wird diese Substanz bei Frauen und anderen weiblichen Säugetieren während des Geburtsvorgangs freigesetzt.[12]

Sie leitet die Kontraktionen des Uterus ein und stimuliert die Brustdrüsen, Milch zu produzieren. Seit kurzem sind die Wissenschaftler jedoch überzeugt, dass Oxytocin auch den Bindungsvorgang zwischen Müttern und ihren Nachkommen – sowie zwischen sich paarenden Tieren – fördert.[13] Carter ist der Ansicht, dass Präriemäuse die chemischen Substanzen Oxytocin und Vasopressin für die Paarbindung benötigen.[14]

Da der Mensch diese grundlegenden Körpersubstanzen mit allen Säugetieren gemeinsam hat, ist die Wahrscheinlichkeit groß, dass Vasopressin und Oxytocin auch beim menschlichen Bindungsdrang eine Rolle spielen.

Vermutlich haben Sie es bereits selbst erlebt. Beim Mann steigt der Vasopressingehalt direkt nach dem Orgasmus, während bei der Frau der Oxytocingehalt zunimmt.[15] »Liebe ist ein stilles sich Verstehen und Verschmelzen«, schrieb Georges Simenon. Das Gefühl von Einheit, intensiver Nähe und Bindung direkt nach dem Liebesakt ist wahrscheinlich auf einen erhöhten Anteil an diesen Bindungssubstanzen zurückzuführen.

Testosteron und Bindungsdrang

Testosteron scheint dem Bindungswunsch entgegenzuwirken.

Allein stehende Männer neigen zu einem höheren Testosterongehalt als verheiratete.[16] Männer mit einem hohen Testosterongehalt heiraten zudem seltener, neigen in der Ehe stärker zu Misshandlungen und werden häufiger geschieden.[17] Verliert die Ehe eines Mannes an Stabilität, steigt sein Testosteronwert.[18] Bei einer Scheidung erhöht er sich weiter. Wächst jedoch die Bindung eines Mannes an seine Familie, kann sein Testosterongehalt sinken. Der Psychologe David Gubernick maß zum Beispiel den Testosterongehalt von neun werdenden Vätern und stellte übereinstimmend fest, dass der Gehalt dieses Hormons nach der Geburt des Kindes sank.[19]

Die Beziehung zwischen Testosteron und Bindungsdrang zeigt sich insbesondere bei Vögeln. Männliche Kardinäle und Blauhäher huschen von einem Weibchen zum nächsten und bleiben nirgendwo lange genug, um ihre Jungen aufzuziehen. Diese ausschweifenden Väter kennzeichnet ein hoher Testosterongehalt. Männchen aus Spezies, die mit Weibchen Paare bilden und ihnen bei der Aufzucht der Jungen beistehen, besitzen einen wesentlich niedrigeren Gehalt von diesem Androgen. In einem Versuch, bei dem Wissenschaftler männlichen Sperlingen Testosteron injizierten, verließen diese treuen Väter das Nest, ihre Jungen und ihre Gefährtin, um andere Weibchen zu umwerben.[20]

Eine langfristige Bindung zwischen menschlichen Partnern sollte mit einem relativ hohen Gehalt an Vasopressin und Oxytocin und einem niedrigen Testosteronwert in Beziehung stehen. Dies würde erklären, warum Paare, die sich immer mehr aneinander binden, häufig seltener Sex miteinander haben.

Hochzeitsanzeigen, Eheringe, Hochzeitskleider, Brauttanz, Hochzeitslieder und Flitterwochen: Warum nehmen Männer und Frauen all diese Mühen auf sich, um sich formell aneinander zu binden? In meinem letzten Buch, *Anatomie der Liebe*, stellte ich die Behauptung auf, dass sich die chemische Grundlage für den Bindungsdrang vor Millionen Jahren im menschlichen Gehirn entwickelte. Da diese Theorie für unser Thema relevant ist, werde ich sie kurz zusammenfassen.

Die Evolution der ehelichen Bindung beim Menschen

Die Toten überliefern uns eine Botschaft. Neben den seichten Seen hinterließen uns unsere Vorfahren auf den grasigen Ebenen und in den Kanälen und Gräben des urzeitlichen Ostafrikas ihre Gebeine und Zähne. Diese Fossilien stecken heute wie eine Postkarte aus der Vergangenheit in den Erdschichten. Aus der Analyse dieser Fossilien leiteten die Anthropologen verschiedene bedeutende Einzelheiten über unsere Ahnen ab, wie etwa, dass sich unsere Vorväter bereits vor vier Millionen Jahren auf zwei statt auf vier Beinen fortbewegten.

Der aufrechte Gang zählt zu den grundlegendsten Neuerungen der Menschheit. Er befähigte unsere Vorfahren zu ihrem Marsch in die Zivilisation. Bei den Frauen rief er jedoch einen Krisenzustand hervor. Mit der Entwicklung des menschlichen Ganges waren sie gezwungen, ihre Kinder in den Armen statt auf dem Rücken zu tragen. Doch wie sollte eine Frau in einem Arm das Gegenstück zu einer zehn Kilo schweren Bowlingkugel tragen, in der anderen Hand einen Stock zum Schutz und dabei auch noch Nahrung sammeln? Wie sollte sie sich gegen die im kniehohen Gras lauernden Schlangen und Wildkatzen wehren?

In den Wäldern hatten ihre vierfüßigen Vorfahren die Kinder auf dem Rücken getragen. Ihre Hände waren frei, um die tägliche Nahrung zu sammeln, und sie konnten sich beim Nahen eines Feindes leicht in das Blätterdach retten. Sobald unsere Ahnen zum aufrechten Gang überwechselten, Werkzeuge und Waffen trugen und in den offenen Ebenen nach Nahrung suchten, benötigten die urzeitlichen Frauen einen Gefährten, der sie beschützte und ihre Kinder ernährte.

Während die Paarbildung für Frauen zu einer Überlebensfrage wurde, brachte sie für die Männer Vorteile mit sich. Für einen Mann wäre es überaus schwierig gewesen, während der Wanderung über die gefährlichen, offenen Ebenen einen Harem zu beschützen und zu ernähren. Eine einzelne Frau und ihr Kind zu verteidigen und zu versorgen war ihm jedoch möglich. Im Verlauf der Zeit begünstigte die natürliche Auslese jene Individuen, die zur Paarbindung neigten – und entwickelte im menschlichen Gehirn die chemische Grundlage für einen allmählichen Übergang zum Bindungsdrang.

Vieles lässt sich auf diesen bemerkenswerten Anpassungsvorgang zurückführen – Ehemann, Ehefrau, Kernfamilie, unsere vielfältigen Werbungsbräuche, unsere Vorgehensweise bei Heirat und Wiederverehelichung, unsere Verwandtschaftsbegriffe und die Handlungsabläufe unserer Opern, Romane, Theaterstücke, Filme und Gedichte. Hunderttausende menschliche Traditionen stammen von dem urzeitlichen menschlichen Trieb ab, sich zu einem Paar zusammenzuschließen und die Kinder als Team zu erziehen. Die Bindung zwischen Paaren bildet den Grundstein des menschlichen Soziallebens.

Die Erwartungen an unsere ehelichen Beziehungen ändern sich jedoch mit den sich ändernden Zeiten. Mit der zunehmenden wirtschaftlichen Macht der Frauen wird auch die Institution der Ehe eine Wandlung erleben.

Die Heirat von Gleichgesinnten

»Alle glücklichen Familien gleichen einander, jede unglückliche Familie ist auf ihre eigene Weise unglücklich«, schrieb Tolstoi. Ich frage mich, ob der große russische Schriftsteller seine Aussage heute wiederholen würde.

Unglückliche Ehen und nicht funktionierende Familien haben vieles gemein: Alkoholprobleme, Drogenmissbrauch, Ehebruch, Streit wegen des Geldes und der Erziehung der Kinder gehören zu den gängigsten Themen. Die meisten guten Ehen und glücklichen Familien scheinen dagegen einzigartig zu sein. Ich weiß zum Beispiel heute nicht, was ich erwarten soll, wenn ich in New York ein glückliches Paar zum Abendessen besuche. Wer hat das Essen zubereitet? Welcher der Ehepartner wird im Büro aufgehalten? Wer hat der Tochter bei den Hausaufgaben geholfen? Jede Ehe scheint eine neuartige Mischung zu sein, eine originelle Collage, die von zwei geschäftigen, unabhängigen und doch stark miteinander verbundenen Menschen erstellt wird.

Die Soziologin Pepper Schwartz von der University of Washington unterteilt die modernen Ehen in die drei Kategorien »traditionell«, »annähernd gleichgestellt« und »gleichgestellt«.[21] Traditionelle Ehen sind ihrer Ansicht nach jene, in denen der Ehemann und die Ehefrau die konventionellen Rollen erfüllen. Im Allgemeinen arbeitet die Frau ganztags im Haushalt und erzieht die Kinder, während der Mann der alleinige Ernährer ist.

Annähernd gleichgestellte Ehen ergeben sich, wenn beide Ehepartner berufstätig sind, die Ehefrau jedoch nach wie vor den Großteil des Haushalts erledigt und sämtliche Aufgaben auf mehr oder weniger traditionelle Weise verteilt sind. In vielen annähernd gleichgestellten Ehen sind beide Partner Schwartz zufolge überzeugte Anhänger der Gleichberechtigung der Geschlechter. Sie scheinen allerdings nicht genau zu wissen, wie sie im eigenen Heim echte Demokratie erreichen können, so dass auch weiterhin der Ehemann beispielsweise die meisten wichtigen Finanzentscheidungen trifft. Schwartz ist der Ansicht, dass die meisten heutigen Ehen in diese Kategorie fallen.

Gleichgestellte Ehen basieren auf echter Gleichberechtigung. Beide Partner nehmen denselben Rang ein und sind im selben Maß für das emotionale und wirtschaftliche Wohl des Haushaltes verantwortlich. Die Ehefrau könnte eine bedeutendere Karriere und ein höheres Gehalt haben als der Ehemann oder ganztägig zu Hause sein. Die Stimmen beider Partner wiegen jedoch bei bedeutenden finanziellen Entscheidungen gleich schwer. Die Haushaltsaufgaben sind auf der Grundlage der Zusammenarbeit auf mitunter unkonventionelle Weise verteilt. Und beide Partner sind der Ansicht, in einer fairen, zufrieden stellenden, dauerhaften und einzigartigen Beziehung zu leben. Wie Schwartz betont, empfinden diese Eheleute üblicherweise eine tiefe Freundschaft zueinander.

Der Aufstieg der gleichgestellten Ehe, einer modernen Variante dessen, was der Historiker Lawrence Stone als »Kameradschaftsehe« bezeichnete, lässt sich bis zum Beginn der westlichen Marktwirtschaft und der Industrialisierung zurückverfolgen.[22] Die Sozialwissenschaftler erwarten, dass sich die Zahl dieser auf Freundschaft, Vertrauen, ähnlichen Werten, gemeinsamen Interessen und geteilten Erfahrungen basierenden Ehen mit dem Anstieg der wirtschaftlichen Macht und Unabhängigkeit der Frauen erhöhen wird.[23]

Das Bureau of Labor Statistics berichtet, dass im Jahr 2000 51 Prozent aller amerikanischen Paare Zweiverdienerfamilien sein werden.[24] Frauen strömen auch in nahezu allen anderen dokumentierten Gesellschaften auf den Arbeitsmarkt. In den meisten Fällen gewinnen die Einkommensbezieher innerhalb der Familie an Ansehen. Sozialwissenschaftlern zufolge werden in jenen Kulturen, in denen Frauen finanziell unabhängig sind, Männer und Frauen Partnerschaften bilden, die ausschließlich auf gesellschaftlicher und emotionaler Gleichstellung basieren.[25] Der Soziologe Frank Furstenberg von der University of Pennsylvania ist der Ansicht, dass das Ende des 20. Jahrhunderts als jene Zeit in Erinnerung bleiben wird, in der sich die »symmetrische Ehe« verbreitete.[26]

Die Bereitschaft zu Bindung, Aufmerksamkeit, Freundschaft und Gleichberechtigung und die Vereinigung gleichgesinnter Geister bilden das Fundament der gleichgestellten Ehe. Mit dem Aufstieg dieser Eheform erwachte auch ein neues Interesse an »Vertrautheit«.[27] Diese Vertrautheit ist üblicherweise eine weibliche Eigenschaft.

Die Kluft in der Frage der Vertrautheit

»Tatsächlich vertraut kann man nur mit Gleichgestellten sein«, heißt es. Dem stimme ich zu. Vertrautheit hat jedoch für Männer und Frauen eine unterschiedliche Bedeutung.

Männer definieren emotionale Nähe eher als gemeinsame Aktivitäten, während Frauen Vertrautheit häufig im direkten Gespräch finden.[28] Männer lieben es, gemeinsam fischen zu gehen, bei einem Ballspiel zu jubeln oder Schulter an Schulter einen Film zu anzusehen.[29] Vielleicht ist es Ihnen bereits aufgefallen, wie leicht es Männern beim Autofahren fällt, über ein schwieriges Thema zu diskutieren. Männer entspannen sich und werden gesprächiger, wenn sie ihren Kameraden nicht direkt sehen können.[30] Videoaufnahmen von Jungen und Männern aller Altersstufen zeigen, dass sie üblicherweise in einem Winkel zueinander sitzen und sich kaum direkt in die Augen blicken.[31]

Psychologen zufolge bildet sich die männliche Form von Vertrautheit in der Kindheit beim Sport heraus, wenn sie Seite an Seite »kämpfen«.[32] Ich vermute, das männliche Konzept von Vertrautheit besitzt bedeutend tiefere Wurzeln. Immerhin standen die urzeitlichen Männern ihren Feinden von Angesicht zu Angesicht gegenüber, während sie heute mit Freunden Seite an Seite arbeiten oder spielen.

Videoaufzeichnungen von Mädchen und Frauen aller Altersstufen zeigen, dass sie näher beieinander sitzen, sich direkter in die Augen sehen, ihre Gefühle ausdrücken – und miteinander sprechen.[33] Dieser emotionale und verbale Austausch beginnt in der Kindheit, wenn Mädchen nahe aneinander heranrücken, um über Belangloses oder Tiefgreifendes zu sprechen.[34] Die Vertrautheit, die Frauen in einem Gespräch von Angesicht zu Angesicht empfinden, könnte ebenso urzeitlich begründet sein. Über Jahrtausende hinweg sorgten Frauen von Angesicht zu Angesicht für ihre Kinder, trösteten sie, erzogen sie und unterhielten sie mit Worten.

So, wie die meisten Frauen niemals wirklich begreifen werden, warum es Männern solche Freude macht, sich ein Fußballspiel anzusehen, verstehen die meisten Männer nicht, warum Frauen stundenlang mit ihren Freundinnen telefonieren. Beide Neigungen erklären sich vermutlich aus längst vergangenen Zeiten.

Jedes Geschlecht nutzt auch die andere Form der Vertrautheit. So werben Männer oft mit vertraulichen Gesprächen, schreiben Liebesbriefe und vertiefen sich auf dem Sofa, an der Bar und spätnachts auf dem Kissen in stundenlange Gespräche mit ihrer Angebeteten. Sobald die Ehe geschlossen ist, scheinen sich die Männer aus diesen eindringlichen, gefühlsbeladenen Dialogen in ihre eigene Welt des Geschäfts, des Sports und der Politik – d. h. in die Vertrautheit mit Männern – zurückzuziehen.[35]

Frauen umwerben Männer, indem sie mit ihnen auf Abenteuersuche gehen und mit ihnen gemeinsam etwas unternehmen. Sie wandern, schwimmen, segeln, fahren Ski und sitzen sogar neben dem Erwählten, um bei einem Sportereignis im Fernsehen mitzujubeln. Sobald sich alle Hochzeitsgäste verabschiedet haben und eine Frau einige Monate oder Jahre aufgewendet hat, um ihre eheliche Beziehung abzusichern, verzichtet sie auf Sportveranstaltungen und Ausflüge, um weibliche Dinge zu tun.

Frauen erklären, dass ihre Ehe zu leiden beginne, sobald die Gespräche versiegen.[36] Ehemänner sind hingegen enttäuscht, wenn ihre Frauen nicht mehr zum Fußball oder Angeln mitkommen wollen.

Darüber hinaus drücken Männer ihre Nähe durch Blumen, Einladungen zum Abendessen und große Geschenke aus; das fällt in die Kategorie »helfen durch Taten«. Den Geschlechtsverkehr setzen Männer ebenfalls viermal häufiger mit Vertrautheit in Beziehung als Frauen.[37] »Wenn wir miteinander geschlafen haben, habe ich das Gefühl, tatsächlich kommuniziert zu haben«, fasst ein Mann seine – männliche – Ansicht zusammen.[38] Eine derartige Bemerkung erscheint den meisten Frauen absurd. Die männliche Neigung, die geschlechtliche Vereinigung mit Vertrautheit gleichzusetzen, ist genetisch betrachtet logisch. Sex ist das größte Geschenk, das eine Frau einem Mann machen kann. Der Koitus bietet ihm die Gelegenheit, seine DNS in die Nachwelt zu verbreiten. Hat ein Mann nun dieses wertvolle Geschenk erhalten, fühlt er sich im Allgemeinen dem Geber dieses Geschenks eng verbunden.

Frauen drücken Vertrautheit und Zuneigung aus, wenn sie sich für einen Mann hübsch machen. Sie sind im Vergleich zu Männern eher bereit, sexuelle Treue als Liebestat zu sehen.[39] Im Schlafzimmer beziehen Frauen aus einem Gespräch mit ihrem Partner mehr Vertrautheit als Männer – insbesondere wenn es direkt vor dem eigentlichen Liebesakt stattfindet.[40]

Wenn sich Frauen über Männer lustig machen, weil sie den Geschlechtsakt mit Vertrautheit assoziieren, sind Männer erstaunt, dass Frauen direkt vor dem Liebesspiel ein Gespräch beginnen; diese weibliche Vorliebe ist ebenfalls genetisch bedingt. Jahrtausendelang waren Frauen auf die emotionale Unterstützung ihres Geliebten angewiesen. Das Gespräch vor dem Koitus bestätigte ihnen, dass ihr Partner zuhören und kommunizieren konnte und in bedeutenden Augenblicken zu mehr als reinem Verlangen imstande war.

Die Verweiblichung der Vertrautheit

Der Wunsch nach Vertrautheit galt nicht immer als zentraler Bestandteil einer Ehe und selbst die Definition von Vertrautheit änderte sich immer wieder. Im Amerika des 18. Jahrhunderts betrachtete man zum Beispiel die ehelichen Pflichten und die gegenseitige Hilfe als Ausdruck von Nähe.[41] Während bestimmter historischer Epochen des Westens schwächten jedoch arrangierte Ehen, Aufgabenteilung, starre Schicklichkeitsregeln, die Unterjochung der Frau und viele andere Faktoren das Gefühl echter Vertrautheit zwischen den Ehepartnern.[42]

Mit dem Wachstum der Städte im 19. Jahrhundert und dem Aufkommen der annähernd gleichgestellten und tatsächlich gleichgestellten Ehe betrachtete man Vertrautheit nicht nur in den USA, sondern auch in den unterschiedlichsten Ländern wie Mexiko, Indien und China als bedeutendes Element für eheliches Glück.[43]

Die derzeit moderne Form der Vertrautheit ist die weibliche Version, die sich auf eine starke Emotionalität und verbalen Ausdruck gründet. Die männliche Form der Vertrautheit, die sich auf gemeinsame physische und intellektuelle Aktivitäten mit der Ehefrau, Hilfeleistungen in Haus und Garten, praktische Ratschläge, Geschlechtsverkehr, Scherze und Herumalbern bezieht, wird heute selten als echte Nähe betrachtet.[44]

Die wachsende Vorliebe für die weiblichen Formen der Vertrautheit könnte durch die Überalterung der Gesellschaft, einen damit scheinbar nicht in Zusammenhang stehenden Faktor, gedämpft werden.

Der Psychologe Lars Tornstam entdeckte anhand einer Untersuchung unter 2795 schwedischen Männern und Frauen im Alter zwischen 15 und achtzig Jahren, dass junge Frauen ein stärkeres Interesse für tiefe, offene, vertraute Gespräche besitzen als junge Männer. Frauen mittleren Alters zeigten hingegen nicht mehr Interesse an diesen intensiven Dialogen als Männer.[45] Tornstam begründet diese Entwicklung damit, dass Frauen mittleren Lebensalters in Bezug auf ihre ehelichen Erwartungen realistischer werden; sie empfinden nicht mehr dasselbe starke Bedürfnis für intensive, emotionale Gespräche.

Hormonelle Veränderungen könnten ebenfalls eine Rolle spielen, was das abnehmende Interesse der Frauen an intensiven, selbstenthüllenden, emotionsgeladenen Diskussionen betrifft. Wie in Kapitel 7 angesprochen, gewinnen Frauen in der Lebensmitte teilweise aufgrund des sinkenden Östrogenspiegels, der die Wirkung der körpereigenen Androgene verstärkt, Entschlossenheit und Unabhängigkeit hinzu. Möglicherweise bremst dies ihr Bedürfnis nach tiefen, intensiven verbalen Beziehungen zu anderen zusätzlich. Daten über Männer bekräftigen diese Ansicht. Männer mittleren Alters suchen nach mehr Zärtlichkeit und Nähe zu ihren Frauen.[46] Mir erscheint es daher kein Zufall, dass der männliche Testosterongehalt im mittleren Lebensabschnitt sinkt und der des Östrogens bei Männern ansteigt.[47]

»Kummer kann man allein ertragen, aber um eine Freude voll auszukosten, muss man sie mit jemandem teilen«, schrieb Mark Twain. Vertrautheit bedeutet Teilen. Während die männlichen und weiblichen Vertreter der Babyboom-Generation in zahlreichen Gesellschaften in die Lebensmitte eintreten, könnten ihre Definitionen von Vertrautheit ineinander fließen. Dies könnte zu einer Stärkung ihrer annähernd gleichgestellten und tatsächlich gleichgestellten Ehen beitragen.

Der Blick in Nachbars Garten

Die Ehe besitzt mit dem Ehebruch leider auch eine dunkle Seite.

In einem 1998 veröffentlichten wissenschaftlichen Artikel stellte ich die Behauptung auf, dass der Gehirnkreislauf für Bindungsdrang keine enge Verbindung zu dem für Anziehungskraft und dem für sexuelle Begierde aufweist.[48] Kurz gesagt, wir sind befähigt, mehr als eine Person gleichzeitig zu »lieben«. Der Mensch kann sich mit einem Langzeitpartner innig verbunden fühlen, während ihn eine andere Person im Büro oder auf dem gesellschaftlichen Parkett anzieht und er sinnliche Begierde für einen Fremden empfindet.

Viele sind einem bestimmten Menschen tief verbunden und lassen dennoch den Blick schweifen. Die 1994 vom National Opinion Research Center veröffentlichte, jüngste umfassende Umfrage über die amerikanische Sexualität ergab, dass etwa 25 Prozent der Männer und 15 Prozent der Frauen in ihrer Ehe einmal fremdgegangen sind.[49] Weitere heutige Studien besagen, dass zwischen dreißig und fünfzig Prozent der verheirateten Männer und Frauen flirten.[50]

Ehebruch ist keine amerikanische Spezialität, er findet sich in jeder dokumentierten Gesellschaft. Ich bin sogar zu der Ansicht gelangt, dass die Häufigkeit des Ehebruchs in den USA gemessen an weltweiten Maßstäben relativ gering ist.[51] Ein typisches Beispiel für viele Gesellschaften sind die Mehinaku-Indianer im Dschungel Amazoniens, die den außerehelichen Sex als *awirintya* bezeichnen, was so viel wie »köstlich« bedeutet.[52]

Verschiedene Kulturen besitzen auch verschiedene Definitionen für Ehebruch; gemeinsam ist ihnen jedoch, dass jede Gesellschaft Regeln bezüglich des Ehebruchs und Strafmaßnahmen für hemmungslose Schürzenjäger kennt.[53] Ungeachtet der Regeln und Strafen haben Männer und Frauen über Jahrhunderte hinweg heimlich das Bett mit Geliebten geteilt – auch wenn sie der Ansicht waren, dass Ehebruch unmoralisch ist, und ihnen bewusst war, dass ihre Familie, ihre Freunde, ihr Arbeitsplatz, ihre Ersparnisse, ihr Ansehen, ihre Gesundheit und vielleicht sogar ihr Leben auf dem Spiel stand.

Warum gehen Männer und Frauen fremd? Auf welche Weise wird der Aufstieg der wirtschaftlich mächtigen Frauen diese scheinbar nicht zu überwindende menschliche Gewohnheit verändern?

Das Fortbestehen der Untreue

Sämtliche Lebewesen, seien es nun Käfer, Elefanten oder Menschen, sind einigen wenigen natürlichen Gesetzen unterworfen. Eines von ihnen lautet *carpe diem*, »nutze den Tag«. Unter günstigen Voraussetzungen ergreifen nahezu alle Lebewesen eine Gelegenheit zur Paarung.

Flirten ist unter allen »sozial monogamen« Lebewesen üblich.[54] Singvögel sind hierfür ausgezeichnete Beispiele. Patricia Gowaty, eine Verhaltensökologin von der University of Georgia, berichtet, dass nur zehn Prozent der 180 Spezies sozial monogamer Singvögel einem Paarungspartner sexuell treu bleiben.[55]

Die Stallschwalbe zum Beispiel paart sich im Frühjahr. Die Männchen treffen als Erste ein und bauen unter den Dächern oder im Gesims von Scheunen und Ställen ein Nest. Die Weibchen kommen später und wählen unter den vorhandenen Männchen einen Partner. Das Paar kopuliert, und das Weibchen legt täglich ein Ei. Solange sie fruchtbar ist, folgt ihr das Männchen unablässig, ein Verhalten, das Ornithologen als »Partnerwache« bezeichnen. Sobald sie mit dem Bebrüten der Eier beginnt, schweift der Blick des Männchens zu den Nachbarn auf der Suche nach einem anderen Weibchen für ein Stelldichein.[56] Die Weibchen zahlreicher Spezies bieten sich häufig als begeisterte Partnerinnen für diese Rendez-vous an und die der Haubenrohrsänger besitzen sogar einen eigenen Gesang, um umherspähende Männchen anzulocken.[57]

»Viele Vögel haben nebenbei noch die eine oder andere Affäre«, berichtet Jeffrey Black von der University of Cambridge in England.[58] Die Begattung außerhalb des Paarverbandes bringt genetische Vorteile mit sich. Untreue Weibchen erhalten von verschiedenen und mitunter höherrangigen Männchen Sperma und steigern auf diese Weise die Wahrscheinlichkeit, gesunde und verschiedenartige Junge zu gebären.[59] Den Männchen bietet sich die Gelegenheit, ihre Gene zu verbreiten.

»Niemand weiß, wer ihn gezeugt hat«, erklärt Telemachus, der Sohn von Odysseus, in Homers *Odyssee*. Damit kommt er der Wahrheit näher, als viele glauben wollen. Wissenschaftler, die heute Personen auf genetische Leiden untersuchen, entdecken typischerweise bei etwa zehn Prozent der untersuchten Kinder, dass sie nicht die genetischen Nachkommen ihrer vermeintlichen Väter sind.[60]

Ehebruch ist auf der ganzen Welt so weit verbreitet, dass manche Wissenschaftler eine evolutionstechnische Erklärung für diese menschliche Neigung anbieten.[61]

Wie die Männchen vieler anderer Spezies verbreiteten auch urzeitliche Männer, die heimlich mit den Frauen benachbarter Gemeinschaften kopulierten, ihren Samen. Ehebrecher zeugten auf diese Weise mehr Nachkommen. Wenn diese Nachkommen überlebten und den natürlichen Lauf der Dinge aufrecht erhielten, begünstigte die Natur all jene, die fremdgingen. Urzeitliche Frauen, die sich mit Geliebten in den Büschen trafen, erhielten zusätzliche Nahrung und Schutz für ihre Nachkommen. Wenn sie bessere Jäger oder charismatischere Anführer zu einem Stelldichein verleiten konnten, bot sich ihnen die Gelegenheit, Kinder mit einer besseren genetischen Ausstattung zu empfangen. Zumindest erhielten sie den Samen unterschiedlicher Männer und förderten auf diese Weise die genetische Vielfalt ihrer Abstammung. Wer untreu war, genoss unbewusst genetische Vorteile, wodurch sich die Neigung zum Ehebruch bei Frauen fortsetzte.

Ohne sich dessen bewusst zu sein, verfolgen Frauen diese Taktik nach wie vor. Fremdgehende Frauen treffen sich während ihres Eisprungs – dem Höhepunkt ihrer Fruchtbarkeit – häufiger zu einem Rendez-vous.[62]

»Die ehelichen Ketten wiegen schwer. Man benötigt zwei Personen, sie zu tragen, und mitunter drei«, erklärte Oscar Wilde. Einige behaupten, sie gingen fremd, um eine gute, aber nicht perfekte Ehe zu ergänzen. Andere suchen nach einem Vorwand, um sich aus einer schlechten Ehe zu befreien. Wiederum andere wünschen, ertappt zu werden, in der Hoffnung, ihrer Ehe neue Lebenskraft einzuhauchen. Einige langweilen sich, wenn ihre Ehepartner nicht in der Stadt sind, oder fühlen sich allein, wenn sie sich selbst in einer fremden Stadt aufhalten. Manche versuchen, ein sexuelles Problem zu lösen, während sich andere einfach nach mehr Sex sehnen. Dann gibt es noch jene, die mehr Aufmerksamkeit und Zuneigung suchen, sich attraktiver, männlicher oder weiblicher fühlen, »verstanden« werden oder eine unterschiedliche Ethnie, Klasse oder Altersgruppe erforschen wollen. Einige erhoffen sich Aufregung und Vielfalt, andere lieben Geheimniskrämerei, genießen eine Dreiecksbeziehung oder ein Tauziehen oder sehnen sich nach Gefahr oder Unabhängigkeit. Und eine kleine Gruppe versucht, Rache zu nehmen.[63]

Hinter all diesen Erklärungen für Ehebruch könnte sich das (gewiss unbewusste) mächtige, ererbte menschliche Verlangen verbergen fremdzugehen, um das Überleben der eigenen DNS zu fördern.

»Darwin hat mich dazu angestiftet«, meinte ein Bekannter als Erklärung für seinen Hang zum Ehebruch. Ich erinnerte ihn daran, dass die Menschheit im Verlauf der Evolution verschiedene Gehirnregionen stark weiterentwickelte, um rationale Entscheidungen treffen zu können. Wir sind keine Marionetten, die den Befehlen der DNS folgen müssen. Wir können uns auch gegen das Fremdgehen entscheiden. Bemerkenswert ist jedoch, wie viele Menschen sich dafür entscheiden.

Geschlechterspezifische Unterschiede beim Fremdgehen

Männer und Frauen scheinen bei ihren heimlichen Affären unterschiedliche Ziele anzustreben.

Die amerikanischen Männer gehen eher aus reinem sexuellem Vergnügen eine außereheliche Beziehung ein, während Frauen darin häufiger emotionale Vertrautheit und Hingabe suchen.[64] Eine Untersuchung unter 205 fremdgehenden verheirateten Amerikaner ergab, dass 72 Prozent der Frauen im Vergleich zu 51 Prozent der Männer eine tiefe gefühlsmäßige Bindung – anstelle ausschließlich sinnlicher Befriedigung – in einer außerehelichen Affäre suchen.[65] Im Vergleich zu Männern sind Frauen, die ein Verhältnis haben, eher überzeugt, dass ihre Ehe unglücklich ist.[66]

Ähnliche geschlechterspezifische Unterschiede finden sich auch in anderen Kulturen. In so unterschiedlichen Ländern wie Simbabwe, Australien, Finnland, England, Japan und den Niederlanden, sind Männer häufiger zu kurzfristigen sexuellen Begegnungen ohne Liebe bereit, während Frauen verstärkt nach gefühlsmäßiger Nähe zu ihren Geliebten suchen.[67]

Diese Geschlechtervariation ist relativ einfach zu erklären.[68] Kurzfristige sexuelle Begegnungen ohne Liebe können Männern große Vorteile einbringen. Der Mann, der eine Frau während eines One-Night-Stands schwängert, hat wenig Zeit, Energie und Sperma aufgewendet. Wenn sich seine Geliebte dazu entscheidet, das Kind ohne ihn aufzuziehen, hat er die Unsterblichkeit gewonnen. Eine Frau, die mit einem heimlichen Geliebten das Bett teilt, riskiert hingegen jedes Mal, ein Kind zu empfangen – und mehrere Jahre ihrer kostbaren Energie aufwenden zu müssen, um dieses DNS-Paket großzuziehen. Gelingt es ihr jedoch, eine vertrauliche Beziehung zu ihrem Geliebten aufzubauen, kann sie ihn möglicherweise als potenziellen Vater und Versorger in ihr Netz einbinden.

Die männliche Partnerwache

»Papa liebte Mama. / Mama liebte Männer. / Mama liegt auf dem Friedhof. / Papa sitzt im Gefängnis.« Carl Sandburgs knappe Zeilen fassen einen weiteren geschlechterspezifischen Unterschied von Ehebruch zusammen: Männer nehmen mehr Mühen auf sich, um das Gefäß zu hüten, das ihren Samen trägt.

Im Allgemeinen geraten Männer wegen eines One-Night-Stands der Ehefrau stärker aus der Fassung als umgekehrt.[69] Wie in Kapitel 9 erwähnt, neigen Männer, wenn sie befürchten, sexuell betrogen worden zu sein, eher zu körperlicher Gewalt gegenüber ihrem Ehepartner oder dem Rivalen. Weltweit begehen Männer den überwiegenden Großteil der Morde an Ehepartnern.[70] In Dutzenden Gesellschaften sind Männer zudem früher bereit, sich wegen Untreue von ihrer Frau scheiden zu lassen. Zweifellos hängt dies damit zusammen, dass sie bei einem Ehebruch der Frau riskieren, das Kind eines anderen aufziehen zu müssen.[71]

Frauen trifft eine längerfristige, intime Affäre eines Mannes stärker.[72] Sie neigen dazu, sich selbst die Schuld für die Affäre zu geben, versuchen, ihre Attraktivität zu steigern, um die Liebe ihres Partners zurückzugewinnen, und geben die Beziehung weniger schnell auf als Männer.[73] Bevor sie gehen, versuchen sie, die Situation zu diskutieren und zu begreifen.[74] Der weibliche Impuls, den Ehebrecher zurückzulocken und verbal die Probleme innerhalb der Beziehung zu ergründen, könnte auf die Urzeit zurückzuführen sein. Verführung, Gespräche, Zuhören und erneut Kontakte schließen gehören zu den natürlichen Methoden der Frauen, um einen Mann für sich zu gewinnen und zu halten.

Wird sich das Muster des Ehebruchs verändern, wenn Frauen mehr wirtschaftliche Macht erringen?

Ehebruch – die Doppelmoral fällt

Ich bezweifle, dass wirtschaftlich mächtige Frauen häufiger das Abenteuer für eine Nacht suchen oder ihr Verlangen nach Vertrautheit mit einem außerehelichen Geliebten stillen werden. Wie in Kapitel 8 angesprochen, verankern Frauen Sex in einem breiteren, integrierteren sozialen und gefühlsmäßigen Umfeld als Männer. Zudem besitzen sie die natürliche Neigung, Beziehungen zu fördern und aufzubauen. Daher werden Frauen, auch wenn sie finanziell imstande sein werden, Kinder allein aufzuziehen, bei ihren Geliebten weiterhin nach Vertrautheit und Hinwendung suchen.

Man könnte erwarten, dass sich wirtschaftlich unabhängigere Frauen häufiger für einen Geliebten entscheiden. Die Daten über den weiblichen Ehebruch sind jedoch unterschiedlich.

Fest steht hingegen, dass Frauen heute zu einem früheren Zeitpunkt in ihrer Ehe eine Affäre haben als in der Vergangenheit. In den fünfziger Jahren gaben nur neun Prozent der Ehefrauen unter 25 Jahren an, fremdgegangen zu sein; in den achtziger Jahren gestanden 25 Prozent aller verheirateten Personen beiderlei Geschlechts im Alter von 25 Jahren eine außereheliche Affäre.[75] Die NORC-Studie über die amerikanische Sexualität zeigt jedoch bei beiden Geschlechtern seit den fünfziger Jahren keinen Anstieg der Gesamthäufigkeit von Ehebruch.[76]

Verschiedene gesellschaftliche Trends könnten hingegen die Häufigkeit des weiblichen Ehebruchs dämpfen. Männer und Frauen heiraten heute später und leben länger. Dies bedeutet, dass sie mehr Zeit als Alleinstehende verbringen. Ohne Ehe gibt es jedoch auch keinen Ehebruch. Ferner ist es heute einfach, sich scheiden zu lassen, Verhütungsmittel sind weit verbreitet, die Vaterschaft eines Kindes kann überprüft werden, und »Unehelichkeit« wird zunehmend akzeptiert. In Zeiten, in denen eine Scheidung schwierig durchzuführen und der Nachweis der Vaterschaft unmöglich war, zog üblicherweise der gehörnte Ehemann das Kind auf.[77] Heute kann er seiner Wege gehen. Insofern bietet Ehebruch weniger Vorteile als in der Vergangenheit.

Ob mächtigere Frauen häufiger Ehebruch begehen werden, bleibt abzuwarten. Es steht jedoch fest, dass sich die gesellschaftlichen Ansichten über den weiblichen Ehebruch verändern. Betrachten wir die Mitglieder des englischen Königshauses Charles und Diana. Beide hatten Affären, doch während man Charles' Zuneigung zu Camilla Parker-Bowles weithin als unmännlich ansah, wurden Dianas Affären häufig als Akt romantischer Verzweiflung aufgrund einer lieblosen Ehe gerechtfertigt.[78] Die Schriftstellerin Katie Roiphe weist darauf hin, dass die meisten fremdgehenden Männer heute als schäbige Bösewichte statt wie in früheren Jahren als sexuell potente Spitzbuben betrachtet werden. Fremdgehende Frauen sieht man hingegen häufig als Vorkämpferinnen für die sexuelle Freiheit der Frauen.

Im Verlauf unserer Geschichte wurden Frauen insbesondere in landwirtschaftlichen Gesellschaften für Ehebruch bedeutend schwerer gestraft.[79] Selbst im Christentum, in dem der Ehebruch beiden Geschlechtern verboten ist, bewertete man das männliche Fremdgehen oft als verständliche Schwäche.[80] Das hat sich geändert. Die Doppelmoral in Bezug auf den Ehebruch bricht zusammen. In einigen Kreisen umgibt die weibliche Affäre sogar etwas wie ein triumphierender Hauch von Romantik.

Gleichzeitig sinkt die Toleranz der wirtschaftlich mächtigen Frauen gegenüber ihren fremdgehenden Männern.[81] Im Zuge einer Vortragsreise auf die Karbikinsel Aruba erfuhr ich dies aus erster Hand.

Bis zur Mitte der achtziger Jahre waren die meisten Frauen Arubas Hausfrauen und die meisten Männer bei der Exxon Corporation angestellt, die im nahe gelegenen Venezuela große Förderanlagen unterhielt. Viele arubanische Männer hatten »nebenbei« eine Geliebte, die ihnen ebenfalls Kinder gebar. Ehefrau und Geliebte wussten voneinander und lebten unglücklich nebeneinander. Als sich Exxon 1985 zurückzog, blieben viele arubanische Männer arbeitslos zurück. In der Folge startete die Regierung der Insel mit Erfolg eine Kampagne zur Tourismusförderung. Plötzlich fanden Frauen in den aufstrebenden Hotels und Unterhaltungszentren Arbeitsplätze. Mit der wirtschaftlichen Unabhängigkeit der arubanischen Ehefrauen sank ihre Bereitschaft, die Affären ihrer Ehemänner zu übersehen. Die Scheidungsrate stieg sprunghaft an.

Die wirtschaftliche Gleichstellung mit Männern, der Anstieg der gleichberechtigten Ehen und die zentrale Stellung von Freundschaft, Vertrautheit und Treue innerhalb der ehelichen Verbindung werden meiner Ansicht nach dazu führen, dass Frauen auf der ganzen Welt die Tändeleien ihrer Partner seltener tolerieren werden. Stattdessen werden sich viele, die sich betrogen fühlen, scheiden lassen.

Scheidung

»Die dunkle, unsichere Welt des Familienlebens – in der der Größte versagen und der Bescheidenste siegen kann.« Der Dichter Randall Jarrell wusste, dass eine dauerhafte Ehe Mühe kostete. Nirgendwo auf der Welt fällt es Männern und Frauen leicht, eine stabile, für beide Parteien zufrieden stellende Ehe aufzubauen. Nahezu alle Gesellschaften gestatten Scheidung unter gewissen Bedingungen, und die Scheidungsrate vieler traditioneller Gesellschaften ist ebenso hoch wie die der USA.[82]

Wie zu erwarten ist, beenden Männer und Frauen eine Ehe aus etwas unterschiedlichen Gründen. Im Zuge einer von der Anthropologin Laura Betzig von der University of Michigan durchgeführten Studie unter 160 unterschiedlichen Gesellschaften gaben Männer als ersten Grund für eine Scheidung einen Ehebruch der Ehefrau an. Die Unfruchtbarkeit der Ehefrau nahm den zweiten Platz ein.[83] Bewusst oder unbewusst scheinen Männer zu heiraten, um ihre Gene weiterzugeben. Werden diese Pläne durchkreuzt, lassen sie sich scheiden.

Diese und andere Untersuchungen belegen, dass Frauen eher eine Scheidung herbeiführen, wenn der Ehemann steril oder rücksichtslos ist, seinen wirtschaftlichen oder häuslichen Verpflichtungen nicht nachkommt oder körperliche Gewalt anwendet.[84] Frauen beenden eine Ehe, sobald der Ehemann ihre Fähigkeit bedroht, Kinder zu gebären und zu erziehen.

Beide Geschlechter trennen sich auch von faulen, respektlosen, eifersüchtigen, streitsüchtigen, nörgelnden, sexuell uninteressierten, langweiligen, geschwätzigen und zu viel fernsehenden Partnern. Wer das Gefühl hat, mehr zu geben als zu erhalten, oder glaubt, einen besseren Partner finden zu können, steigt aus der Ehe aus.[85] Personen, die in ihrer Kindheit eine schlechte Bindung zu ihren Eltern hatten oder in einem stresserfüllten, unberechenbaren Zuhause aufgewachsen sind, tendieren in ihrem Erwachsenenleben eher zu kurzfristigen Bindungen.[86] Da sich die romantische Liebe in zunehmendem Maß zu einem zentralen Element der modernen Ehe entwickelt hat, sehen Männer und Frauen im Schwinden dieser Leidenschaft einen weiteren Grund für eine Scheidung.[87]

Für die Beendigung einer Ehe finden sich Dutzende Gründe. Wie beim Ehebruch vermute ich die Grundlage für die menschliche Neigung zur Scheidung ebenfalls im Bereich evolutionärer Kräfte. In meinem Buch *Anatomie der Liebe* bin ich auf dieses Thema näher eingegangen, da es mir jedoch bedeutend erscheint, werde ich an dieser Stelle eine kleine Zusammenfassung einfügen.

Die Evolution der Scheidung

Meine Ansichten zur Evolution der Scheidung bildeten sich während der Untersuchung des demographischen Jahrbuchs der Vereinten Nationen.

Seit 1947 veröffentlichen die Vereinten Nationen in einem Intervall von etwa zehn Jahren ein Jahrbuch, das sich mit den nummerischen Daten von Ehe und Scheidung in etwa sechzig Ländern mit einer Gesamtbevölkerung von mehreren hundert Millionen Menschen befasst. Bald schon stieß ich in den Daten auf verschiedene Muster.

In Kulturen auf der ganzen Welt zeigt sich bei Männern und Frauen die Tendenz, sich etwa im vierten Ehejahr scheiden zu lassen, wenn die Ehepartner Mitte Zwanzig sind und noch keine Kinder oder nur ein abhängiges Kind haben. Mit zunehmendem Alter, einer steigenden Kinderzahl oder einer bereits zwischen drei und sieben Jahren andauernden Ehe erhöht sich die Wahrscheinlichkeit, dass die Eheleute für ihr gesamtes Leben verheiratet bleiben.[88] Ferner wiederverheiraten sich die meisten geschiedenen Männer und Frauen.

All diese Muster wiesen eine Vielzahl an Ausnahmen auf. Junge Menschen auf der ganzen Welt scheinen jedoch dazu zu neigen, eine Reihe formeller Bindungen mit verschiedenen Partnern einzugehen – und somit in einer »seriellen Monogamie« zu leben.

Ein ähnliches Muster zeigt sich auch bei anderen Lebewesen. In der Welt der Vögel ist die serielle Monogamie weit verbreitet. Etwa neunzig Prozent der Vögel vereinen sich zu Paaren, um ihre Jungen aufzuziehen. Bei mehr als fünfzig Prozent der Vogelarten trennen sich diese Paare jedoch nach Ende der Brutzeit und vereinen sich häufig im nächsten Jahr nicht wieder mit demselben Partner.[89]

Dasselbe Muster herrscht bei den wenigen Säugetierarten vor, die sich zu Paaren binden. Rotfüchse zum Beispiel vereinen sich im Februar und bleiben so lange zusammen, bis ihre Jungen die Kindheit hinter sich haben. Sobald die Nachkommen zu neuen Welten aufbrechen, gehen Fuchs und Füchsin eigene Wege. Wie viele Vögel binden sich Rotfüchse nur für die Fortpflanzungsperiode.

Nachdem ich diese Muster in der Wildnis und beim Menschen untersucht hatte, gelangte ich zu der Ansicht, dass die menschliche Neigung, einen Partner im vierten Ehejahr zu verlassen, auf unsere urzeitlichen Vorfahren zurückzuführen ist.

Bald nachdem unsere Ahnen von den Bäumen der zurückweichenden Wälder Afrikas gestiegen waren und den aufrechten Gang der Zweibeiner angenommen hatten, gingen Männer und Frauen Bindungen ein, die die Säuglingszeit eines einzelnen Kindes hindurch bis etwa zu dessen viertem Lebensjahr anhielten. Sobald das Kind abgestillt und imstande war, sich einer Spielgruppe älterer Kinder anzuschließen, übernahmen die älteren Geschwister, Tanten, Großmütter und andere Mitglieder der Gruppe die Aufgabe der Elternschaft. Gebar ein Paar kein zweites Kind, stand es ihm frei, sich zu trennen, einen anderen Partner zu wählen und erneut ein Kind zu gebären. Auf diese Weise förderte man eine gesunde genetische Vielfalt innerhalb der Abstammungslinie.

»Und jedes Bett war verurteilt, doch nicht durch Moral oder Gesetz sondern durch die Zeit«, schrieb die Dichterin Anne Sexton. Jahrhundertelang verliebten sich Männer und Frauen ineinander, schlossen sich zusammen, gebaren ein Kind, zogen es zumindest bis zum Ende des Kleinkindalters gemeinsam auf und trennten sich dann, um dem ruhelosen menschlichen Herzen nachzugeben. Die heutige »Vier-Jahres-Krise« könnte ein Überrest dieser urzeitlichen menschlichen »Brutzeit« sein.

Gehirnphysiologie und Scheidung

Die Ruhelosigkeit in Langzeitbeziehungen steht möglicherweise mit der Physiologie des Gehirns in Verbindung. Ich vermute, dass entweder die Rezeptorstellen für Bindungschemikalien überreizt werden oder das Gehirn weniger von diesen Substanzen erzeugt und auf diese Weise eine physiologische Anfälligkeit zur Ablösung entsteht.

Diese Ansicht wird durch die Tatsache gestützt, dass Scheidungen innerhalb einer bestimmten Familie häufig auftreten.[90] Möglicherweise erben Verwandte ähnliche physiologische Prozesse für die Produktion und Absorption von Oxytocin, Vasopressin bzw. Testosteron, wodurch sie für Ruhelosigkeit und Scheidung anfälliger werden.

Geld eröffnet neue Wege – soziale Kräfte, die zu Scheidungen beitragen

Wie lange ein Paar verheiratet war, *wie alt* die Partner sind und *wie viele Kinder* sie hervorgebracht haben, scheint zu den biologischen Faktoren der Scheidung zu gehören. Unsere Ehen dürften von Natur aus Schwachstellen aufweisen, die uns als Erbe einer urzeitlichen Fortpflanzungsstrategie überliefert wurden. Hingegen spielen kulturelle Kräfte und die Persönlichkeit des Einzelnen eine bedeutende Rolle in der Frage, *wie viele* Menschen ihren Partner verlassen. Zahlreiche gesellschaftliche und psychologische Faktoren können die Entscheidung zur Scheidung beschleunigen oder verzögern.[91]

Bei Personen unterschiedlicher Herkunft, Interessen und Ziele und besonders jungen Eheleuten liegt die Scheidungswahrscheinlichkeit höher.[92] Ehepartner mit einem deutlichen Altersunterschied oder einer stark unterschiedlichen physischen Attraktivität neigen ebenfalls zur Trennung.[93] Gebildete Frauen gehen häufiger eigene Wege[94], und Ehepaare mit einem weiblichen Baby brechen ihre Beziehung häufiger ab als jene mit einem männlichen Baby. Hoher Alkoholkonsum und fehlende Religiosität stehen auch mit Scheidung in Beziehung. Wie Männer und Frauen miteinander verhandeln, Kompromisse schließen, streiten, Respekt zeigen oder Schwierigkeiten mit Humor bewältigen, spielt ebenso eine Rolle bei der Trennung zwischen Eheleuten.[95]

Die bedeutendste gesellschaftliche Kraft, die die eheliche Stabilität untergräbt, lässt sich jedoch mit zwei Worten zusammenfassen: berufstätige Frauen.[96]

Überall, wo Frauen das Recht auf die lokalen Wasserlöcher besitzen wie in der Wüste Kalahari im Süden Afrikas, wo sie mit Kokosnüssen beladene Palmen ernten wie in Polynesien, wo sie großes Geld verdienen wie in der Wall Street oder andere wertvolle Güter und Leistungen ihr Eigen nennen, entfliehen sie unglücklichen Vereinigungen. Warum? Weil sie es können. In den USA verdoppelte sich die Zahl berufstätiger Frauen zwischen Beginn der sechziger und Ende der achtziger Jahre; die Scheidungsrate stieg ebenfalls um mehr als einhundert Prozent.[97]

Heute enden annähernd fünfzig Prozent der amerikanischen Ehen in Scheidung.[98] Berufstätigen Frauen darf jedoch nicht die alleinige Schuld für die hohe Scheidungsrate zugewiesen werden. Männer sind ebenfalls eher bereit, sich von einer wirtschaftlich selbstständigen Frau zu trennen als von einer, die für ihr Überleben von ihnen abhängig ist.

Die Beziehung zwischen der wirtschaftlichen Unabhängigkeit von Frauen und Scheidung zeigt sich auf der ganzen Welt.[99] Zwischen 1970 und 1990 strömten Frauen in zahlreichen Industriegesellschaften auf den Arbeitsmarkt. Die Scheidungsraten von Kanada, Frankreich, Griechenland, den Niederlanden, England und Deutschland verdoppelten sich.[100] Heute erwartet man in Schweden, dass etwa 48 Prozent der Ehen mit Scheidung enden.[101] In der Dominikanischen Republik, Ghana, Indonesien und Senegal lassen sich zwischen vierzig und sechzig Prozent der Frauen Mitte der Vierzig scheiden.[102] In den meisten anderen in Entwicklung stehenden Ländern scheitert zumindest jede vierte Ehe.[103]

Wo immer Frauen eine gewisse wirtschaftliche Unabhängigkeit erreichen und in gewalttätigen, von Alkohol, Misshandlungen, sexueller Unzufriedenheit oder unerträglicher Langeweile geprägten Ehen gefangen sind, entscheiden sie sich im Allgemeinen zur Flucht. Geld eröffnet neue Wege.

So auch für die Frauen auf Barbados. In den Bergdörfern dieses karibischen Juwels sind viele Frauen relativ gut gestellt. Sie verlassen ihr Zuhause jeden Morgen, um in den Ferienhotels, den Restaurants und auf den Märkten zu arbeiten, die sich entlang des smaragdgrünen Ozeans erstrecken. Jeden Abend kehren sie mit Geld zurück. Als die Anthropologin Connie Sutton von der New York University einem Barbadier die Frage stellte, was er über Frauen denke, antwortete er: »Ach, diese Frauen. Sie kommen zu uns, lieben uns, gebären unsere Kinder und verlassen uns. Sich an sie zu binden hat keinen Sinn.«

Das Aufkommen moderner Scheidungsmuster

Im vorindustriellen Amerika und Westeuropa und überall, wo Männer und Frauen in der Landwirtschaft arbeiteten, gab es niedrige Scheidungsraten. Eine Ausnahme bildeten lediglich besonders arme und junge Menschen, die weder Besitz noch Kinder hatten.[104] In den landwirtschaftlichen Kulturen waren Männer und Frauen an den Boden und aneinander gebunden. Niemand konnte den Hof halbieren und eine Hälfte mitnehmen. Einige wenige gequälte Eheleute beendeten eine schlechte Ehe mit leeren Händen. Die Reichen bezahlten für die Annullierung nicht mehr gewünschter Ehen. Für die meisten Männer und Frauen in der Landwirtschaft waren hingegen die Worte »bis dass der Tod euch scheidet« ein unumstößlicher Grundsatz. Ihnen blieb einfach keine andere Wahl.

Mit der Industriellen Revolution traten allmählich Frauen in den bezahlten Arbeitsmarkt ein. Und womit kehrten sie nach Hause zurück? Mit Geld, beweglichen Werten. So ist es kein Zufall, dass die Scheidungsrate langsam, aber beständig zu steigen begann.[105]

Dieser Trend wird vermutlich weiter anhalten. Nahezu auf der ganzen Welt erhöht sich der Anteil der Frauen am Arbeitsmarkt, während der der Männer zurückgeht.[106] Als Folge sagen einige Demographen voraus, dass in den USA bereits in nächster Zukunft etwa zwei Drittel aller ersten Ehen mit Scheidung enden werden.[107] Und was in den USA geschieht, ereignet sich häufig auch in vielen anderen Teilen der Welt.

Wie gehen die beiden Geschlechter mit Scheidung um?

Sich zu trennen ist schwierig

Üblicherweise bemerkt die Frau als erste die Probleme in der Beziehung.[108]

Aufgrund ihrer Fähigkeit zum Netzwerkdenken sind Frauen vermutlich für das komplexe Mosaik interpersonaler Konflikte empfindlicher, das zu einer Scheidung beiträgt.[109] Dank ihres tieferen Einblicks in Menschen und deren Motivationen sind sie auch zumeist imstande, eine detailliertere psychologische Erklärung für den Zerfall der Partnerschaft vorzulegen.

Männer hingegen sind häufig überrascht über die Gründe, aus denen ihre Beziehung endet. Sie nennen daher öfter konkrete externe Ursachen für den Niedergang, wie etwa nicht aufeinander abgestimmte Tagespläne.[110]

Nach einer Scheidung reagieren die beiden Geschlechter ebenfalls unterschiedlich.

Frauen neigen dazu, zu weinen und ihren Freunden zu erzählen, wie deprimiert sie sind. Das Gegenteil ist bei Männern der Fall. Sie leugnen oft ab, sich verletzt, leer oder traurig zu fühlen[111], und hoffen, ihren Kummer hinter sich zu lassen, wenn sie vor dem Verlust davonlaufen. Geschiedene Männer wenden sich im Vergleich zu Frauen häufiger dem Alkohol oder Drogen zu. Sie stürzen sich in die Arbeit, rasen wie Verrückte über die Straßen oder spielen endlos dieselben rührseligen nostalgischen Lieder.[112] Einige begehen Verbrechen, andere widmen sich wie besessen dem Sport, wieder andere stellen anderen Frauen nach, und manche schließen sich ein und sehen fern. Der eine oder andere wird seine Frau oder sich töten. Über ihren Kummer sprechen werden sie jedoch nicht. »Ich kann es nicht in Worten ausdrücken«, fasste ein Mann die allgemeine männliche Antwort zusammen.[113]

Verschiedene Studien lassen den Schluss zu, dass Männer in jüngeren Jahren bereits von einem Partner abhängig sind. Männer und Jungen besitzen weniger Vertraute desselben Geschlechts.[114] Daher stützen sich Jungen im Teenageralter emotional stärker auf ihre Freundinnen als umgekehrt.[115] Bei einer Affäre ist die Abhängigkeit von Männern von der Geliebten ebenfalls größer, und Ehemänner hängen stärker von ihren Ehefrauen ab.[116] Die Ehe verlängert das Leben von Männern um eine größere Anzahl von Jahren als das von Frauen.[117] Die Gefahr, nach dem Tod der Partnerin zu sterben, ist somit auch größer.[118]

Aus diesen Gründen überrascht es nicht, dass Männer beharrlicher behaupten, in ihrer Ehe zufrieden zu sein.[119] Männer sind dann auch um etwa 25 Prozent häufiger bereit, sich zu demütigen, um eine Ehe aufrechtzuerhalten, den Wünschen der Ehefrau nachzugeben und ausgedehnte Versprechungen abzugeben, dass sie sich ändern werden.[120] Die Zahl der Männer, die eine Scheidung einreicht, liegt deutlich unter der der Frauen.

Wiederverehelichung

Die Unverwüstlichkeit des Tieres Mensch erscheint mir besonders bemerkenswert.

Nachdem die letzten Habseligkeiten in Kisten verpackt und die Erinnerungsstücke zerstört oder weggefahren wurden, nachdem die Rechtsanwälte bezahlt und das Schuldgefühl, der Groll und die Sehnsucht verebbt sind, machen sich Männer und Frauen erneut auf die Suche nach einem Partner. Die überwiegende Mehrheit geht eine weitere Ehe ein. In den USA heiraten etwa 75 Prozent der bereits einmal verheirateten Frauen im Alter bis dreißig Jahre ein zweites Mal; fünfzig Prozent der Dreißigjährigen und etwa 28 Prozent der über Vierzigjährigen verehelichen sich ebenfalls noch einmal.[121] Alle Altersklassen zusammengenommen, heiraten 72 Prozent der geschiedenen Frauen erneut, und achtzig Prozent der Männer knüpfen abermals denselben Knoten. Diese Muster ähneln jenen in Japan.[122]

Nur wenige Männer und Frauen lösen eine Ehe auf, ohne gründlich darüber nachgedacht zu haben. Dennoch erleben etwa 54 Prozent der amerikanischen Frauen und 61 Prozent der amerikanischen Männer, die ein zweites Mal heiraten, erneut eine Scheidung.[123] Bei jeder siebten Eheschließung in den USA heiratet entweder der Bräutigam oder die Braut zum dritten Mal[124], und die Zahl jener, die eine dritte Ehe schließen, hat sich in den vergangenen 25 Jahren verdoppelt. Etwa vierzig Prozent der dritten Ehen scheitern ebenfalls.[125]

»Wir wachsen aus der Liebe ebenso heraus wie aus anderen Dingen / und legen sie in die Schublade / bis sie dasselbe altmodische Aussehen hat / wie die Kleidungsstücke, die unsere Ahnen trugen.« Mit diesen wehmütigen Worten beschrieb Emily Dickinson, was so viele fühlen: Die Anziehungskraft kann schwinden – ein ums andere Mal.

Nun, da die Einschränkungen des landwirtschaftlichen Lebens weggefallen sind, kehren die Geschlechter zu der urzeitlichen menschlichen Lebensform der seriellen Monogamie mit all ihren Qualen und Versprechungen zurück. Nicht alle verlassen ihre Partner, wenn auch fünfzig Prozent der amerikanischen Ehen in Scheidung enden. Heute steht jedoch zumindest die Möglichkeit offen, eine schlechte Ehe durch Scheidung zu beenden. Tief in der menschlichen Psyche, eingebettet in die Nervenenden, die die chemischen Substanzen für den Bindungsdrang steuern, verbirgt sich Ruhelosigkeit. So ist die Wahrscheinlichkeit groß, dass immer mehr Menschen im Laufe ihres Lebens mehrere Partner haben werden.

Die Frau als Mittelpunkt des Heims

»Alles fließt, nichts dauert an«, erklärte Heraklit. Seine Worte entsprechen der Wahrheit. Eine weitere urzeitliche Familienform, der Haushalt mit einer Frau als Oberhaupt, erlebt einen neuen Aufschwung.

Jahrhundertelang herrschte die von einem Mann angeführte, patriarchalische Familie in allen landwirtschaftlichen Gesellschaften. Aufgrund des hohen Frauenanteils am Arbeitsmarkt, der gestiegenen Scheidungsrate und zahlreichen anderen gesellschaftlichen Kräften entstehen jedoch immer mehr Haushalte mit einer Frau im Mittelpunkt.[126]

In den sechziger Jahren standen in den USA nur sieben Prozent aller Familien mit Kindern Frauen als Oberhaupt vor. 1992 leiteten Frauen

25 Prozent aller amerikanischer Familien mit Kindern.[127] Dieser Trend zeigt sich auf der ganzen Welt. In Thailand und Brasilien zum Beispiel stehen Frauen zwanzig Prozent der Haushalte vor. In der Dominikanischen Republik und Hongkong sind es 26 Prozent und in Ghana 29.[128]

Dass Frauen einem Haushalt vorstehen, ist üblicherweise nur vorübergehend der Fall. In den USA verbringen Kinder durchschnittlich etwa fünf Jahre in derartigen Familien, bis sich die Mutter wiederverheiratet.[129] Viele Frauen, die einem Haushalt rechtlich betrachtet vorstehen, wohnen mit einem Lebensgefährten zusammen, der häufig der Vater zumindest eines ihrer Kinder ist. In jedem Fall steigt weltweit der Anteil der Haushalte mit weiblichem Oberhaupt. Die traditionelle patriarchalische Familie erlebt in den USA und auf der ganzen Welt einen Rückgang.[130]

Frauen gründen allein eine Familie

Der Anstieg der Frauen, die außerhalb der Ehe ein Kind gebären, schwächt ebenfalls die Familie mit einem Vater im Mittelpunkt.

Zwischen 1960 und 1993 erhöhte sich der Geburtenanteil bei unverheirateten amerikanischen Frauen von fünf Prozent auf erstaunliche 31 Prozent. 1994 entfiel nahezu ein Drittel aller Geburten in den USA auf unverheiratete Frauen.[131] Dieser Trend zeigt sich auf der ganzen Welt. 1995 wurden etwa fünfzig Prozent aller Kinder in Schweden von unverheirateten Frauen geboren. In Dänemark lag dieser Anteil bei 46 Prozent, in Frankreich bei 33 Prozent, in Großbritannien bei 31 Prozent und in Kanada bei 23 Prozent.[132] Mehr als zwanzig Prozent der Frauen gebären in Botswana, Kenia und Tansania ein Kind außerhalb des ehelichen Bundes.[133]

Diese Entwicklung ist nicht neu. In vergangenen Jahrzehnten wurde jedoch die überwiegende Mehrzahl der unverheirateten schwangeren Frauen in den Industriegesellschaften zu einer Ehe gezwungen, oder sie mussten ihr Baby in ein Waisenhaus geben.[134] Heute entscheiden sich die meisten allein stehenden Frauen, ihre Kinder auch allein aufzuziehen. Einige tun dies, da der Vater des Kindes das Paar verlassen hat, andere wollen nicht heiraten, und viele empfingen das Kind von einem sehr jungen Mann, der finanziell nicht fähig war, für eine Familie zu sorgen.

Zahlreiche amerikanische Frauen, insbesondere die ärmeren Stadtbewohnerinnen, gelangten zu der Ansicht, dass es für die Kindererziehung das Beste wäre, eine Ausbildung zu absolvieren, einen Arbeitsplatz und einen angemessenen Tagesbetreuungsplatz für das Kind zu suchen und in einer sicheren Gemeinschaft zu leben. Dieser gewiss nicht leichte Weg erscheint ihnen sinnvoller und sicherer, als von einem Mann abhängig zu sein.[135]

Die »guten alten Zeiten«

Nach einer Reise durch Deutschland bezeichnete Mark Twain Richard Wagner als »Komponisten, dessen Musik besser ist, als sie klingt«. Dasselbe gilt für die zitierten Daten über Scheidung, weibliche Familienoberhäupter und unverheiratete Mütter. Auch in ihnen verbergen sich weniger trübe Aussichten, als es auf den ersten Blick scheint. In der »guten alten Zeit« bot sich den Frauen oft eine schlechtere Wahl.

So erwartete man im kolonialen Amerika von einer Frau, dass sie einem patriarchalischen oder autoritären Ehemann gehorchte – und betrachtete diese Unterordnung als gottgewollt.[136] In England galten eine Frau, ihr Besitz, ihr Einkommen und ihre Kinder bis ins 19. Jahrhundert als Eigentum des Mannes.[137] Nur wenige Frauen besaßen in den vergangenen Jahrhunderten eine Berufsausbildung oder sonstige Bildung. Dennoch gelangten einige Ehefrauen innerhalb ihres Heims zu großem Einfluss. Vielen hingegen blieb keine Wahl, als ihre Pflichten zu erfüllen und einem Mann zu gehorchen.

Ich hoffe, Sie missverstehen mich nicht: Ich verherrliche die steigenden Zahlen unverheirateter Mütter, weiblicher Familienoberhäupter und der Scheidungsrate keineswegs. Einige dieser Fälle sind tragisch, andere tapfere Versuche, persönliches Glück zu finden, und viele tragen dazu bei, dass Armut weibliche Züge hat. Viele Amerikaner verfangen sich jedoch in etwas, das die Historikerin Stephanie Coontz vom Evergreen State College in Washington als »Nostalgiefalle« bezeichnet. Verschiedene, mit der Untersuchung innerfamiliärer Trends beschäftigte Soziologen argumentieren überzeugend, dass unter Berücksichtigung aller Faktoren heute mehr Ehen glücklich sind als in der Vergangenheit.[138]

Ich füge dem hinzu, dass die Welt mit dem Aufschwung der gleichgestellten Ehen und dem zentralen Stellenwert, den wir der Vertrautheit zwischen den Partnern zuweisen, mehr glückliche Verbindungen erleben wird. Jede wird einen einzigartigen Teppich der Zusammengehörigkeit ergeben, den die beiden gleichgestellten Partner als Team geknüpft haben.

Die Hüterinnen der Familie

T. S. Eliot schrieb, dass für die Liebe zwischen Familienmitgliedern kein Wort existiere, und bezeichnete dieses Gefühl als »Liebe, die gelebt, aber nicht angesehen wird«.

In den achtziger Jahren machten sich die Soziologen Alice und Peter Rossi auf, um die tatsächliche Beziehung von amerikanischen Erwachsenen zu ihren Familienmitgliedern zu untersuchen.[139] Sie sammelten Daten von mehr als 1300 willkürlich gewählten amerikanischen Männern und Frauen im Alter von über 18 Jahren. Ihre Studie bestätigte die Ergebnisse anderer Soziologen: Selbst wenn die Familienmitglieder getrennt leben, bleiben sie miteinander in Verbindung.

Etwa sechzig Prozent der verheirateten Paare mittleren Alters leben innerhalb eines Umkreises von 55 Kilometer von einem oder mehreren ihrer betagten Elternteile entfernt, und etwa siebzig Prozent ihrer Kinder leben innerhalb desselben Umkreises – der sich in weniger als einer Autostunde überbrücken lässt.[140] Mehr als fünfzig Prozent der Kinder im mittleren Alter treffen sich zumindest einmal wöchentlich mit ihren Eltern.[141] Sie telefonieren auch mit ihnen, schreiben Karten und Briefe und schicken einander E-Mails. Da Großeltern heute länger leben, spielen sie innerhalb der Familie eine bedeutendere Rolle als je zuvor.

Frauen bilden den Mittelpunkt dieses Verwandtennetzwerks. Väter und Söhne mittleren Alters erteilen häufiger Ratschläge, bieten Arbeitsplätze an und verleihen Geld. Mütter und erwachsene Töchter trösten ihre Nachkommen, übernehmen einen größeren Anteil an Aufgaben wie Pflanzen gießen, den Briefkasten entleeren, Kranke versorgen, etwas im Haushalt erledigen oder reparieren und Kinder betreuen, schenken häufiger etwas und kommen öfter zu Besuch.[142]

Typischerweise wendet eine amerikanische Ehefrau auch mehr Zeit dafür auf, ihren Ehemann und ihre Kinder mit ihren Eltern in Kontakt zu bringen.[143] Frauen stellen zudem eine stärkere Beziehung zwischen ihrer eigenen Kernfamilie und Stiefkindern, Nichten, Tanten, Cousinen und anderen Verwandten her. »Niemand lebt für sich allein auf einer Insel«, schrieb John Donne. In den Vereinigten Staaten schließen Mütter, Töchter, Schwestern und Großmütter die gesellschaftlichen und emotionalen Kontakte zwischen Blutsverwandten und halten sie aufrecht.

Entscheidend ist jedoch, dass diese Frauen ihre weibliche Verwandtschaft bevorzugen.[144] Trennt sich ein Paar, verstärkt die Frau üblicherweise ihre Bindungen an weibliche Verwandte, während sie die zu ihrem Vater und seinen Blutsverwandten lockert.

Die beiden Wissenschaftler erklären, dass amerikanische Frauen festere Bande zu ihren weiblichen Verwandten knüpfen, da sie von ihnen sowohl in der Kinderbetreuung als auch in Bezug auf wirtschaftliche und emotionale Unterstützung abhängig sind. Üblicherweise geraten Frauen im Fall einer Scheidung in größere finanzielle Schwierigkeiten als Männer.[145] Da sie zudem länger leben, sind sie ihr Leben lang in stärkerem Maß auf die soziale und finanzielle Unterstützung der Familie angewiesen. Aus diesem Grund pflegen auch die unabhängigen Frauen von heute diese mütterlichen Bande.

Die Hinwendung der Frauen zu ihren mütterlichen Verwandten bewirkt allmählich eine bemerkenswerte Veränderung im amerikanischen Familienleben. Das Soziologenpaar Rossi fasst es folgendermaßen zusammen: »Das amerikanische Verwandtensystem weist eine asymmetrische Neigung zur mütterlichen Seite der Familie auf.«[146]

Diese Neigung wird durch berufstätige Frauen verstärkt, die ihren Mädchennamen behalten wollen. Hillary Rodham Clinton zählt zu den vielen, die dies getan haben. Eine 1997 durchgeführte Untersuchung der Zeitschrift *Bride's* ergab, dass 22 Prozent der befragten Frauen beabsichtigen, ihren Mädchennamen als Nachnamen, als mit einem Bindestrich angehängten Nachnamen oder als zweiten »Vornamen« beizubehalten.[147] Diese Frauen halten an ihrem Mädchennamen nicht nur fest, um ein enges Band zu ihren Verwandten aufrechtzuerhalten, im Alter Sicherheit zu erlangen oder ihre Unabhängigkeit zum Ausdruck zu bringen, sondern weil viele von ihnen Karrierefrauen sind, die ihren Namen als Identitätszeichen im Berufsleben benötigen.

Mit dem Anstieg weiblicher Berufstätiger werden immer mehr Frauen ihren Geburtsnamen behalten – und unbeabsichtigt die Beziehung zu ihrer Geburtsfamilie stärken.

Psychologische Verwandtschaft

Frauen schaffen zudem neue Arten selbst gewählter Familien – die die Journalistin Susan Ahern und der Psychologe Kent Bailey von der Virginia Commonwealth University als »psychologische Verwandtschaft« oder »vorsätzliche Familie« bezeichnen.[148] Die aus Nachbarn, Kollegen oder Freunden bestehende psychologische Verwandtschaft lädt Sie zu Feiertagen ein, bringt Ihnen etwas zu essen, wenn Sie krank sind, füttert während Ihres Urlaubs Ihre Katze oder holt Ihr Kind von der Schule ab. Zudem findet sie sich regelmäßig zu einem Abendessen und gesellschaftlichen Ereignissen wie Geburtstagen und Hochzeiten ein.

»Heute definiere ich jene Menschen als Familie, die sich wie Familie verhalten«, schreibt die Schriftstellerin Judith Viorst in *Mut zur Trennung. Menschliche Verluste, die das Leben sinnvoll machen.*[149] In einer Studie über die amerikanischen Familienwerte stimmten beeindruckende 74 Prozent der Teilnehmer dem Ausspruch zu, dass Familie »aus einer Gruppe von Menschen besteht, die einander lieben und füreinander sorgen.«[150] Im Vergleich zur Vergangenheit gibt es heute in den USA deutlich mehr dieser psychologischen Verwandtschaften.[151] Ich selbst bin Teil einer solchen Familie. Da meine Blutsverwandten über die ganze Welt verstreut sind, übernimmt eine Gruppe enger Freunde die Rolle lokaler Verwandtschaft.

Aufgrund des angeborenen Interesses der Frauen für Menschen und ihres Talents, Beziehungen zu errichten, vermute ich, dass Frauen mehr Mühe aufwenden, um diese nicht auf Blutsverwandtschaft gegründeten Familienbande zu schaffen und zu unterhalten.

Ferner bin ich überzeugt, dass dieser Trend zur vorsätzlichen Familie eine bedeutende Neuerung darstellt. Das Gemeinschaftsgefühl ist für nahezu jedes Lebewesen auf Erden, insbesondere für Kinder, von grundlegender Wichtigkeit. Lange Zeit wuchsen Kinder in lokalen Verbänden auf und bildeten enge Beziehungen zu etwa 25 Personen aller Altersstufen. Wenn sich ihre Eltern trennten, blieben die Nachkommen in der Geborgenheit dieser stabilen sozialen Gruppe zurück, in der sich viele Erwachsene um sie kümmerten.

In Industriegesellschaften sind Kinder häufig von lediglich zwei Erwachsenen, der Mutter und dem Vater, abhängig. Dieses Arrangement befriedigt bei weitem nicht alle menschlichen Sehnsüchte. Kommt es dann zu einer Scheidung, geraten Kinder und Eltern in eine unsichere Situation. Bei einem allein stehenden Elternteil aufzuwachsen bringt ernst zu nehmende Nachteile mit sich[152], doch das Leben in der isolierten Kernfamilie befriedigt ebenfalls nicht alle Ansprüche. Ein afrikanisches Sprichwort lautet zu Recht: »Ein ganzes Dorf muss zusammenhelfen, um ein Kind zu erziehen.« Aus anthropologischer Sicht ist das Aufwachsen in einer lokalen Gemeinschaft bekannter und hilfreicher Individuen für das menschliche Leben essenziell.

Indem Frauen vorsätzlich Familien errichten und unterhalten, stellen sie ein bedeutendes soziales Netz zur Verfügung, in dem ihre DNS gut gedeihen kann. Wie Ahern und Bailey betonen, erfinden diese Hüterinnen der Familie die alten Bande der Jäger und Sammler neu.[153]

Tendenz zur Matrilinearität?

Die Familie verändert sich auf vielfache Weise. Eine Unzahl anderer Familienformen ergänzt heute die patriarchalische Familieneinheit mit einem Mann im Zentrum. Möglicherweise werden wir nun in der westlichen Welt Zeuge einer Verschiebung zur Matrilinearität.

Matrilinearität ist das Verwandtschaftssystem, bei dem die Abstammung anhand der mütterlichen Linie zurückverfolgt wird, und sollte nicht mit dem Matriarchat verwechselt werden. Heute sind etwa 15 Prozent der Kulturen matrilinear. In derartigen Gesellschaften, wie jener der Navajos im amerikanischen Südwesten, besitzen Frauen häufig gesellschaftliche und wirtschaftliche Macht, stehen dem Haushalt vor und unterhalten vorwiegend Beziehungen zur mütterlichen Verwandtschaft.

Westliche Gesellschaften besitzen eine lange patrilineare Geschichte. Dies ist ein Verwandtschaftssystem, bei dem Besitz und Titel größtenteils in der väterlichen Linie weitergegeben werden. Hier ist eine Veränderung erfolgt. Die meisten Familien heutiger Industriegesellschaften sind bilateral: Die Mitglieder anerkennen sämtliche Verwandte und erben von Vätern und Müttern. Während immer mehr Frauen wirtschaftliche Macht erringen, einem Haushalt vorstehen und starke Bande zur mütterlichen Verwandtschaft knüpfen, übernehmen viele amerikanische Familien eine Lebensweise, die zu einem matrilinearen Verwandtschaftssystem tendiert.

Möglicherweise hat bereits eine Gegenbewegung eingesetzt.

Die Baptisten des Südens, die größte protestantische Glaubensgemeinschaft der USA, haben ihren Glaubensgrundsätzen eine Abänderung hinzugefügt. Diese fordert die annähernd 16 Millionen Anhänger der Kirchengemeinschaft auf, die Heilige Schrift in Bezug auf die »hingebungsvolle Unterwerfung« der Ehefrau unter die Führung des Mannes wörtlich zu nehmen. Als Ausgleich muss der Ehemann »seine Familie, versorgen, schützen und leiten«.

Ein arabisches Sprichwort lautet: »Die Hunde bellen, doch die Karawane zieht weiter.« Zweifellos wird man weitere Versuche unternehmen, die Macht der Frauen im Haushalt zu beschneiden. Dennoch werden sie siegen. Das amerikanische Population Council führt die folgenden sechs weltweiten Trends für die Familie im 21. Jahrhundert an: einen Anstieg der Frauenbeteiligung am Arbeitsmarkt, den Rückzug der Männer von formalen Arbeitsplätzen, mehr Frauen als Vorstand des Haushaltes, spätere Eheschließung, spätere Geburten, kleinere Familien und mehr ältere Abhängige.[154]

All diese Entwicklungen werden für Frauen mehr Macht – und Verantwortung – innerhalb der Familie und der Gesellschaft mit sich bringen.

Kann die Familie überleben?

Gloria Steinem soll einst gesagt haben: »Eine Frau ohne einen Mann ist wie ein Fisch ohne Fahrrad.« Ein kluger Ausspruch, der aber nicht ganz zutrifft. Sich zu binden ist eine menschliche Eigenschaft. Die kultivierte menschliche Emotion der Bindungssehnsucht entwickelte sich vor Millionen Jahren im hominiden Gehirn. Sie gehört zum Fundament der Menschheit. Keine gesellschaftliche oder politische Kraft wird jemals Männer und Frauen davon abhalten, sich in Paaren zu vereinen. Wenn wir als Spezies überleben, werden Ehe und Familie auch in Millionen Jahren einen Teil von uns ausmachen.

Ich hege große Hoffnungen für die Zukunft der Familie.

Die traditionelle patriarchalische Familie entsprach nicht dem, was sich nostalgische Amerikaner gerne darunter vorstellen. Zunächst zeichnete sie sich weder durch besondere Stabilität noch durch Dauerhaftigkeit aus. Im Durchschnitt hält eine Ehe heute nahezu ebenso lange an wie vor einhundert Jahren.[155] Damals starb ein Partner oder verließ die Gemeinschaft. Heute lassen wir uns stattdessen scheiden. Lawrence Stone betrachtet die hohe Scheidungsrate unserer Zeit als »funktionellen Ausgleich« für den Tod des Ehepartners.[156] Insgesamt dauern amerikanische Ehen heute sogar etwas länger an, da wir später heiraten und länger leben.[157]

Ferner war die traditionelle patriarchalische Familie ungeachtet ihrer Verdienste keine für Frauen zwangsläufig günstige Institution. Sie hinderte viele Frauen daran, ihre natürlichen Talente zum Ausdruck zu bringen, und erstickte ihre Kreativität. Millionen Frauen blieb kaum mehr als Küche, Kirche und Kinder – und nur allzu oft Lieblosigkeit.

Heute verändert sich die Ehe grundlegend. Während Frauen wirtschaftliche Unabhängigkeit und Macht gewinnen, schließen sie Ehen, die stärker auf Gleichberechtigung basieren und in denen echte Vertrautheit herrscht. Wer zudem in einer unglücklichen Beziehung gefangen ist, kann sich aus ihr lösen und es von Neuem versuchen. Beiden Geschlechtern steht es schließlich frei, bewusst »Familien« aus Freunden zu gründen oder andere Formen unkonventionellen Familienlebens einzuführen. Die menschliche Ehe könnte sich bereits in einem gesunden und notwendigen Reformationsprozess befinden.

Besonders wichtig ist, dass Frauen heute eine bessere Ausbildung besitzen als zu jedem anderen Zeitpunkt in der Menschheitsgeschichte. Zusätzlich haben sich ihre wirtschaftlichen Möglichkeiten ausgeweitet, sie sind in mehr private und berufliche Netzwerke eingebunden, haben weniger Kinder und eine größere Freiheit erworben, um sich gesellschaftlich und intellektuell zu entwickeln. Frauen gewinnen als Ehefrauen, Geliebte, Freundinnen und Gefährtinnen an Fähigkeiten, Weltoffenheit und Interessen. Wenn es in der menschlichen Evolution je eine Zeit gab, die Männern und Frauen die Möglichkeit bot, in der ehelichen Bindung Erfüllung zu finden, ist sie nun angebrochen.

KAPITEL 11

Die Team-Gesellschaft
Der Sieg der Gleichstellung

Der Morgen ist so weit wie der Himmel.
Was wirst du mit ihm beginnen?

MARK DOTY

»In der Geschichte der Menschheit gibt es Gezeiten, die bei Flut zu Glück führen«, schrieb Shakespeare. Wir betreten eine neue Welt, in der die besonderen Fähigkeiten und Talente der Frauen am Arbeitsplatz und innerhalb der Gesellschaft ebenso wertvoll werden wie die der Männer. Wie jene Vorfahren, die die Kraft des Feuers, des Wassers, der Elektrizität und der Atome nutzbar machten, werden heute diejenigen Erfolg und Gewinn verzeichnen, die die natürlichen Gaben der Frauen schätzen und aus dieser Lebenskraft das Beste machen.

Der Dichter Ted Hughes beschrieb seine Beziehung zu seiner Ehefrau, der Dichterin Sylvia Plath, folgendermaßen: »Wir waren wie zwei Füße, die von jedem Schritt profitierten, den der andere setzte.« Der Mann und die Frau sind dazu geschaffen, ihre Kräfte nicht nur im Berufsleben, sondern auch in persönlichen Beziehungen zu vereinen. Sobald die Geschlechter ihre unterschiedlichen Stärken verstehen, bietet sich beiden die Möglichkeit, unschätzbar wertvolle Einblicke in die Welt des anderen zu gewinnen. Beiden eröffnet sich der Zugang zu einer neuen Empathie und einem neuen, harmonischen Verhältnis.

Es ist Zeit, unsere geschlechterspezifischen Unterschiede zu schätzen, Frauen die Gelegenheit zu bieten, ihre natürlichen Talente am Arbeitsplatz zu entfalten, ein neues Verständnis zwischen Männern und Frauen aufzubauen und zusammenzuarbeiten. Ohne diese grundlegende Zusammenarbeit werden beide Geschlechter ebenso wie die Gesellschaft um bedeutende Werte betrogen.

Der Geschlechterkrieg

Wir leben möglicherweise in der einzigen Periode der menschlichen Evolution, in der eine große Zahl von Menschen, insbesondere Akademiker und Intellektuelle, davon überzeugt sind, dass die Geschlechter im Grunde gleich sind. Sie ignorieren bewusst die anwachsende Menge wissenschaftlicher Nachweise über ererbte geschlechterspezifische Unterschiede und behaupten stattdessen, dass Männer und Frauen als weißes Blatt Papier geboren werden, auf dem die Kindheitserfahrungen die männliche und weibliche Persönlichkeit niederschreiben.

Noch immer führen diese Dickköpfe, vielfach gezeichnet von der Vergangenheit, den letzten Krieg. In früheren Zeiten betrachtete man die Geschlechter generell als unterschiedlich, wobei die Frau als dem Mann unterlegen galt. Jene Zweifler fürchten nun mit dem Eingeständnis, dass die Geschlechter von Natur aus unterschiedliche Fähigkeiten und Eigenschaften besitzen, männlichen Unterdrückern neue Waffen in die Hände zu legen, sodass sie Frauen weiterhin auf den zweiten Platz verweisen können.

Gedanken dieser Art sind veraltet und kontraproduktiv. Wir leben in einer Ära, in der die natürlichen Fähigkeiten der Frauen nachgewiesen sind. Darüber hinaus benötigt die Arbeitswelt den weiblichen Verstand. Frauen entwickelten sich zu einem gewaltigen wirtschaftlichen und gesellschaftlichen Faktor.

Die Gesellschaft befindet sich in einem Wandel. Der von einem Mann dominierte patriarchalische Haushalt wird von einer Vielzahl neuer, gleichberechtigter Familienformen ersetzt. Diese neuen Verbände benötigen für ihre Veränderung die Entschlossenheit und die Fähigkeiten beider Geschlechter. Während die nachbarschaftlichen Beziehungen schwinden, bauen die Menschen durch ihre Arbeit, ihre Freizeitaktivitäten oder das Internet neue, individuelle Netzwerke auf. Die Gemeinschaft ist auf die Energien beider Geschlechter angewiesen, um die lokalen Kontakte neu zu definieren und zu stärken. Das Fernsehen hat sich zu einem globalen Lagerfeuer entwickelt. Während wir um das TV-Gerät sitzen und eine Reihe komplexer Themen zu begreifen versuchen, profitieren wir von den Ansichten, die wir von Frauen und Männern hören. Viele einst nach formalen Hierarchien aufgebaute Unternehmen erleben nun eine Metamorphose hin zu Hybridorganisationen mit einer einzigartigen Zusammenstellung. Um Erfolg zu haben, werden sie auf die Fähigkeiten beider Geschlechter vertrauen müssen.

Unternehmenswelt, Regierung, zivile Vereinigungen, Armee, Rechtsprechung, Medizin, Polizei und das Klassenzimmer gehören zu jenen zahlreichen Sektoren der Gesellschaft, die einem Wandel unterworfen sind. Selbst unsere grundlegenden Ansichten über Gerechtigkeit, Gesundheit, Wohltätigkeit, Spiel, Vertrautheit, Sex und Romantik verändern sich. Während wir in eine Epoche eintreten, die uns vor komplexere und möglicherweise gefährlichere Probleme stellt, als die Menschheit sie je zu bewältigen hatte, benötigen wir die Stärken beider Geschlechter. Der Erfolg wird von der uneingeschränkten Beteiligung der Frauen und der Männer und ihrer Zusammenarbeit im Team abhängen.

Frauen werden sich zu herausragenden Teamspielern entwickeln. Wie ich im Verlauf dieses Buches wiederholt betont habe, vereinten sich im 20. Jahrhundert viele wirtschaftliche und gesellschaftliche Kräfte, um den bemerkenswerten Aufstieg gut gebildeter, wirtschaftlich mächtiger Frauen zu bewirken. Im neuen Millennium werden diese Kräfte weiter anwachsen, angetrieben von zwei außergewöhnlichen demographischen Tatsachen, die eine weitere Steigerung des Ansehens – und der Beteiligung – der Frauen in der Gesellschaft versprechen.

Das Einzelkind

In Kanada, West- und Osteuropa, Russland, Japan, Korea, Taiwan, China, Thailand, Kuba und vielen anderen Ländern liegt die Geburtenrate zur Zeit in der Nähe oder unter der Sterberate von 2,1 Prozent. Die USA verzeichnen dank einer massiven Einwanderung aus Asien und Lateinamerika eine etwas höhere Geburtenrate.[1] Dennoch genügt auch diese kaum, um den heutigen Bevölkerungsstand aufrechtzuerhalten. Selbst in den Entwicklungsländern sinkt die Fortpflanzungsrate von sechs auf drei Kinder pro Frau.[2] Demographen prophezeien, dass die globale Geburtenrate im Jahr 2050 auf 1,85 Kinder pro Frau sinken wird. Dieser Wert liegt deutlich unter dem Bevölkerungsverlust durch Todesfälle.[3]

Daraus ergeben sich weit reichende Auswirkungen auf das Leben auf Erden. Eltern werden zum Beispiel bedeutend seltener bereit sein, ihr einziges Kind in den Krieg zu schicken. Für Frauen ist jedoch besonders wichtig, dass Eltern mehr Zeit und Energie für die Erziehung und Ausbildung ihres einzigen Kindes, ob Junge oder Mädchen, aufwenden werden.

Die Bevorzugung der Mädchen

Ein zweiter demographischer Faktor hat sogar noch weiter reichende Folgen für die zukünftige Teilnahme der Frauen an der Gesellschaft. Zum ersten Mal in der Menschheitsgeschichte spiegelt sich die Fortpflanzungsrate der Männer in jener der Frauen wider.[4] Beide Geschlechter bringen etwa dieselbe Zahl an Kindern hervor. Auf den ersten Blick erscheint diese Tatsache unbedeutend. Sie wird jedoch aus einem seltsamen biologischen Grund das Ansehen der Frauen steigern.

In vielen Kulturen unserer Geschichte hatten insbesondere die Männer höherer Klassen häufig mehrere Ehefrauen, heimliche Geliebte und die Möglichkeit, mit Dienerinnen, Sklavinnen und Konkubinen geschlechtlich zu verkehren. Auf diese Weise waren sie imstande, zahlreiche Nachkommen zu zeugen. Frauen hingegen konnten immer nur eine begrenzte Zahl von Kindern gebären.[5] Wissenschaftler behaupten, dass die Eltern der landwirtschaftlichen Gesellschaften aus diesem Grund mehr Zeit, Geld und Aufmerksamkeit für ihre Söhne aufwendeten. Das männliche Kind konnte mehr DNS verbreiten.[6]

In den heutigen Industriegesellschaften wachsen Jungen jedoch nicht mehr auf, um mehr Kinder zu zeugen als Mädchen. Töchter sind für die Verbreitung der elterlichen Gene ebenso wertvoll wie Söhne. »Der Anreiz, Söhne Töchtern vorzuziehen, ist weggefallen«, meint die Anthropologin Laura Betzig von der University of Michigan. »Dieses Darwinsche Prinzip erklärt, warum moderne Paare bereitwillig in Mädchen investieren.«[7]

Die Fähigkeiten des weiblichen Kindes

Abgesehen von diesen unbewussten biologischen Motiven werden Eltern ihre Töchter aufgrund gesellschaftlicher und wirtschaftlicher Zielsetzungen fördern.

In vergangenen Jahrhunderten erhofften sich Eltern aus vielen praktischen Gründen Söhne. Söhne würden das nötige Vermögen und Ansehen erringen, um ihre Kinder großzuziehen und ihre Eltern im Alter zu versorgen, die erforderliche Ausbildung und Erfahrung erwerben, um den Hof der Familie oder den Familienbetrieb zu führen, persönliche Kontakte zum Schutz der Familieninteressen knüpfen und den Namen der patriarchalischen Familie weitertragen. Daher jubelten unsere landwirtschaftlichen Vorfahren, wenn sie die Worte »Es ist ein Junge!« hörten.

Heute bringen Töchter nicht nur ebenso viele Kinder hervor wie Söhne, sondern sie wenden dank ihrer natürlichen Neigung zur Fürsorge auch mehr Zeit und Energie für die Erziehung ihrer Kinder auf. Zudem sind Töchter bereit, ihre Eltern im Alter zu unterstützen. Aus diesem Grund werden vermutlich weltweit immer mehr Eltern die Worte »Es ist ein Mädchen!« mit Freude hören.

Diese Einstellung verbreitet sich sogar allmählich in China, wo man männliche Kinder traditionellerweise bevorzugte. Einem Bericht der *New York Times* aus dem Jahr 1998 zufolge, sind einige chinesische Eltern heute überzeugt, dass ihren Interessen mit einer Tochter besser gedient ist als mit einem Sohn, da sie erwarten, dass sie ein Mädchen im Alter mit mehr Mitgefühl umsorgt.[8]

In vielen Teilen der Welt werden Eltern zudem in Mädchen investieren, die als Frauen fähig sind, ihre Familien und alternden Eltern finanziell ebenso gut zu unterstützen wie Männer. Eine 1995 vom United Nations Development Programme in 130 Gesellschaften durchgeführte Studie bestätigte, dass Frauen in allen Kontinenten auf eine wirtschaftliche Gleichstellung mit Männern zustreben. In den Industriegesellschaften erlangt die Welle der gut ausgebildeten, selbstbewussten Baby-Boom-Frauen darüber hinaus die »friedliche Stärke« der postmenopausalen Jahre. Viele dieser Frauen werden genug Zeit, Energie und Geld besitzen, um ihren Verwandten zu helfen.

Ihren Spuren wird eine möglicherweise noch mächtigere Frauengeneration folgen. Die in den USA zwischen 1977 und 1994 geborenen Männer und Frauen werden bereits als »Echo-Boomer« bezeichnet. Diese Gruppe von etwa 27 Millionen Amerikanern umfasst 28 Prozent der Gesamtbevölkerung.[9] Von den Frauen dieser Altersgruppe ist zu erwarten, dass sie ihre Mütter in deren Streben nach Ausbildung und Karriere überflügeln.[10] In anderen Gesellschaften werden vermutlich ebenfalls Millionen Frauen dieser Altersstufe mit der Vergangenheit brechen, einen bezahlten Arbeitsplatz annehmen und ausreichende Mittel ansammeln, um ihre Kinder und Eltern zu versorgen.

Frauen befinden sich auf dem Vormarsch. Sie schütteln ihren Status als zweites Geschlecht ab, eine Rolle, in die sie mit dem Aufkommen der Landwirtschaft vor Tausenden von Jahren gedrängt worden sind. Ihr Ansehen – und ihre Führungsqualitäten – werden sich erhöhen, sie werden einflussreiche Positionen in der Unternehmenswelt, auf dem Erziehungssektor, in verschiedensten Fachberufen, in der Regierung und in der Zivilgesellschaft für sich gewinnen und zum ersten Geschlecht werden. Zudem haben sie bereits begonnen, ihre Sexualität frei auszudrücken und Liebe und Familienleben neu zu definieren. Langsam, aber unaufhaltsam formen die heutigen Frauen eine neue wirtschaftliche und gesellschaftliche Landschaft und bauen an einer neuen Welt.

Diese Welt wird meiner Ansicht nach das Konzept des ersten oder zweiten Geschlechts bei weitem übersteigen. Wir bewegen uns auf eine tatsächlich auf Zusammenarbeit gegründete Gesellschaft zu, auf eine Weltkultur, in der die Verdienste beider Geschlechter verstanden, geschätzt und eingesetzt werden. Möglicherweise erlebt die Menschheit im 21. Jahrhundert zum ersten Mal in modernen Zeiten, dass die beiden Geschlechter als gleichberechtigte Partner zusammenarbeiten – in genau der Weise, in der es den Menschen bestimmt war zu leben, und in der Männer und Frauen über so viele Jahrtausende unserer ruhmreichen menschlichen Vergangenheit hinweg miteinander gelebt haben.

ANMERKUNGEN

(Die Zitate wurden ins Deutsche übertragen; die im Anmerkungsteil angegebenen Seitenzahlen beziehen sich jedoch auf die von der Autorin verwendeten, im Literaturverzeichnis angegebenen Ausgaben.)

Einleitung
Die Frühgeschichte. Eine unbescheidene Prophezeiung

1. A. Jost, 1970; Nyborg, 1994; Halpern, 1992.
2. A. Jost, 1970; Gorski, 1980, S. 215-222
3. Gorski, 1991, S. 71-104; Nyborg, 1994.
4. Nyborg, 1994.
5. Nelson, 1995
6. Nyborg, 1994.

1. Vernetztes Denken. Frauen sehen den Kontext

1. McClelland, 1975; Gilligan, 1982; Tannen, 1990.
2. Hall, 1984; Silverman und Eals, 1992, S. 533-549.
3. Rosener, 1995; Helgesen, 1990; Duff, 1993.
4. Ibd.
5. Helgesen, 1990; Rosener, 1995; Tannen, 1990; Hampden-Turner, 1994, S. 142; Duff, 1993.
6. Eccles, 1987; siehe Browne, 1995, S. 1023.
7. Hampden-Turner, 1994.
8. Seger, 1996, S. 83.
9. Ibd., S. 137.
10. *Harper's*, 1997, S. 53.
11. Masters und Carlotti, 1993, S. 31.
12. National Foundation for Women Business Owners, 1996, S. 4.
13. United Nations Development Programme, 1995, S. 90.
14. Hall, 1984.
15. Slatalla, 1998.
16. Gilligan, 1982.
17. Ibd., S. 35.
18. Ibd., S. 38.
19. Hampden-Turner, 1994.
20. Tannen, 1994.

21. Halpern, 1992, S. 90.
22. Grafman, Holyoak und Boller, 1995, S. 1-411.
23. Hendler 1995, S. 265-276; Goldman-Rakic, 1995, S. 71-83.
24. Goldman-Rakic, 1995; Holyoak und Kroger, 1995, S. 253-263.
25. Goldman-Rakic, 1995; Damasio, 1994; Hendler, 1995.
26. Damasio, 1994.
27. Della Salla et al., 1995, S. 161-171; Guyton und Hall, 1996.
28. Grafman, 1989; Grafman und Hendler, 1991, S. 563 f.; Holyoak und Kroger, 1995, S. 253-263; Grafman, Holyoak und Boller, 1995a, S. 1-411.
29. Stuss et al., 1995, S. 191-211; Posner, 1994, S. 7398-7403; Posner und Dehaene, 1994, S. 75-79; Nichelli et al., 1995, S. 161-171; Dehaene und Changeux, 1995, S. 305-319.
30. Skuse et al., 1997, S. 705-708; Tucker, Luu und Pribram, 1995, S. 191-211.
31. Pardo, Pardo und Raichle, 1993, S. 713-719; Tucker, Luu und Pribram, 1995, S. 191-211; George et al., 1996, S. 859-871.
32. Schlaepfer et al., 1994, S. 170; George et al., 1996, S. 859-871.
33. Goldman et al., 1974, S. 540 ff.; Mitchell 1981.
34. Lacoste-Utamsing und Holloway, 1982, S. 1431 f.; Witelson 1989, S. 799-835; Allen et al. 1991, S. 933-942; Holloway et al., 1993, S. 481-498; Nyborg 1994.
35. Allen und Gorski, 1991, S. 97-104.
36. Gilinsky, 1984; Barchas et al., 1984, S. 131-150.
37. Hales, 1998, S. 49-51; Hales, 1999.
38. Hales, 1998, S. 51.
39. Lancaster, 1994.
40. Hochhschild und Machung, 1989.
41. Weiner und Brown, 1997.
42. Rosener, 1995; Helgesen, 1990; Duff, 1993; Seger, 1996.
43. Helgesen, 1990; Rosener, 1995; Duff, 1993.
44. Senge, 1990; Byrne, 1992, S. 44-52.
45. Senge, 1990, S. 68.
46. Hampden-Turner, 1994; Senge, 1990.
47. Worton, 1996.
48. Kohlberg, 1969; Piaget, 1932; Lever, 1976, S. 478-487; Gilligan, 1982.
49. Tannen, 1990.
50. Kohlberg, 1969; Lever, 1976; Gilligan, 1982; Piaget, 1932.
51. Skuse et al., 1997, S. 705-708.
52. Drucker, 1992; Stewart, 1997.
53. Damasio, 1994; Fodor, 1983; Gazzaniga, 1988; LeDoux 1996.
54. Damasio, 1994.
55. Bechara et al., 1997, S. 1293-1295.
56. Damasio, 1994; Bechara et al., 1997, S. 1293 ff.
57. Simon, 1987, S. 57-63; Benderly, 1989, S. 35-40.

58. Simon, 1974, S. 482-488; siehe Klahr und Kotovsky, 1989; Benderly, 1989.
59. Gottman, 1994, S. 12.
60. Rowan, 1986, S. 3.
61. Agor, 1986.
62. Simon, 1987; Rosener, 1995; Agor, 1986; Rowan, 1986.
63. Helgesen, 1990; Hampden-Turner, 1994.
64. Helgesen, 1990, S. 25.
65. Simon, 1998, S. A14.
66. Paine Webber, 1997.
67. Simon, 1998, S. A14.
68. Harris, 1996, S. 146 ff.
69. Ibd., S. 153.
70. Paine Webber, 1997.
71. Damasio, 1994; Damasio, 1995, S. 241-251; Holyoak und Kroger, 1995.
72. Senge, 1990; Hampden-Turner, 1994; Rosener, 1995; McCorduck und Ramsey, 1996; Drucker 1992; Stewart, 1997; Helgesen, 1990.
73. Boller et al., 1995, S. 23-39.
74. Bergmann, 1986; Coontz, 1992.
75. McCorduck und Ramsey, 1996; Coontz, 1992.
76. Ibd.
77. *The Economist*, 1996, S. 23-26.
78. *The Economist*, 1998, S. 3-15.
79. Bergmann, 1986.
80. Bruce et. al., 1995; *The Economist*, 1998, S. 3-15.
81. Bergmann, 1986; Posner, 1992.
82. *The Economist*, 1996; *The Economist*, 1998.
83. Bergmann, 1986; *The Economist*, 1998.
84. Ibd.; Posner, 1992.
85. Lewin, 1995a; *The Economist*, 1998a, S. 3-15.
86. Russell, 1995, S. 8.
87. Rosener, 1995; Bergmann, 1986; Harris, 1996, S. 146 ff.; *The Economist*, 1998.
88. United Nations Development Programme, 1995.
89. Ibd., S. 71.
90. Ibd.
91. Rosenthal, 1998, S. A4.
92. Rosener, 1995; United Nations Development Programme, 1995.
93. United Nations Development Programme, 1995.
94. Ibd.; Future Survey, 1996, S. 11; Bruce et al., 1995; *The Economist*, 1996.
95. Mydans, 1997, S. A3.
96. United Nations Development Programme, 1995, S. 78.
97. Karl, 1995.
98. Seger, 1996, S. 66.

2. Die organisierte Frau. Weiblicher Teamgeist

1. Siehe Hoyenga und Hoyenga, 1979; Tannen, 1990; Gilligan, 1982; Rosener, 1995; Helgesen, 1990; Duff, 1993; Chodorow, 1974; Gilligan, 1988; Seger, 1996; Mitchell, 1981; Tavris und Offrir, 1977.
2. Darwin, 1936, S. 873.
3. Rosener, 1995; Helgesen, 1990; Duff, 1993.
4. Siehe Pool, 1994.
5. Chodorow, 1974; Gilligan, 1982.
6. Tannen, 1990.
7. Lever, 1976, S. 478-487; 1978, S. 471-483; Thorne, 1993; Gilligan, 1982.
8. Lever, 1976; Tannen, 1990, 1994.
9. Lever, 1976, 1978; Thorne, 1993; Tannen, 1990.
10. Kohlberg, 1981; Gilligan, 1982.
11. Orenstein, 1994.
12. Ibd., S. 13.
13. McCorduck und Ramsey, 1996; Helgesen, 1990; Rosener, 1995; Hampden-Turner, 1994; Duff, 1993; Tannen, 1994; Seger, 1996.
14. Tannen, 1990, 1994.
15. Auletta, 1998, S. 75.
16. Duff, 1993, S. 50.
17. Rosener, 1995; Hampden-Turner, 1994.
18. Tannen, 1994.
19. Helgesen, 1995, S. xxxiii.
20. Hampden-Turner, 1994; Helgesen, 1990; Rosener, 1995.
21. Pool, 1994; Kelly, 1991, S. 100.
22. Helgesen, 1990; Duff, 1993; Daymont und Andrisani, 1984, S. 408-414; siehe Brown, 1995, S. 973-1106.
23. Paine Webber, 1997.
24. Piltch, 1992a, S. 6-7, 1992b.
25. Kohlberg, 1981.
26. Tear, 1995, S. A14.
27. Siehe Hall, 1984.
28. Ibd.
29. Tannen, 1990.
30. Hall, 1994.
31. Coates, 1986; Tannen, 1990, 1994.
32. Tannen, 1994.
33. Ibd.
34. Monnot, 1995, S. 1-43.
35. Chodorow, 1974; Gilligan, 1982.
36. Siehe Fedigan, 1983, S. 91-129; Silverberg und Gray, 1992; Smuts, 1986; Waal, 1982.

37. Nishida und Hiraiwa-Hasegawa, 1986.
38. Waal, 1982.
39. Ibd.
40. Baker und Smuts, 1994, S. 227-242.
41. Smuts, 1986, S. 402.
42. Waal, 1982.
43. Ibd.
44. Symons, 1979; Betzig, 1988; Ellis, 1992; Buss, 1994.
45. Buss, 1994.
46. Fedigan, 1983, S. 91-129; McMillan, 1989, S. 83-89.
47. Buss, 1994; Betzig 1988.
48. Parish, 1994, S. 157-179; Smuts 1997.
49. Waal, 1982.
50. Wrangham und Peterson, 1996.
51. Parish, 1994.
52. Siehe Smuts, 1986; Fedigan, 1982; Low, 1989, S. 311-318.
53. Parish, 1994.
54. Smuts, 1997.
55. Pusey, Williams und Goodall, 1997, S. 828-830.
56. Brown und Gilligan, 1992; siehe Sommers, 1994, S. 139.
57. Goldberg, 1993.
58. Beach, 1948.
59. Rose, Holaday und Bernstein, 1971, S. 366 ff.; Rose et al., 1974; Sapolsky, 1983, S. 365-376; Velle, 1982, S. 295-315; Joslyn, 1973; Cochran und Perachio, 1977; Birch und Clark, 1946.
60. Mazur und Lamb, 1980, S. 236-246; Mazur, Susmun und Edelbrock, 1997; Booth, Shelley, Mazur, Tharp und Kottok, 1989.
61. Siehe Blum, 1997, S. 176; Goleman, 1990, S. C1, 3.
62. Mazur, Susman und Edelbrock, 1997; Mazur, Booth und Dabbs, 1992, S. 70-77; Booth et al., 1989, S. 556-571.
63. Ibd.
64. Udry, Kovenock und Morris, 1992; Siehe Edwards und Booth, 1994.
65. Purifoy und Koopmans, 1980, S. 179-188; Bancroft et al., 1983, S. 509-516.
66. Mazur, Susman und Edelbrock, 1997, S. 317-326.
67. Dabbs, 1992, S. 813-824.
68. Udry, Talbert und Morris, 1986, S. 217-227; Halpern, 1992.
69. Verschiedene chemische Substanzen stehen mit dem Streben nach Rang und Ansehen in Verbindung, wie etwa Vasopressin (DeVries et al., 1985, S. 236-254), die Vorläufer der Östrogene und Androgene (Yalcinkaya et al., 1993, S. 1929 ff.) und Serotonin (McGuire, Raleigh und Brammer, 1982, S. 643-661; Raleigh et al., 1991, S. 181-190; Raleigh und Brammer, 1993, S. 592; Frank, 1985; Madsen, 1994).
70. Kurtz und Zuckerman, 1978, S. 529 f.; Ginsberg und Miller, 1982, S. 426 ff.

71. Randall, 1996; Paine Webber, 1997, S. 12; Simon, 1998, S. A14.
72. Zuckerman, 1994.
73. Waal, 1989a, S. 3-39.
74. Duff, 1993; Seger, 1996; Worton, 1996.
75. Seger, 1996, S. 269.
76. Worton, 1996.
77. Lagerspetz, Bjorkqvist und Peltonen, 1988, S. 403-414.
78. Waal, 1989.
79. Wilson, 1993, S. 3-26.
80. Duff, 1993.
81. Bjorkvist, Lagerspetz und Kaukiainen, 1992, S. 117-127.
82. Duff, 1993.
83. Worton, 1996, S. 22.
84. Bergmann, 1986.
85. U. S. Department of Labor, Bureau of Labor Statistics, 1996; Statistical Abstract of the United States, 1996; *The Economist*, 1996.
86. Ibd.
87. United Nations Development Programme, 1995.
88. McCorduck und Ramsey, 1996; Dobrzynski, 1996a, S. D1 f.; Browne, 1995, S. 973-1106.
89. Wellington, 1996.
90. Wellington, 1997.
91. Ibd.
92. *Harper's*, 1997, S. 47-58.
93. Hayes, 1997, S. A28.
94. Ibd.
95. Rosener, 1995.
96. United Nations, 1995c.
97. *Yearbook of Labor Statistics*, 1994; Davidson und Cooper, 1993; *The Economist*, 1998a, S. 3-15.
98. Browne, 1995, S. 1079.
99. Townsend, 1996, S. 28-37; *Harper's*, 1997, S. 47-58.
100. Valian, 1998, S. 18-23.
101. Cowan, 1989, S. A1 f.
102. *The New York Times*, 1997.
103. Helgesen, 1995; Eccles, 1987; Browne, 1995; Townsend, 1996, S. 28-37.
104. Bergmann, 1986; Helgesen, 1995; Browne, 1995.
105. Lawlor, 1997, S. BU11.
106. United Nations Development Programme, 1995.
107. *The Economist*, 1998a, S. 12.
108. Helgesen, 1990; Pasternack und Viscio, 1998; Drucker, 1992; Hey und Moore, 1998.

109. Drucker, 1988, S. 45 ff.; Mills, 1991; Katzenbach und Smith, 1993; Naisbitt und Aburdene, 1986; Pasternack und Viscio, 1998; Fukuyama und Shulsky, 1997; Weiner und Brown, 1997; Stewart, 1997; Hey und Moore, 1998.
110. Pasternack und Viscio, 1998.
111. Helgesen, 1990.
112. Helgesen, 1990; Stewart, 1997; Drucker, 1993, 1997.
113. Helgesen, 1990; Fukuyama und Shulsky, 1997.
114. Drucker, 1992, S. 329.
115. Fukuyama und Shulsky, 1997, S. x.
116. Weiner und Brown, 1997, S. 93.
117. Helgesen, 1990; Rosener, 1995; Hey und Moore, 1998.
118. Rosener, 1995, S. 4.
119. Ibd.; Rosener, 1990, S. 119-125.
120. Townsend, 1996, S. 28-37.
121. Ibd.
122. Lawlor, 1997, S. BU11.
123. Weiner und Brown, 1997.
124. Ho, 1997, S. B2; *The Economist*, 1998a, S. 3-15.
125. National Foundation for Women Business Owners, 1996; Weiner und Brown, 1997.
126. National Foundation for Women Business Owners, 1996; Seger, 1996.
127. Davidson und Cooper, 1993.
128. Wilkinson, 1996, S. 32.
129. United Nations, 1995b.
130. Drucker, 1997, S. 20 ff.; Stewart, 1997; Weiner und Brown, 1997; Hampden-Turner, 1994; McCorduck und Ramsey, 1996; Pasternack und Viscio, 1998; Hey und Moore, 1998.
131. Rosener, 1995, S. 20.

3. Die Sprache der Frauen. Kommunikation im Informationszeitalter

1. Hampson und Kimura, 1993, S. 357-400; Halpern, 1992.
2. Horgan, 1975; Shucard, Shucard und Thomas, 1987.
3. Ibd.; Halpern, 1992; Hall, 1984.
4. Maccoby und Jacklin, 1974; McGuinness, 1976b; McGuinness, 1985; Martin und Hoover, 1987; S. 65-83.
5. Hampson und Kimura, 1993; Halpern, 1992.
6. Halpern, 1992; Hedges und Nowell, 1995, S. 41-45.
7. Hampson und Kimura, 1993.
8. Halpern, 1992.
9. Hedges und Nowell, 1995.
10. McGuinness, Olson und Chapman, 1990, S. 263-285; Mann et al., 1990, S. 1063-1077.

11. McGuinness, 1985, S. 57-126; Mann et al., 1990.
12. Gallup Organization, 1996.
13. Hall, 1984; Tannen, 1994.
14. Mitchell, 1981.
15. Holden, 1996, S. 1921; Witelson, Glezer und Kigar, 1995, S. 3418-3428.
16. McGuinness und Pribram, 1979.
17. Shaywitz et al., S. 607-609.
18. Lacoste-Utamsing und Holloway, 1982, S. 1421 f.; Witelson, 1989, S. 799-835; Allen et al., 1991, S. 933-942; Holloway et al., 1993, S. 481-498.
19. Hines et al., 1992, S. 3-14.
20. Kimura, 1983, S. 19-35, 1987, S. 133-147.
21. Ibd.
22. LeDoux, 1996.
23. Damasio, 1994.
24. Ibd.; LeDoux, 1996; Fodor, 1983; Gazzaniga, 1988.
25. Gould, Woolley und McEwan, 1991, S. 67-84; Woolley et al., 1990, S. 4035-4039; Frankfurt, 1994; Toran-Allerand 1986, S. 175-211; siehe McEwens, 1994, S. 1-18; siehe Nyborg, 1994.
26. Halpern, 1992.
27. Hampson, 1990b, S. 26-43; 1990a, S. 97-111; Kimura, 1989, S. 63-66.
28. Sherwin, 1994, S. 423-430; Sherwin und Phillips, 1990, S. 474 f.; Phillips und Sherwin, 1992, S. 485-495; Barret-Connor und Kritz-Silverstein, 1993, S. 2637-2641.
29. McCauley et al., 1987, S. 464-473; Skuse et al., 1997, S. 705-708.
30. Skuse et al., 1997, S. 707.
31. Hendricks, 1998, S. 12-19.
32. Fernald, 1992.
33. Ibd.
34. Stern, Spieker und MacKain, 1983, S. 727-735; Fernald und Simon, 1984, S. 104-113.
35. Siehe Fernald, 1992.
36. Ibd.
37. Siehe Bruce et al., 1995, S. 51.
38. Hewlett, 1992, S. 153-176.
39. Siehe Small, 1998.
40. Hall, 1984.
41. Mitchell, 1981; McGuinness, 1979.
42. Pinker und Bloom, 1992, S. 484.
43. Deacon, 1997, 1992; Falk, 1992, S. 1-24.
44. Steenland, 1987.
45. Robinson, 1996, S. 60-64.
46. Ibd., S. 63.
47. Moran, 1998, S. 38 ff.
48. United Nations, 1995.

49. Mifflin, 1998, S. D1 ff.
50. Ibd.; United Nations, 1995.
51. Seger, 1996.
52. Steenland, 1987.
53. Auletta, 1998, S. 72-78.
54. United Nations, 1995.
55. Ibd.; Seger, 1996.
56. United Nations, 1995.
57. Ibd.
58. Steenland, 1990, S. 237.
59. Statistical Abstract of the United States, 1996.
60. United Nations, 1995.
61. Carroll, 1997, S. 7.
62. Ibd.
63. United Nations Development Programme, 1995.
64. Seger, 1996, S. xx.
65. United Nations, 1995; Karl, 1995.
66. Drucker, 1992.
67. Seger, 1996.
68. Passell, 1995, S. A9.
69. Seger, 1996.
70. Holmes, 1996, S. A1 f.
71. Seger, 1996.
72. Ibd.
73. Karl, 1995.
74. Seger, 1996.
75. Bergmann, 1986; Statistical Abstract of the United States, 1996.
76. Ibd.
77. United Nations, 1995.
78. United Nations Development Programme, 1995.
79. Statistical Abstract of the United States, 1996.
80. Ibd.
81. Heath, 1997a, S. 39-43.
82. *Futurific*, 1995, S. 19.
83. Heath, 1997b, S. 40.
84. Halpern, 1992.
85. Heath, 1997a.
86. United Nations, 1995.
87. Western, 1996; Tannen, 1990; Tierney, 1998, S. 14.
88. Campbell; Tierney, 1998, S. 14.
89. Faison, 1998, S. A4.
90. Fisher, 1982, 1992.

91. Dunbar, 1996.
92. Tierney, 1998, S. 14.
93. Ibd.
94. O'Connor, 1996, S. 12.
95. *New Scientist*, 1997, S. 21.
96. Drucker, 1992, S. 334.
97. Ibd.
98. Statistical Abstract of the United States, 1997.
99. Ibd.
100. Greenwood, 1996, S. 1987.
101. Browne, 1995, S. 973-1106.
102. *Futurific*, 1996a, S. 4 ff.
103. United Nations Development Programme, 1995, S. 3.
104. Ibd.
105. Statistical Abstract of the United States, 1996.
106. Rosener, 1995.
107. Wessel, 1996, S. A1 ff.
108. Samuelson, 1995, S. 61.
109. Russell, 1996, S. 10 ff.
110. Winerip, 1998, S. 48.
111. Finn, Bierlein und Mano, 1996, S. 18 ff.; Orfield, 1998, S. A17; Winerip, 1998, S. 48.
112. Newman, 1998, S. A21.
113. Applebome, 1996, S. B7; Winerip, 1998, S. 48.
114. Weiner und Brown, 1997.
115. *The Economist*, 1998b, S. 28 ff.
116. Kantrowitz und Wingert, 1998, S. 64-70.
117. Applebome, 1996, S. B7.
118. Lenzner und Johnson, 1997, S. 127.
119. Bylinsky, 1996, S. 162Aff.
120. Byrne, 1995, S. 64.
121. Weiner und Brown, 1997.
122. Ibd.
123. Honan, 1998, S. 4A:44.
124. Drucker, 1992; Stewart, 1997; Weiner und Brown, 1997; Hey und Moore, 1998.

4. Gedankenlesen. Die besonderen Fähigkeiten der Frauen im Umgang mit Menschen

1. Weinstein, 1968; McGuinness, 1976b; Galton, 1894, S. 40 ff.
2. Heller, 1997.
3. Gandelman, 1983, S. 1-17; Hall, 1984.
4. Hall, 1984.

5. Siehe Hall, 1984; Mitchell, 1981.
6. Mitchell, 1981.
7. Heller, 1997.
8. Ibd., S. 38.
9. Small, 1998.
10. Talbot, 1998, S. 24 ff.; siehe Heller, 1997.
11. Field et al., 1986, S. 654-658; Schanberg und Field, 1987, S. 1431-1447.
12. Siehe Heller, 1997.
13. Uvnas-Mogerg, 1997, S. 146-163.
14. Schanberg, Evoniuk und Kuhn, 1984, S. 135; Sapolsky, 1997, S. 1620f.; Liu et al., 1997, S. 1659-1662.
15. McGuinness, 1972, S. 465-473; Elliott, 1971, S. 375-380.
16. Gower, 1998, S. 3.
17. Doty et al., 1984, S. 1441 ff.; Doty et al., 1985, S. 667-672; Doty, 1986, S. 377-413; Cain, 1982, S. 129-142.
18. Doty, 1986, S. 377-413.
19. Doty et al., 1984, S. 1441 ff.; Doty et al., 1985, S. 667-672.
20. Small, 1998.
21. Goleman, 1994, S. C1,8.
22. Doty, 1978, S. 337-362.
23. Monneuse, Bellisle und Louis-Sylvestre, 1991, S. 1111-1117.
24. Siehe Levenson, 1995.
25. McGuinness, 1976a, S. 279-294.
26. McGuinness, 1979.
27. McGuinness, 1976c, 1985.
28. Brody, 1997, S. F9.
29. Montagu, 1953; Jacobs, 1981; siehe Nathans, Thomas und Hogness, 1986, S. 193-202.
30. Erwin, 1992, S. 231-240.
31. Kolata, 1995, S. C7.
32. Hall, 1984; Brody und Hall, 1993, S. 447-460.
33. Babchuk, Hames und Thompson, 1983, S. 89-102.
34. Hall, 1984.
35. Ekman und Friesen, 1971, S. 124-129.
36. Hall, 1984.
37. McCauley et al., 1987, S. 464-473.
38. Goleman, 1995a, S. C1,9.
39. McGuinness und Pribram, 1979.
40. Hall, 1984; Goleman, 1995a, S. C1,9.
41. McGuinness und Pribram, 1979; Hall, 1984; Brody und Hall, 1993, S. 447-460.
42. Hrdy, 1986, S. 119-146.
43. McGuinness und Pribram, 1979; Hall, 1984.
44. Hales, 1999.

45. Bever, 1992; McGuinness und Sparks, 1983, S. 91-100; Miller und Santoni, 1986, S. 225-235; Gaulin und Fitzgerald, 1989.
46. Silverman und Eals, 1992, S. 533-549.
47. Galea und Kimura, 1993, S. 53-65; Kimura, 1987, S. 133-147; Silverman und Eals, 1992, S. 533-549.
48. Silverman und Eals, 1992, S. 533-549.
49. Miller und Santoni, 1986, S. 225-235; Ward, Newcombe und Overton, 1986, S. 192-213.
50. Williams und Meck, 1991, S. 155-176; Geary, 1998.
51. Williams und Meck, 1991, S. 155-176.
52. Skuse et al., 1997, S. 705-708; Tucker, Luu und Pribram, 1995, S. 191-211; Damasio, 1994; siehe Grafman, Holyoak und Boller, 1995.
53. Skuse et al., 1997, S. 705-708.
54. Tucker, Luu und Pribram, 1995, S. 191-211; Safer, 1981, S. 86-100.
55. Safer, 1981, S. 86-100.
56. Hittelman und Dickes, 1979, S. 171-184; Hall, 1984.
57. McGuinness und Pribram, 1979.
58. Ibd.
59. Mitchell, 1981.
60. Hall, 1984.
61. Rossi und Rossi, 1990.
62. Hall, 1984.
63. Ibd.
64. Maclay und Knipe, 1972.
65. Hall, 1984.
66. Ibd.
67. Weiner und Brown, 1997; Pasternack und Viscio, 1998; Rosener, 1995.
68. Weiner und Brown, 1997, S. 62.
69. Ibd.
70. Postrel, 1997, S. 4 ff.
71. Saporito, 1995, S. 50 ff.
72. Ibd.
73. Passell, 1995, S. A9.
74. Ibd.; Weiner und Brown, 1997.
75. Statistical Abstract of the United States, 1996.
76. United Nations, 1995c.
77. United Nations Development Programme, 1995.
78. Kannapell, 1995, S. C1.
79. Passell, 1995, S. A9.
80. Statistical Abstract of the United States, 1996; Harrington, 1993.
81. Rosener, 1995; Janofsky, 1998, S. B14.
82. Rosener, 1995, S. 132.

83. Rosener, 1995; Janofsky, 1998, S. B14.
84. Harrington, 1993.
85. Rosener, 1995.
86. Statistical Abstract of the United States, 1996.
87. Rosener, 1995, S. 22.
88. Bergmann, 1986.
89. Statistical Abstract of the United States, 1996.
90. Ibd.
91. United Nations, 1995c.
92. *The Economist*, 1997, S. 62.
93. Alexander, 1995, S. 42 ff.
94. *Utne Reader*, 1997, S. 71.
95. Ibd.; *The Economist*, 1997; Pearce, 1997.
96. Pearce, 1997, S. 39.
97. Passell, 1995, S. A9.
98. Crossette, 1998b, S. WK5.
99. Weiner und Brown, 1997.
100. Kishkovsky und Williamson, 1997, S. A12.
101. McCorduck und Ramsey, 1996; Statistical Abstract of the United States, 1996.
102. Buchholz, 1996.
103. Kay und Hagan, 1998, S. 728-743; Epstein, 1981; Epstein et al. 1995, S. 291-449.
104. Epstein, 1981; Epstein et al., 1995.
105. Harrington, 1993; Kay und Hagan, 1998.
106. Ibd.
107. Harrington, 1993.
108. Buchholz, 1996.
109. Harrington, 1993.
110. Ibd., S. 16.
111. Ibd.
112. Ibd.
113. Garry, 1997, S. 10.
114. Dawley, 1997, S. 66E16.
115. Garry, 1997.
116. Dawley, 1997.
117. Johnson, 1995, S. B1.
118. Ibd.
119. Waal, 1982.
120. Ibd.
121. Rosener, 1995.
122. Ibd.
123. Jack und Jack, 1989; Menkel-Meadow, 1985, S. 39; Harrington, 1993; West 1988; S. 1 ff.; Rosener, 1995.

124. Rosener, 1995.
125. Harrington, 1993.
126. Ibd.; Browne 1997, S. 5-86.
127. Songer, Davis und Haire, 1994; S. 425-439.

5. Die Erbinnen des Hippokrates. Frauen als Heilkundige

1. Finerman, 1995.
2. Kleinman, 1980.
3. Finerman, 1995.
4. Nordstrom, 1995, S. 51.
5. Wedenoja, 1995.
6. Strachey, 1918, S. 155.
7. Braus, 1994, S. 40-47.
8. Rossiter, 1995; Braus, 1994.
9. Ibd.
10. *The Economist*, 1996c, S. 23 ff.; Bergmann, 1986; *The Economist*, 1998a, S. 3-15; U. S. Department of Labor, Bureau of Labor Statistics, 1996; Braus, 1994.
11. Ibd.
12. Ibd.
13. Ibd.
14. Ibd.
15. *The Economist*, 1996; Braus, 1986.
16. Gallup Organization, 1996, S. 6.
17. Goleman, 1995a.
18. Hall, 1984; Gottman, 1994.
19. Brody und Hall, 1993, S. 447-460.
20. Ibd.; Swain, 1989; Tavris, 1992, S. 15-25; Stapley und Haviland, 1989, S. 295-308.
21. Swain, 1989; Tavris, 1992.
22. Brody und Hall, 1993.
23. Gottman, 1994.
24. Hatfield und Rapson, 1996.
25. Gallup Organization, 1996.
26. Gottman, 1994.
27. Ibd.
28. Ibd.
29. LeDoux, 1996.
30. Tucker, Luu und Pribram, 1995, S. 191-211; LeDoux, 1996.
31. Cummings, 1995, S. 1-13; Tucker, Luu und Pribram, 1995; Damasio, 1994.
32. Damasio, 1995, S. 241-251; LeDoux, 1996.
33. Damasio, 1995.
34. Damasio, 1994.

35. Ibd.
36. Mlot, 1998, S. 1005 ff.; Tucker, Luu und Pribram, 1995; Damasio, 1994.
37. Pardo, Pardo und Raichle, 1993, S. 713-719; Tucker, Luu und Pribram, 1995; George et al., 1996, S. 859-871.
38. Gottman, 1994.
39. Gardner, 1983.
40. Witkin, 1995.
41. Maccoby und Jacklin, 1974; Hoffman, 1977, S. 712-722; Brody und Hall, 1993.
42. Siehe Browne, 1995, S. 1033.
43. Darwin, 1936, S. 873.
44. George et al., 1996, S. 859-871.
45. Goleman, 1995a, S. C9.
46. Mlot, 1998.
47. Ibd.
48. Brody und Hall, 1993; Goleman, 1995b.
49. Weissman und Olfson, 1995, S. 799 ff.; DSM III R, 1994, S. 317-391; Bower, 1995b, S. 346.
50. Walsh, 1987; Gove, 1987; Johnson, 1987.
51. Johnson, 1987.
52. Bower, 1995b; Gove, 1987.
53. Brody und Hall, 1993.
54. Brody und Hall, 1993; Goleman 1995a; Gottman, 1994.
55. Hoffman, 1977; Hall, 1984.
56. Hall, 1984.
57. Ibd.
58. Stern, 1987.
59. Mead und Newton, 1967.
60. Rossi, 1984, S. 1-19; Katz und Konner, 1981; Frayser, 1985.
61. Rosenblatt, 1995, S. 3-25; Moltz et al., 1970.
62. Pedersen et al., 1992, S. 1-492.
63. Brown et al., 1996, S. 297-309; Cohen, 1996.
64. Wade, 1998; S. A17.
65. Darwin, 1936, S. 873.
66. Drucker, 1992; Stewart, 1997.
67. Rossi, 1984; Katz und Konner, 1981; Frayser, 1985.
68. McGuinness, 1990, S. 315-325.
69. Rosener, 1995; Helgesen, 1990; Duff, 1993.
70. Paine Webber, 1997.
71. Gallup Organization, 1996.
72. McGrew, 1981.
73. Siehe Blum, 1997.
74. Hampson und Kimura, 1988, S. 456-59; Kimura, 1989, S. 63-66.

75. Kimura, 1989, S. 63-66.
76. Kimura, 1987, S. 133-147.
77. McGrew, 1981.
78. Nadler und Braggio, 1974, S. 541-550.
79. Mitchell, 1981.
80. McGuinness und Pribram, 1979; McGuinness, 1985.
81. Ibd.; Kimura, 1992; S. 118-125.
82. Nyborg, 1994; Geary, 1998.
83. Burg, 1966, S. 460-466.
84. Maccoby und Jacklin, 1974.
85. Hedges und Nowell, 1995, S. 41-45; Hyde, Fennema und Lamon, 1990, S. 139-155; Halpern, 1992.
86. Siehe Benbow und Stanley, 1983, S. 1029 ff.; Mann et al., 1990, S. 1063-1077; Witkin und Berry, 1975, S. 4-87.
87. Nyborg, 1994.
88. Janowsky, Oviatt und Orwoll, 1994, S. 325-332.
89. Hampson und Kimura, 1988; Hampson, 1990b, S. 26-43; Hampson, 1990a, S. 97-111.
90. Siehe Nyborg, 1994.
91. Ibd.
92. Nyborg, 1994.
93. Udry, Talbert und Morris, 1986, S. 217-227; Halpern, 1992.
94. Braus, 1994, S. 40-47.
95. Braus, 1994.
96. Ibd.
97. Zuger, 1998b.
98. Ibd., S. WH20.
99. Braus, 1994.
100. Zuger, 1998b, S. WH20.
101. Braus, 1994, S. 44.
102. Zuger, 1998B, S. WH20.
103. Braus, 1994; Redman et al., 1994, S. 361, 368 f.
104. Braus, 1994; Weisman et al., 1986, S. 776 f.
105. Storch, Persönlicher Briefwechsel.
106. Freudenheim, 1997, S. A1 f.
107. Ibd.
108. Ibd.
109. Ibd.
110. Schenck-Yglesias, 1995, S. 18 ff.
111. Weiner und Brown, 1997.
112. House et al., 1988.
113. Ibd.

114. Goleman, 1995a; Ornish, 1998.
115. Ornish, 1998.
116. Barton, 1997, S. 45 ff.
117. Weiner und Brown, 1997.
118. Barton, 1997.
119. Stone, 1997, S. 46.
120. Kolata, 1996, S. A1 f; Duff, 1997; S. B1 f.
121. Heath, 1997, S. 27.
122. Ibd.
123. Dolan, 1996, S. 164 ff.; Smith, 1997, S. 169 ff.
124. Reid, 1995.
125. Ibd.; DeVries, 1985.
126. Ibd.
127. Siehe Trevathan, 1987.
128. Ibd.
129. Trevathan, 1999.
130. Rooks, 1997; Heller, 1997.
131. Braus, 1994, S. 45.

6. Der Führungsstil der Frauen. Frauen in Gesellschaft und Politik

1. Gallup Organization, 1996.
2. McCorduck und Ramsey, 1996; Huber, 1996; Drobis, 1997, S. 281 ff.
3. McCorduck und Ramsey, 1996, S. 262.
4. Gellner, 1994; Greene, 1997, S. 15 f.
5. Greene, 1997, S. 15.
6. Coontz, 1992; Fukuyama, 1995.
7. Tocqueville, 1945, S. 225.
8. Karl, 1995.
9. Ibd.
10. Ibd.
11. Fukuyama, 1995.
12. Karl, 1995, S. 19.
13. Belluck, 1996, S. 1 f.
14. Weiner und Brown, 1997.
15. *Wilson Quarterly*, 1998, S. 126.
16. Weiner und Brown, 1997.
17. Karl, 1995.
18. Von Hoffman, 1997, S. 14.
19. Weiner und Brown, 1997.
20. Drucker, 1992.
21. Drucker, 1992, S. 227.

22. Ibd., S. 231.
23. Fukuyama, 1995.
24. Browne, 1995, S. 973-1106; Rich, 1998; Council on Foundations, 1998, S. 3-6; Bennet, 1998, S. 741-761.
25. Drucker, 1992, S. 207.
26. Roger Pasquier, Persönlicher Briefwechsel.
27. Browne, 1995.
28. Rich, 1998.
29. Ibd.
30. Council on Foundations, 1998.
31. Lemann, 1997, S. 18 ff.; Fitzpatrick und Bruer, 1997, S. 766.
32. Fitzpatrick und Bruer, 1997.
33. Fukuyama, 1995.
34. Samuels, 1995, S. 28.
35. Jacoby, 1997, S. G1 f.
36. Fitzpatrick und Bruer, 1997.
37. Andina und Pillsbury, 1997.
38. *The Economist*, 1997a.
39. Kahn und Jordan, 1995, S. A8.
40. Karl, 1995.
41. Pearce, 1994, S. 17.
42. Masini, 1996, S. 1 ff.
43. Crossette, 1998b, S. WK5.
44. Crossette, 1998a, S. A17.
45. De Palma, 1997, S. A1.
46. Chen, 1996; McCorduck und Ramsey, 1996.
47. Crossette, 1998a, S. A6.
48. Ibd.
49. McCorduck und Ramsey, 1996, S. 126.
50. Greene, 1997, S. 15 f.
51. Lewis, 1998, S. B9.
52. Ibd.
53. Ibd.
54. Ibd.
55. McCorduck und Ramsey, 1996, S. 15.
56. McCorduck und Ramsey, 1996.
57. *The Economist*, 1998, S. 3-15; Doyle, 1998; United Nations Development Programme, 1995.
58. Bergmann, 1986.
59. Doyle, 1998; United Nations Development Programme, 1995; *The Economist*, 1998.
60. Ibd.
61. Ibd.

62. Crossette, 1995a, S. A1.
63. Doyle, 1998; McCorduck und Ramsey, 1996; Bergmann, 1986.
64. Karl, 1995.
65. Doyle, 1998; United Nations Development Programme, 1995.
66. Crossette, 1995b, S. A1; United Nations Development Programme, 1995.
67. United Nations Development Programme, 1995.
68. Ibd.
69. Ibd.
70. Ibd.
71. Seltzer, Newman und Leighton, 1997.
72. Lueptow, Garovich und Lueptow, 1995, S. 509-530; Ayres, 1997, S. A1 ff.
73. McCorduck und Ramsey, 1996.
74. United Nations Development Programme, 1995, S. 83.
75. Whyte, 1978.
76. Fluehr-Lobban, 1979, S. 341-360; Gimbutas, 1989.
77. Murdock, 1949; Goldberg, 1993; Whyte, 1978.
78. Gallup Organization, 1996.
79. Davis und Smith, 1991.
80. Rosener, 1995; Collins, 1998, S. 54 f.
81. Ayres, 1997.
82. Karl, 1995.
83. Lueptow, Garovich und Lueptow, 1995.
84. Ayres, 1997.
85. Collins, 1998.
86. Ibd., S. 56.
87. Gallup Organization, 1996.
88. Whiting und Whiting, 1975; McGuinness und Pribram, 1979; Campbell, 1993.
89. Wrangham und Peterson, 1996.
90. Campbell, 1993; *The Economist*, 1996, S. 23 ff.
91. Wrangham und Peterson, 1996.
92. Daly und Wilson, 1988, S. 291.
93. Wrangham und Peterson, 1996.
94. Campbell, 1993; Zuger, 1998a, S. F1 f.
95. Campbell, 1993.
96. Simon und Landis, 1991.
97. Campbell, 1995, S. 99-123.
98. Smuts, 1986; Fedigan, 1982.
99. Smuts, 1986.
100. Mitchell, 1981; siehe Smuts et al., 1986; Wrangham und Peterson, 1996.
101. Chagnon, 1988, S. 985-992.
102. Gur et al., 1995, S. 528-531.
103. Prentky, 1985, S. 7-55.

104. *The Economist*, 1996; Archer, 1991, S. 1-28; Nyborg, 1994.
105. Verschiedene andere chemische Substanzen stehen ebenfalls mit Aggressivität in Zusammenhang, wie Serotonin (siehe Masters und McGuire, 1994), Monoaminoxidase (Cases et al., 1995, S. 1763-1799), Vasopressin (DeVries et al., 1985, S. 236-254; Koolhass et al., 1990, S. 223-229) und die Mischung aus Androgenen und Östrogenen (Simon und Masters, 1988, S. 291-295).
106. Siehe Karli, 1991.
107. Udry, Talbert und Morris, 1986, S. 217-227; siehe Halpern, 1992.
108. Karl, 1995.
109. Siehe Wrangham und Peterson, 1996.
110. *The Economist*, 1997b, S. 21 ff.
111. Fukuyama und Shulsky, 1997.
112. Ibd.
113. Whyte, 1978; Murdock und Provost, 1973, S. 203-225.
114. Brown, 1991.
115. Lueptow, Garovich und Lueptow, 1995, S. 509-530.
116. Bergmann, 1986; *The Economist*, 1998a; United Nations, 1995.
117. *The Economist*, 1998; United Nations, 1995; United Nations, 1995a.
118. U. S. Department of Labor, Bureau of Labor Statistics, 1996.
119. Statistical Abstract of the United States, 1996.
120. *The Economist*, 1998; United Nations, 1995.
121. Halpern, 1992.
122. Bergmann, 1986.
123. Govier und Bobby, 1994, S. 179-186.
124. Ibd.; Govier und Boden, 1997, S. 27-32.
125. Ibd.
126. Dabbs, 1992, S. 813-824; Dabbs, de la Rue und Williams, 1990, S. 1261-1265; Nyborg, 1994.
127. Udry, Kovenock und Morris, 1992; siehe Edwards und Booth, 1994.
128. Hedges und Nowell, 1995, S. 41-45; Vogel, 1996.
129. *The Economist*, 1996; Statistical Abstract of the United States, 1996; Rossiter 1995; United Nations, 1995.
130. Braus, 1994.
131. Bernstein, 1996.
132. Harrington, 1993.
133. Siehe Nyborg, 1994, S. 101.
134. Nyborg, 1994.
135. United Nations Development Programme, 1995; Bergmann, 1986.
136. Farrell, 1993.
137. Browne, 1995, S. 973-1106.
138. *The Economist*, 1996; Statistical Abstract of the United States, 1996; *The Economist*, 1998.

139. *The Economist*, 1996.
140. Green, 1997.

7. Die Zukunft gehört den Frauen. Wie Frauen die Geschäftswelt verändern

1. *The Economist*, 1996, S. 23 ff.; United Nations, 1995c.
2. Manuelito, Persönlicher Briefwechsel.
3. Friedl, 1975; Sacks, 1979; Sanday, 1973, S. 1682-1700, 1981; Whyte, 1978.
4. Siehe Sanday, 1981, S. 135.
5. Ibd.; Etienne und Leacock, 1980; Dahlberg, 1981; Reiter, 1975; Sacks, 1979; Weiner, 1976; Klein und Ackerman, 1995; Schlegel und Barry, 1986, S. 142-150; Whyte, 1978; Leacock, 1981; Boesrup, 1970; siehe Fisher, 1992.
6. Siehe Klein und Ackerman, 1995, S. 32.
7. Shostak, 1981; Howell, 1979.
8. Slocum, 1975; Sanday, 1981; Whyte, 1978; Leacock, 1981; Fisher, 1992; Lerner, 1986; Maryanski und Turner, 1992.
9. Diamond, 1997, S. 1243 f.
10. Jope, 1956.
11. Ember, 1983, S. 285-304.
12. Hrdy, 1986, S. 119-146.
13. Ember, 1983.
14. Ibd.
15. Whyte, 1978.
16. Engels, 1972; Leacock, 1972; Sanday, 1973; siehe Etienne und Leacock, 1980; siehe Fisher, 1992; Lerner, 1986; Maryanski und Turner, 1992; Burton und White, 1984, S. 568-582; Ember, 1983; Boesrup, 1970.
17. Lerner, 1986.
18. Siehe Fisher, 1992.
19. Darwin, 1871, 1936, S. 873 f.
20. Mosher, 1997, S. A18.
21. McCorduck und Ramsey, 1996.
22. Ibd.
23. Ibd.
24. Bergmann, 1986; *Harper's*, 1997, S. 47-58; Lewin, 1997, S. A1 f.; *The Economist*, 1998, S. 3-15.
25. *The Economist*, 1998.
26. Nash, 1983; siehe Nash und Fernandez-Kelly, 1983.
27. United Nations, 1995a.
28. Drucker, 1992; Stewart, 1997.
29. Richburg, 1997, S. 6 f.
30. United Nations, 1995a.

31. Bergmann, 1986, S. 39.
32. Coontz, 1992.
33. Russel, 1995a, S. 8; Mitchell, 1995, S. 22 f.
34. Dychtwald und Flower, 1989.
35. Benet, 1974.
36. Ibd., S. 54.
37. Ibd.
38. Beidelman, 1971, S. 61.
39. Hamilton, 1970, S. 17-20.
40. Jones und Jones, 1976.
41. Lessa, 1966.
42. Kehoe, 1976, S. 68-76.
43. Roy, 1975.
44. Brown, 1982, S. 23.
45. Ibd.; Amoss, 1981, S. 227-247; Levy, 1967, S. 231-238; Sinclair, 1985, S. 27-46; Quain, 1948; Mead, 1950; Herdt, 1987; Murphy und Murphy, 1974; Srinivas, 1977, S. 221-238; Wolf, 1974, S. 157-172; Mernisi, 1975; siehe Kerns und Brown, 1982.
46. Brown, 1982.
47. Pavelka und Fedigan, 1991, S. 13-38.
48. Funktionierende Eierstöcke produzieren fünf bis 25 Prozent des weiblichen Testosterons, ebenso wie 45 bis sechzig Prozent Androstendion und zwanzig Prozent Dehydroepiandrosteron (Longcope, 1986, S. 213-228; Van Goozen et al., 1997, S. 359-382). Während der Menopause sinkt die Produktion des Östrogens in den Eierstöcken auf ein Zwölftel ihres Normalwerts, während die von den Eierstöcken produzierten Androgene nur um ein Drittel bis die Hälfte absinken (Judd und Fournet, 1994, S. 285-298). Die Nebennierenrinde erzeugt ebenfalls Testosteron, Androstendion und Dehydroepiandrosteron (Van Goozen et al., 1979). Die Erzeugung dieser Androgene geht mit der Menopause gleichfalls zurück. Die Produktion sinkt jedoch nicht so stark wie die der Östrogene in den Eierstöcken (Ganong, 1993; Meldrum et al., 1981, S. 624-628). Auf diese Weise steigt bei Frauen mit zunehmendem Alter auch das Verhältnis von Androgenen zu Östrogenen (Judd und Fournet, 1994).
49. Baucom, Besch und Callahan, 1985, S. 1218-1226.
50. Brody, 1997, S. A25.
51. Williams, 1957, S. 32-39; Alexander, 1974, S. 325-383; Lancaster und King, 1992; Pavelka und Fedigan, 1991; Caro et al., 1995, S. 205-220; Austad, 1994, S. 255-263; Hill und Hurtado, 1991; S. 313-350; Wood, 1990, S. 211-242.
52. Hill und Hurtado, 1991.
53. Lancaster und King, 1992; Walker, 1995, S. 59-71; Takahata, Koyama und Suzuki, 1995, S. 169-180; Caro et al., 1995; Pavelka und Fedigan, 1991.
54. Caro et al., 1995.
55. Lancaster und King, 1992; Pavelka und Fedigan, 1991.

56. Pavelka und Fedigan, 1991.
57. Lancaster und King, 1992; Pavelka und Fedigan, 1991; Caro et al., 1995.
58. Lancaster und King, 1992.
59. Pavelka und Fedigan, 1991.
60. Lancaster und King, 1992; Mayer, 1982, S. 477-494.
61. Russell, 1995, S. 36.
62. Williams, 1957; Alexander, 1974; Gaulin, 1980, S. 227-232; Hamilton, 1966, S. 12-45; Mayer, 1982; Lancaster und King, 1992; Hawkes, O'Connell und Blurton Jones, 1989; Hawkes et al., 1998, S. 1336-1339.
63. Hawkes et al., 1998.
64. Hawkes, O'Connell und Blurton Jones, 1997, S. 551-565.
65. Angier, 1997, S. F1.
66. Die Menopause könnte für die urzeitlichen Frauen ein relativ einfacher Vorgang gewesen sein. Daten heutiger Stammeskulturen verweisen darauf, dass urzeitliche Mütter ihr letztes Kind vermutlich im Alter zwischen 35 und vierzig Jahren geboren und es drei bis vier Jahre gestillt haben (Lancaster und King, 1992). Die Stillhormone Prolactin und Oxytocin könnten die Nebenwirkungen der Menopause überdeckt haben. Zudem waren die Frauen ständig hohen körperlichen Anstrengungen ausgesetzt, ein Faktor, der ebenfalls die Nebenwirkungen der Menopause gedämpft haben könnte. Ferner stillten sie 15 ihrer fortpflanzungsfähigen Jahre lang, waren etwa vier Jahre lang schwanger und erlebten nur fünf Jahre lang einen Menstruationszyklus. Heute verbringen Frauen etwa 35 Jahre im Menstruationszyklus. Dieser Zustand bedingt einen hohen Östrogengehalt (Short, 1984; 1987). Das heutige Hormonprofil, das Stillmuster, die Ernährung und die körperliche Bewegung in unserer Zeit könnten ebenfalls die Nebenwirkungen der Menopause verstärken.
67. Rowe, 1997, S. 367.
68. Kolata, 1996, S. A1 f.; Rimer, 1998, S. A1 f.
69. Rowe, 1997.
70. Wattenberg, 1997, S. 60 ff.
71. Ibd.
72. Pui-Wing, 1998, S. B9C; *The Economist*, 1995, S. 52 ff.
73. Ibd.
74. Navarro, 1997, S. A16.
75. Rosenfeld, 1992, S. 46 ff.
76. Russell, 1996.
77. Ibd., S. 13.
78. Fukuyama, 1998, S. 38.
79. Seltzer, Newman und Leighton, 1997; Russell, 1996.
80. Seltzer, Newman und Leighton, 1997.
81. Siehe ibd.
82. Manza und Brooks, 1998, S. 1235-1266.

83. Seib, 1995, S. A1 f.
84. Seltzer, Newman und Leighton, 1997.
85. Manza und Brooks, 1998.
86. Seltzer, Newman und Leighton, 1997.
87. Ibd.
88. Manza und Brooks, 1998; Seltzer, Newman und Leighton, 1997.
89. Seltzer, Newman und Leighton, 1997.
90. Manza und Brooks, 1998; Seltzer, Newman und Leighton, 1997.
91. Seltzer, Newman und Leighton, 1997.
92. Russell, 1996.
93. Russell, 1996; Seltzer, Newman und Leighton, 1997.
94. Seltzer, Newman und Leighton, 1997.
95. Karl, 1995.
96. Ibd.
97. Russell, 1996.
98. Seltzer, Newman und Leighton, 1997.
99. Russell, 1996.
100. Klein, 1997.

8. Der Sex wird zivilisiert. Die Verweiblichung der Lust

1. Ganong, 1993.
2. Judd und Yen, 1973, S. 475-481; Ganong, 1993.
3. Nyborg, 1994.
4. Sherwin und Gelfand, 1987, S. 397.
5. Sherwin, Gelfand und Brender, 1985, S. 339-351; Sherwin und Gelfand, 1987.
6. Bancroft et al., 1980, S. 327-340; Sherwin, 1988, S. 416-425, 1994, S. 423-430; Persky et al., 1978, S. 157-173.
7. Judd und Yen, 1973; Van Goozen et al., 1997, S. 359-382.
8. Sherwin, 1988; Van Goozen et al., 1997.
9. Edwards und Booth, 1994; Mitchell, 1981.
10. Kinsey et al., 1953; Ford und Beach, 1951.
11. Money, 1997.
12. Ellis und Symons, 1990, S. 527-555.
13. Ibd.
14. Laumann et al., 1994.
15. Ellis und Symons, 1990.
16. Siehe Blum, 1997.
17. Geer und Manguno-Mire, 1996, S. 90-124.
18. Ellis und Symons, 1990.
19. Geer und Manguno-Mire, 1996; Ellis und Symons, 1990.
20. Ellis und Symons, 1990.

21. Siehe ibd.
22. Reinisch und Beasley, 1990.
23. Ibd.; Eibl-Eibesfeldt, 1989; Laumann et al., 1994; Money und Ehrhardt, 1972; Ellis und Symons, 1990; Geer und Manguno-Mire, 1996.
24. Gilfoyle, Wilson und Brown, 1992, S. 209-230; Ellis und Symons, 1990.
25. Ibd.
26. Barash und Lipton, 1997; Wilson und Land, 1981, S. 343-346.
27. Laumann et al., 1994.
28. Eibl-Eibesfeldt, 1989.
29. Ibd.
30. Darling, Davidson und Cox, 1991, S. 3-21.
31. Siehe Geer und Manguno-Mire, 1996.
32. Witkin, 1995.
33. Oliver und Hyde, 1993, S. 29-51; Laumann et al., 1994; Geer und Manguno-Mire, 1996.
34. Kinsey, Pomeroy und Martin, 1948; Kinsey et al., 1953.
35. Reinisch und Beasley, 1990.
36. Laumann et al., 1994.
37. Siehe DeLamater, 1995, S. 501 ff.; Cherlin, 1995, S. 293-296; Presser, 1995, S. 296 ff.; Chancer, 1995, S. 298-302.
38. Laumann et al., 1994.
39. Ibd.
40. Oliver und Hyde, 1993.
41. Laumann et al., 1994; Einon, 1994, S. 131-143.
42. Sherfey, 1972.
43. Money, 1997; Sherfey, 1972.
44. Kinsey et al., 1953.
45. Witkin, 1995.
46. Ellis und Symons, 1990.
47. Siehe Hatfield und Rapson, 1996; Fowlkes, 1994.
48. Metts und Cupach, 1991, S. 139-161; Laumann et al., 1994.
49. Witkin, 1995, S. 46.
50. Edwards und Booth, 1994; Kinsey et al., 1953.
51. Hällström und Samuelsson, 1990, S. 259-268.
52. Levy, 1994; Hällström und Samuelsson, 1990.
53. Hällström, 1979, S. 165-175; Channon und Ballinger, 1986, S. 173 ff.; Pfeiffer und Davis, 1972, S. 151-158; Pfeiffer, Verwoerdt und Wang, 1969, S. 193 ff.
54. Tavris und Sadd, 1977.
55. Judd und Fournet, 1994, S. 285-298.
56. Masters und Johnson, 1966; Edwards und Booth, 1994.
57. Trivers, 1972, S. 136-179; Symons, 1979; Buss, 1994.
58. Bellis und Baker, 1990, S. 997 ff.

59. Hrdy, 1981; Smith, 1984, S. 601-659; Hill und Kaplan, 1988, S. 177-305; Fisher, 1992; Smuts, 1992, S. 1-44; Parker, 1970, S. 525-567; Benshoof und Thornhill, 1979, S. 95-106.
60. Hrdy, 1981; Smuts, 1992; Wilson und Daly, 1992.
61. Einon, 1994, S. 131-143.
62. Bullough und Bullough, 1996, S. 158-180.
63. Ibd.
64. Gilfoyle, 1992.
65. Einon, 1994.
66. Burley und Symanski, 1981, S. 239-274; Smith, 1984, S. 601-659; Symons, 1979; Buss, 1994.
67. Bullough und Bullough, 1996, S. 171.
68. Laumann et al., 1994.
69. DeLamater, 1995; Cherlin, 1995, S. 293-296; Laumann et al., 1994.
70. Hatfield und Rapson, 1996.
71. Pattatucci und Hamer, 1995, S. 407-420.
72. Laumann et al., 1994; Coleman, 1985, S. 87 ff.; Fowlkes, 1994, S. 168.
73. Bell und Weinberg, 1978.
74. Siehe Blum, 1997, S. 139.
75. Danielsson, 1956.
76. Siehe Fisher, 1992; Posner, 1992.
77. Siehe Stone, 1977, 1990.
78. Tissot, 1766/1985.
79. Posner, 1992.
80. Laumann et al., 1994.
81. Darling, Davidson und Cox, 1991; Fisher, 1980, S. 27-35.
82. Blumstein und Schwartz, 1983.
83. Edwards und Booth, 1994.
84. Faison, 1998a, S. A4.
85. Posner, 1992.
86. Abelson, 1995, S. 895.
87. Oliver und Hyde, 1993, S. 29-51; Kantner und Zelnik, 1972, S. 9-18; Udry, Baumann und Morris, 1975, S. 783-787.
88. Davis und Smith, 1991.
89. Buss, 1989, S. 1-49.
90. Liu, Ng und Chou, 1992.
91. Schlegel und Barry, 1991.
92. Siehe Ford und Beach, 1951.
93. Money, 1997.
94. Ibd.
95. Rossi, 1994; Eveleth, 1986.
96. Lancaster und King, 1985; Short, 1984, S. 42-72, 1987, S. 207-217.

97. Eveleth, 1986.
98. Posner, 1992; Laumann et al., 1994.
99. Smith, 1994.
100. Posner, 1992.
101. Smith, 1994.
102. Posner, 1992.
103. Ibd.
104. Francoeur, 1996, S. 136.
105. Gabriel, 1996, S. C1 f.
106. Harmon, 1997.
107. Posner, 1992.
108. McGinley, Persönlicher Briefwechsel.
109. Davis und Smith, 1987.
110. Posner, 1992.
111. Smith, 1994.
112. Paludi und Barickman, 1991.
113. Ibd.
114. Ibd.; Web, 1991.
115. McCorduck und Ramsey, 1996.
116. Weiss, 1998, S. 43-47.
117. Web, 1991.
118. Brown, 1991.
119. Siehe Fisher, 1992.
120. Buss, 1994, S. 145.
121. Buss, 1994; Abbey, 1982, S. 830-838.
122. Geer und Bellard, 1996, S. 379-395.
123. Web, 1991.
124. Browne, 1997, S. 5-86.
125. Weiss, 1998, S. 47.
126. Weiss, 1998.
127. Ibd.

9. Romantik. Liebe im 21. Jahrhundert

1. Tennov, 1979.
2. Jankowiak, 1995.
3. Wolkstein, 1991.
4. Tennov, 1979.
5. Harris, 1995, S. 114.
6. Singer, 1987.
7. Stendhal, 1915.
8. Douglass und Atwell, 1988.

9. Harris, 1995, S. 113.
10. Plotnicov, 1995; Hatfield und Rapson, 1996; Tennov, 1979.
11. Davis und Davis, 1995.
12. Tennov, 1979; Hatfield und Rapson, 1996.
13. Jankowiak, 1995.
14. Bell, 1995.
15. Liebowitz, 1983; Fisher, 1998, S. 23-52.
16. Wise, 1988; siehe Fisher 1998, S. 23-52.
17. Siehe Fisher, 1998.
18. Ibd.
19. Ibd.
20. Ibd.
21. Ibd.
22. Ibd.
23. Darwin, 1871/1936, S. 745.
24. Beach, 1976, S. 24.
25. Hatfield und Rapson, 1996; Tennov, 1979.
26. Buss, 1994.
27. Harrison und Saaed, 1977, S. 257-264.
28. Buss, 1994; Symons, 1979; Williams, 1975.
29. Barber, 1995.
30. Symons, 1989, S. 34 f.
31. Siehe Barber, 1995; Singh, 1993, S. 293-307.
32. Dion und Dion, 1985; Peplau und Gordon, 1985; Tennov, 1979.
33. Buss, 1994.
34. Sadalla, Kenrick und Vershure, 1987, S. 730-738.
35. Kenrick et al., 1990, S. 97-116.
36. Barber, 1993.
37. Ibd.
38. Ellis, 1992; Buss, 1994.
39. Gregor, 1985.
40. Buss, 1994.
41. Tennov, 1979.
42. Hopkins, 1994, S. 20.
43. Harris, 1995.
44. Dluzen et al., 1981.
45. Tennov, 1979; Hatfield, 1988.
46. Viederman, 1988, S. 1-14.
47. Shepher, 1971, S. 293-307; Spiro, 1958; Fox, 1980.
48. Wedekind et al., 1995, S. 245-249.
49. Berreby, 1998, S. F2.
50. Money, 1997.

51. Frayser, 1985; Friedl, 1975.
52. Money, 1997.
53. Ibd.
54. Hatfield und Rapson, 1996.
55. Siehe Money, 1997, S. 144.
56. Stone, 1988, S. 15-26.
57. Hatfield und Rapson, 1996.
58. Stone, 1988.
59. Ibd.
60. Ibd.; Stone, 1990; Goode, 1982.
61. Kephart, 1967, S. 470-479.
62. Allgeier und Wiederman, 1991, S. 25 ff.
63. Simpson, Campbell und Bersheid, 1986, S. 363-372; Cancian, 1987.
64. Mace und Mace, 1980; Jankowiak, 1995.
65. Collins und Gregor, 1995.
66. Jankowiak, 1995.
67. Yang, 1959, S. 221.
68. Jankowiak, 1995a.
69. Levine et al., 1994, S. 31.
70. Buss, 1989, 1994.
71. Prakasa und Rao, 1979, S. 11-31.
72. Ibd.; Rosenblatt und Anderson, 1981, S. 215-250.
73. Siehe Hatfield und Rapson, 1996.
74. Lancaster und Kaplan, 1994.
75. Jehl, 1997, S. A4.
76. Murstein, 1972, S. 8-12; Buss, 1985, S. 47-51; Hatfield und Sprecher, 1986; Rushton, 1989, S. 31 f.
77. Byrne, Clore und Smeaton, 1986, S. 1167-1170; Cappella und Palmer, 1990, S. 161-183; Lykken und Tellegen, 1993, S. 56-68.
78. Laumann et al., 1994; Lind, 1998, S. 38 f.
79. Siehe Buss, 1994; siehe Thiessen, Young und Burroughs, 1993, S. 209-229.
80. Buss, 1994; Wiederman und Allgeier, 1992, S. 115-124; Townsend, 1989, S. 241-253.
81. Buss, 1994.
82. Laumann et al., 1994.
83. Associated Press, 1997, S. A15.
84. Harry, 1983, S. 216-234.
85. Blumstein und Schwartz, 1990, S. 307-320.
86. Bell und Weinberg, 1978; Fowlkes, 1994.
87. Peplau und Cochran, 1990; Fowlkes, 1994.
88. Laumann et al., 1994.
89. Purdy, 1995, S. A16.
90. Kankakee (Ill.), *Daily Journal*, 1998, S. B7.

91. Knox, 1970, S. 151-157.
92. Hines, 1998, S. 24.
93. Buss, 1994; White, 1981, S. 129-147; Buunk und Hupka, 1987, S. 12-22.
94. Buunk und Hupka, 1987.
95. Buss, 1994.
96. Ibd.
97. Ibd.; siehe Geary et al., 1995, S. 355-383.
98. Buss, 1994; Daly und Wilson, 1988; United Nations Development Programme, 1995c; Wilson und Daly, 1992, S. 289-326; Daly, Wilson und Weghorst, 1982, S. 11-27.
99. Sheets, Fredendall und Claypool, 1997, S. 387-402.
100. Baumeister, Wotman und Stillwell, 1993, S. 377-391.
101. Jankowiak, 1995a, S. 179.
102. Harris, 1995, S. 113.
103. Baumeister, Wotman und Stillwell, 1993.
104. Walster und Walster, 1978.
105. Hill, Rubin und Peplau, 1976, S. 147-168.
106. Gugliotta, 1997, S. 35; Meloy, 1998.
107. Meloy, 1998.
108. Ibd.; Walker und Meloy, 1998, S. 37 f.
109. Gugliotta, 1997.
110. Peele und Brodsky, 1975; Halpern, 1982; Griffin-Shelley, 1991.
111. Hendrick und Hendrick, 1986, S. 392-402.
112. Sprecher et al., 1994.
113. Tavris, 1992.
114. Cancian, 1987.

10. Ehen zwischen Gleichgestellten. Die Reformierung einer Institution

1. Bruce et al., 1995; Goode, 1993.
2. Fisher, 1989, S. 331-354; siehe Fisher, 1992.
3. Coontz, 1992.
4. Furstenberg, 1996, S. 34 ff.
5. Furstenberg, 1996.
6. Lindholm, 1995, S. 60.
7. Ibd.
8. Bowlby, 1969, 1973, 1980.
9. Carter et al., 1997, S. 260-272.
10. Winslow et al., 1993, S. 545-548.
11. Pedersen et al., 1992, S. 1-492.
12. Ibd.
13. Insel, Young und Wang, 1997, S. 302-316.

14. Morell, 1998, S. 1983.
15. Damasio, 1994.
16. Booth und Dabbs, 1993, S. 463-477.
17. Ibd.
18. Ibd.
19. Siehe Blum, 1997.
20. Wingfield, 1994, S. 303-330.
21. Schwartz, 1994.
22. Stone, 1990; Cancian, 1987.
23. Schwartz, 1994; Stone, 1990; Posner, 1992.
24. Shellenbarger, 1996, S. B1 f.
25. Posner, 1992; Schwartz, 1994; Stone, 1977.
26. Furstenberg, 1996.
27. Cancian, 1987; Stone, 1990.
28. Tavris, 1992, S. 15-25.
29. Siehe Tavris, 1992.
30. Siehe Mitchell, 1981.
31. Tannen, 1990.
32. Tavris, 1992.
33. Tannen, 1994.
34. Tavris, 1992.
35. Hatfield und Rapson, 1996.
36. Tavris, 1992; Riessman, 1990; Gottman, 1994.
37. Buss, 1988.
38. Cancian, 1987, S. 77.
39. Buss, 1988.
40. Cancian, 1987; Tavris, 1992.
41. Cancian, 1987.
42. Stone, 1977, 1990; Posner, 1992; Cancian, 1987.
43. Cancian, 1987; Hatfield und Rapson, 1996.
44. Cancian, 1986, S. 692-709; Tavris, 1992, 1997, S. A29; Swain, 1989.
45. Tornstam, 1992, S. 197-217.
46. Cleveland, 1981.
47. Nyborg, 1994.
48. Fisher, 1998, S. 23-52.
49. Laumann et al., 1994.
50. Blumstein und Schwartz, 1983; Thompson, 1983, S. 1-22; Gangestad und Thornhill, 1997, S. 69-88.
51. Fisher, 1992.
52. Gregor, 1985.
53. Frayser, 1985; Daly, Wilson und Weghorst, 1982, S. 11-27; Wilson und Daly, 1992, S. 289-326; siehe Fisher, 1992.

54. Black, 1996; Wittenberger und Tilson, 1980; Mock und Fujioka, 1990, S. 39-43.
55. Morell, 1998, S. 1982 f.
56. Moller, 1987, S. 92-104.
57. Morell, 1998.
58. Milius, 1998, S. 153.
59. Siehe Black, 1996; Morell, 1998.
60. Morell, 1998.
61. Benshoof und Thornhill, 1979, S. 95-106; Symons, 1979; Hrdy, 1981, S. 601-659; Smith, 1984; Fisher, 1992; siehe Wilson und Daly, 1992.
62. Bellis und Baker, 1990, S. 997 ff.
63. Siehe Fisher, 1992.
64. Glass und Wright, 1992, S. 361-387; Hatfield und Rapson, 1996.
65. Spanier und Margolis, 1993, S. 23-48.
66. Glass und Wright, 1985.
67. Lawson, 1988; siehe Hatfield und Rapson, 1996.
68. Buss, 1994.
69. Ibd.
70. Daly und Wilson, 1988; Wilson und Daly, 1992; Daly, Wilson und Weghorst, 1982; United Nations Development Programme, 1995.
71. Betzig, 1989, S. 654-676.
72. Buss, 1994; siehe Geary et al., 1995, S. 355-383.
73. Shettel-Neuber, Bryson und Young, 1978, S. 612-615.
74. Nadler und Dotan, 1992, S. 293-310.
75. Blumstein und Schwartz, 1983.
76. Laumann et al., 1994.
77. Posner, 1992.
78. Roiphe, 1997, S. 54 f.
79. Daly, Wilson und Weghorst, 1982; Wilson und Daly, 1992; Daly und Wilson, 1988.
80. Stone, 1990.
81. Hatfield und Rapson, 1996.
82. Fisher, 1992.
83. Betzig, 1989.
84. Betzig, 1989; Frayser, 1985; Buckle, Gallup und Rodd, 1996, S. 363-377.
85. Kerber, 1994, S. 283-297.
86. Belsky, Steinberg und Draper, 1991, S. 647-670; Draper und Belsky, 1990, S. 141-162; Hill, Young und Nord, 1994, S. 323-338.
87. Beach und Tesser, 1988.
88. Fisher, 1989, 1992, 1994, S. 58-64.
89. Fisher, 1992; Black, 1996.
90. Pope und Mueller, 1979; McGue und Lykken, 1992, S. 368-373.
91. Siehe Fisher, 1992; Gottman, 1994; Goode, 1993; Belsky, Steinberg und Draper, 1991, S. 647-670; Stone, 1990.

92. Fisher, 1992; Gottman, 1994.
93. Gottman, 1994.
94. Goode, 1993.
95. Gottman, 1994.
96. Cherlin, 1981; Levitan, Belous und Gallo, 1988; Glick, 1975; Trent und South, 1989, S. 391-404; Furstenberg, 1996; Espenshade, 1985, S. 193-245; Fisher, 1992.
97. Furstenberg, 1996.
98. Gottman, 1994; Milbank, 1996, S. A1 f.
99. Fisher, 1992.
100. Judith Bruce et al., 1995.
101. *Futurific*, 1994, S. 23 ff.
102. Bruce et al., 1995.
103. Lewin, 1995; Bruce et al., 1995; Goode, 1993.
104. Goode, 1993; siehe Fisher, 1992.
105. Siehe Fischer, 1992.
106. Wysocki, 1996, S. A1 f.; Bruce et al., 1995.
107. Martin und Bumpass, 1989, S. 37-51.
108. Hill, Rubin und Peplau, 1979, S. 64-82.
109. Baxter, 1984, S. 29-48; Cupach und Metts, 1986, S. 311-334.
110. Hill, Rubin und Peplau, 1979.
111. Taffel, 1990, S. 49-53.
112. Siehe Tavris, 1992.
113. Ibd.
114. Barbee, Gulley und Cunningham, 1990, S. 531-540; Duck, 1991; Cladwell und Peplau, 1982, S. 721-732; Cancian, 1987.
115. Ahern und Bailey, 1996; Cancian, 1987.
116. Hill, Rubin und Peplau, 1979; Stroebe und Stroebe, 1987; Cancian, 1987; Ahern und Bailey, 1996.
117. Gottman, 1994; Cancian, 1987; Angier, 1998, S. WH10.
118. Ibd.
119. Bernard, 1972; Kelly, 1982, S. 304-337; Edwards und Booth, 1994, S. 255.
120. Gottman, 1994.
121. Goode, 1993.
122. Gottman, 1994; Tsubouchi, 1984.
123. Glick, 1984; Gottman, 1994; Goode, 1993.
124. Rosewicz, 1996, S. B1 f.
125. Ibd.
126. Bruce et al., 1995; Cancian, 1987.
127. Mitchell, 1995, S. 22 f.; Bruce et al., 1995.
128. Bruce et al., 1995.
129. Gottman, 1994.
130. Bruce et al., 1995; Goode, 1993; Furstenberg, 1996; Popenoe, 1996.

131. *Wilson Quarterly*, 1997; Russell, 1995, S. 8.
132. Russell, 1995a, S. 22-41.
133. Bruce et al., 1995.
134. Coontz, 1992.
135. Ibd.; Furstenberg, 1996; Coontz und Franklin, 1997, S. A23.
136. Coontz, 1992; Stacey, 1991.
137. Stone, 1990.
138. Ibd.; Coontz, 1992.
139. Rossi und Rossi, 1990.
140. Ibd.
141. Ibd.; Coontz, 1992.
142. Rossi und Rossi, 1990; Salmon und Daly, 1995, S. 289-297; Schneider und Cottrell, 1975; Cancian, 1987.
143. Salmon und Daly, 1996; Rossi und Rossi, 1990.
144. Rossi und Rossi, 1990.
145. Weitzman, 1985.
146. Rossi und Rossi, 1990, S. 207.
147. Pedersen-Pietersen, 1997, S. F11.
148. Ahern und Bailey, 1996.
149. Viorst, 1986, S. 54.
150. Siehe Coontz, 1992, S. 21.
151. Ahern und Bailey, 1996.
152. Popenoe, 1996.
153. Ahern und Bailey, 1996.
154. Bruce et al., 1995.
155. Stone, 1988, S. 21, 1990; Goode, 1993; Coontz, 1994.
156. Stone, 1990; Coontz, 1992.
157. Ibd.

11. Die Team-Gesellschaft. Der Sieg der Gleichstellung

1. Drucker, 1997, S. 20 ff.
2. Wattenberg, 1997, S. 60 ff.; Specter, 1998, S. A1.
3. Wattenberg, 1997, S. 60 ff.
4. Lancaster, 1994; Lockard und Adams, 1981, S. 177-186.
5. Trivers und Willard, 1973, S. 249-253; siehe Hrdy, 1987.
6. Dickemann, 1979, 1992; Barash und Lipton, 1997.
7. Lavia Betzig, Persönlicher Briefwechsel.
8. Eckholm, 1998, S. A1 f.
9. Mitchell, 1995, S. 22 ff.
10. Ibd.

BIBLIOGRAFIE

Abbey, A., 1982. »Sex differences in attributions for friendly behavior: Do males misperceive females' friendliness?« *Journal of Personality and Social Psychology* 42:830-838.

Abelson, P. H., 1995. »Great Transitions.« Leitartikel. *Science*, 10. November, 895.

Agor, W. H., 1986. *The logic of intuitive decision making: A research-based approach to top management.* Westport, Connecticut: Quorum Books.

Ahern, S., und K. G. Bailey, 1996. *Family by choice: Creating family in a world of strangers.* Minneapolis: Fairview Press.

Alexander, M., 1995. »Vacation for the spirit.« *Winning Strategies* (Herbst): 42 ff.

Alexander, Richard D., 1974. »The evolution of social behavior.« *Annual Review of Ecology and Systematics* 5:325-383.

Allen, Laura S., und Roger A. Gorski, 1991. »Sexual dimorphism of the anterior commissure and the massa intermedia of the human brain.« *Journal of Comparative Neurology* 312:97-104.

Allen, Laura S., Mark F. Richey, Yee M. Chai und Roger A. Gorski, 1991. »Sex differences in the corpus callosum of the living human being.« *The Journal of Neuroscience* 11(4):933-942.

Allgeier E. R., und M. W. Wiederman, 1991. »Love and mate selection in the 1990s.« *Free Inquiry* 11:25-27.

Amoss, P. T., 1981. »Coastal Salish elders«. In *Other ways of growing old: Anthropological perspectives,* hg. von P. T. Amoss und S. Harrell. Standford, Kalifornien: Stanford University Press.

Andina, M., und B. Pillsbury, 1997. Trust: A new approach to women's empowerment. Die Studie wurde am 18. März beim Jahrestreffen der Population Association of America in Washington, D. C. vorgestellt.

Angier, Natalie, 1995. »Does testosterone equal aggression? Maybe not.« *New York Times*, 20. Juni, C1, 3.

–, 1995a. »For baboons, rising to top has big cost in fertility.« *New York Times*, 10. Januar, C1, 5.

–, 1995b. »Status isn't everything, at least for monkeys.« *New York Times*, 18. April, C1, 6.

–, 1996. »Variant gene tied to a love of new thrills.« *New York Times*, 2. Januar, A1 f.

–, 1997. »Theorists see evolutionary advantages in menopause.« *New York Times*, 16. September, F1.

–, 1998. »Men. Are women better off with them, or without them?« *New York Times*, 21. Juni, WH10.

Applebome, P., 1996. »New choices for parents are starting to change U. S. education landscape.« *New York Times*, 4. September, B7.

Archer, John, 1991. »The influence of testosterone on human aggression.« *British Journal of Psychology* 82:1-28.
Associated Press, 1997. »Bride finds her husband is a woman.« *New York Times*, 13. Januar, A15.
Auletta, K., 1998. »In the company of women.« *The New Yorker*, 20. April, 72-78.
Austad, Steven N., 1994. »Menopause: An evolutionary perspective.« *Experimental Gerontology* 29(3/4):255-263.
Ayres, B. D., 1997. »Women in Washington statehouse lead U. S. tide.« *New York Times*, 14. April, A1 ff.
Babchuk, W. A., R. B. Hames und R. A. Thompson, 1983. »Sex differences in the recognition of infant facial expressions of emotion: The primary caretaker hypothesis.« *Ethology and Sociobiology* 6:89-102.
Baker, Kate C., und Barbara B. Smuts, 1994. »Social relations of female chimpanzees: Diversity between captive social groups.« In *Chimpanzee cultures*, hg. von R. Wrangham et al. Cambridge, Massachusetts: Harvard University Press.
Baker, R. R., und M. A. Bellis, 1995. *Human sperm competition: Copulation, masturbation and infidelity*. London: Chopman and Hall. (dt. Titel: *Krieg der Spermien*, Berg.-Gladb.: Lübbe, 1999.)
Bancroft, J., D. Sanders, D. Davidson und P. Warner, 1983. »Mood, sexuality, hormones, and the menstrual cycle. III. Sexuality and the role of androgens.« *Psychosomatic Medicine* 45:509-516.
Bancroft, J., D. W. Davidson, P. Warner und G. Tyrer, 1980. »Androgens and sexual behavior in women using oral contraceptives.« *Journal of Clinical Endocrinology* 12:327-340.
Barash, D. P., und J. E. Lipton, 1997. *Making sense of sex. How genes and gender influence our relationships*. Washington D. C.: Island Press.
Barbee, A. P., M. R. Gulley und M. R. Cunningham, 1990. »Support seeking in personal relationships.« *Journal of Social and Personal Relationships* 7:531-540.
Barber, N., 1993. »The evolutionary psychology of physical attractiveness: Sexual selection and human morphology.« *Ethology and Sociobiology* 16:395-424.
Barchas, P. R., W. A. Harris, W. S. Jose II und E. A. Raso, 1984. »Social interaction and the brain's lateralization of hemispheric function.« In *Social cohesion: Essays towards a sociophysiological perspective*, hg. von P. R. Barchas und S. P. Mendoza. Westport, Connecticut: Greenwood Press.
Barret-Connor, E., und D. Kritz-Silverstein, 1993. »Estrogen replacement therapy and cognitive function on older women.« *Journal of the American Medical Association* 269:2637-2641.
Barton, L., 1997. »A shoulder to lean on: Assisted living in the U. S.« *American Demographics* (Juli): 45 ff.
Baucom, D., P. Besch und S. Callahan, 1985. »Relation between testosterone concentration, sex role identity, and personality among females.« *Journal of Personality and Social Psychology* 48:1218-1226.

Baumeister, R. F., S. R. Wotman und A. M. Stillwell, 1993. »Unrequited love: On heartbreak, anger, guilt, scriptlessness, and humiliation.« *Journal of Personality and Social Psychology* 64:377-394.

Baxter, L. A., 1984. »Trajectories of relationship disengagement.« *Journal of Social and Personal Relationships* 1:29-48.

Beach, Frank A., 1948. *Hormones and behavior: A survey of interrelationships between endocrine secretions and patterns of overt response.* New York: Paul B. Hoeber, Inc.

–, 1976. »Sexual attractivity, proceptivity, and receptivity in female mammals.« *Hormones and Behavior* 7:105-138.

Beach, S. R. H., und A. Tesser, 1988. »Love in marriage: A cognitive account.« In *The psychology of love*, hg. von R. J. Sternberg und M. L. Barnes. New Haven, Connecticut: Yale University Press.

Bechara, A., H. Damasio, D. Tranel und A. R. Damasio, 1997. »Deciding advantageously before knowing the advantageous strategy.« *Science* 275:1293 ff.

Beidelman, T. O., 1971. *The Kaguru: A matrilineal people of East Africa.* New York: Holt, Rinehart and Winston.

Bell, A. P., und M. S. Weinberg, 1978. *Homosexualities: A study of diversity among men and women.* New York: Simon and Schuster.

Bell, J., 1995. Notions of love and romance among the Taita of Kenya. In *Romantic passion: A universal experience?*, hg. von W. Jankowiak. New York: Columbia University Press.

Bellis, M. A., und R. R. Baker, 1990. »Do females promote sperm competition?: Data for humans.« *Animal Behaviour* 40:997 ff.

Belluck, Pam, 1996. »In an era of shrinking budgets, community groups blossom.« *New York Times*, 25. Februar, 1 f.

Belsky, J., L. Steinberg und P. Draper, 1991. »Childhood experience, interpersonal development, and reproductive strategy: An evolutionary theory of socialization.« *Child Development* 62:647-670.

Benbow, Camilla, 1988. »Sex differences in mathematical reasoning ability in intellectually talented preadolescents: Their nature, effects, and possible causes.« *Behavioral and Brain Sciences* 11 (2): 169-183.

Benbow, C. P., und J. C. Stanley, 1983. »Sex difference in mathematical reasoning ability: More facts.« *Science* 22:1029 ff.

Benderley, Beryl Lieff, 1989. »Intuition.« *Psychology Today* (September):35-40.

Benet, Sula, 1974. *Abkhasians. The long-living people of the Caucasus.* New York: Holt, Rinehart and Winston.

Bennett, W. L., 1998. »The uncivic culture: Communication, identity, and the rise of lifestyle politics.« *Political Science and Politics* 31 (4):741-761.

Benshoof, L., und R. Thornhill, 1979. »The evolution of monogamy and concealed ovulation in humans.« *Journal of Social and Biological Structures* 2:95-106.

Berenbaum, Sheri A., und Melissa Hines, 1992. »Early androgens are related to childhood sex-typed toy preferences.« *Psychological Science* 3 (3):202-206.

Bergmann, B. R., 1986. *The economic emergence of women.* New York: Basic Books.
Bernard, J., 1972. *The future of marriage.* New York: World.
Bernstein, N., 1996. »Study says equality eludes most women in law firms.« *New York Times*, 8. Januar.
Berreby, D., 1998. »Studies explore love and the sweaty t-shirt.« *New York Times*, 9. Juni, F2.
Betzig, L., 1998. *Despotism and differential reproduction: A Darwinian view of history.* Hawthorne, New York: Aldine de Gruyter.
–, 1989. »Causes of conjugal dissolution: A cross cultural study.« *Current Anthropology* 30: 654-676.
Bever, Thomas, 1992. »The logical and extrinsic sources of modularity.« In *Modularity and constraints in language and cognition*, hg. von M. Gunnar und M. Maratsos, Hillsdale, New Jersey: Lawrence Erlbaum and Associates.
Birch, H., und G. Clark, 1946. »Hormonal modifications of social behavior. II. The effects of sex hormone administration on the social dominance status of the female castrate chimpanzee.« *Psychosomatic Medicine* 8:320-331.
Bjorkvist, K., K. Lagerspetz und A. Kaukiainen, 1992. »Do girls manipulate and boys fight? Developmental trends regarding direct and indirect aggression.« *Aggressive Behavior* 18:117-127.
Black, J. M., Hg., 1996. *Partnerships in birds: The study of monogamy.* New York: Oxford University Press.
Blakeslee, Sandra, 1992. »Why don't men ask directions? They don't feel lost.« *New York Times*, 26. Mai, C1, 5.
Blum, D., 1997. *Sex on the brain: The biological differences between men and women.* New York: Viking.
Blumstein, P., und P. Schwartz, 1983. *American couples.* New York: William Morrow.
–, 1990. »Intimate relationships and the creation of sexuality.« In *Homosexuality/heterosexuality: Concepts of sexual orientation*, hg. von P. McWhirter, S. Sanders und J. Reinisch. Band 2 der Kinsey Institute Series. New York: Oxford University Press.
Boller, F., L. Traykov, M. H. Dao-Castellana, A. Fontaine-Dabernard, M. Zilbovicius, G. Rancurel, S. Pappata und Y. Samson, 1995. »Cognitive functioning in ›diffuse‹ pathology: Role of prefrontal and limbic structures.« In »Structure and functions of the human prefrontal cortex«, hg. von J. Grafman, K. J. Holyoak und F. Boller. *Annals of the New York Academy of Sciences* 769:23-39.
Booth, A., und J. M. Dabbs, 1993. »Testosterone and men's marriages.« *Social Forces* 72(2):463-477.
Booth, A., G. Shelley, A. Mazur, G. Tharp und R. Kittok, 1989. »Testosterone, and winning and losing in human competition.« *Hormones and Behavior* 23:556-571.
Boserup, E., 1970. *Women's role in economic development.* New York: St. Martin's Press.
Bower, Bruce, 1995. »Depression: Rates in women, men ...« *Science News* 147:346.
Bowlby, J., 1969. *Attachment and Loss: Attachment.* Band 1. New York: Basic Books.

(dt. Titel: *Das Glück und die Trauer. Herstellung und Lösung affektiver Bindungen*. Band 1. Stuttgart: Klett-Cotta, 1982.)
–, 1973. *Attachment and loss: Separation*. Band 2. New York: Basic Books.
–, 1980. *Attachment and loss: Loss*. Band 3. New York: Basic Books.
Braus, P., 1994. »How women will change medicine.« *American Demographics* (November):40-47.
Brody, J. E., 1997. »Study says designed estrogen may be risk free.« *New York Times*, 4. Dezember, A25.
–, 1997. »When eyes betray color vision.« *New York Times*, 21. Oktober, F9.
Brody, Leslie R., und Judith A. Hall, 1993. »Gender and emotion.« In *Handbook of emotions*, hg. von Michael Lewis und Jeanette Haviland. New York: Guilford Press.
Broude, G. J., und S. J. Green, 1983. »Cross-cultural codes on husband-wife relationships.« *Ethology* 22:273 f.
Brown, D. E., 1991. *Human universals*. Philadelphia: Philadelphia University Press.
Brown, Judith K., 1982. »Lives of middle-aged women.« In *In her prime: New views of middle-aged women*, hg. von Virginia Kerns und Judith K. Brown. Urbana: University of Illinois Press.
Brown, J. R., H. Ye, R. T. Bronson, P. Dikkes und M. E. Greenberg, 1996. »A defect in nurturing in mice lacking the immediate early gene fosB.« *Cell* 86:297:309.
Brown, Lyn Mikel, und Carol Gilligan, 1992. *Meeting at the Crossroads: Women's psychology and girl's development*. Cambridge, Massachusetts: Harvard University Press.(dt. Titel: *Die verlorene Stimme. Wendepunkte in der Entwicklung von Mädchen und Frauen*, München: dtv, 1997.)
Browne, Kingsley R., 1995. »Sex and temperament in modern society: A Darwinian view of the glass ceiling and the gender gap.« *Arizona Law Review* 37 (4):973-1106.
–, 1997. »An evolutionary perspective on sexual harassment: Seeking roots in biology rather than ideology.« *Journal of Contemporary Legal Issues* 8:5-86.
Brownmiller, S., 1975. *Against our will: Men, women and rape*. New York: Simon and Schuster.
Bruce, Judith, Cynthia B. Lloyd und Ann Leonard, mit Patrice L. Engle und Niev Duffy, 1995. *Families in focus: New perspectives on mothers, fathers, and children*. New York: The Population Council.
Buchholz, B. B., 1996. »Slow gains for women who would be partners.« *New York Times*, 23. Juni.
Buckle, L., G. G. Gallup Jr., und Z. A. Rodd, 1996. »Marriage as a reproductive contract: Patterns of marriage, divorce, and remarriage.« *Ethology and Sociobiology* 17: 363-377.
Bullough, B., und V. L. Bullough, 1996. »Female prostitution: Current research and changing interpretations.« *Annual Review of Sex Research* 7:158-180.
Burg, Albert, 1966. »Visual acuity as measured by dynamic and spatial tests: A comparative evaluation.« *Journal of Applied Psychology* 50:460-466.
Burley, N., und R. Symanski, 1981. »Women without: An evolutionary and cross-cul-

tural perspective on prostitution.« In *The immoral landscape: Female prostitution in western societies*, hg. von R. Symanski. Toronto: Butterworths.
Burton, M. L., und D. R. White, 1984. »Sexual division of labor in agriculture.« *American Anthropologist* 86(3):658-583.
Buss, D. M., 1988. »Love acts: The evolutionary biology of love.« In *The psychology of love*, hg. von R. J. Sternberg und M. L. Barnes. New Haven, Connecticut: Yale University Press.
–, 1985. »Human mate selection.« *American Scientist* 73(1):47-51.
–, 1989. »Sex differences in human mate preferences: Evolutionary hypotheses tested in 37 cultures.« *Behavioral and Brain Sciences* 12:1-49.
–, 1994. *The evolution af desire: Strategies of human mating*. New York: Basic Books. (dt. Titel: *Die Evolution des Begehrens. Geheimnisse der Partnerwahl*. München: Goldmann, 1997.)
Buss, D. M. et al., 1990. »International preferences in selecting mates: A study of 37 cultures.« *Journal of Cross-cultural Psychology* 21:5-47.
Buunk, B., und R. B. Hupka, 1987. »Cross-cultural differences in the elicitation of sexual jealously.« *Journal of Sex Research* 23:12-22.
Bylinsky, G., 1996. »Creating their own work forces.« *Fortune*, 14. Oktober, 162Aff.
Byrne, D., G. L. Clore, und G. Smeaton, 1986. »The attraction hypothesis: Do similar attitudes affect anything?« *Journal of Personality and Social Psychology* 51:1167-1170.
Byrne, J. A., 1995. »Management's new gurus.« *Business Week*, 31. August, 44-52.
–, 1995. »Virtual b-Schools.« *Business Week*, 23. Oktober, 64.
Cain, W. S., 1982. »Odor identification by males and females: Predictions vs. performances.« *Chemical Senses* 7:129-142.
Caldwell, B. M., und R. I. Watson, 1952. »An evaluation of psychologic effects of sex hormone administration in aged women. Results of therapy after six months.« *Journal of Gerontology* 7: 228-244.
Caldwell, M. A., und L. A. Peplau, 1982. »Sex differences in same-sex friendship.« *Sex Roles* 8:721-732.
Campbell, A., 1993. *Men, women and aggression*. New York: Basic Books.
–, 1995. »A few good men: Evolutionary psychology and female adolescent aggression.« *Ethology and Sociobiology* 16:99-123.
Cancian, F. M., 1986. »The feminization of love.« *Signs: Journal of Women in Culture and Society* 11(4):692-709.
–, 1987. *Love in America: Gender and self-development*. Cambridge, England: Cambridge University Press.
Cappella, J. N., und M. T. Palmer, 1990. »Attitude similarity, relational history, and attraction: The mediating effects of kinesic and vocal behaviors.« *Communication Monographs* 57:161-183.
Caro, T. M., D. W. Sellen, A. Parish, R. Frank, D. M. Brown, E. Voland und M. Borgerhoff Mulder, 1995. »Termination of reproduction in nonhuman and human female primates.« *International Journal of Primatology*, 16 (2):205-220.

Carroll, R., 1997. »Today's media: What voice in foreign policy?« *Great Decisions*. New York: Foreign Policy Association.

Carter, C. S., C. DeVries, S. E. Taymans, R. L. Roberts, J. R. Williams und L. L. Getz, 1997. »Peptides, steroids, and pair bonding.« In »The integrative neurobiology of affiliation«, hg. von C. S. Carter, I. I. Lederhendler und B. Kirkpatrick. *Annals of the New York Academy of Sciences* 807, 260-272.

Cases, O., I. Seif, J. Grimsby, P. Gaspar, K. Chen, S. Pournin, U. Muller, M. Aguet, C. Babinet, J. Chen Shih und E. De Maeyer, 1995. »Aggresive behavior and altered amounts of brain serotonin and norepinephrine in mice lacking MAOA.« *Science* 268:1763-1766.

Chagnon, Napoleon A., 1998. »Life histories, blood revenge and warfare in a tribal population.« *Science* 239:985-992.

Chancer, L., 1995. »Unintended intimacies: Sex and sociology.« *Contemporary Sociology* 24(4):298-302.

Channon, L. D., und S. D. Ballinger, 1986. »Some aspects of sexuality and vaginal symptoms during menopause and their relation to anxiety and repression.« *British Journal of Medical Psychology* 59:173-180.

Chen, M. A., 1996. »Engendering world conferences: The international women's movement and the UN.« In *NGO's, the UN, and global governance*, hg. von T. G. Weiss und L. Gordenker. Boulder, Colorado: Lynne Rienner Publishers.

Cherlin, A. J., 1981. *Marriage, divorce, remarriage*. Cambridge, Massachusetts: Harvard University Press.

–, 1995. »Social organization and sexual choices.« *Contemporary Sociology* 24 (4):293-296.

Chodorow, N., 1974. »Family structure and feminine personality.« In *Woman, culture and society*, hg. von M. Z. Rosaldo und L. Lamphere. Stanford, Kalifornien: Stanford University Press.

Cleveland, M., 1981. »Sexuality in the middle years.« In *Single life: Unmarried adults in social context*, hg. von P. Stein. New York: St. Martin's Press.

Coates, J., 1986. *Women, men and language: A sociolinguistic account of sex differences in language*. New York: Longman, Inc.

Cochran, C., und A. Perachio, 1977. »Dihydrotestosterone propionate effects on dominance and sexual behaviors in gonadectomized male and female rhesus monkeys.« *Hormones and Behavior* 8:175-187.

Cohen, Jon, 1996. »Does nature drive nurture.« *Science* 273:577 f.

Coleman, E., 1985. »Bisexual women in marriages.« In *Bisexualities: Theory and research*, hg. von F. Klein und T. Wolf. *Research on homosexuality*. Band 11. New York: Haworth.

Collins, G., 1998. »Why the women are fading away.« *New York Times Magazine*, 25. Oktober, 54 f.

Collins, J., und T. Gregor, 1995. »Boundaries of Love.« In *Romantic passion: A universal experience?*, hg. von W. Jankowiak. New York: Columbia University Press.

Coontz, S., 1992. *The way we never were: American families and the nostalgia trap.* New York: Basic Books.
–, 1997. »Divorcing reality.« *The Nation,* 17. November, 21-24.
Coontz, S., und D. Franklin, 1997. »When the marriage penalty is marriage.« *New York Times,* 28. Oktober, A23.
Council on Foundations, 1998. »1998 grantmakers salary report: Executive summary.« *Council on Foundations Newsletter* 17 (11):3-6.
Cowan, A. L., 1989. »Women's gains on the job: Not without a heavy toll.« *New York Times,* 21. August, A1 f.
Crenchaw, Theresa L., 1996. *The alchemy of love and lust.* New York: G. P. Putnam's Sons.
Crossette, B., 1995a. »Study finds worldwide decline in elections of women to office.« *New York Times,* 27. August, A1.
–, 1995b. »U. N. documents inequities for women as world forum nears.« *New York Times,* 18. August, A1.
–, 1997. »A manual on rights of women under Islam.« *New York Times,* 29. Dezember, A4.
–, 1998a. »Annan makes his bid to make his job count.« *New York Times,* 8. März, A17.
–, 1998b. »Surprises in the global tourism boom.« *New York Times,* 12. April, WK5.
–, 1998c. »Women see key gains since talks in Beijing.« *New York Times,* 8. März, A6.
Cummings, J. L., 1995. »Anatomic and behavioral aspects of frontal-subcortical circuits.« In »Structure and functions of the human prefrontal cortex«, hg. von J. Grafman, K. J. Holyoak und F. Boller. *Annals of the New York Academy of Sciences* 769:1-13.
Cupach, W. R., und S. Metts, 1986. »Accounts of relational dissolution: A comparison of marital and non-marital relationships.« *Communication Monographs* 53:311-334.
Dabbs, J., 1992. »Testosterone and occupational achievement.« *Social Forces* 70:813-824.
Dabbs, J. M., jr., D. de la Rue, und P. M. Williams, 1990. »Salivary testosterone and occupational choice: Actors, ministers and other men.« *Journal of Personality and Social Psychology* 59(6):1261-1265.
Dahlberg, F., Hg., 1981. *Woman the gatherer.* New Haven, Connecticut: Yale University Press.
Daly, M., und M. Wilson, 1988. *Homicide.* Hawthorne, N. Y.: Aldine de Gruyter.
Daly, M., M. Wilson, und S. J. Weghorst, 1982. »Male sexual jealously.« *Ethology and Sociobiology* 3:11-27.
Damasio, A. R., 1994. *Descartes' error: Emotion, reason, and the human brain.* New York: G. P. Putnam's Sons. (dt. Titel: *Descartes' Irrtum. Fühlen, Denken und das menschliche Gehirn.* München: dtv, 1998.)
–, 1995. »On some functions of the human prefrontal cortex.« In »Structure and functions of the human prefrontal cortex«, hg. von J. Grafman, K. J. Holyoak und F. Boller. *Annals of the New York Academy of Sciences,* 769:241-251.

Danielsson, B., 1956. *Love in the south seas*. Übersetzt von R. H. Lyon. New York: Reynal and Company.

Darling, C. A., J. K. Davidson und R. P. Cox, 1991. »Female sexual response and the timing of partner orgasm.« *Journal of Sex and Marital Therapy* 17:3-21.

Darwin, Charles, 1936. *The origin of species and the descent of man*. Modern Library Edition. New York: Random House. (dt. Titel: *Die Entstehung der Arten durch natürliche Zuchtwahl*. Ditzingen: Reclam, 1978.)

Davidson, M. J., und C. L. Cooper, Hg., 1993. *European women in business and management*. London: Paul Chapman, Ltd.

Davis, D. A., und S. S. Davis, 1995. »Possessed by love: Gender and romance in Morocco.« In *Romantic passion: A universal experience?*, hg. von W. Jankowiak. New York: Columbia University Press.

Davis, J. A., und T. W. Smith, 1987. *General social surveys. 1972-1987: Cumulative data*. Storrs: Roper Center for Public Research, University of Connecticut.

Davis, J. A., und T. W. Smith, 1991. *General social surveys, 1972-1991: Cumulative codebook*. Chicago: National Opinion Research Center.

Dawley, H., 1997. »And now, mad plaintiff disease.« *Business Week*. 10. November, 66E16.

Daymont, T. N., und P. J. Andrisani, 1984. »Job preferences, college major and the gender gap in earnings.« *Journal of Human Resources* 19:408-414.

Deacon, T. W., 1992. »The human brain.« In *The Cambridge encyclopedia of human evolution*, hg. von S. Jones, R. Martin und D. Pillman. Cambridge: Cambridge University Press.

–, 1997. *The symbolic species*. New York: W. W. Norton.

Dehaene, S., und J. P. Changeux, 1995. »Neuronal models of prefrontal cortex.« In »Structure and functions of the human prefrontal cortex«, hg. von J. Grafman, K. J. Holyoak und F. Boller. *Annals of the New York Academy of Sciences* 769:305-319.

DeLamater, J., 1995. »The NORC sex survey.« *Science* 270:501 ff.

Della Sala, S., A. Baddeley, C. Papagno und H. Spinnler, 1995. »Dual-task paradigm: A means to examine the central executive.« In »Structure and functions of the human prefrontal cortex«, hg. von J. Grafman, K. J. Holyoak und F. Boller. *Annals of the New York Academy of Sciences* 769:161-171.

De Palma, A., 1997. »As U. S. looks on, 120 nations sign treaty banning land mines.« *New York Times*, 3. Dezember, A1.

DeVries, G. J., R. M. Buijs, F. W. Van Leeuwen, A. R. Caffe und D. F. Swaab, 1985. »The vasopressinergic innervation of the brain in normal and castrated rats.« *The Journal of Comparative Neurology* 233:236-254.

DeVries, R., 1985. *Regulating birth: Midwifery, medicine and the law*. Philadelphia: Temple University Press.

Diamond, J., 1997. »Location, location, location: The first farmers.« *Science* 278:1243 f.

Dickemann, M., 1979. »Female infanticide, reproductive strategies, and social stratifi-

cations: A preliminary model.« In *Evolutionary Biology and Human Social Behavior*, hg. von N. Chagnon und W. Irons. North Scituate, R. I.: Duxbury Press.
–, 1992. »Phylogenetic fallacies and sexual oppression.« *Human Nature* 3:71-87.
Dion, K. K., und K. L. Dion, 1985. »Personality, gender and the phenomenology of romantic love.« In *Review of personality and social psychology*, hg. von P. Shaver. Band 6. Beverly Hills, Kalifornien: Sage Publications.
Dluzen, D. E., V. D. Ramírez, C. S. Carter und L. L. Getz, 1981. »Male vole urine changes leutenizing hormone – releasing hormone and nerepinephrine in female olfactory bulb.« *Science* 212:573 ff.
Dobrzynski, J. H., 1996. »Somber news for women on corporate ladder.« *New York Times*, 6. November, D1 f.
–, 1996a. »Study finds few women in 5 highest company jobs.« *New York Times*, 18. Oktober.
Dolan, K. A., 1996. »When money isn't enough.« *Forbes*, 18. November, 164 ff.
Doty, Richard L., 1978. »Gender and reproductive state correlates of taste perception in humans.« In *Sex and behavior: Status and prospectus*, hg. von T. E. McGill, D. A. Dewsbury und B. D. Sachs. New York: Plenum Press.
–, 1986. »Gender and endocrine-related influences on human olfactory perception.« In *Clinical measurement of taste and smell*, hg. von Herbert L. Meiselman und Richard S. Ravlin. New York: Macmillan.
Doty, Richard L., Paul Shaman, Steven L. Applebaum, Ronite Giberson, Leonore Siksorski und Lysa Rosenberg, 1984. »Smell identification ability: Changes with age.« *Science* 226:1441 ff.
Doty, Richard L., Steven L. Applebaum, Hiroyuki Zusho und Gregg Settle, 1985. »Sex differences in odor identification ability: A cross-cultural analysis.« *Neuropsychologia* 23(5):667-672.
Douglass, J. D., und F. C. Atwell, 1988. *Love, intimacy and sex*. New York: Sage Publications.
Doyle, R., 1998. »Women in politics throughout the world.« *Scientific American*, Januar.
Draper, P., und J. Belsky, 1990. »Personality development in evolutionary perspective.« *Journal of Personality* 58:141-162.
Drobis, D. R., 1997. »Borderless believability: Building trust around the globe.« *Vital Speeches of the Day*, 15. Februar, 281 ff.
Drucker, P. F., 1988. »The coming of the new organization.« *Harvard Business Review* 66 (1):45 ff.
–, 1992. *Managing for the future. The 1990s and beyond*. New York: Truman Talley Books/Plume. (dt. Titel: *Die Zukunft managen*. München: Econ, 1992.)
–, 1997. »Looking ahead: Implications of the present: The future that has already happened.« *Harvard Business Review*, September-Oktober, 20 ff.
DSM III R., 1994. *Diagnostic and statistical manual of mental disorders*. 4. Ausgabe. Washington, D. C.: American Psychiatric Association.
Duck, S., 1991. *Personal relationships and social support*. London: Sage Publications.

Duff, C., 1996. »Yuppies, independent widows boost single-dweller households in U. S.« *The Wall Street Journal*, 10. Dezember, A2.
–, 1997. »Indulging in conspicuous consumption.« *The Wall Street Journal*, 14. April, B1 f.
–, 1998. »Census finds striking shift in families.« *The Wall Street Journal*, 28. Mai, B1 f.
Duff, C. S., 1993. *When women work together: Using our strengths to overcome our challenges*, Berkeley, Kalifornien: Conari Press.(dt. Titel: *Wenn Frauen zusammenarbeiten*. Frankfurt: W. Krüger Verlag, 1995.)
Dunbar, R., 1996. *Grooming, gossip and the evolution of language*. Boston: Faber and Faber.
Dychtwald, K., und J. Flower, 1989. *Age wave: The challenges and opportunities of an aging America*. Los Angeles, Kalifornien: Jeremy P. Tarcher, Inc.
Eccles, J. S., 1987. »Gender roles and achievement patterns: An expectancy value perspective.« In *Masculinity/femininity: Basic perspectives*, hg. von S. Sanders, J. M. Reinisch und L. A. Rosenblum. New York: Oxford University Press.
Eckholm, E., 1998. »Homes for elderly replacing family care as China grays.« *New York Times*, 20. Mai, A1 f.
Economist, The, 1995. »The economics of aging: The luxury of longer life«, 27. Januar, 52 ff.
Economist, The, 1996. »Tomorrow's second sex«, 28. September, 23-26.
Economist, The, 1996a. »At your service«, 14. Dezember.
Economist, The, 1997. »Fun for the masses«, 2. August, 62
Economist, The, 1997a. »Microlending: From sandals to suits«, 1. Februar, 75.
Economist, The, 1997b. »The future of warfare: Select enemy«, 8. März, 21 ff.
Economist, The, 1998. »For better for worse: A survey of women and work«, 18. Juli, 3-15.
Economist, The, 1998a. »Philanthropy in America: The gospel of wealth«, 30. Mai, 19 ff.
Economist, The, 1998b. »Learning round the kitchen table«, 6. Juni, 28 ff.
Edwards, John N., und Alan Booth, 1994. »Sexuality, marriage, and well-being: The middle years.« In *Sexuality across the life course*, hg. von A. S. Rossi. Chicago: University of Chicago Press.
Eibl-Eibesfeldt, Irenäus, 1989. *Human ethology*. New York: Aldine de Gruyter. (dt. Titel: *Die Biologie des menschlichen Verhaltens. Grundriß der Humanethologie*. München: Piper, 1997.)
Einon, D., 1994. »Are men more promiscuous than women?« *Ethology and Sociobiology* 15 (3):131-143.
Ekman, P., und W. V. Friesen, 1971. »Constants across cultures in the face and emotion.« *Journal of Personality and Social Psychology* 17:124-129.
Elliot, Colin D., 1971. »Noise tolerance and extraversion in children.« *British Journal of Psychology* 62:375-380.
Ellis, B. J., 1992. »The evolution of sexual attraction: Evaluative mechanisms in

women.« In *The adapted mind: Evolutionary psychology and the generation of culture*, hg. von J. H. Barkow, L. Cosmides und J. Tooby. New York: Oxford University Press.

Ellis, B. J., und D. Symons, 1990. »Sex differences in sexual fantasy: An evolutionary psychological approach.« *The Journal of Sex Research* 27:527-555.

Ember, C. R., 1983. »The relative decline in women's contribution to agriculture with intensification.« *American Anthropologist* 85:285-304.

Engell, J., und A. Dangerfield, 1998. »Humanities in the age of money.« *Harvard Magazine*, Mai-Juni, 48-55.

Engels, F., 1972. *The origin of the family, private property and the state.* New York: International Publishers.

Epstein, C. F., 1981. *Women in law.* 2. Auflage. Urbana: University of Illinois Press.

Epstein, C. F., R. Sauve, B. Oglensky und M. Gever, 1995. »Glass ceilings and open doors: Women's advancement in the legal profession. A report to the committee on women in the profession, the Association of the Bar of the City of New York.« *Fordham Law Review* 64:291-449.

Erwin, R. J., R. C. Gur, R. E. Gur, B. Skolnick, M. Mawhinney-Hee und J. Smailis, 1992. »Facial emotion discriminination: I. Task construction and behavioral findings in normal subjects.« *Psychiatry Research* 42:231-240.

Espenshade, T. J., 1984. »Investing in children: New estimates of parental expenditures.« Washington, D. C.: Urban Institute Press.

—, 1985. »Marriage trends in America: Estimates, implications, and underlying causes.« *Population and Development Review* 11(2):193-245.

Etienne, M., und E. Leacock, Hg.,1980. *Woman and colonization: Anthropological perspectives.* New York: Praeger.

Eveleth, P. B., 1986. »Timing of menarche: Secular trend and population differences.« In *School-age pregnancy and parenthood: Biosocial dimensions*, hg. von J. B. Lancaster und B. A. Hamburg. New York: Aldine de Gruyter.

Faison, S., 1997. »Door to tolerance opens partway as gay life is emerging in China.« *New York Times*, 2. September, A1, 8.

—, 1998. »China lets 100 flowers bloom, in private life.« *New York Times*, 22. Juni, A4.

—, 1998a. »Behind a great wall of reticence, some sex toys.« *New York Times*, 5. März, A4.

Falk, D., 1992. *Evolution of the brain and cognition in hominids.* New York: American Museum of Natural History.

Farrell, W., 1993. *The myth of male power: Why men are the disposable sex.* New York: Simon and Schuster.

Fedigan, Linda Marie, 1982. *Primate paradigms: Sex roles and social bonds.* Montreal: Eden Press.

—, 1983. »Dominance and reproductive success in primates.« *Yearbook of Physical Anthropology* 26:91-129.

Fernald, Anne, 1992. »Human maternal vocalizations to infants as biologically relevant signals: An evolutionary perspective.« In *The adapted mind: Evolutionary psychology and the generation of culture*, hg. von J. H. Barkow, L. Cosmides und J. Tooby. New York: Oxford University Press.

Fernald, A., und T. Simon, 1984. »Expanded intonation contours in mother's speech to newborns.« *Developmental Psychology* 20:104-113.

Field, T. M., S. M. Schanberg, F. Scafidi, C. R. Bauer, N. Vega Lahr, R. García, J. Nystrom und C. M. Kuhn, 1986. »Effects of tactile/kinesthetic stimulation on preterm neonates.« *Pediatrics* 77:654-658.

Finerman, R., 1995. »The forgotten healers: Women as family healers in an Andean Indian community.« In *Women as healers: Cross-cultural perspectives*, hg. von C. S. McClain. New Brunswick, N. J.: Rutgers University Press.

Finn, C., L. Bierlein, und B. Manno, 1996. »Finding the right fit.« *The Brookings Review* (Sommer): 18 ff.

Fisher, Helen, 1982. *The sex contract: The evolution of human behavior.* New York: William Morrow.

–, 1989. »Evolution of human serial pairbonding.« *American Journal of Physical Anthropology* 78:331-354.

–, 1992. *Anatomy of love: The natural history of monogamy, adultery and divorce.* New York: W. W. Norton. (dt. Titel: *Anatomie der Liebe. Warum Paare sich finden, sich binden und auseinandergehen.* München: Droemer Knaur, 1993.)

–, 1994. »The nature of romantic love.« *The Journal of NIH Research* 6:58-64.

–, 1998. »Lust, attraction and attachment in mammalian reproduction.« *Human Nature* 9 (1):23-52.

Fisher, S., 1980. »Personality correlates of sexual behavior in black women.« *Archives of Sexual Behavior* 9:27-35.

Fitzpatrick, S. M., und J. T. Bruer, 1997. »Science funding and private philanthropy.« Leitartikel. *Science*, 1. September.

Fluehr-Lobban, C., 1979. »A Marxist reappraisal of the matriarchate.« *Current Anthropology* 20:341-360.

Foa, U. G., B. Anderson, J. Converse Jr., W. A. Urbansky, M. J. Cawley III, S. M. Muhlhausen und K. Y. Tornblom, 1987. »Gender-related sexual attitudes: Some cross-cultural similarities and differences.« *Sex Roles* 16:511-519.

Fodor, J., 1983. *The modularity of mind.* Cambridge, Massachusetts: MIT Press.

Ford, C. S., und F. A. Beach, 1951. *Patterns of sexual behavior.* New York: Harper and Row.

Forecast, 1998. »Not punching the clock«, 3. Mai.

Fowlkes, M. R., 1994. »Single worlds and homosexual lifestyles: Patterns of sexuality and intimacy.« In *Sexuality across the life course*, hg. von A. S. Rossi. Chicago: University of Chicago Press.

Fox, R., 1980. *The red lamp of incest.* New York: E. P. Dutton.

Francoeur, R., 1996. »The guest room: Women are leading the next sexual revolution.« *Forum*, Februar, 136 ff.

Frank, R. M., 1985. *Choosing the right pond: Human behavior and the quest for status.* New York: Oxford University Press.
Frankfurt, M., 1994. »Gonadal steroids and neuronal plasticity: Studies in the adult rat hypothalamus.« In »Hormonal restructuring of the adult brain: Basic and clinical perspectives«, hg. von V. N. Luine und C. F. Harding. *Annals of the New York Academy of Sciences* 743:45-60.
Frayser, S., 1985. *Varieties of sexual experience: An anthropological perspective on human sexuality.* New Haven, Connecticut: HRAF Press.
Freudenheim, M., 1997. »As nurses take on primary care, physicians are sounding alarms.« *New York Times,* 30. September, A1 f.
Friedl, E., 1975. *Women and men: An anthropologist's view.* New York: Holt, Rinehart and Winston.
Fukuyama, F., 1995. *Trust: The social virtues and the creation of prosperity.* New York: The Free Press.
–, 1998. »Women and the evolution of world politics.« *Foreign Affairs,* September-Oktober, 24-40.
Fukuyama, F., und A. N. Shulsky, 1997. *The »virtual corporation« and army organizations.* Santa Monica, Kalifornien: Rand.
Furstenberg, F. F. Jr., 1996. »The future of marriage.« *American Demographics* (Juni): 34 ff.
Future Survey, 1996. »The New Business Revolution«, 11. Dezember.
Futurific, 1994. »The family in transition«, Dezember, 23 ff.
Futurific, 1995. »Knowledge unbound: Give credit where credit is due«, 19. März.
Futurific, 1996. »Book bound: The world of 2004«, Juni, 19 ff.
Futurific, 1996a. »Toward global democracy: Europe,« Juni, 4 ff.
Gabriel, T., 1996. »New issue at work: On-line sex sites.« *New York Times,* 27. Juni, C1 f.
Galea, Lisa A. M., und Doreen Kimura, 1993. »Sex differences in rote learning.« *Personality and Individual Differences* 14(1):53-65.
Gallup Organization, 1996. *Gender and society: Status and stereotypes: An international Gallup poll report.* Princeton, New Jersey.
Gandelman, R., 1983. »Gonadal hormones and sensory functioning.« *Neuroscience and Biobehavioral Reviews* 7:1-17.
Gangestad, S. W., und R. Thornhill, 1997. »The evolutionary psychology of extrapair sex: The role of fluctuating asymmetry.« *Evolution and Human Behavior* 18(2):69-88.
Gangestad, S. W., R. Thornhill und R. A. Yeo, 1994. »Facial attractiveness, developmental stability, and fluctuating asymmetry.« *Ethology and Sociobiology* 15:73-85.
Ganong, W. F., 1993. *Review of Medical Physiology.* 16. Auflage. Norwalk, Connecticut: Appleton and Lange.
Gardner, H., 1983. *Frames of mind.* New York: Basic Books.

Garry, P., 1997. »A nation of adversaries: How the litigation explosion is reshaping America.« *Future Survey* (Juni):10.
Gaulin, Stephen J. C., 1980. »Sexual dimorphism in the human post-reproductive life-span: Possible causes.« *Journal of Human Evolution* 9:227-232.
Gaulin, Stephen J. C., und Randall W. Fitzgerald, 1989. »Sexual selection for spatial-learning ability.« Animal Behavior 37:322-331.
Gazzaniga, M. S., 1988. »Brain modularity: Towards a philosophy of conscious experience.« In *Consciousness in contemporary science*, hg. von A. J. Marcel und E. Bisiack. Oxford: Clarendon Press.
–, 1995. »Gut thinking.« *Natural History*, Februar, 68-71.
Geary, David C., 1998. *Male, female: The evolution of human sex differences*. Washington, D. C.: American Psychological Association.
Geary, David C., M. Rumsey, C. C. Bow-Thomas und M. K. Hoard, 1995. »Sexual jealously as a facultative trait: Evidence from the pattern of sex differences in adults from China to the United States.« Ethology and Sociobiology 16:355-383.
Geer, J. H., und G. M. Manguno-Mire, 1996. »Gender differences in cognitive processes in sexuality.« *Annual Review of Sex Research* 7:90-124.
Geer, J. H., und H. Bellard, 1996. »Sexual content induced delays in lexical decisions: Gender and context effects.« *Archives of Sexual Behavior* 25:379-395.
Gellner, E., 1994. *Conditions of liberty: Civil society and its rivals*. New York: The Penguin Press.
George, M., T. A. Ketter, P. I. Parekh, P. Herscovitch und R. M. Post, 1996. »Gender differences in regional cerebral blood flow during self-induced sadness or happiness.« *Biological Psychiatry* 40(9):859-871.
Gilfoyle, J., J. Wilson und S. Brown, 1992. »Sex, organs, and audiotape: A discourse analytic approach to talking about heterosexual sex and relationships.« *Feminism and Psychology* 2:209-230.
Gilfoyle, T., 1992. *City of eros: New York City, prostitution and the commercialization of sex, 1870-1920*. New York: W. W. Norton.
Gilinsky, A. S., 1984. *Mind and Brain*. New York: Praeger.
Gilligan, Carol, 1982. *In a different voice*. Cambridge, Massachusetts: Harvard University Press.
–, 1988. »Remapping development: Creating a new framework for psychological theory and research.« In *Mapping the moral domain*, hg. von C. Gilligan, J. V. Ward, J. M. Taylor und B. Bardige. Cambridge, Massachusetts: Harvard University Press.
Gimbutas, M. A., 1989. *The language of the goddess*. San Francisco: Harper and Row.
Ginsburg, Harvey J., und Shirley M. Miller, 1982. »Sex differences in children's risk taking behavior.« *Child Development* 53(2):426-428.
Glass, S. P., und T. L. Wright, 1985. »Sex differences in type of extramarital involvement and marital dissatisfaction.« *Sex Roles* 12:1101-1120.
–, 1992. »Justifications for extramarital relationships: The association between attitudes, behaviors, and gender.« *Journal of Sex Research* 29:361-387.

Glick, P. C., 1984. »Marriage, divorce, and living arrangements: Prospective changes.« *Journal of Family Issues* 5:7-26.
–, 1975. »Some recent changes in American families.« *Current Population Reports.* Social Studies Series P-23, Nr. 52, Washington, D. C.: U. S. Bureau of the Census.
Glick, P., und S. Lin, 1986. »Recent changes in divorce and remarriage.« *Journal of Marriage and the Family* 48:737-747.
Goldberg, Steven, 1993. *Why men rule: A theory of male dominance.* Chicago: Open Court.
Goldman, P. S., A. T. Crawford, L. P. Stokes, T. W. Galkin und H. E. Rosvold, 1974. »Sex-dependent behavioral effects of cerebral cortical lesions in the developing rhesus monkey.« *Science* 186:540 ff.
Goldman-Rakic, P. S., 1995. »Architecture of the prefrontal cortex and the central executive.« In »Structure and functions of the human prefrontal cortex«, hg. von J. Grafman, K. J. Holyoak und F. Boller. *Annals of the New York Academy of Sciences* 769:71-83.
Goleman, Daniel, 1990. »Aggression in men: Hormone levels are a key.« *New York Times,* 17. Juli, C1, 3.
–, 1994. »What men and women really want ... to eat.« *New York Times,* 2. März, C1, 8.
–, 1995a. »The brain manages happiness and sadness in different centers.« *New York Times,* 28. März, C1, 9.
–, 1995b. *Emotional intelligence.* New York: Bantam Books.
Goode, W., 1993. *World changes in divorce patterns.* New Haven, Connecticut: Yale University Press.
Goode, W. J., 1982. *The family.* Englewood Cliffs, N. J.: Prentice-Hall.
Gorski, Roger A., 1991. »Sexual differentiation of the endocrine brain and its control.« In *Brain Endocrinology,* hg. von Marcella Motta. 2. Auflage. New York: Raven Press.
–, 1980. »Sexual differentiation of the brain.« In *Neuroendocrinology,* hg. von D. T. Krieger und J. C. Hughes. Sunderland, Massachusetts: Sinauer Associates.
Gottman, John, 1994. *What predicts divorce: The relationship between marital processes and marital outcomes.* Hillsdale, N. J.: Lawrence Erlbaum and Associates.
Gould, Elizabeth, Catherine S. Wooley und Bruce S. McEwen, 1991. »The hippocampal formation: Morphological changes induced by thyroid, gonadal and adrenal hormones.« *Psychoneuroendocrinology* 16:67-84.
Gove, W. R., 1987. »Mental illness and psychiatric treatment among women.« In *The psychology of women: Ongoing debates,* hg. von M. R. Walsh. New Haven, Connecticut: Yale University Press.
Govier, E., und M. Boden, 1997. »Occupation and dichotic listening performance.« *Laterality* 2(1):27-32.
Govier, E., und P. Bobby, 1994. Sex and occupation as markers for task performance in a dichotic measure of brain asymmetry.« *International Journal of Psychophysiology* 18:179-186.

Gower, T., 1998. »Feel the burn, don't hear it.« *New York Times*, Women's Health, 21. Juni, 3.
Grafman, J., 1989. »Plans, actions, and mental sets: Managerial knowledge units in the frontal lobe.« In *Integration theory and practice in clinical neuropsychology*, hg. von E. Perecman, Hillsdale, N. J.: Lawrence Erlbaum and Associates.
Grafman, J., und J. Hendler, 1991. »Planning and the brain.« *Behavioral and Brain Sciences* 14:563 f.
Grafman, J., K. J. Holyoak und F. Boller, Hg., 1995a. »Preface.« In »Structure and functions of the human prefrontal cortex«, hg. von J. Grafman, K. J. Holyoak und F. Boller. *Annals of the New York Academy of Sciences* 769:1-411.
–, 1995b. »Structure and functions of the human prefrontal cortex.« *Annals of the New York Academy of Sciences* 769:1-411.
Greene, S. G., 1997. »Civic virtue vs. ›McWorld.‹« *The Chronicle of Philanthropy*, 16. Oktober, 15 f.
Greenwood, M. R. C., 1996. »Dancing with wolves.« *Science* 271:1787.
Gregor, T., 1985. *Anxious pleasures: The sexual lives of an Amazonian People*. Chicago: University of Chicago Press.
Griffin-Shelley, Eric, 1991. *Sex and Love: Addiction, treatment and recovery*. Westport, Connecticut: Praeger.
Gugliotta, G., 1997. »The stalkers are out there.« *Washington Post Weekly Edition*, 8. Dezember, 35.
Guyton, Arthur C., und John E. Hall, 1996. *Textbook of medical physiology*. 9. Auflage. Philadelphia: W. B. Saunders, Harcourt Brace Jovanovich.
Hales, Diane, 1998. »Lobe story: Why the female brain rules.« New York *Daily News*, 9. Juli, 49 ff.
–, 1999. *Just like a woman: How gender science is redefining what makes us female*. New York: Bantam Books.
Hall, Judith A., 1984. *Nonverbal sex differences: Communication accuracy and expressive style*. Baltimore: Johns Hopkins University Press.
Hällström, Tore, 1979. »Sexuality of women in middle age: The Göteborg study.« *Journal of Biosocial Sciences, Supplement* 6:165-175.
Hällström, Tore, und Sverker Samuelsson, 1990. »Changes in women's sexual desire in middle life: The longitudinal study of women in Gothenburg.« *Archives of Sexual Behavior* 19(3):259-268.
Halpern, Diane F., 1992. *Sex differences in cognitive abilities*. 2. Auflage. Hillsdale, N. J.: Lawrence Erlbaum and Associates.
Halpern, H. M., 1982. *How to break your addiction to a person*. New York: McGraw-Hill.
Hamilton, Annette, 1970. »The role of women in Aboriginal marriage arrangements.« In *Woman's role in Aboriginal society*, hg. von Fay Gale. Australian Institute of Aboriginal Studies, Australian Aboriginal Studies 36. Social Anthropology Series 6:17-20.

Hampden-Turner, C., 1994. »The structure of entrapment: Dilemmas standing in the way of women managers and strategies to resolve these.« *The Deeper News* 5(1):142. Emeryville, Kalifornien: Global Business Network.

Hampson, Elizabeth, 1990a. »Estrogen-related variations in human spatial and articulatory-motor skills.« *Psychoneuroendocrinology* 15(2):97-111.

–, 1990b. »Variations in sex-related cognitive abilities across the menstrual cycle.« *Brain and Cognition* 14:26-43.

Hampson, Elizabeth, und Doreen Kimura, 1988. »Reciprocal effects of hormonal fluctuations on human motor and perceptual-spatial skills.« *Behavioral Neuroscience* 102(3):456-459.

–, 1993. »Sex differences and hormonal influences on cognitive function in humans.« In *Behavioral endocrinology*, hg. von J. B. Becker, S. M. Breedlove und D. Crews. Cambridge, Massachusetts: The MIT Press.

Harmon, A., 1997. »For parents, a new and vexing burden.« *New York Times*, 27. Juni.

Harper's, 1997. »Giving women the business: On winning, losing, and leaving the corporate game«, Dezember, 47-58.

Harrington, M., 1993. *Women lawyers: Rewriting the rules*. New York: Plume.

Harris, A., 1995. »Bully boy brokers.« *Winning strategies* (April-Juni): 14 ff.

Harris, D., 1996. »Why more women say ... I don't need your money, honey.« *Money* 25 (November): 146 ff.

Harris, H., 1995. »Rethinking Polynesian heterosexual relationships: A case study of Mangaia, Cook Islands.« In *Romantic passion: A universal experience?*, hg. von W. Jankowiak. New York: Columbia University Press.

Harrison, A. A., und L. Saaed, 1977. »Let's make a deal: An analysis of revelations and stipulations in lonely hearts advertisements.« *Journal of Personality and Social Psychology* 35:257-264.

Harry, J., 1983. »Gay male and lesbian relationships.« In *Contemporary families and alternative lifestyles: Handbook on research and theory*, hg. von E. Macklin und R. Rubin. Beverly Hills, Kalifornien: Sage Publications.

Hatfield, E., 1988. »Passionate and companionate love.« In *The psychology of love*, hg. von R. J. Sternberg und M. L. Barnes. New Haven, Connecticut: Yale University Press.

Hatfield, E., und R. L. Rapson, 1996. *Love and sex: Cross-cultural perspectives*. Needham Heights, Massachusetts: Allyn and Bacon.

Hatfield, E., und S. Sprecher, 1986. *Mirror, mirror: The importance of looks in everyday life*. Albany: State University of New York Press.

Hawkes, K., J. F. O'Connell und N. G. Blurton Jones, 1989. »Hardworking Hadza grandmothers.« In *Comparative socioecology: The behavioural ecology of humans and other mammals*, hg. von V. Standen und R. A. Foley. Oxford: Blackwell Scientific Publications.

–, 1997. »Hadza women's time allocation, offspring provisioning, and the evolution of long postmenopausal life spans.« *Current Anthropology* 38:551-565.

Hawkes, K., J. F. O'Connell, N. G. Blurton Jones, H. Alvarez und E. L. Charnov, 1998. »Grandmothering, menopause, and the evolution of human life histories.« *Proceedings of the National Academy of Science* 95 (3):1336-1339.

Hays, C. L., 1997. »Focus for M. B. A.s turns to women.« *New York Times*, 14. November, A28.

Heath, R. P., 1997a. »Beyond the fringe in the 1990s.« *American Demographics* (Juni):27.

–, 1997b. »In so many words: How technology reshapes the reading habit.« *American Demographics* (März):39-43.

Hedges, Larry, V., und Amy Nowell, 1995. »Sex differences in mental test scores, variability, and numbers of high-scoring individuals.« *Science* 269:41-45.

Helgesen, S., 1990. *The female advantage: Women's ways of leadership.* New York: Doubleday/Currency.

Heller, Sharon, 1997. *The vital touch: How intimate contact with your baby leads to happier, healthier development.* New York: Henry Holt and Company.

Hendler, J. A., 1995. »Types of planning: Can artificial intelligence yield insights into prefrontal function?«. In »Structure and functions of the human prefrontal cortex«, hg. von J. Grafman, K. J. Holyoak und F. Boller. *Annals of the New York Academy of Sciences* 769:265-276.

Hendrick, C., und S. S. Hendrick, 1986. »A theory and method of love.« *Journal of Personality and Social Psychology* 50:392-402.

Hendricks, M., 1988. »The origins of babble.« *Johns Hopkins Magazine*, Februar, 12-19.

Herdt, Gilbert, 1987. *The Sambia: Ritual and gender in New Guinea.* New York: Holt, Rinehart and Winston.

Hewlett, B. S., 1992. »Husband-wife reciprocity and the father-infant relationships among Aka pygmies.« In *Father-child relations: Cultural and biosocial contexts*, hg. von B. S. Hewlett. Hawthorne, N. Y.: Aldine de Gruyter.

Hey, Kenneth R., und Peter D. Moore, 1998. *The caterpillar doesn't know: How personal change is creating organizational change.* New York: The Free Press.

Hill, C. T., Z. Rubin und L. A. Peplau, 1976. »Breakups before marriage: The end of 103 affairs.« *Journal of Social Issues* 32 (1):147-168.

Hill, E. M., J. P. Young und J. L. Nord, 1994. »Childhood adversity, attachment security, and adult relationships: A preliminary study.« *Ethology and Sociobiology* 15:323-338.

Hill, K., und A. M. Hurtado, 1991. »The evolution of premature reproductive senescence and menopause in human females: An evaluation of the ›grandmother hypothesis‹.« *Human Nature* 2:313-350.

Hill, K., und H. Kaplan, 1988. »Trade-offs in male and female reproductive strategies among the Ache: Parts 1 and 2.« In *Human reproductive behaviour: A Darwinian perspective*, hg. von L. Betzig, P. Turke und M. Borgerhoff Mulder. Cambridge, England: Cambridge University Press.

Hines, E., 1998. »Menage a... lot.« *Jane*, August, 119 ff.
Hines, M., L. Chiu, L. A. McAdams, P. M. Bentler und J. Lipcamon, 1992. »Cognition and the corpus callosum: Verbal fluency, visuospatial ability and language lateralization related to midsagittal surface areas of callosal subregions.« *Behavioral Neuroscience*, 106 (1):3-14.
Hittelman, Joan H., und Robert Dickes, 1979. »Sex differences in neonatal contact time.« *Merrill-Palmer Quarterly* 25(3):171-184.
Ho, R., 1997. »Gender gap narrows for credit-seekers, survey finds.« *The Wall Street Journal*, 9. April, B2.
Hockschild, A., 1997. *The time bind: When work becomes home and home becomes work*. New York: Henry Holt and Co.
Hockschild, A., und A. Machung, 1989. *The second shift: Working women and the revolution at home*. New York: Viking.
Hoffman, Martin L., 1977. »Sex differences in empathy and related behaviors.« *Psychological Bulletin* 84(4):712-722.
Holden, C., 1996. »Researchers find feminization a two-edged sword.« *Science* 271:1919 ff.
Holloway, Ralph L., Paul J. Anderson, Richard Defendini und Clive Harper, 1993. »Sexual dimorphism of the human corpus callosum from three independent samples: Relative size of the corpus callosum.« *American Journal of Physical Anthropology* 92:481-498.
Holmes, S. A., 1996a. »Sitting pretty: Is this what women want?« *New York Times*, 15. Dezember, 4, A1 f.
–, 1996b. »Traditional family stabilized in the 1990s, study suggests.« *New York Times*, 7. März, B12.
Holyoak, K. J., und J. K. Kroger, 1995. »Forms of reasoning: Insight into prefrontal functions?« In »Structure and functions of the human prefrontal cortex«, hg. von J. Grafman, K. J. Holyoak und F. Boller. *Annals of the New York Academy of Sciences* 769:253-263.
Honan, W. H., 1998. »The ivory tower under siege.« *New York Times*. Education Supplement, 4. Januar, 4A.
Hopkins, Andrea, 1994. *The book of courtly love: The passionate code of the troubadours*. San Francisco: Harper San Francisco.
Horgan, D. M. D., 1975. Language development: A cross-methodological study. Dissertation. University of Michigan, Ann Arbor.
House, J. S., K. R. Landis und D. Umberson, 1988. »Social relationships and Health.« *Science*, 241 (4865):540-545.
Howell, N., 1979. *Demography of the Dobe !Kung*. New York: Academic Press.
Hoyenga, K. B., und K. T. Hoyenga, 1979. *The question of sex differences*. Boston: Little, Brown and Company.
Huber, P., 1996. »Cyberpower.« *Forbes*, 2. Dezember.
Hunt, M., 1959. *The natural history of love*. New York: Grove Press.

Hrdy, Sarah Blaffer, 1979. »Infanticide among animals: A review, classification, and examination of the implications for the reproductive strategies of females.« *Ethology and Sociobiology* 1:13-40.
–, 1981. *The woman that never evolved.* Cambridge, Massachusetts: Harvard University Press.
–, 1986. »Empathy, polyandry and the myth of the coy female.« In *Feminist approaches to science*, hg. von R. Bleier. New York: Pergamon Press.
–, 1987. »Sex-biased parental investment among primates and other mammals: A critical evaluation of the Trivers-Willard hypothesis.« In *Child abuse and neglect: Biosocial dimensions*, hg. von R. J. Gelles und J. B. Lancaster. Hawthorne, N. Y.: Aldine de Gruyter.
–, 1995. »Natural-born mothers.« *Natural History*, Dezember.
Hyde, Janet S., Elizabeth Fennema und Susan J. Lamon, 1990. »Gender differences in mathematics performance: A meta-analysis.« *Psychological Bulletin* 107:139-155.
Hyde, J. S., E. R. Geiringer und W. M. Yen, 1975. »On the empirical relation between spatial ability and sex differences in other aspects of cognitive performance.« *Multivariate Behavioral Research* 10:289-309.
Insel, T. R., L. Young und Z. Wang, 1997. »Molecular aspects of monogamy.« In »The integrative neurobiology of affiliation«, hg. von C. S. Carter, I. I. Lederhendler und B. Kirkpatrick. *Annals of the New York Academy of Sciences* 807:302-316.
Jack, R., und D. C. Jack, 1989. *Moral vision and professional decisions: The changing values of women and men lawyers.* New York: Cambridge University Press.
Jacobs, G., 1981. *Comparative color vision.* New York: Academic Press.
Jacoby, S., 1997. »Giving.« *New York Times*, 9. Dezember, G1 f.
Jankowiak, W., 1995. »Introduction.« In *Romantic passion: A universal experience?*, hg. von W. Jankowiak. New York: Columbia University Press.
–, 1995a. »Romantic passion in the people's republic of China.« In *Romantic passion: A universal experience?*, hg. von W. Jankowiak. New York: Columbia University Press.
Janofsky, M., 1998. »Pittsburgh is showcase for women in policing.« *New York Times*, 21. Juni, B14.
Janowsky, Jeri S., Shelia K. Oviatt und Eric S. Orwoll, 1994. »Testosterone influences spatial cognition in older men.« *Behavioral-Neuroscience* 108(2):325-332.
Jehl, D., 1997. »One wife is not enough? A film to provoke Iran.« *New York Times*, 24. Dezember, A4.
Johnson, K., 1995. »You're fired! See you out of court.« *New York Times*, 29. März, B1 ff.
Johnson, M., 1987. »Mental illness and psychiatric treatment among women: A response.« In *The psychology of women: Ongoing debates*, hg. von M. R. Walsh. New Haven, Connecticut: Yale University Press.
Jones, Rex L., und Shirley Kurz Jones, 1976. *The Himalayan woman.* Palo Alto, Kalifornien: Mayfield Publishing Company.
Jope, E. M., 1956. »Agricultural implements.« In *A history of technology*, hg. von

C. Singer, E. J. Holmyard, A. R. Hall und T. I. Williams. Band 2. New York: Oxford University Press.

Joslyn, W., 1973. »Androgen induced social dominance in infant female rhesus monkeys.« *Journal of Child Psychology and Psychiatry* 14:137-145.

Jost, A., 1970. »Hormonal factors in the sex differentiation of the mammalian foetus.« *Philosophical Transactions of the Royal Society, London*, B. 119-130.

Judd, H. L., und S. S. C. Yen, 1973. »Serum androstenedione and testosterone levels during the menstrual cycle.« *Journal of Clinical Endocrinology and Metabolism*: 36:475-481.

Judd, Howard L., und Nicole Fournet, 1994. »Changes of ovarian hormonal function with aging.« *Experimental Gerontology* 29(3/4):285-298.

Kahn, J., und M. Jordan, 1995. »Women's banks stage global expansion.« *The Wall Street Journal*, 30. August, A8.

Kankakee (Ill.) Daily Journal, 1998. »Ageless love: Today's seniors say romance not just for young people«, 15. Juni, B7.

Kannapell, A., 1995. »A snoop's story: The confessions of a private eye.« *New York Times*, 27. August, Abschnitt 13, PC1.

Kantner, J. F., und M. Zelnik, 1972. »Sexual experience of young unmarried women in the U. S.« *Family Planning Perspectives* 4:9-18.

Kantrowitz, B., und P. Wingert, 1998. »Learning at home: Does it pass the test?« *Newsweek*, 5. Oktober, 64-70.

Karl, M., 1995. *Women and empowerment: Participation and decision making*. New York: United Nations Non-Governmental Liaison Service.

Karli, Pierre, 1991. *Animal and human aggression*. New York: Oxford University Press.

Katz, M., und M. Konner, 1981. »The role of the father: An anthropological perspective.« In *The role of the father in child development*, hg. von M. Lamb. New York: John Wiley and Sons.

Katzenbach, J. R., und D. K. Smith, 1993. *The wisdom of teams: Creating the high-performance organization*. Boston: Harvard Business School Press.

Kay, F. M., und J. Hagan, 1998. »Raising the bar: The gender stratification of law-firm capital.« *American Sociological Review* 63:728-743.

Kelly, J. B., 1982. »Divorce: The adult perspective.« In *Families in transition*, hg. von A. S. Skolnick und J. H. Skolnick. 5. Auflage. Boston: Little, Brown und Company.

Kelly, R. M., 1991. *The gendered economy*. Newbury Park, Kalifornien: Sage Publications.

Kenrick, D. T., E. K. Sadalla, G. E. Groth und M. R. Trost, 1990. »Evolution, traits and the states of human courtship: Qualifying the parental investment model.« *Journal of Personality* 58(1):97-116.

Kephart, W. M., 1967. »Some correlates of romantic love.« *Journal of Marriage and the Family* 29:470-479.

Kerber, K. B., 1994. »The marital balance of power and quid pro quo: An evolutionary perspective.« *Ethology and Sociobiology* 15 (5/6):283-297.

Kerns, Virginia, und Judith K. Brown, Hg., 1992, In *In her prime: New views of middle-aged women*. Urbana: University of Illinois Press.

Kimura, Doreen, 1983. »Sex differences in cerebral organization for speech and praxic functions.« *Canadian Journal of Psychology* 37 (1):19-35

–, 1987. »Are men's and women's brains really different?« *Canadian Journal of Psychology* 28(2):133-147.

–, 1989. »How sex hormones boost or cut intellectual ability.« *Psychology Today*, November, 63-66.

–, 1992. »Sex differences in the brain.« *Scientific American* 267 (3):118-125.

Kinsey, A. C., W. B. Pomeroy und C. E. Martin, 1948. *Sexual behavior in the human male*. Philadelphia: W. B. Saunders.

Kinsey, A. C., W. B. Pomeroy, C. E. Martin und P. H. Gebhard, 1953. *Sexual behavior in the human female*. Philadelphia: W. B. Saunders.

Kishkovsky, S., und E. Williamson, 1997. »Second-class comrades no more: Women stoke Russia's start-up boom.« *The Wall Street Journal*, 30. Januar, A12

Klahr, D., und K. Kotovsky, Hg., 1989. *Complex information processing: The impact of Herbert A. Simon*. Hillsdale, New Jersey: Lawrence Erlbaum and Associates.

Klein, J., 1997. »Tough mothering.« *Mother Jones*, Januar-Februar.

Klein, Laura F., und Lillian A. Ackerman, Hg., 1995. *Women and power in native North America*. Norman: University of Oklahoma Press.

Kleinman, A., 1980. *Patients and healers in the context of culture*. Berkeley: University of California Press.

Knox, D. H., 1970. »Conceptions of love at three developmental levels.« *Family Coordinator* 19:151-157.

Kohlberg, L., 1969. »Stage and sequence: The cognitive-developmental approach to socialization.« In *Handbook of socialization: Theory and research*, hg. von D. A. Goslin. Chicago: Rand McNally.

–, 1981. *The psychology of moral development*. San Francisco: Harper and Row.

Kolata, Gina, 1995. »Man's world, woman's world? Brain studies point to differences.« *New York Times*, 28. Februar, C7.

–, 1996. »New era of robust elderly belies the fears of scientists.« *New York Times*, 27. Februar, A1 f.

Koolhass, J. M., T. H. C. van den Brin, B. Roozendaal und F. Boorsma, 1990. »Medial amygdala and aggressive behavior: Interaction between testosterone and vasopressin.« *Aggressive Behavior* 16:223-229.

Kurtz, James P., und Marvin Zuckerman, 1978. »Race and sex differences on the sensation seeking scales.« *Psychological Reports* 43(2):529 f.

Lacoste-Utamsing, C. de, und R. L. Holloway, 1982. »Sexual dimorphism in the human corpus callosum.« *Science* 216:1431 f.

Lagerspetz, K. M., K. Bjorkqvist und T. Peltonen, 1988. »Is indirect aggression typical of females?« *Aggression and Behavior* 14:403-414.

Lancaster, J. B., 1994. »Human sexuality, life histories, and evolutionary ecology.« In

Sexuality across the life course, hg. von A. S. Rossi. Chicago: University of Chicago Press.
Lancaster, J. B., und Barbara J. King, 1992. »An evolutionary perspective on menopause.« In *In her prime: New views of middle-aged women*, hg. von Virginia Kerns und Judith K. Brown. Urbana: University of Illinois Press.
Lancaster, J. B., und H. Kaplan, 1994. »Human mating and family formation strategies: The effects of variability among males in quality and the allocation of mating effort and parental investment.« In *Topics in Primatology*. Band 1: *Human Origins*. T. Nishida, W. C. McGrew, P. Marler, M. Pickford und F. B. M. de Waal, Hg. Tokio: University of Tokyo Press.
Laumann, E. O., J. H. Gagnon, R. T. Michael und S. Michaels, 1994. *The social organization of sexuality: Sexual practices in the United States*. Chicago: University of Chicago Press.
Lawlor, J., 1997. »Goodbye to the job. Hello to the shock.« *New York Times*, 12. Oktober, BU11.
Lawson, A., 1988. *Adultery: An analysis of love and betrayal*. New York: Basic Books.
Leacock, E. B., 1981. *Myths of male dominance*. New York: Monthly Review Press.
Leacock, E. B., Hg., 1972. *The origins of the family, private property and the state, by Frederick Engels with an introduction by Eleanor Burke Leacock*. New York: International Publishers.
LeDoux, Joseph, 1996. *The emotional brain*. New York: Simon and Schuster.
Leigh, B. C., 1989. »Reasons for having and avoiding sex: Gender, sexual orientation, and relationship to sexual behavior.« *Journal of Sex Research* 26:199-209.
Lemann, N., 1997. »Notes & Comment: Citizen 501 (c) (3).« *The Atlantic Monthly*, Februar, 18 ff.
Lenzner, R., und S. S. Johnson, 1997. »Seeing things as they really are.« *Forbes*, 10. März, 122 ff.
Lerner, G., 1986. *The creation of patriarchy*. New York: Oxford University Press.
Lessa, William A., 1966. *Ulithi: A Micronesian design for living*. New York: Holt, Rinehart and Winston.
LeVay, S., 1991. »A difference in hypothalamic structure between heterosexual and homosexual men.« *Science* 253:1034-1037.
Levenson, Robert, et al., 1994. »The influence of age and gender on affect, physiology and their interrelations: A study of long-term marriages.« *Journal of Personality and Social Psychology* 76.
Levenson, Thomas, 1995. »Accounting for taste.« *The Sciences: Journal of the New York Academy of Sciences* (Januar-Februar).
Lever, Janet, 1976. »Sex differences in the games children play.« *Social Problems* 23:478-487.
–, 1978. »Sex differences in the complexity of children's play and games.« *American Sociological Review* 43:471-483.
Levine, R., S. Sato, T. Hashimoto und J. Verman, 1994. »Love and marriage in eleven

cultures.« In *Love and sex: Cross-cultural perspectives*, hg. von E. Hatfield und R. L. Rapson. Needham Heights, Massachusetts: Allyn and Bacon.

Levitan, S. A., R. S. Belous und F. Gallo, 1988. *What's happening to the American family?* Baltimore: Johns Hopkins University Press.

Levy, J., 1967. »The older American Indian.« In *The older rural Americans*, hg. von E. Youmans. Lexington: University of Kentucky Press.

–, 1969. »Possible basis for the evolution of lateral specialization of the human brain.« *Nature* 224:614f.

Levy, J. A., 1994. »Sex and sexuality in later life stages.« In *Sexuality across the life course*, hg. von A. S. Rossi. Chicago: University of Chicago Press.

Lewin, T., 1995a. »Women are becoming equal providers.« *New York Times*, 11. Mai.

–, 1995b. »Workers of both sexes make trade-offs for family, study shows.« *New York Times*, 29. Oktober.

–, 1997. »Women losing ground to men in widening income difference.« *New York Times*, 15. September, A1f.

–, 1998. »Birth rates for teenage declines sharply in the 90s.« *New York Times*, 1. Mai, A21.

Lewis, P., 1998. »Not just governments make war or peace.« *New York Times*, 28. November, B9.

Liebowitz, Michael R., 1983. *The chemistry of love*. Boston: Little, Brown and Company.

Lind, M., 1998. »The beige and the black.« *New York Times Magazine*, 16. August, 38f.

Lindholm, C., 1995. »Love as an experience of transcendence.« In *Romantic passion: A universal experience?*, hg. von W. Jankowiak. New York: Columbia University Press.

Liu, D., J. Diorio, B. Tannenbaum, C. Caldji, D. Francis, A. Freedman, S. Sharma, D. Pearson, P. M. Plotsky und M. J. Meaney, 1997. »Maternal care, hippocampal glucocorticoid receptors, and hypothalamic-pituitary-adrenal responses to strees.« *Science* 277:1659-1662.

Liu, D. L., M. L. Ng, und L. P. Chou, 1992. *Sexual behavior in modern China: A report of the nationwide »sex civilization« survey on 20000 subjects in China*. Schanghai: San Lian Bookstore Publishers.

Lockard, J., und D. Adams, 1981. »Human serial polygyny.« *Ethology and Sociobiology* 2:177-186.

Longcope, C., 1986. »Adrenal and gonadal steroid secretion in normal females.« *Journal of Clinical Endocrinology and Metabolism* 15:213-228.

Low, B. S., 1989. »Cross-cultural patterns in the training of children: An evolutionary perspective.« *Journal of Comparative Psychology* 103:311-318.

Lueptow, L. B., L. Garovich und M. B. Lueptow, 1995. »The persistence of gender stereotypes in the face of changing sex roles: Evidence contrary to the socio-cultural model.« *Ethology and Sociobiology* 16(6):509-530.

Lykken, D. T., und A. Tellegen, 1993. »Is human mating advantageous or the result of lawful choice? A twin study of mate selection.« *Journal of Personality and Social Psychology* 65:56-68.
Maccoby, E., und C. Jacklin, 1974. *The psychology of sex differences*. Stanford, Kalifornien: Stanford University Press.
Mace, D., und V. Mace, 1980. *Marriage: East and west.* New York: Dolphin Books.
Maclay, G., und H. Knipe, 1972. *The dominant man.* New York: Delta.
Madsen, Douglas, 1994. »Serotonin and social rank among human males.« In *The neurotransmitter revolution: Serotonin, social behavior and the law,* hg. von R. D. Masters und M. T. McGuire. Carbondale: Southern Illinois University Press.
Mann, V. A., S. Sasanuma, N. Sakuma und S. Masaki, 1990. »Sex differences in cognitive abilities; A cross-cultural perspective.« *Neuropsychologia* 28(10):1063-1077.
Manza, J., und C. Brooks, 1998. »The gender gap in U. S. presidential elections: When? why? implications?« *American Journal of Sociology* 103 (5):1235-1266.
Martin, David J., und H. D. Hoover, 1987. »Sex differences in educational achievement: A longitudinal study.« *Journal of Early Adolescence* 7:65-83.
Martin, T. C., und L. L. Bumpass, 1989. »Recent trends in marital disruption.« *Demography* 26:37-51.
Maryanski, A., und J. Turner, 1992. *The social cage: Human nature and the evolution of society.* Stanford, Kalifornien: Stanford University Press.
Masini, E. B., 1996. »Silently working for the future: Recognizing women as creators of social alternatives.« *Futures Bulletin,* März 1 ff.
Masters, R. D., und S. J. Carlotti Jr., 1993. »Gender differences in response to political leaders.« In *Social stratification and socioeconomic inequality,* hg. von L. Ellis. Band 2. Westport, Connecticut: Praeger.
Masters, Roger D., und Michael T. McGuire, Hg., 1994. *The neurotransmitter revolution: Serotonin, social behavior and the law.* Carbondale: Southern Illinois University Press.
Masters, W. H., und V. E. Johnson, 1966. *Human sexual response.* Boston: Little, Brown and Company. (dt. Titel: *Liebe und Sexualität,* Berlin: Ullstein Tb-Verlag, 1993.)
Maybury-Lewis, D., 1992. *Millennium: Tribal wisdom and the modern world.* New York: Viking.
Mayer, Peter J., 1982. »Evolutionary advantage of the menopause.« *Human Ecology* 10 (4):477-494.
Mazur, A., A. Booth und J. M. Dabbs Jr., 1992. »Testosterone and chess competition.« *Social Psychology Quarterly* 55 (1):70-77.
Mazur, A., E. J. Susman und S. Edelbrock, 1997. »Sex differences in testosterone response to a video game contest.« *Evolution and Human Behavior* 18 (5):317-326.
Mazur, A., und T. Lamb, 1980. »Testosterone, status, and mood in human mates.« *Hormones and Behavior* 14:236-246.

McCauley, Elizabeth, Thomas Kay, Joanne Ito und Robert Treder, 1987. »The Turner-syndrome: Cognitive deficits, affective discrimination and behavior problems.« *Child Development* 58:464-473.

McClelland, D. C., 1975. *Power: The inner experience.* New York: Irvington. (dt. Titel: *Macht als Motiv. Entwicklungswandel und Ausdrucksformen.* Stuttgart: Klett-Cotta, 1978.)

McCorduck, P., und N. Ramsey, 1996. *The futures of women: Scenarios for the 21st century.* New York: Addison-Wesley. (dt. Titel: *Die Zukunft der Frauen. Szenarien für das 21. Jahrhundert.* Frankfurt a. M.: S. Fischer, 1998.)

McEwen, B. S., 1994. »How do sex and stress hormones affect nerve cells?« In »Hormonal restructuring of the adult brain: Basic and clinical perspectives«, hg. von V. N. Luine und C. F. Harding. *Annals of the New York Academy of Science* 743:1-18.

McGrew, W. C., 1981. »The female chimpanzee as a human evolutionary prototype.« In *Woman the gatherer*, hg. von F. Dahlberg. New Haven, Connecticut: Yale University Press.

McGue, M., und D. T. Lykken, 1992. »Genetic influence on risk of divorce.« *Psychological Science* 3(6):368-373.

McGuinness, Diane, 1972. »Hearing: Individual differences in perceiving.« *Perception* 1:465-473.

—, 1976. »Perceptual and cognitive differences between the sexes.« In *Explorations in sex differences*, hg. von B. Lloyd und J. Archer. New York: Academic Press.

—, 1985. »Sensorimotor biases in cognitive development.« In *Male-Female differences: A bio-cultural perspective*, hg. von R. L. Hall, P. Draper, M. E. Hamilton, D. McGuinness, C. M. Otten und E. A. Roth. New York: Praeger.

—, 1990. »Behavioral tempo in pre-school boys and girls.« *Learning and Individual Differences* 2(3):315-325.

McGuinness, D., A. Olson, und J. Chapman, 1990. »Sex differences in incidental recall for words and pictures.« *Learning and Individual Differences* 2(3):263-285.

McGuinness, D., und K. H. Pribram, 1979. »The origin of sensory bias in the development of gender differences in perception and cognition.« In *Cognitive growth and development: Essays in memory of Herbert G. Birch*, hg. von M. Bortner. New York: Brunner/Mazel.

McGuinness, Diane, und Janet Sparks, 1983. »Cognitive style and cognitive maps: Sex differences in representations of a familiar terrain.« *Journal of Mental Imagery* 7:91-100.

McGuinness, K., 1990. »Women and the peace movement.« In *The American woman 1990-1991: A status report*, hg. von Sara E. Rix. New York: W. W. Norton.

McGuire, M., M. Raleigh und G. Brammer, 1982. »Sociopharmacology.« *Annual Review of Pharmacology and Toxicology* 22:643-661.

McMillan, Carol A., 1989. »Male age, dominance, and mating success among rhesus macaques.« *American Journal of Physical Anthropology* 80:83-89.

Mead, Margaret, 1949. *Male and female: A study of the sexes in a changing world.*

New York: William Morrow (dt. Titel: *Mann und Weib*. Berlin: Ullstein TB-Verlag, 1992.)
Mead, M., und N. Newton, 1967. »Cultural patterning of perinatal behavior.« In *Childbearing – Its social and psychological aspects*, hg. von S. A. Richardson und A. F. Guttmacher. Baltimore: Williams and Wilkins.
Meldrum, D. R., B. J. Davidson, I. V. Tataryn und H. L. Judd, 1981. »Changes in circulating steroids with aging in postmenopausal women.« *Obstetrics and Gynecology* 57:624-628.
Meloy, J. R., 1998. »The psychology of stalking.« In *The psychology of stalking: Clinical and forensic perspectives*, hg. von. J. R. Meloy. New York: Academic Press.
Menkel-Meadow, C., 1985. »Portia in a different voice: Speculations on a woman's lawyering process.« *Berkeley Women's Law Journal* 1 (1):39 (Herbst).
Mernissi, Fatima, 1975. *Beyond the veil: Male-female dynamics in a modern Muslim society*. Cambridge, England: Schenkman.
Metts, S., und W. R. Cupach, 1991. »The role of communication in human sexuality.« In *Human sexuality: The societal and interpersonal context*, hg. von M. McKinney und S. Sprecher.
Mifflin, L., 1988. »After drought, networks put more women in top posts.« *New York Times*, 24. August, D1 f.
Milbank, D., 1996. »Blame game.« *The Wall Street Journal*, 5. Januar, A1 ff.
Milius, S., 1998. »When birds divorce: Who splits, who benefits, and who gets the nest.« *Science News* 153:153 ff.
Miller, J. B., 1976. *Toward a new psychology of women*. Boston: Beacon Press.
Miller, Leon K., und Viana Santoni, 1986. »Sex differences in spatial abilities: Strategic and experiential correlates.« *Acta Psychologia* 62:225-235.
Mills, D. Q., 1991. *Rebirth of the corporation*. New York: John Wiley and Sons.
Mitchell, C., 1981. *Human sex differences: A primatologist's perspective*. New York: Van Nostrand Reinhold.
Mitchell, S., 1995. »The next baby boom.« *American Demographics* (Oktober):22 ff.
Mlot, C., 1998. »Probing the biology of emotion.« *Science* 280:1005 ff.
Mock, D. W., und M. Fujioka, 1990. »Monogamy and long-term pair bonding in vertebrates.« *Trends in Ecology and Evolution* 5 (2):39-43.
Möller, A. P., 1987. »Behavioral aspects of sperm competition in swallows (*Hirundo rustica*).« *Behavior* 100:92-104.
Moltz, Howard, Michael Lubin, Michael Leon und Michael Numan, 1970. »Hormonal induction of maternal behavior in the ovariectomized nulliparous rat.« *Physiology and Behavior* 5:1373-1377.
Money, J., 1997. *Principles of developmental sexology*. New York: Continuum.
Money, J., und A. A. Ehrhardt, 1972. *Man and woman, boy and girl: The differentiation and dimorphism of gender identity from conception to maturity*. Baltimore: Johns Hopkins University Press.
Money, J., M. Schwartz, und V. G. Lewis, 1984. »Adult heterosexual status and fetal

hormonal masculinization and demasculinization: 46,XX congenital virilizing adrenal hyperplasia and 46,XY androgen-insensitivity syndrome compared.« *Psychoneuroendocrinology* 9:405-414.

Monneuse, Marie-Odile, France Bellisle und Jeanine Louis-Sylvestre, 1991. »Impact of sex and age on sensory evaluation of sugar and fat in dairy products.« *Physiology and Behavior* 50:1111-1117.

Monnot, Marilee, 1995. Implications of selected speech practices in the creation and/or perpetuation of gender identity in several cultures. Diplomarbeit an der Unversity of Cambrigde.

Montagu, A., 1953. *The natural superiority of women*. New York: Collier Books.

Moran, S., 1988. »... But not at work.« *American Demographics* (Mai):38 ff.

Morell, V., 1998. »A new look at monogamy.« *Science* 281:1982 f.

Mosher, S. W., 1997. »Too many people? Not by a long shot.« *New York Times*, 10. Februar, A18.

Murdock, George P., 1949. *Social structure*. New York: The Free Press.

Murdock, G. P., und C. Provost, 1973. »Factors in the division of labor by sex: A cross-cultural analysis.« *Ethnology* 12:203-225.

Murphy, Yolanda, und Robert Murphy, 1974. *Women of the forest*. New York: Columbia University Press.

Murstein, B. I., 1972. »Physical attractiveness and marital choice.« *Journal of Personality and Social Psychology* 22:8-12.

Mydans, S., 1997. »When the bartered bride opts out of the bargain.« *New York Times*, 6. Mai, A3.

Nadler, A., und I. Dotan, 1992. »Commitment and rival attractiveness: Their effects on male and female reactions to jealousy arousing situations.« *Sex Roles* 26:293-310.

Nadler, R. D., und J. T. Braggio, 1974. »Sex and species differences in captive-reared juvenile chimpanzees and orangutans.« *Journal of Human Evolution* 3:541-550.

Naisbitt, J., und P. Aburdene, 1986. *Reinventing the corporation*. New York: Warner Books.

Nash, J., 1983. »Introduction.« In *Women, men and the international division of labor*, hg. von J. Nash und M. P. Fernandez-Kelly. Albany: State University of New York Press.

Nash, J., und M. P. Fernandez-Kelly, Hg., 1983. *Women, men and the international division of labor*. Albany: State University of New York Press.

Nathans, J., D. Thomas und D. S. Hogness, 1986. »Molecular genetics of human color vision: The genes encoding blue, green and red pigments.« *Science* 232:193-202.

National Foundation for Women Business Owners, 1996. *Research Highlights*. Silver Spring, Maryland: National Foundation for Women Business Owners.

Navcarro, M., 1997. »Elderly wield their might in Florida.« *New York Times*, 19. Oktober, A16.

Nelson, R. J., 1995. *An introduction to behavioral endocrinology*. Sunderland, Massachusetts: Sinauer Associates, Inc.

Newman, M., 1998. »In second year, charter schools continue to gain in New Jersey.« *New York Times*, 12. September, A21.
New Scientist, 1997. »Newswire: Surfer girls«, 1. Juli, 21.
New York Times, 1997. »Top female executive resigns.« 28. September, A15.
Nichelli, P., K. Clark, C. Hollnagel und J. Grafman, 1995. »Duration processing after frontal lobe lesions.« In »Structure and functions of the human prefrontal cortex«, hg. von J. Grafman, K. J. Holyoak und F. Boller. *Annals of the New York Academy of Sciences* 769:161-171.
Nishida, T., und M. Hiraiwa-Hasegawa, 1986. »Chimpanzees and bonobos: Cooperative relationships among males.« In *Primate societies*, hg. von B. B. Smuts, D. L. Cheney, R. M. Seyfarth, R. W. Wrangham und T. T. Struhsaker. Chicago: University of Chicago Press.
Nordstrom, C., 1995. »It's all in a name: Local-level female healers in Sri Lanka.« In *Women as Healers: Cross-cultural perspectives*, hg. von C. S. McClain. New Brunswick, New Jersey: Rutgers University Press.
Nyborg, H., 1994. *Hormones, sex and society*. Westport, Connecticut: Praeger.
O'Conner, P. T., 1996. »Like I said, don't worry.« *Newsweek*, 9. Dezember, 12.
Oliver, M. B., und J. S. Hyde, 1993. »Gender differences in sexuality. A metaanalysis.« *Psychological Bulletin* 114:29-51.
Orenstein, Peggy, in Zusammenarbeit mit der American Association of University Women, 1994. *Schoolgirls: Young Women, self-esteem, and the confidence gap*. New York: Doubleday. (dt. Titel: *Starke Mädchen, brave Mädchen. Was sie in der Schule wirklich lernen*. Frankfurt a. M.: Campus Verlag, 1996.)
Orfield, G., 1998. »Charter schools won't save education.« *New York Times*, 2. Januar, A17.
Ornish, D., 1998. *Love & survival: The scientific basis for the heating power of intimacy*. New York HarperCollins. (dt. Titel: *Die revolutionäre Therapie: Heilen mit Liebe. Schwere Krankheiten ohne Medikamente überwinden*. München: Mosaik Verlag, 1999.)
Paine Webber, 1997. *Women and investing: An index of investor optimism special report*. New York: Paine Webber.
Palmaffy, T., 1998. »No excuses.« *Policy Review*, Januar-Februar, 18 ff.
Paludi, M. A., und R. B. Barickman, 1991. *Academic and workplace sexual harassment: A resource manual*. New York: State University of New York Press.
Pardo, J. V., P. J. Pardo und M. E. Raichle, 1993. »Neural correlates of self-induced dysphoria.« *American Journal of Psychiatry* 150:713-719.
Parish, A. R., 1994. »Sex and food control in the ›uncommon chimpanzee‹: How bonobo females overcome a phylogenetic legacy of male dominance.« *Ethology and Sociobiology* 15 (3):157-179.
Parker, G. A., 1970. »Sperm competition and its evolutionary consequences in the insects.« *Biological Review* 45:525-567.
Passell, P., 1995. »Job advice for 2005: Don't be a farmer, play one on TV.« *New York Times*, 3. September, A9.

Pasternack, B. A., und A. J. Viscio, 1998. *The centerless corporation: A new model for transforming your organization for growth and prosperity.* New York: Simon and Schuster.

Pattatucci, A. M. L., und D. H. Hamer, 1995. »Development and familiarity of sexual orientation in females.« *Behavior Genetics* 25(5):407-420.

Pavelka, Mary S. M., und Linda Marie Fedigan, 1991. »Menopause: A comparative life history perspective.« *Yearbook of Physical Anthropology* 34:13-38.

Pearce, F., 1994. »Trees are on the march?« *New Scientist,* 31. Dezember, 17.

–, 1997. »Review: Life is a beach.« *New Scientist,* 4. Januar, 39.

Pedersen, C. A., J. D. Caldwell, G. F. Jirikowski und T. R. Insel, 1992. »Oxytocin in maternal, sexual, and social behaviors.« *Annals of the New York Academy of Sciences* 652:1-492.

Pedersen-Pietersen, L., 1997. »To have and to hyphenate: The marriage name game.« *New York Times,* 16. März, F11.

Peele, S., 1988. »Fools for love: The romantic ideal, psychological theory, and addictive love.« In *The psychology of love,* hg. v. R. J. Sternberg und M. L. Barnes. New Haven, Connecticut: Yale University Press.

Peele, S., und A. Brodsky, 1975. *Love and addiction.* New York: Taplinger Publishing Company.

Peplau, L. A., und S. D. Cochran, 1990. »A relational perspective on homosexuality.« In *Homosexuality/heterosexuality: Concepts of sexual orientation,* hg. von P. McWhirter, S. Sanders und J. Reinisch. Band 2 der Kinsey Institute Series. New York: Oxford University Press.

Peplau, L., und S. Gordon, 1985. »Women and men in love: Gender differences in close heterosexual relationships.« In *Women, gender and social psychology,* hg. von V. O'Leary, R. Unger und B. Wallston. Hillsdale, New Jersey: Lawrence Erlbaum and Associates.

Persky, H., H. Lief, D. Strauss, W. Miller und C. O'Brien, 1978. »Plasma testosterone level and sexual behavior of couples.« *Archives of Sexual Behavior* 7 (3):157-173.

Pfeiffer, E., A. Verwoerdt und H. S. Wang, 1969. »The natural history of sexual behavior in biologically advantaged group of aged individuals.« *Journal of Gerontology* 24:193 ff.

Pfeiffer, E., und G. C. Davis, 1972. »Determinants of sexual behavior in middle and old age.« *Journal of the American Geriatrics Society* 20:151-158.

Phillips, S., und B. B. Sherwin, 1992. »Effects of estrogen on memory function in surgically menopausal women.« *Psychoneuroendocrinology* 17:485-495.

Piaget, J., 1932. *The moral judgment of the child.* New York: The Free Press. 1965. (dt. Titel: *Das moralische Urteil beim Kinde.* Stuttgart: Klett-Cotta, 1983.)

Piltch, C., 1992a. Work and mental distress: A comparative analysis of the experience of women and men. Dissertation, Boston University.

–, 1992b. »Work and stress.« *The Radcliffe Quarterly* 78 (Dezember):6 f.

Pinker, S., und P. Bloom, 1992. »Natural language and natural selection.« In *The adapted mind: Evolutionary psychology and the generation of culture,* hg. von J. H. Barkow, L. Cosmides und J. Tooby. New York: Oxford University Press.

Plotnicov, L., 1995. »Love, lust and found in Nigeria.« In *Romantic passion: A universal experience?,* hg. von W. Jankowiak. New York: Columbia University Press.

Pool, Robert, 1994. *Eve's rib. Searching for the biological roots of sex differences.* New York: Crown. (dt. Titel: *Evas Rippe.* München: Droemer, 1996.)

Popcorn, F., und L. Marigold, 1996. *Clicking: 16 trends to future fit your life, your work and your business.* New York: HarperCollins. (dt. Titel: *Clicking. Der neue Popcorn-Report. Trends für unsere Zukunft.* München: Heyne, 1996.)

Pope, H., und C. W. Mueller, 1979. »The intergenerational transmission of marital instability: Comparisons by race and sex.« In *Divorce and separation: Context, causes, and consequences,* hg. von G. Levinger und O. C. Moles. New York: Basic Books.

Popenoe, D., 1996. *Life without father.* New York: The Free Press.

Posner, M., 1994. »Attention: The mechanisms of consciousness.« *Proceedings of the National Academy of Science* 91:7398-7403.

Posner M., und S. Dehaene, 1994. »Attentional networks.« *Trends in Neuroscience* 17:75-79.

Posner, R., 1992. *Sex and reason.* Cambridge, Massachusetts: Harvard University Press.

Postrel, V. I., 1997. »The nail file.« *Reason* (Oktober):4 ff.

Prakasa, V. V., und V. N. Rao, 1979. »Arranged marriages: An assessment of the Attitudes of the college students in India.« In *Cross-cultural perspectives of mate-selection and marriage,* hg. von G. Kurian. Westport, Connecticut: Greenwood. Press.

Prentky, R., 1985. »The neurochemistry and neuroendocrinology of sexual aggression.« In *Aggression and Dangerousness,* hg. von D. P. Farrington und J. Gunn. New York: John Wiley and Sons.

Presser, S., 1995. »Sex, samples and response errors.« *Contemporary Sociology* 24 (4):296 ff.

Pui-wing, Tam, 1998. »Graying of Asia in the next 30 years entices U. S. pension-fund providers.« *The Wall Street Journal,* 16. März, B9.

Purdy, M., 1995. »A sexual revolution for the elderly.« *New York Times,* 6. November, A16.

Purifoy, F., und L. Koopmans, 1980. »Androstenedione, testosterone and free-testosterone concentrations in women of various occupations.« *Social Biology* 26: 179-188.

Pusey, A., J. Williams, und J. Goodall, 1997. »The influence of dominance rank on the reproductive success of female chimpanzees.« *Science* 277:828 ff.

Quain, B., 1948. *Fijian village.* Chicago: University of Chicago Press.

Raleigh, M. J., und G. L. Brammer, 1993. »Individual differences in serotonin-2 receptors and social behavior in monkeys.« *Society for Neuroscience Abstracts* 19:592.

Raleigh, M. J., und Michael T. McGuire, 1994. »Serotonin, aggression and violence in vervet monkeys.« In *The neurotransmitter revolution: Serotonin, social behavior and the law*, hg. von R. D. Masters und M. T. McGuire, Carbondale: Southern Illinois University Press.

Raleigh, M., M. McGuire, G. Brammer, D. Pollack und A. Yuwiler, 1991. »Serotonergic mechanisms promote dominance acquisition in adult male vervet monkeys.« *Brain Research* 559:181-190.

Randall, Margaret, 1996. *The price you pay: The hidden cost of women's relationship to money*. New York: Routledge.

Rebhun, L. A., 1995. »Language of love in northeast Brazil.« In *Romantic passion: A universal experience?*, hg. von W. Jankowiak. New York: Columbia University Press.

Redman, S., et al., 1994. »Determinants of career choices among women and men medical students and interns.« *Medical Education* 28:361, 368 f.

Reid, M., 1995. »Sisterhood and professionalization: A case study of the American lay midwife.« In *Women as healers: Cross-cultural perspectives*, hg. von C. S. McClain. New Brunswick, New Jersey: Rutgers University Press.

Reinisch, June M., und Ruth Beasly, 1990. *The Kinsey Institute new report on sex*. New York: St. Martin's Press.

Reiter, R. R., Hg., 1975. *Toward an anthropology of women*. New York: Monthly Review Press.

Rich, E. H., Hg., 1998. *The foundation directory 1998 edition*. 20. Ausgabe. New York: The Foundation Center.

Richburg, K. B., 1997. »Spreading the wealth.« *Washington Post*. Landesweite Wochenausgabe, 17. März, 6 f.

Riessman, C. K., 1990. *Divorce talk: Women and men make sense of personal relationships*. New Brunswick, New Jersey: Rutgers University Press.

Rimer, S., 1998. »As centenarians thrive, ›old‹ is redefined.« *New York Times*, 22. Juni, A1 f.

Robbins, C. C., 1998. »In southeast, doctor meets medicine man.« *New York Times*, 15. September, H1.

Robinson, J. R., 1996. »Radio songs.« *American Demographics* (September):60-64.

Roiphe, K., 1997. »Adultery's double standard.« *New York Times Magazine*, 12. Oktober, 54 f.

Rooks, J. P., 1997. *Midwifery & childbirth in America*. Philadelphia: Temple University Press.

Rose, R. M., I. S. Bernstein, T. P. Gordon, S. F. Catlin, 1974. »Androgens and aggression: A review and recent findings in primates.« In *Primate Aggression, Territoriality and Xenophobia*, hg. von R. L. Holloway. New York: Academic Press.

Rose, R. M., J. W. Holaday und I. S. Bernstein, 1971. »Plasma testosterone, dominance rank and aggressive behavior in male rhesus monkeys.« *Nature* 231:366 ff.

Rosenblatt, J. S., 1995. »Hormonal basis of parenting in mammals.« In *Handbook of parenting*. Band 2: *Biology and ecology of parenting*. Hillsdale, New Jersey: Lawrence Erlbaum and Associates.

Rosenblatt, P. C., und R. M. Anderson, 1981. »Human sexuality in cross-cultural perspective.« In *The bases of human sexual attraction*, hg. von M. Cook. New York: Academic Press.
Rosener, Judy B., 1990. »Ways women lead.« *Harvard Business Review* (November-Dezember): 119-125.
–, 1995. *America's competitive secret: Women managers.* New York: Oxford University Press.
Rosenfeld, J. P., 1992. »Old ages, new heirs.« *American Demographics* 14(5):46-49.
Rosenthal, E., 1998. »In China's countryside, it is time to grow rich.« *New York Times*, 30. Mai, A4.
Rosewicz, B., 1996. »Here comes the bride ... and for the umpteenth time.« *The Wall Street Journal*, 10. September, B1 f.
Rossi, A., 1984. »Gender and parenthood.« *American Sociological Review* 49:1-19.
Rossi, A. S., 1994. »Eros and caritas: A biopsychosocial approach to human sexuality and reproduction.« In *Sexuality across the life course*, hg. von A. S. Rossi. Chicago: University of Chicago Press.
Rossi, Alice S., und Peter H. Rossi, 1990. *Of human bonding: Parent-child relations across the life course.* New York: Aldine de Gruyter.
Rossiter, Margaret W., 1995. *Women scientists in America: Before affirmative action 1940-1972.* Baltimore: Johns Hopkins University Press.
Rowan, R., 1986. *The intuitive manager.* New York: Berkley Books.
Rowe, J. W., 1997. »A new gerontology.« Leitartikel, *Science*, 17. Oktober, 367.
Roy, Manisha, 1975. *Bengali women.* Chicago: University of Chicago Press.
Rushton, J. P., 1989. »Epigenesis and social preference.« *Behavioral and Brain Sciences* 12:31 f.
Russel, C., 1995a. »The baby boom turns 50.« *American Demographics* (Dezember):22-41.
–, 1995b. »Find the missing men.« *American Demographics* (Mai):8.
–, 1995c. »Why teen births boom.« *Future Survey*, 8. September.
–, 1996. »Going their separate ways.« *American Demographics* (November):10 ff.
–, 1997a. »The Rorschach test.« *American Demographics* (Januar):10 ff.
–, 1997b. »The ungraying of America.« *American Demographics* (Juli):12 ff.
Sacks, K., 1979. *Sisters and wives: The past and future of sexual equality.* Urbana: University of Illinois Press.
Sadalla, E. K., D. T. Kenrick, und B. Vershure, 1987. »Dominance and heterosexual attraction.« *Journal of Personality and Social Psychology* 52:730-738.
Safer, M. A., 1981. »Sex and hemisphere differences in access to codes for processing emotional expressions and faces.« *Journal of Experimental Psychology: General* 110:86-100.
Salmon, C. A., und M. Daly, 1995. »On the importance of kin relations to Canadian women and men.« *Ethology and Sociobiology* 17:289-297.
Samuels, D., 1995. »Philanthropical correctness.« *The New Republic*, 25. September, 28.

Samuelson, R. J., 1995. »Judgment calls: Three cheers for schools?« *Newsweek*, 4. Dezember, 61.
Sanday, P. R., 1973. »Toward a theory of the status of women.« *American Anthropologist* 75:1682-1700.
–, 1981. *Female power and male dominance: On the origins of sexual inequality.* Cambridge, England: Cambridge University Press.
Sapolsky, R. M., 1983. »Endocrine aspects of social instability in the olive baboon.« *American Journal of Primatology* 5:365-376.
–, 1997. »The importance of a well-groomed child.« *Science* 277:1620 f.
Saporito, B., 1995. »What's for dinner?« *Fortune*, 15. Mai, 50 ff.
Schanberg, S. M., und T. M. Field, 1987. »Sensory deprivation stress and supplemental stimulation in the rape pup and preterm human neonate.« *Child Development* 58:1431-1447.
Schanberg, S. M., G. Evoniuk und C. Kuhn, 1984. »Tactile and nutritional aspects of maternal care: Specific regulators of neuroendocrine function and cellular development.« *Proceedings of the Society for Experimental Biology and Medicine* 175(2):135-146.
Schenk-Yglesias, C. G., 1995. »How many doctors does it take?« *American Demographics* (April):18 ff.
Schlaepfer, T. E., A. Y. Tien, P. E. Barta, G. J. Harris und G. Perlson, 1994. »Cortical gender dimorphism in healthy subjects.« *APA New Research Abstracts* NR 435:170.
Schlegel, A., und H. Barry III, 1996. »The cultural consequences of female contribution to subsistence.« *American Anthropologist* 88:142-150.
–, 1991. *Adolescence: An anthropological inquiry.* New York: The Free Press.
Schlesinger, J. M., 1997. »A slide in factory jobs: The pain of progress.« *The Wall Street Journal*, 28. April, 1.
Schneider, M. D., und C. B. Cottrell, 1975. *The American kin universe: A genealogical study.* Chicago: University of Chicago Press.
Schwartz, Pepper, 1994. *Peer marriage: how love between equals really works.* New York: The Free Press. (dt. Titel: *Peer Partner: Das ideale Paar. Was Gleichheit im Zusammenleben wirklich bedeutet.* Hamburg: E. Kabel, 1996.)
Seger, L., 1996. *When women call the shots: The developing power and influence of women in television and film.* New York: Henry Holt and Company.
Seib, G. F., 1995. »Houses divided.« *The Wall Street Journal*, 11. Januar, A1 f.
Seltzer, R. A., J. Newman und M. V. Leighton, 1997. *Sex as a political variable: Women as candidates and voters in U. S. elections.* Boulder, Colorado: Lynne Riener Publishers.
Senge, P., 1990. *The fifth discipline.* New York: Doubleday. (dt. Titel: *Die fünfte Disziplin. Kunst und Praxis der lernenden Organisation.* Stuttgart: Klett-Cotta, 1998.)
Shaywitz, B. A., S. E. Shaywitz, K. R. Pugh, R. T. Constable, P. Skudlarski, R. K. Fulbright, R. A. Bronen, J. M. Fletcher, D. P. Shankweiler, L. Katz und J. C. Core, 1995.

»Sex differences in the functional organization of the brain for language.« *Nature* 373:607 ff.
Sheets, V. L., L. L. Fredendall und H. M. Claypool, 1997. »Jealousy evocation, partner reassurence and relationship stability: An exploration of the potential benefits of jealousy.« *Evolution and Human Behavior* 18:387-402.
Shellenbarger, S., 1996. »Work & family: Two income couples are making changes at work and at home.« *The Wall Street Journal*, 14. Februar, B1 f.
Shepher, J., 1971. »Mate selection among second-generation kibbutz adolescents and adults: Incest avoidance and negative imprinting.« *Archives of Sexual Behavior.* 1:293-307.
Sherfey, M. J., 1972. *The nature and evolution of female sexuality.* New York: Random House.
Sherwin, B. B., 1988. »A comparative analysis of the role of androgen in human male and female sexual behavior: Behavioral specificity, critical thresholds, and sensitivity.« *Psychobiology* 16:416-425.
–, 1994. »Sex hormones and psychological functioning in postmenopausal women.« *Experimental Gerontology* 29(3/4):423-430.
Sherwin, B. B., und M. M. Gelfand, 1987. »The role of androgen in the maintenance of sexual functioning in oophorectomized women.« *Psychosomatic Medicine* 49:397.
Sherwin, B. B., M. M. Gelfand und W. Brender, 1985. »Androgen enhances sexual motivation in females: A prospective cross-over study of sex steroid administration in the surgical menopause.« *Psychosomatic Medicine* 7:339-351.
Sherwin, B. B., und S. Phillips, 1990. »Estrogen and cognitive functioning in surgically menopausal women.« *Annals of the New York Academy of Sciences*, 592:474 f.
Shettel-Neuber, J., J. B. Bryson und C. E. Young, 1978. »Physical attractiveness of the ›other person‹ and jealousy.« *Personality and Social Psychology Bulletin* 4:612-615.
Short, R. V., 1976. »The evolution of human reproduction.« *Proceedings, Royal Society* (London), Series B, 195:3-24.
–, 1984. »The role of hormones in sexual cycles.« In *Hormones in reproduction*, hg. von C. R. Austin und R. V. Short. Band 3. Cambridge, England: Cambridge University Press.
–, 1987. »The biological basis for the contraceptive effects of breast feeding.« *International Journal of Gynaecology and Obstetrics Supplement* 25:207-217.
Shostak, M., 1981. *Nisa: The life and words of a !Kung woman.* Cambridge, Massachusetts: Harvard University Press.
Shucard, D. W., J. L. Shucard und D. G. Thomas, 1987. »Sex differences in electrophysiological activity in infancy: Possible implications for language development.« In *Language, gender and sex in comparative perspective*, hg. von S. U. Philips, S. Steele und C. Tanz. Cambridge, England: Cambridge University Press.

Silverberg, James, und J. Patrick Gray, 1992. *Aggression and peacefulness in humans and other primates.* New York: Oxford University Press.
Silverman, Irwin, und Marion Eals, 1992. »Sex differences in spatial abilities: Evolutionary theory and data.« In *The adapted mind: Evolutionary psychology and the generation of culture,* hg. von Jerome Barkow, Leda Cosmides und John Tooby. New York: Oxford University Press.
Simon, H. A., 1974. »How big is a chunk?« *Science* 183:482-488.
–, 1987. »Making management decisions: The role of intuition and emotion.« *Academy of Management Executive* (Februar):57-63.
Simon, Neal G., und David B. Masters, 1988. »Activation of intermale aggression by combined estrogen-androgen treatment.« *Aggressive Behavior* 14:291-295.
Simon, R., 1998. »Women outdo men in results in investing.« *The Wall Street Journal,* 20. Oktober, A14.
Simon, Rita J., und Jean Landis, 1991. *The crimes that women commit, the punishments they receive.* Lexington, Massachusetts: Lexington Books.
Simpson, J. A., B. Campbell und E. Berscheid, 1986. »The association between romantic love and marriage: Kephart (1967) twice revisited.« *Personality and Social Psychology Bulletin* 12:363-372.
Sinclair, K. P., 1985. »Koro and Kuia: Aging and gender among the Maori of New Zealand.« In *Aging and its transformations: Moving toward death in Pacific societies,* hg. von D. A. Counts und D. R. Counts. Lanham, Maryland: University Press of America.
Singer, I., 1987. *The nature of love.* Band 3: *The modern world.* Chicago: University of Chicago Press.
Singh, D., 1993. »Adaptive significance of female physical attractiveness: Role of waist-to-hip ratio.« *Journal of Personality and Social Psychology* 65:293-307.
Skuse, D. H., R. S. James, D. V. M. Bishop, B. Coppin, P. Dalton, G. Aamodt-Leeper, M. Bacarese-Hamilton, C. Creswell, R. McGurk und P. A. Jacobs, 1997. »Evidence from Turner's syndrome of an imprinted X-linked locus affecting cognitive function.« *Nature* 387:705-708.
Slatalla, M., 1988. »In sex-role tangle, a woman's search.« *New York Times,* G11.
Slocum, S., 1975. »Woman the gatherer: Male bias in anthropology.« In *Toward an anthropology of women,* hg. von R. R. Reiter. New York: Monthly Review Press.
Small, M. F., 1998. *Our babies, ourselves: How biology and culture shape the way we parent.* New York: Anchor Books.
Smith, L., 1997. »Coming to a health plan near you: Yoga and belladonna.« *Fortune,* 29. September, 169 ff.
Smith, R. L., 1984. »Human sperm competition.« In *Sperm competition and the evolution of mating systems,* hg. von R. L. Smith. New York: Academic Press.
Smith, T. W., 1994. »Attitudes toward sexual permissiveness: Trends, correlates und behavioral connections.« In *Sexuality across the life course,* hg. von A. S. Rossi. Chicago: University of Chicago Press.

Smuts, Barbara B., 1986. »Gender, aggression and influence.« In *Primate societies*, hg. von B. B. Smuts, D. L. Cheney, R. M. Seyfarth, R. W. Wrangham und T. T. Struhsaker. Chicago: University of Chicago Press.

–, 1992. »Male aggression against women: An evolutionary perspective.« *Human Nature* 3(1):1-44.

–, 1997. »Social relationships and life histories of primates.« In *The evolving female: A life history perspective*, hg. von M. E. Morebeck, A. Galloway und A. Zihlman. Princeton, New Jersey: Princeton University Press.

Smuts, B. B., D. L. Cheney, R. M. Seyfarth, R. W. Wrangham, T. T. Strusaker, Hg., 1987. *Primate societies*. Chicago: University of Chicago.

Sommers, Christina Hoff, 1994. *Who stole feminism? How women have betrayed women*. New York: Simon and Schuster.

Songer, D. R., S. Davis und S. Haire, 1994. »A reappraisal of diversification in the federal courts: Gender effects in the courts of appeals.« *The Journal of Politics* 56(2):425-439.

Spanier, G. B., und R. L. Margolis, 1983. »Marital separation and extramarital sexual behavior.« *The Journal of Sex Research* 19:23-48.

Specter, M., 1998. »Population implosion worries a graying Europe.« *New York Times*, 10. Juli, A1.

Spiro, M. E., 1958. *Children of the kibbutz*. Cambridge: Harvard University Press.

Sprecher, S., A. Aron, E. Hatfield, A. Cortese, E. Potapove und A. Levitskaya, 1994. »Love: American style, Russian style, and Japanese style.« *Personal Relationships* 1:349-369.

Srinivas, M. N., 1977. »The changing position of Indian women.« *Man* 12:221-238.

Stacey, J., 1991. *Brave new families: Stories of domestic upheaval in late twentieth century America*. New York: Basic Books.

Stapley, J. C., und J. M. Haviland, 1989. »Beyond depression: Gender differences in normal adolescents' emotional experiences.« *Sex Roles* 20:295-308.

Statistical Abstract of the United States, 1996. *The American almanac 1996-1997*. Austin, Texas: Hoover's Inc.

Steenland, S., 1987. »Women in broadcasting.« In *The American woman 1987-1988: A report in depth*, hg. von S. E. Rix. New York: W. W. Norton.

–, 1990. »Behind the scenes: Women in television.« In: *The American woman 1990-91: A Status report*, hg. von S. E. Rix. New York: W. W. Norton.

Stendhal, (Beyle, Henry), 1915. *On love*. Übersetzt von Philip Sidney Woolf und Cecil N. Woolf. New York: Brentano's. (dt. Titel: *Über die Liebe*. Frankfurt a. M.: Insel, 1999.)

Stern, D., 1987. *The interpersonal world of the infant*. New York: Basic Books. (dt. Titel: *Die Lebenserfahrung des Säuglings*. Stuttgart: Klett-Cotta, 1998.)

Stern, D. N., S. Spieker und K. MacKain, 1983. »Intonation contours as signals in maternal speech to prelinguistic infants.« *Developmental Psychology* 18:727-735.

Stewart, T., 1997. *Intellectual capital*. New York: Doubleday.

Stone, B., 1997. »Rx: Thirty minutes on the stairmaster twice weekly.« *New York Times*, 1. März, B4.

Stone, L., 1977. *The family, sex, and marriage: In England 1500-1800*. New York: Harper and Row.
–, 1988. »Passionate attachments in the west in historical perspective.« In *Passionate attachments: Thinking about love*, hg. von W. Gaylin und E. Person. New York: The Free Press.
–, 1990. *Road to divorce: England 1530-1987*. New York: Oxford University Press.
Strachey, Lytton, 1918. *Eminent Victorians*. Garden City, New York: Garden City Publishers, Inc.
Stroebe, W., und M. S. Stroebe, 1987. *Bereavement and health: The psychological and physical consequences of partner loss*. New York: Cambridge University Press.
Stuss, D. T., T. Shallice, M. P. Alexander und T. W. Picton, 1995. »A multidisciplinary approach to anterior attentional functions.« In »Structure and functions of the human prefrontal cortex«, hg. von J. Grafman, K. J. Holyoak und F. Boller. *Annals of the New York Academy of Sciences* 769:191-211.
Suggs, R. C., 1966. *Marquesan sexual behavior*. New York: Harcourt, Brace and World.
Swain, S., 1989. »Covert intimacy: Closeness in men's friendships.« In *Gender in intimate relationships*, hg. von B. J. Risman und P. Schwartz. Belmont, Kalifornien: Wadsworth.
Symons, D., 1979. *The evolution of human sexuality*. New York: Oxford University Press.
–, 1989. »The psychology of human mate preferences.« *Behavioral and Brain Sciences* 12:34 f.
Taffel, R., 1990. »The politics of mood.« *The Family Therapy Networker* (September-Oktober):49-53.
Takahata, Yukio, Naoki Koyama und Shigeru Suzuki, 1995. »Do the old aged females experience a long post-reproductive life span? The cases of Japanese macaques and chimpanzees.« *Primates* 36(2):169-180.
Talbot, M., 1998. »Attachment theory: The ultimate experiment.« *New York Magazine*, 24. Mai, 24 ff.
Tannen, D., 1990. *You just don't understand. Women and men in conversation*. New York: Ballantine Books. (dt. Titel: *Du kannst mich einfach nicht verstehen. Warum Männer und Frauen aneinander vorbeireden*. München: Goldmann, 1993.)
Tavris, C., 1992. *The mismeasure of woman*. New York: Simon and Schuster.
–, 1994. *Talking from 9 to 5*. New York: William Morrow.
–. »The feminizing of love.« In *Diverse voices of women*, hg. von S. F. Ballentine und J. B. Inclan. Mountain View, Kalifornien: Mayfield Publishing Co.
–, 1997. »How friendship was ›feminized‹.« *New York Times*, 28. Mai, A29.
Tavris, C., und C. Offir, 1977. *The longest war: Sex differences in perspective*. New York: Harcourt Brace Jovanovich.
Tavris, C., und S. Sadd, 1977. *The Redbook report on female sexuality*. New York: Delacorte.
Tear, Jayne, 1995. »They just don't understand gender dynamics.« *The Wall Street Journal*, 20. November, A14.

Tennov, D., 1979. *Love and limerence: The experience of being in love.* New York: Stein and Day.
Thiessen, D., R. K. Young und R. Burroughs, 1993. »Lonely hearts advertisements reflect sexually dimorphic mating strategies.« *Ethology and Sociobiology* 14:209-229.
Thompson, A. P., 1983. »Extramarital sex: A review of the research literature.« *Journal of Sex Research* 19:1-22.
Thorne, B., 1993. *Gender play.* New Brunswick, New Jersey: Rutgers University Press.
Tierney, J., 1998. »The upside of gossip.« *New York Magazine*, 25. Januar, 14.
Tissot, S. A. D., 1766/1985. *Onanism.* New York: Garland Publishing.
Tocqueville, Alexis de, 1945. *Democracy in America.* New York: Alfred A. Knopf. (dt. Titel: *Über die Demokratie in Amerika.* Ditzingen: Reclam, 1985.)
Toran-Allerand, C. D., 1986. »Sexual differentiation of the brain.« In *Developmental neuropsychobiology*, hg. von W. T. Greenough und J. M. Juraska. New York: Academic Press.
Tornstam, L., 1992. »Loneliness in marriage.« *Journal of Social and Personal Relationships* 9:197-217.
Townsend, B., 1996. »Room at the top for women.« *American Demographics* (Juli):28-37.
Townsend, J. M., 1989. »Mate selection criteria: A pilot study.« *Ethology and Sociobiology* 10:241-253.
Trent, K., und S. J. South, 1989. »Structural determinants of the divorce rate: A cross-sectional analysis.« *Journal of Marriage and the Family* 51:391-404.
Trevathan, W. R., 1987. *Human birth: An evolutionary perspective.* New York: Aldine de Gruyter.
–, 1999. *Evolutionary obstetrics.* In *Evolutionary medicine*, hg. von W. R. Trevathan, E. O. Smith und J. J. McKenna. New York: Oxford University Press.
Trivers, R. L., 1972. »Parental investment and sexual selection.« In *Sexual selection and the descent of man*, hg. von B. Campbell.
Trivers, R. L., und D. E. Willard, 1973. »Natural selection of parental ability to vary the sex ratio of off-spring.« *Science* 191:249-253.
Tsubouchi, Y., 1984. »Nuptiality.« In *Population of Japan. Country monograph series no. 11 ST/ESCAP269.* United Nations Economic and Social Commission for Asia and the Pacific. New York: United Nations Publications.
Tucker, D. M., P. Luu und K. H. Pribram, 1995. »Social and emotional self-regulation.« In »Structure and functions of the human prefrontal cortex«, hg. von J. Grafman, K. J. Holyoak und F. Boller. *Annals of the New York Academy of Sciences* 769:191-211.
Udry, J. R., K. E. Baumann und N. M. Morris, 1975. »Changes in premarital coital experience of recent decade-of-birth cohorts of urban American women.« *Journal of Marriage and the Family* 37:783-787.

Udry, J. R., J. Kovenock und N. Morris, 1992. »A biosocial paradigm for women's gender roles.« Die Studie wurde bei der Population Association of America Conference in Denver, Colorado, präsentiert.
Udry, J. R., L. Talbert und N. Morris, 1986. »Biosocial foundations for adolescent female sexuality.« *Demography* 23:217-227.
United Nations, 1995. *The world's women 1995: Trends and statistics.* New York: United Nations Publications.
–, 1995a. *Women in a changing global economy: 1994 world survey on the role of women in development.* New York: United Nations Publications.
–, 1995b. *Women: Looking beyond 2000.* New York: United Nations Publications.
United Nations Development Programme, 1995. *Human development report: 1995.* New York: Oxford University Press.
Utne Reader, 1997. »On the road again«, Juli-August, 71.
Uvnas-Mogerg, K., 1997. »Physiological and endocrine effects of social contact.« In »The integrative neurobiology of affiliation«, hg. von C. S. Carter, I. I. Lederhendler und B. Kirkpatrick. *Annals of the New York Academy of Science* 807:146-163.
Valian, V., 1988. »Running in place.« *The Sciences: Journal of the New York Academy of Sciences.* 38(1):18-23.
Van Goozen, S., V. M. Wiegant, E. Endert, F. A. Helmond und N. E. Van de Poll, 1997. »Psychoendocrinological assessment of the menstrual cycle: The relationship between hormones, sexuality, and mood.« *Archives of Sexual Behavior* 26(4):359-382.
Velle, W., 1982. »Sex, hormones and behavior in animals and man.« *Perspectives in Biology and Medicine* 25:295-315.
Viederman, M., 1988. »The nature of passionate love.« In *Passionate attachments: Thinking about love,* hg. von W. Gaylin und E. Person. New York: The Free Press.
Viorst, J., 1986. *Necessary losses.* New York: Fawcett Gold Medal. (dt. Titel: *Mut zur Trennung. Menschliche Verluste, die das Leben sinnvoll machen.* München: Heyne, 1990.)
Vogel, G., 1996. »Asia and Europe top in world, but reasons are hard to find.« *Science,* 22. November, 1296.
Von Hoffman, N., 1997. »The times are a-changing: We're starting to behave.« *The New York Observer,* 7. August, 14.
Waal, F. de, 1982. *Chimpanzee politics.* New York: Harper and Row.
–, 1984. »Sex differences in the formation of coalitions among chimpanzees.« *Ethology and Sociobiology* 5:239-255.
–, 1989. *Peacemaking among Primates.* Cambridge Massachusetts: Harvard University Press. *(dt. Titel: Wilde Diplomaten. Versöhnung und Entspannungspolitik bei Affen und Menschen.* München: Hanser, 1994.)
–, 1989a. »Commentary: Gender and political cognition: Integrating evolutionary biology and political science«, hg. von R. D. Masters. In *Politics and the Life Sciences* 8:3-39.

–, 1996. *Good natured: The origins of right and wrong in humans and other animals.* Cambridge, Massachusetts: Harvard University Press.
Wade, N., 1998. »Good maternal behavior is linked to the genes of a father.« *New York Times,* 29. August, A17.
Walker, L. E., und J. R. Meloy, 1998. »Stalking and domestic violence.« In *The psychology of stalking: Clinical and forensic perspectives,* hg. von J. R. Meloy. New York: Academic Press.
Walker, Margaret L., 1995. »Menopause in female rhesus monkeys.« *American Journal of Primatology* 35:59-71.
Walsh, M. R., 1987. »Are women more likely to be mentally ill?« In *The psychology of women: Ongoing debates,* hg. von M. R. Walsh. New Haven, Connecticut: Yale University Press.
Walster, E., und G. W. Walster, 1978. *A new look at love.* Reading, Massachusetts: Addison-Wesley. (dt. Titel: *Liebe. Liebe ist mehr in der modernen Partnerschaft.* München: Moderne Verlagsgesellschaft, 1987.)
Ward, Shawn L., Nora Newcombe und Willis F. Overton, 1986. »Turn left at the church or three miles north: A study of direction giving and sex differences.« *Environment and Behavior* 18(2):192-213.
Wattenberg, B. J., 1977. »The population explosion is over.« *New York Times Magazine,* 23. November, 60-62.
Web, S., 1991. *Step forward: Sexual harassment in the workplace.* New York: Mastermedia.
Wedekind, C., T. Seebeck, F. Bettens und A. J. Paepke, 1995. »MHC-dependent mate preferences in humans.« *Proceedings of the Royal Society of London* 260:245-249.
Wedenoja, W., 1995. »Mothering and the practice of ›balm‹ in Jamaica.« In *Women as healers: Cross-cultural perspectives,* hg. von C. S. McClain. New Brunswick, New Jersey: Rutgers University Press.
Weiner, A. B., 1976. *Women of value, men of renown: New perspectives in Trobriand exchange.* Austin: University of Texas Press.
Weiner, E., und A. Brown, 1997. *Insider's guide to the future: The powerful forces shaping our future ... and how to profit from them.* USA: Boardroom, Inc.
Weinstein, Sidney, 1968. »Intensive and extensive aspects of tactile sensitivity as a function of body part, sex and laterality.« In *The skin senses,* hg. von D. R. Kenshalo. Springfield, Illinois: Charles C. Thomas.
Weisman, C. S., M. A. Teitelbaum, C. A. Nathanson, G. A. Chase, T. M. King und D. M. Levine, 1986. »Sex differences in the practice patterns of recently trained obstetrician-gynecologists.« *Obstetrics and Gynecology* 67(6):776-777.
Weiss, P., 1998. »Don't even think about it. The cupid cops are watching.« *New York Times Magazine,* 3. Mai, 43-47.
Weissman, M. A., und M. Olfson, 1995. »Depression in women: Implications for health care research.« *Science* 269:799-801.
Weitzman, L. J., 1985. *The divorce revolution.* New York: The Free Press.

Wellington, S., 1996. *1996 census of women corporate officers and top earners.* New York: Catalyst, Inc.
–, 1997. *Women board directors of the Fortune 500: 1997 catalyst census.* New York: Catalyst, Inc.
Wessel, D., 1996. »Reaching back.« *The Wall Street Journal,* 13. Februar, A1 ff.
West, R., 1988. »Jurisprudence and gender.« *University of Chicago Law Review* 55(1):1 ff.
Westermark, E., 1922. *The history of human marriage.* Band 1-3. New York: Allerton Book Company.
Western, R., 1996. »Gossip is golden.« *Psychology Today 29,* (Juli-August).
White, G. L., 1981. »Some correlates of romantic jealousy.« *Journal of Personality* 49:129-147.
Whitehead, B. D., 1996. »Women and the future of fatherhood.« *Wilson Quarterly* (Frühling): 31 ff.
Whiting, B., und J. Whiting, 1975. *Children in six cultures: A psychocultural analysis.* Cambridge, Massachusetts: Harvard University Press.
Whyte, M. K., 1978. *The status of women in preindustrial societies.* Princeton, New Jersey: Princeton University Press.
Wiederman, M. W., und E. R. Allgeier, 1992. »Gender differences in mate selection criteria: Sociobiological or socioeconomic explanation?« *Ethology and Sociobiology* 13:115-124.
Wilkinson, H., 1996. »Cracks in the glass ceiling.« *World Press Review,* September, 32.
Williams, Christina L., und Warren H. Meck, 1991. »The organizational effects of gonadel steroids on sexually dimorphic spatial ability.« *Psychoneuroendocrinology* 16 (1-3): 155-176.
Williams, G. C., 1957. »Pleiotropy, natural selection, and the evolution of senescence.« *Evolution* 11:32-39.
–, 1975. *Sex and evolution.* Princeton, New Jersey: Princeton University Press.
Wilson, G. D., and R. J. Land, 1981. »Sex differences in sexual fantasy patterns.« *Personality and Individual Differences* 2:343-346.
Wilson, James Q., 1993. »On gender.« *The Public Interest* (Sommer):3-26.
Wilson, M., und M. Daly, 1992. »The man who mistook his wife for a chattal.« In *The adapted mind: Evolutionary psychology and the generation of culture,* hg. von J. H. Barkow, L. Cosmides und J. Tooby. New York: Oxford University Press.
Wilson Quarterly, 1997. »Shotgun solutions for the family crisis« (Winter).
Winerip, M., 1998. »Schools for sale.« *New York Times Magazine,* 14. Juni, 42-48.
Wingfield, J. C., 1994. »Hormone-behavior interactions and mating systems in male and female birds.« In *The differences between the sexes,* hg. von R. V. Short und E. Balaban. New York: Cambridge University Press.
Winslow, J. T., N. Hastings, C. S. Carter, C. R. Harbaugh und T. R. Insel, 1993. »A role for central vasopressin in pair bonding in monogamous prairie voles.« *Nature* 365:545-548.

Wise, R. A., 1988. »Psychomotor stimulant properties of addictive drugs.« In *The mesocorticolimbic dopamine system*, hg. von P. W. Kalivas und C. B. Nemeroff. *Annals of the New York Academy of Sciences*, 537:228-234.
Witelson, S. F., 1989. »Hand and sex differences in the isthmus and genu of the human corpus callosum: A postmortem morphological study.« *Brain* 112:799-835.
Witelson, S. F., I. I. Glezer und D. L. Kigar, 1995. »Women have greater density of neurons in posterior temporal cortex.« *Journal of Neuroscience* 15 (5):3418-3428.
Witking, Georgia, 1995. *The truth about women: Fighting the 14 devastating myths that hold women back*. New York: Viking.
Witkin, H. A., und J. W. Berry, 1975. »Psychological differentiation in cross-cultural perspective.« *Journal of Cross Cultural Psychology* 6:4-87.
Wittenberger, J. F., und R. L. Tilson, 1980. »The evolution of monogamy: Hypotheses and evidence.« *Annual Review of Ecology and Systematics* 11:197-232.
Wolf, Margery, 1974. »Chinese women: Old skills in a new context.« In *Women, culture and society*, hg. von M. Rosaldo und L. Lamphere. Stanford, Kalifornien: Stanford University Press.
Wolkstein, D., 1991. *The first love stories*. New York: HarperPerennial.
Wood, J. W., 1990. »Fertility in anthropological populations.« *Annual Review of Anthropology* 19:211-242.
Woolley, Catherine S., Elizabeth Gould, Maya Frankfurt und Bruce S. McEwen, 1990. »Naturally occurring fluctuation in dendritic spine density on adult hippocampal pyramidal neurons.« *Journal of Neuroscience* 10:4035-4039.
Worton, B., 1996. *Women and work: Executive summary*. New York: Deloitte and Touche in Zusammenarbeit mit der Fortune Marketing Research Group.
Wrangham, Richard, und Dale Peterson, 1996. *Demonic males: Apes and the origins of human violence*. New York: Houghton Mifflin.
Wysocki, B. Jr., 1996. »About a million men have left work force in the past year or so.« *The Wall Street Journal*, 12. Juni, A1 f.
Yalcinkaya, T., P. K. Siiteri, J-L. Vigne, P. Licht, S. Pavgi, L. G. Frank und S. E. Glickman, 1993. »A mechanism for virilization of female spotted hyenas in utero.« *Science* 260:1929 ff.
Yang, C. K., 1959. *The Chinese family in the communist revolution*. Cambridge, Massachusetts: MIT Press.
Yearbook of Labour Statistics. 1994. Band 53.
Zuckerman, M., 1994. *Behavioral expressions and biosocial bases of sensation seeking*. New York: Cambridge University Press.
Zuckerman, Sir S., 1932. *The social life of monkeys and apes*. London: Butler and Turner, Ltd.
Zuger, A., 1998a. »A fistful of hostility is found in women.« *New York Times*, 28. Juli, F1 f.
–, 1998b. »What doctors of both sexes think of patients of both sexes.« *New York Times*. Women's Health, 21. Juni, 20.

REGISTER

Abblocktaktik 158
Abchasen 232 f.
Abtreibung, Möglichkeit zur 47, 225
Adventure Travel Society 141
Afghanistan 51
Afrika 188, 202, 224
  Frauen am Arbeitsmarkt in *siehe auch spezifische Länder* 99, 140
  Geburtshilfe in 181 f.
  Klitoridektomie in 263
Afrika, urzeitliches
  Auswanderung aus 224
  Jäger-und-Sammler-Kulturen in 14, 82, 132, 223-225, 326 f.
  Kinderpflege in 113-123
  urzeitliche Entwicklung in 14, 32, 96 f., 113, 221, 237 f., 326 f.
Agency for International Development, U. S. 144
Ahern, Susan 353 f.
AIDS 190, 196
Aka-Pygmäen 64, 97
Aktienmarkt 41, 169
Alaska 223
Albert Einstein College of Medicine 287
Albright, Madeleine 204
Aleut-Eskimos 64
Algonkin 223
Alice im Wunderland (Carroll) 135
Alkoholismus 164, 261, 316, 328, 344
ältere Mitbürger
  Gesundheit von 239-242
  Gesundheitsvorsorge für 152 f., 178 f., 218
  Organisation von 117
  Pensionierung von 41 f., 82, 229
  Sex und Liebe im Alter 260-262, 312 f., 321

Sozialdienste für 117, 178 f., 241 f.
  unterstütztes Wohnen 153
Amazonien, Regenwald 208, 296, 298
American Arbitration Association 148
American College of Nurse Midwives 181
American Council on Education 115
American Demographics 184, 237, 241
American Menopause Foundation 176, 232
American Museum of Natural History 221
Americans' Use of Time Project (Untersuchungsprojekt über die Zeitnutzung der amerikanischen Bevölkerung) 97 f.
Amerikanische Revolution 99 f.
Amerikanische Ureinwohner 221
Anatomie der Liebe (Fisher) 326, 341
Andina, Michele 196
Andreas Capellanus 290
Androgene 16, 18, 250
Annan, Kofi 197
Anthropologie 13 f., 18 f., 53
Arbeit
  Aufteilung der 14, 21, 215 f.
  Ausbildung und 48 f., 74-77, 87, 108-118, 141 f., 218 f.
  Erschöpfung durch 65
  familiäre Pflichten und 42, 45-49, 75-77, 82 f., 146, 218, 221-224, 246, 343 f., 350-352
  siehe auch Arbeitsmarkt, Arbeitsplätze, Geschäftswelt
  Hausarbeit 45-48
  in der Fabrik 45, 230
  in der Jäger-und-Sammler-Kultur 108 f., 127 f., 161, 171, 202 f., 224 f., 237-239

männliche Einstellung zu 24-26, 64 f., 75
Nonprofit-Organisationen 80, 186-193, 212 f., 218 f.
weibliche Einstellung zu 75-77, 145-147
Arbeitsmarkt
  Abbau der Hierarchie am 79-85
  Beziehung zwischen Arbeitnehmer und Arbeitgeber 79-85
  feste Angestellte vs. Vertragsangestellte am 81 f.
  in und aus dem Arbeitsmarkt wechseln 44-46
  Mütter am 46-50, 75-77, 145 f., 222 f., 246 f., 343 f., 350, 353
  unverheiratete Frauen am 45 f., 48 f.
  ursprüngliche Gleichstellung von Männern und Frauen am Arbeitsmarkt 14, 19 f., 221 f., 224 f.
  verheiratete Frauen am 46-50, 75-77
Arbeitsplätze
  Arbeiterstand 45 f., 69, 109, 214, 227 f.
  Elternurlaub 75 f., 146, 204
  Emotionen am 168
  flexible Arbeitsstunden 48, 76, 82, 215, 218, 229, 246
  Flirten am 281-283
  freiberufliche Mitarbeiter 81-85
  geschäftliche Präsentation am 59 f.
  im Büro 46, 48, 73
  im Dienstleistungssektor 19 f., 119 f., 138-145, 151, 216, 219, 246 f.
  im Verkauf 45, 137, 140 f., 212, 216
  in der Medizin 48, 154-156, 168-171, 174-176, 181-184, 186, 214 f., 216, 218, 247
  Kommunikation am 59-62, 87
  mehr Möglichkeiten für Netzwerkdenken von Frauen am 19 f., 22-26, 33-35, 40 f., 52, 57, 82-86
  sexuelle Doppelmoral am 279 f.

siehe auch Arbeit, Arbeitsmarkt, Geschäftswelt
Sondervergünstigungen und 83, 116, 243 f.
Stress am 57-59, 64 f.
Teamarbeit am 19 f., 34 f., 53-55, 57-59, 79 f., 82, 118, 168
Teilzeit 48, 116, 146, 214, 228 f.
traditionelle soziale Kontakte am 78, 81 f., 85
ungleiche Bezahlung 73 f., 214 f., 243
Verlust des Arbeitsplatzes 48, 78-80
vollkommene Fremde am 281
Vorgesetzte 85, 215
weibliche Lösungen am Arbeitsplatz, die ausschließlich Sieger kennen 56 f., 82 f., 217
zu Hause 83-85
Argentinien 26, 76, 273
Aristophanes 97
Arizona, University of 96
Armee
  Frauen in der 186, 205-207, 210 f.
  neue Konzepte in der 210 f.
  und das aggressive Wesen der Männer 205-211
Arnheim, Zoo von 63, 66, 148
Aron, Art 287
Aruba 340
Ärzte, weibliche 154-156, 169 f., 174-176
Associated Press 85, 311
AT&T 35, 276
Äthiopien 62
Auden, W. H. 250, 321
Auletta, Ken 98
Ausbildung 108-118
  Arbeit und 49, 73-75, 87, 109, 113-118, 141 f., 218 f.
  Auswirkung der Frauen auf die 15, 18-20, 110-113, 115-118, 154 f., 218 f.
  Erwachsenenbildung 116-118, 218 f.
  kreative Lehrmethoden in der 108-118

Lernen im Team 114
Recht auf 188
Sex(ualunterricht/kunde) 270 f., 274 f.
siehe auch Colleges, Fakultäten, Lehrer, Schulen,
von Frauen 20, 49-51, 108-110, 118, 154 f., 185-188, 199, 218 f., 245-248, 356, 360-362
Australien 99, 102, 223, 231, 273, 307, 337
Azteken 285

Babyboom-Generation 230 f.
Altern der 19, 104, 142, 181, 220, 231
Ehen der 323, 333
Kinder der 117
Wohltätigkeit der 195
Babys
Entwicklung von 32, 121 f., 135, 171
geschlechterspezifische Unterschiede von 15 f., 62 f., 135, 165, 171
Kommunikation mit 94 f., 135, 165 f.
Pflege von 14, 32 f., 40, 94 f., 120-124, 126-130, 165-169, 227, 230
siehe auch Geburtenrate, Kinder
Sprachentwicklung von 88 f., 94 f.
vorzeitiger Tod von 47, 166
Babysprache 94 f.
Bacon, Sir Francis 118, 230
Bailey, Kent 353 f.
Bailey, Michael 267
Bali 223
»Bamboo Mat, The« (»Bambusstrohmatte, Die«) (Yüan Chen) 289
Bambuti-Pygmäen 64
Bangkok 102
Bangladesch 201
Barbados 344
Barber, Benjamin 187
Barber, Brad 41
Barchester Towers (Trollope) 312
Barnes, Brenda 41, 75
Barnes, Clive 101
»Bartleby, der Schreiber« (Melville) 73

Barton, Clara 154
Batchler, Janet Scott 25
Batchler, Lee 25
Baudelaire, Charles Pierre 300
Beauvoir, Simone de 13, 220, 226
Beidelman, Tom 233
Bemba 264 f.
Benet, Sula 232 f.
bengalische Frauen 234
Bergmann, Barbara 230
Bern, Universität von 300
Berra, Yogi 100
Beruf, Gleichstellung der Geschlechter im 145 f., 214 f.
Berufsorganisationen 187 f.
Berührung 15, 119-122, 133
Babys und 120 f.
Heilen und 19 f., 152-155, 166, 174 f., 214, 218
Betzig, Laura 341, 360
Bevormundung 78, 81 f.
Beziehungen
das Streben der Frauen nach harmonischen Verbindungen in 53-59, 65-68, 70-72, 82 f., 90 f., 135-137, 174-176, 191 f., 214 f., 217
das Streben der Männer nach Rang und Hierarchie in 53-59, 62 f., 64 f., 68-70, 110, 173 f., 200 f.
elterliche 53, 94 f.
Geschlechterkampf in
siehe auch Ehe, Familien, Liebe, Sex, sexuelle Aktivität
Bibel 299
Bisexualität 249 f., 266-268
Black, Jeffrey 334
Bloom, Paul 96
Blutdruck 121, 235
Bolivien 166
Bonaparte, Marie 232
Booz Allen & Hamilton 79
Botswana 26, 206, 349
Bowlby, John 324
Brasilien 146, 206, 228, 349
Braus, Patricia 183 f.

443

Brawne, Fanny 290
Bride's 352
Broun, Heywood 171
Brown, Arnold 81, 85, 138
Brown, Judith 234
Brown, Lucy 287
Browning, Robert 309
Brücken am Fluß, Die, (Waller) 299
Buffon, Georges-Louis Leclerc, Graf von 168
Bullough, Vern und Bonnie 266
Bureau of Labor Statistics, U. S. 49, 101, 137, 139, 216, 329
Bürgerkrieg, Amerikanischer 46, 154
Burke, Edmund 169
Burns, Robert 221
Büro *siehe* Arbeitsplatz
Bush, George 44
Buss, David 283, 296

California State University, San Bernardino 27 f.
California, University of
 in Berkeley 112
 in Davis 41
 in Irvine 86
 in Los Angeles 175
Call Off your Old Tired Ethics (COYOTE) 266
Cambridge University 283, 334
Camp *Start Up* 141
Carlin, James F. 116
Carlyle, Thomas 65, 306
Carnegie Corporation 272
Carnegie Endowment for International Peace 199
Carnegie Mellon University 39
Carter, Sue 324
Case Western Reserve University 316
Catalyst 73 f., 76, 83 f.
Cather, Willa 34, 104
CBS 102
CBS Evening News 100
Cervantes, Miguel de 21, 234

Charles, Prinz von Wales 339
Chaucer, Geoffrey 206
Chesterton, G. K. 165, 298 f.
Chicago, National Opinion Research Center at the University of
Chile 89
China 50, 81, 84, 99, 101 f., 110, 144, 156, 203, 228, 263, 359, 361
 Frauen in sozialen Bewegungen und der Regierung in 106, 188, 201
 Frauenkonferenz 1995 in 197 f.
 Kommunisten in 195, 306
 Landwirtschaft in 50, 84
 Literatur 285, 289
 Sex und Liebe in 258 f., 271, 306, 332
 Stadtviertelkomitee in 106
Christentum 227, 269 f., 303, 340
Churchill, Winston 15, 204
Cicero 316
City University of New York (CUNY) 68, 145
Civicus 199
»Claiming Our Rights: A Manual for Women's Human Rights Education in Muslim Societies« 197
Clan 271
Clark, Robert C. 147
Cleveland, Harlan 82, 186
Clinton, Bill 244
Clinton, Hillary Rodham 352
CNN 100, 103
Colleges
 Aufnahme von Frauen in 109 f., 118, 155, 185
 Karrieretraining in 73 f., 113-115, 118
 traditionell vs. funktionell 113-115
 Vorschriften gegen Vetternwirtschaft 155
Columbia Pictures 52, 71
Columbia University, Rechtsfakultät der 147
Computer 26, 173
 Erziehung und 113, 173
 Jobs und 48, 83-85, 109, 216

Kinder und 26, 172
militärische Anwendungen von
210 f.
Telekommunikation und 78, 81 f.,
83 f.
Conrad, Joseph 208
Cook, James 223
Coontz, Stephanie 350
Cornillon, Pierre 200
Council of Better Business Bureaus 148
Council on Foundations 193
Cox, Harvey 240
Cristiani, Michelle 287
Croft, Maxine 189
Cronkite, Walter 100
Cummings, E. E. 285
Cunnilingus 271, 275

Daily News, New York 107
Dallas 101
Daly, Martin 206
Damasio, Antonio 37, 159
Dänemark 51, 349
Dante Alighieri 304
Dartmouth College 25
Darwin, Charles 54, 94, 163, 167, 227,
254, 294 f., 323, 336
Deloitte & Touche 71
Delphi, Orakel von 37
Delphine 182
Demokratie 186, 195
Demokratie, *Über die Demokratie in
Amerika* (Tocqueville) 188
Denken
Ansichten und 22-25
Flexibilität im 22, 29 f., 36 f., 52, 72,
77, 83, 85 f., 87, 217
Gefühle und 38 f., 123 f., 156-162,
163 f., 208
geistige Assoziationen und 28, 89
geschlechterspezifische Unterschiede
im 13, 15 f., 21-37, 158-162, 260
kontextuelles Denken *siehe* Netz-
werkdenken
Speichern von Datenblöcken 39 f.

viele Aufgaben gleichzeitig erledigen
15, 25 f., 32 f.
Depression 29, 164, 178, 286, 317, 346
nach Geburt und Operationen 180, 183
Detektive 134
Deutschland 94, 164, 203, 228, 271 f.,
345, 350
Ausbildung in 109
Frauen in Regierung und auf dem
Arbeitsmarkt in 84, 99, 200, 215
Sexualverhalten in 271-273
Diana, Prinzessin von Wales 339
Dickinson, Emily 45, 348
Dienstleistungssektor, Berufe im 19,
119 f., 137-145, 151, 186, 216, 219,
246 f.
Diskriminierung von Frauen 74-77,
226-229
DNS 16, 30, 36, 67, 77, 123, 240, 300,
331, 336 f., 354, 360
Dolan, Ray 163
Dominica 201
Dominikanische Republik 345, 349
Donne, John 235, 252, 354
Dopamin 287, 293, 318
Doty, Mark 356
Dow Jones-Index 58
Doyle, Arthur Conan
Drogenmissbrauch 164, 192, 266, 328,
346
Drucker, Peter 36 f., 79 f., 85, 101, 109,
114, 136, 190 f., 216
Duff, Carolyn 57
Duke University 261
Dunbar, Robin 106
Durante, Jimmy 124
Dyson, Esther 57

Eals, Marion 132
Eccles, Jacquelynne 24
Ecuador 153, 197
Ehe 321-356
arrangierte 302-307, 332
die chemische Grundlage im Gehirn
für die 324-326

445

Elternschaft und 322-325, 335 f.,
   343-345
Evolution der 324 f.
gleichgestellte Ehe 321-356
Glück und 20, 321, 328, 350
Hinauszögern der 49, 274 f., 355
Kameradschaftsehe 329
Kindererziehung und 322, 325-327,
   343
Liebe und 285, 302-308
polygame 307 f.
Reformation der 322, 328-330,
   355 f.
serielle Monogamie 342 f., 348
siehe auch Familie, Scheidung, Wiederverehelichung
Treue und Untreue in der 322, 328,
   331 f., 333-340
Vertrautheit in 330-333, 350 f.
Werbung und 323 f., 331
Zwangsehe 50 f., 229
zwischen Vertretern unterschiedlicher Rassen 309
Ehebruch 328, 333-340
geschlechtsspezifische Unterschiede
   337 f.
Psychologie des 334-338
Zusammenbruch der Doppelmoral
   322 f., 337 f.
Eheverträge 147
Ehrenreich, Barbara 25
Ehrgeiz, geschlechtsspezifische Unterschiede und 185
Eibl-Eibesfeldt, Irenäus 256
Eifersucht 314 f.
Einon, Dorothy 264
Einstein, Albert 18, 248
El Salvador 203
Eliot, George 103
Eliot, T. S. 165, 351
Elisabeth I., Königin von England 227
Ellis, Havelock 249, 315
Eltern
   berufstätige 46 f., 75-77, 83, 116,
      222-224, 344, 350

Ehe und Elternschaft 322, 324 f.,
   334-339, 343 f.
Einfluss der 13, 53, 94 f., 108 f.
siehe auch Babys, Familien, Kinder,
   Mütter, Mutterschaft
Eltern-Lehrer-Versammlungen 76
Emerson, Ralph Waldo 41, 142,
   152
Emily's List 189
Eminent Victorians (Strachey) 154
Emory University, Yerkes Regional
   Primate Research Center der 253,
   325
Emotionen 39
   emotionale Zurückhaltung von Männern 156-162
   Gehirn und 39, 123 f., 156-164, 209
   jahreszeitlicher Wechsel und 164 f.
   Sensibilität von Frauen für 15, 70-72, 129-131, 133 f., 156 f., 162-167,
      217, 254 f.
Empathie 17, 102, 154, 162-167, 217 f.
   chemische Grundlage für 167
   Entwicklung der 165 f.
   Heilung und 154, 162-164, 175 f.
Empfängnisverhütung 47, 250, 271,
   275, 278, 300
Entscheidungsprozess 23, 34 f., 40, 160,
   217
Environmental Defense Fund 192
Epstein, Cynthia 145
Erfindungen 21, 48, 104, 109
Ernährung 125, 137, 143
   interpersonale Beziehungen und
      147, 238
Estland 89, 280
Euphrat und Tigris 224
Euripides 167, 258
Europäische Union 50, 200
Euthanasie 248
Evergreen State College 350
Evolution 19 f., 125 f., 128, 130
   Aggression und 207 f.
   der ehelichen Bindungssehnsucht
      326-328

der Empathie 165-167
der Sprache 88, 94 f., 106, 108 f.
des Gehirns 13, 17, 32 f., 34 f., 43, 95-97, 182, 208 f.
Geburt und 182 f.
Menopause und 237 f.
natürliche Auswahl in der 13, 21, 32 f., 95, 123, 169, 227
Netzwerkdenken und 32 f., 40

Fairleigh Dickinson University 275
Familie
 berufstätige Mütter und 46-50, 75-77, 82, 145 f., 221 f., 223, 246, 344 f., 349 f., 352
 Frauen als Familienoberhaupt 322, 349 f., 355
 Frauen als Hüterinnen der Familie 20, 89, 322, 351 f., 354 f.
 Frauenbewegung und 155, 195-198, 204, 231, 249 f.
 Gleichgewicht zwischen Arbeit und 42, 46-48, 50, 75-77, 82, 146, 218, 221-224, 246 f., 344 f., 349 f., 352
 matrilineare 222, 322, 354 f.
 patriarchalische 14, 322, 350, 354-356
 Überleben der 355 f.
 vorsätzliche 353 f.
 Zweiverdienerfamilie 14, 48 f., 223, 328-330
Fantasie 19, 22, 44 f., 52, 86 f., 120, 127
Farbwahrnehmung 127 f., 133
Fernald, Anne 95
Fernsehen 87, 97
 interaktives 118
 Kunst und Unterhaltung im 101, 245 f.
 Nachrichten und Talkshows im 99 f., 107, 245, 308
 Sehgewohnheiten 19, 22, 24, 48, 98-103, 245
 weibliche Darsteller und Produzenten im 98 f., 102 f., 186, 245

Wirkung der Frauen auf 19, 22, 98 f., 101 f., 107, 118, 186, 217 f., 245
Fields, W. C. 131
Finnland 51, 158, 258, 272, 280, 337
Flaubert, Gustave 288
Florida Silver-Haired Legislature 241
Ford Motor Company 35, 80
Forrest Gump (Groom) 104
Fort Greene Coalition 189
Fortune Marketing Research Group 71
Fortune, 1000 aufgelistete Unternehmen 73
Fortune, 500 aufgelistete Unternehmen 73, 84, 193
Foundation Center 193
Foundation Directory 193
Fox, Yvonne Mart 174
Francoeur, Robert 275
Franklin, Benjamin 111
Frankreich 156, 164, 200, 206, 228, 304, 349
 Kommunikation in 89, 94
 Sex, Liebe und Ehe in 272 f., 345
Frauen in Schwarz 197
Freed, Stan 221
Freizeit 19, 22, 83, 104, 141 f.
Freud, Sigmund 163, 297
Freundschaften 13, 353 f.
 Pflege von 134, 136
Friedensbewegung 197 f.
Friedensnobelpreis 197
Friedman, Sonya 103
Friends of the Earth 199
Fromm, Erich 224
Frost, Robert 28
Führungspersönlichkeiten, weibliche 52
 Gleichstellung der Geschlechter und 73-77, 214 f.
 männliche Führungspersönlichkeiten vs. 24-26, 73-77
 Netzwerkdenken von 24-26, 39 f., 56 f., 82-86
 siehe auch Geschäftswelt
Unternehmerinnen 56 f., 83-85, 137 f., 142 f., 218, 246 f.

Fukuyama, Francis 80, 190, 210 f., 241 f.
Fuller, Bruce 112
Fuller, Thomas 152
Fürsorge
  die weibliche Neigung zur 20, 68, 75-77, 152, 162 f., 165-167, 174-176, 192, 214, 217 f.
  für Freunde und Kollegen 135 f., 167 f., 217
  Östrogen und 75-77
  siehe auch Babys, Kinder
Furstenberg, Frank 329

Gage, Phineas P. 42 f.
Galapagos-Inseln 116
Gallup-Umfrage 41, 89, 156, 169, 185, 205
Gandhi, Indira 185, 204
Gardner, Howard 161
Garry, Patrick 147
Gartenbau-Gesellschaft 223, 233
Gateway Charter School 112
Geburt 204
  Geburtshilfe 181-183
  Kaiserschnitt und 183
  natürliche 182 f.
  verzögerte 47, 76, 355
  Wehen während der 167, 183
Geburtenkontrolle 47, 270, 275, 278, 300
Geburtenrate 66
  Rückgang der 46-49, 178, 359
Gedächtnis 89, 119, 123 f., 127 f., 131-133, 163
  Denksysteme 34-36, 52
  Gedanken über Sex 257-259
  Gerüche und 123 f.
  Ortsgedächtnis 131-133
  siehe auch Entscheidungsprozess, Gehirn, Netzwerkdenken
  Treppendenken 24-29, 32-36, 39, 160 f.
  verbales 39
Gehirn
  »Körperschleifen« 37-39, 159 f., 169-174, 179
  Anatomie des 13, 16-18, 28-32, 37 f., 42-45, 91-93, 96, 134 f., 159 f., 163 f., 169-171, 208 f.
  Berufswahl und 213 f.
  Broca-Bereich im 96
  Commissura anterior 31
  Corpus Callosum 31, 91
  Einwirkung der Umwelt auf das 17 f.
  emotionale Zentren im 38, 123 f., 155-162, 163 f., 208
  Entwicklung des 13, 15 f., 32-35, 43 f., 95-97, 181-183, 208 f.
  fötale Entwicklung des 16 f., 30, 173
  Gehirnrinde 28, 91 f., 135
  geschlechterspezifische Unterschiede im 13, 16 f., 21-32, 34 f., 37, 42-44, 90-92, 134 f., 158-164, 170-172, 208, 213 f.
  Größe des 91 f., 182
  Gyrus cinguli 208
  Hypothalamus 324
  limbisches System des 159
  Nebennierenrinde 250
  Neurotransmitter im 17 f., 90, 92 f., 158-162, 169, 324 f.
  Nucleus amygdalae (Mandelkern) 159, 163 f.
  rechte und linke Hemisphäre des 159 f., 163 f., 213 f.
  Scannen des 91, 160, 163, 180, 287
  Scheidung und 343
  Sex und 250-252, 256 f.
  sprachliche Fähigkeiten und 90-92, 95-97, 135
  stirnseitige Gehirnrinde 28-31, 37 f., 42-45, 134, 159 f., 295
  Verletzungen des 31, 38, 42 f., 92, 159 f.
Gehör 15, 119, 122 f., 128, 133
  Vorteil des rechten Ohrs 213 f.
Geld 49
  Einstellung der Frauen zu 41 f., 48 f., 51
  Einstellung der Männer zu 58

Gellner, Ernest 187
Gemeinschaftszentren 117, 247
Gene 18
   Farbwahrnehmung und 127 f.
   Fürsorge und 167
   geschlechterspezifische Informationen in 15 f.
   Netzwerkdenken und 29 f., 36
   Schäden in 30, 127
   soziale Fähigkeiten und 134 f.
   Sprache und 93 f.
George Mason University 190
George, Mark 31, 163 f.
Georgetown University 60
Georgia, University of 335
Geruch 119, 123 f., 128, 133
Geschäftstreffen 41, 72, 83, 89, 246
Geschäftswelt
   Abbau der Managementhierarchie 20, 35, 54, 78-82, 85, 218
   Aktionäre und 80
   Auswirkung der Frauen auf die 14, 18, 20, 22 f., 34 f., 40, 44-52, 77, 82-86, 219 f., 245-248
   derzeitige Trends 14, 35, 44 f., 78-86, 218, 228-230, 245-248
   Dezentralisation 79-83, 218
   Diskriminierung von Frauen in der 74 f., 77, 226-229
   Erwartungen 35, 78, 85
   Fehlschläge in 144
   Frauen im mittleren Management
   Frauen im Vorstand 73 f.
   Frauen in hohen Managementpositionen 24-26, 41 f., 57, 73-77, 83-85
   gleichberechtigte Teams 20, 34 f., 53, 56-59, 79 f., 82 f., 85, 118, 168
   Gleichberechtigung zwischen den Geschlechtern in 74-77, 214 f.
   globaler Markt und 21 f., 35, 40, 52, 72, 78-80, 130, 143 f., 186, 230
   Hybridorganisationen 81-83, 218
   Intuition und 39 f., 52, 86
   Krieg und Sport in der 57
   männliches Denken und 24 f., 33-35, 57-63
   Revolution in der Telekommunikation und 48, 78, 81-85, 108 f., 115 f.
   Schulung und Beförderung 74 f.
   siehe auch Angestellte, weibliche; Arbeit, Arbeitsmarkt, Arbeitsplätze
   Unternehmensnetzwerke in 81 f., 218
   Unterstützung der »Alten« 74
   Verwaltung 85 f.
   virtuelle Unternehmen 81 f., 218
   weibliche Unternehmer 83-85, 137, 142 f., 186, 218
   weibliches Denken und 22-26, 33-36, 39 f., 52, 57-62, 82-85
   zu Hause 84 f.
Geschlecht, Das andere (Beauvoir)
geschlechterspezifische Unterschiede
   siehe spezifische Themen
Geschmack 15, 119, 125 f., 128
Gesellschaften
   hoch technologische 22, 78, 80-83
   matrilineare 222, 322, 354 f.
Gesetz 15
   geschlechterspezifische Unterschiede und 145-147, 150 f., 217
   öffentliches Interesse 147 f., 150 f.
   Rechtsstreit 147 f., 150 f.
   siehe auch Detektive, Polizistinnen, Rechtsprechung
   Wirkung der Frauen auf das 19, 22, 139, 145-148, 186, 204, 216, 218, 247
Gesichtsausdruck 15, 25, 37, 119, 128-131, 133-135, 145, 163, 217
Gesten 15, 37, 59, 119, 130 f., 144, 217
Gesundheit 22, 152-184
   neue Trends zum Erhalt der 152 f., 177-184, 218, 247 f.
   physische Zeichen für 128, 130, 253 f., 296
   siehe auch Heilen, Medizin

Gesundheitsorganisationen 173 f., 176
Gesundheitszentren 178 f., 247
Gewerkschaften 187
Ghana 345-349
Gigolos 250, 278 f., 284
Gilligan, Carol 26
Giraudoux, Jean 120
Girl Scouts of the U.S.A. 80, 187
Glazer, Nathan 110
Global Fund for Women 195
Goldberg, Steven 68
Golfkrieg 210
Gonaden 16, 250
Göncz, Arpád 216
Goodman, Harold 312
Gorki, Maxim 151
Gottman, John 158, 161
Govier, Ernest 213
Gowaty, Patricia 335
Grass, Günter 200
Graves, Robert 290
Greer, Germaine 235
Griechen der Antike 37, 226, 253, 269, 303
Groll 70-72
Großbritannien 84, 89, 154, 206, 349
 Ausbildung in 109
 Wirtschaft von 215, 228
Großmütter 237 f., 239 f., 351
Gründungsmitglied des Pacific Institute for Women's Health 143 f.
Grüngürtelbewegung 197
Gubernick, David 326
Gur, Ruben und Raquel 128, 208
Gutenberg, Johann 104

Hadza 238
Haiti 81
Halpern, Diane 27
Haltung 15, 23, 37, 59, 119, 126, 130 f., 134, 144, 217
Hamar 62
Hampden-Turner, Charles 24
Harris, Helen 299

Harvard University 26 f., 74, 147, 161, 175, 240
Hausarbeit 47 f., 329
Haut
 siehe auch Berührung 38, 128
Hawkes, Kristen 237 f.
Heaney, Seamus 316
Hefner, Christie 35
Heilen 152-184
 Empathie und 152, 162-164, 174 f.
 im Team 152, 175 f., 247
 praktisches 19, 152 f., 168, 175, 215, 218
 siehe auch Gesundheit, Medizin
 weibliches Talent zum 152-156, 174-184, 186
Heilsarmee 187
Helgesen, Sally 41, 79
Heraklit 348
Herzerkrankungen 65, 235, 239
Hewlett-Packard 80, 276
Hexen 154, 272
Heywood, John 64
Hill, Anita 282
Hill, Brett 313
Hines, Melissa 91
Hippokrates 152, 184
Hoffman, Martin 165
Hoffman, Nicholas Von 190
Holismus 22 f., 44, 105, 187
 in der Medizin 174, 176-179, 184
Holmes, Oliver Wendell 53, 92
Homer 223, 337
Homo habilis 237
Homosexualität 195, 249 f., 267-269, 279, 311 f.
Honduras 89
Hongkong 306 f., 349
Hopi-Indianer 223
Hormone
 Androgene 16, 18, 250
 pituitäres Hormon 167
 Sex 16-18, 30, 132, 250
 siehe auch Östrogene

Testosteron 53, 132, 250, 296, 298
Wachstum 121
Hormonersatztherapie 93, 170, 235 f.
Howard University 201
Hughes, Ted 357
Hugo, Victor 255
Hüterinnen der Familie, Frauen als 20, 322, 351 f., 354 f.
Hutteriten 300

Ibsen, Henrik 101
I Love Lucy 101
Immunsystem 121, 300
Impulsivität 169
Indien 89, 102, 158, 203, 206, 228
   Sex und Liebe in 272, 285 f., 303, 332
   soziale Aktivitäten von Frauen in 188, 196-198
   Stellung der Frau in 99, 263
Indonesien 228, 279, 345
Industrielle Revolution 14, 48, 188, 227, 304 f., 348
Informationszeitalter 97, 104 f., 117 f.
Insel, Tom 325
Institute of Child Health (London) 30, 93
Intelligenz 18, 119 f.
   Sprache und 93 f.
   Verbergen der 108-110
   von Frauen 21, 33 f., 108-110, 163 f.
Interessengruppen 187-196
Internationale Untersuchung des Gallup-Instituts zu Geschlecht und Gesellschaft (1996) 169, 185
Internationales Strafgericht 199
Internet 186, 250
   Ausbildung und 113, 115-118
   Frauen im 57, 107 f., 113, 118, 248
   Geschäft und 81 f., 107, 115 f.
   Liebe im 310 f.
   Sex im 276 f.
   virtuelles Klassenzimmer im 115 f.
Inter-Parliamentary Union 200
Intuition 22, 26, 37-40, 52, 86, 217
   »so ein Gefühl« und 37-39
   Geschäftswelt und 39 f., 52, 86
   Hellseherei und 37
   Speichern von Datenblöcken und 39 f.
Iowa, University of 37
Irak 210
Iran 272, 307 f.
Irland 200 f., 270
Irokesen 223
Isaacs, Arlene B. 105
Islam 50, 144, 197, 229, 263, 307, 318
Island 89, 201, 205
Israel 209
Italien 94, 109, 164

Jacklin, Carol Nagy 162
Jackson, Andrew 108
Jade Goddess, The (Jadegöttin) 285
Jamaika 154
James, William 119
Japan 50, 65, 172, 203, 228, 280, 287, 337, 359
   Frauen am Arbeitsmarkt in 50, 99
   Stellung der Frauen in 51, 158, 201
   verbaler Ausdruck in 89, 94, 158
Jarrell, Randall 340
Jewett, Sarah Orne 103, 133
Johns Hopkins University 301
Johnson, Lyndon B. 100, 151, 194
Johnson, Richard 106
Johnson, Samuel 60, 136
Journalismus 19, 22, 87, 105-107, 186, 218, 245
Jungfräulichkeit, Heirat und 269 f.
Justizministerium, Amerikanisches 145, 317

Kabir 288
Kaguru 233 f.
Kalahari-Wüste 121, 344
Kamerun 62

Kanada 89, 164, 197, 206, 231, 345, 349, 359
Katar 50
Katharina die Große 227
Katharina von Medici 227
Keats, John 290
Kenia 62, 197, 206, 292, 349
Kennedy, John F. 44
Kinder
  Bevorzugung von Mädchen 360-362
  Einzelkind 359 f.
  geschlechtsspezifische Unterschiede bei 25-28, 53, 55 f., 62 f., 157 f., 162 f., 168 f., 171 f.
  in der Landwirtschaft 47
  kreative Aktivitäten für 141
  Pflege von 14, 32 f., 40, 47 f., 67, 71 f., 75-77, 94 f., 113, 120-122, 157 f., 170, 181-183, 353 f., 359-362
  siehe auch Babys, Erziehung, Schulen
  Sprachentwicklung von 88, 94 f.
  Vorlesen 105
King, Barbara 237
Kipling, Rudyard 37, 72, 124
Kissinger, Henry A. 65
Klatsch 105-107
Kleidung, Kauf von 45, 141
Klein, Frieda 283
Klein, Laura 223
Klitoridektomie 263, 277
Kolumbus, Christoph 222
Komantsche 94
Komaroff, Anthony, I. 177
Kommunikation 87-118
  am Arbeitsplatz 60-62, 87
  geschlechtsspezifische Unterschiede in der 60-62, 88-90, 93 f.
  mit Babys 93 f.
  nonverbale 15, 37, 59 f., 119-131, 133 f., 145, 217
  siehe auch Klatsch, Sprache, Telekommunikation
  Zurückziehen von 72
Kommunisten 195, 200, 306

Kongo, Demokratische Republik 66, 206, 223
Körpersprache, *siehe* Gesten, Haltung
Krankenhäuser 175 f., 204, 214
Krankenpfleger, registrierte 177
Krankenversicherung 174, 177, 180, 243
Krebs 177 f., 180, 239
Krieg, Männer und 14, 55, 205-213
Krimkrieg 154
Kuba 201, 286
Kulturmakler, Frauen als 143-145, 218
Kuwait 271

Lächeln 136
Lachen 136
Lancaster, Jane 237
Landwirtschaftliche Revolution 14, 220
  Status der Frauen und 14, 45, 50, 84, 202 f., 220, 224-227, 248
  Technologie und 14, 50, 224-226
League of Women Voters 187
Leakey, Louis 131
Leguane, Werbung der 256
Lehrer 46-48
  Autonomie und Flexibilität von Lehrern 112, 115 f.
  Einfluss von 13, 62
  Frauen als 110-113, 115-117, 212, 218 f.
Leila 307 f.
Lerner, Gerda 18
Lesage, Alain-René 89
Lesbianismus 250, 265-268, 279, 311 f.
Lesen 88, 93, 104 f.
Lettland 94
Levenson, Robert 158
Libanon 164
Liebe 285-320
  Aufstieg und Verbreitung der 302-307, 319 f.
  Bindungssehnsucht vs. 321
  chemische Grundlage für 318 f., 324 f.
  Ehe und 286, 302 f., 304-308

Eifersucht und 314f.
Eigenschaften von 286-293
Ekstase und Qualen der 285f., 290, 294, 321
Gehirnverbindungen und 286, 293f., 300f., 318f., 324f.
geschlechterspezifische Unterschiede und Vorlieben in der 286, 297-302, 309f.
homosexuelle 311f.
konzentrierte Energie und Aufmerksamkeit in der 288f.
Literatur und Musik über 285f., 288-291, 298-300, 304f., 308f., 318, 348
Macht der 291
Mythen und Legenden über 285f., 298f.
Orientierung in der 308f., 319f.
Polyamorie 313f.
Schönheit und 296f., 299
Sehnsucht nach emotionaler Vereinigung in der 291f.
sexuelle Exklusivität und 292, 314f.
sinnliche Begierde vs. 292f., 321
Stimmungsschwankungen in der 290
unerwiderte 285, 287, 316f.
unter älteren Menschen 312f.
Verfolgen und 287, 316-318
Vertrautheit und 20, 22, 254f., 259f., 282f., 331f.
Werbung um 310f.
Liebowitz, Michael 293
Lifestyle Organization 278
Lincoln, Abraham 206
Lintz, Marj 312
Literatur 21, 103-105
Lombardi, Vince 56
Longworth, Alice Roosevelt 105
Lorenz Konrad 245
Los Angeles, Polizei 139
Love, Susan 175
Loving More 313

Lugano, Marie 232
Luhrmann, Deborah 142

Ma Shuozhu 50
Maccoby, Eleanor 162
Macht 62-64
als Aphrodisiakum 64f.
Aufteilung von 57f., 82f.
Führung und 18, 185-216
geschlechterspezifische Unterschiede in der Wahrnehmung von 53-60, 62-64, 68f., 105
Primaten und 62-64, 68, 207f.
Wissen als 118
Zugang von Frauen zur 186f., 189-191, 198-205, 219f., 222-224, 226f., 231f.
Mackin, Beth 112
Maine Medical Center 32
Malaysia 99, 223, 264
Mali 51
Mallett, Jerry 141
Maltby, Lewis 148
Mangaia 288, 290
Männer
Aggression und Gewalt von 55, 205-209
ein neues Verhältnis zwischen Frauen und Männern 19f., 357-362
Fruchtbarkeit von 237, 253, 257, 262f., 341, 360f.
geschlechterspezifische Unterschiede *siehe spezifische Themen*
Gleichstellung von Mann und Frau in der Urzeit 14, 221f., 224f.
in Führungspositionen in der Wirtschaft 14, 185, 200-205, 219
natürliche Eigenschaften von 16, 21f., 24-26, 32-35, 53-63, 171-174, 205-209, 211, 217
neue Gleichstellung von Frauen und Männern 14, 19, 49-52, 219f., 227f., 328, 362
Treppendenken 24-29, 32-35, 160f.
und Kinderpflege 48, 94f.

Maoris 121
Maryland, University of 98, 324
Massai 62
Masek, Deb 287
Massachusetts Board of Higher Education 117
Massachusetts Institute of Technology (MIT) 35, 96
Masters, Roger 25
Masturbation 251, 257, 259-261, 270
Mathews, Jessica T. 199
Matriarchat 202 f., 354
Maugham, William Somerset 291
Maurois, André 57
McCorduck, Pamela 199
McGinley, Robert 278
McGinty, Erlinda 122
MCI 108
McMaster University 206
Mead, Margaret 113, 239, 268
Medicaid 177
Medicare 177
Medien
  Printmedien 19, 22, 87, 105-107, 186, 217 f., 245 f.
  siehe auch Fernsehen, Radio
  Wirkung der Frauen auf 19, 22, 87, 97-103, 186, 217 f., 245 f.
Medizin
  Alternative Medizin und Ergänzungsmedizin 152 f., 179-183, 218, 247 f.
  holistische vs. symptomatische Behandlung in der 153, 174, 176-181, 184, 248
  männliche Vorherrschaft in den höchsten Rängen der 173 f.
  Präventivmedizin 152, 179-181, 218
  siehe auch Gesundheit, Heilen
  Teamarbeit in der 153, 175 f., 247
  traditionelle westliche Praktiken in der 152 f., 179-181, 184
  Umgang mit Patienten 168, 174-176, 247
  weibliche Ärzte und Krankenpfleger in der 48, 155 f., 168-171, 175-177
  Wirkung von Frauen auf die 19, 22, 152-157, 169-171, 174-184, 218
Medizinische Fakultäten 73 f., 144, 154, 168, 174, 180
Mehinaku-Indianer 298, 334
Melville, Herman 73
Mencken, H. L. 72
Menopause 232-239
  Biologie der 18, 67, 234-237
  Entschlossenheit und 18, 67, 232-235
  Großmutterhypothese und 237 f.
  Rückgang der Östrogene in der 18, 67, 173, 235
  Testosteron und 18, 173, 235, 261
Menschenrechte 196-220
Menstruation 236, 251, 274
  Östrogenpegel während der 93, 170
  Tabus über die 232 f.
Mexiko 89, 102, 206, 228, 285, 332
Meyers, Mabel 221
Miami, University of 319
Michigan, University of 64, 341, 360
Millay, Edna St. Vincent 217, 249
Missionare 222
Mitgefühl 19, 21, 156, 166, 168 f., 174, 187, 194, 216, 361
Mittelalter, europäisches 188, 303
Mittleres Lebensalter bei Frauen
  Entschlossenheit und Macht von Frauen im 18-20, 202, 220, 231-236, 333
  Sexualleben von Frauen im 260-262, 271
  siehe auch Menopause
Molloy, Joanna 107
Money, John 273, 301
Mongandu 66
Mongolien 26, 197
Monnot, Marilee 62
Monoamin-Oxydase 69
Morley, Christopher 207

Morris, John 163
Mothers Against Drunk Driving (MADD) 187
motorische Fähigkeiten, geschlechterspezfizische Unterschiede 169-172
Muggeridge, Malcom 270
Musik 90, 98, 122
Muster, Wahrnehmung von 27-29, 35, 39 f., 43-45
Mut 208, 227
Mut zur Trennung (Viorst) 353
Mütter, Mutterschaft
  alleinstehende 322, 349 f.
  berufstätige 46-48, 75-77, 82, 146, 221-223, 246, 344 f., 349 f., 352
  siehe auch Babys, Eltern, Familie, Geburt, Kinder
  wählerisch bei der Wahl des Sexualpartners 262
  weibliche Sexualität und 254

Nahuatl-Sprache 285
Napoleon I., Kaiser von Frankreich 206, 216
National Commission on Working Women 99
National Foundation for Women Business Owners 26, 84
National Health and Social Life Survey (NHSLA) 258, 267
National Institute of Mental Health 31, 163
National Public Radio (NPR) 97
National Women's Political Caucus 205
Nature Conservancy 187
Naturwissenschaft 18 f., 21, 172, 214
Navajo-Indianer 202, 221 f., 287, 354
NBC 102
Nepal 89, 196
Neruda, Pablo 251, 318
Netzwerk, Arbeiten im Netzwerk 15, 19 f., 120, 136, 192, 199, 217-219
Netzwerkdenken 21-52, 217-219
  am Arbeitsplatz 19 f., 22-26, 33-36, 40, 52, 57, 81-86
  breiterer Zusammenhang und 26
  Definition des 23
  Eigenschaften des 15 f., 19 f., 22-26, 28-32, 36-40, 52, 67, 72, 77, 82, 85, 87, 118
  Entwicklung des 32 f., 39 f.
  Gehirn und 28 f.
  Gene für 29-31, 36
  in der Kindheit 26-28
  männliches Treppendenken vs. 24-29, 32-35, 39 f., 160 f.
  weibliche Sinnlichkeit und 259 f.
  zukünftige Anwendungsmöglichkeiten für 34 f., 40, 82-86
Neugierde 20, 135 f., 254
Neuguinea 65, 129
Neurotransmitter 17 f., 90, 92 f., 158-162, 169, 324 f.
Neuseeland 99, 121, 164, 206
New Mexico, University of 182, 237, 287
New York 93
New York Observer 190
New York Post 106
New York Times, The 50, 75, 107, 195, 361
New York University 233, 287
New Yorker, The 98
Nicaragua 196, 201
Nichtregierungsorganisationen (NGO's) 186-200, 219
  Einfluss auf Regierung und öffentliche Meinung durch 186, 193, 195-200, 205, 248
  Frauenfragen und 189 f., 192, 194-198
  soziale Probleme und 189-193, 196-200, 248
  Spendensammeln von 189, 192-194
Niederlande 63, 178, 200 f., 345
  Einstellung zum Sex in den 272 f., 310, 337
Nielsen Media Research 276
Nietzsche, Friedrich 21, 269

Niger 51
Nigeria 121, 318
Nightingale, Florence 154
Non-Governmental Liaison Service 188, 243
Noradrenalin 287, 293, 299, 318
North American Swing Club Association 277
Northwestern University 267
Norwegen 26, 51, 158, 200 f., 272
Nucleus amygdalae (Mandelkern) 159, 163 f.

Oberster Gerichtshof der USA 145, 282
Odean, Terrance 41
Odyssee (Homer) 335
Ohman, Arne 163
Olympische Spiele 102
Opiumkriege 306
Orenstein, Peggy 56
Organe 37-39, 159
   Sexualorgane 16, 67 f., 253 f.
Orgasmus 67, 251, 257, 268, 276, 325
   Häufigkeit des 259
   Kontraktionen während des 259
   Prostitution und 265
Orientierung 132, 172-174
Osmanisches Reich 154
Östrogene 16, 53, 67, 92 f., 129, 170 f., 296
   Anstieg von 92 f., 170 f., 235 f.
   Feinmotorik und 170 f.
   Fürsorge und 75-77
   Menopause und Rückgang der 18, 67 f., 173, 235 f.
   Sex und 250 f.
   Sprachfähigkeiten und 92 f.
Ovid 140
Oxford Health Plans 180
Oxytocin 121, 167, 324 f., 343

Pacific Lutheran University 223
PaineWebber 41
Pakistan 196, 201
Papua Neuguinea 50, 197

Parker, Dorothy 43 f.
Parker-Bowles, Camilla 339
Pascal, Amy 52
Pasquier, Roger 192
Pasternack, Bruce 79
patriarchalische Familien 14, 322, 350, 354 f.
Pearson, Lester 196
Pelaga-Indianer 273
Pennsylvania, University of 128, 329
Pensionierung 41 f., 82, 229
Penthouse 276
Pepsi-Cola 76
Persönlichkeit 18, 43
Philippinen 102, 196
Phoenix, University of 114-116
Pillsbury, Barbara 143 f., 196
Pinker, Steven 96
PlanWise 241
Plato 22, 38 f.
Plath, Sylvia 166, 357
Playboy Enterprises 35
Polen 143, 271
Politik 187
   Frauen in der 15, 19, 22, 186, 200-205
   geschlechterspezifische Unterschiede und 25 f., 63-65, 90
politische Organisationen 188 f.
Polizistinnen 103, 139, 247
Poltrack, David 102
Polyamorie (Mehrfachliebe) 286, 313 f., 319
Polygamie 307 f.
Polynesien 223, 268, 271, 273, 344
Population Council 95, 355
Pornographie 254 f., 276 f., 283
Posner, Richard 277
präfrontale Lobotomie 28 f.
Presley, Elvis 290
Primaten 28, 39, 62-67
   Hierarchie der männlichen Vorherrschaft bei den 62-64, 68, 207
   Pflege bei den 166, 170
   siehe auch Säugetiere, Schimpansen
   vokale Ausdrucksfähigkeit von 96

Privatdetektive 138 f., 247
Prodigy-Computernetzwerk 162, 260
Prostitutes of New York (PONY) 265
Prostitution 264-266
Prudential Securities 140
Psychologie 15, 18, 40, 53, 89
Pubertät 67, 132, 172, 250, 273

Quinn, Naomi 222

Racine, Jean 97
Radio 87, 117
   Frauen im 97 f., 102 f., 118, 217 f., 245
Ramsey, Nancy 199
Rand Institution 80
Ratten, leichte Ablenkbarkeit von 257
Ravid, Joyce 61
Rechtsfakultäten 73 f., 150
Rechtsprechung
   Einwirkung von Frauen auf die 22, 145-150, 192
   Internationale Gerichtshöfe 186, 199
   Schlichtung und Vermittlung in der 148-151, 218
   siehe auch Gesetz
Redbook 261
Reformation 270
Regierung
   Auswirkung neuer sozialer Kräfte auf die 186-200, 204 f., 219
   männliche Vorherrschaft in der 186, 200-203, 219
   weibliche Teilnahme an der 15, 19 f., 22, 186, 200-203
   Wahlmuster und 19, 22, 201 f., 220, 241-244
Reiseindustrie 141 f., 218, 248
Religionsgruppen 186, 188, 241, 355
Renaissance 227, 270
Repräsentantenhaus, Amerikanisches 200-203
Risikobereitschaft 42, 69 f.
Robinson, John 97
Rockefeller, John D. 119
Roiphe, Katie 339

Römisches Reich 140, 269
Rorschach-Test 27
Rosener, Judy 86
Rossi, Alice und Peter 351 f.
Rousseau, Jean-Jacques 304
Rowan, Roy 40
Rules, The (Fein und Schneider) 308
Rund um Es 271
Ruskin, John 9, 127
Russell, Bertrand 23, 185
Russel, Cheryl 241
Russland 143, 154, 200, 232, 270
   Wirtschaft von 215, 228
Rutgers University 187
Rutland & Burlington Railroad 42

Sacred Space Institute 314
Saint-Exupéry, Antoine de 321
Samoa 268
Sanati, Farima 308
San-Buschleute 121, 206
Sand, George 103
Sandburg, Carl 338
Sanger, Margaret 270
Santayana, George 119
Saraguro-Indianer 153
SAT-Prüfungen 88
Säugetiere 18, 68, 75, 167, 169
Schamanen 153, 183, 248
Scharlow, Brenda 137
Scheidung 48 f., 247, 275, 286, 312, 319 f., 338-348, 351
   emotionale Abhängigkeit und 322, 346 f., 353 f.
   Gehirnphysiologie und 343
   steigender Prozentsatz von 147, 322, 345 f.
   wirtschaftliche Unabhängigkeit von Frauen 340, 343-345
   Ursachen für 48 f., 338-341, 343-345
Schembri, Marie 138
Schimpansen 28, 63, -67, 71, 82, 149 f.
   Bonobo 66 f.
   weibliche Freundschaften unter 66 f.
   Frieden schließen 149 f.

Geduld der 169 f.
Hierarchien der männlichen Vorherrschaft über Männchen 63 f.
Macht unter 63 f., 68
manuelle Geschicklichkeit 170 f.
Pflege und Putzen 66, 171
Rangordnung bei den 64
Sexualität der 65-67
weiblicher Wettkampf 64
Schlaganfall 31, 92, 239
Schlesinger, Arthur M., jr. 244
Schönheit
  Liebe und 296 f., 299
Schottland 206
Schreiben 89 f., 103-108, 186
  Journalismus 87, 105-107, 218, 245
  Literatur 21, 103 f.
Schroeder, Patricia 203
Schulen
  außerschulische Aktivitäten und 113
  geschlechterspezifische Unterschiede in 56
  Grund- und Mittelschulen 56, 110-113, 218
  Heimunterricht 113
  Kurse in den Sommerferien 117
  Magnetschulen 112, 117
  öffentliche Schulen 111 f.
  Privatschulen 112 f., 117
  siehe auch Ausbildung, Colleges
  Stiftungsschulen 111 f., 117
Schultz, Mona Lisa 31 f.
Schwangerschaft 46 f., 71, 259, 300
  sorgfältige Wahl des Sexualpartners und 262
  Teenager und 192, 274
  weibliche Sexualität und 254
Schwartz, Felice 74
Schwartz, Pepper 328
Schwarzfuß-Indianer 233 f.
Schweden 158, 261, 272, 280, 345
  Arbeitsmarktpolitik und Kinderbetreuung in 77, 215
  Frauen am Arbeitsmarkt in 99, 200, 215
  Stellung der Frau in 51, 200

Seger, Linda 102
Selbstmord 285, 317
Seltzer, Richard 201 f.
Semang 223
Senat, Amerikanischer 200, 202
Senegal 345
Senge, Peter 35
Serotonin 169, 293 f.
Sex and Reason (Posner) 277
Sex, sexuelle Aktivität 249-284
  Alter und 260-262
  Cunnilingus und 271
  Cybersex und 276 f.
  deviantes Sexualverhalten 252 f., 255-257, 279
  Emotionen und 254, 260
  Exhibitionismus und 253
  Flirten und 281-283
  Freude am Experiment und Freiheit im 249 f., 252, 254 f., 270-280, 284
  Fruchtbarkeit und 236 f., 253, 257, 262 f., 335 f.
  Gedanken über 257-259
  Gehirn und 250 f.
  geschlechterspezifische Unterschiede im 249-268
  Hormone und 250-252
  Kinder und Teenager 272-274
  Libido und 249-264, 266-272, 284, 292
  Lügen über 263 f.
  Masturbation und 251, 257-260, 270
  Orgasmen und 66 f., 251, 257-259, 265, 276, 325
  passive vs. dominante Rolle im 255 f.
  Polyamorie 313 f.
  Romantik und Vertrautheit im 19, 22, 254 f., 259 f., 283, 330-332
  Sex zum Vergnügen 270-279
  Sexualkodex der Schicklichkeit 249 f., 263, 279 f.
  soziale und religiöse Haltungen gegenüber 249 f., 263, 268-284
  Umweltrhythmen und 251

Verhalten von Tieren und 66f., 256, 294f., 299, 324-326, 335, 342
Vielfalt und Flexibilität im 249f., 262-264, 266-268, 278f., 284
visuelle Anreize beim 252-254, 282
weibliche Ablenkbarkeit während des 256f.
Sexton, Anne 343
Sexualorgane 16, 66f., 253
Sexualunterricht 272, 274
sexuelle Belästigung 147, 247, 250, 280, 282f.
sexuelle Diskriminierung 74f., 77, 226f., 228f.
sexuelle Fantasien
geschlechterspezifische Unterschiede in 249-256, 260
Konditionierung und 252
Voyeurismus und 253
weibliche Unterwerfung in 255f.
Sexuelle Revolution 230f., 323
sexuelle Versklavung 266
sexuelle Vielfalt, biologische Faktoren der 262f.
Seychellen 201
Shakespeare, William 52, 87, 101, 145, 217, 262, 286, 304f., 314, 318, 357
Schanghai, Sexmuseum in 271
Sharpsteen, Donald 72
Shaywitz, Bennett und Sally 91
Shulsky, Abram 80, 210f.
Sicht 119, 126-131
Breite und Tiefe der 44
Farbwahrnehmung und 127f.
Interpretation physischer Hinweise und 15, 23, 25f., 37, 59, 119, 126f., 130f.
Nachtsicht 126f.
periphere Sicht 126-128, 133
Sierra Leone 51
Silverman, Irwin 132
Simbabwe 110, 337
Simenon, Georges 314, 325
Simmons, Hardwick 140

Simon, Herbert 39
Simpson, Gregg 287
Singapur 84, 264
Singhalesen 94, 154
Sinne
starke Sinnesreaktion von Frauen 15, 119-131
Sinnliche Begierde
Freizügigkeit des 20. Jahrhunderts 270-272
neue Freizügigkeit und 274-276
geschlechterspezifische Unterschiede in der 249-268
Liebe vs. 292f., 321
siehe auch Sex, sexuelle Aktivität
Verlust und Auftreten der 268-270
Verweiblichung der 279-284
Sinnlichkeit, sexuelle Aktivität und 259f.
Siriono-Indianer 166
Skuse, David 30, 36, 93, 134
Smith, Adam 225
Smuts, Barb 64
Solschenizyn, Alexander 105
Sommernachtstraum, Ein (Shakespeare) 318
Sontag, Susan 17
Sophokles 102
Sowjetunion 209, 280
soziale Fähigkeiten 119-151, 186f., 198-200, 216
Berufe im Dienstleistungssektor und 19, 119f., 137-145, 151
Gene und 134f.
in der Medizin 19, 152-156, 162f., 174-184
in der Rechtsprechung und Streitvermittlung 145-151
in der Unternehmenswelt 19f., 133-136, 143f., 151
Sinne und 119-133
soziale Sicherheit 243
Spanien 102, 270
Speculum Doctrinale (Vincent de Beauvais) 303

459

Speichern von Datenblöcken, Intuition
 und 39 f.
Spermatypen 262 f.
Spielen 38, 70
Sport 68 f., 74, 83, 90
Sprache
 das weibliche Sprachtalent 19, 87-95,
 101, 103-107, 120, 136, 145, 150,
 217 f.
 Evolution und Entwicklung der 88 f.,
 94-97, 106 f., 108-110
 Gene für 93 f.
 geschlechterspezifische Unterschiede
 und 88-91, 94-97
 grammatikalische Konstruktion der
 88 f., 95-97, 108
 Lesen und 88 f., 103-105
 Östrogen und 92 f.
 Schreiben und 88 f., 103-105
 Sprachstörungen 93
 Sprechen und 88-99
 weibliches Gehirn und 90-92, 96 f.,
 134 f.
Sri Lanka 94, 110, 154, 201
Stanford University 95
Stanton, Elizabeth Cady 45, 70
Starr, Roger 49
State University of New York (SUNY)
 287
Statistical Abstract of the United States
 138
Steel, Dawn 71
Steenland, Sally 99
Steinem, Gloria 355
Stendhal 289
Stewart, Martha 142
Stiftungen 187, 193 f.
Stone, Lawrence 329, 356
Storch, Marcia L. 176
Stowe, Harriet Beecher 103
Strachey, Lytton 154
Stress 58 f., 65
Südafrika 201, 273
Südkorea 164
Sutton, Connie 345

Suzuki, MacGregor 287
Swift, Jonathan 125, 179
Swingen 250, 277 f., 284
Szymborska, Wislawa 321

Tagesbetreuung 14, 33, 48, 76, 223, 350
Taita 292
Taiwan 153, 228, 359
Taktgefühl 133 f.
Tannen, Deborah 60
Tansania 233, 238, 349
Taylor, Bayard 290
Teenager-Sex und -Schwangerschaft
 192, 272-274
Teilhard de Chardin, Pierre 288
Telekommunikation
 E-Mail und Fax 78, 81, 84 f.
 Revolution in der 78, 81 f., 84 f.
 siehe auch Internet
 Unternehmenswelt und 48, 78, 81 f.,
 84 f., 107-109, 115 f.
Tell, Claes 77
Tennov, Dorothy 288
Tennysen, Alfred 161
Terenz 292
Testes 16
Testosteron 53, 296, 298
 Ehe und 325 f.
 Entschlossenheit und 18, 68 f., 75,
 208 f.
 Menopause und 18, 68 f., 173, 235,
 261
 Rangstreben und 65, 68 f., 75
 räumliche Orientierung und 132,
 172-174
 Sex und 250 f., 261
Texas, University of 282, 296
Thailand 89, 144, 349, 359
Thatcher, Margaret 204
Thomas, Clarence 282
Thoreau, Henry David 64
Thurber, James 257
Tiere 15
 Domestizierung von 224 f.
 Jagd auf 32, 43, 171 f., 237

Sexualverhalten von 66 f., 256, 294 f., 299, 324-326, 334 f., 342
siehe auch Primaten, Säugetiere, Schimpansen
Tierney, John 107
Tiwis 234
Tlingit-Indianer 223
Tocqueville, Alexis de 188
Tod 47, 163, 215, 248
Tolstoi, Leo 328
Tornstam, Lars 333
Travel Industry Association of America 141 f.
Treppendenken 24-29, 32-35, 160 f.
Trevathan, Wenda 182
Trollope, Anthony 140, 312
Trompenaars, Alfons 24
Truman, Harry 310
Tschechische Republik 89
Tschechow, Anton Pawlowitsch 101
Tsu Yeh 259
Tuareg 318
Türkei 144, 196, 201
Turner-Syndrom 30, 93, 129
Twain, Mark 85, 87, 333, 350

Uganda 196
Ukraine 197
Ulithi-Atoll 234
Umwelt, Einfluss der 13 f., 17 f.
Umweltkonferenz in Rio 199
Umweltschutz 20, 187, 192, 197, 199, 216
United Nations Development Programme (UNDP) 26, 51, 201, 204, 361
  Jahresbericht über die menschliche Entwicklung 110
University College 264
unterstütztes Wohnen 153, 178
Unterteilung 24-29, 32-36, 39, 160
Urlaub, Lernen und Studieren im 49, 137, 141 f.
Utha, University of 237

Vasopressin 325 f., 343
vegetatives Nervensystem 158
Verbrechen 189-191, 206 f., 255, 280, 338
Vereinigte Staaten von Amerika 81, 158, 164
  Frauen in der Regierung der 200-205
  Geburtenrate in den 359
  Kommunikation in den 89, 94 f.
  Lebenserwartung in den 239
  Sex, Liebe und Ehe in den 257 f., 265-267, 270-272, 274 f., 277-279, 282 f., 293, 300, 305, 309, 312-314, 351 f., 354 f.
  soziale Dienste in den 178 f.
  Stellung der Frauen in den 51, 154 f.
  Verbrechen in den 189-191, 206-209
  Wirtschaft der 228 f.
Vereinte Nationen 76, 98, 138, 196, 199, 212, 243 f., 342
Vererbung 13-18
  siehe auch Gene
Verfolgen, Liebe und 287, 316-318
Vergewaltigung 280
  Unterwerfungsfantasien vs. 255
Verhandeln 15, 148 f.
Verliebtheit, *siehe* Liebe
Vermittlung 148-150, 218
Verwaltung 85 f., 240
Vierte Weltkonferenz für Frauen 197 f.
Vietnamkrieg 100
Vincent de Beauvais 303
Viorst, Judith 353
Virginia Commonwealth University 353
Viscio, Albert 79
Visualisation 23, 179
Vlahos, Len 104
vokaler Ausdruck 90 f., 94-96, 123, 133, 135
Voyeurismus 253 f.

Wachstumshormon 121
Wagner, Richard 350

461

Wallen, Kim 253
Washington, Bobby 112
Washington, University of 158, 328
Wedekind, Claus 300
Wedgwood, Emma 323
Weiner, Edie 81 f., 138, 228
Weiner, Edrich, Brown 81
Wellington, Sheila 84
Weltbank 196, 228
Weltkrieg, Erster 46
Weltkrieg, Zweiter 46, 154, 209, 219, 230
West, Mae 108, 254
Westfälischer Friede 199
westlicher Kolonialismus 22 f.
Wharton, Edith 104
When Women Call the Shots (Seger) 102
Whistler, James McNeill 215
Whitehead, Alfred North 225
Whyte, Martin King 202
Wiederverehelichung 322, 327, 342, 347 f.
Wilde, Oscar 260, 336
William and Mary, College of 237
Williams, Jody 197
Williams, Roslyn 189
Wilngal, Miriam 50
Wilson, Edward O. 14
Wilson, Margo 206
Wirtschaft
    Auswirkungen der Frauen auf die 14, 19 f., 45, 48-52, 219 f., 229 f.
    Tourismus und 141 f.
    Wissen 108-110, 117 f.
    zweistufig 214 f.
»Wissenswirtschaft« (Drucker) 80, 117 f.
Witelson, Sandra 90

Wohltätigkeit 22, 194 f., 241
Women's World Bank 196
Woods, Harriet 205
Woollcott, Alexander 277
Wordsworth, William 194
World Tourism Organization 142
World Wide Web 141, 180, 276 f.

X-Chromosom 16, 30, 36, 93, 127, 134
Xhosa 94

Yale University 91
Yang Yurong 84
Yankelovich Partners 105
Yanomami-Indianer 208, 296 f.
Y-Chromosom 16
Yeats, William Butler 110
York, Margaret 139
Yüan Chen 289

Zivilgesellschaft 19, 187-200, 216, 218
    Aufstieg der 187-191
    siehe auch Nichtregierungsorganisationen
Zuckerman, Marvin 69
Zuhause 142 f., 155, 230
    Arbeiten zu Hause 84 f.
    Gesundheitsvorsorge zu Hause 152, 155, 178, 247
    Hausarbeit 47 f., 329
Zulus 64, 296
Zünfte 188
Zusammenarbeit 15 f., 19 f., 55, 77, 83, 118
Zusammenarbeit, auf Zusammenarbeit gegründete Gesellschaften 357-362
Zweideutigkeit, Toleranz gegenüber 23 f., 52
zweigeteilter Hör-Test 213 f.

AMERIKANISCHE ORGANISATIONEN, STUDIEN, AUSZEICHNUNGEN

American Anthropological Association's Distinguished Service Award – Auszeichnung für besondere Verdienste der Amerikanischen anthropologischen Vereinigung
American Arbitration Association – Amerikanische Schlichtungsvereinigung
American Civil Liberties Union – Amerikanische Vereinigung für die Freiheit des Bürgers
American College of Nurse Midwives – Amerikanisches College für Hebammen
American Council on Education – Amerikanischer Ausbildungsrat
American Menopause Foundation – Amerikanische Menopausenstiftung
Americans' Use of Time Project – Untersuchungsprojekt über die Zeitnutzung der amerikanischen Bevölkerung
Bureau of Labor Statistics – Büro für Arbeitsstatistik
Carnegie Endowment for International Peace – Carnegie-Stiftung für internationalen Frieden
Center for Organizational Learning – Zentrum für organisatorisches Lernen
Council of Better Business Bureaus – Rat für bessere Geschäftsbeziehungen
Council on Foundations – Stiftungsrat
COYOTE = Call Off Your Old Tired Ethics – etwa »Löst euch von eurer veralteten Moral«
Emily's List = Early Money Is Like Yeast – etwa »Frühes Geld ist wie Hefe«
Foundation Center – Stiftungszentrum
Friends of the Earth – Freunde der Erde
Girl Scouts of the U. S. A. – Pfadfinderinnen der USA
Global Fund for Women – Globaler Frauenfonds
Inter-Parliamentary Union – Interparlamentarischen Union
League of Women Voters – Liga für weibliche Wähler
Massachusetts Board of Higher Education – Kommission für höhere Schulbildung des Staates Massachusetts
National Association of Investors Corporations – Landesverband von Kapitalanlegern
National Commission on Working Women – Nationale Kommission zu arbeitenden Frauen
National Foundation for Women Business Owners – Nationale Stiftung für Unternehmerinnen
National Health and Social Life Survey – Nationale Untersuchung über Gesundheit und Sozialleben

National Institute of Mental Health – Nationales Institut für seelische Gesundheit
National Opinion Research Center – Nationales Meinungsforschungsinstitut
National Women's Political Caucus – Frauenkomitee zur politischen Richtungsbestimmung
North American Swing Club Association – Swing-Club-Vereinigung Nordamerikas
Pacific Institute for Women's Health – Pazifikinstitut für die Gesundheit von Frauen
Planned Parenthood – Geplante Elternschaft
Population Council – Bevölkerungsrat
Travel Industry Association of America – Amerikanische Reiseindustrievereinigung
U. S. Agency for International Development – Amerikanische Agentur für internationale Entwicklung
United Nations Development Programme – UNDP – Entwicklungsprogramm der Vereinten Nationen
United Nations Non-Governmental Liaison Service – Abteilung der Vereinten Nationen für die Zusammenarbeit mit Nichtregierungsorganisationen
World Tourism Organization – Welttourismusorganisation
Yerkes Regional Primate Research Center – Yerkes-Primatenforschungszentrum